〈완역 해설〉

논어

〔附 가사체 번역문〕

역저자 장기근
가사체 권갑현

明文堂

'명문동양고전(明文東洋古典)' 발간에 서(序)함

― 짐짓 병려체(駢儷體)로 ―

　어려서 일찍 읽었던 송유(宋儒) 모(某)의 시에 '논어일편용부진(論語一篇用不盡), 세간하필허다서(世間何必許多書)'란 한 구가 감칠맛이 있었고, 요즘 즐겨 써 주는 국자생(國子生)들에의 말로 '대학지도재신민(大學之道在新民), 박학(博學)·명변(明辨)·심사지(深思之)'의 두 마디를 단골문자로 삼곤 한다. 동서의 학(學)을 대강 섭렵(涉獵)하고 칠십의 생을 여간 편력(遍歷)한 뒤에, 문득 저 한 구가 과연 사실임을 깨닫고 정작 그 두 마디가 바로 요점(要點)임을 느낀다.

　무릇 선철(先哲)의 끼친 글이 어느 것이 학문의 진량(津梁)이 아니요, 삼교(三敎)의 가르침이 어느 모로 인생의 보벌(寶筏)이 아니랴마는, 전자(前者)는 제자(諸子)·백가(百家)의 서(書)나 그리스·구미(歐美)의 저(著)가 대개 번쇄(煩瑣)·지엽(枝葉)에 흘러 정작 '생활'엔 한갓 피모(皮毛)일 뿐, 곧바로 '염통 안의 피'에 통하지 않음이 상례요, 후자(後者)는 노·불(老佛)의 설이나 야·마(耶摩)의 훈(訓)이 워낙 공령(空靈)·초절(超絶)을 위주하여 숫제 범속(凡俗)에겐 도리어 손발이 닿지 않는 '하늘 위의 별'에 속하기가 일쑤이다. 대개 우리 동양 사람, 더구나 나 같은 한국인에게는, 체질상 무엇보다도 '실제'적인 교훈이 섭취되기 쉽고

생활상으로 정작 가능한 이상(理想)만이 되씹어지기 때문이다.

실제로 가능한 교훈과 이상을 망라(網羅)한 《논어(論語)》와, 민주적으로 시초인 '왕도(王道)'와 '의(義)'를 역설한 《맹자(孟子)》 및 《대학(大學)》의 환한 덕(德)과 《중용(中庸)》의 큰 길을 제시한, 육경(六經) 중에도 기본 요목(要目)인 '사서(四書)'라는 종합 장구(章句)가, 예로부터 하고많은 우리 선인들의 도덕과 생활면의 사뭇 든든한 기반이 되어 왔음이 사실이거니와, 오늘날도 특히 젊은 현세대의 반성(反省)과 가치관(價値觀)의 가장 미더운 좌표(座標)를 보일 만함은 까닭 없음이 아니다.

누가 있어 나더러 '현대인이 뇌리(腦裏)에 반드시 간직할 만한 고전(古典) 한 가지가 무엇인가?'라고 묻는다면, 나는 서슴지 않고 그에게 '청장년들도 안두(案頭)에 모름지기 현대의 〈사서(四書)〉를 놓아두라'고 권하고 싶다.

그러나 이 막중한 '논(論)·맹(孟)', 요긴한 '용(庸)·학(學)'도, 근자엔 한문의 장벽(障壁)에 의하여 쉽사리 일반에게 보급되기 어렵고, 간혹 우리말로의 역본(譯本)이 있다 하나 자못 원전(原典)에의 충실(忠實)이 의심스럽다. 원전의 그 깊숙하고도 뜻깊은 문자들을 우리말로 제법 근사하게 또는 완전하게 번역하려면, 첫째 한학(漢學)·경학(經學)의 훈고적(訓詁的)·사상적 든든한 지식을 요하고, 둘째 국어·국문으로 수사적(修辭的)·표현적 능란한 재주를 가져야 한다. 그렇지 못하면 소중한 고전이 까딱하면 현대의 '위서(僞書)'가 되고 모처럼인 신역(新譯)이 오히려 '무용의 장물(長物)'이 될 터이다.

이번 '명문당(明文堂) 사서(四書)'의 간행을 듣고 새삼 내가 반가워했음은, 우선 역경자(譯經者) 제씨의 이름을 보고 자못 그들에게 촉망이 컸기 때문이다. 제자(諸子)는 워낙 신·구(新舊)의 사학(斯學)에 아울러 조예(造詣)가 있다 하며, 몇분은 이미 여타(餘他)의 몇 경(經)에도 먼저 번역을 시행했다 하니, 이에선 더욱 원전의 반구척자(半句隻字), 그 글 뜻과 함축을 숫제 흠냄이 없이, 보다 더 역문(譯文)의 좌추우고(左推右敲), 저 조탁(彫琢)과 정련(精鍊)을 워낙 헐치지 않았을 법하다. 그런 득의(得意)한 성과의 역해(譯解)로 된 이 양심적인 기도(企圖)의 출판이, 근본적으로 동양 고전에 깊은 관심을 가진 지식인들과 실제적으로 현대생활에 고도의 성찰(省察)을 요하는 '엘리트'들에게, 깊은 정신적 수원지(水源池)를 제공하고 높직한 인생관의 풍향탑(風向塔)을 게시함직하다.

평소에 혼자 뜻만 두고 틈이 없어 손대지 못하여 늘 섭섭했던 나, 노학구(老學究)가 이제 여러분이 힘을 모아 기회를 얻어 만들어 문득 당당히 내놓는 이 신역서(新譯書)에, 약간의 감회를 마음속에 금할 수 없어 몇마디 서언(序言)을 권두(卷頭)에 사양치 않기로 했다.

1968년 9월

무애(无涯) 양주동(梁柱東)

서문(序文)

　제2차대전 후 아직까지 세계는 혼미(混迷)의 소용돌이 속에서 벗어나지 못하고 있다. 눈부신 과학의 발달로 원자(原子)와 우주시대에 접어들면서 인류사(人類史)는 크게 변혁되어가고 있다고 할 수 있다. 그러나 동시에 우리는 과학과 기계의 위력 앞에 인간 자체를 상실하고 있음에 경각(警覺)하지 않으면 안된다. 과학과 기계는 어디까지나 인간의 행복을 위해 있는 것이다. 어디까지나 인간이 과학과 기계를 부리고 활용하는 것이다. 또한 과학과 기계의 위력은 전체 인류를 위해 선용(善用)되어야 한다. 한 사람을 위하고 백 사람이나 만 사람을 죽이는 것이 되어서는 안된다.

　그렇거늘 과연 오늘의 지구는 한 덩어리의 아름다운 별일까? 불행하게도 우리는 그렇지 못하다고 인정하지 않을 수 없다. 오늘의 세계는 여러 갈래로 갈라지고, 인류는 팽팽한 긴장 속에 서로 대치하고 있으며, 각 개인은 힘겨운 공포의 물결 속에 말려든 채 어디론가 흐르고 있는 듯하다. 이는 분명히 인간의 상실이자, 인간정신의 쇠퇴가 아닐 수 없다. 우리는 인간을 되찾고, 빛나는 정신의 승리로 인간의 빛을 번지게 하여 전세계와 전인류가 행복을 고르게 누려야 하겠다.

　그러면 이러한 인간본위의 정신적 예지(叡智)를 어디서 얻을까? 물론 동서고금(東西古今)의 위대한 성현(聖賢)들로부터 얻을 수 있을 것이다. 그러나 나는 특히 강조하겠다. '동양의 전통, 즉 인간본위와 정신 우위(精神優位)를 내세운 동양적 휴머니즘-인(仁)-에서 찾을 수 있다'고.

고대(古代)에 동양에서 천하라 부른 것은 바로 오늘 우리가 세계라고 하는 뜻과 같았으며, 천하를 다스린다는 말은 오늘에 있어서 세계를 다스린다는 말과 같은 뜻이라 하겠다. 따라서 일찍이 춘추전국시대(春秋戰國時代)에 전란(戰亂)과 분열을 초극(超克)하고 덕치(德治)로써 천하를 일통(一統)해야 한다고 주장한 고대 철인(哲人)들의 사상이나 정신은 바로 오늘날의 혼미한 세계인류에게 가르쳐 주는 바 크다고 믿는다.

특히 고대 동양의 철인들은 모두가 한결같이 정치사상가들이라 하겠다. 그들은 높은 학문정신과 평화주의 및 합리주의로써 인류와 세계의 구제를 위해 당시의 무지하고 횡포(橫暴)했던 무력적 패왕(覇王)들과 정면으로 대결하여 싸웠던 것이다. 이들이 바로 오늘날 제자백가(諸子百家)라고 부르는 사상가이자 철인이자 이상주의자(理想主義者)들이며, 모든 학파의 선구자들이다.

봄철에 백화(百花)가 만발하듯, 일시에 많은 철인들이 배출되어 온갖 사상의 꽃을 피우고, 그들의 이상을 고취(鼓吹)했으나 그 중에서도 가장 높은 자리를 차지하고, 오늘날까지 수천년간 동양사회에 절대적인 영향을 끼친 사람은 바로 공자(孔子)였다. 그는 인(仁)을 핵으로 하는 '휴머니즘'을 가지고 평화주의, 문치주의(文治主義), 인본주의(人本主義), 현실주의, 합리주의, 실천주의적 예교(禮敎) 중심의 덕치(德治)를 주장하여 온 천하, 즉 세계를 하나의 이상향(理想鄕)으로 만들고자 했다.

물론 공자의 이상(理想)과 정신이 그대로 당시에 받아들여지고 구현되지는 못했다. 이는 오늘날에 있어서 인류의 이상과 정신이 현실정치에 어느만큼 반영되고 구현되는가를 반성해 볼 때, 크게 실망할 것이 못된다. 현실은 시간적으로나 공간적으로 한정된 것이다. 따라서 무한한 이상을 전부 흡수할 수는 없는 것이다. 단 무한한 이상은 토막내지고 순간적으로 지나가는 현실을 부단히 물들게 하고 있는 것이다. 여기에 우리 인류는 희망을 걸고 있으며, 이상과 정신의 종국적(終局的)인 빛과 승리를 믿게 되는 것이다.

　이렇게 볼 때 공자는 동양의 이상의 상징이자, 정신의 권화(權化)이다. 그러나 그는 어디까지나 평범한 한 인간으로서, 어디까지나 현실적인 생활인으로서, 또한 철두철미 실천과 합리를 '모토'로 하는 행동인으로서 우리에게 가르쳐 주고 교화(敎化)했다. 그는 공리공론(空理空論)이나 심오한 추상론(抽象論)을 가지고 사람의 머리를 어리둥절케 하는 현학자(衒學者)가 아니다. 그는 언제든지 쉬운 말로, 아무에게나, 아무 곳에서나 눈앞의 일을 가지고 깨우쳐 주고 가르쳐 주고 있다. 따라서 그의 가르침은 폭이 넓고, 누구에게나 맞으며, 때나 장소를 넘어선 진리이면서도 생활적이며, 실용적이면서도 영원히 빛나는 불후의 교훈인 것이다.

　참으로 비범(非凡)을 넘어선 평범이다. 노자(老子)가 말했듯이 "대교(大巧)는 약졸(若拙)이다." 이러한 점에 공자의 참다운 위대성이 있는 것이다. 특히 공자는 "완전한 인간교육이 앞섬으로써 국가나 세계의 덕치가 이루어진다."고 가르치고 있다. 따라서 공자의 언행록(言行錄)인 《논어(論語)》의 가르침 속에는 바로 국가나 세계통치의 정치철학인 이상과 정신이 깃들어 있는 것이다.

나는 《논어》야말로 오늘날의 전세계 사람들이 자기완성을 위해서 어느 때나 어느 곳에서나 읽고 배워야 할 보전(寶典)이라고 생각하며, 동시에 《논어》의 이상과 정신, 특히 '인(仁)'으로 표현된 '휴머니즘'은 전인류를 참다운 평화와 행복으로 이끄는 예지(叡智)의 핵심이라 믿어 마지 않는다.

우리는 우리들 스스로가 동양문화의 빛나는 전통에 각성하는 바 있어야 하겠다. 인간의 가치는 물질을 활용하는 정신의 높이에 있다. 따라서 인간의 정신을 높여주는 동양문화의 전통, 그중에서도 가장 불후의 경전(經典)인 《논어》를 오늘의 세계에 내놓는 뜻이 크다고 믿는다.

끝으로 힘에 겨운 《논어》의 역주(譯註)와 고찰(考察)을 완수한 나에게 크게 깨우쳐 주고 정신적인 바탕을 마련해 주신 현 중국 공맹학회(孔孟學會)의 회장이시며 전(前) 국립정치대학교(國立政治大學校) 총장이셨던 진대제(陳大齊) 선생님과 내가 사사(師事)한 바 있었던 현 중국 사범대학교(中國師範大學校) 국문연구소(國文研究所) 소장이신 임윤(林尹) 박사에게 감사의 뜻을 드리며, 보잘것없는 업적이나마 이를 두 어른께 바치고자 하는 바이며 이 책을 출판하는 데 물심양면으로 애써 주신 명문당 대표 김동구(金東求) 씨에게 사의(謝意)를 표하는 바이다.

1969년 4월

장 기 근(張基槿) 지(誌)

증보(增補) 개정판에 붙여

　필자는 1969년도에 《논어》 신완역본을 집필한 바 있고 명문당(明文堂)에서 발행하였다. 그런데 그 동안 대학 강단에서 강의해 온 내용을 바탕으로 하여 오류를 정정함과 동시에 해설을 추가 증보했고, 독자들의 편의를 돕기 위해 색인(索引)을 대폭적으로 증보하는 한편, 출판계의 추세에 따라 횡조(橫組)로 새로이 조판한 《논어》를 역시 명문당에서 출간하게 된 것을 독자들과 함께 기뻐하는 바이다.

　출판계의 어려운 여건에도 불구하고 이 책을 펴내 주신 명문당 김동구(金東求) 사장님과 관계직원들에게 심심한 사의를 표한다.

2001년 12월

장기근(張基槿) 지(誌)

신조(新組) 개정판(改訂版) 발간사

1960년대 중반을 지나면서 본사에서는 국내 최초로 사서삼경(四書三經)의 완역본(完譯本)을 탄생시켜, 학계(學界)는 물론 일반 독자들에게 대호평을 받았으며 곧이어 1970년대에 들어서면서는 사서오경을 완간시키니 이 또한 타의 추종을 불허하는 국내 최초 완역판의 쾌거였습니다.

그후 신정판(新訂版)으로 거듭 내면서 제자백가(諸子百家) 등을 속속 번역하여 목마른 우리 동양학(東洋學) 발전에 크게 공헌하였으며 1980년대 들어서서는 본격적으로 동양고전(東洋古典) 전반에 관한 작품들을 계속 출간하여 이를 '신완역(新完譯)' 또는 '신역(新譯)'이라는 체제로 간행해 왔습니다.

이 '신완역'이란 난해한 구절을 평이(平易)하게, 그리고 원전(原典)에 주석(註釋)을 완벽하게 달아 전문(全文)을 완전 번역했다는 뜻입니다. 또 '신역'은 원전이 애매모호하거나 정설에 합당치 않고 꼭 들어가지 않아도 될 부분은 일부 삭제하여 독자들에게 진수를 거의 완벽하게 전달되도록 하여 연구교재(研究教材)에 불편함이 없도록 편찬한 것입니다. 한편 편(篇)의 순서를 더러 바꾸어 놓은 것이 있는데, 그것은 독자들이 쉽게 이해하도록 배려한 것입니다.

따라서 동양고전 번역서 발간이란 측면에서는 우리나라 출판계에서 선구적·독보적 역할을 해왔음을 자부하며 그동안 본사의 출판물을 애용(愛用)해 주신 독자 제현께 이 기회를 빌려 심심한 감사의 말씀을 올립니다.

　이제 새로운 21세기를 맞으면서 우리나라는 정치·경제·사회·문화의 모든 영역에서 눈부신 변천이 있었습니다. 출판계도 예외가 아니어서 조판 체계가 전산화되었고 활자의 모양이 바뀌었으며 본문 활자의 크기가 커졌고 편집 체제도 변하였습니다.

　무엇보다도 동양전래의 종조(縱組) 조판이 서양식 횡조(橫組) 조판으로 바뀌어진 것은 큰 변화가 아닐 수 없습니다. 이에 본사에서는 사서오경을 필두로 본사의 모든 종조로 조판된 동양고전들을 시대의 요구에 부응하여 횡조로 새로이 조판함과 동시에 역자 제현께서 추고(推稿)하시는 수고를 아끼지 아니하여 더욱 알찬 개정판(改訂版)을 내놓기에 이르렀습니다.

　독자 제현께서 배전(倍前)의 관심과 애용이 있으시기를 간절히 바라며 신조(新組) 개정판(改訂版) 발간의 인사 말씀을 올리는 동시에 신간(新刊)을 꾸준히 발간해 온 본사에서는 앞으로도 알찬 내용의 신간을 계속 발행할 것을 약속드리오니 관심을 가지시고, 혹시 미흡한 점이 있을 시 알려주시면 즉시 시정토록 다짐하며 거듭 인사의 말씀에 갈음합니다.

2001년 12월

발행인(發行人) 지(誌)

《완역 해설 논어》附 가사체 번역문을 내면서

이 책은 고 장기근 교수께서 역저(譯著)하고 2002년에 명문당(明文堂)에서 간행한《改訂增補版 新完譯 論語》에 대해, 현토한 원문에 새기는 순서를 표시하는 부호를 붙이고, 또 번역문을 4·4조 가사체로 만들어 붙인 것이다.

아울러 원래 책의 일부 오자도 수정하고, 원래 책에서 앞쪽에 있었던 〈논어 해설〉 제하의 〈공자의 생애와 핵심사상〉과 〈공자사상의 현대적 이해〉라는 두 편의 글을 책의 뒤쪽으로 옮겼다.

기존 번역문을 가사체로 옮기면서 4·4조에 맞추기 위해 때로는 내용을 줄이기도 하고 늘이기도 하였는데, 이 과정에서 기존 번역문을 잘못 옮기지나 않았는지 적이 걱정이 앞선다. 이는 전적으로 가사체 번역문 필자의 잘못이며 독자 제현의 많은 질정을 바라는 바이다.

새기는 순서를 표시하기 위해 사용한 부호는 다음과 같다.

< : 이 부호 앞과 뒤의 글자를 순서를 바꾸어 먼저 뒤 글자를 새긴 다음 앞 글자를 새기라는 표시이다. 예를 들어 'A<B' 구조에서 B를 먼저 새기고 A를 새긴다는 것이다.

Ⅰ, Ⅱ : 두 자 또는 그 이상의 구절에 대해 Ⅰ~Ⅱ의 순서로 새기라는

부호이다. 물론 이 부호들 사이에 부호 '>'가 있게 된다. 예를 들어 'C ⅡBⅠA'의 구조에서는 Ⅰ 부분인 B를 먼저 새기고, 다음에 Ⅱ 부분인 C 를 새기고, 그런 다음에 나머지 A를 새긴다. 전체적으로 BCA 순서로 새기게 된다. 간혹 Ⅲ이 있을 수도 있다. 이때에도 순서대로 Ⅱ까지 새 기고 Ⅲ 부분을 새기면 된다.

上, 下 : 이 부호 사이에는 또 다시 부호 '>, Ⅰ, Ⅱ'가 있게 된다. 예 를 들어 'E下DCⅡBⅠA上'의 구조에서는 下와 上 사이를 먼저 새기는데, 그중에서 다시 순서대로 D를 새긴 다음 Ⅰ 부분인 B를 새기고, 다음에 Ⅱ 부분인 C를 새기고, 순서대로 나머지 A를 새기고, 下 부분인 E를 새 겨서 전체적으로 'EDBCAE' 순으로 새기게 된다. 가끔 中이 있는 경 우도 있는데 이때에는 上 부분, 中 부분, 下 부분 순으로 새기면 된다.

예를 들어, "學而時習>之면 不Ⅱ亦說Ⅰ乎아?"에서,

'習>之'는 之를 먼저 새긴 다음 習을 새기고, '不Ⅱ亦說Ⅰ乎'에서는 Ⅰ과 Ⅱ 사이의 '亦說'을 먼저 새기고 나서 '不'을 새긴다. 따라서 전 체를 새겨보면 "배우고〔學而〕 때에 맞추어〔時〕 그것을〔之〕 실습을 하 니〔習〕 또한 기쁘지〔亦說〕 않〔不〕으냐〔乎〕?"가 된다.

또 다른 예로서, "有下朋이 自Ⅱ遠方Ⅰ來上면 不Ⅱ亦樂Ⅰ乎아?"에 서는,

下·上이 있으므로 먼저 上 부분인 '朋이 自Ⅱ遠方Ⅰ來'를 새기는데, 이 上 부분에는 다시 Ⅱ와 Ⅰ이 있으므로 Ⅰ 부분인 '遠方'을 먼저 새 긴 다음 Ⅱ 부분인 '自'를 새기고, 그런 다음 순서대로 나머지 '來'를

새겨서 上 부분을 모두 새긴 다음 맨 앞의 下 부분인 '有'를 새김으로써 下 부분과 上 부분을 모두 새기게 된다. 그 다음에 그 뒤의 Ⅰ 부분의 '亦樂'을 먼저 새기고, Ⅱ 부분의 '不'을 두 번째로 새기고, 나머지 '乎'를 새기게 되면 전체 문장을 모두 새긴 것이 된다. 따라서 전체를 새겨보면, "벗이〔朋〕 먼 곳〔遠方〕으로부터〔自〕 옴〔來〕이 있으면〔有〕 또한 즐겁지〔亦樂〕 않〔不〕으냐〔乎〕?"가 된다.

이렇게 새기는 것을 반복하다 보면 소위 문리(文理)가 틔게 될 것이라 생각한다. 끝으로, 새기는 순서 표시는 《四書句讀大全》〔山鹿素行先生全集刊行會編. 1919〕을 참고하였음을 밝혀둔다.

2018년 8월
권갑현(權甲鉉) 씀

범례(凡例)

1. 이 책은 《논어》의 원문을 직역(直譯)하고 이밖에 주해(註解)로써 어(語)나 구(句)를 풀었으며, 아울러 각 장마다 해설을 붙여 《논어》의 개요(槪要)와 공자의 사상을 누구나 쉽게 이해할 수 있도록 엮었다.

2. 《논어》의 원문은 예문서관(藝文書館) 인행(印行) 십삼경(十三經) 주소판(註疏版)을 위주로 했고, 분장(分章)은 주자(朱子)의 《논어집주(論語集註)》에 의했으나, 역자가 임의로 개경(改更)한 곳도 있다.

3. 원문의 토(吐)는 역자로서는 반대했던 것이나 한국 한문학계의 관습을 아주 무시할 수 없다는 출판사측의 주장에 따라 주로 정본(正本) 논어집주본(論語集註本)에 따라 편집부에서 달은 것임을 밝혀둔다.

4. 주해는 정현(鄭玄)의 《논어주(論語注)》, 황간(皇侃)의 《논어의소(論語義疏)》, 형병(邢昺)의 소(疏), 주자(朱子)의 《논어집주(論語集註)》, 유보남(劉寶楠)의 《논어정의(論語正義)》 등을 참고로 했다. 단 역자의 주견을 많이 삽입한 점도 있음을 밝혀둔다.

5. 해설은 완전히 역자의 주견으로 했으며, 《논어》의 정신과 공자의 사상을 살리기에 애를 썼다.

6. 뜻풀이는 되도록 쉬운 우리말로 현대적 감각에 맞도록 애를 썼으나, 그렇다고 고전이 지니는 무게를 아주 넘나지 않도록 했다.

7. 권말(卷末)에는 색인을 붙여 독서의 편의에 이바지하고자 했다.

8. 별책으로 펴낸 한글 《논어》는 독자의 이해를 돕기 위해 직역을 피하고 의역을 했을 뿐 아니라 평이한 문체로 집필하였다.

차례

『논어』는 매 편마다 첫 장의 처음 두 글자를 따서 편명으로 삼았다. 제1편의 첫 구절이 '학이시습지(學而時習之)'이므로 「학이(學而)」를 편명으로 삼았다.

『논어』는 총 20편이며, 그중에서도 제1편이 가장 중요하다. 황간(皇侃)이 '학이편'을 『논어』의 첫 편으로 내세운 이유는 『예기(禮記)』 「학기편(學記篇)」에서 "옥돌은 다듬지 않으면 옥기가 되지 못하고, 사람은 배우지 않으면 도를 모른다〔玉不琢 不成器 人不學 不知道〕."라고 했듯이 배워야 훌륭한 사람이 될 수 있음을 밝히기 위해서다.'라고 말했다.

주자(朱子)는 '배우는 사람이 힘써야 할 글이 많다. 이는 곧 도에 들어가는 관문이고 덕을 쌓는 바탕이다. 배우는 사람이 먼저 힘써야 할 글들이다〔所記多務本之意 乃入道之門 積德之基 學者之先務也〕.'라고 주를 달았다. 제1편 「학이편」은 총 16장으로 되어 있다.

주자가 말한 도(道)와 덕(德)의 뜻을 바르게 깊이 알아야 한다. 도(道)는 눈에 보이지 않는 형이상(形而上)의 도리(道理)며 법칙(法則)이며, 그 근원은 하늘의 도리, 즉 천도(天道)이다. 덕(德)은 득(得)과 뜻이 통한다. 도를 따르고 실천해서 얻어진 좋은 성과를 덕이라 한다. 좋은 성과는 눈에 보이게 현실로 땅 위에 나타난다. 따라서 지덕(地德)이라고도 한다. 결국 주자는 '배움이 곧 천도를 깨닫고 실천해서 지덕을 세우는 바탕이다.'라고 한 것이다.

천도는 곧 만물을 생성(生成)·번성(繁盛)하는 절대선(絶對善)의 우주(宇宙)의 도리요, 법칙이다. 그러므로 지덕을 세운다 함은, 곧 우주적 차원에서 만민이 함께 잘 사는 진정한 평화 세계를 창건함이다. 이를 '평천하(平天下)'라고 한다. 사람이 바르게 배우고 천도를 알고 실천해야 평천하할 수 있다.

1-1

공자가 말했다. "배우고 때에 맞추어 실습을 하니 또한 기쁘지 않으냐. 뜻을 같이 하는 벗이 멀리서 찾아오니 또한 즐겁지 않으냐. 나를 남들이 알아주지 않아도 노여워하지 않으니 참으로 군자가 아니겠느냐."

[原文]

子ㅣ 曰 學而時習>之면 不ⅱ亦說ㅣ乎아. 有>朋이
자　 왈 학이시습 지　 불 역열 호　 유 붕

自ⅱ遠方ㅣ來면 不ⅱ亦樂ㅣ乎아 人不>知而不>慍이
자 원방 래　 불 역락 호　 인부 지이불 온

면 不ⅱ亦君子ㅣ乎아.
불 역군자 호

[가사체 번역문]

공자께서 말하셨다
스승에게 배운것을 때맞추어 복습하니 기쁜일이 아니겠나
벗님들과 동지들이 먼곳에서 찾아오니 즐거운일 아니겠나
사람들이 나란存在 알아주지 아니해도
　　　　 존재
노여하지 아니하니 또한군자 아니겠나

[註解] ○子(자) ─ 남자의 존칭, 선생. 『논어』에서는 주로 공자(孔子)를 지칭한다. ○學(학) ─ 일반적으로 '배우고 알다'의 뜻으로 풀이한다. 그러나 '깨닫고〔覺〕, 본받고 따라 행한다〔效〕.'는 뜻도 포함하고 있다. 배움의 첫

번째는 예의범절, 윤리도덕의 실천이다. 그리고 경서(經書)의 글이나 육예(六藝)의 여러 가지 기능을 배우고 몸에 익혀야 한다. 그래야 사람다운 사람이 되고 따라서 덕치(德治)에 참여할 군자(君子)가 될 수 있다. 육예는 선비의 필수 교양인 '예(禮)·악(樂)·사(射)·어(御)·서(書)·수(數)'이다. 특히 깨달음 속에는 절대선(絕對善)인 천도(天道)를 깨닫고 행한다는 뜻이 강조되어 있다. 『백호통(白虎通)』에는 '학(學)은 각(覺)이다. 전에 몰랐던 것을 배워 깨닫는다의 뜻이다(學者覺也 覺悟所未知也).'라 했고, 또 주자(朱子)는 학(學)을 '본받을 효(效)'라 풀었다. ㅇ時(시)—'언제나, 혹은 때때로'의 뜻으로 풀이한다. 그러나 '때에 맞추어, 혹은 적절한 때'로 해석함이 좋다. ㅇ習(습)—좁게는 복습하고 익힌다. 넓게는 기능이나 예절을 실습하고 숙달한다는 뜻이다. ㅇ不亦…乎(불역…호)—직역하면 '또한 …하지 않은가', 즉 반문으로 뜻을 강조했다. ㅇ說(열)—기쁠 열(悅)과 같다. 마음속의 기쁨이나 즐거움. ㅇ有(유)—있다. 여기서는 친구가 온다는 현상(現象)을 표시하는 동사. ㅇ朋(붕)—벗, 친구, 동무 같은 스승에게 배운 글벗을 붕(朋)이라 하고, 뜻이나 지향(志向)을 같이 하는 벗을 우(友)라 한다. ㅇ自遠方來(자원방래)—먼 곳에서 찾아온다. 모여든다. 자(自)는 '~로부터'. ㅇ樂(락)—밖으로 넘치는 즐거움. ㅇ人不知(인부지)—남이 알아주지 않는다. 즉 나의 실력이나 가치를 바르게 인정해주지 않는다. ㅇ不慍(불온)—화를 내거나 노여워하지 않는다. 마음속에 노여움이나 원한을 품지 않는다. ㅇ君子(군자)—높은 학문과 덕행을 겸비한 지식인, 엘리트. 군자는 '지(知)·인(仁)·용(勇)의 삼달덕(三達德)'을 갖추어야 한다. 경(卿)·대부(大夫) 등 지체 높은 사람도 군자라 한다.

[解說]

배워야 바르게 도리를 알고 착하게 살 수 있다. 착한 사람이 많아야 좋은 공동체를 형성할 수 있다. 좋은 공동체는 곧 '사람들이 서로 사랑하고 협동해서 함께 잘 사는 가정·사회·국가 및 세계'를 말한다. 좋은 공동체를 창건하고 바른 덕치(德治)를 펴는 일은 혼자만으로는 성취할 수 없다.

학문과 덕행이 높은 군자(君子)들이 많이 모여서 세(勢)를 형성해야 한다. 그래서 공자는 '벗들이 멀리서 오니 즐겁지 않으냐?〔有朋自遠方來 不亦樂乎〕'라고 했다.

그러나 이상세계의 창건은 일부의 힘만으로는 성취되지 않는다. 하늘의 운세가 따라야 한다. 정치 참여자들이 바른 도리를 깨닫고 따라야 한다. 난세의 통치자들은 천도를 알지 못하고 반대로 동물적 본능이나 이기적 탐욕만을 바탕으로 악한 짓을 저지른다. 그러므로 학덕(學德)이 높은 군자들을 무시하고 소외하게 마련이다. 그래도 군자는 노여워하지 않아야 한다. 그래서 공자는 '남이 알아주지 않아도 노여움을 품지 않으니, 참으로 군자가 아니냐?〔人不知而不慍 不亦君子乎〕'라고 했다.

1-2

유자가 말했다. "사람됨이 부모에게 효성하고 형장(兄長)에게 공경하는 '착한 인간으로서' 윗사람 침범하기를 좋아하는 그런 사람은 거의 없다. 윗사람 침범하기를 좋아하지 않으면서 난동하기를 좋아하는, 그런 사람은 아직까지 없었다."

"군자는 근본에 힘을 써야 한다. 근본이 서야 도가 생긴다. 부모에 대한 효도와 형장에 대한 공경이 바로 인(仁)을 이룩하는 근본이다."

[原文]

有子ㅣ 曰 其爲>人也ㅣ 孝弟오 而好>犯上者ㅣ
유 자   왈 기위 인야   효제   이호 범상자

鮮矣니 不>好>犯>上이오. 而好>作>亂者ㅣ 未Ⅱ之
선 의   불호범상   이호작란자   미 지

有Ⅰ也ㅣ니라. 君子는 務>本이니 本立而道生하나니
유 야   군 자   무 본   본립이도생

孝弟也者는 其爲>仁之本與인저.
효제야자   기위 인지본여

[가사체 번역문]

有子께서 말하였다
유자

그사람의 사람됨이 부모님을 잘모시고

兄弟友愛 있는자는 세상으로 나가서도
형제우애

위엣사람 범하기를 좋아함이 드무니라

위엣사람 범하기를 좋아하지 않으면서

난동하기 좋아하는 그런사람 본적없네

군자라면 모름지기 근본부터 힘써야네

이미근본 섰다면은 바른道理 나타나리

孝道友愛 이게바로 仁을하는 뿌리니라
효도우애   인

[註解] ㅇ有子(유자)─공자의 제자. 성은 유(有), 이름은 약(若). 노(魯)나라

사람으로 공자보다 나이가 13세나 어리다고 전한다. 『논어』에서 다른 제자들은 자(字)로써 불렀다. 그러나 유약(有若)과 증삼(曾參)에게 '자(子)'라는 존칭을 붙인 것은 혹 그들의 제자가 편찬했기 때문일 것이다. 염유(冉有)와 민자건(閔子騫)에게도 간혹 '자'를 붙였다. ○其爲人也(기위인야)─그 사람됨이. ○孝(효)─부모에게 효도(孝道)하고, 효순(孝順)한다. ○弟(제)─아우가 형을 공경한다. 공경할 제(悌)와 같다. ○而(이)─그러면서. ○好犯上(호범상)─윗사람을 능멸하고 침범하기를 좋아하다. ○好犯上者(호범상자)─윗사람 능멸하고 침범하기를 좋아하는 그런 사람. ○鮮矣(선의)─적다, 드물다, 거의 없다. ○不好犯上(불호범상)─윗사람 침범하기를 좋아하지 않으면서. ○好作亂(호작란)─난을 일으키기를 좋아하다. ○不好犯上而好作亂者(불호범상 이호작란자)─범상(犯上)을 좋아하지 않으면서 작란(作亂)을 좋아하는 자. ○未之有也(미지유야)─아직 없었다. 있어 본 일이 없다. '미(未, 부정사)' 다음에 '지(之, 빈어)'가 왔다. '지(之)'는 원래 '유(有, 동사)'의 목적어다. ○君子務本(군자무본)─군자는 근본에 힘을 쓰다. ○本立而道生(본립이도생)─근본이 바르게 서야 바른길이 생긴다. ○孝弟也者(효제야자)─효와 제는. 야자(也者)는 단절을 나타내는 어조사. ○其爲仁之本與(기위인지본여)─'그것이 바로' 인(仁)을 이룩하는 근본이다. 여(與)는 여(歟)와 같으며 어조사로 '…일 것이다.'

[解說]

인(仁)은 공자 사상의 핵심이며, 『논어』에만도, 백 번 이상 나온다. 그러나 공자는 인에 대한 정의를 딱 떨어지게 내린 바가 없다. 다만 인에 대한 실천을 사람과 경우에 따라 여러 가지로 설명했을 뿐이다. 그러나 후세의 학자들은 인의 기본적인 뜻을 대략 다음과 같이 요약했다.

'인은 인야(仁人也)'라 했다. 즉 '인은 사람이 행하는 덕행이다.'라는 뜻이다. 오늘날의 말로 '인은 곧 휴머니즘(humanism)이다.'라고 말할 수 있다.

공자는 '인은 남을 사랑함이다〔仁愛人也〕.'라고 말했다. 즉 '인은 남을 사랑하는 덕행이다.'라는 뜻이다. 사람은 하늘로부터 착한 성품을 받아 지니고 있다. 그 착한 성품의 기본이 곧 인심(仁心)이다. 인심은 남을 사랑하고 키워주는 자애심(慈愛心)이다. 인심은 사람만을 애육(愛育)하는 데 멈추지 않고, 자연 만물에 대한 사랑으로 확대된다. 그러므로 인(仁)을 '사람들을 사랑하고 만물을 이롭게 육성함이다〔愛人利物〕.'라고 한다.

또 공자는 '인은 두 사람이다〔仁二人也〕.'라고 말했다. 즉 '너와 내'가 서로 사랑하고 협동하는 것이 인이다. 사람은 어려서부터 부모에게 효도하고 형제간에 우애하는 생활을 몸에 익혀야 한다. 부모와 자식 간의 종적(縱的)인 '사랑과 협동'을 한마디로 효(孝)라 하고, 형제간의 횡적(橫的)인 '우애와 협동'을 한마디로 제(弟 = 悌)라고 한다. 가정에서 '종적 횡적 사랑과 협동'을 실천하고 익히면 사회에 나가서도 종적 횡적으로 모든 사람과 잘 어울리고 서로 사랑하고 협동하게 된다. 그러므로 유자가 '효제가 인을 이룩하는 근본〔孝弟也者 爲仁之本〕'이라고 말한 것이다.

인(仁)은 인심(仁心)을 바탕으로 모든 사람과 자연 만물을 사랑하고 키워주는 인덕(仁德)의 핵심이다. 인은 인간 사회에서는 윤리 도덕의 핵심이 되고, 자연 세계에서는 만물을 육성하고 발전케 하는 '사랑의 핵심, 곧 휴머니즘'이 된다.

1-3

공자가 말했다. "말을 듣기 좋게 잘하고 용모를 보기 좋게 꾸미는 사람은 참된 인심(仁心)이나 인덕(仁德)이 없다."

[原文]

子ㅣ 曰 巧>言令>色이 鮮矣仁이니라.
자　왈　교　언　령　색　선　의　인

[가사체 번역문]

　공자께서 말하셨다
　듣기좋게 말을하고 얼굴빛을 꾸미는자 어진사람 거의없다

[註解] ○巧言(교언)—말을 듣기 좋게 꾸며서 한다. ○令色(영색)—용모를 보기 좋게 꾸민다. 두 가지는 다 가식(假飾)이다. ○鮮矣仁(선의인)—선(鮮) 은 적다, 거의 없다, 즉 없다는 뜻. 인(仁)은 참된 인심(仁心)과 인덕(仁德)이 다. '선의인(鮮矣仁)' 은 결국 참다운 인(仁)이 없다. 강조하기 위해서 술어 '선의(鮮矣)' 를 앞에 내놓고, 주어 '인(仁)' 을 뒤로 돌렸다.

[解說]

　외면적으로 가식(假飾)하고 아첨하여 남의 환심을 사려는 것은 결국 남을 속이고 자기 이익을 취하려는 짓이다. 왕숙(王肅)은 '간교하게 꾸민 말에는 진실이 없고, 낯을 보기 좋게 꾸민 자는 실질이 없다 〔巧言無實 令色無質〕.' 고 했다. 「자로편(子路篇)」에 '강직하고 의연하고 질박하고 과묵한 사람이 인자에 가깝다〔剛毅木訥近仁〕.'「13-27」라는 말이 있다.

주자는 『집주(集註)』에서 다음과 같이 풀이했다. '말을 듣기 좋게 잘하고 용모나 표정을 보기 좋게 꾸미고, 외면적으로 가식하고 남을 기쁘게 하려고 애쓰는 (그런 자에게는) 이기적이고 사악한 욕심이 마냥 넘치고 반대로 본심에서 나오는 인덕이 없다〔好其言 善其色 致飾於外 務以悅人 則人欲肆 而本心之德亡矣〕.' '인은 본심에서 나오는 온전한 도덕성이다〔仁者本心之全德也〕.'

1-4

증자가 말했다. "나는 날마다 세 가지 일에 대하여 자신을 반성한다. 남을 위해서 일을 도모함에 있어 충성스럽지 못하지는 않았나? 붕우와 사귐에 있어 신의를 저버린 일이 없었나? 스승으로부터 전수받은 학문을 익히지 않은 바 없었는가?"

[原文]

曾子ㅣ 曰 吾ㅣ 日三省ㅛ吾身ㅣ하노니 爲>人謀而
중자 왈 오   일삼성 오신   위 인모이

不>忠乎아? 與ㅛ朋友ㅣ交而不>信乎아? 傳不>習
불 충호   여 붕우 교이불 신호   전불 습

乎아니라?
호

[가사체 번역문]

曾子께서 말하였다
중자

나는매일 세가지로 나自身을 살핀다네
자신

남을위해 일할때에 誠實하게 하였는가
성실

벗님들과 사귈적에 믿음있게 하였는가

傳해받은 가르침을 올바르게 익혔는가
전

[註解] ○曾子(증자)─공자의 제자. 이름은 삼(參), 자는 자여(子輿). 노(魯)나라 무성(武城) 사람, 공자보다 46세 연소하다. 『효경(孝經)』을 저술했다. ○三省(삼성)─주자는 '세 가지 일에 대하여 반성한다.' 로 풀이했다. 하루에 세 번, 혹은 여러 번으로 풀 수도 있다. ○爲人謀(위인모)─남을 위해 일을 도모함에 있어. ○不忠乎(불충호)─불충하지 않았나? 충(忠)은 충성, 성실. 주자는 '자기의 최선을 다함이다〔盡己之謂忠〕.' 라고 풀이했다. ○與朋友交 而不信乎(여붕우교 이불신호)─붕우와 사귐에 있어 신의를 안 지킨 일이 없었나? 신(信)은 자기가 말한 것을 실천함이다. ○傳不習乎(전불습호)─전습 받은 것을 복습하고 충분히 익히지 않은 일이 없었나? (혹은) '불습(不習)을 전하다' 로 풀기도 하나, 적절치 않다.

[解說]

자기 반성은 수양과 인격 도야의 바탕이다. 여기서는 세 가지를 들었지만, 사람의 허물이나 실수는 수없이 많다. 그러므로 모든 실수나 허물을 깊이 반성하고 두 번 다시 되풀이하지 않아야 스스로 발전할 수 있다. 『주역(周易)』 건괘(乾卦)에 있다. '종일 근면 노력하고, 저녁에는 두려운 마음으로 근신해야 허물이 없게 된다〔終日乾

乾 夕惕若 厲无咎].'

1-5

공자가 말했다. "천승(千乘)의 나라를 다스리되 일을 공경히 미덥게 실천하고, 씀씀이를 절약하고 사람들을 사랑하고, 백성들을 적절한 때에 부려 써야 한다."

[原文]

子ㅣ 曰 道Ⅱ千乘之國Ⅰ호되 敬>事而信하며 節>
　자　왈　도　천승지국　　　　　경 사 이 신　　　절

用而愛>人하며 使>民以>時니라.
용 이 애 인　　　사 민 이 시

[가사체 번역문]

공자께서 말하셨다
한나라를 이끌때는 공경하게 일하면서 백성에게 믿음주며
나라살림 절약하고 백성들을 사랑하며 때에맞춰 부려얀다

[註解] ㅇ道(도)─다스리다, 교도(教導)하다. ㅇ千乘之國(천승지국)─전차 (戰車) 천 대를 동원할 수 있는 나라, 즉 제후(諸侯)의 나라. 승(乘)은 사두마 (四頭馬)의 전차(戰車) 한 대, 일승(一乘)의 전차에는 무장한 갑사(甲士) 3명, 보졸(步卒) 72명, 기타 잡역(雜役)을 합해 약 백 명이 따랐으며, 그들이 쓸 무 기·피복·양곡·마량(馬糧)을 운반하는 치중차(輜重車)가 동원되었다. 만

승(萬乘)을 동원하는 나라가 곧 천자(天子)의 나라다. ○敬事(경사)−모든 일을 경건하고 신중한 태도로 받들고 집행한다. ○而信(이신)−그리고 또 신의를 지킨다, 미덥게 한다. 즉 실천한다. ○節用(절용)−모든 씀씀이를 절약한다. ○愛人(애인)−사람을 사랑한다. 특히 선비 계층을 인(人)이라 한다. ○使民以時(사민이시)−적절한 때에 백성을 부려 쓴다. 즉 농번기(農繁期)를 피하고 농한기(農閑期)에 백성들을 부역해 쓴다.

[解說]

'경사이신(敬事而信)·절용이애인(節用而愛人)·사민이시(使民以時)'를 삼사(三事)라 한다. '경(敬)·신(信)·절(節)·애(愛)·시(時)'는 오요(五要)로 인정(仁政)의 요체(要諦)다. 위정자가 천도를 기준으로 모든 일을 신중히 처리하면 백성들의 신망을 얻는다. 또 백성을 사랑하는 인심(仁心)을 바탕으로 국가의 씀씀이를 절약하고 아울러 때를 가려 백성들을 동원하고 부려 써야 한다.

1-6

공자가 말했다. "어린 사람은 안에서는 부모에게 효도하고 밖에서는 연장자에게 공손하며, 언행을 성실하고 미덥게 해야 한다. 널리 모든 사람들을 사랑하되 특히 인덕 있는 사람과 친하게 해야 한다. 이들을 잘 행하고도 여력이 있으면 글을 배워야 한다."

[原文]

子ㅣ 曰 弟子ㅣ 入則孝하고 出則弟하며 謹而信하
자 왈 제자 입즉효   출즉제   근이신

며 汎愛>衆호되 而親>仁이니 行有ㅐ餘力ㅣ이어든
범애 중   이친 인   행유 여력

則以學>文이니라.
즉 이 학 문

[가사체 번역문]

공자께서 말하셨다

나이어린 사람들은 집에들면 효도하고 밖에서는 공손하며

조심하고 미더우며 모든사람 사랑하되 어진者를 親히하라
자 친

이러고도 힘남으면 글배우고 책읽어라

[註解] ○弟子(제자)−자식이나 동생이 되는 사람. ○入則孝(입즉효)−집
안에서는 부모에게 효도한다. ○出則弟(출즉제)−밖에 나가서는 연장자에
게 공순(恭順)한다. ○謹(근)−언행(言行)을 성실하고 신중하게 함. ○信
(신)−신의를 지키다, 말을 실천한다. ○汎愛衆(범애중)−넓게 모든 사람을
사랑한다. ○而親仁(이친인)−특히 인덕을 갖춘 인자(仁者)를 가까이 모시
고 친애해야 한다. ○行有餘力(행유여력)−이상의 것을 다 실천하고도 여력
이 있으면. ○則以學文(즉이학문)−비로소 글을 배운다. 문(文)은 『시경(詩
經)』,『서경(書經)』 및 『예악(禮樂)』이나 문물제도를 포함한다.

[解說]

덕행의 실천을 앞세운 말이다. 가정에서는 인(仁)의 근본이 되는

효도(孝道)를 실천하고, 사회에 나가서는 연장자를 공경하는 제(悌)를 실천하고, 특히 인자(仁者)를 존경하고 그를 따라 인덕(仁德)을 세워야 한다. 그런 다음에 학문 지식을 배워야 한다. 학식이나 재능보다 덕(德)을 앞세우기를 강조한 말이다.

1-7

자하가 말했다. "어진 사람을 어질게 여기는 것을 아름다운 미인을 좋아하듯이 하고, 부모를 섬김에 전력을 기울이고, 임금을 섬김에 몸을 바칠 줄 알며, 벗과 사귐에 말한 바를 신실하게 실천한다. (이렇게 한다면) 비록 글을 배우지 않았다 해도, 나는 반드시 그를 가리켜 배운 사람이라 평가하리라."

[原文]

子夏ㅣ 曰 賢>賢하되 易>色하며 事Ⅱ父母ㅣ하되
자 하 왈 현 현   역 색   사 부 모

能竭Ⅱ其力ㅣ하며 事>君하되 能致Ⅱ其身ㅣ하며 與Ⅱ
능 갈 기 력   사 군   능 치 기 신   여

朋友ㅣ交하되 言而有>信이면 雖>曰>未>學이라도
붕 우 교   언 이 유 신   수 왈 미 학

吾必謂Ⅱ之學ㅣ矣라 하리라.
오 필 위 지 학 의

[가사체 번역문]

子夏께서 말하였다
자 하
어진이를 받들때는 美色보듯 해야하고
미 색
부모님을 섬길때는 힘을다해 효도하며
나라임금 섬길때는 충성함에 몸바치고
벗님들과 사귈때는 믿음있게 말하거라
이와같이 하는자는 비록글을 못배워도
나는그를 꼭반드시 배운자라 말하리라

【註解】 ○子夏(자하)─공자의 제자. 성은 복(卜), 이름은 상(商). 공자보다 44세 어리다. 자유(子游)와 함께 문학과 학문에 뛰어났다. ○賢賢(현현)─앞의 현(賢)은 동사로 '어질게 여기고 높인다' 의 뜻. 뒤의 현(賢)은 명사로 현명한 사람. 현인. ○易色(역색)─아름다운 미인을 좋아하는 것처럼. 역(易)을 여(如)로 풀이한다〔王念孫〕. 전에는 '안색이 변한다, 여색과 바꾸다, 혹은 여색을 가볍게 여기다.' 로 풀었다. 또 현현(賢賢)을 '부인이 남편의 현명한 덕을 높인다.' 역색(易色)을 '남편이 자기 부인을 미색의 대상으로 보지 않고 동반자로 존중하고 부부의 도리를 다한다.' 로 풀기도 했다. ○事父母(사부모)─집안에서 부모를 잘 섬기고 효도를 한다. ○能竭其力(능갈기력)─능히 자기의 힘을 다 기울이다. 전력을 다하다. ○事君(사군)─임금을 받들고 섬기다. ○能致其身(능치기신)─능히 자신을 다 바친다. 전심전력으로 충성한다. ○與朋友交(여붕우교)─붕우와 사귄다. 교제한다. ○言而有信(언이유신)─자기가 한 말이나 약속을 반드시 행동으로 실천한다. 이행하고 좋은 열매를 맺다. ○雖曰未學(수왈미학)─비록 아직 글을 배우지 않았다고 해도. ○吾必謂之學矣(오필위지학의)─나는 반드시 그를 두고 배운 사람이라고 말하리라.

[解說]

　인간의 동물적 본능은 식(食)과 색(色)이다. 음식을 먹어야 개체(個體)를 보존하고 활동할 수 있다. 남녀가 짝짓기를 해야 종족(種族)이 이어지고 또 번식한다. 그러나 인간의 존엄성은 동물적 식색(食色)보다도, 정신적 도덕생활에 있게 마련이다. 만약에 모든 사람들이 윤리 도덕을 무시하고 오로지 동물적·이기적 욕구만을 채우기 위해 서로 싸우고 폭력으로 남의 재물을 쟁취한다면 그 공동체는 종국적으로는 파멸할 것이다. 그러므로 공자는 인(仁)을 최고의 덕목으로 내걸고, 따르고 실천하라고 가르쳤던 것이다. 인(仁)은 '서로 사랑하고 협동하여 함께 잘 사는 덕행'이다.

　'현현역색(賢賢易色)'은 곧 '성현의 가르침과 말을 존중하고 따르고 행하기를 흡사 본능을 추구하듯이 하라는 뜻'이다. 「자한편(子罕篇)」에도 '공자가 말했다. 여색 좋아하듯이 덕행을 좋아하는 사람을 나는 아직 보지 못했다〔子曰 吾未見如好德 如好色者也〕.' 「9-18」라는 말이 있다.

　유교는 배우고 안 것을 실천하는 것을 중시한다. 국가에서 학덕(學德)이 높은 성현을 존경하고 받들어야 한다. 그래야 공동체가 바르게 잡힌다. 반대로 이기적 야욕을 채우기 위해 무력을 행사하고 남의 재물을 갈취하는 악덕한 이나, 관능적 쾌락이나 여색만을 탐하는 인간들이 많으면 그 나라는 타락하고 멸망한다. 그러므로 여색을 탐하듯이 현인을 높이고 존경해야 한다. 그래야 나라의 기풍이 진작되고 흥한다. 또 윤리 도덕을 실천해야 한다. 가정에서는 부모에게 효도하고 나라나 임금에 대해서는 자기 몸을 아끼지 않고 전력을 기울여 충성하고 공헌해야 한다. 한편 친구나 동료들은 서로 신의를 지켜야 한다. 그래야 정의로운 사회가 된다.

1-8

　공자가 말했다. "군자는 무게가 없으면 위엄이 없다. 배워야 고루하지 않다. 충성과 신의를 지켜라. 나만 못한 자를 벗하지 마라. 잘못하면 즉시 꺼리지 말고 고쳐라."

[原文]

子ㅣ 曰 君子ㅣ 不>重則不>威니 學則不>固니라.
자　왈　군자　부　중즉불　위　　학즉불　고

主ⅠⅠ忠信Ⅰ하며 無>友ⅠⅠ不>如>己者Ⅰ오. 過則勿>憚
주　충신　　　무　우　불　여　기자Ⅰ　　　과즉물　탄

>改니라.
개

[가사체 번역문]

　공자께서 말하셨다

　군자로서 가벼우면 위엄없고 권위없지

　공부하고 배워야만 고집불통 아니된다

　그어떠한 경우라도 忠誠信義 主로하라
　　　　　　　　　　충성신의　주

　나만못한 사람들은 내벗으로 삼지마라

　혹시過失 있거들랑 주저없이 고치거라
　　　과실

【註解】 ○君子不重(군자부중)―군자는 그 언행(言行)이 무게가 없으면. 중(重)은 '인품이나 행동거지가 돈후신중(敦厚慎重)하다'는 뜻. 경거망동(輕擧妄動)의 반대. ○不威(불위)―위엄이 없다. ○學則不固(학즉불고)―배워야 고집스럽지 않다. 고(固)는 고루하다, 도리에 통하지 않고 꽉 막혔다는 뜻. ○主忠信(주충신)―충과 신을 위주로 하라. 충성과 신의를 굳게 지켜라. ○無友(무우)―벗하지 마라, 벗으로 삼지 마라. ○不如己者(불여기자)―나만 못한 사람, 학문이나 덕행이 나보다 처지는 사람. ○無友不如己者(무우불여기자)― '학문이나 덕행이' 나보다 못한 사람과 벗하지 마라. ○過(과)―과실. 잘못하다. ○勿(물)― '…하지 마라.' ○憚(탄)―꺼리다, 주저하다. ○勿憚改(물탄개)―꺼리거나 주저하지 말고 '즉시' 고쳐라.

【解說】

군자는 인격적으로 무게와 권위가 있어야 한다. 그러기 위해서는 잘 배우고 도리에 통달해야 한다. 아울러 언행을 신중하게 해야 한다. 군자들은 항상 배우고 덕행을 높이고, 또 서로 절차탁마(切磋琢磨)해야 한다. 그래야 사회나 국가 전체가 향상 발전한다. 그러므로 못난 사람과 어울려 놀기만 하고 함께 후퇴하거나 정체하면 안 된다.

1-9

증자가 말했다. "부모의 상을 신중히 모시고 선조의 제사를 잘 받들고 추모하면 백성들의 덕성이 한결 돈후하게 되리라."

曾子ㅣ 曰 愼>終追>遠이면 民德이 歸>厚矣리라.
증자 왈 신 종 추 원 민 덕 귀 후 의

[가사체 번역문]

曾子께서 말하였다
증자

부모님의 喪禮節次 정성스레 잘모시고 祖上祭祀 잘받들면
상 례 절 차 조 상 제 사

백성들의 德行또한 두터웁게 될것이다
덕 행

[註解] ○愼終(신종)－부모님의 사망을 진정으로 애도하고 장례를 정성껏
정중하게 치르다. 또 3년간의 거상을 충심으로 애도하고 지킨다. ○追遠
(추원)－선조의 제사를 정성껏 모시고, 그들의 영혼을 위안하고, 아울러 선
조의 정신이나 업적을 추모한다. ○民德(민덕)－백성들의 덕성이나 기풍
이. ○歸厚矣(귀후의)－돈후하게 된다. 귀(歸)는 돌아가다. …하게 된다.

[解說]

『예기(禮記)』「제통편(祭統篇)」에 이런 말이 있다. '효자의 부모 섬
김에는 세 가지 도리가 있다. 생존 시에는 정성으로 봉양하고, 돌아
가시면 애통하며 장례를 치르고, 그후에는 경건하게 때맞추어 제사
를 모신다〔孝子之事親也 有三道焉 生則養 沒則喪 喪畢則祭〕.' 이를
『논어』에서는 '신종추원(愼終追遠)'이라고 요약했다.

이와 같은 효도를, 특히 백성을 다스리는 임금이 솔선수범해야
한다. 그래야 백성들이 교화되고 민풍(民風)도 돈후하게 될 것이다.

백성들의 덕성을 순화하고 국민의 기풍을 온유돈후(溫柔敦厚)하게 교화하는 것이 인정(仁政)의 기본이다. 효도(孝道)가 인간의 존엄성의 근간이다. 아울러 부모님의 장례를 엄숙하게 치르고, 또 제사를 경건하게 모시는 것이 최고의 효도이다. 사람만이 '신종추원' 한다.

인간의 육체적 삶은 태어남으로 시작하고 죽음으로 종결된다. 그러나 인간의 정신적·문화적 삶이나 업적은 후손이나 후세의 모든 사람들에게도 이어지고 또 영향을 준다. 그래서 인류의 문화가 계승되고 발전하는 것이다.

1-10

자금이 자공에게 물었다. "선생께서는 어느 나라에 가시든지, 반드시 그 나라 (임금으로부터) 정치에 관한 상당의 말을 들으시는데, 그것은 선생께서 먼저 요청한 것입니까? 혹은 그 나라 임금이 자진해서 말하는 것입니까?"

자공이 말했다. "선생께서는 온화·선량·엄숙·검박·겸양의 다섯 가지 덕으로써 (남을 감화하시고, 그 결과) 정치에 대한 상당의 말을 들으신다. (그러므로 설사 선생께서 먼저 듣고자 하셨다 해도) 그것은 다른 사람들이 구하는 태도와는 다르다."

子禽이 問▯於子貢ㅣ 曰 夫子ㅣ 至▯於是邦ㅣ也
자금　　문　어자공　　왈　부자　지　어시방　야

하사 必聞▯其政ㅣ하시나니 求>之與아? 抑與>之與
　　　필문　기정ㅣ하시나니　구 지여　　억여지여

아? 子貢이 曰 夫子는 溫良恭儉讓以得>之시니 夫
　　자공　왈　부자　온량공검양이득 지　　　부

子之求>之也는 其諸異▯乎人之求ㅣ>之與인저.
자지구 지야　기저이 호인지구　　지여

[가사체 번역문]

　子禽께서 子貢에게 다음같이 물었다네
　자금　　자공

　선생께선 이곳저곳 어느나라 가시든지

　꼭반드시 그나라의 政治諮問 받으시니
　　　　　　　　　　　정치자문

　선생께서 그에대해 먼저요청 하셨나요

　그나라의 임금께서 自進해서 물었나요
　　　　　　　　　　자진

　子貢께서 말하였다
　자하

　선생께선 溫和善良 恭遜節約 謙讓같은
　　　　　온화선량 공손절약 검양

　다섯가지 德이있어 그런待接 받으시지
　　　　　덕　　　　　대접

　선생께서 물으신건 세상사람 自進해서
　　　　　　　　　　　　　　자진

　벼슬자리 求한것과 判異하게 다르다네
　　　　　구　　　　판이

[註解] ㅇ子禽(자금)―공자의 제자. 성은 진(陳), 이름은 항(亢). 위(衛)나라
출생으로 공자보다 나이가 40세나 어리다. 일설에는 자공(子貢)의 제자로
공자에게 직접 배우지는 않았다고 한다. ㅇ子貢(자공)―공자의 수제자. 성

은 단목(端木), 이름은 사(賜). 위(衛)나라 사람, 공자보다 31세 연하였다. 언어에 뛰어났으며, 노(魯)와 위(衛)나라에서 외교활동을 성공적으로 한 일도 있다. 자공은 이재(理財)에 밝아 부를 축적하고 공자 문중의 활동에 경제적으로 도움을 주기도 했다. ○夫子(부자)―선생님, 여기서는 공자를 말함. ○至於是邦也(지어시방야)―그 나라에 도달하다, 가다. 시(是)는 어느 나라든지 가면 바로 '그 나라'의 뜻. ○必聞其政(필문기정)―반드시 그 나라의 (임금으로부터) 정치에 대한 상담의 말을 듣는다. 공자가 가는 나라마다 그 나라의 임금이 공자에게 자기 나라의 정사에 대해서 문의한다는 뜻. ○求之與(구지여)―공자가 먼저 요청한 것이냐? 여(與)는 어조사 여(歟)와 같다. ○抑(억)―오히려, 혹은, 그렇지 않고. ○與之與(여지여)―공자에게 주어지는 것이냐? 앞의 여(與)는 '~에게 준다'의 뜻, 뒤의 여(與)는 어조사 여(歟)와 같다. ○溫良恭儉讓(온량공검양)―'온화·선량·엄숙·검박·겸양'의 다섯 가지 덕을 바탕으로 하고. ○以得之(이득지)―그 나라 임금과의 정치적 문의에 참여할 수 있다. ○夫子之求之也(부자지구지야)―(설사) 선생이 자진해서 정치적 문의를 요청했다고 해도 (그 태도는). ○其諸(기제)―'그것은 저…'의 뜻. 제(齊)나라의 방언으로 어조사(語助辭). ○異乎人之求之與(이호인지구지여)―다른 사람이 (벼슬자리나 이득을 얻으려고) 자진해서 요청한 것과는 다르다.

[解說]

공자는 학문과 덕행을 겸비한 군자들을 배양하고 그들을 현실정치에 참여시킴으로써 인정(仁政)과 덕치(德治)를 실현하고자 염원했다. 그래서 공자는 여러 나라를 방문했고, 가는 곳마다 그 나라 임금과 정치에 대한 논의(論議)를 전개하려고 애를 썼다.

그러나 공자는 다른 유세객(遊說客)들과는 달랐다. 다른 유세객들은 권모술수(權謀術數)와 강병부국(强兵富國)의 책략을 가지고 임금에게 접근하고 설득하려 했다. 하지만 공자는 그들과는 정반대가 되는 예치(禮治)와 인정(仁政)의 대도(大道)를 알리고자 했던 것이다. 특히 공자는 '온량공검양(溫良恭儉讓)'의 오덕(五德)을 바탕으로 임금을 감화시키려고 했던 것이다. 그러므로 자공은 '다른 사람들과는 크게 틀린다' 고 말한 것이다.

『사서대전(四書大全)』에 이런 말이 있다. '공자는 빛나는 성덕으로 다른 사람과 접했다〔夫子之盛德光輝 接於人者也〕.' '그 임금이 공자를 존경하고 믿고 자진해서 정치에 대한 문의를 한 것이다〔時君敬信 自以其政 就而問之耳〕.'

1-11

공자가 말했다. "부친이 살아 계시면 어른의 뜻을 살펴 따라야 하고, 이미 돌아가셨으면 생존 시의 행적을 살펴 본으로 삼아야 한다. 3년간을 두고 선친의 도를 고치지 않아야 비로소 효라 할 수 있다."

〔原文〕

子ㅣ曰 父在에 觀ㅠ其志ㅣ오 父沒에 觀ㅠ其行ㅣ이
자 왈 부재 관 기지 부몰 관 기행

나 三年을 無>改ㅠ於父之道ㅣ라야 可>謂>孝矣니라.
삼 년 무 개 어부지도 가 위 효의

【가사체 번역문】

공자께서 말하셨다

아버지가 계시면은 어른뜻을 잘살펴서 그에맞게 행동하고

아버지가 안계시면 생존시의 행적살펴 본보기로 삼아얀다

삼년동안 先親道를 고치잖고 따른다면 이를두고 孝라하리
　　　　　　선친도　　　　　　　　　　　　　　　효

【註解】 ○父在(부재)—부친이 살아 계시다, 부친 생존 시에는. ○觀其志 (관기지)—(자식이) 부친의 뜻이나 의향을 살피고 (행동한다). ○父沒(부몰)—부친이 이미 돌아가셨으면. 사후에는. ○觀其行(관기행)—부친 생존 시의 행적을 살피고 본으로 삼는다. ○三年(삼년)—정현(鄭玄)은 27개월, 왕숙(王肅)은 25개월이라 했다. ○無改於父之道(무개어부지도)—선친의 도를 고치지 않는다. 도(道)는 원칙이나 방식. 어(於)는 목적어 앞에 오는 조사. ○可謂孝矣(가위효의)—효라고 말할 수 있다. ○觀其志(관기지), 觀其行(관기행)—주자의 해석은 다르다. '자식의 뜻하는 바를 관찰하고, 자식의 행하는 바를 보고'로 풀었으나, 여기서는 취하지 않는다.

【解說】

　　부모님 생존 시에는 정성껏 봉양하고, 돌아가시면 정중하게 장례를 치르고, 또 제사를 잘 모시는 것을 일반적으로 효(孝)라고 한다. 그러나 효도(孝道)에는 높은 차원의 깊은 뜻이 있다. 효도 효(孝)는 본받을 효(效)와 통한다. 크게는 하늘의 도리를 본받고, 따르고, 행한다는 뜻이고, 작게는 선조나 부친의 뜻이나 이상 및 사업을 본받고 따른다는 뜻이다. 즉 가문과 선조의 전통을 계승하고 발전시킨다는 뜻이다.

『중용(中庸)』에서 공자가 말했다.

"주나라의 무왕과 주공단(周公旦)은 효도를 충분히 달성했다. 무릇 효는 선조나 부친의 뜻과 이상을 계승하고 아울러 선조나 부친의 사업을 더욱 발전시키는 것이다〔武王周公 其達孝矣乎 夫孝者 善繼人之志 善述人之事也〕."

즉 무왕과 주공단은 천명(天命)을 받고, 포악무도한 은(殷)나라의 주왕(紂王)을 방벌(放伐)하고 주(周)나라를 세워 천도에 합당한 문물 제도 및 예악(禮樂)을 제정하고 예치(禮治), 즉 덕치(德治)를 폈다. 이는 곧 크게는 하늘의 뜻과 도리에 호응한 것이고, 작게는 선조 및 부친의 이상과 경륜을 계승하고 성취한 것이다. 그러므로 그들을 효의 달성자라고 칭찬한 것이다. 이와 같이 효도 사상 속에는 역사와 전통을 계승하고 더욱 발전케 한다는 '역사적 발전관(歷史的 發展觀)'이 살아 있다. 인류의 역사와 문화는 선방향(善方向)으로 발전해 나간다. 그러므로 먼저 태어나 역사와 문화 발전에 기여한 선인, 선조 및 부모는 다 착하게 살고, 좋은 공적을 남긴 사람들이다. 그러므로 후생(後生)은 마땅히 '계지술사(繼志述事)' 해야 한다.

위의 경문에 '3년간을 두고 선친의 도를 고치지 않아야 비로소 효라 할 수 있다〔三年無改於父之道 可謂孝矣〕.' 라는 말에 대해서도 여러 가지 설이 있다. 그러나 원칙적으로 부친은 천도를 따라 바르게 살고 역사 문화 발전에 공헌을 했다. 그러므로 효자가 부친의 뜻과 전통을 계승하는 것은 당연하다. 그러나 만약 부친의 도가 잘못된 경우에는 자식은 충간(忠諫)해야 한다. 잘못된 것을 계승하라는 뜻이 아니다.

1-12

유자가 말했다. "예를 시행하는 데는 조화를 귀중하게 여긴다. 선왕의 예도가 그러했으므로 아름답고 좋았다. (그러나) 대소의 모든 일을 조화 위주로만 하면 잘 안될 때가 있다. 조화의 귀중함을 알고 조화롭게 하되, 예로써 조절하지 않으면 역시 안될 수도 있다."

[原文]

有子ㅣ 曰 禮之用이 和爲>貴하니 先王之道ㅣ 斯
유자   왈 예지용   화위귀   선왕지도   사

爲>美라. 小大由>之니라 有>所>不>行하니 知>和
위미   소대유지   유소불행   지화

而和오 不ⅱ以>禮節ⅰ>之면 亦不>可>行也니라.
이화   불 이 예절   지   역불 가 행야

[가사체 번역문]

有子께서 말하였다
유자

禮지키고 行할때는 調和로움 귀중하니
예   행   조화

先王政治 역시調和 아름답고 좋았다네
선왕정치   조화

每事調和 主로하면 안될때가 있으리니
매사조화 주

調和로움 귀중하다 알고믿어 施行하되
조화   시행

禮度로써 調節해야 역시좋게 행해진다
예도   조절

【註解】 ○禮之用(예지용)−예를 시행할 때에는, 예를 적용함에는. '예의 작용'이라고 풀이할 수도 있다. ○和爲貴(화위귀)−조화를 귀중하게 여긴다. 화(和)를 화락(和樂)이라고 풀 수도 있다. 즉 예는 모든 사람을 화목하고 즐겁게 하는 문화적인 생활규범이다. ○先王之道(선왕지도)−선왕들이 나라를 잘 다스리던 원리와 방법. 선왕(先王)은 주(周)나라의 문왕·무왕 및 주공(周公) 같은 성왕(聖王)과 성인(聖人). 요(堯)나 순(舜)까지 올라갈 수도 있다. ○斯爲美(사위미)−예로써 만민을 조화하는 것을 아름답게 여겼다. 미(美)는 선(善). ○小大由之(소대유지)−큰일이나 작은 일이나 그것만을 바탕으로 하면. 지(之)는 화(和)만을 중시하고 예(禮)를 시행한다는 뜻. ○有所不行(유소불행)−잘 행해지지 않을 수가 있다. ○知和而和(지화이화)−예를 시행함에 조화가 중하다는 것을 알고 조화롭게 하되. ○不以禮節之(불이예절지)−엄숙하고 엄격한 예의범절로써 절도있게 조절하지 않으면. ○亦不可行也(역불가행야)−역시 행해지지 않을 수가 있다.

【解說】

　　주자(朱子)는 '소대유지(小大由之)'를 앞에 붙여 읽고 다음과 같이 풀이했다. '예를 시행하는 데는 조화를 귀중히 여기며, 선왕의 도(道)도 이것을 선미(善美)로 여겼으며, 작은 일 큰일 모두를 이에 따랐다〔禮之用 和爲貴 先王之道 斯爲美 小大由之〕.' '그래도 행해지지 않을 것이 있으니, 조화만 알고 조화만 하고, 예로써 조절하고 절도있게 하지 않으면, 또한 일이 성취되지 않는다〔有所不行 知和而和 不以禮節之 亦不可行也〕.'

　　예(禮)라는 한자는 근원적으로 '이(理)와 이(履)'에 통한다. 즉 '하늘의 도리를 따르고 실천한다'는 뜻이 숨어 있다. 예를 외형적인 생활 예술미, 혹은 사회적 행동 규범으로만 좁게 생각하면 안 된다. 예는 내면적으로는 자연 만물이 조화를 이루고 다 함께 살고 발전하는 천도를 따른다는 뜻이다. 그것을 외형적으로 표현한 것이 생활의 예술미이며 동시에 여러 가지 사회적 행동 규범으로 나타난 것이다.

그러므로 사회생활에서 높이는 예의범절이나 혹은 관혼상제 같은 의식이나, 국가적인 차원에서 제정된 문물제도, 전례(典禮)·의식(儀式) 및 예악(禮樂) 등이 다 하늘의 법도를 따라 그 위계와 질서가 엄격하게 정해져 있다. 한편 예절이나 의식은 상하 좌우의 모든 사람을 서로 화목하게 하고 동시에 함께 즐겁게 하는 효능이 있다.

'화목과 즐거움'을 합해서 화락(和樂)이라고 한다. 결국 예를 시행할 때에는 '사람들을 화목하고 즐겁게 해준다는 일면과 사람들로 하여금 위계질서를 엄격하게 따르고 지키게 한다는 양면'을 겸해야 한다. 주자는 『집주』에서 말했다. "엄하면서도 부드럽게, 화락하면서도 절도있는 것이 자연의 이치이고 예의 전체이다〔嚴而泰 和而節 此理之自然 禮之全體也〕."

1-13

유자가 말했다. "남에게 한 약속이 도(道)에 가까워야 그 말을 실천할 수 있다. 남을 공경하되 예(禮)에 가까워야 치욕을 면할 수 있다. 남을 의지하되 (그가 친애로운) 인(仁)을 잃지 않는 사람이라야 비로소 그를 존경하고 주체로 삼을 수 있다."

有子ㅣ 曰 信近ㄷ於義ㅣ면 言可>復也며 恭近ㄷ於
<small>유자 왈 신 근 어 의 언가복야 공근 어</small>

禮ㅣ면 遠ㄷ恥辱ㅣ也며 因不>失ㄷ其親ㅣ이면 亦可>
<small>례 면 원 치욕 이야 인불 실 기친 이면 역가</small>

宗也니라.
<small>종 야</small>

[가사체 번역문]

有子께서 말하였다
<small>유 자</small>

남에게한 말과약속 道와義에 가까워야
<small>도 의</small>

그말이나 약속들을 실천할수 있으리라

다른사람 공경할때

禮에맞게 하여야지 안그러면 수치롭네
<small>예</small>

타인에게 의지할때

親愛마음 없으면은 主人삼지 못한다네
<small>친 애 　　　　　주인</small>

【註解】 ○有子(유자)―「學而篇 1-4」참조. ○信(신)―말을 실천함을 신
(信)이라 한다. 여기서는 약속으로 풀었다. ○近於義(근어의)―약속한 말이
나 내용이 정의(正義)에 맞고 도의(道義)에 가까워야 한다. ○言可復也(언가
복야)―(도의에 맞는 약속이라야) 지키고 실천할 수 있다. 도의에 어긋나는
약속은 해도 안 되고, 또 실천하면 더욱 안 된다. 복(復)을 주자는 '말을 실
천한다(踐言)' 라고 풀었다. 복(復)을 '거듭한다' 로 풀기도 한다. ○恭近於
禮(공근어례)―남에게 공순(恭順)하는 것은 좋다. 그러나 예의범절(禮儀凡節)
을 벗어나지 않게 해야 한다. 권력이나 재물에 눌려 비굴하게 아첨하는 것

은 예가 아니다. ㅇ遠恥辱也(원치욕야)―치욕을 멀리할 수 있다. 원(遠)은 피하고 벗어나다. ㅇ因(인)―남을 신뢰하고 의지하다. 인(因)을 인(姻)으로 보기도 하나, 취하지 않는다. ㅇ不失其親(불실기친)―일반적으로는 '친근감을 잃지 않다' 로 푼다. 그러나 깊은 뜻으로는 친(親)을 '참다운 친애, 즉 인애(仁愛)' 로 푼다. 맹자(孟子)는 '부모 친족을 친애하는 것이 인이다〔親親仁也〕.' 라고 했다. 그러므로 이 구절을 '친애(親愛)하고 협동(協同)하려는 인심(仁心), 인덕(仁德)을 잃지 않아야 한다.' 로 풀이함이 좋다. ㅇ亦可宗也(역가종야)―역시 그를 존경하고 주인으로 삼을 수 있다. 종(宗)은 정점으로 하고 높이다. 주(主)는 중심으로 한다, 주체로 한다.

[解說]

　유교는 덕행(德行)을 높인다. 덕(德)은 얻을 득(得)과 통한다. 도(道)를 따르고 실천해서 얻어진 좋은 성과(成果)를 덕이라 한다. 그러므로 덕행은 곧 하늘의 절대선(絕對善)의 도를 따르고 실천해서 좋은 성과를 거두는 행동이다. 결국 덕행은 절대선인 하늘의 도리, 즉 천도(天道)를 기준으로 해야 한다. 천도에 어긋나는 말이나 행동은 절대로 덕이 될 수 없다. 천도에 어긋나는 나쁜 약속을 지키고 이행하는 것은 덕행이 아니라 범죄적 악덕 행위다. 악덕한 권력자에게 굽히고 아첨하는 것은 예의가 아니고 굴욕적 예속이며 따라서 창피한 짓이다.

　예의(禮義)는 생활의 예술미다. 예는 신분 계층에 어울리도록 지키고 실천하되 절대로 천도를 바탕으로 하고 따라야 한다. 남을 믿고 의지하되, 그가 진정으로 남을 '친애(親愛)하는 인심(仁心)과 인덕(仁德)' 을 지니고 있어야 한다. 마음이 간악하고 권모술수(權謀術數)만을 농하는 악덕(惡德)한 사람을 의지하거나, 내세우면 모든 일을 망치고 나라를 혼란케 할 것이다. 주자는 다음과 같이 주를 달았다. ① '약속한 말이나 내용이 옳고 합당해야 그 말을 실천할 수 있다〔約信而合其宜 則言必可踐矣〕.' ② '남을 공경하되 예의나 절도에 맞게 해야 능히 창피와 굴욕을 멀리 하고 면할 수 있다〔致恭而中其節 則能遠恥辱矣〕.' ③ '내가 믿고 의지할 만한 사람은 (다른 사람이 아니다.) 그 자신이 친애하고 돌봐주어야 할 모든 사람들을 잃지 않는 (덕 있는 사람, 즉 仁人이라야 한다.) 그래야 나도 역시 그를 높이 모시고 그를 중심으로 하여 일을 할 수 있다〔所依者 不失其可親之人 則亦可以宗而主之矣〕.'

1-14

　공자가 말했다. "군자는 배불리 먹기를 구하지 않고, 편히 살기를 구하지 않고, 일을 민첩하게 하고 말을 신중히 하며, 도를 좇아 바르게 해야 한다. 그래야 가히 배우기 좋아하는 사람이라 말할 수 있다."

[原文]

子ㅣ 曰 君子ㅣ 食無求飽하며 居無求安하며
자　왈　군자　식무구포　　　거무구안

敏於事而愼於言이오 就有道而正焉이면
민　어사　이신　어언　　　취　유도　이정언

可謂好學也已니라.
가　위호학야이

공자께서 말하셨다

군자로서 자기홀로 배부르게 먹지않고 편히살기 바라잖고

일할때는 민첩하고 말할때는 신중하며

道가있는 사람찾아 잘못바로 고친다면
도

그사람을 나는일러 배우기를 좋아하는 사람이라 말하겠네

[註解] ○君子(군자)─학덕(學德)을 겸비하고 왕도덕치(王道德治)에 참여하는 지도자적 지식인. 엘리트. ○食無求飽(식무구포)─식생활에 있어 자기 혼자 배불리 먹기를 구하지 않는다. ○居無求安(거무구안)─거처를 잡고 살 때에 자기 혼자 안락하기를 구하지 않는다. 이상의 두 가지는 물질생활면에서 풍요와 안락하기를 구하지 않는다는 뜻이다. ○敏於事(민어사)─모든 일을 민첩하게 처리한다. 가정에서 효도하는 것, 학교에 가서 공부하는 것, 사회나 국가에서 여러 가지 사무를 처리하는 것 등이 다 포함된다. ○愼於言(신어언)─말을 신중히 한다. ○就有道(취유도)─바른 도리를 따라서, 혹은 도를 지키는 사람을 좇아서. ○正焉(정언)─일을 바르게 한다, 혹은 잘못을 바르게 고친다. 언(焉)은 어조사. ○可謂(가위)─가히 말할 수 있다. ○好學也已(호학야이)─배우기를 좋아한다. 야이(也已)는 어조사.

[解說]

　군자는 인(仁)의 세계를 창건할 휴머니스트다. 자기 한 몸의 안락을 구하기에 앞서, 천하 만민의 평화와 행복을 앞세워야 한다. 그러기 위해 군자는 '자기를 수양하고 백성을 잘 다스려야(修己治人)' 한다.

자기 수양을 위해서나, 남을 잘 다스리기 위해서나 군자는 학문과 덕행을 높여야 한다. 공자의 학문정신은 지행일치(知行一致)다. 학문 지식과 행실 및 덕행이 하나가 되어야 한다.

덕행(德行)의 기준은 천도(天道)다. 절대선(絶對善)의 천도(天道)를 따르고 실천해서 땅 위에 현실적으로 좋은 성과, 즉 지덕(地德)을 세우는 것이다.

천도는 곧 우주(宇宙)의 이법(理法)이다. 천지 자연만물이 조화를 이루고 시간의 흐름에 따라 더욱 생성(生成)·번식(繁殖)·발전(發展)하는 도리다. 인간의 경우는 시간의 흐름에 따라 대를 이어가면서 역사와 문화를 더욱 새롭게 창조적으로 발전케 한다.

그러므로 천도를 절대선의 도리라고 한다. 천도는 한쪽으로 치우치거나, 어느 하나만을 편협하게 사랑하는 도리가 아니다. 천도는 자연 만물과 인간들이 우주적인 조화(調和) 속에서 함께 생성 발전케 하는 절대선의 도리다.

천도는 공평무사(公平無私)하고, 광명정대(光明正大)하고, 또 영구불변(永久不變)하는 절대선의 진리다.

그러므로 군자는 먼저 천도를 알고, 천도에 맞게 행하고 남에게 덕을 베풀어야 한다. 그것이 수양이고 인격완성이다. 이를 '취유도이정언(就有道而正焉)'이라고 했다. 바를 정(正)은 문자학적으로 '한 일(一)과 머무를 지(止)'의 합자(合字)다. '바르게 함'은 곧 '하나인 절대선의 도리에 가서 머문다'는 뜻이다. 수양이나 인격완성은 실천을 통해서 성취된다. 그러므로 '군자(君子)는 식무구포(食無求飽)하고 거무구안(居無求安)하며, 민어사(敏於事) 이신어언(而慎於言)하라.'고 말한 것이다. 그래야 지도자로서 남을 다스릴 수 있다.

1-15

자공이 말했다. "가난해도 아첨하지 않고, 부유해도 교만하지 않으면, 어떻겠습니까?"

공자가 말했다. "괜찮다. 그러나 가난하면서 도를 즐기고, 부유하면서 예를 좋아하는 사람만은 못하다."

자공이 말했다. "시에 있는 절차탁마가 바로 그 뜻이군요."

공자가 말했다. "사야! 비로소 너와 함께 시를 논할 수 있구나. 과거를 말해주면 미래를 아는구나."

[原文]

子貢이 曰 貧而無>諂하며 富而無>驕하되 何如하
자공 왈 빈이무첨 부이무교 하여

닛고? 子ㅣ 曰 可也나 未>若ㅣㅣ 貧而樂하며 富而好>
자 왈 가야 미약 빈이락 부이호

禮者ㅣ也니라. 子貢이 曰 詩云 如>切如>磋하며 如>
례자야 자공 왈 시운 여절여차 여

琢如>磨라 하니 其斯之謂與인저. 子ㅣ 曰 賜也는 始
탁여마 기사지위여 자 왈 사야 시

可ㅣㅣ與言ㅣ>詩已矣로다. 告ㅣㅣ諸往ㅣ而知>來者온여.
가 여언 시이의 고 저왕 이지래자

[가사체 번역문]

子貢께서 말하였다
자공

가난해도 아첨않고 부귀영화 누리지만

교만하지 않는다면 이런사람 어떠하오

공자께서 말하셨다 그만해도 괜찮지만

가난해도 道즐기고 부유하게 살면서도
　　　도

禮지키기 좋아하는 그자보단 못하다네
예

자공께서 말하였다

詩經에서 이르기를 칼로베듯 줄로쓸듯
시 경

끌로쪼듯 돌로갈듯 하라는게 이게바로 선생님의 뜻이군요

공자께서 말하셨다

賜야너는 이제부터 나와함께 詩에대해 논의해도 되겠는걸
사　　　　　　　　　　　　　　시

지나간일 말해주니 앞일까지 아는구나

[註解] ○貧而無諂(빈이무첨)－가난해도 남에게 아첨하지 않는다. ○富而
無驕(부이무교)－부귀를 누려도 남에게 교만하지 않으면. ○可也(가야)－그
만해도 괜찮다. ○未若(미약)－아직 …만은 못하다. ○貧而樂(빈이락)－가
난하게 살면서도 도를 따르고 즐긴다. 즉 안빈낙도(安貧樂道)한다. ○富而
好禮者也(부이호례자야)－부귀를 누리면서도 예절 지키기를 좋아한다. ○詩
云(시운)－『시경(詩經)』에서 말하다. 공자 시대에는 『시경』이라 하지 않고,
시(詩)라고 불렀다. 절차탁마(切磋琢磨)는 『시경』 「위풍(衛風)」 기오편(淇澳
篇)에 있다. ○如切(여절)－칼로 베는 듯. ○如磋(여차)－줄로 쓰는 듯. ○如
琢(여탁)－끌로 다듬는 듯. ○如磨(여마)－숫돌로 가는 듯. 절차탁마(切磋琢
磨)는 옥이나 보석을 자르고 쓸고 다듬고 갈아서 보물로 완성되게 한다는
뜻이다. ○其斯之謂與(기사지위여)－그 말이 바로 이러한 뜻이군요. ○賜也
(사야)－자공의 이름이 사(賜)다. ○始(시)－비로소. ○可與言詩已矣(가여언
시이의)－가히 함께 시를 논할 수 있다. ○告諸往(고저왕)－그대에게 옛것을

말해 주었거늘. 저(諸)는 '지어(之於)'의 합자. ㅇ知來者(지래자)—미래의 것을 알아차린다.

[解說]

자공(子貢)은 언어에 뛰어난 제자로, 화식(貨殖)에 밝았다. 그는 처음에는 가난했으나 나중에는 경제적으로 부유하게 잘살았다. 그래서 공자에게 이와 같은 질문을 한 것이다. 그러나 공자는 자공에게 한 단계 높은 덕행을 가르쳐 주었다. 즉 '빈이무첨(貧而無諂)' 하는 것보다 적극적으로 '빈이낙도(貧而樂道)' 하라고 가르쳤다. 또 '부이무교(富而無驕)' 에서 한 단계 높이 올라가 '부이호례(富而好禮)' 하라고 가르쳤다.

그러자 총명한 자공이 그 자리에서 "『시경(詩經)』에 있는 절차탁마(切磋琢磨)가 바로 그런 뜻이군요" 하고 대답했다. 이에 공자는 "비로소 너와 같이 시를 논할 수 있구나." 하고 칭찬하였다. 『시경』에 있는 '3백 편의 시'를 오늘의 가르침으로 받아들일 수 있어야 한다. 이를 자공은 능히 했다. 그래서 공자는 자공을 가리켜 "지나간 일을 말해주면, 미래의 일을 안다〔告諸往而知來者〕."고 칭찬했고 이어서 "비로소 함께 『시경』의 시들을 논할 수 있다."고 했다.

공자가 『시경』의 공부를 중시한 이유는 다름이 아니다. 시는 사람의 성정(性情)을 솔직하게 표현한다. 그러므로 시를 읽으면, 옛사람들이 자기네가 처한 정치적·사회적 현실에 어떻게 대응했는지를 알 수 있다. 정치가 좋으면 백성들의 시가 화락(和樂)하고, 정치가 악하면 백성들의 시가 원망(怨望)스럽다. 따라서 『시경』 공부를 하면 결국 백성들을 즐겁게 하기 위해서 어떠한 정치를 펴야 하는지를 알게 되는 것이다. 결국 정치의 득실을 시를 통해 알 수 있는 것이다.

1-16

공자가 말했다. "남들이 나를 몰라준다고 걱정하지 말고, 내가 남을 모를 것을 걱정해야 한다."

[原文]

子ㅣ 曰 不>患Ⅲ人之不Ⅱ己知Ⅰ오 知患>不>知>
자 왈 불 환 인지불 기지 지환 부지

人也니라.
인 야

[가사체 번역문]

공자께서 말하셨다
사람들이 나란人間 몰라준다 걱정말고
　　　　인간
내가남을 모르는것 이것부터 걱정하라

[註解] ○患(환)—걱정하다, 근심한다. ○人之不己知(인지불기지)—남들이 나를 알아주지 않는다. 인(人)을 남으로 푼다. 여기서는 인(人)이 주어, 불기지(不己知)는 술어, 주어와 술어를 지(之)로 연결했다. '불기지(不己知)'는 '부지기(不知己)'의 변형. 부정구(否定句)의 목적어가 기(己)처럼 간단한 대명사일 때에는 부정사 불(不)에 붙이고 동사를 뒤로 돌린다. ○患不知人也 (환부지인야)—(내가) 남을 모르는 것을 근심한다. 이때의 인(人)은 지(知)의

목적어.

[解說]

    학문은 자기수양을 위해서 하는 것이다. 설사 남이 나를 알아주지 않아도 노여워하거나 불평을 하면 안 된다. 그러나 나는 항상 나보다 현명하고 덕이 높은 사람을 찾고 그 사람에게 배우고 나 자신을 발전케 해야 한다. 그러므로 내가 남을 바르게 알지 못함을 걱정해야 하는 것이다.

제2편
위정편(爲政篇)

형병(邢昺)은 소(疏)에서 '배운 다음에 정치에 들어간다〔學而後入政〕.'는
『좌전(左傳)』의 말을 인용하고 '고로 「학이편」 다음에 「위정편」이 있다〔故次
前篇也〕'라고 말했다. 또 그는 '이 「위정편」에서 논한바 효(孝)·경(敬)·신
(信)·용(勇)은 백성을 다스리는 덕이다. 성현과 군자는 다스리는 사람들이다.
그러므로 위정을 첫 장에 내세웠고 편명으로 삼았다〔此篇所論 孝敬信勇 爲政
之德也 聖賢君子 爲政之人也 故以爲政於首章 遂以名篇〕.'라고 했다.

황간(皇侃)은 '군자가 백성을 교화하고 풍속을 높이기 위해서는 반드시 배
움을 바탕으로 한다〔君子如欲化民成俗 其必由學乎〕'는 『예기』 「학기편(學記
篇)」의 말을 인용하고 '그러므로 「위정편」을 「학이편」 다음에 두었다〔故以爲
政次於學而也〕.'라고 주에서 말했다.

공자는 '정치는 바르게 함이다〔政者正也〕.'라 했고, 주자는 '정치를 가지
고 사람의 잘못을 바르게 해준다는 뜻이다〔所以正人之不正也〕.'라고 풀이했
다.

유교에서는 수기치인(修己治人)을 강조한다. 정치에 참여할 군자는 먼저 학
문과 덕행을 쌓고 자기수양으로 인격을 완성한 다음에 정치에 참여하고 백성
들을 잘 살게 해준다는 뜻이다.

바른 정치는 절대선(絶對善)인 하늘의 도리를 따르는 덕치(德治)이고, 그것
은 곧 만민을 고르게 사랑하고 넓게 베풀고 제도하는 박시제중(博施濟衆)의 인
정(仁政)이기도 하다.

2-1

공자가 말했다. "다스림을 덕으로써 하면 마치 북극성이 제 자리에 있으되 여러 별들이 공수(拱手)하고 따르는 것과 같으니라."

[原文]

子ㅣ 曰 爲>政以>德이 譬如下北辰이 居Ⅱ其所ㅣ
자 왈 위 정이 덕 비여 북신 거 기소
어든 而衆星共上>之니라.
이 중성공 지

[가사체 번역문]

공자께서 말하셨다 德으로써 다스리면
　　　　　　　　　덕
이건마치 北極星이 제자리에 있지마는
　　　　　북극성
여러별들 손맞잡고 절하는것 같으니라

[註解] ○爲政以德(위정이덕)―다스림을 덕으로써 한다, 덕으로 다스린다. 덕(德)은 도(道)를 따르고 행해서 얻어진 좋은 성과나 혜택을 뜻한다. ○譬如(비여)―비유하면 …와 같다. ○北辰(북신)―북극성. 엄격히 말하면 북극성은 이동한다. 그러나 고대에는 거의 부동이라고 믿었다. 따라서 북극성을 지축(地軸)의 북쪽 끝, 즉 하늘의 중심, 천추(天樞)에 가만히 있다고 보았다. ○居其所(거기소)―그 자리에 가만히 있다. ○而(이)―그러나. ○衆星(중성)―모든 별들이. ○共之(공지)―공(共) = 손 맞잡을 공(拱), 공수(拱手) 경례하다(鄭玄), 향(向)하다. (朱子)

[解說]

『고주(古注)』는 다음과 같이 풀이했다. '덕은 인간적인 조작을 아니 한다. 흡사 북극성이 제자리에 가만히 있으되 뭇 별들이 그를 존경하고 그를 중심으로 하고 질서정연하게 돌아가는 것과 같다[德者無爲 猶北辰之不移 而衆星共之].' (包咸) '이 장은 정치의 요체를 말한 것이다. 정치를 덕으로써 한다는 뜻은 곧 가장 좋은 정치는 덕으로써 하는 것보다 더할 게 없다는 뜻이다. 덕은 얻는다는 뜻이다. 만물이 얻음으로써 생육하므로 덕이라 한다. 순수하고 맑은 덕을 흐트러뜨리지 않고 인위적인 조작을 안 하고도 맑게 교화하는 것이 곧 다스림을 잘함이다[此章言爲政之要 爲政以德者 言爲政之善 莫若以德 德者得也 物得以生 謂之德 淳德不散 無爲化淸 則政善矣].' (邢昺疏)

『집주(集註)』는 다음과 같이 풀이했다. '다스린다는 뜻은 바르게 함이다. 정치로써 사람들의 잘못을 바르게 해준다. 덕은 얻는다는 뜻이다. 도를 행해서 마음속에 얻어지는 것이다[政之爲言正也 所以正人之不正也 德之爲言得也 行道而有得於心也].' (朱子) '덕으로 다스리면 움직이지 않고 교화하고, 말없이 믿게 하고, 조작하지 않고도 성취한다. 지키는 바가 지극히 간략하지만 능히 번거로운 일들을 처리할 수 있다. 처하는 곳이 지극히 조용하지만 능히 움직이는 것들을 제어한다. 힘쓰고 애를 쓰는 바 지극히 적지만 능히 모든 사람들을 복종케 한다[爲政以德 則不動而化 不言以信 無爲以成 所守者至簡 而能御煩 所處者至靜 而能制動 所務者至寡 而能服衆].' (范氏)

고대의 덕치(德治)와 정반대되는 것이 오늘의 패도(覇道)의 악덕정치(惡德政治)다. 무력과 권모술수를 농하고 이기적 탐욕을 채우는 정치다. 오늘의 악덕한 정치인들은 성현들이 높인 인정(仁政)이나 덕치(德治)의 깊은 도리와 뜻을 모른다. 반대로 동물적·이기적·관능적 욕구를 채우기 위해 무소불위(無所不爲)의 악행을 자행하고 있는 것이다. 공자는 '정치는 바르게 하는 것이다〔政者正也〕.'「顔淵篇 12-17」라고 말했다. 즉 '절대선(絶對善)인 하늘의 도리에 하나가 된다'는 뜻이다.

바른 정치는 곧 하늘의 도리를 따르고 실천해서 좋은 성과를 거두는 덕치(德治)이다. 무력으로 다스리는 패도의 악덕정치나, 형벌로 위협하는 법치(法治)는 이상적인 정치가 아니다. 밤하늘에 반짝이는 북극성과 뭇 별들을 가지고 덕치를 문학적으로 비유한 공자는 정치적 예술가이기도 하다.

2-2

공자가 말했다. "『시경』에 있는 3백 편의 시는 한마디로 말하면, 상념에 사악함이 없다."

[原文]

子ㅣ 曰 詩三百에 一言以蔽>之하니 曰思無邪니
자 왈 시 삼 백   일 언 이 폐 지   왈 사 무 사
라.

[가사체 번역문]

공자께서 말하셨다

詩三百篇 그모두를 한마디로 말한다면
시 삼 백 편

생각이나 想念속에 邪惡함이 없단거다
상 념   사 악

[註解] ○詩三百(시삼백)—『시경(詩經)』에 있는 3백 편의 시. 실제로는 305
편이다. 시 구절은 없이 제목만 있는 것 6편을 합해서 311편이라고도 한
다. 공자 시대에는 『시경』이라 부르지 않고 시(詩)라고 했으며, 서(書)＝
『서경(書經)』과 함께 공문(孔門)의 필수 교재였다. 지금 전하는 『시경』은 공
자가 주대(周代)로부터 전하는 3천여 편의 시를 추린 것이며, 이를 다시 한
대(漢代)의 모형(毛亨)이 전한 것으로 모시(毛詩)라고도 한다. ○一言以蔽之
曰(일언이폐지왈)—한마디로 추려 말하다. ○思無邪(사무사)—생각이나 상념
에 사악함이 없다. 사무사(思無邪)는 『시경』「노송(魯頌)」 경편(駉篇)에 있는
시구이기도 하다. '일언이폐지왈(一言以蔽之曰)'을 '『시경』 3백 편을 『시
경』에 있는 한 구절을 들어서 말하면'으로 풀기도 한다.

[解說]

　『시경』은 세계 최고의 시집이다. 크게 '풍(風)·아(雅)·송(頌)' 셋
으로 분류한다. 풍(風)은 각 지방의 노래다. 아(雅)는 제후나 왕족들
의 행사 및 의식이나 연락(宴樂)을 읊은 시들이다. 송(頌)은 주로 주
(周)나라의 조상들을 칭송하는 종교시(宗敎詩)다. 옛날에는 시를 예
악(禮樂)과 함께 송영(誦詠)했으며, 시로써 인간의 성정(性情)을 높이
고 순화했다. 애당초 공자가 시를 산정(刪定)한 목적이 시를 가지고
모든 사람들을 교화하고 예악으로 정치를 순화하자는 것이었다. 그

러므로 『시경』에 있는 시 3백 편을 한마디로 '그 생각이나 상념에 사악함이 없다.'고 한 것이다.

2-3

공자가 말했다. "정략으로 이끌고 형법으로 다지면 백성들은 죄를 모면하되 부끄러움을 못 느낀다. 그러나 덕으로 이끌고 예로써 다지면 염치를 알고 또 바르게 된다."

[原文]

子ㅣ曰 道>之以>政하고 齊>之以>刑이면 民免而
자 왈 도 지 이 정   제 지 이 형   민 면 이

無>恥니라. 道>之以>德하고 齊>之以>禮면 有>恥
무 치   도 지 이 덕   제 지 이 례   유 치

且格이니라.
차 격

[가사체 번역문]

공자께서 말하셨다

法令으로 다스리고 형벌로써 억압하면
법 령

백성들은 법망뚫어 자기罪만 모면하고 창피한줄 모른다네
                        죄

德化로써 領導하고 예절로써 다진다면 염치알고 바뤄지리
덕 화   영 도

[註解] ○道之以政(도지이정)—정략적(政略的) 정치로써 백성을 이끌다. 도

(道)는 인도(引導), 영도(領導)의 뜻으로 푼다. 주자는 '법제금령(法制禁令)'이라 풀었다. ○齊之以刑(제지이형)—형벌로써 다지다, 한결같이 통제하다, 정제하게 틀을 잡다. ○民免而無恥(민면이무치)—백성들은 법망을 뚫고 죄를 모면하려고 할 뿐, 마음속에 부끄러움을 느끼지 않는다. 면(免)은 법망을 피한다, 죄과에 걸리지 않고 빠져나간다. ○道之以德(도지이덕)—덕으로써 이끌다, 영도한다. 포함(包咸)은 도덕(道德)이라 풀었다. ○齊之以禮(제지이례)—예로써 균제(均齊)하게 다진다. 예는 문물제도 및 도덕적 생활규범 등을 포함한다. ○有恥且格(유치차격)—마음속으로 염치를 가리고, 또 바르게 된다.

[解說]

공자는 법치(法治)보다 덕치(德治)를 높였다. 덕치는 곧 도덕정치다. 통치자인 임금이나 정치에 참여하는 군자들이 인격을 완성하고 절대선(絶對善)인 하늘의 도리를 따라 솔선수범(率先垂範)해서 덕을 세워야 한다. 동시에 백성을 사랑하는 인심(仁心)을 바탕으로 만백성을 잘 살게 하는 인정(仁政)을 베풀어야 한다. 그러면 백성들도 교화되고 저마다 윤리도덕을 실천하고 착한 삶을 살게 된다.

이와는 반대로 악덕한 위정자는 무력으로 백성들을 위협하고 형법으로 백성들을 억압하며, 자기네들의 동물적 탐욕을 채우기 위해 백성의 재물을 겁탈하는 악덕을 서슴없이 자행한다. 그렇게 되면 백성들도 점차로 악화(惡化)되고 표면적으로 혹은 일시적으로 법망(法網)이나 죄에 걸리지 않으려고 고식적(姑息的)인 수단 방법을 강구하게 된다. 그러면서 인간성이 고갈되고 양심이 마비된다.

그러므로 통치자나 피통치자가 함께 타락하고 악덕한 죄를 저질러도 양심의 가책을 안 느끼고 염치나 수치심이 없게 된다. 즉 숭고

한 인간성을 상실하고 동물 이하의 아귀(餓鬼) 같은 존재로 전락한다. 그러므로 정치는 인간의 착한 본성, 즉 도덕성을 계발하고 아울러 절대선의 하늘의 도리를 따라 바르고 착하게 해야 한다. 동물적·이기적 욕심을 채우기 위해 남을 속이고 무력을 행사하면 안 된다. 결국은 다 함께 전멸한다.

예(禮)는 일반적으로는 '예의·범절·의례(儀禮)'의 뜻이다. 그러나 본래의 뜻은 무척 넓고 깊다. 허신(許愼)은 『설문해자(說文解字)』에서 다음과 같이 풀었다. '예(禮)는 이(履 : 밟을 리)이다. 신을 섬기고 복을 내려 받는 바탕이다〔禮履也 所以事神致福也〕.' 한편 예(禮)는 이(理)와 통한다. 즉 '하늘에 제사를 올리고 하늘로부터 도리(道理)를 내려 받고, 그 도리를 실천한다'는 뜻이 담겨져 있다. 예는 내면적으로는 하늘의 도리를 따르고 실천함이고, 외형적으로는 '진선미(眞善美)가 일치하는 생활의 예술적 표현이다.' 그러므로 덕치(德治)나 예치(禮治)는 바로 이상적인 도덕정치다.

그렇다고 법치(法治)를 부정하거나 무시하면 안 된다. 법치만을 목적으로 하거나 법치만으로 끝나지 않고 덕치(德治)로 올라가야 한다는 뜻이다. 인간은 하늘로부터 '착한 본성〔善本性〕'을 내려 받고 있다. 그러므로 도덕정치로써 백성들을 착하게 영도하고 교화하면 이상세계를 창건할 수 있다.

2-4

공자가 말했다. "나는 열다섯 살에 학문에 뜻을 두었고, 서른 살에 독립했고, 마흔 살에 현혹되지 않았고, 쉰 살에 천명을 알았고, 예순 살에 남의 말을 순순히 듣게 되었고, 일흔 살에 마음 내키는 대로 좇아도 법도를 넘지 않았다."

[原文]

子ㅣ 日吾ㅣ 十有五而志ㅣ于學ㅣ하고 三十而立하
자 왈 오 십유오이지 우학 삼십이립

고 四十而不>惑하고 五十而知ㅣ天命ㅣ하고 六十而
사십이불 혹 오십이지 천명 육십이

耳順하고 七十而從ㅣ心所ㅣ>欲하야 不>踰>矩호라.
이 순 칠십이종 심소 욕 불유구

[가사체 번역문]

공자께서 말하셨다
나는나는 열다섯에 學問工夫 뜻을뒀고
　　　　　　　학문공부
서른살이 되어서는 世上으로 나아갔고
　　　　　　　세상
마흔살이 되어서는 현혹되지 않았으며
오십살이 되어서는 하늘명령 알았다네
예순살이 되어서는 말과마음 하나됐고
일흔살이 되어서는 마음먹은 대로해도 法度넘지 않았다네
　　　　　　　　　　　　　　　　법도

[註解] ○吾十有五(오십유오)—나는 열다섯 살에. 십유오(十有五)는 15. ○志于學(지우학)—학문에 뜻을 두었다. 어조사 우(于) = 어조사 어(於). 주자는 '옛날에는 15세에 대학에 들어갔다〔古者十五而入大學〕.'라고 했다. 한편 『상서(尙書)』「주전(周傳)」에는 '왕이나 귀족의 자제들은 15세에 소학(小學)에 들

제2편 위정편 67

어가고, 20세에 대학(大學)에 들어갔다.'라고 했다. 여기서는 '학문에 뜻을 두었다.'로 풀었다. ○三十而立(삼십이립)—서른 살에 자립(自立)했다. 입 (立)에 대해서는 설이 많다. 15세부터 학문을 배우고 덕을 쌓기 시작해서, 30세경에는 떳떳한 사회인으로 자립하고 행동했다. 주자는 '자립하고 지키는 바가 확고하고 다른 일에 마음을 두지 않았다〔有以自立 則守之固 而無所事志矣〕.'라 했다. 즉 '세속적인 부귀나 권력에 흔들리지 않았다.'로 풀었다. ○四十而不惑(사십이불혹)—40세에는 자기의 학문이나 신념이 확고하게 섰으므로 다른 것에 미혹되는 일이 없었다. 즉 이단사설(異端邪說) 이나 세속적인 명리(名利)에 미혹되지 않았다. ○五十而知天命(오십이지천 명)—50세에는 천명을 알게 되었다. 사람의 통달(通達)이나 궁색(窮塞)이 다 하늘이 명하는 것임을 알다. 황간(皇侃)은 말했다. "천명은 통달(通達)과 궁색(窮塞)의 분수를 말한다. 하늘이 명령한다고 함은, 곧 사람은 하늘의 기 (氣)를 받고 (태어나 산다) (그러므로 사람은) 출생과 더불어 통달과 궁색의 분수를 다 하늘에 의해서 명령적으로 받는다〔天命謂窮通之分 謂天爲命者 言人稟天氣 而生得此窮通 皆由天所命也〕." 형병(邢昺)은 말했다. "공자는 47세에 『주역(周易)』을 배우고 50세가 되자 하늘의 도리를 구명(究明) 하고 (하늘이 내려준 사람의) 본성을 다했으며, 따라서 처음과 끝남의 분수와 한계를 알았다〔孔子四十七歲學易 至五十窮理盡誠 知天命之始終也〕." ○六十而耳順(육십이이순)—60세에는 귀가 따르게 되었다. 즉 남의 말을 넓은 아량으로 긍정적으로 듣고 받아들인다는 뜻. 정현(鄭玄)은 '사람의 말을 듣고 그 속에 있는 자세한 뜻을 알다〔聞其言而知其微旨〕.'라 했고, 주자는 '남의 말소리를 듣고 그의 마음을 알아주고 부정하거나 거역하지 않는다. 지각이 최고의 경지에 도달했으므로 생각하지 않고도 (남의 말의 선악시비를 바르게) 알 수 있다〔聲入心通 無所違逆 知之之至 不思而得也〕.'라고 풀이했다. 또 정자(程子)는 '듣는 말의 뜻이나 도리를 다 통달하고 있음이다[所聞皆通].'라고 했다. 결국 60세가 되자 자기의 지식이나 신념이 확고부동하고 또 인품이나 인격이 원숙하고 관대하게 되었으므로 남의 말도 일단은 다 긍정적으로 들을 수 있게 되었다는 뜻이다. ○七十而從心所欲 不踰矩(칠십이종심소욕 불유구)─70세가 되자, 자기 마음 내키는 대로 말하고 행동을 해도 법도를 넘지 않는다. 심소욕(心所欲)은 마음이 원하는바, 불유구(不踰矩)는 법도나 규범을 넘어서지 않는다.

[解說]

공자가 자신의 평생을 회고하고, 자신의 수양과 발전 과정을 요약해서 말한 것이다. 그러나 이 말은 모든 사람의 수양과 발전 과정을 단계적으로 말한 것으로 볼 수도 있다. 이러한 점에서 공자의 가르침은 지극히 현실적이고 상식적이라 하겠다. 허나, 범인이 이상과 같은 단계적 발전과 수양을 하기는 쉬운 일이 아니다. 공자는 범인과 다르게 뛰어난 사람으로 '생이지지(生而知之)'한 성현(聖賢)이었다.

그러나 공자 자신은 자신을 비하해서 '나는 태어나면서부터 아는 자가 아니었다. 옛날의 학문을 좋아하고 민첩하게 배워서 도리를 바르게 찾았다[我非生而知之者 好古敏以求之者也].'「述而篇 7-19」라고 말했다. 그러므로 일반 사람들도 부지런히 배우고 노력하면 이상과 같은 단계를 거쳐 성현 군자가 될 수 있다고 가르쳤다. 그 단계를 나누어 설명하겠다.

① 지학(志學)─젊어서 뜻을 세우고 배워야 한다.

② 이립(而立)─그래야 학문과 덕행을 겸비한 군자로서 자립하고 사회에 참여할 수 있다. 임어당(林語堂)은 'At thirty I had formed my character' 라고 영역했다. 즉 자기의 소신과 인격을 확립했다는 뜻으로 풀었다.

③불혹(不惑)―자신의 학문 사상과 지향하는 방향에 대한 확고부동한 신념을 지니고, 따라서 세속적인 명리(名利)에 미혹되지 않는다.

④지천명(知天命)―그러나 사람의 힘에는 한계가 있다. 우주 천지를 주재하는 하늘이 내려주는 절대명령, 즉 천명(天命)을 알아야 한다.

⑤이순(耳順)―이와 같은 단계를 따라 경험을 쌓고 수양을 하면 자연히 모든 사람의 존재와 그들이 하는 말을 관대한 마음으로 받아들이게 된다.

⑥불유구(不踰矩)―수양이 마음과 몸을 하나로 만든다. 마음 자체가 동물적 이기심을 극복하고 하늘의 도리와 일치한다. 따라서 그 언행(言行)이 법도를 넘지 않고 예의범절에 맞게 된다.

특히 천명(天命)에 대한 설명을 보충하겠다. 천명은 '하늘이 절대적인 명령으로 내려준 모든 것'이란 뜻이다. 절대적인 명령이므로 사람이 자의(恣意)로 기피하거나 거절할 수 없다. 하늘이 준 모든 것을 받고 따라야 한다. 그것이 천명이다. 크게는 우주천지 자연만물, 중간 단계는 국가의 운세, 작게는 나에게 주어진 혈통과 기질 및 수명 등을 다 포함한다. 그렇다고 숙명론자가 되면 안 된다. 누구나 배우고 노력하면 성현이 될 수 있다.

2-5

맹의자가 효에 대하여 묻자, 꽁자가 대답했다. "어기지 않는 것이다."

번지가 수레를 몰았을 때 공자가 그에게 말했다. "맹손이 나에게 효를 묻기에, 내가 '어기지 않는 것이다.' 라고 대답했다."

이에 번지가 "무슨 뜻입니까?" 하고 묻자, 공자가 대답했다. "부모가 살아 계시면 예로써 섬기고, 돌아가시면 예로써 상례를 치르고, 제사도 예로써 모셔야 한다."

[原文]

孟懿子ㅣ 問>孝한대 子ㅣ 曰 無>違니라. 樊遲ㅣ 御
맹 의 자　　　문 효　　자 왈 무 위　　　　번 지　　어

러니 子ㅣ 告>之曰 孟孫이 問Ⅱ孝於我Ⅰ어늘 我ㅣ 對
　　자 고 지 왈 맹 손　문 효 어 아　　　아　대

曰 無>違라 호라. 樊遲ㅣ 曰 何謂也잇고 子ㅣ 曰 生事
왈 무 위　　　　번 지　왈 하 위 야　　자　왈 생 사

>之以>禮하며 死葬>之以>禮하며 祭>之以>禮니라.
지 이 례　　　　사 장 지 이 례　　　제 지 이 례

[가사체 번역문]

孟懿子가 공자님께 孝가뭔지 질문했다
맹 의 자　　　　　　효

공자께서 대답했다 어기지를 말지어다

樊遲라는 弟子있어 공자수레 몰았는데
번 지　　제 자

공자께서 樊遲에게 다음같이 말하셨다
　　　　　번 지

孟懿子가 孝를물어
맹 의 자　효

어기지를 않는것이 그게바로 **孝**라했네
효

이에**樊遲** 말하였다 그게무슨 뜻입니까
번 지

공자께서 대답했다

부모님이 계실때는 예의로써 잘섬기고

초상때도 예의로써 상례절차 잘치루고

제사역시 예의로써 정중하게 모셔야네

[註解] ㅇ孟懿子(맹의자)—노(魯)나라의 대부(大夫). 성은 중손(仲孫), 이름은 하기(何忌), 의(懿)는 시호(諡號). 그의 부친 맹희자(孟僖子)가 아들에게 "자기가 죽으면 공자에게 예를 배우라."고 말한 바 있다. 그래서 유촉(遺囑)에 따라 공자에게 효(孝)에 대한 질문을 했다. ㅇ無違(무위)—예의에 어긋나지 마라. 즉 예의 격식이나 도리에 어긋나지 않게 하라는 뜻. '무위는 도리에 어긋나지 않음이다〔無違謂不背於理〕.' (『集註』) 한편 '부친의 뜻에 어긋나지 않다.' 로 풀기도 한다. ㅇ樊遲(번지)—공자의 제자. 이름은 수(須), 노나라 사람이며, 공자보다 36세 연소했다.(『史記』) ㅇ御(어)—수레를 몰다, 부리다. ㅇ子告之曰(자고지왈)—공자가 번지에게 말했다. ㅇ孟孫(맹손)—맹의자(孟懿子). 제후(諸侯)의 아들을 공자(公子), 공자의 아들을 공손(公孫)이라고 한다. ㅇ問孝於我(문효어아)—나에게 효에 대해서 물었다. ㅇ何謂也(하위야)—무슨 뜻입니까? ㅇ生事之以禮(생사지이례)—부모 생존 시에는 예로써 부모를 섬긴다. 지(之)는 부모, 부친으로 풀기도 한다. 그러나 앞의 말이 동사임을 알리는 허사이다. ㅇ死葬之以禮(사장지이례)—부모가 돌아가시면 (역시) 예로써 장사지낸다. ㅇ祭之以禮(제지이례)—제사도 (역시) 예로써 올린다.

당시 노나라는 맹손(孟孫), 중손(仲孫) 및 계손(季孫)의 세 대부(大
夫)들이 대를 이어가면서 참월무도(僭越無道)를 자행하고 있었다. 즉
이들이 군사권(軍事權)과 토지를 점유하고 노나라 임금보다 더 큰 세
도를 부렸다. 원래 이들은 노나라 환공(桓公)의 후손이었으므로 삼환
(三桓)이라고도 했다. 한 예로 천자(天子)만이 할 수 있는 팔일(八佾)의
무악(舞樂)을 자기네 제사에서 연주하기도 했다「八佾篇 3-1」. 또 태
산(泰山)의 제사도 천자만이 지낼 수 있는 것을 무엄하게 그들은 지
냈다. 이는 신분·위계·질서를 엄하게 따지는 예(禮)에 어긋나는 짓
이었다. '비례면 무도라〔非禮無道〕.' 그래서 맹의자가 효에 대해 질
문을 하자, "예를 어기지 마라〔無違〕."고 따끔하게 말한 것이다.

맹의자의 부친 맹희자(孟僖子)는 환공의 장자 경보(慶父)의 후예로
공자를 높이 평가하고 존경했다. 임종 직전에 "예절은 사람의 근간
이다. 예절이 없으면 바르게 행세할 수 없다〔禮人之幹也 無禮無以
立〕."라 하고, 자기 아들 맹의자에게 "공자에게 예를 배우라."고 유
촉(遺囑)한 바가 있다. '예를 어기지 마라'는 말속에는 부친의 뜻을
계승하는 효에도 합당하고 또 무도한 행동을 삼가라는 뜻이 다 포함
되어 있다. 즉 부모에 대한 효도도 자기의 신분·위계·질서를 지키
는 예의 도리를 바탕으로 해야 한다는 가르침이다.

2-6

맹무백이 효에 대해서 묻자, 공자가 말했다. "부모에게는
오직 질병만으로 걱정을 끼쳐야 한다."

孟武伯이 問>孝한대 子ㅣ 曰 父母는 唯其疾之憂
맹무백   문 효   자 왈 부모   유기질지우
시니라.

[가사체 번역문]

孟武伯이 孝를묻자 공자께서 말하셨다
맹무백   효

부모께는 오직다만

이자식이 병에걸려 아플때만 할수없이 걱정끼쳐 드리니라

[註解] ○孟武伯(맹무백)—맹의자(孟懿子)의 아들. 이름은 체(彘), 무(武)는
시호, 백(伯)은 장자의 뜻. ○父母唯其疾之憂(부모유기질지우)—부모에게는
오직 질병만으로 걱정을 끼쳐야 한다. 마융(馬融)은 다음과 같이 풀이했다.
'효자는 함부로 잘못하면 안 된다. 오직 질병을 앓을 때에만 (별수 없이)
부모에게 걱정을 끼친다〔孝子不妄爲非 唯疾病 然後使父母憂〕.' 즉 질병
이외의 다른 일로써 부모에게 걱정을 끼치면 안 된다. 혹 '자식은 부모의
질병을 걱정해야 한다.'로 풀기도 하나, 취하지 않는다. 신주(新注)는 '자
식이 질병에 걸릴까 걱정하는 부모의 마음을 살펴서 자신의 몸가짐을 신
중하게 해야 한다.'로 풀기도 한다.

[解說]

　맹무백(孟武伯)은 애공(哀公) 11년 군대를 이끌고 제(齊)나라 군대
와 싸웠고, 또 애공 14년에는 성읍(成邑)의 백성들을 무참하게 유린
한 일이 있었다. 그의 시호가 무(武)인 것만 보아도 그의 인간성이

모질고 과격하고 함부로 무력을 휘둘렀음을 알겠다.

그의 부친 맹의자(孟懿子)는 공자에게 예(禮)를 배운 바 있었다. 그래서 공자는 사려가 깊지 못하고 무용을 좋아하는 아들, 즉 맹무백에게 "질병을 앓을 때에는 별수 없이 부모에게 걱정을 끼쳐 드릴 수 있다. 그러나 그 이외의 다른 일, 특히 무모한 행동으로 부모의 마음을 상하게 하고 또 걱정을 끼쳐서는 안 된다."고 말한 것이다.

2-7

자유가 효에 대해서 묻자, 공자가 말했다. "근자에는 효를 공양하는 것으로만 생각하지만, 개와 말도 키워주고 있다. 부모를 존경하지 않으면 무엇이 다르겠는가?"

[原文]

子游ㅣ 問>孝한대 子ㅣ 曰 今之孝者는 是謂॥能
자유   문효   자   왈 금지효자   시위 능

養ㅣ이니 至॥於犬馬ㅣ하여도 皆能有>養이니 不>敬
양   지 어견마   개능유양   불경

이면 何以別乎리오?
     하 이 별 호

[가사체 번역문]

子游께서 공자님께 孝에대해 여쭈었다
자유   효

공자께서 말하셨다

요즘에는 사람들이 物質供養 잘하는걸 孝라고들 생각하나
　　　　　　　　물질공양　　　　　　효

개나말도 먹이주어 飼育하고 잘키우니
　　　　　　　　　사육

尊敬心이 없다면은 개나말을 먹이로써 기름과도 같으니라
존경심

[註解] ㅇ子游(자유)―공자의 제자. 성은 언(言), 이름은 언(偃), 자가 자유이며 오(吳)나라 사람. 공자보다 45세나 연소하다. 자하(子夏)와 함께 문학에 뛰어났다. ㅇ今之孝者(금지효자)―오늘의 사람들은 효를. ㅇ是謂能養(시위능양)―다만 능히 공양하는 것만을 (효라고) 말한다. 시(是)는 지시(只是), 다만의 뜻. ㅇ至於犬馬(지어견마)―개나 말까지도. ㅇ皆能有養(개능유양)―다 능히 잘 키우고 있다. ㅇ不敬(불경)―부모를 공경하지 않으면, 즉 마음으로 존경하고 공경하지 않고, 다만 물질적으로 공양만 한다면. ㅇ何以別乎(하이별호)―무엇이 다르겠느냐?

[解說]

　자기를 낳고 양육해준 부모에게 감사하고, 부모를 잘 섬기고 정성껏 공양해 올리는 것은 1차적인 효도(孝道)다. 그러나 외형적 · 물질적 공양에도 진정한 사랑과 존경심이 따라야 한다. 그렇지 않으면 가축에게 먹이를 주는 것과 다를 바 없게 된다. 자식은 부모를 통해 생명과 육신을 이어받았다. 그러므로 자식은 육친애(肉親愛)를 바탕으로 부모를 공경하고 집안을 흥성케 해야 한다. 부모에게 효도를 못하면 사람이 아니다.

2-8

자하가 효에 대해서 묻자, 공자가 말했다. "즐거운 낯으로 어른 섬기기가 어렵다. 일이 있으면 젊은이가 수고를 하고, 술이나 음식이 있으면 어른께 올린다. 그러나 그것만으로 효라 할 수 있겠느냐?"

[原文]

子夏ㅣ 問>孝한대 子ㅣ 曰 色難이니 有>事弟子ㅣ
자하   문 효   자   왈 색난   유 사제자

服Ⅱ其勞Ⅰ하고 有Ⅱ酒食Ⅰ이어든 先生饌을 曾是以
복 기로   유 주사   선 생 찬   증시이

爲>孝乎아?
위 효 호

[가사체 번역문]

子夏께서 공자님께 효에대해 여쭈었다
자하

공자께서 말하셨다

부드러운 안색으로 부모님을 봉양하기 어렵고도 어렵도다

힘드는일 있을때는 子息들이 수고하고
                    자식

술과음식 있으면은 부모먼저 드시도록 상을차려 올려야네

그러하나 이것만을 어찌孝라 하겠는가
                        효

[註解] ㅇ子夏(자하)―「學而篇 1-7」참조. ㅇ色難(색난)―부드럽고 즐거운 낯으로 부모를 모시고 봉양하기가 어렵다. 『예기(禮記)』「제의편(祭義

篇)」에 있다. '효자로서 깊은 사랑을 지니고 있으면 반드시 온화한 기색이 돌고, 온화한 기색이 돌면 반드시 즐거운 빛이 나며, 즐거운 빛이 있으면 반드시 부드러운 표정을 짓는다[孝子之有深愛者 必有和氣 有和氣者 必有愉色 有愉色者 必有婉容].' 주자는 이 구절을 인용하고 따랐다. 고주(古注)는 '부모의 기색을 살피고 잘 받들기가 어렵다.'로 풀었다. ○ 有事(유사)─일이 있으면. ○ 弟子(제자)─어린 사람. 자식 혹은 아우 되는 사람. ○ 服其勞(복기로)─힘드는 일을 떠맡고 처리한다. ○ 有酒食(유주사)─술이나 음식이 있으면. 사(食)를 '식'으로 읽어도 된다. ○ 先生(선생)─여기서는 부모, 어른의 뜻. ○ 饌(찬)─음식을 차려 올리고 드시게 한다는 뜻. ○ 曾是(증시)─즉. 증(曾)을 '내(乃), 즉(則)'으로 푼다. ○ 以爲孝乎(이위효호)─효라 하겠는가? 이위(以爲)는 …이다, …라고 친다. '증시이위효호(曾是以爲孝乎)'를 '어찌 효라 하겠느냐?'로 풀어도 된다.

[解說]

주자는 '부모를 모실 때에, 자식이 기색과 표정을 부드럽고 즐겁게 하기가 어렵다. 힘드는 일을 대신 떠맡고 음식 공양을 잘하는 것만으로는 충분한 효가 되지 못한다[事親之際 惟色爲難耳 服勞奉養 未足爲孝也].'라고 풀이했다. 또 주자는 말했다. "부모의 안색을 살피고 잘 효순(孝順)하기가 어렵다고 하는 옛날의 풀이도 통한다[舊說 承順父母之色爲難 亦通]."

이상의 네 장에서 제자들은 다 같이 효를 물었다. 그러나 공자의 대답은 같지 않고, 각각 다르게 대답했다. 즉 「2-5」에서 맹의자(孟懿子)에게는 "어기지 마라[無違]."고 대답했다. 「2-6」에서 맹무백(孟武伯)에게는 "자식은 질병이 아닌 다른 잘못으로 부모에게 걱정을 끼치면 안 된다."고 대답했다. 「2-7」에서는 자유(子游)에게 "물질적 공양만으로는 효라고 할 수 없다. 부모를 깊이 경애(敬愛)해야 한다."고 가르쳤다. 「2-8」에서는 "부드럽고 즐거운 낮으로 부모를 잘 모셔야 한다."고 말했다.

공자가 같은 질문에 각기 다르게 대답한 이유를 정자(程子)는 『집주(集註)』에서 다음과 같이 말했다.

"맹의자에게는 일반 모든 사람에게 하는 말을 한 것이다. 맹무자에게는 그가 걱정을 끼칠 일을 많이 하기 때문이다. 자유는 물질적 공양은 잘 하나 혹 경애의 정을 잃을까 해서다. 자하는 성격이 강직하고 정의감이 넘치므로 혹 포근하고 부드러운 기색이 부족할까 해서 그렇게 말한 것이다. 사람마다 각기 재질의 높낮이를 따라 다르게 말해준 것이다. 그래서 답이 같지 않다〔程子曰 告懿子 告衆人者也 告武伯者 以其人多可憂之事 子游能養 而或失於敬 子夏能直義 而或少溫柔之色 各因其才之高下 與其所失而告之 故不同也〕."

위의 정자의 말에 덧붙이겠다. 즉 맹의자가 권세를 믿고 무례했기 때문에, 공자가 특히 "예를 따르고 어기지 마라."고 타이른 것이다. 「2-5」 참조.

2-9

공자가 말했다. "내가 안회와 종일토록 말을 해도, 한마디의 반대도 없이 마치 어리석은 사람 같았다. 그러나 그가 물러나 사사롭게 처하는 품을 살피니 (가르침을) 충분히 계발하고 실천하더라. 그러니 안회는 어리석은 사람이 아니다."

[原文]

子ㅣ 曰 吾與>回로 言終日에 不>違如>愚러니 退
　　자 왈 오여 회　 언종일　　불 위여 우　　　　퇴

而省Ⅱ其私ㅣ한대 亦足Ⅱ以發ㅣ하나니 回也ㅣ 不>愚
이성　기사　　　　역족　이발　　　　　회야　불 우

로다.

[가사체 번역문]

공자께서 말하셨다

나는나는 顔回그와 종일토록 얘기해도 질문하나 아니하니
　　　　안 회

그는마치 어리석은 사람과도 같았도다

하지만은 顔回그가 물러나서 사사롭게 거처하는 품을보니
　　　　안 회

모든道理 밝게알고 어김없이 실천하여
　도 리

顔回그는 어리석은 그런사람 아니로다
안 회

[註解] ○回(회)—공자의 수제자(首弟子). 성은 안(顔), 이름이 회(回), 자는
자연(子淵), 노(魯)나라 사람. 『사기』에는 공자보다 30세 연소하다고 했다.
공자가 가장 사랑하고 기대했던 제자였으나, 41세로 사망했다. 당시 70세
의 공자는 '아! 하늘이 나를 망치는구나! 망치는구나![噫 天喪子 天喪子]'
「先進篇 11-9」라고 통탄했다. ○不違(불위)— '뜻이 서로 어긋나지 않고 잘
듣고 논란하지 않는다[意不相背 無問難也].'(『集註』) '공자의 말에 대해
서 괴상하게 여기고 되묻지 않았다[無所怪問於孔子之言].'(『古注』): 孔
安國. ○如愚(여우)—(말없이 알아듣는 품이) 마치 어리석은 사람 같다.
○退(퇴)—선생 앞에서 물러나다, 혹은 강학(講學)하는 자리에서 물러나다.

80 완역 해설 논어

ㅇ省其私(성기사)—그의 사생활, 혹은 사처(私處)하고 있을 때를 살피다. ㅇ亦(역)—여기서는 '그러나'의 뜻. ㅇ足以發(족이발)—충분히 계발한다. 행동으로 실천하고 나타낸다. ㅇ回也不愚(회야불우)—안회는 어리석지 않다, 어리석은 사람이 아니다.

[解說]

안회는 과묵(寡默)했으나 배우기를 좋아했고, 또 덕을 실천했다. 그래서 공자가 '회야불우(回也不愚)'라고 다짐을 둔 것이다. 공자의 같은 수제자 자공(子貢)은 안회를 "하나를 듣고 열을 알았다〔聞一而知十〕."라고 칭찬했다.

2-10

공자가 말했다. "그 행동을 보고, 그 연유를 살피고 또 그가 (받아들이고 있는) 결과를 관찰해 보면, (결국 그 사람을 알게 된다. 그러니) 사람 됨됨이를 어찌 숨길 수 있겠느냐? 사람 됨됨이를 어찌 숨길 수 있겠느냐?"

[原文]

子ㅣ 曰 視ㅍ其所ㅣ>以하며 觀ㅍ其所ㅣ>由하며 察
자 왈 시 기소 이 관 기소 유 찰

ㅍ其所ㅣ>安이면 人焉廋哉리오 人焉廋哉리오?
기소 안 인언수재 인언수재

[가사체 번역문]

공자께서 말하셨다

그의行動 바라보고 그런動機 살펴보며
　　　행동　　　　　　동 기

그가편히 여기는걸 세밀하게 살핀다면

그의人品 能히아니
　　인 품 능

어찌그의 사람됨을 숨길수가 있으리오

어찌그의 사람됨을 숨길수가 있으리오

[註解] ㅇ 視其所以(시기소이)―그가 하는 행동을 본다. 시(視)는 밖으로 나타나는 언행을 보다. 이(以) = 할 위(爲)로 행동, 행위. ㅇ 觀其所由(관기소유)―그 경유한 바를 살피다. 관(觀)은 넓게 살펴보다. 유(由)는 경력, 유래 혹은 동기. ㅇ 察其所安(찰기소안)―어떠한 처지에 안정하고 또 만족하고 있는가를 세밀히 살핀다. 찰(察)은 깊이 내면적으로 관찰한다. ㅇ 人焉廋哉(인언수재)―어찌 사람 됨됨이를 숨길 수 있겠느냐? 언(焉)은 '어찌 …하랴?'

[解說]

인간을 총체적으로 보고 평가하면 그 인품이나 덕성을 바르게 알 수 있다. 공자는 평가의 3단계를 제시했다. 첫 단계는 '시기소이(視其所以).' 즉 '밖으로 나타나는 언행이나 작위(作爲)를 보는 것이다.' 다음은 '관기소유(觀其所由)', 즉 '그러한 행동을 하게 된 동기나 경유 및 과정을 넓게 관찰해보는 것이다.' 세 번째로 '찰기소안(察其所安)', 즉 '그 사람이 어떠한 결과나 처지에 안정되고 또 즐기는가를 깊이 통찰하는 것이다.' 이상의 세 가지를 종합하면 인간의 평가를 바르게 할 수 있다. 그러므로 "사람은 자기의 본성·본심·본체를 숨기지 못한다."라고 말한 것이다.

2-11

공자가 말했다. "옛날의 학문을 충분히 익히고 더 나가서
새로운 것을 알면 스승이 될 수 있다."

[原文]

子ㅣ 曰 溫>故而知>新이면 可Ⅱ以爲Ⅰ>師矣니라.
자　　왈　온　고　이　지　신　　　가　이위　　사　의

[가사체 번역문]

　공자께서 말하셨다
　지난옛날 역사학문 거듭거듭 익히고서
　성현들이 남긴道理 마음속에 터득하여
　　　　　도 리
　새로웁고 創意롭게 널리널리 活用하라
　　　　　창 의　　　　　　　활 용
　그리하면 언젠가는 남의스승 될수있다

[註解] ㅇ溫故(온고)－옛날의 학문을 잘 익히다. 온(溫)은 숙지 숙달한다.
고(故)는 옛날의 고전(古典), 역사나 문물제도 등을 다 포괄한다. ㅇ而(이)－
그리고 더 나가서. ㅇ知新(지신)－새로운 것을 알고 또 새롭게 다스린다.
지(知)는 '실천한다'는 뜻도 있다. ㅇ可以爲師矣(가이위사의)－남을 가르칠
스승이 될 수 있다.

[解說]

　'온고지신(溫故知新)'은 진정한 학문 정신을 갈파한 명언이다. 학문은 과거의 모든 인류의 문화재나 선인(先人)들이 남긴 문화유산을 습득, 섭취하고 더 나가서 새로운 것, 즉 새로운 문화를 창조하는 바탕이 되는 것이다. 과거의 문화유산이나 학문을 계승하고 새로운 창조를 가함으로써 인류는 문화적으로 발전할 수 있다.

　우리는 역사와 전통을 잘 배우고 알아야 한다. 동시에 새로운 문화를 창조해야 한다. 만약에 선인들이 남긴 학문·사상·업적 등 일체의 문화재를 받아쓰기만 하고 새것을 창조하지 않으면, 인류문화는 정체할 것이다. 정체는 바로 퇴보에 연결되고, 퇴보는 곧 죄악이다. 우리들 모든 지식인과 학문에 종사하는 학자나 학생들은 '온고지신'의 깊은 뜻을 잘 알아야 한다. 공자는 겸손하게 '자기는 옛것을 서술했을 뿐 새로운 것을 서술하지 않았다〔述而不作〕.'고 했으나, 실은 주대(周代)의 문물을 바탕으로 새로운 세계를 창건하려고 했다. 그러므로 그를 '지성선사(至聖先師)'로 높인다.

2-12

　공자가 말했다. "군자는 기물 같은 존재가 아니다."

[原文]

子ㅣ 曰 君子는 不>器니라.
자　　 왈　 군자　 불　 기

[가사체 번역문]

공자께서 말하셨다

君子라는 지식인은 학식이나 기능으로
군자

남들에게 쓰여지는 器物같은 그런존재 절대절대 아니니라
기물

[註解] ○君子(군자)─수기치인(修己治人)하는 지식인을 군자라 한다. 즉 학문과 덕행을 겸비(兼備)한 인격자로 인도(仁道)를 따라 인정(仁政)을 펴는 덕치(德治)에 참여하는 지도자 계층이다. 포악무도한 위정자에 붙어 녹을 받는 자는 진정한 군자가 아니다. ○不器(불기)─기물 같은 존재가 아니다. 하나의 기물은 한 용도에만 쓰인다. 군자는 절대선(絕對善)인 하늘의 도리를 원리원칙으로 삼고 넓은 세계관과 깊은 역사관을 지닌 고차원적 지도자다. 그러므로 말단의 기능공 같은 존재가 아니다. 주자는 『집주(集註)』에서 말했다. "기물은 각각의 용도에 적합할 뿐 서로 상통할 수 없다. 그러나 덕을 완성한 선비는 모든 사물의 본체를 다 터득하고 한 몸에 다 갖추지 않은 것이 없으며, 따라서 모든 사물을 두루 잘 운용한다. 오직 한 가지 재능이나 기예만을 지닌 사람이 아니다[器者各適其用 而不能相通 成德之士 體無不具 故用無不周 非特爲一才一藝而已]."

[解說]

　　오늘의 인류사회가 왜 위기에 빠졌는가? 부분만을 알고 전체와 영원을 모르기 때문이다. 순간적 존재인 나만을 알고 전체로서의 인류 문화의 발전을 모르기 때문이다. 동물적 본능인 이기적 욕심과 관능적 쾌락만을 알고 숭고한 정신 가치를 소홀히 하기 때문이다. 그래서 개인이나 국가가 서로 무력을 바탕으로 아귀다툼의 싸움에 골몰하고 있다. 그러나 하늘의 도리를 바탕으로 한 인정(仁政), 덕치 (德治)를 영도할 군자는 우주적 안목과 세계관 역사관을 지녀야 한 다. 공자는 이미 2천5백 년 전에 "군자불기(君子不器)"라고 말했다.

2-13

자공이 군자에 대해서 묻자, 공자가 말했다. "말하고자 하 는 바를 먼저 행하고, 그 후에 말을 하느니라."

【原文】

子貢이 問Ⅱ君子ㅣ한대 子ㅣ 曰 先Ⅱ行>其言ㅣ이오
자 공 문 군 자 　 자 왈 선 행 기 언

而後從>之니라.
이 후 종 지

【가사체 번역문】

子貢께서 공자님께 어떠해야 君子인지 그에대해 여쭈었다
자 공　　　　　　　　　　　　　　군 자

공자께서 말하셨다

군자라고 하는자는 말에앞서 행동하고

그런뒤에 그의말이 자기행동 뒤따른다

【註解】 ○子貢(자공)-「學而篇 1-14」 참고. ○先行其言(선행기언)-말하 기 전에 먼저 그 말에 해당하는 행동을 한다. ○後從之(후종지)-먼저 행하 고 다음에 말을 한다.

[解說]

자공은 언변에 뛰어났다. 그래서 공자가 먼저 행동하고 말은 뒤에 하라고 충고한 것이다. 『집주(集註)』에서 범조우(范祖禹)는 말했다. "자공의 걱정은 말하기가 어려운 것이 아니고 행동하기 어려운 것이기 때문에 공자가 그와 같이 충고했다〔子貢之患 非言之艱 而行之難 故告之以此〕."

공자는 언행일치(言行一致)를 강조했다. 마음속의 정성을 다 바쳐 최선을 다하는 것을 충(忠)이라 하고, 자기가 한 말을 실천해서 알찬 열매를 맺는 것을 신(信)이라 한다. 그래서 증자(曾子)는 '위인모 이불충호 여붕우교 이불신호(爲人謀 而不忠乎 與朋友交 而不信乎)'「學而篇 1-4」를 반성했다. 공자는 "주충신(主忠信)"「學而篇 1-8」과 "민어사이신어언(敏於事而愼於言)"「學而篇 1-14」이라고 말했다.

배우는 목적은 덕을 행하기 위함이다. 그러므로 "행유여력 즉이학문(行有餘力 則以學文)"「學而篇 1-6」이라, 혹은 자하(子夏)가 "현현역색 사부모능갈기력 사군능치기신 여붕우교언이유신 수왈미학 오필위지학의(賢賢易色 事父母能竭其力 事君能致其身 與朋友交言而有信 雖曰未學 吾必謂之學矣)"「學而篇 1-7」라고 말한 것이다.

2-14

공자가 말했다. "군자는 두루 통하되 편파적이 아니다. 소인은 편파적이면서 두루 통하지 못한다."

子ㅣ 曰 君子는 周而不>比하고 小人은 比而不>
자   왈 군자   주 이 불 비   소 인   비 이 부

周니라.
주

[가사체 번역문]

공자께서 말하셨다

군자라고 하는자는

두루두루 잘通하고 모든이와 和合하며 私私黨派 매이잖지
　　　　　통　　　　　　　　화 합　　　사 사 당 파

소인이라 하는자는

사사당파 얽매이고 두루두루 통하거나 화합하지 못한다네

[註解] ㅇ君子(군자)―학덕(學德)을 겸비한 휴머니스트. 그러므로 우주적
인 세계관을 가지고 크게 내다보고 행동한다. 나보다 전체를 높이고, 물질
보다 정신을 높인다. 따라서 개인의 부귀영화보다 국가의 번영과 국민의
안락을 앞세운다. ㅇ小人(소인)―식견이 좁고 물질적 이득이나 육체적 쾌
락만을 앞세우는 편협한 사람. ㅇ周(주)―대의(大義)를 밝히고 서로 화동(和
同)한다. ㅇ比(비)―편파적이고 일시적 이득을 위해 한 패가 된다.

[解說]

　군자(君子)와 소인(小人)에 대해 공자는 "성인을 만나보기는 어렵
다. 그러나 군자를 만나보는 것은 가능할 것이다〔聖人吾不得而見之
矣 得見君子者 斯可矣〕."「述而篇 7-25」라고 했다. 요(堯)·순(舜)
같은 성인은 좀처럼 나타나지 않을 것이고, 따라서 보기 어려울 것

이다. 그러나 군자는 만나볼 수 있을 것이라고 한 것이다. 신분이나 계층을 막론하고 누구나 잘 배우고 덕을 행하면 군자가 될 수 있다. 그래서 공자는 평민 출신의 학생들을 모아 배양하고 군자로 육성하고, 그들을 중심으로 이상적인 덕치(德治)를 성취하려고 했던 것이다. 그러므로 군자는 인정(仁政)을 실현할 막중한 사명이 있다. 일반적인 소시민과 다르다. 『논어』에는 군자와 소인을 대비한 구절이 많다. 대도(大道)를 가는 사람이 군자이고 자기 한 몸만을 위하는 옹졸한 자가 소인이다.

공자가 말했다. '군자는 대의명분을 밝히고, 소인은 물질적 이득만을 밝힌다〔子曰 君子喩於義 小人喩於利〕.'「里仁篇 4-16」. 공자가 말했다. '군자는 태연하지만 남에게 교만하지 않는다. 소인은 남에게 교만하지만 태연하지 못하다〔子曰 君子泰而不驕 小人驕而不泰〕.'「里仁篇 4-26」. 공자가 말했다. '군자는 조화협동하되 부화뇌동하지 않는다. 소인은 부화뇌동하되 조화협동하지 않는다〔子曰 君子和而不同, 小人同而不和〕.'「子路篇 13-23」.

공자가 말했다. '군자는 (마음이나 태도가) 평안하고 늠름하다. 소인은 항상 불안하고 근심스럽다〔子曰 君子坦蕩蕩 小人長戚戚〕.'「述而篇 7-36」. 공자가 말했다. '군자는 (득실과 성패를) 자신의 덕행에서 구한다. 소인은 (요행이나 이득을) 남으로부터 얻으려고 한다〔子曰 君子求諸己 小人求諸人〕.'「衛靈公篇 15-21」.

공자가 말했다. '군자는 작은 일에는 쓰일 수 없으나, 큰일을 맡아 다스릴 수는 있다. 소인은 큰일을 맡아 다스릴 수는 없으나, 작은 일에는 쓰일 수 있다〔君子不可小知 而可大受也 小人不可大受 可小知也〕.'「衛靈公篇 15-34」. 공자가 말했다. '군자는 다른 사람의 장점을 취하고 키워서 완성되게 하고, 다른 사람의 단점을 덮어 누르고 나타나지 않게 한다. 소인은 이와 반대다〔子曰 君子成人之美, 不成人之惡 小人反是〕.'「顏淵篇 12-16」.

공자가 말했다. '군자는 도의를 가장 높이 친다. 군자가 만약에 용감하기만 하고 도의를 저버리면 난을 일으키게 될 것이다. 소인이 용감하기만 하고 도의를 저버리면 도적질을 하게 된다〔子曰 君子義以爲上 君子有勇而無義爲亂 小人有勇而無義爲盜亂〕.'「陽貨篇 17-23」.

2-15

공자가 말했다. "배우기만 하고 사색하지 않으면 사리에 어둡고, 사색만 하고 배우지 않으면 위태롭다."

[原文]

子ㅣ 曰 學而不>思則罔하고 思而不>學則殆니라.
자　왈　학이불　사즉망　　　사이불　학즉태

[가사체 번역문]

공자께서 말하셨다

가르침을 받으면서 思索하지 않는다면
　　　　　　　　　　사색

하늘道理 알수없고 事物理致 깜깜하며
　　　도리　　　　사물이치

思索만을 固執하고 배우지를 않는다면
사색　　　고집

한쪽으로 기울어서 危殆롭고 不安하다
<small>위태   불안</small>

[註解] ㅇ學(학)—스승의 가르침을 받거나 고전을 통해서 배우다. 시습(時習)이 따라야 한다. ㅇ而不思(이불사)—그러나 자신이 사색하고 사리를 탐구하지 않으면. ㅇ罔(망)—사리나 의리(義理)에 어둡다. ㅇ殆(태)—도리를 모르고 독단에 빠지니까 위태롭고 불안하다.

[解說]

사람은 배워야 한다. 특히 고전을 배워야 한다. 그래야 인류 역사의 흐름이나 문화의 발전 과정 및 성현들의 높은 사상과 예지를 알 수 있다. 동시에 우리는 스스로 사색을 해야 한다. 그래야 깊은 도리와 의리를 터득하고 활용해서 바른 삶을 살고 동시에 새로운 문화를 창조할 수 있다. 즉 '넓은 배움〔博學〕과 깊은 사색〔愼思〕'을 겸해야 한다.

『집주(集註)』에서 정자(程子)는 다음과 같이 말했다. "박학·심문·신사·명변·독행의 다섯 가지에서 하나만 빠져도 진정한 배움이 아니다〔博學 審問 愼思 明辯 篤行 五者廢其一 非學也〕." 박학(博學)은 넓게 배움이다. 심문(審問)은 세밀하게 묻는 것이다. 신사(愼思)는 신중하게 깊이 생각함이다. 명변(明辯)은 선악시비를 밝게 분별함이다. 그리고 스스로 터득한 바른 도리를 독실하게 실천해야 한다. 그것이 독행(篤行)이다. 공자는 '지행일치(知行一致)'와 '온고지신(溫故知新)'을 강조했다. 바르게 행하기 위해서는 넓게 배우고 깊이 생각해서 바른 도리를 터득해야 한다.

꽁자가 말했다. "이단을 배우면 해로울 뿐이다."

[原文]

$$子 \vert 曰 攻^{II} 乎異端^I 이면 斯害也已니라.$$
자 왈 공 호 이 단 사 해 야 이

[가사체 번역문]

공자께서 말하셨다
이단설에 몰두하면 이것들은 해가될뿐 아무이득 없으리라

【註解】 ㅇ 攻乎異端(공호이단)—이단을 배우거나, 몰두하면. 공(攻)은 전공(專攻)의 뜻. '이단의 학문을 공격한다'는 설도 있으나, 적절하지 않다. 호(乎) = 어(於). 이단(異端)은 유교(儒敎)에서 높이는 '시(詩)·서(書)·예(禮)·악(樂)' 이외의 제자백가(諸子百家)의 잡서(雜書)나 학설(學說), 특히 양자(楊子)와 묵자(墨子) 등의 책이나 사상. ㅇ 斯害已而(사해이이)—그런 것들은 해가 될 뿐이다.

【解說】

주자(朱子)는 말했다. "이단은 성인의 도가 아니고, 다른 한쪽의 설이다. 양자나 묵자 같은 것이다〔異端非聖人之道 而別爲一端 如楊墨是也〕." 그러나 공자 시대에는 시(詩)·서(書)·예(禮)·악(樂) 및 육예(六藝) 등을 주로 학습했을 것이다. 당시에는 미처 육경(六經)이 확정되지 않았다. 유교는 '공간과 시간을 통합한 우주의 이법(理法)인 절대선의 천도(天道)를 바탕으로 수신(修身)·제가(齊家)·치국(治國)·평천하(平天下)' 하는 일관된 도리다. 천도(天道)는 '일대지도(一大之道)' 다. 개체와 전체, 현재와 영원을 통합한 도리다. 이는 곧 세계대동(世界大同)과 역사발전(歷史發展)의 진리다. 또 유교는 '인간의 선본성(善本性)을 계발하고 덕(德)을 쌓고 더 나아가 남을 잘 살게 해주는 수기치인(修己治人)' 을 강조한다. 그러므로 유교를 정통(正統)이라고 하는 것이다. 한편 무(無)를 강조하는 도가(道家) 사상이나, 철저한 개인주의를 강조하는 양자 및 무차별적 겸애(兼愛)를 주장하는 묵자를 이단이라고 보았다.

2-17

공자가 말했다. "유야, 네게 앎에 대하여 가르쳐 주마. 아는 것을 안다 하고, 모르는 것을 모른다 함이, 바로 앎이니라."

[原文]

子ㅣ 曰 由아 誨Ⅱ女知ㅣ>之乎인저. 知>之爲>知>
자 왈 유 회 여 지 지 호 지 지 위 지
之오 不>知爲>不>知ㅣ 是知也니라.
지 부 지 위 부 지 시 지 야

[가사체 번역문]

공자께서 말하셨다

由야네게 안다는게 무엇인지 알려주마
유

아는것을 안다하고 모르는걸 모른다고 말하는게 아는게지

[註解] ○由(유)―공자가 사랑한 수제자의 한 사람. 공자보다 9세 연하였다. 성은 중(仲), 이름은 유(由), 자는 자로(子路), 계로(季路)라고도 한다. 노(魯)나라 사람으로 지나칠 정도로 용감했다. 따라서 성미가 급하며 신중하지 못했으므로 공자로부터 꾸지람을 듣기도 했다. ○誨女(회여)―너에게 가르쳐 준다. 여(女) = 너 여(汝). ○知之(지지)―안다는 것, 앎. 지(之)는 앞에 있는 말이 동사임을 나타내는 허사(虛詞). ○不知爲不知(부지위부지)―모르는 것을 모른다고 한다. ○是知也(시지야)―그것이 곧 앎이다.

[解說]

자로는 『논어』에 자주 등장하는 수제자로 공자의 사랑을 받았다. 그래서 '유야!' 하고 친근하게 이름으로 부른 것이다. 그러나 성격이 호탕하고 성급한 것이 흠이었다. 그래서 공자가 자주 그를 탓하기도 했다. 『논어』「술이편(述而篇)」에 있다. 자로가 물었다. '"선생님께서 만약에 대군을 동원하신다면 누구를 쓰겠습니까?" 그러자 공자가 말했다. "맨주먹으로 범을 잡고, 맨발로 강물을 건너며, 죽어도 뉘우치지 않는 그런 자는 쓰지 않겠다〔子路曰 子行三軍 則誰與. 子曰 暴虎馮河 死而無悔者 吾不與也〕."「7-10」.' 경솔한 자로가 신중하지 못하고 또 모르는 것도 아는 척하고 나섰던 것이다. 그러므로 공자가 '앎과 모름'을 잘 가리라고 충고한 것이다.

2-18

자장이 녹(祿)을 구하는 법을 묻자, 공자가 말했다. "많이 듣되 의아스러운 것을 빼놓고 나머지를 신중히 말하면 허물이 적을 것이다. 또 많이 보되 확고하지 못한 것을 빼놓고 나머지만을 행하면 뉘우침이 적을 것이다. 말에 허물이 적고, 행동에 뉘우침이 적으면 녹은 스스로 얻게 마련이다.

[原文]

子張이 學>干>祿한대 子ㅣ 曰 多聞闕>疑오 愼言Ⅱ
자장 학간록 자 왈 다문궐 의 신언

其餘ㅣ 則寡>尤며 多見闕>殆오 愼行Ⅱ其餘ㅣ 則寡>
기여 즉과우 다견궐태 신행 기여 즉과

悔니 言寡>尤하며 行寡>悔면 祿在Ⅱ其中ㅣ 矣니라.
회 언과우 행과회 녹재 기중 의

[가사체 번역문]

子張께서 공자님께 벼슬녹봉 구하는법 배우고자 하였는데
자장

공자께서 말하셨다

많이듣고 배웠어도 의심스런 것들일랑 우선잠시 젖혀두고

의심없고 확실한걸 신중하게 말한다면

사람들이 허물하는 그런일이 적으리라

많이보고 배웠어도 확실찮고 애매한건 우선잠시 젖혀두고

확실하고 분명한것 이런것만 실행하면 뉘우침이 적으리라

말을함에 허물적고 행동함에 후회적고

그러면은 그가운데 벼슬祿俸 있게된다
　　　　　　　　녹 봉

[註解] ○子張(자장)—공자의 제자. 성은 전손(顓孫), 이름은 사(師), 자가
자장이다. 진(陳)나라 사람으로 공자보다 48세 연소했다. ○學干祿(학간
록)—녹봉을 얻는 방법을 배우고자 한다. 즉 벼슬에 올라 녹봉을 받는 방법
을 질문했다. ○多聞闕疑(다문궐의)—많이 듣고 배우되 의아스러운 것은 빼
놓다. 대궐 궐(闕)은 여기서는 결할 결(缺). ○愼言其餘(신언기여)—나머지,
즉 확실한 것만을 신중하게 말하다. ○則寡尤(즉과우)—그러면 곧 허물이
적다. ○多見闕殆(다견궐태)—많이 보고 알되 불확실하고 애매한 것들은 빼
놓다. ○愼行其餘(신행기여)—나머지 확실한 것만을 행한다. ○言寡尤(언과
우)—말에 허물이 적고. ○行寡悔(행과회)—행동에 뉘우칠 바가 적으면. ○祿
在其中矣(녹재기중의)—녹봉이 그 속에 있게 마련이다. 자연히 벼슬을 얻게
된다.

[解說]

　　공자의 이상은 도덕정치를 실현하는 것이었다. 그러므로 정치에
참여하는 선비들이 우선 자기수양을 하고 도덕을 실천하는 군자가
되어야 한다. 군자는 배우고 박학다식해야 한다. 그러나 스스로 깊
이 생각해서 절대선(絶對善)의 천도를 기준으로 하고 선악시비(善惡
是非)를 가려야 한다. 그리고 옳고 바른 것만을 말하고 행해야 한다.
그러면 언행이 도덕에 맞게 되며, 따라서 도덕정치에 참여할 수 있
다. "말에 허물이 없고 행함에 뉘우침이 없으면 자연히 벼슬에 올라
봉록을 받게 된다〔言寡尤 行寡悔 祿在其中矣〕."라고 공자는 낙관하
고 있다.

그러나 공자의 낙관은 도덕정치를 전제로 한다. 도가 행해지지 않는 난세에서는 도덕적인 사람이 배제되고, 반대로 간악하게 술책을 농하거나 무모하게 폭력을 휘두르는 자들이 득세하고 부를 탈취한다. 그러므로 역사적으로나 또 현실적으로나 많은 지식인들이 타락하고 '벼슬과 재물을 얻기 위해' 악덕한 통치자나 세도가에 붙어 먹는 경우가 많다.

그러나 공자는 다음과 같이 말했다. "군자는 도를 구할 뿐 밥을 구하지 않는다. 농사를 지어도 굶주릴 수 있으나, 배우면 저절로 녹을 얻을 수 있다. 군자는 도를 염려하되, 가난을 염려하지 않는다〔子曰 君子謀道 不謀食 耕也 餒在其中矣 學也 祿在其中矣 君子憂道不憂貧〕."「衛靈公篇 15-32」.

당시 공자 밑에 모여든 학생들 중에는 평민 계층이 많았으며 따라서 배워서 입신출세하고 벼슬을 얻고자 한 청년들이 많았을 것이다. 그러므로 자장이 "어떻게 하면 벼슬에 올라 녹봉을 받을 수 있을까요?"라며 노골적으로 물었을 것이다. 그러나 공자는 "밥보다도 도를 더 생각하라."고 말했다. 즉 군자는 '자기 한 사람 먹고 사는 것보다, 도덕정치의 실현을 염원하고 노력해야 한다.' 고 강조한 것이다.

2-19

애꿍이 물었다. "어떻게 하면 백성들이 따르겠소?" 공자가 대답했다. "곧은 사람을 들어 굽은 사람 위에 쓰면 백성이 따르고, 굽은 사람을 들어 곧은 사람 위에 쓰면 백성이 따르지 않습니다."

[原文]

哀公이 問曰 何爲則民服이닛고 孔子ㅣ 對曰 擧>
애공　　문왈 하위즉민복　　　　공자　 대왈 거

直錯ⅱ諸枉ㅣ 則民服하고 擧>枉錯ⅱ諸直ㅣ 則民不
직조 저왕　즉민복　　거 왕조 저직　 즉민불

>服이니이다.
복

[가사체 번역문]

魯國임금 哀公께서 공자님께 물으셨다
노국　　 애공

어찌하면 백성들을 잘따르게 하오리까

공자께서 대답했다

바른사람 등용하여 굽은사람 위에쓰면

백성들이 진심으로 승복하고 따르지만

굽은사람 등용하여 곧은사람 위에쓰면

백성들이 不服함은 당연한일 아니리오
　　　 불복

[註解] ○哀公(애공)—노(魯)나라 군주. 성은 희(姬), 이름은 장(蔣), 애(哀)
는 시호(諡號). 정공(定公)의 아들로 뒤를 이어 자리에 올랐다. 그때 공자는
나이 58세(기원전 494년)로 노나라에 있었다. 그러나 즉시 노를 떠나 여러
나라를 유력했다. 애공 14년(기원전 481년) 봄에 기린(麒麟)이 잡히자, 공
자는 "나의 길이 막혔다."라며 한탄하고 쓰던 『춘추』를 멈추었다. 그리고

3년 후 74세로 서거했다. ○何爲則民服(하위즉민복)―어떻게 하면 백성이 따르겠느냐? ○擧直錯諸枉(거직조저왕)―곧은 사람을 등용해서 나쁜 사람 위에 앉게 한다. 조(錯) = 둘 조(措), 저(諸) = '지어(之於)'를 합친 자로 '저'로 읽는다. ○擧枉錯諸直(거왕조저직)―굽은 것을 들어 바른 것 위에 놓다. ○則民不服(즉민불복)―그러면 백성들이 복종하지 않는다.

[解說]

바른 사람을 등용해야 한다. 간악하고 악덕한 사람을 등용해서 쓰면 나라는 결딴난다. 선인이 못 살고 악인이 잘 살면 사회정의가 전도되고, 따라서 사람들이 악덕정치에 등을 돌리며, 그 결과는 통치체제가 붕괴되게 마련이다.

2-20

계강자가 물었다. "백성들로 하여금 (윗사람에게) 공경과 충성을 바치게 하고 동시에 (일을 잘하도록) 권하려면 어떻게 하면 되겠소?"

이에 공자가 말했다. "(당신 자신이) 백성들에게 장중하고 엄숙한 태도로 임하면 (백성들이) 공경할 것이며, (당신 자신이) 효도하고 자애를 베풀면 (백성들이) 충성할 것이며, 선량한 사람을 등용하고 재능 없는 사람을 잘 가르치면, 그것이 끝 사람들로 하여금 일을 잘하게 권하는 것이오."

季康子ㅣ 問 使ᴨ民敬忠以勸ㅣ호대 如ᴨ之何ㅣ니
계 강 자　문 사　민 경 충 이 권　　여 지 하

잇고? 子ㅣ 曰 臨>之以>莊則敬하고 孝慈 則忠하고
자 왈 임 지 이 장 즉 경　　효 자 즉 충

擧>善而敎ᴨ不能ㅣ 則勸이니라.
거 선 이 교　불 능　즉 권

[가사체 번역문]

季康子가 공자님께 다음같이 물어봤다
계강자

백성들을 윗사람께 공경심과 충성심을 바치도록 하게하고

일잘하라 권하려면 어찌해야 하오리까

공자께서 말하셨다

윗사람이 백성에게 장중하고 엄숙하게

그와같이 임한다면 백성들이 공경하고

윗사람이 효도하며 자애심을 베푼다면

백성들이 충성하고 착한사람 등용하며

재능없는 사람들을 가르치고 교도하면

백성들이 부지런히 일잘하게 될거라오

[註解] ○季康子(계강자)─노(魯)나라의 경(卿)으로 이름은 비(肥), 강(康)은
시호다. 노나라의 세도가인 삼환씨(三桓氏)의 한 집안, 즉 계손씨(季孫氏)의
당주(當主)다. 당시 그는 노나라의 장군과 재상을 겸해, 그 세력이 임금보
다 컸다. ○使民(사민)─백성들로 하여금. ○敬忠(경충)─(자기를) 공경하
고 (자기에게) 충성하게 한다. ○以勸(이권)─그리고 (백성들로 하여금 각

자 생업에) 힘을 쏟도록 권장하다. ○如之何(여지하)－어떻게 하느냐? ○臨之以莊(임지이장)－(당신이 먼저) 백성들 앞에 장엄(莊嚴 : 예의범절을 엄격히 지키고 위엄있는 태도)한 태도로 임한다. ○則敬(즉경)－그러면 (백성들이 당신을) 공경하게 된다. ○孝慈(효자)－(당신이) 부모에게 효도하고 아랫사람에게 자애(慈愛)를 베풀다. ○則忠(즉충)－그러면 (백성들이 당신에게) 충성한다. ○擧善(거선)－선량한 사람을 등용하다. ○敎不能(교불능)－못하는 사람을 교육하고 교화한다. ○則勸(즉권)－그러면 백성들이 스스로 권면하게 된다.

[解說]

앞에서 공자는 애공(哀公)에게 "곧고 강직한 사람을 등용해서 굽고 사악한 사람 위에 쓰라〔擧直錯諸枉〕."고 충고했다. 그러나 당시의 노나라 임금은 삼환씨(三桓氏)에게 눌려 제대로 임금 노릇을 하지 못했다.

한편 삼환씨 중에서도 가장 세도가 큰 계손씨(季孫氏)의 당주(當主) 계강자(季康子)가 "백성들로 하여금 나에게 공경과 충성을 바치게 하고, 동시에 각자가 일을 잘하게 권하려면 어떻게 하면 되겠소?" 하고 묻자, 공자는 "당신 자신이 먼저 윤리도덕의 규범을 잘 지키고 몸가짐을 장중하고 엄숙하게 하고, 또 부모에게 효도하고 백성에게 자애를 베푸시오. 그리고 선량한 사람을 등용하고 재능 없는 사람을 잘 가르쳐 그들도 일을 할 수 있게 하시오. 그러면 당신은 백성들의 존경과 충성을 받을 것이며, 또 백성들이 스스로 저마다의 생업에 힘쓸 것이오."라고 덕치(德治)의 근본 도리를 말해 주었다.

계강자는 계환자(季桓子)의 아들이며, 계환자는 공자를 어느 정도

존중하고 생전에 자기 아들에게 "내가 죽은 다음에 공자에게 예(禮)를 물어라."고 말한 적이 있었다. 결국 공자는 애공에게는 무도하고 참월(僭越)한 계강자를 누르라 하고, 계강자에게는 예의범절과 효도를 지키고 백성을 사랑하며 또 교화하라고 따끔하게 말했다. 집권자는 선량한 사람을 등용하고 간악한 자를 추방해야 한다. 그래야 정의와 질서가 유지된다. 한편 임금을 보좌할 신하는 신분의 고하를 막론하고 솔선하여 예의범절을 지키고 백성을 사랑하며 백성들의 교화에 힘을 쏟아야 한다. 그것이 나라를 다스리는 정도(正道)이다.

2-21

어떤 사람이 공자에게 물었다. "선생께서는 왜 정치를 하지 않으십니까?"

이에 공자가 말했다. "『서경』에 '효도하고 효도하며 형제에게 우애롭게 한다. 그 효도와 우애를 정치에 나타낸다.'라고 했으니, 효제도 역시 정치이거늘 어찌 따로 정치할 것이 있겠소?"

[原文]

或이 謂Ⅱ孔子ㅣ曰 子는 奚不>爲>政이시닛고? 子
혹   위 공자 왈 자 해불 위 정   자

ㅣ曰 書云>孝乎인저 惟孝하며 友Ⅱ于兄弟ㅣ하야 施
 왈 서운 효호   유효   우 우형제   시

ロ於有ⅰ**>政**이라 하니 **是亦爲>政**이니 **奚其爲>爲>**
　　어 유　　　정　　　　　시 역 위 정　　　　　해 기 위 위

政이리오?
　정

[가사체 번역문]

　어떤사람 공자님께 다음같이 여쭈었다

　선생님은 어찌하여 정치하지 않습니까

　공자께서 말하셨다

　書經에서 이르기를 부모님께 효도하며 형제간에 우애하여
　　서 경

　바로그런 효도우애 정치에도 나타내라 이런말을 하였으니

　효도우애 잘하는게 또한바로 정치인데

　어찌하여 벼슬하고 정치할일 있을까요

[註解] ○或(혹)―어떤 사람. ○謂孔子曰(위공자왈)―공자에게 말했다. 위(謂)는 …에게 말하다. ○子(자)―선생님. 존칭. ○奚(해)―왜, 어찌하여. ○不爲政(불위정)―정치를 하지 않다. ○書云(서운)―『서경(書經)』에 있다. 서(書)는 '옛날 제왕의 글'의 뜻으로, 공자 시대에는 『서경』을 서(書)라고 했다. 한대(漢代)에 『상서(尚書)』, 송대(宋代)에 『서경』이라 했다. ○孝乎惟孝(효호유효)―효도하고 오직 효도한다. 강조한 말. ○友于兄弟(우우형제)―형제에게 우애롭게 하다. ○施於有政(시어유정)―(효제의 덕행을) 옮기고 확대해서 정치를 하다. ○是亦爲政(시역위정)―그렇게 하는 것도 역시 정치이다. ○奚其爲爲政(해기위위정)―어찌 (따로) 정치를 하랴? 위위정(爲爲政)에서 앞의 위(爲)는 동사, '위정(爲政 : 정치하다)'이 목적어.

[解說]

　　공자의 정치관은 인(仁)을 실현하는 것이다. 인을 쉽게 말하면 인류애, 혹은 휴머니즘이라고 말할 수 있다. 인은 선천적으로 주어진 인심(仁心)에서 우러나오는 덕행이다. 즉 서로 사랑하고 협동하여 하나의 공동체를 꾸미고 다 함께 번영하고 발전할 수 있는 바탕이 되는 덕행이다.

　　가정적 차원에서는 '부모는 자식을 자애하고, 자식은 부모에게 효도한다〔父慈子孝〕.' '형은 아우를 우애하고, 아우는 형을 공경한다〔兄友弟恭〕.' 이를 요약해서 효(孝)와 제(弟=悌)라고 한다. 효는 부모와 자식간의 종적(縱的)인 '사랑의 협동'이다. 제는 형제간의 횡적(橫的)인 사랑의 협동이다. 종은 시간을 상징하고, 횡은 공간을 상징한다. 그러므로 '종적 횡적 사랑과 협동' 곧 '우주적 사랑과 협동'이다. 인(仁)은 곧 '우주적 사랑과 협동'이다. 인을 실천하는 덕행의 기본은 효제(孝悌)이며, 기타 충(忠)・신(信)・지(智)・용(勇) 등의 덕행이 있다.

　　앞에서 유자(有子)는 "효와 제가 인을 이룩하는 근본이다〔孝弟也者 爲仁之本〕."「學而篇 1-2」라고 말했다. 그러므로 공자는 "효와 제의 덕행을 실천하는 것이 곧 인의 정치를 실현하는 것과 같다."고 말한 것이다.

　　공자에게 "왜 정치를 안 하십니까?"하고 물은 사람이 생각하는 정치는 간악한 권모술수를 농하고 무력을 행사하는 정치이다. 그러나 공자가 생각하는 정치는 인정(仁政)이다. 인정은 효제(孝弟)를 바탕으로 한다. 그러므로 공자는 효제를 실천하면 곧 인정에 참여하고 있는 것이다. 왜 포악무도한 악덕정치를 따로 할 필요가 있겠느냐

하고 반박한 것이다. 공자의 말을 바르게 알려면 공자의 사상을 깊이 알아야 한다.

2-22

공자가 말했다. "사람이 신의가 없으면 그 쓸모를 알 수 없다. (소가 끄는) 큰 수레에 멍에가 없거나, (말이 끄는) 작은 수레에 멍에 갈고리가 없으면, 어떻게 끌고 갈 것인가?"

[原文]

子ㅣ 曰 人而無>信이면 不>知ᴵᴵ其可ㅣ也케라. 大
자 왈 인 이 무 신   부 지 기 가 야   대

車ㅣ 無>輗하며 小車ㅣ 無>軏이면 其何以行>之哉
거 무 예   소 거 무 월   기 하 이 행 지 재

리오?

[가사체 번역문]

　　공자께서 말하셨다
　　사람으로 말과行動 서로一致 아니하면 사람다움 알수없지
　　　　　　행동　　　일치
　　소가끄는 큰수레와 말이끄는 작은수레 멍에매는 테없으면
　　무엇으로 똑바르게 길을갈수 있으리오

[註解] ㅇ 人而無信(인이무신)―사람이 신의가 없으면. 언행일치(言行一致)

를 신(信)이라 한다. ○不知其可也(부지기가야)—그의 가함을 알지 못한다. 가(可)는 사람답다, 혹은 쓸 수 있다. ○大車(대거)—소가 끄는 짐을 싣는 큰 수레. ○輗(예)—끌채 끝의 멍에를 매는 테. '멍에 끝의 가로지른 나무로 소의 목에 얹은 가로나무를 붙들어 매는 테〔轅端橫木 縛輗以駕牛者〕.' ○小車(소거)—말이 끄는 경쾌한 작은 수레. ○軏(월)—끌채 끝의 멍에를 매는 테. '멍에 끝에 굽은 갈고리로 균형을 잡아 말의 멍에를 매게 하는 것〔轅端上曲鉤 衡以駕馬者〕.' ○其何以行之哉(기하이행지재)—그 무엇으로, 혹은 어떻게 바르게 갈 수 있느냐?

〔解說〕

사람은 신의(信義)를 지켜야 한다. 바르게 말하고, 바르게 행동해야 한다. 그래야 더불어 함께 사는 공동생활을 영위할 수가 있다. 바르다고 함은 절대선(絶對善)인 하늘의 도리를 기준으로 한다. 이기적(利己的) 탐욕이나 관능적 쾌락에 치우치면 바르게 될 수가 없다. 서로 속이고 무력으로 싸우며, 남을 살상하고 남의 재물을 탈취하게 된다. 그와 같은 약육강식(弱肉强食)의 악덕사회에는 진정한 신의가 없다. 그러므로 오늘의 인류사회는 갈팡질팡하고 악덕과 범죄가 판을 치고 있다.

2-23

자장이 "앞으로 10대의 일을 알 수 있습니까?" 하고 물었다.

이에 공자가 대답했다. "은은 하의 예를 따랐으니 비교해

보면 더하고 뺀 것을 알 수 있고, 주는 은의 예를 따랐으니 비
교해 보면 더하고 뺀 것을 알 수 있다. 그러므로 혹 주의 예를
계승만 한다면 앞으로 백 대의 일도 알 수 있다."

[原文]

子張이 問 十世를 可>知乎잇가? 子ㅣ 曰 殷因ㅛ
　　자 장　　문 십세　　　가 지호　　　　자　왈 은 인

於夏禮ㅣ하니 所ㅛ損益ㅣ을 可>知也며 周因ㅛ於殷
　어 하 례　　　소　손 익　　가 지야　　주 인　어 은

禮ㅣ하니 所ㅛ損益ㅣ을 可>知也니 其或繼>周者면
례　　　소　손 익　　가 지야　　기 혹 계 주 자

雖ㅛ百世ㅣ라도 可>知也니라.
수　백 세　　　　가 지야

[가사체 번역문]

子張께서 공자님께 다음같이 여쭈었다
자장

十代후의 세상일을 아실수가 있습니까
십대

공자께서 말하셨다

殷나라는 夏나라의 여러가지 문물제도 바탕으로 삼았으니
은　　　하

일부만을 加減한걸 보나마나 알수있고
　　　　가감

周나라는 殷나라의 여러가지 문물제도 바탕으로 삼았으니
주　　　은

일부만을 加減한걸 보나마나 알수있지
　　　　가감

누가혹시 周나라의 禮와道를 잇는다면 百代뒤도 알수있지
　　　　　주　　　예　도　　　　　　백대

[註解] ○十世(십세)─10대(代). 세(世)는 부자(父子)가 세대를 교차하는 30
년. 주자는 '왕이 성을 바꾸고 천명을 받는 것을 1세라 한다〔王者易姓受命
爲一世〕.'고 하여, 왕조의 교체로 보았다. ○可知也(가지야)─(앞으로 10대
의 일을) 알 수 있느냐? 야(也)를 호(乎)로도 썼다. ○夏(하)─기원전
2200~1760년. 우왕(禹王)이 순(舜)의 선양을 받고 건국. 걸왕(桀王) 때에 망
했다. ○殷(은)─기원전 1760~1122년. 탕왕(湯王)이 건국. 주왕(紂王) 때에
망했다. ○周(주)─기원전 1122~221년. 문왕(文王)·무왕(武王)·주공단(周
公旦)이 주(紂)를 치고 건국. 춘추(春秋) 전국(戰國)을 거쳐 마침내 진시황(秦
始皇)이 천하를 통일했다. ○因(인)─바탕으로 하다, 옛날의 문화를 계승하
다. ○禮(예)─예치(禮治)·예악(禮樂) 혹은 천리(天理)에 합당한 문물제도의
뜻. ○所損益(소손익)─가감(加減)한 것. 시대나 필요에 따라 더하거나 줄인
것. ○繼周者(계주자)─주나라의 예를 계승하면, 혹은 계승한 것이라면.
○雖百世(수백세)─비록 백 대 후라도.

[解說]

하(夏)·은(殷)·주(周), 세 왕조를 삼대(三代)라고 한다. 각 왕조는
성왕(聖王)에 의해 건국되고, 초창기에는 천도(天道)를 따라 지덕(地
德)을 세우는 이상적인 정치를 폈다. 그러나 말기에는 포악무도한 악
덕 군주에 의해 멸망했다. 즉 하의 마지막 왕 걸(桀)이 은(殷)나라의
탕왕(湯王)에게 타도되었고, 다시 은의 마지막 왕 주(紂)가 주(周)나라
의 무왕에게 추방되었다. 이와 같이 악덕한 폭군이 쫓겨나고 덕 있
는 성왕이 나타나 새 나라를 세우고 천자(天子)의 자리에 오르는 것
을 역성혁명(易姓革命)이라고 한다. 즉 하늘이 천명(天命)으로 실덕(失
德)한 임금을 몰아내고 새로운 유덕자(有德者)로 하여금 천자가 되게
한다. 그러므로 하늘의 명을 받은 천자는 하늘을 잘 모시고, 하늘의

뜻과 도리를 따라 천하 만민을 인애(仁愛)하는 덕치(德治)를 펴야 한다.

예(禮)라는 글자는 '하늘로부터 내려 받은 천리(天理)를 실천한다.'는 뜻이다. 예치(禮治)는 내면적으로는 천리를 따르고 실천하는 덕치(德治)이다. 외형적으로는 우주의 질서를 바탕으로 문물제도를 정하고 신분·계층·위계·질서 등을 엄격히 준수하는 정치다. 예치(禮治)는, 곧 진선미(眞善美)를 통합한 정치의 예술화다. 예치는 절대선인 천도를 예술로 승화한 정치의 이상적 표현이다. 이와 같은 예치가 완성된 것이 바로 주나라였다. 주는 천명을 받고 악덕한 주(紂)를 추방하고 왕도덕치(王道德治)를 폈으며, 특히 주공단(周公旦)이 이상적인 문물제도 및 예악과 의례를 제정하여 정치 및 사회의 규범을 확정했다. 우주의 도리, 즉 천도·천리는 영구불변이다.

그래서 공자는 "혹 주의 예치를 계승만 한다면 앞으로 백 대의 일도 알 수 있다〔其或繼周者 雖百世可知也〕."고 말한 것이다. 그러나 반대로 편파적인 이기주의(利己主義)나 변동이 심한 관능적 욕구를 채우기 위한 악덕정치를 펴면 세상은 혼란에 빠지고 당장 내일도 예측할 수 없게 된다.

2-24

공자가 말했다. "내가 모실 귀신이 아닌데 제사지내는 것은 아첨이다. 정의를 보고 나서서 실천하지 않는 것은, 곧 용기가 없음이다."

子ㅣ 曰 非ㅣㅣ其鬼ㅣ而祭>之ㅣ 諂也오. 見>義不>
자 왈 비 기 귀 이 제 지 첨 야 견 의 불

爲ㅣ 無>勇也라.
위 무 용 야

[가사체 번역문]

공자께서 말하셨다
내가아니 모실신령 제사하고 절을하면
남의집안 신령님께 아첨하는 것이되고
정의로운 일을보고 실행하지 않는것은 용기없기 때문이네

[註解] ○非其鬼(비기귀)—자기가 모실 귀신이 아닌 귀신, 신령. 귀(鬼)는
돌아갈 귀(歸)와 통한다. '인신을 귀라고 한다〔人神曰鬼〕.'「정현(鄭玄)」. 귀
(鬼)는 죽은 사람이나 선조의 영혼. 천자(天子)는 천신(天神)에 제사지내고,
제후(諸侯)는 지기(地祇)에 제사지내고, 사(士)나 서민(庶民)은 자기 선조를
제사지낸다. ○諂(첨)—비굴하게 굽혀서 덕을 바란다. ○見義不爲(견의불
위)—정의로운 일을 (눈앞에 두고) 나서서 행하지 않는다. ○無勇(무용)—
용기가 없다. 용기와 만용은 다르다.

[解說]

공자는 하늘의 도리가 행해지는 경우에만 벼슬하고 녹봉을 받으
라고 말했다. 포악무도한 임금 밑에서는 녹봉을 받아먹으면 안 된
다. 그것이 도의(道義)다. 도의를 따르고, 지키고, 실천하는 것이 진
정한 용기다. 만용(蠻勇)을 부리고 폭력을 휘두르는 것은 참다운 용

기가 아니다. 한편 자기 선조가 아닌데, 남의 선조를 모시고 제사지 내는 것은 예(禮)나 효(孝)에 어긋난다. 특히 권력이나 부귀를 누리는 집안의 제사에 참여한다면, 그것은 아첨이라고 단정한 것이다.

『좌전(左傳)』에 '귀신은 같은 종족이 아니면 제사를 받지 않는 다.'「僖公 31년」. 또 『예기(禮記)』에는 '모실 제사가 아닌데 모시는 것을 음사(淫祀)라고 한다. 음사는 복이 없다.'「曲禮 下」라고 했다.

편명(篇名)으로 내세운 팔일(八佾)은 '천자(天子)가 종묘에서 제사지낼 때 연주하는 무악(舞樂)의 이름'이다. 고대 중국에서는 예악(禮樂)을 가지고 정치를 바로잡고 백성을 교화했다. 그러므로 「위정편」 다음에 「팔일편」을 놓았다.

형병(邢昺)은 소(疏)에서 다음과 같이 말했다. "정치를 잘하기 위해서는 예악보다 더 좋은 것이 없다. 예는 임금을 안정되게 하고 백성을 다스린다. 악은 기풍이나 풍속을 향상 변화하게 한다. 그러므로 예악을 잘 활용하면 나라가 안정되고, 예악을 다스리지 못하면 나라가 위태롭게 된다. 그러므로 이 편에서는 예악의 득실을 논했다〔爲政之善 莫善於禮樂 禮以安上治民 樂以移風易俗 得之則安 失之則危 故此篇論禮樂得失也〕." 주자는 말했다. "제3편은 모두 26장이다. 전편 끝의 두 장과 함께 다 예악에 관한 것들을 논했다〔凡二十六章 通前篇末二章 皆論禮樂之事〕."

오늘의 정치는 주로 법치(法治)를 바탕으로 한다. 즉 법으로 기틀을 잡아주고 법을 이탈하면 형법으로 벌을 준다. 동시에 오늘의 모든 나라들은 오직 부국강병(富國强兵)에만 골몰하고 있다. 따라서 국민 개개인의 심성 함양과 윤리 도덕 실천에는 별로 관심이 없다. 이에 국민들이 날로 도덕적으로 타락하고 금전과 무력 만능주의에 빠져 이기적(利己的) 탐욕을 채우기 위해 아귀다툼을 하며 온갖 사회적 병폐를 자아내고 있다. 따라서 법치주의 자체가 근본적으로 붕괴되고 있는 것이다. 사람들이 도(道)를 상실하고 도덕적으로 타락하면 법치도 붕괴되게 마련이다.

공자는 2천5백 년 전에 법치와 예치를 비교해서 말했다. "정법(政法)으로 이끌고 형법으로 다지면 백성들은 죄를 모면하되 부끄러움을 안 느낀다. 그러나 덕으로 이끌고 예로써 다지면 염치를 알고 또 바르게 된다〔道之以政 齊之以刑 民免而無恥 道之以德 齊之以禮 有恥且格〕." 「爲政篇 2-3」. 국민을 도덕적으로 높이는 덕치(德治)가 곧 예치(禮治)이고, 하늘의 도리를 따르고 실천하는 바른 정치이다.

3-1

공자가 계씨를 비판하여 말했다. "팔일을 뜰에서 춤추게 하다니, 이런 짓을 감히 할 수 있다면, 장차 그 무슨 짓인들 하지 못할 것인가?"

[原文]

孔子ㅣ 謂ⅱ季氏ㅣ하사대 八佾로 舞ⅱ於庭ㅣ하니
공자   위 계씨   팔일   무 어정

是可＞忍也온 孰不＞可＞忍也리오?
시가 인야 숙불 가 인야

[가사체 번역문]

공자께서 季孫氏를 비판하여 말하셨다
        계손씨

八佾이란 天子舞樂 大夫로서 無禮하게 자기뜰에 추게하니
팔일   천자무악 대부   무례

이런일을 용납하면 앞으로는 그어떠한 나쁜짓도 못할쏜가

[註解] ○謂季氏(위계씨)—계씨를 탓하며 말하다, 계씨를 비판하여 말하다. 당시 노(魯)나라의 실권은 '맹손씨(孟孫氏)·숙손씨(叔孫氏)·계손씨(季孫氏)'의 세 집안이 잡고 있었다. 이들은 원래 노 환공(桓公)에서 나왔으므로 삼환(三桓)이라고도 불렀다. 대대로 막강한 권력을 세습하고 군주를 무시하고 참월(僭越)한 짓을 자행했다. 그중에도 계손씨의 횡포가 가장 심했다. 여기서도 그가 대부(大夫)의 신분으로 사당에 제사를 드릴 때에, 무엄하게 팔일(八佾)을 추게 했으므로 공자가 심하게 탓한 것이다. ○八佾(팔일)—천자의 무악(舞樂)이다. 천자만이 종묘에 제사를 드릴 때 팔일의 무악

을 연주한다. 노(魯)는 주공(周公)의 아들 백금(伯禽)이 세운 나라였으므로 노임금은 팔일을 출 수 있었다. 일(佾)은 열(列)로 팔일은 8열이며, 1열에 8명이 춤을 춘다. 그러므로 팔일은 '8×8 = 64명'이다. 제후(諸侯)는 '6×6 = 36명' 경대부(卿大夫)는 '4×4 = 16명', 사(士)는 '2×2 = 4명'이 춤을 추게 되어 있다. 인원수에 대해서는 다른 설도 있다. ○舞於庭(무어정)—제사를 올리는 자기 집 사당의 뜰에서 춤을 추게 하다. ○是可忍也(시가인야)—직역하면 '이를 참을 수 있다면'의 뜻이다. 그러나 이때의 인(忍)은 '어려움을 참고 견디다.'의 뜻이 아니고, '잔인한 마음으로 무지막지한 범죄적 행위를 거리낌 없이 저지르다.'의 뜻이다. 즉 경(卿)이나 대부의 신분으로 감히 팔일의 무악을 연주케 하는 '무지막지한 짓을 거리낌 없이 할 수 있다면'의 뜻이다. ○孰不可忍也(숙불가인야)—장차는 그 어떤 나쁜 짓인들 못하겠느냐?

[解說]

『좌전(左傳)』소공(昭公) 25년에 대략 다음과 같은 기록이 있다. 노나라 임금이 체제(禘祭)를 올리려고 했으나 무악을 출 무인(舞人)들이 계평자(季平子)의 집에 갔으므로 예를 갖추지 못했다. 그때가 바로 공자 나이 36세 때의 일이다. 그러므로 공자가 참월한 계씨를 혹독하게 비난했던 것이다. 더욱 "장차는 그 어떤 나쁜 짓인들 못하겠느냐〔孰不可忍也〕."고 말한 공자의 예언이 사실로 나타났다. 즉 그 후에 노나라의 임금 소공(昭公)이 삼환씨(三桓氏)의 세력을 꺾으려다가 실패하고 도리어 쫓겨 국외로 망명하는 불상사가 발생했던 것이다. 예(禮)는 하늘의 도리를 바탕으로 정해진 엄격한 위계질서의 법도다. 예를 어긴 자가 마침내 임금을 몰아냈던 것이다.

예(禮)는 '보일 시(示)'와 '예도 예(豐 : 古字)'를 합한 글자다. '시

〔示〕'는 '하늘이 내려주는 계시(啓示)'의 뜻이다. '예(豊)'는 '제물〔曲〕을 받침대〔豆〕 위에 괴어놓고 절한다.'는 뜻이다. 결국 '예(禮)'는 '받침대 위에 귀중한 제물을 괴고 절하고 하늘로부터 계시를 내려 받는다.'는 뜻글자이다. '예(禮)'를 '예(礼)'라고도 쓴다. 즉 '사람이 절하고 계시〔示〕를 받는다.'는 뜻이다.

한편 예(禮)는 성운학적(聲韻學的)으로 '이(理)'와 이(履)'에 통한다. '이(理)'는 천리(天理), 즉 하늘의 도리이다. '이(履)'는 밟고 가다, 실천한다는 뜻이다. 『설문해자(說文解字)』에 '사신치복(事神致福)'이라고 풀이했다. 즉 신을 섬기고 복을 누린다는 뜻이다. 결국 예(禮)는 하늘의 도리를 받들고 행해서 복을 누린다는 뜻이다.

우주천지 자연만물은 천도를 따라 질서정연하게 운행하고 있다. 하늘의 법도 및 엄격한 위계질서, 수리의 정확성을 적용하여 정치사회에 있어서의 상하존비(上下尊卑)의 모든 사람들이 지킬 문물제도, 예의범절 및 격식이나 복식(服飾)을 정하고 실천하는 것이 예치(禮治)이다. 내면적으로 천리를 따르는 예치는, 외형적으로 정해진 문물제도와 예악(禮樂)을 존중하고 활용한다. 예악(禮樂)의 예(禮)는 '예의범절 및 의식 의례' 등이다. 악(樂)은 '풍(風)·아(雅)·송(頌)'의 음악이다. 예(禮)는 성(性)을 바로잡고, 악(樂)은 정(情)을 다스린다. 성은 마음이나 정신에 깃들이고 있는 선본성(善本性), 즉 윤리도덕성이다. 정은 육신이나 동물적 본능을 바탕으로 한 욕구나 감정을 총합한 말이다.

인간도 동물이다. 그러므로 동물적 본능, 그리고 욕구 및 감정을 바탕으로 행동한다. 배가 고프면 음식을 찾고 슬프면 통곡한다. 이때에 만약 이성이나 도덕성으로 동물성을 억제하거나 조절하지 않으면 그 행동이 야만적이고 포악하게 된다. 따라서 성(性)으로써 정(情)을 억제하고 조절해야 한다. 동시에 음악으로써 정을 순화해야 한다. 음악은 천지 자연만물의 생동(生動)하는 절주(節奏)를 표현한 예술이다. 따라서 음악은 인간의 원색적 감정을 순화하고 조화시켜 준다.

그러므로 옛날에는 국가적인 차원에서 우아한 정악(正樂)을 제정해서 정치에 활용했던 것이다. 즉 예(禮)로써 언행을 바르게 하고, 악(樂)으로써 감정을 순화했던 것이다. 이와 같은 예치와 예악의 깊은 뜻과 그 효용을 바르게 알아야겠다. 예치는 법치(法治)보다 월등 높은 단계의 덕치(德治)다. 천도(天道)를 따라 지덕(地德)을 세우기 위한 정치가, 곧 예치이다. 예의(禮儀)나 예악(禮樂)이 문란하면 국가의 틀이 무너지고 아울러 국민의 기풍이 타락하게 된다.

3-2

세 대부의 집에서 제사를 끝낼 때, 옹의 시를 읊었다. 이에 대해서 공자가 말했다. "『시경』 옹편에 '제후들이 천자를 도우니 기뻐하시는 천자의 모습이 아름답다.'고 했다. 이 시를 어찌하여 그들 세 대부의 사당에서 취해 쓰느냐?"

[原文]

三家者ㅣ 以>雍徹이러니 子ㅣ 曰 相維辟公이어늘
삼 가 자　이 옹 철　　　자　왈　상 유 벽 공

天子穆穆을 奚取Ⅱ於三家之堂Ⅰ고?
천 자 목 목　　해 취　　어 삼 가 지 당

[가사체 번역문]

孫氏大夫 세사람이 선조제사 철상할때 옹의시를 읊었는데
손 씨 대 부

그에대해 공자께서 다음같이 말하셨다 시경옹편 그속에는

제후들이 종묘에서 천자선조 제사일을 부지런히 도와주니

기뻐하는 천자모습 아름답고 아름답네 이런내용 들어있지

이와같은 시를어찌 삼가사당 제사에서 가져다가 쓴단말가

[註解]

ㅇ三家(삼가)－노나라를 혼란케 하고 권세를 독점하고 있는 삼환 씨(三桓氏), 즉 맹손(孟孫)·숙손(叔孫)·계손(季孫) 세 집. ㅇ以雍徹(이옹철)－옹(雍)은 『시경(詩經)』「주송(周頌)」에 있는 시편. 주나라 천자가 선조의 제사를 마치고 찬(饌)을 물릴 때에, 이 시를 낭송했다. ㅇ徹(철)－거둔다. 제물이나 제기를 물린다. ㅇ相維辟公(상유벽공)－'돕는 사람이 바로 제후니라'. 옹편의 구절. 상(相)은 돕다, 유(維)는 어조사로 앞의 말을 강조한다. 벽공(辟公)은 제후. ㅇ天子穆穆(천자목목)－역시 옹편의 구절. 천자의 모습이 화목하다, 목(穆)은 그윽하고 아름답다. ㅇ奚取於三家之堂(해취어삼가지당)－어찌 세 집안의 제사에 그 시를 취해 쓰는가? (그 시는 천자의 제사를 읊은 시다.)

[解說]

예(禮)의 격식은 신분에 따라 다르며, 저마다 엄격히 지켜야 한다. 그러나 삼환(三桓)은 대부(大夫)인데 천자의 격식을 취했다. 그래서 공자가 비판한 것이다. 그들은 옹편(雍篇)의 '상유벽공(相維辟公) 천자목목(天子穆穆)'의 뜻도 모르고 자기네의 제사에 낭송한다며, 그들의 무식을 탓한 것이다.

3-3

공자가 말했다. "사람이 어질지 못하면 예는 무엇 할 것이며, 사람이 어질지 못하면 악은 무엇 할 것인가?"

[原文]

子ㅣ 曰 人而不仁이면 如Ⅱ禮에 何ㅣ며 人而不仁
자 왈 인 이 불 인   여 예 하   인 이 불 인

이면 如Ⅱ樂에 何ㅣ오?
   여 악 하

[가사체 번역문]

공자께서 말하셨다
사람이라 하는자가 어질지를 못하다면 예를차려 무엇하리
사람이라 하는자가 어질지를 못하다면 음악인들 어디쓰리

[註解] ○人而不仁(인이불인)─사람이면서 어질지 않다. 즉 인간의 탈을 썼으나 속에 '남을 사랑하고 도와주려는 인심(仁心)'이 없고, 반대로 수심(獸心)을 바탕으로 하고 동물처럼 행동한다. 수심은 곧 '남을 속이거나 살상(殺傷)하고 남의 재물을 탈취하여 나의 탐욕을 채우려는 악덕한 마음'이다. ○如禮何(여예하)─형식적으로 예를 차려도 아무런 소용이 없다는 뜻.

여하(如何)는 어찌할 것이냐? 무엇할 것이냐? ㅇ 如樂何(여악하)—음악을 연주한들 무엇에 쓰랴? 아무 소용이 없다는 뜻.

[解説]

　사람은 인심(仁心)을 바탕으로 인덕(仁德)을 세워야 한다. 속에 수심(獸心)을 품고 악덕을 자행하는 자가 겉으로 예악(禮樂)을 꾸미고 예치(禮治)를 가장해도 아무런 소용이 없다. 공자가 높이는 왕도덕치(王道德治)는 '인심(仁心)을 바탕으로 하여 서로 사랑하고 협동하여 함께 잘 살고 또 행복을 누리는 평화세계를 창건하는 인덕(仁德)의 정치, 즉 인정(仁政)이다.' 그러므로 공자는 '무력으로 백성을 억압하는 법치(法治)'보다 '사랑으로 백성을 교화하는 예치(禮治)'를 높이고 앞세웠으며, 그 전범(典範)을 주공단(周公旦)이 제정한 문물제도나 예악(禮樂)에 두었던 것이다. 그러나 삼환씨(三桓氏) 같은 무도한 자들이 예를 문란하게 악용하고 있으므로 신랄하게 탓한 것이다.

3-4

　임방이 예의 근본을 묻자, 공자가 말했다. "큰직한 질문이로군! 예는 사치하느니보다는 검소해야 한다. 장례는 모든 절차를 이것저것 갖추기보다는 진심으로 애통해야 한다."

[原文]

林放이 問ⅡI禮之本I한대 子I 曰 大哉라 問이여
임방　 문　예지본　　 자　왈 대재　 문

禮與Ⅱ其奢Ⅰ也론 寧儉이오 喪이 與Ⅱ其易Ⅰ也론
예 여 기 사 야 론 영검 상 여 기 이 야

寧戚이니라.
영 척

[가사체 번역문]

林放이란 魯國사람 공자님께 禮의根本 무엇인지 여쭈었다
임방 노국 예 근본

공자께서 대답했다 그것정말 좋은질문

禮란것은 번드르르 사치스레 꾸밈보단
예

검소하고 공경스레 차리는게 더낫다네

初喪葬禮 치를때는 여러절차 갖춤보단
초상장례

진심으로 애통하고 슬퍼하는 그게좋네

[註解] ○ 林放(임방)—노(魯)나라 사람.「정현(鄭玄)」.『사기(史記)』「중니제
자열전(仲尼弟子列傳)」에는 보이지 않는다. ○ 禮之本(예지본)—예의 기본.
○ 大哉問(대재문)—큰 질문이다. 거창한 질문이로구나! 술어 '대재(大哉)'
가 먼저 왔다. ○ 與其奢也寧儉(여기사야영검)—사치하느니보다 차라리 검
소하게 한다. 여기(與其)…영(寧)은 …하느니보다, 차라리 ~한다. 상관 접속
사(相關接續詞). ○ 喪與其易也寧戚(상여기이야영척)—상례는 이것저것을
다 갖추기보다는 마음으로 애통해라. 이(易)는 모든 절차를 다 갖추고 하나
하나를 형식적으로 대충대충 치른다는 뜻이다.

[解說]

　길례(吉禮) 같은 모든 의식(儀式)은 형식면에서 사치하게 꾸미는
것보다 경건한 마음으로 검소하고 알차게 치르는 것이 좋다. 한편

흉례(凶禮)인 장례를 치를 때에는 여러 가지 복잡한 절차를 형식적
으로 대충대충 치르면 안 된다. 속에서 우러나오는 애도의 정을 바
탕으로 차근차근 모든 절차를 차분하게 거행해야 한다. 절차를 생략
하라는 뜻이 아니다. 옛날의 의식 절차에는 다 깊은 뜻이 담겨져 있
다.

3-5

공자가 말했다. "오랑캐 나라에 임금이 있다 해도, 중화의
여러 나라에 임금이 없는 경우보다 못하다."

[原文]

子ㅣ 曰 夷狄之有>君이 不>如ㅛ諸夏之亡ㅣ也ㅣ
자   왈 이 적 지 유 군   불 여 제 하 지 망 야
니라.

[가사체 번역문]

공자께서 말하셨다
저오랑캐 나라에도 두목이란 자가있어
무리들을 통솔하여 질서유지 하고있지
그리하여 우리중국 여러모든 나라에서
임금님을 무시하고 난동질을 하는것관 서로같지 않은게지

【註解】 ○ 夷狄之有君(이적지유군)-오랑캐 나라에 임금이 있다 해도. ○ 不如(불여)-…만 하지 못하다. …보다 못하다. ○ 諸夏(제하)-중화에 있는 여러 나라. ○ 亡(망)-무(無)와 통한다. 임금이 없다. 『집주(集註)』는 '이적의 나라도 임금이 있는데, 중화의 여러 나라에 임금이 없다.'는 뜻으로 풀이했다.

【解說】

중하(中夏), 혹은 중화(中華)라는 명칭은 천하의 중심을 차지하는 문화 국가라는 뜻이다. 여름 하(夏)는 여름에 나무가 자라고 지엽(枝葉)이나 꽃이 무성하다는 뜻으로 꽃 화(華)에 통한다. 한편 주변에 있는 미개의 야만족을 일괄해서 오랑캐라고 일컬었다. 즉 동이(東夷)·서융(西戎)·북적(北狄)·남만(南蠻)이 다 오랑캐이다. 오랑캐들은 문화나 윤리도덕이 없고, 오직 동물적 삶만을 영위한다. 설사 추장이나 통치자가 있다 해도 근본적으로는 미개의 야만 집단이다.

그러므로 중하의 문화국가와는 근본적으로 다르며, 설사 중하의 문화국가가 혼란에 휘말려 일시적으로 임금이 없다 해도 오랑캐와는 비교가 안 된다. 역사적 사실로 노나라의 임금 소공(昭公)이 삼환씨(三桓氏)에 밀려 국외로 망명하고 7년간 임금이 없었다. 그래도 노나라는 주공단(周公旦)이 세운 정통의 문화국으로 오랑캐와는 격이 다르다는 것을 공자가 힘주어 강조한 말일 것이다.

3-6

계씨가 태산에서 제사를 지내려 하자, 공자가 (계씨의 가신인) 염유에게 물었다. "자네는 막을 수 없는가?" 염유가 "제힘으로는 못하겠습니다."라고 대답하자, 공자가 말했다. "아! 태산의 신을, (예를 물었던) 임방만큼도 중하게 여기지 않는구나."

[原文]

季氏ㅣ 旅II於泰山I이러니 子ㅣ 謂II冉有I曰 女
  계씨   여 어태산   자   위 염유 왈 여
ㅣ 弗>能>救與아 對曰 不>能이로소이다. 子ㅣ 曰 嗚
   불 능 구 여   대왈 불 능   자   왈 오
呼라 曾謂II泰山이 不I>如II林放I乎아.
호   증위 태산   불   여 임방   호

[가사체 번역문]

　계손씨가 태산에서 여제사를 지내려니
　공자께서 계씨家臣 염유에게 물으셨다
　　　　　　　가 신
　염유자네 그제사를 막을수가 없겠는가
　염유께서 대답했다
　제힘으론 아무래도 막을수가 없습니다
　공자께서 말하셨다
　아아오호 태산신령 임방만큼 귀중하게 여기지를 않는구나

[註解] ○季氏(계씨)―무도하게 참월(僭越)한 계손씨. ○旅於泰山(여어태산)―태산에 제사를 지내다. ○旅(여)―임시로 지내는 제사를 여제(旅祭)라

한다. ○泰山(태산)—노나라에 있는 명산(名山), 오악(五岳)의 하나. 하늘 제사는 천자가 지내고, 영지 내의 산천(山川)은 제후가 지낸다. 그런데 대부 신분인 계씨가 무엄하게 태산에 제사를 지내려 했다. ○子謂冉有曰(자위염유왈)—그래서 공자가 염유(冉有)에게 말했다. 염유는 공자의 제자로, 성이 염(冉), 이름은 구(求), 자는 자유(子有). 노나라 사람으로 공자보다 29세 연소했다. 자로(子路)와 함께 정사(政事)에 뛰어났다. 당시 그는 계씨의 집사(執事)로 있었다. ○女弗能救與(여불능구여)—네가 (계씨의 무도한 짓을 못하게) 말릴 수 없느냐? 구(救)는 구제한다. 여기서는 나쁜 짓을 못하게 말린다는 뜻. ○不能(불능)—제 힘으로는 못하겠다. ○嗚呼(오호)—아! 감탄사. ○曾謂(증위)—그렇다면 너는 생각하느냐? 증(曾)＝내(乃), 위(謂)는 생각하다, 말한다. ○泰山不如林放乎(태산불여임방호)—태산의 신을 임방(林放)보다 못하게 여기느냐? 임방은 「八佾篇 3-4」에서 예의 근본을 물은 사람이다. 태산의 신이 임방만큼도 예를 모를 거라고 생각하느냐? 태산의 신은 영험하다. 그러므로 무도한 제사를 받지 않는다. 그런즉 '네가 계씨에게 무도한 제사를 지내도 아무 소용이 없다고 말해서 안 지내게 말리라.'는 뜻이다.

[解說]

제사(祭祀)의 깊은 뜻—

공자는 '괴(怪)·력(力)·난(亂)·신(神)'을 논하지 않았다. 즉 비현실적인 괴이(怪異)한 일, 포악무도한 무력행사, 사회질서를 문란케 하는 난동(亂動) 및 미신적인 믿음 등을 배제했다. 공자는 어디까지나 인본주의(人本主義), 현실주의(現實主義), 합리주의(合理主義), 실증적 역사주의(歷史主義) 및 평화적 문화주의(文化主義)를 바탕으로 윤리도덕이 시행되는 선세계(善世界) 창건을 주장했다. 동시에 공자는

"사람이 지키고 행할 도덕을 힘써 실천하고, 귀신을 공경하되 멀리 함이 슬기다〔民務之義 敬鬼神而遠之 可謂知矣〕." 「雍也篇 6-22」라고도 말했다. 즉 미신적, 혹은 맹신적으로 귀신을 믿는 것보다 도덕 실천을 참다운 슬기〔知〕라고 말했다.

따라서 공자의 사상은 종교 사상이 아니고, 학문과 도덕적 실천을 강조한 교육 사상이라 하겠다. 동시에 공자는 천(天)과 천명(天命)의 절대성을 믿었다. 그러나 불가사의한 천이나 천명을 철학적으로 천착하거나 설명하지 않았다. 다만 도(道)를 따르고 행하라고 가르쳤다. 특히 공자는 천도를 따른 예치(禮治)의 전범(典範)을 주공단(周公旦)의 문물제도에 두었다. 그러므로 공자도 천신(天神)과 지기(地祇)에 대한 제사 및 선조 부모에 대한 제사를 중시했다. 제(祭)는 접(接)의 뜻이 있다. 즉 하늘과 땅과 선조의 귀신이나 신령과 접한다는 뜻이다. 결국 제사도 민행(民行)이며, 종국적으로는 천도(天道)를 따라 지덕(地德)을 세우는 실천적인 덕행이다. 특히 선조에 대한 제사는 정리(情理)에서 효도의 연장이다. 고인을 추모하고 신령과 접하고 정신과 사업을 계승 발전케 하는 의식이 바로 제사이다.

3-7

공자가 말했다. "군자는 다투지 않는다. 불가피한 경쟁은 활쏘기뿐이다. 그때에는 서로 절하고 사양하며 당에 오르고 내려와 술을 마시니, 그 다툼도 군자다운 다툼이다."

子ㅣ 曰 君子ㅣ 無>所>爭이나 必也射乎인저. 揖
자 왈 군자   무 소 쟁   필 야 사 호   읍

讓而升하야 下而飮하나니 其爭也ㅣ 君子니라.
양 이 승   하 이 음   기 쟁 야   군 자

[가사체 번역문]

공자께서 말하셨다

군자라고 하는자는 서로승부 안겨루지

할수없이 다투는건 활쏘기가 유일하지

그때에도 서로서로 절을하고 사양하며

마루위에 오르내려 술잔서로 주고받아

서로다툰 그모습이 시종일관 군자답지

[註解] ○君子無所爭(군자무소쟁)―군자는 다투거나 싸우는 바가 없다.
○必也(필야)―어쩔 수 없이 (경쟁을 하는 것은). ○射乎(사호)―활쏘기다.
궁술 경기다. ○揖讓(읍양)―읍(揖)은 두 손을 앞에 모아 잡고 절함. 양(讓)
은 서로 양보한다. ○升(승)―당에 올라가 활을 쏘다. ○下(하)―활을 쏜 다
음에 내려온다. ○飮(음)―술을 마신다. 활쏘기를 마치고, 이긴 사람이 진
사람에게 술을 마시게 한다. ○其爭也君子(기쟁야군자)―그 다투는 태도가
어디까지나 군자다웠다.

[解說]

군자는 육예(六藝)를 교양의 필수과목으로 이수했다. 즉 '예(禮)·
악(樂)·사(射)·어(御)·서(書)·수(數)'다. 그중에 사와 어는 무술 혹

은 운동 경기에 해당하며, 기술 연마를 위해서 경연대회를 개최하는 수가 있었다. 이때에 군자는 서로 기량을 경쟁한다. 그때에도 예절을 잘 지켜야 한다. 옛날의 궁술대회(弓術大會)에는 대사(大射) · 빈사(賓射) · 연사(燕射) · 향사(鄕射) 등이 있었다. 『예기(禮記)』나 『의례(儀禮)』에 절차가 적혀 있다. 특히 대사(大射)는 예의 덕행이 뛰어난 사람을 뽑는 행사였다.

3-8

자하가 물었다. "시에 '곱게 웃는 품 아름답고, 아리따운 검은 눈동자, 흰 분으로 더욱 빛나네.'라고 있는데, 무슨 뜻입니까?" 공자가 대답했다. "그림 그릴 때에는 흰 칠을 나중에 한다." 자하가 다시 "예로써 뒷마무리를 한다는 뜻이군요." 하고 말하자, 공자가 말했다. "나의 말을 계발하는 자가 바로 자네 상(商)이로군. 비로소 함께 시를 말할 수 있노라."

[原文]

子夏ㅣ 問曰 巧笑倩兮며 美目盼兮여 素以爲>絢
　자하　 문왈 교소천혜　 미목반혜　 소이위 현

兮라 하니 何謂也잇고? 子ㅣ 曰 繪事ㅣ 後>素니라.
혜　　　 하위야　　　 자　 왈 회사　 후 소

曰 禮ㅣ 後乎인저. 子ㅣ 曰 起>予者는 商也로다. 始
왈 예　 후호　　 자　 왈 기 여자　 상야　　 시

可ⅱ與言ㅣ>詩已矣로다.
가 여언　 시 이의

[가사체 번역문]

子夏께서 여쭈었다
자하

詩經에서 이르는말 곱게웃는 그모습이 예쁘고도 아름답고
시경

아리따운 눈동자가 흰분으로 더빛나네

이와같은 句節에는 무슨뜻이 담겨있죠
구절

공자께서 대답했다

그림그릴 경우에도 제일먼저 흰바탕을

마련하고 그린다는 그런뜻이 들어있지

子夏께서 말하였다
자하

예의로써 뒷마무리 한다는뜻 아닌가요

공자께서 말하셨다

내말뜻을 밝게아는 그사람은 다름아닌 바로자네 商이로다
상

그대商은 이제부터 나와함께 詩에대해 말할수가 있겠구나
상   시

[註解] ○子夏(자하)―「學而篇 1-7」참고. ○巧笑(교소)―곱고 아름답게
웃는다. 교(巧)는 호(好)와 같다. ○倩兮(천혜)―아름답고 예쁘다. 『집주(集
註)』는 보조개〔口輔〕로 풀었다. ○美目盼兮(미목반혜)―아름다운 눈과 검은
눈동자. 반(盼)을 주자(朱子)는 '검은 눈동자와 흰 눈알이 분명하다〔目黑白
分也〕.'라고 풀었다. ○素以爲絢兮(소이위현혜)―여기서는 '흰 분으로 화
장을 하여 더욱 눈이 부시도록 예쁘다.'로 풀이한다. 『시경』위풍(衛風) 석
인편(碩人篇)에 '교소천혜(巧笑倩兮), 미목반혜(美目盼兮)'의 두 구절이 있는
데, 위공(衛公)의 왕비 장강(莊姜)의 아름다움을 읊은 구절이다. '소이위현
혜(素以爲絢兮)'는 지금의 『시경』에는 없다. 그러나 옛날에는 있었을 것이
며, 역시 장강의 아름다운 모양을 그린 글귀일 것이다. ○繪事後素(회사후

소)-그림을 그릴 때에는 흰 칠을 맨 나중에 한다.『주례(周禮)』「고공기(考工記)」에 '그림을 그리는 일에 있어서는 흰 칠하는 것을 맨 나중에 한다〔繪畫之事 後素功〕.'라고 있다. ○禮後乎(예후호)-예가 뒤라는 뜻이군요. ○起予者(기여자)-내가 한 말의 뜻을 계발하고 밝게 나타내는 사람. ○商(상)-자하의 이름. ○始可(시가)-비로소 …할 수 있다. ○與言詩(여언시)-함께『시경』의 뜻을 말한다. 함께『시경』에 대하여 논한다. ○已矣(이의)-어미 조사. …이다, …로다.

[解說]

먼저 문장 표현의 묘미(妙味)에 대한 설명을 하겠다. 스승인 공자와 제자 자하가 서로 짧게 토막말을 주고받았다. 처음에 자하가『시경』의 구절 "교소천혜(巧笑倩兮) 미목반혜(美目盼兮) 소이위현혜(素以爲絢兮)"의 뜻을 질문했다. 그러나 공자는 직접 그 뜻풀이를 하지 않고, "회사후소(繪事後素)"라며 차원이 높은 대답을 했다. 그러자 총명한 제자가 알아차리고 "예후호(禮後乎)라는 말씀이군요."라며 비약적으로 높은 차원의 깨달음을 밝혔다. 이에 공자가 기뻐서 칭찬하며, "바로 네가 나의 깊은 뜻을 밝혀냈구나. 함께『시경』을 논할 수 있구나." 하고 흡족하게 여겼다. 참으로 이심전심(以心傳心)하는 사제 간의 격조 높은 대화다.

이들의 대화의 핵심은 바로 '인격 완성의 마지막을 예로써 마무리해야 한다.'는 뜻이다. 그것을 먼저『시경』의 구절을 내세웠고, 이어 '그림을 그릴 때, 먼저 찬란하게 채색을 하고 아름답게 꾸미되, 마지막으로 흰 가루〔素粉〕를 뿌려 전체를 수수하게 조화함과 같다.' 고 비유했다. 즉『시경』의 시를 예도(禮道)와 인격 수양에 연결한 것이다. 이것을 바로 시교(詩敎)라 한다.

주자(朱子)의 『집주』는 '회사후소(繪事後素)'를 다음과 같이 풀었다. '그림을 그리는 일은 소(素) 다음에 한다. 먼저 흰 가루를 바닥에 뿌려 바탕을 만들고 그 다음에 채색을 한다. 마치 사람의 경우 좋은 바탕이 있은 다음에 문화적으로 꾸밀 수 있음과 같다〔繪事 繪畫之事也 後素 後於素也 謂先以粉地爲質 而後施五采 猶人有美質 然後可加文飾〕.'

3-9

공자가 말했다. "하(夏)의 예를 내가 말할 수 있으나, 후손의 나라인 기(杞)에 실증할 사물이 부족하고, 은(殷)의 예도 내가 말할 수 있으나, 후손의 나라인 송(宋)에도 실증할 사물이 부족하다. 문헌이 모자라는 탓이다. 문헌만 충분하면 내가 충분히 실증할 수 있다."

[原文]

子ㅣ 曰 夏禮를 吾能言>之나 杞不>足>徵也며 殷
자 왈 하례 오능언 지 기부족징야 은

禮를 吾能言>之나 宋不>足>徵也는 文獻이 不>足
례 오능언 지 송부족징야 문헌 부족

故也니 足則吾能徵>之矣로리라.
고야 족즉오능징 지 의

[가사체 번역문]

공자께서 말하셨다

夏나라의 禮나制度 내가말을 할수있지
하　　　예　제도

그러하나 불행히도 그後裔가 세운杞엔 증거자료 부족하네
　　　　　　　　후예　　　기

殷나라의 禮나制度 내가말을 할수있지
은　　　예　제도

그러하나 불행히도 그후예가 세운宋엔 증거자료 부족하네
　　　　　　　　　　　　　송

전해오는 문헌들이 모자라는 탓이로다

문헌들만 충분하면 내가능히 나의말을 실증할수 있으리라

【註解】 ○夏禮(하례)─하나라의 문물제도. ○吾能言之(오능언지)─내가 능히 말할 수 있다. ○杞(기)─주 무왕이 하 우왕(禹王)의 후예 동루공(東樓公)으로 하여금 우왕의 제사를 지내게 하기 위해 세운 나라. 현 하남성 기현(杞縣)에 있었다. ○不足徵(부족징)─증거할 사물이 부족하다. 징(徵) = 증거 증(證). ○殷(은)─탕왕(湯王)이 세운 나라. ○宋(송)─주 무왕이 은나라 주왕(紂王)의 서형 미자(微子)를 봉하여 탕왕의 제사를 지내게 한 나라. 현 상구현(商丘縣)에 있었다. ○文獻(문헌)─고문과 전적 및 자료. 헌(獻)을 현인(賢人)으로 풀기도 한다.

[解說]

공자는 하(夏)·은(殷)·주(周) 3대의 문화 전통을 계승하고, 특히 주나라 초기에 정착된 문물제도와 예악(禮樂)을 활용해서 인정(仁政)과 예치(禮治)를 구현하고자 했다. 그러나 하나라, 은나라의 문물제도를 증거할 역사적 유물이 부족하여 잘 알 수 없음을 한탄한 것이다.

3-10

공자가 말했다. "체(禘) 제사를 지낼 때, 울창주를 뿌린 다음 그 이상을 나는 보고 싶지 않다."

[原文]

子ㅣ 曰 禘ㅣ 自ᛁ旣灌ㅣ而往者는 吾不欲觀
자 왈 체 자 기관 이왕자 오불욕관

之矣로라.
지 의

[가사체 번역문]

공자께서 말하셨다
禘제사를 지낼때에 울창주를 땅에뿌려 강신절차 행한다음
체
그이후를 나는나는 보고싶지 않는구나

[註解] ○禘(체)—천자만이 종묘에서 하늘과 함께 시조(始祖)를 모시는 큰 제사다. 주(周) 성왕(成王)이 주공단(周公旦)에게만 특별히 체제를 허락했었다. 그러나 그 후에도 제후국(諸侯國)인 노(魯)나라에서 계속 체제를 지냈다. 이는 도에서 벗어난 비례(非禮)이다. ○灌(관)—제사를 시작할 때 울창주(鬱鬯酒)의 향기를 시동(尸童)에게 풍기고 술을 땅에 뿌려서 강신(降神)을 비는 절차를 관이라 한다. ○自旣灌而往者(자기관이왕자)—이미 울창주를 뿌린 다음에 진행되는 제사 절차를. ○吾不欲觀之(오불욕관지)—나는 보고 싶지 않다.

[解說]

공자가 보기 싫다고 한 데는 무슨 까닭이 있을 것이다. 『집주(集註)』에서 조백순(趙伯循)은 대략 다음과 같이 말했다. "체제는 천자만이 지내는 큰 제사다. 건국의 시조와 아울러 하늘과 먼 선조들을 함께 모신다. 성왕(成王)이 주공(周公)의 공이 크므로 그에게 체제를 허락했다. 그러나 제후의 나라인 노나라가 계속 체제를 지내는 것은 예에 어긋난다." 또 공자가 보기 싫다고 한 다른 이유로 다음과 같은 것이 있다. '울창주를 뿌릴 때까지는 제사를 지내는 노나라의 군신들이 정성을 들이고 긴장한다. 그러나 그 다음에는 군신들이 해이해지고 정성이 부족하므로 볼 수 없다고 한 것이다.' 결국 예법에도 어긋나고 정성도 부족하여 비례(非禮) 중에서도 비례이기 때문에 공자가 보지 않겠다고 한 것이다.

3-11

어떤 사람이 체제에 대하여 묻자, 공자가 말했다. "모르겠소. 만약에 그 뜻을 잘 아는 사람이 천하를 다스린다면 마치이 위에 천하를 놓고 보듯 할 것이오." 하며 자기 손바닥을 가리켰다.

[原文]

或이 問ᕲ禘之說ᕡ한대 子ㅣ 曰 不ᐳ知也로라 知ᕲ
혹　　문　체지설　　　　자　　왈　부　지　야　　　　지

其說ᵢ者之於ᵢᵢ天下ᵢ也에 其如﹥示ᵢᵢ諸斯ᵢ乎인저
기 설 자지어 천하 야   기 여 시 저사 호

하시고 指ᵢᵢ其掌ᵢ하시다.
       지   기 장

[가사체 번역문]

　어떤사람 禘제사를 공자님께 여쭈었다
　　　　　체

　공자께서 말하셨다

　나는나는 모릅니다 禘제사를 알고있는 바로그런 사람이면
　　　　　　　　　　체

　천하백성 다스리길 손바닥을 내려보듯 쉽게할수 있겠지요

　이에孔子 자기자신 손바닥을 가리켰네
　　　공자

[註解] ○或問禘之說(혹문체지설)－어떤 사람이 체제에 대한 설명을 해달
라고 요청했다. ○不知也(부지야)－모르겠소. ○知其說者(지기설자)－체제
에 대한 설명을 할 수 있는 사람이라면. ○於天下也(어천하야)－(만약 그 사
람이) 천하를 다스린다면. ○其如示諸斯乎(기여시저사호)－기여는 '그것은
마치 …와 같다.' 시저사(示諸斯)는 '천하를 이 위에 놓고 지시함과'(같을
것이다). 시(示)는 지시한다. 볼 시(視)로도 풀이한다. 저사(諸斯) = 지어사
(之於斯)는 (천하를) 이 위에 놓고. ○指其掌(지기장)－손바닥을 가리키다.
즉 '천하를 손바닥 위에 놓고 다스리듯이 쉬울 것이다.' 라는 뜻.

[解說]

　체제(禘祭)는 천자(天子)만이 '보본추원(報本追遠)' 하기 위해서 지
내는 제사다. '보본추원'은, 곧 '천명을 내려 천하를 다스리게 한 하
늘과 건국의 시조에 보답하고 아울러 먼 조상들을 추모함이다.' 그

런데 노나라의 참월(僭越)한 실권자가 건방지게 체제에 대한 말을 묻자, 공자는 "나는 모르겠소" 하고 외면하고 '체제는 천하를 다스리는 제사' 임을 암시했다.

3-12

(공자는) 제사 때는 조상이 앞에 계시는 듯이 정중한 태도를 취했고, 산천의 신을 모실 때는 신이 앞에 있는 듯 경건했다. 공자가 말했다. "제사에 참석하지 않으면, 제사를 지내지 않음과 같다."

[原文]

祭如>在하시며 祭>神如Ⅱ神在Ⅰ러시다 子ㅣ曰吾
제 여 재   제 신 여 신 재   자 왈 오

不>與>祭면 如>不>祭니라.
불 여 제   여 부 제

[가사체 번역문]

선생께선 언제라도 조상제사 지낼때는

조상님이 바로앞에 계신듯이 정중하고 극진하게 지내셨고

산천신령 모실때는

신령님이 바로앞에 계신듯이 경건하고 정성스레 모셨다네

공자께서 말하셨다

내가親히 그제사에 참석하지 않았다면
    친

마치 제사 지내지를 않은것과 같으니라

【註解】 ○祭如在(제여재)—선조의 제사를 지낼 때에는 마치 선조가 살아서 앞에 계신 듯이 정중하게 모신다. ○祭神如神在(제신여신재)—(선조 이외의 다른) 신을 제사지낼 때에는 신령이 살아있는 듯이 경건하게 받들고 모신다. ○吾不與祭(오불여제)—내가 직접 제사에 참여하지 않으면. ○如不祭(여부제)—제사를 안 지낸 것과 같다.

【解說】

정자(程子)는 '제는 선조에 대한 제사이고, 제신은 그 외의 신을 제사함이다〔祭 祭先祖也, 祭神 祭外神也〕.'라고 주(注)했다. 황간(皇侃)도 '앞의 제는 인귀(人鬼)를 제사 지내고, 뒤의 제는 백신(百神)을 제사 지냄이라' 했다. 주자(朱子)는 '문인들이 공자가 제사지낼 때에 정성스럽게 함을 적은 것이다〔愚謂 此門人記孔子祭祀之誠意〕.'라 했다. 범씨(范氏)는 『집주』에서 말했다. "정성이 있어야 신이 있고, 정성이 없으면 신이 없게 된다. 그러니 경건하지 않을 수 있으랴〔有其誠則有其神 無其誠則無其神 可不謹乎〕." 「참고란」 참조.

【參考】 정성(精誠)과 신령(神靈)에 대하여—

공자는 천(天)의 실재(實在)와 실체(實體)를 인식하고 또 믿었을 것이다. 그러나 그는 천을 철학적으로 설명하지 않았고, 또 종교적으로 믿고 의지하라고 주장하지도 않았다. 아울러 천도(天道)나 천명(天命)에 대한 철학적 설명도 하지 않았다. 다만 천도와 천명을 따라 저마다의 자리에서 윤리도덕을 실천하라고 가르쳤다. 즉 공자는 일상적인 실천을 중시했으며, 그 실천의 근본을 효도(孝道)에 두었다. 효(孝)의 좁은 뜻은 '자식이 부모를 섬기고 공양함'을 말한다. 그러나 효도의 큰 뜻은 곧 '대를 이어가면서 인류의 역사 문화를 계승 발전하는 도리'이다. 그러므로 유교에서는 '나보다 먼저 태어나 선역사(善歷史)와 선문화(善文化)를 계승 발전시킨 선인(先人)들, 특히 나의 조상과 부모를 공경하고 높인다.'

선조나 부모에 대한 공경과 봉양은 생사(生死)를 통해 여일(如一)하게 해야 한다. 생시(生時)에도 잘 모시고 사후(死後)에도 잘 모신다. 그러므로 장례(葬禮)와 제사(祭祀)를 강조한다. 도덕의 실천을 중시하는 유교에서는 신령(神靈)과 귀신(鬼神)의 실재나 실체에 대해서도 철학적으로 깊이 천착하지 않는다. 어디까지나 현실적으로 살아있는 인간의 정리(情理)를 바탕으로 신령과 귀신을 섬기고 모시고 또 제사 지낸다. 정(情)은 심정, 애정 및 정서를 말한다. 돌아가신 부모에 대하여 애도하는 심정과 감사하는 마음과 과거를 회상하며 느끼는 여러 가지 정서를 함께 모아 경건하게 제사를 지낸다. 그러면 새삼 고인이 살아있는 모습 그대로 나타날 것이다.

한편 이(理)는 이성적인 도리다. 내가 태어나 잘 살고 있는 것이 근본적으로는 부모의 덕택이고, 또 선인들이 남겨준 문화유산의 덕택이다. 그러므로 제사를 모시고 추념하고 감사해야 한다. 정성껏 제사를 모시면 신령이 나에게 새로운 힘을 줄 것이다. 그러므로 선조나 부모에 대한 제사를 지내야 한다. 동물은 제사를 지내지 않는다.

3-13

왕손가가 물었다. "방 안에 아첨하느니보다 부엌에 아첨하라고 한 말은 무슨 뜻입니까?"

공자가 말했다. "그렇지 않소. 하늘에 죄를 지으면 빌 곳이 없는 법이오."

王孫賈ㅣ 問曰 與ⅲ其媚ⅱ於奧ㅣ론 寧媚ⅱ於竈ㅣ
왕 손 가 문 왈 여 기 미 어 오 영 미 어 조

라 하니 何謂也잇고 子ㅣ 曰 不﹥然하다 獲ⅱ罪於天ㅣ
하 위 야   자 왈 불 연   획 죄 어 천

이면 無﹥所﹥禱也니라.
무 소 도 야

[가사체 번역문]

王孫賈가 다음같이 공자님께 여쭈었다
왕 손 가

안방神께 아첨하는 그런일을 하지말고 부엌신께 아첨하라
신

이러한말 그속에는 무슨뜻이 있습니까

공자께서 대답했다

그렇지가 않소이다 하늘에다 罪지으면 빌곳조차 없소이다
죄

[註解] ○王孫賈(왕손가)—위(衛)나라의 대부. 성은 왕손(王孫), 이름이 가
(賈), 위나라 영공(靈公) 밑에서 군사권을 쥐고 있었다. ○與其媚於奧(여기미
어오)—방 안의 신을 섬기고 아첨하느니. 미(媚)는 아첨하다, 오(奧)는 구석
방에 있는 신. ○寧媚於竈(영미어조)—차라리 부엌의 신을 섬기고 아첨하
라. 조(竈)는 부엌에 있는 신. '여기(與其)…, 영(寧)은 …하느니, 차라리 …
하라'. ○何謂也(하위야)—(이 같은 속담이 있는데) 당신은 어떻게 생각하
시오? ○不然(불연)—아니다, 그렇지 않다. ○獲罪於天(획죄어천)—하늘에
죄를 지으면. ○無所禱也(무소도야)—빌 곳이 없다.

공자가 위(衛)나라에 갔을 때, 즉 기원전 497년경의 일일 것이다. 왕손가는 위나라의 군사권을 장악한 실력자였다. 그가 속담을 들먹이며 은근히 '자기를 섬기라' 는 뜻을 비치자, 공자는 따끔하게 일침을 가했다. "하늘 앞에 죄를 지으면, 용서를 빌 곳이 없다." 이때의 하늘을 주자는 이(理)라고 풀었다. 공자는 참월한 왕손가의 비례(非禮)와 야심을 눈치 채고 하늘이 있음을 알려주었다.

3-14

공자가 말했다. "주나라는 하(夏)와 은(殷) 두 대를 본받았으므로 문물제도가 빛난다. 나는 주를 따르겠다."

[原文]

子ㅣ 曰 周監ㅣㅣ於二代ㅣ하니 郁郁乎文哉라 吾從〉
자 왈 주 감 어 이 대   욱 욱 호 문 재   오 종

周하리라.
주

[가사체 번역문]

공자께서 말하셨다

西周시대 周나라는 仁과禮로 다스리는
서주   주   인 예

夏나라와 殷나라의 문물제도 좋은點을
하   은   점

거울삼고 本을받아 때에맞게 조절하여
　　　　본
이로因해 그文化가 아름답고 빛났다네
　　인　　문화
지금나는 뭐라해도 이와같이 찬란했던
周나라의 그런文化 繼承하고 따르리라
주　　　　문화 계승

[註解] ○周監於二代(주감어이대)－주나라의 문물제도는 하(夏)와 은(殷)
두 왕조의 좋은 점을 본받은 것이다. ○郁郁乎文哉(욱욱호문재)－그 문화가
찬연하다. 술어가 앞에 왔다. 욱욱호(郁郁乎)는 찬연히 빛나다. ○吾從周(오
종주)－나는 주나라의 문화를 따르리라.

[解說]

　공자는 도덕적으로 타락하고 혼란한 춘추시대(春秋時代)를 주나
라 초기의 문물제도를 바탕으로 안정되게 하려고 애를 썼다. 그렇다
고 공자의 사상을 퇴보적이라고 오해하면 안 된다. 역사와 문화는
과거의 좋은 전통 위에서 발전하게 마련이다. 우선 그가 높이는 주
나라의 문물제도가 하(夏)·은(殷) 두 왕조의 장점을 따서 이루어진
찬연한 것임을 밝혔다. 공자의 인정(仁政)이나 덕치(德治)는 바로 이
와 같은 역사적 발전관 위에서 성취되는 것이다.

　공자는 덮어놓고 고대의 문물제도를 묵수(墨守)하자는 것이 아니
다. '온고이지신(溫故而知新)' 하려는 정통적 역사 발전주의자였다.
특히 도덕의 근원을 절대선(絶對善)인 천도를 기준으로 했으므로 고
대의 성왕(聖王)과 그들의 선양(禪讓)을 높였던 것이다. 예나 지금이
나 사람들이 동물적 이기심을 바탕으로 물질적 탐욕을 채우면 도덕
적으로 타락하고 서로 싸우고 쟁탈하게 된다.

3-15

　　공자께서 태묘에 들어가 제사 지낼 때, 모든 일을 일일이 물으셨다. (그러자) 어떤 사람이 말했다. "누가 저 추인의 아들이 예를 안다고 했느냐? 태묘에 들어가 일일이 묻더라."

　　공자가 듣고 말했다. "그게 바로 예이니라."

[原文]

子ㅣ 入Ⅱ大廟ㅣ하사 每>事를 問하신대 或이 曰 孰
자　입　태묘　　　　매　사　　문　　　　혹　왈　숙

謂Ⅱ鄹人之子를 知ㅣ>禮乎오? 入Ⅱ大廟ㅣ하야 每>
위　추인지자　　지　례호　　　입　태묘　　　매

事를 問이온여 子ㅣ 聞>之하시고 曰 是禮也니라.
사　문　　　　자　문　지　　　　왈　시예야

[가사체 번역문]

　　공자께서 벼슬올라 주공님을 모셔놓은 태묘안에 들어가서
　　제사참석 하실적에 절차마다 하나하나 자세하게 물으셨다
　　어떤사람 말하기를
　　곡부추읍 출신아들 그를두고 어느누가 禮를안다 하였는가
　　　　　　　　　　　　　　　　　　　　　　　예
　　태묘안에 들어와서 모든절차 물었구나
　　공자께서 이를듣고 다음같이 말했으니 그게바로 禮이니라
　　　　　　　　　　　　　　　　　　　　　　　　예

[註解] ○大廟(태묘)—대(大)를 태로 읽는다. 제후(諸侯)의 시조를 모신 묘. 노나라에서는 주공단(周公旦)을 모셨다. ○每事問(매사문)—하나하나 질문한다. 태묘에서 제사 지내는 절차나 격식 등 모든 것을 일일이 묻는다. ○孰謂(숙위)—누가 …라고 말했나? ○鄹人之子(추인지자)—추(鄹)는 지명. 곡부(曲阜) 근처의 읍(邑), 공자의 부친 숙량흘(叔梁紇)이 다스리던 곳. '추 사람의 아들'은 공자. ○是禮也(시예야)—그렇게 하는 것이 바로 예니라.

[解說]

공자가 노(魯)에서 벼슬했을 때의 일일 것이다. 공자는 예에 통달했다고 이름이 높았다. 그런데 태묘에서 제사를 도울 때에 모든 격식이나 절차를 일일이 묻자, 어떤 사람이 "누가 저런 사람을 두고 예를 안다고 말했나?" 하고 핀잔했다.

그러자 공자는 "그게 바로 예다."라고 못을 박았다. 『집주』에서 윤씨(尹氏)가 말했다. "예는 경건하게 거행해야 한다. 알아도 묻는 것이 신중한 태도의 극치니라[禮者敬而已矣 雖知亦問 謹之至也]."

3-16

공자가 말했다. "활을 쏠 때에 가죽 뚫는 것을 주장하지 않는 것은 힘이 동등하지 않기 때문이다. 그것이 옛날 활쏘기의 도였다."

[原文]

子ㅣ 曰 射不>主>皮는 爲Ⅱ力不Ⅰ>同>科니 古之
자 왈 사부 주 피 위 력부 동과 고지

道也니라.
도야

[가사체 번역문]

공자께서 말하셨다
군자들이 활을쏠때 가죽표적 관통하길 主(주)로하지 않는것은
힘이같지 않기때문 이게바로 옛날옛적 군자들의 궁도였지

[註解] ㅇ射不主皮(사부주피)－향사례(鄕射禮)에서 활을 쏠 때에는 과녁인 가죽을 꿰뚫는 것을 주로 하지 않는다. ㅇ爲力不同科(위력부동과)－그 이유는 힘의 등급이 같지 않기 때문이다. ㅇ古之道也(고지도야)－그렇게 하는 것이 옛날 군자(君子)의 궁술도(弓術道)였다.

[解說]

여기서 말하는 사(射)는 전쟁이나 사냥을 위한 활쏘기가 아니고 군자들이 거행하는 사례(射禮)로, 대사(大射)·연사(燕射)·향사(鄕射) 등이다. 대사는 천자가 주최하고, 연사는 제후가 주최하고, 향사는 지방의 장이 주최한다. 사례는 예악(禮樂)에 맞추어 거행하는 일종의 의식이다.

'사부주피(射不主皮)'는 『의례(儀禮)』「향사례편(鄕射禮篇)」에 있는 구절이다. 주자는 '화살이 가죽 과녁을 관통하는 것을 주로 삼지 않

고, 과녁에 적중하는 것을 주로 삼는다.' 고 풀었다. 피(皮)는 가죽 과
녁이다. 사적의 바탕은 네모진 무명이고 그 한복판에 둥근 가죽 과
녁이 있다. '위력부동과(爲力不同科)' 를 주자는 '사부주피(射不主皮)'
와 연결하고 '힘의 등급이 같지 않기 때문이다.' 로 풀었다. 고주(古
注)는 '힘의 등급에 따라 차별적으로 부역을 과한다.' 로 풀었다. 역
시 공자가 '무력행사로 전락한 활쏘기를 한탄한 것' 으로 봄이 좋다.

【參考】 공자(孔子)와 향사례(鄕射禮)—

　『예기(禮記)』「사의편(射義篇)」에 있다. 공자가 향리(鄕里)에서 활쏘기 대회
를 주최한다는 말에 많은 사람들이 모였다. 활쏘기 기량을 발휘해서 벼슬에
오르려는 사수(射手)들과 구경꾼들이었다. 특히 후자는 공자 같은 학자가 어떻
게 무술대회를 심판하는가 하고 의아하게 여겼다. 그러나 공자는 시작에 앞
서, 제자 자로(子路)로 하여금 사수들을 모아놓고 큰 소리로 "과거에 전쟁에서
패배한 적이 있는 장군이나, 망국(亡國)의 대부 및 남의 집안의 뒤를 계승하려
고 노리는 자들은 물러가거라." 하고 선수의 자격을 좁혔다. 이에 약 반수에
달하는 사수들이 탈락했다.

　다음에 다른 제자가 나와서 외쳤다. "젊은 사람으로는 효제(孝悌)를 독실히
실천하는 사람, 늙은 사람으로는 예를 잘 지키고 또 사회의 악습(惡習)에 물들
지 않은 사람만이 나와라." 이에 또 많은 사람들이 탈락했다. 그러자 또 다른
제자가 나와서 엄숙하게 말했다. "평생 배우기를 좋아하고, 예의범절을 지키
고 늙도록 언행(言行)을 단정히 한 사람만이 활쏘기에 참가하라."

　이렇게 해서 공자는 예의와 윤리도덕적으로 흠잡을 데 없는 착실한 사람만
을 뽑아 활쏘기 대회에 참가시켰던 것이다. 활쏘기도 사람이 하는 것이다. 그
러므로 사람다운 사람이 활쏘기를 해야지, 동물만도 못할 만큼 포악무도한 자
가 활을 잘 쏘고 무력을 휘두르면 인류사회를 문란케 한다. 『예기』「사의편」
에 다음과 같은 말이 있다. "옛날의 천자는 활쏘기로써 제후, 경대부(卿大夫)
및 사(士)를 선발했다. 그러므로 활쏘기는 남자가 반드시 배워야 할 일이다.
(활쏘기를 익힌 바탕 위에) 다시 예악으로 인간의 품격이나 언행을 문화적으

로 높였다〔古者天子以射選諸侯卿大夫士 射者男子之事也 因而飾之而禮樂也〕."

3-17

　자공이 고삭례에 바치는 희생양을 그만두려고 하자, 공자가 말했다. "사야! 너는 양을 아까워하지만, 나는 제례를 더 중하게 여긴다."

[原文]

　子貢이 欲>去Ⅱ告朔之餼羊ㅣ한대 子ㅣ 曰 賜也아
　　자공　　　욕　거　고 삭 지 희 양　　　자　　왈　사 야
爾愛Ⅱ其羊ㅣ가 我愛Ⅱ其禮ㅣ라 하난다.
　이 애　기 양　　아 애　기 례

[가사체 번역문]

　子貢께서 고삭례에 희생양을 바치는걸 그만두려 하려하자
　　자공
　공자께서 말하셨다
　賜야너는 희생양이 아깝다고 여기지만
　　사
　나는되례 그보다도 고삭례와 그전통이 중하다고 여기노라

[註解] ○子貢(자공)―「學而篇 1-15」참고. ○去(거)―그만두다, 희생양을 치우다. ○告朔(고삭)―초하루를 고하는 제사. 고삭례(告朔禮). 고(告)를 곡(梏)으로 읽기도 한다. ○餼羊(희양)―양의 생고기를 제물로 바치다. 희

생양. ○賜(사)―자공의 이름. ○爾愛其羊(이애기양)―너는 희생양을 애석하게 여긴다, 아까워한다. ○我愛其禮(아애기례)―나는 고삭례 자체를 사랑한다, 중하게 여긴다.

[解說]

천자가 섣달에 다음 해의 달력을 제후에게 반포하면, 제후들은 그것을 사당에 보관하고, 매달 초하루에 희생양을 바치어 제사를 지내고, 백성들에게 일력(日曆)과 그에 맞는 행사를 알린다. 그 제사를 고삭례라고 한다. 그러나 노나라에서는 문공(文公) 이래 임금이 친히 고삭례를 거행하지 않고, 형식적으로 희생양만 제물로 바쳤다. 그래서 경제에 밝은 자공이 희생양을 그만두자고 말한 것이다. 그러나 공자는 '형식적인 예라도 지켜야 한다. 그러면 실질적인 예가 부흥된다.' 는 생각으로 '나는 예를 사랑하고 중하게 여긴다.' 고 말한 것이다. 재물보다 전통과 제례를 존중하라는 뜻이다.

3-18

공자가 말했다. "임금 섬김에 예를 다하는 것을 남들은 아첨한다고 말한다."

[原文]

子ㅣ 曰 事>君盡>禮를 人이 以爲>諂也ㅣ로다.
자 왈 사 군 진 례 인 이 위 첨 야

공자께서 말하셨다

임금님을 섬길적에 갖은 禮를 다하는걸
_예

사람들은 그걸두고 阿諂이라 여긴다네
_{아 첨}

[註解] ㅇ事君(사군)—임금을 잘 섬긴다. ㅇ盡禮(진례)—예를 다하다, 즉 충성과 정성을 다 바치다. ㅇ人(인)—다른 사람들. ㅇ以爲(이위)—…라고 생각한다, …라고 친다. ㅇ諂(첨)—아첨하다. 비굴하게 굽히거나 비위를 맞추고 득을 보려고 함을 아첨이라 한다.

[解說]

공자는 한때 노나라에서 벼슬을 하고 임금을 섬겼다. 공자는 천도(天道)·천리(天理)를 따라 정성과 충성을 다해서 임금을 섬기고 덕정(德政)을 펴려고 진력했다. 그러나 당시 노나라의 실권은 삼환씨(三桓氏)가 잡고 전횡무도했는데 노나라 임금을 무시했으며, 다른 많은 선비들도 그들 밑에서 녹봉을 받아먹고 있었다. 그러므로 공자가 노나라 임금을 섬기고 충성하는 것을 도리어 아첨한다고 오해하고 비난의 말을 했던 것이다.

그러나 공자는 대도(大道)의 원칙을 지켰다. 원칙적으로 하늘은 덕 있는 사람에게 천명(天命)을 내려 나라를 세우게 한다. 그러므로 임금을 섬기고 충성하는 것은 당연한 일이다. 반대로 천도와 천명을 어기는 악덕한 인간이나, 도를 모르고 재물이나 목전의 이득만을 취하려는 소인배들은 공자 같은 대인(大人) 군자(君子)를 도리어 아첨하는 사람이라고 곡해한다.

오늘의 사회 기풍도 같다. 악덕한 세상에서는 선량한 사람을 바보 취급하는 수가 많다.

3-19

정공이 물었다. "임금이 신하를 쓰고, 신하가 임금을 섬기는 데는 어떻게 해야 합니까?"

공자가 대답했다. "임금은 예의로써 신하를 쓰고, 신하는 충성으로써 임금을 섬겨야 합니다."

[原文]

定公이 問 君使>臣하며 臣事>君하되 如>之何잇
정공   문 군사 신   신사 군   여 지하

고? 孔子ㅣ 對曰 君ㅣ 使>臣以>禮하며 臣事>君以>
   공자   대왈 군   사 신 이 례   신 사 군 이

忠이니이다.
충

[가사체 번역문]

定公께서 물으셨다
정공
한나라의 임금님이 신하들을 부리시고
한임금의 신하들이 그임금을 섬길적에
어떠해야 하는지요
공자께서 대답했다

임금님은 예의로써 신하들을 부리시고
신하들은 충성으로 임금님을 모셔야죠

[註解] ○定公(정공)─기원전 509~495년 재위. 노(魯)의 군주, 양공(襄公)의 아들. 이름은 송(宋), 시호가 정(定)이다. 공자가 그를 섬기고 삼환(三桓)의 세력을 누르려고 했으나 실패하고 노를 떠났다(기원전 497년, 공자 56세). ○君使臣(군사신)─임금이 신하를 쓰다. ○臣事君(신사군)─신하가 임금을 섬기다. ○如之何(여지하)─어떻게 하느냐? 어떻게 하면 좋으냐? ○對(대)─대답하다. ○以禮(이례)─예로써 한다. 즉 예양(禮讓)하며 신하를 부린다. ○以忠(이충)─충성으로써 임금을 섬긴다.

[解說]

예의(禮義)의 깊은 뜻은 절대선(絶對善)의 하늘의 도리를 따라 바르고 좋게 한다는 뜻이다. 예의는 상호 간에 쌍무적(雙務的)으로 지키고 행해야 한다. 임금은 예양(禮讓)하고 신하는 충성(忠誠)한다. 그래야 하늘의 도리를 따르는 예치(禮治)가 성취된다. 만약에 임금이 포악무도한데 신하가 그에게 충성을 한다면, 결과적으로는 임금의 범죄적 악덕을 조장해주는 꼴이 된다. 그러한 충성은 진정한 충성이 아니고 악덕 범죄에 가담하는 꼴이 된다. 임금이 도에서 벗어나면 충신은 충간(忠諫)해야 한다.

3-20

공자가 말했다. "『시경』의 「관저편」은 즐거우나 문란하지 않고, 애처로우나 마음을 상하게 하지 않는다."

[原文]

子ㅣ曰 關雎는 樂而不〉淫하고 哀而不〉傷이니라.
  자 왈 관 저   낙 이 불 음   애 이 불 상

[가사체 번역문]

공자께서 말하셨다
시경국풍 관저편은 즐거워도 넘치잖고
슬프거나 애달파도 도를넘어 이마음을 상하게는 하지않네

[註解] ○關雎(관저)─『시경』「국풍(國風)」 첫머리의 시다. '관관 소리를
내고 우는 징경새는 모래톱에 있네, 요조한 숙녀는 군자의 좋은 짝이로다
〔關關雎鳩 在河之洲 窈窕淑女 君子好逑〕.' 로 시작되므로 시제(詩題)를 관
저(關雎)라 했다. ○樂而不淫(낙이불음)─즐거우면서도 도를 넘거나 문란하
지 않다. 음(淫)은 '넘친다, 혹은 도가 지나치다.' 로 푼다. 주자는 '음이란
즐거움이 지나쳐 그 중정을 잃는 것이다〔淫者 樂之過而失其正者也〕.' 라
고 풀었다. ○哀而不傷(애이불상)─애달프지만 (도를 넘어 사람의 마음이
나 몸을) 상하게 하지 않는다. 주자는 '상이란 애달파 한 나머지 중화를 해
치는 것이다〔傷者 哀之過而害於和者也〕.' 라고 풀었다.

[解說]

애락(哀樂)은 인간의 기본 감정이다. 슬플 때에는 슬퍼하고 즐거
울 때에는 즐거워함은 자연스러운 감정의 표출이다. 그러나 감정을

원색적으로 나타내거나 과격하게 표현하는 것은 문화적이 아니다. 특히 쾌락이 도를 넘으면 문란하고 음탕하게 될 것이다. 반대로 슬픔이나 비통이 도를 넘으면 심신(心身)을 해치게 된다. 그러므로 교양있는 군자는 감정 표출을 예술적·시적(詩的)으로 해야 한다.

'낙이불음(樂而不淫) 애이불상(哀而不傷)'이란 구절은 『좌전(左傳)』에도 거의 같은 말이 보인다. 즉 양공(襄公) 29년에 오(吳)의 계찰(季札)이 노나라에 와서 빈(豳)의 노래를 듣고 '낙이불음(樂而不淫)'이라 하고, 또 송(頌)의 노래를 듣고 '애이불수(哀而不愁) 낙이불황(樂而不荒)'이라고 했다. 그러므로 '낙이불음(樂而不淫) 애이불상(哀而不傷)'은 옛날에 시가를 총체적으로 평한 말일 것이다.

현재 전하는 『시경』 「관저편(關雎篇)」의 서문을 보면 다음과 같다. '관저편의 시는 후비의 덕을 읊은 것으로 『시경』 「국풍」의 첫 번째의 시다. 관저편의 시로써 천하 만민들을 바람처럼 나부끼게 하고 아울러 부부의 도리를 바로잡게 하려는 것이다. 그러므로 이 시를 지방 사람들에게 적용하고 또 전국적으로 만민에게도 적용케 한다. 「국풍(國風)」의 풍(風)은 '바람이 불어 나부끼게 한다.'는 뜻이다. 즉 덕풍(德風)으로 백성들을 감동케 하고, 교화한다는 뜻이다[關雎后妃之德也 風之始也 所以風天下 而正夫婦也 故用之鄉人焉 用之邦國焉 風風也教也 風以動之 教以化之].'

관저편의 시편을 '낙이불음(樂而不淫)'이라고 평할 수는 있어도, '애이불상(哀而不傷)'이라고 평할 수는 없다. 따라서 공자가 '관저(關雎)'라고 한 뜻도 좁게 관저편의 시를 논한 것이 아니고, '관저로 시작되는 『시경』'이란 뜻으로 볼 수 있다. 공자가 앞에서 "『시경』에 있는 3백 편의 시를 한마디로 평하면 사념에 사악함이 없다[詩三百

一言以蔽之 思無邪〕"「爲政篇 2-2」라고 말한 것과 같이 『시경』 전체를 '즐거우나 슬퍼하거나 도를 넘치지 않는다'라고 중정(中正)·중화(中和)의 경지를 칭찬한 말이라고 봄이 좋다. 한편 공자의 이 말은 '『시경』의 가사를 평한 것이 아니고, 음악을 평한 것이다'라고 하는 설도 있다. 공자는 음악에 대한 감각이 뛰어났다. 예치(禮治)에서는 '시악무(詩樂舞)'를 중시한다. 시(詩)는 인간의 상념(想念)이나 정서(情緖)를 예술적으로 표현한다. 따라서 시를 통해서 상하(上下)가 서로 교통감응(交通感應)할 수 있다. 그래서 공자는 산시(刪詩)하여 시교(詩敎)에 활용했던 것이다.

【參考】 서문에 나타난 시교(詩敎)―

공자는 『시경』을 교양의 필수과목으로 가르쳤고 또 시를 덕치에 활용하려고 했다. 고대의 성왕들은 지방의 기풍과 정치의 득실을 살피기 위해서 채시관(采詩官)으로 하여금 민간의 시를 수집하게 했고, 약 3천 편의 시가 남아 있었다. 이들을 공자가 추려서 305편으로 정리한 것이 오늘 전하는 『시경』이다. 『시경』 서문에서 시의 교화 작용을 다음같이 논했다. '시는 속에 있는 의사가 표출된 것이다. 마음속에 있을 때는 뜻이다. 그 뜻이 말로 표출되면 시가 된다〔詩者志之所之也 在心爲志 發言爲詩〕.' '인간의 감정은 속에서 동하고 말로 표현된다. 그러나 말로 부족하므로 한숨짓고 탄식한다. 한탄해도 부족하므로 길게 노래한다. 영가(永歌)를 해도 부족하므로 자기도 모르게 손과 발로 춤을 추는 것이다〔情動於中 而形於言 言之不足 故嗟歎之 嗟歎之不足 故永歌之 永歌之不足 不知手之舞之 足之踏之也〕.'

'사람의 감정이 소리를 타고 표출되고, 그 소리가 아름답게 엮어진 것이 곧 음악이다. 그래서 잘 다스려지는 나라의 음악은 편안하고 즐겁다. 정치가 온화하기 때문이다. 혼란한 세상의 음악은 원망스럽고 노엽다. 정치가 어긋났기 때문이다. 패망한 나라의 음악은 애달프고 사무친다. 백성들이 곤고하기 때문이다〔情發於聲 聲成文 謂之音. 治世之音 安以樂 其政和, 亂世之音 怨以怒 其政乖, 亡國之音 哀以思 其民困〕.' '그런고로 정치의 득실을 바로잡고, 하늘과 땅을 움직이고, 귀신들을 감동케 하는 데는 시보다 더 효과적인 것이 없다. 그래서 선왕들은 시를 가지고 부부의 도리를 바르게 잡고, 백성들로 하여금 부모에게 효도하고 윗사람을 공경하게 하고, 또 윤리 도덕을 독실하게 실천하도록 하고, 사회의 기풍을 미화하고 아울러 백성들의 습속을 향상하게 했던 것이다〔故正得失 動天地 感鬼神 莫近於詩. 先王以詩經夫婦 成孝敬 厚人倫 美教化 移風易俗〕.'

3-21

애공이 재아에게 사(社)에 대하여 묻자, 재아가 대답했다. "하의 임금은 소나무를 심었고, 은나라 사람들은 잣나무를 심었고, 주나라 사람들은 밤나무를 심었습니다." 그리고 덧붙여 "주나라가 밤나무를 심은 것은 백성들을 전율시키고자 한 것입니다."라고 말했다.

이 말을 듣고 공자가 말했다. "이미 이루어진 일이니 말하지 않으며, 끝난 일이니 간하지 않겠고, 지난 일이니 허물하지 않겠다."

[原文]

哀公이 問ⅱ社於宰我ㅣ하신대 宰我ㅣ 對曰夏后氏
애공   문   사어재아   재아   대왈하후씨

는 以﹀松이오 殷人은 以﹀柏이오 周人은 以﹀栗이니
   이송   은인   이백   주인   이율

曰 使ⅱ民戰栗ㅣ이니이다. 子ㅣ 聞﹀之하시고 曰成事
왈 사 민전율   자   문지   왈성사

라 不>說하며 遂事라 不>諫하며 旣往이라 不>咎로다.
불 설　　　수사　　　불간　　　기왕　　　불구

[가사체 번역문]

哀公께서 宰我에게 토지신을 모셔두는 社에대해 물으셨다
애공　　　재아　　　　　　　　　　　　사

宰我께서 대답했다
재아

夏임금인 夏后氏는 소나무를 심으셨고
하　　　하후씨

殷나라의 백성들은 잣나무를 심었다오
은

周나라의 백성들은 밤나무를 심었었죠
주

그러고서 덧붙이길 어찌하여 周나라가 밤나무를 심었을까
　　　　　　　　　　　　　　주

그건바로 백성들을 전율토록 한것이죠

공자께서 이를듣고 다음같이 말하셨다

이루어진 일인지라 더이상은 말않겠고

그럴밖에 없었던일 말리지도 않겠도다

이미지난 일인지라 허물치도 않겠노라

[註解] ㅇ哀公(애공)－정공(定公)의 뒤를 이어 즉위한 노나라의 군주. 애
(哀)는 시호로, 비극적인 임금이라는 뜻을 포함한다. 애공 14년(기원전
481년)에 기린(麒麟)이 잡혔고, 2년 후에 공자가 74세로 사망했다. ㅇ社
(사)－토지신(土地神)을 모시는 곳을 사라 한다. 높게 단을 쌓고 신주(神主)
의 상징으로 나무를 심었다. 따라서 사수(社樹)는 나라마다 달랐다. ㅇ宰我
(재아)－공자의 제자. 성이 재(宰), 이름이 아(我), 자는 자아(子我)다. 언어와
웅변에 뛰어났다. ㅇ夏后氏(하후씨)－하(夏)나라의 시조 우(禹)임금. 순(舜)
의 선양(禪讓)을 받았으므로 후(后)라고 높였다. '하이읍양수선위군(夏以揖
讓受禪爲君) 고포지칭후(故襃之稱后)'「白虎通」. ㅇ殷人(은인)－은나라 사람.

은은 인민의 마음을 따라 나라를 세웠으므로 인(人)이라 했다. '인인득지(因人得之) 고왈인야(故曰人也)'「白虎通」. ○柏(백)―잣나무. ○周人(주인)―주나라도 인민의 마음을 따라 나라를 세웠으므로 인(人)이라 했다. ○栗(율)―밤나무. ○使民戰栗(사민전율)―백성들로 하여금 전율케 한다. ○子聞之(자문지)―(나중에) 공자가 재아가 이렇게 말했다는 것을 알고. ○成事(성사)―이미 성취된 일. ○遂事(수사)―이미 다 이루어진 일. ○既往(기왕)―이미 다 지나간 일. ○咎(구)―허물을 탓하다.

[解說]

애공(哀公)이 재아(宰我)에게 사수(社樹)에 대한 질문을 하게 된 동기를 애공 4년에 박(亳)의 사(社)가 불에 탔기 때문일 거라고 한다. 박은 은(殷)나라 도읍이 있었던 곳이다. 그러므로 은나라의 사수는 백(柏)이라고 대답하면 될 것을 재아가 하나라의 사수는 송(松)이고, 주나라의 사수는 율(栗)이라고 늘어놓고, 특히 '주나라에서 밤나무를 심은 것은 백성들을 떨게 하기 위해서다.'라는 군소리까지 덧붙였다. 뒤에 그런 말을 듣고 공자가 못마땅하게 여기며 "이미 지나간 일이니, 어쩔 수 없다."라고 말했으나, 사실은 재아를 크게 꾸짖은 것이다.

애공은 평소에 삼환씨(三桓氏)의 횡포를 미워하여 분개하고 있었으며, 그 사정을 재아도 잘 알고 있었다. 그러므로 재아가 사수를 내세워 은근히 애공에게 분기(奮起)하라고 충동한 것이다. 사실 그후에 애공은 삼환씨를 토벌하려다가 도리어 패하고 국외로 망명했다. 공자는 이미 그와 같은 노나라의 파국을 예상하고 있었으므로 재아의 경솔한 행동을 꾸짖은 것이다. 『집주(集注)』에서 윤씨(尹氏)는 다음과 같이 풀이했다. '옛날에는 각각 토질에 적합한 나무를 골라서 사수의 이름을 정했다. 나무에서 뜻을 취한 것이 아니다. 재아가 모르고 함부로 대답했으므로 공자가 책망한 것이다〔古者各以所宜木名其社 非取義於木也 宰我不知 而妄對 故夫子責之〕.'

3-22

공자가 말했다. "관중의 기량은 작았다."

어떤 사람이 "관중은 검박하였습니까?" 하고 묻자, 공자가 말했다. "관씨는 삼귀대를 꾸몄고, 가신들에게 겸직을 안 시켰으니, 어찌 검박하다 말하랴."

"그렇다면 예를 알고 지켰나요?" 하고 묻자, 공자가 말했다. "임금이 나무로 문을 가리거늘 관중도 나무로 문을 가렸다. 또 임금이 화친을 위해 반점을 차려놓거늘 관중도 반점을 차렸다. (만약) 그가 예를 안다면 누가 예를 모르겠느냐?"

[原文]

子ㅣ 曰 管仲之器ㅣ 小哉라. 或이 曰 管仲은 儉
자 왈 관중지기 소재. 혹   왈 관중   검

乎잇가? 曰 管氏ㅣ 有Ⅱ三歸ㅣ하며 官事를 不>攝하
호   왈 관씨ㅣ 유 삼귀 하며 관사   불 섭

니 焉得>儉이리오. 然則管仲은 知>禮乎잇가? 曰 邦
언득 검 이리오. 연즉관중 지 례호잇가? 왈 방

君이아 樹塞>門이어늘 管氏ㅣ 亦樹塞>門하며 邦君
군   수색 문   관씨   역수색 문   방군

이아 爲ⅱ兩君之好ㅣ에 有ⅱ反坫ㅣ이어늘 管氏ㅣ 亦
위 양군지호   유 반점   관씨   역

有ⅱ反坫ㅣ하니 管氏而知>禮면 孰不知>禮리오?
유 반점   관씨이지 례   숙부지 례

[가사체 번역문]

공자께서 말하셨다

管仲그는 사람그릇 작았다고 생각하네
관중

어떤사람 여쭈었다

그렇다고 하신다면 관중그는 검소했소

공자께서 말하셨다

管氏그는 三歸臺를 호화롭게 세웠으며
관씨   삼귀대

家臣에게 관직일을 겸하도록 안했으니
가신

어찌儉素 했단말요
검소

어떤사람 말하였다

그렇다면 공자님은 管仲그가 禮잘알며 지켰다고 여깁니까
관중   예

공자께서 말하셨다

한나라의 임금만이 大門屛障 세워놓고 안못보게 할수있소
대문병장

그런데도 管仲그는 대문병장 세웠지요
관중

한나라의 임금만이 우호화친 하기위해

술잔놓는 東坫西坫 設置할수 있답니다
동점서점 설치

그런데도 管仲그는 反坫차려 놓았다오
관중   반점

그런그를 가리켜서 禮를안다 말한다면
예

어느누굴 禮모른다 말할수가 있으리오
예

[註解] ○管仲(관중)—성이 관(管), 이름은 이오(夷吾), 자가 중(仲)이다. 공자보다 약 2백 년 전 사람으로 제(齊)나라의 환공(桓公)을 도와 패권(覇權)을 잡게 한 탁월한 정치가다. 그러나 여기서 공자는 예치(禮治)나 덕치(德治)란 면에서 그를 비판하고, 그의 기량이나 기국(器局)이 작다고 한 것이다. ○器(기)—기량, 기국. ○儉乎(검호)—검소하고 검박(儉朴)했느냐? ○三歸(삼귀)—설이 많다. '성씨가 다른 세 여자를 취했다.'『古注』 혹은 '호화로운 대(臺), 즉 삼귀대를 축조했다.'『集註』 혹은 '3개의 저택을 지었다.' 최근에는 '시조(市租)의 10분의 3을 받았다.' (楊伯峻) 등이다. 여기서는『집주』의 설을 따라 삼귀대(三歸臺)로 풀었다. ○官事不攝(관사불섭)—관의 일을 처리함에 있어, 가신(家臣)들에게 겸직(兼職)하게 하지 않았다. 관중은 대부의 신분이다. 그의 가신들은 겸직해야 한다. 그런데 관중은 저마다 전문직을 두어 관사(官事)를 처리케 했다. ○焉得儉(언득검)—어찌 절약하고 검소했다고 말하랴? ○知禮乎(지례호)—예를 알고 실천했느냐? ○邦君(방군)—나라의 임금. ○樹塞門(수색문)—주자는 수(樹)는 병장(屛障), 색(塞)을 덮을 폐(蔽)로 풀었다. 대문 안에 병장을 세워 밖에서 안이 들여다보이지 않게 한 구조물이다. 관자가 대부의 신분으로 병장을 세운 것은 예에 어긋난다. ○爲兩君之好(위양군지호)—두 나라 임금의 우호를 위해서. ○有反坫(유반점)—반점(反坫)을 차려놓다. 반점은 흙을 돋우어 만든 대, 술을 마시고 주인은 동점(東坫)에, 손은 서점(西坫)에 잔을 놓는다. ○而知禮(이지례)—(그러고도) 예를 안다고 하면. ○孰(숙)—누구, 어느 누구를 (예를 모르는 사람이라고 하랴?)

[解說]

　관중(管仲)은 관포지교(管鮑之交)로 알려진 정치가다. 정치적 수완이 탁월하여 제나라의 환공(桓公)을 패자(霸者)가 되게 했다. 『논어』에도 공자가 관중의 정치적 업적을 인정한 글이 보인다. 그러나 여기서는 '관중은 기량이 좁은 사람이다.'라고 평했다. 즉 왕도덕치(王道德治)면에서 보면 관중의 도량이 작다는 뜻이다. 아울러 관중이 대부의 신분으로 '삼귀대(三歸臺)'를 설치하고, 가신들에게 겸직을 않게 하고 병장(屛障)을 세우고, 또 반점(反坫)을 설치한 것들이 다 도리에 어긋남을 지적한 것이다.

3-23

　공자가 노나라의 대사에게 음악에 대해서 말했다. "나도 음악을 알 만합니다. 처음 음악을 연주할 때에는 오음(五音)을 합해서 성대하게 시작하고, 이어 저마다의 소리를 힘껏 내게 하되 전체가 잘 조화되게 하고, 아울러 각각의 소리가 분명하면서도 부드럽게 이어짐으로써 연주를 완성합니다."

[原文]

子ㅣ 語ㅐ 魯大師樂ㅣ 曰 樂은 其可ㅣ知也니 始作
자　어　노대사악ㅣ　왈　악은　기가　지야　시작

에 翕如也하야 從ㅣ之에 純如也하며 皦如也하며 繹
흡여야　종지　순여야　교여야　역

如也하야 **以成**이니라.
　여 야　　　　이 성

[가사체 번역문]

공자께서 **魯國樂官** 大師에게 음악연주 그에관해 말을했다
　　　　　　노국악관　대사

나도음악 조금알죠 음악연주 처음에는

다섯소리 모두합쳐 **盛大**하게 시작하고
　　　　　　　　　성대

뒤를이어 그다음엔 저마다의 소리들을 각자힘껏 내게하되

전체로는 조화롭고 화합되게 하면서도

부드럽게 잇게하여 음악연주 완성하지

[註解] ○子語魯大師樂(자어노대사악)−공자가 노나라 대사에게 음악에 대한 말을 하다. ○大師(대사)−악관(樂官)의 장. ○樂(악)−여기서는 음악 연주의 뜻. ○樂其可知也(악기가지야)−(나도) 음악 연주에 대해서 알 만하다. ○始作(시작)−연주를 시작할 때. ○翕如(흡여)−다 함께. 모두 합치다. 여(如)는 허사(虛詞)로 별 뜻이 없다. ○從之(종지)−이어서, 혹은 종(縱)으로 보고, 마음대로 소리를 내게 하다. ○純如(순여)−화합하다, 조화되다. ○皦如(교여)−각각 소리를 분명하게 한다. ○繹如(역여)−길고 부드럽게 이어지다. ○以成(이성)−그렇게 해서 연주를 완성하다.

[解說]

공자는 예와 더불어 악에도 통달했다. 그러므로 노나라의 악관장(樂官長)에게 음악 연주에 대한 말을 한 것이다. 전체적으로는 성대하게 연주하되 각 악기 소리를 분명하게 내면서 전체가 조화되어야 한다. 동시에 부드럽게 여음이 이어지면서 연주를 맺으라고 말했다.

의(儀)의 봉인(封人)이 공자를 뵙고자 하며 말했다. "군자가 이곳에 오시면 제가 모두 찾아뵈었습니다."

이에 공자의 수행원이 안내해서 공자를 뵙게 했다. (면회를 마치고) 나오면서 (봉인이 공자의 제자들에게) 말했다. "여러 분들은 선생님께서 벼슬을 잃으셨다고 뭘 걱정하십니까? 천하에 도가 없어진 지 오래되었으므로 하늘이 선생님으로 하여금 목탁을 삼고자 하신 것입니다."

[原文]

儀封人이 請 見曰 君子之至 於斯 也에 吾ㅣ
의 봉 인   청 현 왈 군 자 지 지 어 사 야   오

未 嘗不ㅣ 得 見也로라 從者ㅣ 見 之한대 出曰 二
미 상 부   득 현 야   종 자   현 지   출 왈 이

三子는 何患 於喪ㅣ乎리오? 天下之無 道也ㅣ 久
삼 자   하 환 어 상 호   천 하 지 무 도 야   구

矣라 天將下以 夫子ㅣ로 爲中木鐸上이시리라.
의   천 장 이 부 자   위   목 탁

[가사체 번역문]

衞나라의 儀邑封人 공자님을 뵙자하며 다음같이 말하였다
위   의읍봉인

지금까지 군자께서 여기이곳 오시면은 제가모두 뵈었지요

孔子님의 수행원이 그封人을 안내하여 공자님을 뵙게했다
공자   봉인

그 封人이 공자님을 만나뵙길 마치고서 밖을나와 제자들께
다음같이 말하였다
그대들은 선생께서 벼슬자리 잃었다고 왜그렇게 걱정하죠
세상천하 道없은지 이미벌써 오랜지라
저하늘이 선생님을 목탁으로 삼으시려 하신것이 틀림없소

[註解] ○儀封人(의봉인)—의(儀)는 지명(地名). 위(衛)나라에 있었다. 봉인
(封人)은 국경 지대를 다스리는 관리. 혹은 세금을 걷는 관리라고도 한다.
○請見(청현)—알현을 청하다. 뵙고자 한다. ○君子之至於斯也(군자지지어
사야)—군자가 이곳에 오시면. 군자는 주어, 지(之)는 주어와 술어를 연결하
는 허자, 지(至)는 '오다, 도달하다', 어사(於斯)는 '이곳에'. ○吾未嘗不得
見也(오미상부득현야)—나는 전에 만나보지 않은 일이 없다. 미상불(未嘗不)
은 전에 …하지 않은 일이 없다. 반드시 …하다. ○從者見之(종자현지)—공
자의 시종이 공자에게 알현하게 했다. ○出日(출왈)—(봉인이 알현을 마치
고) 나와서 (공자의 제자들에게) 말하다. ○二三子(이삼자)—여러분. ○何
患於喪乎(하환어상호)—어찌 선생님이 벼슬 잃으신 것을 걱정하십니까? 상
(喪)을 주자(朱子)는 '공자가 벼슬을 상실하다.'로 풀었다. 혹 '천하의 도가
상실했다'로 풀 수도 있다. ○天下之無道也久矣(천하지무도야구의)—천하에
서 도가 행해지지 않은 지가 퍽 오래되었다. ○天將以夫子爲木鐸(천장이부
자위목탁)—하늘이 장차 선생님을 (모든 사람에게 도를 깨우쳐 줄) 목탁으
로 삼으려 하고 있다. 장(將)은 '장차 …하려 한다.'의 뜻. 이부자(以夫子)는
선생님을, 위목탁(爲木鐸)은 목탁으로 삼다. 목탁은 나라의 정령(政令)을 알
릴 때에 길에서 흔들어 소리를 내는 쇠 방울. 문사(文事)에는 혀가 나무로
된 것을 흔들었고, 무사(武事)에는 혀가 쇠로 된 것을 흔들었다.

[解說]

　공자가 노나라에서 실각하고 위(衛)나라 국경을 넘어갈 때의 일일 것이다. 즉 노나라 정공(定公) 13년, 공자 나이 56세 때의 일이다. 위나라 국경지대를 방비하고 다스리던 봉인은 평소에도 국경을 오가는 군자(君子), 즉 학식이 많고 덕이 높은 선비들을 꼭 만났다. 그래서 공자에게 알현을 청한 것이다. 그리고 공자를 만나고 밖으로 나오면서 제자들에게 말했다. "천하에 도가 없어진 지 오래되었으므로, 하늘이 선생님으로 하여금 천하를 깨우치고 가르치는 목탁을 삼고자 한다." 『집주(集註)』에 있다. '상(喪)은 곧 관직을 잃고 나라를 떠났다는 뜻이다[喪謂失位去國].' '하늘이 공자로 하여금 자리를 잃고 천하 사방을 두루 돌아다니면서 가르침을 퍼뜨리게 한 것이다. 마치 목탁을 도로에서 울리고 사람에게 따르게 한 것과 같다[天使夫子失位 周流四方 以行其教 如木鐸之徇于道路也].'

　의(儀)의 봉인(封人)은 공자가 세계적인 성인이 될 것을 알아차린 것이다. 공자는 관중(管仲) 같은 정략가가 아니다. 물론 무력으로 천하를 제압하는 패도(霸道)와는 정반대로 절대선(絶對善)의 천도를 따르는 왕도덕치(王道德治)와 인정(仁政)을 세계적인 차원에서 구현하려는 성인이었다. 이러한 공자의 위상을 의봉인(儀封人)은 예지했던 것이다.

3-25

　공자가 순임금의 소(韶) 음악을 "가장 아름답고 또 가장 좋다."고 평했으나, 무왕의 무(武) 음악에 대해서는 "가장 아름답기는 하지만 가장 좋지는 않다."고 말했다.

[原文]

子ㅣ 謂ㅐ韶하시대 盡>美矣오 又盡>善也라 하시고
자 위 소　　　　진 미 의　　우진선야

謂>武하시대 盡>美矣오 未>盡>善也라 하시다.
위 무　　　　진 미 의　미 진 선 야

[가사체 번역문]

공자께서 평하셨다

舜임금의 韶음악은 가장최고 아름답고 또한가장 좋답니다
순　　소

武임금의 武음악도 가장최고 아름답다 말을할수 있지마는
무　　무

가장좋진 않답니다

[註解] ○子謂韶(자위소)―공자가 소(韶)를 말하다, 평하다. ○韶(소)―순(舜)임금이 제작한 무악(舞樂). 순은 성왕(聖王)이므로 그의 음악도 진선진미(盡善盡美)하다. ○盡美矣(진미의)―최고로 아름답다. 진(盡)은 다하다. 가장. ○武(무)―주무왕(周武王)이 제작한 무악. 그는 무력으로 주(紂)를 토벌했으므로 그의 음악은 '아름답기는 해도 좋지는 않다.'

[解說]

음악은 인간의 생각이나 감정을 반영한다. 그러므로 음악을 들으면 그 음악을 제정한 사람의 사상이나 심성 및 그 사회나 나라의 기풍을 알 수 있다. 순(舜)은 요(堯)로부터 선양(禪讓)을 받은 나라를 다시 우(禹)에게 선양했다. 그러므로 덕치의 극치이며, 따라서 그가 제작한 음악도 진선진미(盡善盡美)하다. 한편 주무왕(周武王)은 하늘 편에 서서 민심(民心)을 업고, 포악무도한 은주왕(殷紂王)을 무력으로 토벌했다. 그러므로 그의 음악은 "아름답기는 해도 최고로 좋은 것은 아니다."라고 평했다. 『좌전(左傳)』 양공(襄公) 29년(기원전 544년)에 오(吳)나라의 계찰(季札)이 노나라에 와서 소악(韶樂)과 무악(武樂)을 듣고 이와 비슷하게 평했다.

3-26

공자가 말했다. "위에 있으면서 관대하지 못하고, 예를 행하되 경건하지 못하고, 장사를 치르면서 애도하지 않으면, 내가 무엇으로 (그런 사람의 쓸모 있음을) 보겠는가?"

[原文]

子ㅣ 曰 居>上不>寬하며 爲>禮不>敬하며 臨>喪
자 왈 거 상 불 관   위 례 불 경   임 상
不>哀면 吾何以觀>之哉리오.
불 애   오 하 이 관 지 재

[가사체 번역문]

공자께서 말하셨다
윗자리에 있으면서 관대하지 아니하고

禮에 따라 행동하되 경건하지 아니하고

장례절차 치르면서 애도하지 않는다면

그럼 내가 무엇으로 그의 인품 알겠는가

[註解] ○ 居上(거상) ― 윗자리에 앉아 남을 다스리다. ○ 不寬(불관) ― 너그럽지 않다. ○ 爲禮(위례) ― 예를 행한다. ○ 不敬(불경) ― 경건하고 공경하지 않는다. ○ 臨喪(임상) ― 부모의 장례를 치르고, 또 복상(服喪)한다. ○ 不哀(불애) ― 진심으로 애도하지 않으면. ○ 何以(하이) ― 무엇을 가지고. ○ 觀之(관지) ― 그 사람의 인품이나 잘잘못을 보다. ○ 哉(재) ― 반의(反意)를 나타내는 어조사. '…하랴? …할 수 있으랴?'

[解說]

예(禮)라는 한자는 이(理)와 이(履)에 통한다. 크게는 절대선(絶對善)의 천리(天理)를 이행(履行)한다는 뜻이다. 따라서 사람은 경건하게 천리를 받들고 실천해야 한다. 그러므로 『예기(禮記)』 첫머리에서 '불경하지 않음이다〔毋不敬〕.' 라 했고, 주(注)에 '예는 경을 주로 한다〔禮主於敬〕.' 라고 했다.

아랫사람에게 관대하게 대하는 것은 인애(仁愛)에 통한다. 경건한 태도로 예의범절을 지키고 행해야 한다. 특히 부모님의 상례(喪禮)를 진정으로 애척(哀戚)하는 마음으로 치러야 한다. 그러하지 못하다면, 그 사람의 인품이 모자라는 것이다.

형병(邢昺)은 "제4편 「이인편」은 인(仁)을 밝혔다. 인은 가장 큰 선행을 일컬은 말이다. 군자가 인을 체득하면 필연적으로 예악을 행하게 된다. 그러므로 제3편 「팔일편(八佾篇)」 다음에 놓았다〔此篇明仁 仁者善行之大名也 君子體仁 必能行禮樂 故以次前也〕."「十三經註疏」고 말했다. 제4편은 총 26장이다.

이인(里仁)의 이(里)는 동사로 '살다, 처하다, ……에 있다.'의 뜻이다. 즉 '마음이나 몸을 인(仁)에 머물게 한다'는 뜻이다.

인(仁)은 '사람만이 지니고 있는 착한 마음, 즉 인심(仁心)'이자 동시에 그 인심을 바탕으로 하여 '서로 사랑하고 함께 잘 사는 덕행, 즉 인덕(仁德)'을 합한 말이다. 그러므로 인(仁)을 현대적으로 '인류애를 바탕으로 한 협동'이라고 뜻을 요약할 수 있다.

인심(仁心)에 반대되는 마음이 '동물적 사심(邪心)'이다. 이기적 탐욕을 채우기 위해서 남을 살상하고, 남의 재물을 탈취하려는 사악한 마음이다. 개인이나 국가가 저마다 사심을 바탕으로 하여 서로 싸우고 전쟁을 하기 때문에 오늘의 인류사회는 약육강식(弱肉强食)의 아수라장으로 전락하고 있는 것이다. 이대로는 안 된다. '남을 잡아먹으려는 동물적 사심'을 버리고 '서로 사랑하고 함께 잘 사는 인(仁)'으로 돌아가야 한다. 이를 공자는 '극기복례위인(克己復禮爲仁)'「顔淵篇 12-1」이라 했다. 즉 '동물적 탐욕을 극복하고 천리(天理)를 실천하는 예에 돌아가는 것이 인이다.'라고 했다. 하늘의 도리는 다른 것이 아니다. '서로 사랑하고 협동하면 함께 잘 산다.'는 절대선(絶對善)의 진리다. 동시에 하늘의 소생인 인간의 본성은 절대로 잔인을 바탕으로 한 것이 아니고, 서로 사랑하고 협동하는 인심을 바탕으로 하고 있는 것이다. 잔인한 사심은 동물적·이기적 탐욕에서 나오는 것이다. 그런데 예나 지금이나 욕심에 눈 먼 어리석은 자들은 '나만의 동물적 탐욕을 채우려고 서로 아귀다툼을 하며 인류를 총체적으로 멸망으로 이끌고 있다.' 이래서는 안 된다. 눈을 뜨고 참 진리를 알자.

4-1

공자가 말했다. "인(仁)에 사는 것이 아름답고 좋다. 스스로 택하여 인에 처하지 않으면 어찌 지혜롭다 하겠느냐."

[原文]

子ㅣ 曰 里仁이 爲>美하니 擇不>處>仁이면 焉得>
자　 왈 이인　　위 미　　　택불　처　인　　　　언득

知리오.
지

[가사체 번역문]

공자께서 말하셨다

仁德仁風 넘치는곳 그런곳에 살아야만 아름답고 좋으니라
인 덕 인 풍

처할곳을 택하면서 仁한곳에 살잖으면
　　　　　　　　　인

善惡是非 못가리니 지혜롭다 하겠느냐
선 악 시 비

[註解] ○里仁(이인)－ '인에 산다, 인에 처하다.' 로 풀이했다. 즉 '자신의 몸이나 마음을 인의 경지에 있게 한다.' 는 뜻이다. 한마디로 인(仁)이라고 하지만, 그 속에는 '인심(仁心)·인행(仁行)·인덕(仁德)' 이 다 포함되어 있다. '이인(里仁)' 은 '어진 마음을 지니고 어질게 행동하고 인덕을 세우다.' 의 뜻을 다 포함한다. ○爲美(위미)－아름답고 좋다. 미(美)는 '양(羊)＋대(大)' 의 합자(合字)로서 '실질적으로 큰 양이 좋고 아름답다.' 는 뜻이다. 미는 '진선미(眞善美)' 를 다 포함한다. ○擇(택)－선택한다. (자기가 처하고

살 곳을) 선택한다. ○不處仁(불처인)─인의 경지에 처하지 않으면. ○焉得知(언득지)─어찌 안다고 하겠느냐? 언득(焉得)은 어찌 …를 얻었다고 하랴? 지(知)는 알음, 지혜. 언득지(焉得知)는 어찌 참다운 지혜를 터득했다고 말하랴?

[解說]

'이인위미(里仁爲美)'에 대한 풀이가 여러 가지 있다. 『고주(古注)』는 '인자(仁者)가 살고 있는 마을이 아름답고 좋다〔居仁者之里爲美〕.'(鄭玄) 혹은 '자기가 사는 마을도 어진 땅이라야 아름답고 좋다고 친다〔所居之里 尙以仁地爲美〕.'(皇侃)라고 풀었다. 『집주(集註)』는 '마을에 어질고 후덕한 습속이 있어야 아름답다〔里有仁厚之俗 爲美〕.'(朱子)고 풀었다. '택불처인(擇不處仁) 언득지(焉得知)'도 뜻풀이가 조금씩 다르다. 주자는 '자기가 거처할 마을을 택하여 살면서, 자신이 인에 처하지 않는다면 곧 시비를 분별하는 본심을 잃은 것이 되며, 따라서 지혜를 얻었다고 할 수 없다〔擇里而不居於是焉 則失其是非之本心 而不得爲知矣〕.'고 풀었다. 황간(皇侃)은 '하물며 몸둘 곳은 선택하면서 인도(仁道)에 처하지 않으면 어찌 슬기롭다 하랴?〔況擇身所處 而不處仁道 安得知乎〕'고 풀었다. 그러나 이 책에서는 이들의 설을 취하지 않고 맹자(孟子)의 설을 바탕으로 했다. 다음을 참조하라.

【參考】'이인위미(里仁爲美)'에 대한 맹자의 설─

「공손추 상(公孫丑 上)」에 있다. '공자가 말했다. "인에 처신하는 것이 좋고 아름답다. 그러나 자신의 선택으로 인에 처하지 않으니, 어찌 슬기롭다 하겠느냐?" 무릇 인은 하늘이 사람에게 내려준 가장 존귀한 혜택이다. 인은 모든 사람이 안락하게 살 수 있는 보금자리다. (인에 처하고 사는 것을) 아무도 막고 방해하지 않거늘, 자기가 스스로 불인(不仁)하게 살고 있으니, 곧 슬기롭지 못하니라〔孔子曰 里仁爲美 擇不處仁 焉得智 夫仁天之尊爵也 人之安宅也 莫之禦而不仁 是不智也〕.'

맹자의 말을 깊이 음미해야 한다. 우선 '인(仁)은 천지존작야(天之尊爵也)'에 대해서 생각해보자. '하늘이 내려준 귀중한 작위〔天之尊爵〕'는 '하늘이 사람에게 내려준 가장 존귀한 선본성(善本性)'이다. 사람이 만물의 영장으로 존귀한 까닭은, 바로 사람이 하늘이 내려준 인(仁)의 성품을 지니고 있기 때문이다. 만약에 인성(仁性)이 없다면 동물과 다를 바 없을 것이다. 인성을 바탕으로 서로 사랑하고 협동해서 문화를 창조하고 발전시키고 있다. 그러므로 맹자는 '인은 모든 사람이 안락하게 살 수 있는 집〔人之安宅〕'이라고 한 것이다. 하늘은 사람에게 인성(仁性)을 부여하고 아울러 역사와 문화를 창조적으로 발전시킬 수 있는 탁월한 지혜와 능력도 부여해 주었다. 그러므로 인(仁)을 바탕으로 지능(知能)을 활용해야 한다. 반대로 동물적·이기적 탐욕을 바탕으로 지능을 악용하면 인류사회는 혼란에 빠진다.

하늘은 인간에게 선본성(善本性)인 인성(仁性)을 내려주었다. 그러므로 인간은 본성적으로 인심(仁心)을 바탕으로 인(仁)을 행하고, 인덕(仁德)을 세울 수 있다. 그렇게 하는 것이 인간 본래의 모습이다. 그런데 현실적으로 사람들은 왜 인덕(仁德)을 세우지 않고 반대로 악덕(惡德)만을 행하고 있나? 그래서 맹자는 "아무도 인을 말리거나 방해하는 것도 아닌데 왜 기를 쓰고 악덕한 짓을 하느냐? 그것은 무식하고 지혜롭지 못하기 때문이다〔莫之禦 而不仁 是不智也〕."라고 말한 것이다.

동서고금을 막론하고 총체적으로 인류는 성현(聖賢)의 가르침을 외면하고 반대로 동물적·이기적 탐욕을 채우기 위해 온갖 악덕을 자행해 왔다. '공자의 인애(仁愛), 석가의 자비(慈悲) 및 예수의 사랑' 등의 가르침보다 인간이나 인류는 악덕한 정치에 휘말렸다. 그러므로 역사적 현실은 언제나 약육강식(弱肉强食)의 참상이 반복되었던 것이다. 그러면서 그와 같은 악덕을 악덕으로 생각하지 않고 당연시하고 있는 것이다. 이보다 더 크고 심각한 무식이 또 있겠는가? 그래서 공자는 '택불처인 언득지(擇不處仁 焉得知)'라고 말한 것이다.

사람은 넓게 배우고 많이 알고, 따라서 생각이 깊고 몸가짐이 신중하면 나쁜 짓을 안 한다. 일시적으로 남을 속이거나 살상(殺傷)을 하고, 남의 재물을 탈취하는 범죄를 자행하는 자는 결국 머리가 나쁜 자들이다. 특히 가장 무식하고 악덕한 자들이 곧 인정(仁政)이나 덕치(德治)를 외면하는 정치인들이다. 그들은 간악한 권모술수(權謀術數)와 무자비한 무력으로 자기만의 탐욕을 채우고 있다. 한마디로 대도(大道)를 모르고 소도(小道)만 알기 때문이다.

4-2

공자가 말했다. "어질지 못한 사람은 곤궁에 오래 처해 있지 못하며, 반대로 안락함도 오래 누리지 못한다. 인자는 인에 안주하고, 지자는 인을 이용한다."

[原文]

子ㅣ 曰 不仁者는 不>可Ⅱ以久處ㅣ>約이며 不>可
자　왈 불인자　　불　가　이구처　　약　　　불　가

Ⅱ以長處ㅣ>樂이니 仁者는 安>仁하고 知者는 利>仁
이장처　　락　　　인자　　안 인　　　지자　　이 인

이니라.

[가사체 번역문]

공자께서 말하셨다 어질지를 못한사람

어렵거나 困窮한걸 오래도록 못참으며
　　　　　곤궁

안락하고 부귀해도 오랫동안 못누리네

어진사람 그사람은 仁에편히 머무르고
　　　　　　　　　　인

지혜로운 그런사람 仁을 行해 利得본다
인   행   이득

[註解] ○不仁者(불인자)—어질지 못한 사람. 인(仁)을 자각하지 못하고 따라서 인을 행하지 못하는 사람. 동물적 본능으로만 행동하는 사람. '불인자(不仁者)'는 곧 잔인하고 악덕한 사람. ○不可以(불가이)—…할 수 없다. ○久處(구처)—오래 처하다. 머물러 있다. ○約(약)—여기서는 '곤궁, 빈곤'의 뜻. ○長處(장처)—오래 처하다. ○樂(낙)—약(約)의 반대, 즉 '안락과 부귀를 누리다'의 뜻. ○仁者安仁(인자안인)—인자는 인 그 자체에 안주한다. 인자는 본성적으로 어질다. 따라서 인을 자연스럽게 행한다. 그러므로 인을 행하고 인덕을 세우는 것을 편하고 즐겁게 여긴다. ○知者利仁(지자이인)—슬기롭고 지혜로운 사람은 인을 이용한다. 즉 인을 행하는 것이 좋고 이롭다는 것을 알고 인을 행해서 득을 본다는 뜻.

[解說]

먼저 경문(經文)에 대한 주소(註疏)를 음미해 보겠다. '불인자(不仁者) 불가이구처약(不可以久處約) 불가이장처락(不可以長處樂)'에 대하여—『고주(古注)』는 '인덕(仁德)이 바로 서지 못한 사람은 오래 곤궁하게 되면 비행을 저지르고〔久困則爲非〕, 또 (오래 편안하고 부귀를 누리면) 교만해지고 음란하게 된다〔必驕淫〕.'(孔安國)고 했다.

『집주(集註)』는 '어질지 않은 사람은 「본성적인」 인심(仁心)을 상실했으므로 곤궁한 처지에 오래 있게 되면 반드시 문란하게 되고, 반대로 오래 안락과 부귀를 누리면 반드시 교만하고 음란하게 된다〔不仁之人 失其本心 久約必濫 久樂必淫〕.'(朱子)고 풀었다.

'인자안인(仁者安仁)'에 대하여—고주(古注)는 '오직 본성이 어진 사람만이 인덕을 자연스럽게 체득한다. 고로 인에 안주한다〔惟性仁者 自然體之 故安仁〕.'(包咸)라 했고, 『집주』는 '참다운 인자만이 인의 경지에 안주하고 (언행에 있어) 인덕에서 벗어나는 법이 없다〔惟仁者則安其仁 而無適不然〕.'(朱子)라고 풀이했다.

'지자이인(知者利仁)'에 대하여─『고주(古注)』는 '인덕이 좋은 줄 알기 때문에 (이득을 얻으려고) 행한다〔知仁爲美 故利而行之〕.'(王肅)라고 했다. 한편 『집주』는 다음과 같이 풀었다. '슬기로운 사람은 (인이 이롭다는 것을 알고) 인을 이용한다. 그리고 변함없이 인도(仁道)를 지킨다. 무릇 (양자가 인을 행함에 있어) 깊고 얕음이 같지는 않지만, (다 인을 행했으니, 인덕을) 외형적 사물에 박탈되지 않게 된 것이다〔知者則利於仁 而不易所守 蓋雖深淺之不同 然皆非外物所能奪矣〕.'(朱子)

【參考】 (1) 인(仁)의 실천과 인간의 세 가지 유형─

제2장에서 공자는 인의 실천을 기준으로 하고 사람들을 크게 세 가지 유형으로 분류했다. 즉 '불인자(不仁者), 인자(仁者) 및 지자(知者)' 등이다.

① 불인자(不仁者) : 다시 둘로 나눌 수 있다. '인심(仁心)이 없고 따라서 인을 행하지 않는 사람'과 '극단적으로 잔인하고 악덕한 짓을 행하는 사람'의 두 가지가 있다. 이들은 다 인심(仁心)을 바탕으로 살아야 한다는 것을 모르고, 동물적 삶만이 전부라고 생각하고 따라서 동물적 삶만을 살고 있다. 이들은 숭고한 정신세계를 모르고 오직 물질적 이득(利得)이나 관능적 쾌락만을 추구한다. 특히 후자는 자기의 탐욕을 채우기 위해 남을 속이거나 살상(殺傷)하는 일을 예사로 저지른다. 그러므로 곤궁하게 되면 범죄를 저지른다. 한편 부귀를 누리면 교만하고 음란하게 된다.

② 인자(仁者) : 본성적인 인심을 바탕으로 인을 행하는 사람이다. 마음과 몸이 하나가 되어 인(仁)을 행한다. 그러므로 그는 인에 안주한다.

③ 지자(知者) : 여기서 말하는 지(知)는 정신적 윤리, 도덕적 지식이나 지혜

를 말한다. 과학적 지식이나 기능(技能)도 물론 넓은 의미의 지(知)에 포함된다. 그러나 여기서 말하는 지혜는 '과학 기술을 도덕적으로 활용하는 슬기와 지혜'의 뜻이다. 그런 사람이라야 이지적(理智的)으로 인(仁)을 행하는 것이 좋고 아름답다는 것을 안다. 따라서 인을 행한다.

유감스럽게도 오늘의 많은 사람들은 '불인자(不仁者)'에 속한다. 인심(仁心＝人心)을 바탕으로 살지 않고 반대로 동물적 사심(邪心＝私心)을 바탕으로 서로 쟁탈(爭奪)하고 있다. 그래서 인류사회가 총체적으로 타락하고 위기에 빠진 것이다.

(2) 인(仁)에 대한 진립부(陳立夫) 교수의 현대적 뜻풀이 -

진립부 교수는 『인리학개설(人理學槪說)』에서 대략 다음과 같이 인의 뜻풀이를 현대적으로 했다.

인은 동류의식(同類意識)을 바탕으로 한 공생(共生), 공존(共存), 공진화(共進化)하는 실천 윤리의 덕행이다. 인류가 태고 때부터 오늘까지 총체적으로 역사와 문화를 계승하고 또 발전을 계속해 온 핵심이 바로 인덕(仁德)이다. 앞으로도 인류는 인덕에 따라 평화와 발전을 지속할 것이며, 종국에는 인류대동(人類大同)의 이상을 구현(具現)할 것이다.

4-3

공자가 말했다. "인자만이 (참되게) 사랑을 사랑할 줄도 알고 (반대로) 미워할 줄도 안다."

[原文]

子ㅣ 曰 惟仁者아 能好＞人하며 能惡＞人이니라.
자　왈 유인자　능 호 인　　능 오 인

[가사체 번역문]

공자께서 말하셨다 오직어진 사람만이
다른사람 사랑하고 미워할줄 아느니라

[註解] ○唯(유)—다만, 오직. ○仁者(인자)—인덕(仁德)을 갖춘 사람. ○能好人(능호인)—능히 공평하게 남을 사랑하고 좋아할 수 있다. ○能惡人(능오인)—능히 사심없이 남을 미워할 수도 있다. 단, 인자는 사람 자체를 미워하지 않는다. 그 사람의 악덕(惡德)을 미워한다. 인자는 우매하고 악한 사람도 넓은 아량으로 품고 교화해서 바른 사람이 되게 한다.

[解說]

인자(仁者)는 선본성(善本性)인 인심(仁心)을 바탕으로 인도(仁道)를 행하고 인덕(仁德)을 세우는 인격자다. 그 반대가 불인자(不仁者)다. 동물적 탐욕이나 관능적 쾌락을 채우기 위해 남을 속이거나 살상(殺傷)하고 남의 재물을 탈취한다. 그는 사도(邪道)에 빠져 사리사욕(私利私慾)을 채운다. 그러므로 선과 악을 가리지 못한다. 오직 정도(正道)를 지키고 대의명분(大義名分)을 밝히는 인자만이 선악시비를 바르게 판단하고 아울러 선량한 사람과 사악한 자를 구분할 수 있다.

『고주(古注)』는 다음과 같이 풀었다. '오직 인덕있는 사람은 사물에 대한 사심이 없다. 그러므로 좋은 사람 나쁜 사람을 심판할 수 있다〔唯有仁德者 無私於物 故能審人之好惡也〕.'(正義)『집주(集註)』는 다음과 같이 풀었다. '무릇 사심이 없어야 비로소 호오(好惡)가 도리에 맞게 된다. 즉 정자가 말한바 공정하게 된다〔蓋無私心 然後好惡當於理 程子所謂得其公是也〕.'(朱子) '선을 좋아하고 악을 미워함은 천하 모든 사람이 다 같이 느끼는 심정이다. 그러나 사람들이 항상 정도(正道)를 잃는 이유는 마음에 매어있는 (사리사욕)을 스스로 극복하지 못하기 때문이다. 오직 인자만이 사심이 없으며 따라서 호오를 바르게 가릴 수 있다〔好善而惡惡 天下之同情也 然人每失其正者 心有所繫 而不能自克也 惟仁者無私心 所以能好惡也〕.'(游氏)

이 제3장은 '인자가 바르게 선악을 가릴 수 있음'을 말한 것이다. 단, 인자는 우매하고 악한 사람까지 가르치고 깨우쳐 착한 사람이 되도록 애를 쓴다.

【參考】 인자(仁者)와 삼달덕(三達德)—

인자(仁者)나 군자(君子)와 반대되는 사람을 불인자(不仁者), 혹은 소인(小人)이라 한다. 소인은 사리사욕에 마음이 흐려, 선악시비를 바르게 분별하지 못한다. 따라서 선인과 악인도 바르게 식별할 수 없다. 소인배들은 작당하여 무소불위(無所不爲)의 악덕(惡德)을 자행한다. 그리고 그것을 삶의 전부라고 착각한다. 한마디로 무식하기 때문이다. 그러므로 동물성을 탈피하고 사람다운 사람, 즉 인자나 군자가 되기 위해서는 바르게 배워야 한다.

『논어』에서 자하(子夏)가 말했다. "넓게 배우고 뜻을 독실하게 세우고 (일상의 생활이나 주변 사물을 통해서) 절실하게 묻고 친근하게 생각하면 그 속에 인이 있다〔博學而篤志 切問而近思 仁在其中矣〕."「子張篇 19-6」. 사람은 누구나 바르게 배우고 독실하게 실천하면 인자(仁者)가 될 수 있다. 그래서 공자가 『논어』 첫 장에서 '학이시습지(學而時習之) 불역열호(不亦說乎)'라고 학습(學習)을 강조한 것이다.

인(仁)의 실천이나 구현(具現)은 멀리 있는 것이 아니다. 모든 개개인이 자신의 본성 속에 있는 인성(仁性)을 계발하고 실천하면 인류세계에 '인의 꽃'이 만발하게 된다. 공자는 말했다. "인이 멀리 있느냐? 아니다. 내가 인을 원하면 바로 인이 온다〔仁遠乎哉 我欲仁 斯仁至矣〕."「述而篇 7-29」.

공자가 최고의 덕목으로 내세운 인(仁) 속에는 여러 가지 많은 덕목(德目)이 포함되어 있다. 특히 최고의 덕목인 '큰 인' 속에는 '지(知)·인(仁)·용(勇)'

의 삼달덕(三達德)이 포함되어 있다. 그러므로 인자(仁者)는 '지(知)·인(仁)· 용(勇)'을 다 갖춘 군자(君子)라야 한다. '착하고, 정에 약하고, 비행동적인 사람'은 참다운 인자가 될 수 없다. '총명하고, 적극적으로 남을 사랑하고, 정의를 과감하게 실천하는 사람'이라야 비로소 인자라 할 수 있다.

지(知)는 참다운 인식이다. 절대선(絶對善)의 천도(天道)를 기준으로 인생관 및 세계관을 확립하고 실천하는 지혜다. '작은 인(仁)'은 인간애와 인류애를 포함한 '사랑'이다. 그리고 '용(勇)'은 바른 도리와 정의를 행동으로 과감하게 실천한다는 뜻이다. 결국 인자는 '천도를 따라 실천적으로 만민 만물을 적극적으로 사랑하는 지식인, 휴머니스트(humanist)'이다.

하늘은 우주천지 자연만물을 창조하고 또 만물을 더욱 번식하고 발전케 하고 있다. 그러므로 하늘의 도리는 바로 '만물이 시간의 흐름에 따라 더욱 번성하고 발전하는 도리'이다. 동시에 천도는 광명정대(光明正大)하고, 공평무사(公平無私)하고, 영구불변(永久不變)하는 절대선(絶對善)의 진리이다. 그러므로 성현(聖賢)들이 천도를 높이고 따르라고 한 것이다.

오늘의 세계는 소인배들이 권력이나 무력 및 재물을 독점하고 국가를 지배하고 있다. 따라서 인류사회가 날로 타락하고 악화되어 마침내 지구촌을 약육강식(弱肉强食)의 처참한 사냥터로 전락케 한 것이다.

4-4

공자가 말했다. "진실로 뜻을 인에 두면 악덕이 없다."

[原文]

子ㅣ 曰 苟志ㅑ於仁ㅣ矣면 無>惡也니라.
자 왈 구 지 어 인 의 무 악 야

【가사체 번역문】

공자께서 말하셨다

진정으로 자기마음 仁에두고 있으면은
        인
절대절대 惡한짓을 하는일은 없으리라
        악

【註解】 ○苟(구)—진실로. 만약으로 풀기도 한다. ○志於仁矣(지어인의)—뜻을 인에 두면. 의(矣)는 조사. 인(仁)을 행하겠다고 뜻을 세우면. ○無惡也(무악야)—나쁜 짓을 안 할 것이다. '무오(無惡)'로 읽고 남을 미워하지 않는다. 혹은 남에게 미움을 받지 않음으로 풀기도 하나, 취하지 않는다.

【解說】

『고주(古注)』는 '구(苟)는 참으로의 뜻이다. 이 글은 진실로 뜻을 인에 둘 수 있다면 다른 행동도 악함이 없을 것임을 말한 것이다〔苟誠也 此章言 誠能志在於仁 則其餘行終無惡也〕.'(『正義』)로 풀었다. 한편 『집주(集註)』는 다음같이 풀었다. '구(苟)는 참으로의 뜻이다. 지(志)는 마음이 가는 곳이다. 그 마음이 진실로 인에 가 있으면 그는 반드시 악한 일을 안 할 것이다〔苟誠也 志者心之所之也 其心誠在於仁 則必無爲惡之事矣〕.'(朱子) '참으로 뜻을 인에 두어도, 잘못된 거동이 없지 않을 것이다. 그러나 악을 행하는 일은 없을 것이다〔苟志於仁 未必無過擧也 然爲惡則無矣〕.'(楊氏)

악덕은 인도(仁道)를 모르거나 외면하고, 반대로 사리사욕이나 관능적 쾌락만을 추궁함으로써 야기되는 것이다. 바르게 배우고 인심(仁心)을 계발하고 인덕(仁德)을 세우려는 뜻, 고귀한 목적의식을 가진다면 악한 짓을 안 하게 될 것이다. 특히 정치인들이 대동(大同) 사상인 인(仁)을 알고 인덕(仁德)을 세우려고 노력해야 한다. 소도(小道)를 따르지 말고 대도(大道)를 따라야 한다.

4-5

공자가 말했다. "부귀는 누구나 탐내는 바지만, 정도(正道)로써 얻은 것이 아니면 누리지 마라. 빈천은 누구나 싫어하는 바지만, 정도로써 주어진 것이 아니라도 구태여 마다하지 마라. 군자가 인도(仁道)를 떠나면 어찌 군자라 일컫겠느냐? 군자는 식사하는 시간일지라도 인도를 어기지 말고, 다급한 순간에도 반드시 인도에 의지하고, 넘어져 뒤집히는 경우에도 반드시 인도에 있어야 한다."

[原文]

子ㅣ 曰 富與>貴ㅣ 是人之所>欲也나 不>以Ⅱ其
자 왈 부 여 귀 시 인 지 소 욕 야 불 이 기

道Ⅰ로 得>之라도 不>處也하며 貧與>賤이 是人之
도 득 지 불 처 야 빈 여 천 시 인 지

所>惡也나 不>以Ⅱ其道Ⅰ로 得>之라도 不>去也니
소 오 야 불 이 기 도 득 지 불 거 야

라 君子ㅣ 去>仁이면 惡乎成>名이리오 君子ㅣ 無Ⅱ
군 자 거 인 오 호 성 명 군 자 무

終>食之間을 違Ⅰ>仁이니 造次에 必於>是하며 顚
종 식 지 간 위 인 조 차 필 어 시 전

沛에 必於>是니라.
패 필 어 시

[가사체 번역문]

공자께서 말하셨다

많은재물 높은지위 누구든지 탐을낸다

그런부귀 정도로써 얻은것이 아니라면 누리지를 말지어다

가난하고 천한것은 누구든지 싫어한다

하지만은 그런빈천 정당한게 아니라면

굳이애써 그빈천을 회피하지 말지어다

군자로서 仁떠나면 군자라고 할수없지
　　　　인

군자라면 식사때도 仁을仁을 어기잖고
　　　　　　　인　인

다급해진 순간에도 仁에의지 해야하네
　　　　　　　인

넘어지고 뒤집히는 그경우도 꼭반드시 仁을仁을 간직하라
　　　　　　　　　　　　　　　　　인　인

[註解] ㅇ富與貴(부여귀)－부(富)는 돈이나 재물이 많음, 귀(貴)는 지위가 높고 세도를 부림. 합해서 부귀라고 함. ㅇ是人之所欲也(시인지소욕야)－부귀는 모든 사람이 원하는 것이다. 소욕(所欲)은 구하는 바, 탐내는 것. ㅇ不以其道得之(불이기도득지)－정당(正當)한 도리로 얻은 것이 아니면, '불(不)'은 '이기도득지(以其道得之)' 전체에 걸린다. '이기도(以其道)'는 그에 합당한 도리로써, '득지(得之)'는 그것을 얻음. ㅇ不處也(불처야)－처하고 누리지 않는다. ㅇ貧與賤(빈여천)－가난하고 또 신분이 천하다. ㅇ是人之所惡也(시인지소오야)－빈천은 모든 사람이 싫어하는 바다. ㅇ不以其道得之(불이기도득지)－빈천하게 될 합당한 도리로써 빈천하게 된 것이 아니라면, 즉 자신은 선량하게 인도(仁道)를 따르고 행했으나, 사회가 타락하고 부도덕해서 악인들이 판을 치기 때문에 도리어 인자나 군자가 빈천하게 되었다는 뜻. ㅇ不去也(불거야)－(설사 빈천하다고 해도) 구태여 그 빈천을 모면

하려고 하지 않는다. 세상이 무도해서 내가 빈천한 것이다. 그러니 군자는 안빈낙도(安貧樂道)한다. ㅇ君子去仁(군자거인)―군자가 인도(仁道)에서 이 탈하고 인덕(仁德)을 안 지킨다면. ㅇ惡乎成名(오호성명)―어찌 군자라는 이 름을 지닐 수 있겠느냐? 『고주(古注)』는 '인을 떠나면, 즉 군자라는 이름을 얻을 수 없다〔去仁 則不得成名爲君子也〕.'(正義)라고 했다. 성명(成名)을 사회적 명성을 얻음으로 풀기도 하나, 취하지 않는다. ㅇ無終食之間違仁 (무종식지간위인)―식사를 마치는 사이에도 인을 어기지 마라. ㅇ造次必於 是(조차필어시)―조차(造次)는 다급한 때, 필어시(必於是)는 반드시 인을 지키 다, 인도에 의지한다. ㅇ顚沛必於是(전패필어시)―넘어지고 뒤집히는 순간 에도 반드시 인을 지키다. 전패(顚沛)는 넘어지고 뒤집힌다.

[解說]

절대선(絶對善)의 도가 행해지는 세상에서는 당연히 인자(仁者)가 부귀를 누리고 불인자(不仁者)가 빈천하게 마련이다. 그러나 악덕한 사회에서는 악인들이 무도하게 권력·지위·재물을 독점한다. 따라 서 선량한 사람들이나 특히 인도를 굳게 지키는 인자나 군자들은 빈 천에 몰리게 마련이다. 그렇다고 인자나 군자들마저 인도(仁道)를 버 리고 무조건 부귀만을 추구하면 세상은 더욱 악화(惡化)될 것이다.

군자는 '수사선도(守死善道)' 해야 한다. 생명을 걸고 절대선의 인 도(仁道)를 지키고 또 항상 어디에서나 인덕(仁德)을 세우도록 애써 야 한다.

비록 곤궁한 처지에 떨어져도 악덕에 굴복하거나 타협하지 말고 안빈낙도(安貧樂道)하며, 인도(仁道)를 지키고 인덕(仁德)을 높이는 의 연한 자세를 견지해야 한다.

공자가 말했다. "나는 지금까지 참으로 인을 좋아한 사람이나 진실로 불인을 미워한 사람을 보지 못했다. 인을 좋아한 사람은 더할 게 없고, 불인을 미워한 사람도 그 나름대로 인을 행하며, 불인한 일이 자기 몸에 덮치지 못하게 할 것이다."

"단 하루만이라도 힘을 쏟아 인을 행하려고 했는데, 힘이 모자라서 인을 이루지 못한 그런 사람을 나는 아직 보지 못했다. 그런 사람이 있을 법도 하나, 나는 아직 보지 못했다."

[原文]

子ㅣ 曰 我未>見下好>仁者와 惡Ⅱ不仁ㅣ者上케라
자 왈 아미 견 호 인자 오 불인 자

好>仁者는 無Ⅱ以尚ㅣ之오 惡Ⅱ不仁ㅣ者는 其爲>
호 인자 무 이상 지 오 불인 자 기위

仁矣ㅣ 不>使Ⅲ不仁者로 加Ⅱ乎其身ㅣ이니라. 有Ⅲ
인의 불사 불인자 가 호기신 유

能一日에 用Ⅱ其力於仁ㅣ矣乎아 我未>見Ⅱ力不>
능일일 용 기력어인 의호 아미 견 역부

足者케라 蓋有>之矣어늘 我Ⅱ未之見ㅣ也로라.
족자 개유 지의 아 미지견 야

[가사체 번역문]

공자께서 말하셨다

나는나는 지금까지 진정으로 仁을仁을 좋아하는 사람이나

정말정말 不仁함을 미워하는 그런사람 듣도보도 못하였네

仁을정말 좋아한者 그사람도 좋지마는

不仁함을 미워한者 그사람도 나름대로 仁을정말 실행하며

不仁한일 자기몸에 덮치지를 못하도록 하는사람 아니겠나

하루라도 仁을仁을 행하려고 힘썼는데

그런힘이 모자라서 仁을仁을 못이룬者

나는정말 그런사람 아직까지 못보았네

그런사람 있겠지만 그렇지만 나는아직 그런사람 못보았네

[註解] ○ 我未見(아미견)―나는 아직 보지 못했다. 그런 사람이 없었다는 뜻. ○ 好仁者(호인자)―진실로 인을 좋아하고 인을 행하는 사람. ○ 惡不仁者(오불인자)―참으로 인에 어긋나는 것을 미워하는 사람. ○ 無以尙之(무이상지)―(인을 좋아하고 인을 행하니까) 그 이상 더 좋을 것이 없다. 최고로 좋다는 뜻. ○ 其爲仁矣(기위인의)―(불인을 미워하는 자도) 그 나름대로는 인을 행한다. ○ 不使不仁者(불사불인자)―불인한 사람이나 일을 …하지 못하게 한다. ○ 加乎其身(가호기신)―자기 몸에 가하다. '불사불인자가호기신(不使不仁者加乎其身)'은 불인한 자로 하여금 자신에게 불인을 가하지 못하게 한다. 『집주(集註)』는 '불인자(不仁者)'를 '불인한 일'의 뜻으로 풀었다. '불인을 미워하는 사람은 참으로 불인이 나쁘다는 것을 안다. 고로 자신이 인을 행하는 바탕에 있어, 반드시 불인한 일들을 잘라내고 자기 몸에 미치지 못하게 한다〔惡不仁者 眞知不仁之可惡 故其所以爲仁者 必能絶去 不仁之事 而不使少有及於其身〕.'「朱子」 ○ 有能一日 用其力 於仁矣乎(유 능일일 용기력 어인의호)―능히 단 하루라도 자기의 힘을, 인을 행하는 데 쓸

수 있다면. ○我未見(아미견)—나는 아직 못 보았다. ○力不足者(역부족자)—힘이 모자라서 (인을 이루지 못한 사람). ○蓋有之矣(개유지의)—아마 그런 사람도 혹 있겠지. ○我未之見也(아미지견야)—(그러나) 나는 아직 그런 사람을 보지 못했다. 즉 '인을 행하려고 힘을 썼는데, 힘이 모자라서 인을 이루지 못했다는 그런 사람은 없을 것.' 이라는 뜻.

[解說]

제6장에는 세 가지 유형의 사람이 나온다.

① '호인자(好仁者)' : 인을 좋아하고 인을 행하는 사람이다. 더 바랄 게 없다. ② '오불인자(惡不仁者)' : 불인을 미워하는 사람. 진실로 인에 어긋나는 사람이나 인에 어긋나는 일을 미워한다. 따라서 나쁜 영향이 자신에게 미치지 않게 함으로써 인을 지킨다. 이들은 정도의 차이는 있으나 결과적으로는 다 인덕(仁德)을 세운다. 그러나 이런 부류의 사람들이 많지 않고 또 보기 어렵다. 그래서 공자는 '아미견 호인자 오불인자(我未見 好仁者 惡不仁者)' 라고 한 것이다. ③ '일일용기력어인(一日用其力於仁)' : 하루만이라도 자기의 힘을 인에 쓰는 사람. 사람은 누구나 태어날 때부터 착한 인성(仁性)을 지니고 있게 마련이다. 다만 사리사욕을 채우려는 동물적 욕구 때문에 착한 본성이 흐려지는 것이다. 그러나 사람은 누구나 단 하루 정도는 힘을 쏟으면 인을 행할 수 있다. 그리고 그 정도의 힘은 누구나 다 가지고 있다. 그 힘조차 없다고 할 사람은 없을 것이다. 그러므로 누구나 다 하루만이라도 힘을 쏟으면 그만한 인덕을 세울 수 있음을 시사(示唆)한 말이다. 결국 힘이 모자라서가 아니고 뜻이 없기 때문이다.

공자가 말했다. "사람의 과실에는 저마다의 유형이 있다. 그러므로 과실만 보고도 그 사람의 인덕을 알 수 있다."

[原文]

子ㅣ 曰人之過也ㅣ 各於Ⅱ其黨ㅣ이니 觀>過에 斯
자 왈인지과야 각 어 기 당 관 과 사

知>仁矣니라.
지 인 의

[가사체 번역문]

공자께서 말하셨다

사람들의 과실에는 저마다의 유형있어

過失하나 그것으로 그사람의 仁의程度 분명하게 알수있지
과 실 인 정 도

[註解] ㅇ人之過也(인지과야)—사람이 잘못을 한다, 혹은 사람의 과실은. ㅇ各於其黨(각어기당)—저마다 그 유형이 다르다, 당(黨)을 유(類)·유형(類型)·부류(部類)·향당(鄕黨)의 뜻으로 풀기도 한다. ㅇ觀過(관과)—그 사람의 과실을 보면. ㅇ斯知仁(사지인)—그 사람의 인덕(仁德)이 어느 정도인가를 안다. 인(仁)을 인(人)으로 보고, 그 사람의 인품을 알 수 있다고 풀기도 한다.

[解說]

사람은 누구나 실수를 하고 과실을 저지른다. 그리고 사람의 인품이나 인덕의 정도에 따라 그 실수나 과실의 유형도 다르게 마련이다. 『집주(集註)』는 다음과 같이 풀이했다. '정자가 말했다. 사람의 과실도 저마다의 유형을 따른다. 군자는 항상 후덕함에서 실수를 하고, 소인은 항상 야박함에서 실수를 한다. 군자는 사랑에 지나치고, 소인은 잔인함에 지나친다. 윤씨가 말했다. 과실을 살피면, 즉 그 사람이 인덕 있는 사람인지, 불인한 사람인지를 알 수 있다〔程子曰 人之過也 各於其類 君子常失於厚 小人常失於薄 君子過於愛 小人過於忍 尹氏曰 於此觀之 則人之仁不仁 可知矣〕.' (朱子)

당(黨)을 향당의 뜻으로 보고, 사람의 과실은 그 사람이 속하고 있는 향당이나 환경에 따라 다르게 된다로 풀기도 한다.

4-8

공자가 말했다. "아침에 도를 듣고 깨달으면 저녁에 죽어도 좋다."

[原文]

子ㅣ 曰 朝聞>道면 夕死라도 可矣니라.
자 왈 조 문 도 석 사 가 의

[가사체 번역문]

공자께서 말하셨다 단하루를 살더라도

道를들어 터득하고 그道따라 산다면은
도 　　　　　　　　 도

저녁되어 죽더라도 더바랄게 없으리라

[註解] ○ 朝聞道(조문도)―아침에 도를 듣고 깨닫는다. 문(聞)은 말을 듣거나 배워서 깨닫고 안다는 뜻. 주자는 도(道)를 '사물당연지리(事物當然之理)'라고 했다. ○ 夕死可矣(석사가의)―저녁에 죽어도 좋다. 도의 터득이 인생의 중대사라는 뜻.

[解說]

공자의 말치고는 과격하다. 그만큼 신념에 찬 말이기도 하며, 듣는 사람으로 하여금 도의 중요함을 알게 한다. 그러나 공자는 도에 대한 명확한 정의를 내린 적이 없다. 그래서 자공(子貢)이 "인간의 본성이나 하늘의 도리에 대한 선생님의 깊은 말씀은 좀처럼 들을 수가 없다[夫子之言性與天道 不可得而聞而已矣]."「公冶長篇 5-13」고 말했다. 『논어』에는 도를 말한 구절이 퍽 많고 저마다 그 뜻이나 내용이 다르다.

그러나 여기서 공자가 듣고자 한 도는 주로 주공단(周公旦)이 제정한 예치(禮治)의 도일 것이다. 노나라에는 주공이 제정한 문물제도가 비교적 많이 보존되어 있다. 그러나 수백 년의 세월이 흘러서 자세하게 알 수가 없었을 것이다. 그래서 공자는 노자(老子)를 찾아가 묻기도 했던 것이다. 예치(禮治)의 도는 곧 인정(仁政)과 덕치(德治)의 도이며, 그것은 절대선인 천도를 따른 것이다. 선왕(先王)들이 천도를 따라 덕치를 한 것처럼 공자는 주공의 예치의 도를 활용하여 이상적인 인정(仁政)을 실현하려고 했던 것이다.

공자가 말했다. "선비가 도에 뜻을 두고서도, 나쁜 옷이나 나쁜 음식을 부끄럽게 여긴다면 함께 도를 논할 수 없다."

[原文]

子ㅣ 曰 士ㅣ 志Ⅱ於道ㅣ 而恥Ⅱ惡衣惡食ㅣ者는
자 왈 사 지 어 도 이 치 악 의 악 식 자

未>足Ⅱ與議ㅣ也니라.
미 족 여 의 야

[가사체 번역문]

공자께서 말하셨다

선비라고 하는자가 道에뜻을 두고서도
　　　　　　　　도

나쁜옷과 나쁜음식 부끄럽게 여긴다면

그와함께 우리道를 論할수가 있겠는가
　　　　　도　論

[註解] ㅇ士(사)―선비. 문자학적으로는 일[事]을 처리하는 사람. 옛날에는 신분을 '제후(諸侯＝군주)·경(卿)·대부(大夫)·사(士)·서인(庶人)'으로 나누었다. ㅇ志於道(지어도)―도에 뜻을 둔다. 즉 인도(仁道)를 따라 인정(仁政)을 펴겠다는 뜻을 둔다. ㅇ而恥惡衣惡食者(이치악의악식자)―그러면서 나쁜 옷을 입고 나쁜 음식 먹는 것을 창피하게 여기는 사람. ㅇ未足(미족)―아직 부족하다. 자격 미달이다. ㅇ與議(여의)―함께 의논한다. 함께

인정(仁政)이나 덕치(德治)를 논할 수 없다는 뜻.

[解說]

선비나 군자는 학문과 덕행을 바탕으로 왕도덕치(王道德治)에 참여하는 인자(仁者), 즉 휴머니스트다. 그러므로 그들은 외형적인 물질생활보다 내면적인 도덕생활을 중시해야 한다. 특히 정치에 참여하는 선비가 재물을 탐내거나 사치를 하면 도덕적으로 타락하게 마련이다. 또 야(野)에 처하여 가난하게 사는 선비도 안빈낙도(安貧樂道)해야 한다. 그런 선비라야 함께 인도(仁道)를 논할 수 있다. 『논어』에서 공자는 말했다. "군자는 도를 구할 뿐, 밥을 구하지 않는다〔君子謀道 不謀食〕." "군자는 도를 걱정하되 가난을 걱정하지 않는다〔君子憂道 不憂貧〕." 「衛靈公篇 15-32」

4-10

공자가 말했다. "군자는 천하만사에 있어, 어느 한 가지만을 옳다고 고집하지도 않고, 또 안 된다고 부정하지도 않는다. 만사에 대의를 따른다."

[原文]

子ㅣ 曰 君子之於ㅐ天下ㅣ也에 無>適也하며 無>
자 왈 군자지어 천하 야 무 적 야 무

莫也하야 義之與比니라.
막 야 의 지 여 비

[가사체 번역문]

공자께서 말하셨다

군자라고 하는자는 천하만사 일처리에

어느하나 옳다고만 고집하지 않는다네

역시또한 안된다고 배척하지 않는다네

모든일을 義理따라 올바르게 처리하지
　　　　　 의 리

[註解] ○君子之於天下也(군자지어천하야)－군자는 천하의 모든 사람을 대하거나, 혹은 모든 사물을 처리함에 있어. ○無適(무적)－(어느 하나만을) 옳다고 주장하는 일이 없다. ○無莫(무막)－(어느 하나만을) 안 된다고 배척하는 일도 없다. ○適(적)・莫(막)－해석이 여러 가지 있으며, 서로 상충되기도 하다. 『집주』는 '적(適)을 오로지 주장함〔專主〕, 막(莫)을 승낙하지 않음〔不肯〕.'(朱子), '적(適)을 가(可), 막(莫)을 불가(不可)'(謝氏)라고 풀었다. 『고주』는 '무적(無適)・무막(無莫)을 탐하거나 그리워함이 없다〔無所貪慕也〕.'(何晏), '적(適)은 적(敵)으로 반대한다, 막(莫)은 모(慕)로 좋아하다.'(鄭玄), '적(適)은 후(厚), 막(莫)은 박(薄)'(正義)으로 풀기도 했다. ○義之與比(의지여비)－옳고 바른 의리를 따른다. 비(比)를 『집주(集註)』는 '종(從), 즉 따르다.'로 풀었다. 『고주(古注)』는 '친(親)'으로 풀었다.

[解說]

군자는 모든 사람이나 사물을 공평무사하게 보고 또 처리한다. 사사로운 감정이나 이해관계에 매이면 자연히 시야가 편협하게 되고 또 편파적 고집이나 주장을 하게 마련이다. 군자는 항상 대도(大道)와 대의명분(大義名分)을 밝힌다. 그러므로 도를 기준으로 옳고 그름을 결정하며, 따라서 사람이나 이해에 따라 편협한 주장이나 고집을 세우지 않는다.

4-11

공자가 말했다. "군자는 덕을 생각하고, 소인은 땅을 생각한다. 군자는 법을 생각하고, 소인은 혜택만을 생각한다."

[原文]

子ㅣ 曰 君子는 懷>德하고 小人은 懷>土하며 君
자   왈 군자   회 덕   소인   회 토   군

子는 懷>刑하고 小人은 懷>惠니라.
자   회 형   소인   회 혜

[가사체 번역문]

공자께서 말하셨다
군자들은 백성에게 德베풀걸 염원하고
            덕
소인들은 농토많고 잘살것을 생각한다
군자들은 어진政治 바른法令 생각하고
          정치   법령
소인들은 편안하고 은혜받길 바란다네

[註解] ㅇ君子(군자)―학덕(學德)을 겸비하고 덕치(德治)에 참여하는 선비. ㅇ懷德(회덕)―덕치를 생각하다. 덕의 정치를 펴서 백성들에게 덕을 베풀어줄 일만을 생각한다. 회(懷)를 안(安)으로 풀기도 한다. 즉 덕치에 안주(安

住)하고 만족한다. ㅇ小人(소인)—자기 혼자만의 물질적 이득을 구하는 사람. ㅇ懷土(회토)—토지만을 생각한다. 좋은 땅에서 안주하고 싶어 한다, 혹은 농사지을 토지를 많이 갖고자 한다. ㅇ懷刑(회형)—형(刑)을 법(法)으로 본다. 즉 어떻게 하면 법을 잘 시행할까 생각한다. 혹은 백성들이 형벌에 걸리지 않기를 바란다. ㅇ懷惠(회혜)—남으로부터 은혜를 받을까 생각한다.

[解說]

『고주(古注)』는 '임금이 덕으로써 교도(敎導)하면 백성들이 저마다 사는 고장에 안주하고, 임금이 형법으로 제어하고 바르게 잡아주면 백성들은 은혜 내려주기를 기다린다.'로 풀이했다.

『집주(集註)』에서 주자(朱子)는 '회덕(懷德)을 굳게 선(善)을 지킨다. 회토(懷土)를 사는 고장이 편안한 데 만족한다. 회형(懷刑)은 법을 두려워한다. 회혜(懷惠)를 이득을 탐한다'로 풀이하고 또 '군자와 소인의 취향이 같지 않음은 공과 사의 간격이다〔君子小人趣向不同 公私之間而已〕.'라고 덧붙였다.

4-12

공자가 말했다. "이익만을 바라고 행동하면 원망이 많다."

[原文]

子ㅣ 曰 放ㅤ於利ㅣ而行이면 多>怨이니라.
자　 왈　방　어리　이행　　　다　원

[가사체 번역문]

　　공자께서 말하셨다
　　사리사욕 채우려고 제멋대로 행동하면 많은원망 듣게된다

【註解】 ○ 放(방)-의(依 : 의지하다)로 풀이한다. ○ 放於利而行(방어리이
행)-자기만의 이득을 얻고자 행동한다. ○ 放於利(방어리)- '이득을 얻고자
방자하게 군다.' 로 풀어도 된다. ○ 多怨(다원)-많은 사람의 원망을 산다.

【解說】

　　이 말은 주로 위정자에게 한 말이다. 즉 이(利)보다 덕(德)을 높여
야 한다는 뜻이다. 실지로 당시 노나라의 실권자 계강자(季康子)가
개인의 이익만을 위하여 나라를 문란케 하고 있었다. 그러나 이 말
은 모든 사람들에 대한 교훈이기도 하다.

　　자신의 이익만을 취하면 남들과 상충하고 서로 싸우게 마련이다.
사리사욕(私利私慾)에 눈이 멀어서 잔인하게 남을 밀어내고 나만의
이득을 취하면 많은 사람의 원한을 산다. 공자는 말했다. "눈앞의
이득을 보면, 의를 생각하라〔見利思義〕." 「憲問篇 14-13」. 인자(仁
者)나 군자(君子)는 나만의 물질적인 이득보다 모든 사람을 잘 살게
하는 인덕(仁德)을 앞세운다.

　　『집주(集註)』에서 주자는 말했다. "공안국(孔安國)은 방(放)을 의
(依)로 풀었다. 다원(多怨)은 많은 사람의 원한을 취한다는 뜻이다
〔孔氏曰 放依也 多怨謂多取怨〕."

　　정자(程子)는 다음과 같이 풀었다. '자기만의 이득을 바라면 반드
시 남을 해치게 되며, 따라서 많은 사람의 원한을 산다〔欲利於己 必

害人 故多怨〕.'

4-13

공자가 말했다. "예의 본질인 사양심을 가지고 나라를 다스릴 수 있다면 아무런 문제가 없다. (그러나) 예의 본질인 사양심을 가지고 나라를 다스리지 못한다면 형식적인 예만 가지고 어찌하겠느냐?"

[原文]

子ㅣ 曰 能以Ⅱ禮讓Ⅰ이면 爲>國乎에 何有며 不>
자 왈 능이 예양 위 국 호 하유 불
能下以Ⅱ禮讓Ⅰ으로 爲上>國이면 如>禮何리오?
능 이 예양 위 국 여 예 하

[가사체 번역문]

공자께서 말하셨다
겸양하는 마음으로 한나라를 다스리면 아무문제 없겠지만
형식적인 禮만으론 어찌나라 다스리랴
　　　　　　예

[註解] ○禮讓(예양)－예의와 양보라는 뜻도 있다. 그러나 여기서는 예의 본질인 사양심(辭讓心)으로 풀었다. '사양은 예의 실질이다〔讓者 禮之實也〕.'「朱子」'사양하는 마음이 예의 바탕이다〔辭讓之心 禮之端也〕.'「孟

子」 ○爲國(위국)—나라를 다스린다. ○能以禮讓爲國乎(능이예양위국호)—
(임금이) 능히 예양(禮讓)으로써 나라를 다스릴 수 있다면. ○何有(하유)—
아무런 문제나 어려움이 없다. 아주 쉽게 다스릴 수 있다는 뜻. ○不能以
禮讓爲國(불능이예양위국)—(임금이) 예양하지 못하고 나라를 다스린다면.
○如禮何(여예하)—예는 무엇에 쓰랴? 형식적인 예가 있어도 아무런 소용
이 없다는 뜻.

[解說]

앞에서 공자는 말했다. "위정자가 어질지 않으면 형식적인 예악은
쓸모가 없다〔人而不仁 如禮何 人而不仁 如樂何〕."「八佾篇 3-3」. 여
기서는 특히 예양(禮讓)을 강조했다. 예(禮)의 핵심은 사양하는 마음이
다. 사양하는 마음은 인심(仁心)에 직통한다. '자기의 욕심을 억제하
고 하늘의 도리에 돌아감이 인이다〔克己復禮 爲仁〕.'「顏淵篇 12-1」.

4-14

공자가 말했다. "자리 없음을 걱정하지 말고, 나설 수 있는
바탕 만들기를 걱정하라. 나를 몰라준다고 걱정하지 말고, 알
려질 만한 일하기를 구해라."

[原文]

子ㅣ 曰 不>患>無>位오 患>所Ⅱ以立Ⅰ하며 不>患
자 왈 불 환 무 위 환 소 이 립 불 환

>莫ⁿ己知ⁱ오 求爲>可>知也니라.
　막　기　지　　구　위　가　지　야

[가사체 번역문]

　　공자께서 말하셨다
　　자리없다 걱정말고 학덕없다 걱정하라
　　사람들이 나란존재 몰라준다 걱정말고 많은실력 쌓아두라

[註解] ○不患無位(불환무위)─벼슬자리 없음을 걱정하다. 위(位)는 지위 · 관직 · 작위(爵位). ○患所以立(환소이립)─어떻게 하면 자리에 오를 수 있을까를 걱정한다. 소이(所以)는 …하는 바탕, …하는 수단이나 방법. 옛날에는 입(立)을 위(位)의 뜻으로도 썼다. ○不患莫己知(불환막기지)─(남들이) 나를 알아주지 않음을 걱정하지 않는다. '막기지(莫己知)'＝'막지기(莫知己)'. 지(知)의 목적어. 기(己)가 부정사(不定詞) 막(莫) 다음에 왔다. '부정사＋목적어＋동사'. ○求爲可知(구위가지)─알려지기를 구한다, 알려지게 하기를 구한다.

[解說]

　　공자는 『논어』 첫머리에서 "남이 나를 알아주지 않아도 노여워하지 않으니 군자가 아니겠느냐〔人不知而不慍 不亦君子乎〕. 「學而篇 1-1」라고 말했다. 도(道)가 행해지는 좋은 세상에서는 학문과 덕행을 겸비한 군자가 인정을 받고 또 벼슬자리에 오를 것이다. 그러나 그것은 이상(理想)이다. 대개의 경우는 도가 행해지지 않고 따라서 군자보다 소인배(小人輩)들이 득세하고 부귀를 누린다. 그런데도 노여워하지 않기는 참으로 어렵다. 더욱이 안빈낙도(安貧樂道)하면서 끝없는 자기 노력으로 세상에 알려지기를 기대하는 것은 초인간적이라 하겠다.

4-15

공자가 말했다. "삼(參)아! 나의 도는 하나로 꿰뚫고 있다." 증자가 "네" 하고 대답했다.

공자가 나간 다음, 다른 제자가 증자에게 "무슨 뜻입니까?" 하고 물었다. 이에 증자가 말했다. "선생님의 도는 충과 서일 따름이다."

[原文]

子ㅣ 曰 參乎아 吾道는 一以貫>之니라 曾子ㅣ 曰
자 왈 삼 호 오 도 일 이 관 지 증 자 왈

唯라. 子ㅣ 出커시늘 門人이 問曰 何謂也잇고? 曾子
유 자 출 문 인 문 왈 하 위 야 증 자

ㅣ 曰 夫子之道는 忠恕而已矣니라.
왈 부 자 지 도 충 서 이 이 의

[가사체 번역문]

공자께서 말하셨다 參아네게 말해주마
                  삼
나의道는 한가지로 관통하고 있느니라
   도
증자께서 말하였다 그렇다고 여깁니다
공자께서 나가시자 문인들이 물어봤다

선생님이 말씀하신 그하나가 무엇이죠

증자께서 대답했다

선생님이 말한道는 자기최선 다하면서
　　　　　도

미뤄남을 생각하는 忠恕라는 것이라네
　　　　　　　　충서

[註解] ○參(삼)─증자의 이름. 자는 자여(子輿). ○吾道一以貫之(오도일이
관지)─내가 지키고 행하는 도는 일(一)로써 관통한다. ○道(도)─천도(天道)
혹은 인도(仁道). 여기서는 주로 인도(仁道)의 뜻일 것이다. ○一(일)─'큰 하
나'는 천(天), '작은 하나'는 인(仁). ○唯(유)─네! 즉시 잘 알았다는 뜻이 포
함된 응답. '유(唯)는 즉시 응답하고 의문이 없다는 뜻이다〔唯者 應之速 而
無疑者也〕.'『집주(集註)』 ○子出(자출)─공자가 방에서 나가다. ○門人問(문
인문)─다른 문인이 증자에게 물었다. ○何謂也(하위야)─선생님이 하신 말
씀은 무슨 뜻입니까? ○夫子之道(부자지도)─선생님께서 지키시고 행하시
는 도(道), 여기서는 주로 인도(仁道)의 뜻이다. ○忠恕(충서)─충성(忠誠)과
관서(寬恕), 충(忠)은 적극적인 인(仁), '자신의 최선을 다함을 충이라 한다
〔盡己之謂忠〕'『집주(集註)』 서(恕)는 소극적인 인(仁). '자기의 마음이나 처
지를 미루어 (남을) 헤아리는 것을 서라 한다〔推己之謂恕〕.'『집주(集註)』

[解說]

　　공자가 "내가 지키고 행하는 도는 하나로 꿰뚫는다〔吾道一以貫
之〕."고 말했다. 도(道)에는 크고 작은 도가 있다. '큰 도'는 절대선
의 천도(天道)이고, '작은 도'는 인도(人道) = 인도(仁道)이다. 공자가
'하나로 꿰뚫는다고 말한 뜻'은 '천도와 인도'를 '하나로 꿰뚫는다
는 뜻'일 것이다. 그러나 증자는 다른 제자에게 '작은 도', 즉 인도

(仁道)의 뜻으로 좁히고, 또 인을 다시 '충(忠)과 서(恕)'로 나누어 설명해 주었다.

인(仁)에는 '적극적인 인'과 '소극적인 인'이 있다. 남을 적극적으로 사랑하는 것을 충(忠)이라 한다. '내가 나서고 싶을 때 먼저 남을 내세우고, 내가 얻고자 할 때 먼저 남으로 하여금 얻게 하는 것〔己欲立而立人 己欲達而達人〕.「雍也篇 6-30」이 곧 충이다. 한편 나의 처지나 마음을 미루어 촌탁(忖度)하고 남의 잘못을 용서하거나, 혹은 남의 불행을 위로해주는 소극적인 사랑을 서(恕)라고 한다. '내가 싫어하는 바를 남에게 강요하지 마라〔己所不欲 勿施於人〕.'「顏淵篇 12-2」가 곧 서다.

『고주(古注)』는 다음같이 풀었다. '내가 행하는 바 도는 오직 하나의 도리이다. 그것으로써 천하만사의 도리를 통괄한다〔我所行之道 唯用一理 以統天下萬事之理也〕.' (正義) 이 풀이는 '큰 도'를 말한 것이다. 『집주(集註)』도 공자가 말한 도를 '큰 도'의 뜻으로 풀었다. '지성으로 만물을 생육하고 쉬지 않는 것이 도의 본체다. 그러므로 저마다 다른 만물이 다 하나의 도를 근본으로 삼고 있는 것이다. 만물이 저마다 제자리를 얻고 생성하는 것이 도의 운용이다. 하나의 근본이 되는 도에서 만물이 나오고 운용되고 있는 것이다. 그러므로 '일이관지'의 실제를 볼 수 있다〔蓋至誠無息者 道之體 萬殊之所以一本也 萬物各得其所者 道之用也 一本之所以萬殊也 以此觀之 一以貫之之實 可見矣〕.' (朱子) 정자(程子)는 '충은 천도이고, 서는 인도〔忠天道 恕人道〕.'라고 절충해서 풀었다.

4-16

공자가 말했다. "군자는 의를 밝히고, 소인은 이를 밝힌다."

[原文]

子ㅣ 日君子는 喩Ⅱ於義ㅣ하고 小人은 喩Ⅱ於利ㅣ
자 왈 군 자 유 어 의   소 인 유 어 리
니라.

[가사체 번역문]

공자께서 말하셨다

군자라고 하는者는 하늘도리 밝히지만
            자

소인이라 하는者는 사리사욕 밝힌다네
            자

[註解]
○君子喩於義(군자유어의)－군자는 의를 밝힌다. 유(喩)는 약삭빠르게 밝히고 찾는다. 의(義)는 정의(正義), 도의(道義). 사리에 합당하고 좋은 것을 의(義)라 한다. 의(義)는 마땅할 의(宜). ○小人喩於利(소인유어리)－소인은 사사로운 이득, 물질적인 이득만을 밝힌다. 『집주(集註)』에 있다. '의(義)는 하늘의 도리에 합당한 것이다. 이(利)는 인간의 욕정이 탐하는 것이다〔義者天理之所宜 利者人情之所欲〕.'(朱子) 이때의 '인간의 욕정'이란 곧 동물적 육체를 바탕으로 한 욕심이나 정욕의 뜻이다.

인간은 동물적 육체만의 존재가 아니다. 만물의 영장인 인간은 고귀한 정신을 바탕으로 윤리도덕적 삶을 살기도 한다. 혹심한 이기주의와 끝없는 탐욕으로 재물이나 관능적 쾌락만을 추구하는 천박한 자를 소인이라고 한다. 한편 대국적인 안목으로 전체 인민의 행복을 위해 살신성인(殺身成仁), 혹은 사생취의(捨生取義)하는 군자도 있다.

과학기술이 고도로 발달하고 재물이 풍요로운 오늘의 세계에도 군자와 소인이 있다. 과학기술, 재물을 전인류의 행복과 발전을 위해 선용하는 사람은 군자다. 반대로 과학기술, 재물을 악용하고 자기의 탐욕을 채우려는 자는 소인이다. 특히 과학기술, 재물을 무력화(武力化)하고 남을 억압하거나 남의 재물을 탈취하는 '소인의 나라'가 많다. 그러면서 '소인의 삶'이 전부라고 착각하고 '군자의 삶'이 있다는 것을 모른다. 동양의 정신문명을 배워야 한다.

4-17

공자가 말했다. "어진 이를 보면 그와 같이 되기를 생각하고, 어질지 못한 자를 보면 스스로 깊이 반성한다."

[原文]

子ㅣ 曰 見>賢思>齊焉하며 見ⅱ不賢ㅣ而內自省
자 왈 견 현 사 제 언　　　　견 불 현 이 내 자 성

也니라.
　야

[가사체 번역문]

　공자께서 말하셨다
　어진이를 보거들랑 그와같길 생각하고
　어질지를 못한사람 그런者를 보거들랑
　　　　　　　　　　자
　맘속으로 스스로를 깊이반성 해야한다

[註解] ○見賢(견현)－자기보다 더 현명한 사람을 본다. ○思齊(사제)－그 사람같이 현명해지려고 생각한다. ○見不賢(견불현)－나보다 현명하지 못한 사람을 보면. ○內自省(내자성)－자기 마음속으로 스스로 반성한다.

[解說]

　여기서 말하는 현명한 사람은 정신적·도덕적으로 현명한 사람이다. 자기에게 주어진 선본성(善本性)을 깨닫고 인심(仁心)을 바탕으로 '모든 사람이나 자연만물을 사랑하고 육성하는' 인자(仁者)란 뜻이다. 그와 반대로 현명하지 못한 사람은 수심(獸心)을 바탕으로 동물적·육체적 삶만을 사는 사람이다. 불현자(不賢者) 속에는 물질과 향락만을 추구하고 남을 속이거나 살상하고 남의 재물을 탈취하는 악덕한 사람도 있다.

　세상에는 나보다 잘난 사람, 혹은 나보다 못난 사람이 있게 마련이다. 그러므로 남을 거울로 삼아 자신을 반성하고 수양을 해야 한다. 과실을 저지르는 못난 사람을 보면 나는 어떨까 하고 반성한다. 한편 나보다 잘난 사람을 보면, 나도 노력해서 그 사람과 같이 되려고 분발해야 한다. 요는 자신을 바르게 알아야 한다. 자신을 바르게 알기는 어렵다. 그러므로 정신교육과 인격도야가 필요하다. 배우지 않으면 동물적 존재에 머물게 된다.

4-18

공자가 말했다. "부모를 섬김에 있어 간언을 부드럽게 올린다. 설혹 나의 뜻이 받아들여지지 않아도 여전히 공경해 모시고 어기지 말아야 하며, 또 (간하기) 힘이 들어도 원망하지 않아야 한다."

[原文]

子ㅣ 曰 事ㅣㅣ 父母ㅣ하되 幾諫이니 見ㅣㅣ 志不ㅣ>從하
자 왈 사 부모 기 간 견 지부 종

고 又敬不>違하며 勞而不>怨이니라.
우 경 불 위 노 이 불 원

[가사체 번역문]

공자께서 말하셨다

부모님을 섬길때는 신중하게 諫言하고
　　　　　　　　　　 간 언

만약뜻이 무시돼도 공경하며 효도하고 어기지를 말아야며

諫言하기 힘들어도 원망하지 말아얀다
간 언

[註解] ㅇ事父母(사부모)―자식이 부모를 섬길 때, 혹은 자식이 부모를 섬기는 도리에 있어. ㅇ幾諫(기간)―기(幾)는 작을 미(微). (부모가 크게 잘못한 경우에는) 자식은 조용히 나타나지 않게 간언을 올린다. ㅇ見志不從(견지부종)―견(見)은 내가 본다, 살피다, 안다. 지(志)는 부모의 뜻. 즉 부모가 (나의 간언을) 받아들이고 따르지 않을 것이라는 기색을 살피고 안다. ㅇ又敬不違(우경불위)―그래도 역시 부모를 공경하고 부모의 뜻에 어긋나지 않게 한다. ㅇ勞(노)―노(勞)는 간언을 올리기가 어렵고 힘이 든다는 뜻, '부모로부터 꾸지람을 듣거나 심지어 매를 맞는다.'는 뜻으로 풀기도 한다. 양백준(楊伯峻)은 왕염손(王念孫)의 설을 따라 '자식이 우려하다'로 풀었다. ㅇ而不怨(이불원)―그래도 자식은 결코 부모를 원망하지 않는다.

[解說]

자식은 자기를 낳고 키워준 부모에게 효도를 해야 한다. 그러나 효도는 맹종(盲從)이나 곡종(曲從)이 아니다. 『효경(孝經)』「간쟁장(諫爭章)」에 있다. 증자(曾子)가 "감히 묻겠습니다. 자식이 무조건 부모의 영을 듣고 따르는 것이 효도입니까?〔敢問 子從父之令 可謂孝乎〕"라고 묻자, 공자는 "그게 무슨 소리인가?〔是何言與〕" 하고 반문하고 간언의 필요성을 역설했다. "아버지에게 간쟁(諫爭)을 하는 아들이 있어야 아버지 자신이 불의에 빠지지 않는다〔父有爭子 則身不陷於不義〕."라고 말했다. 또 "불의 앞에서는 아들은 부모에게 불가불 간쟁을 올려야 하고, 신하는 불가불 임금에게 간쟁해야 한다〔當不義 子不可以不爭於父 臣不可以不爭於君〕."라고 했다.

자식이 부모에게 간언을 올리되, 무례한 태도를 취하면 안 된다. 부모의 심정이나 기색을 살피면서 슬기롭게 올려야 한다. 즉 기간(幾諫)해야 한다. 그리고 부모가 즉시 자식의 간언을 받아들이지 않고 따르지 않더라도 자식은 전과 같이 부모를 공경하고 부모의 뜻을 어기지 말아야 한다. 『고주(古注)』는 다음과 같이 말했다. "부모의 뜻이 나의 간언을 따르지 않는다는 기색을 살피고 알아도, 자식은 역시 공경하고 부모의 뜻을 어기지 말아야 한다. 그러면서 끝내 나의 간언을 들으시게 한다〔見父母志有不從己諫之色 則又當恭敬不敢違父母意 而遂己之諫〕."(包咸)

『예기(禮記)』에 다음과 같이 있다. '부모에게 허물이 있으면, 자식은 기색을 화하게 가라앉히고 부드러운 소리와 즐거운 표정으로 간언을 올린다. 만약 간언이 받아들여지지 않아도 자식은 더욱 부모를 공경하고 효도해야 한다. 그리고 부모님 기분이 좋을 때 다시 간언을 올린다〔父母有過 下氣柔聲怡色以諫 諫若不入 起敬起孝 說則復諫〕.', '부모가 (간언하는 자식에게) 노하고 역정을 내고, 매질을 하여 자식이 피를 흘리는 일이 있어도 자식은 감히 부모를 미워하거나 원망하면 안 된다. 더욱 공경하고 더욱 효도해야 한다〔父母怒不悅而撻之流血 不敢疾怨 起敬起孝也〕.' 「內則篇」 이러한 기록이 다 『논어』의 공자의 말을 바탕으로 한 것이다. 주자의 『집주(集註)』도 대체로 이상과 같은 뜻으로 풀이했다.

4-19

공자가 말했다. "부모가 생존해 계시면 멀리 여행가지 않으며, 부득이 가는 경우에는 반드시 행방을 알려야 한다."

子ㅣ 曰 父母ㅣ 在어시든 不ᄁ遠遊ㅣ하며 遊必有>
자 왈 부모 재 불 원유 유필유

方이니라.
방

[가사체 번역문]

　공자께서 말하셨다 부모님이 계시거든 멀리여행 가지말며
　할수없이 갈때에는 가는곳을 꼭반드시 알리고서 가야하네

[註解] ○父母在(부모재)－부모가 살아 계시면. ○不遠遊(불원유)－멀리
여행하지 않는다. 먼 곳으로 여행가지 않는다. ○遊必有方(유필유방)－불가
피하게 여행가는 경우에는 (부모에게) 행방이나 장소를 알린다. 유방(有方)
을 ‘일정한 장소’의 뜻으로 풀기도 한다. 혹은 ‘몸가짐이나 언행을 방정하
게 하다’로 풀기도 한다.

[解說]

　부모의 자식 사랑이나 자식에 대한 걱정은 끝없다. 효도는 물질
적인 봉양도 중하지만 보다 정신적으로나 심정적으로 부모를 편하
게 해 올려야 한다. 그러므로 가능하면 부모 생존 시에는 자식은 먼
곳으로 여행가지 않아야 한다. 불가피하게 여행가는 경우에는 연락
장소를 알려야 한다. 그래야 유고시(有故時)에 연락할 수 있고 또 달
려올 수 있을 것이다. 그래도 부모는 항상 객지에 있는 자식 걱정을
하게 마련이다. 『집주(集註)』는 ‘자식이 부모의 마음을 자기 마음으
로 할 수 있는 것이 곧 효도다〔子能以父母之心爲心 則孝矣〕.’ 「范

氏」라고 풀었다. 『고주(古注)』에서 황간(皇侃)은 '필유방(必有方)'의 풀이로, 다음과 같은 『예기(禮記)』 「곡례편(曲禮篇)」의 구절을 인용했다. '자식된 사람이 지킬 예절은 다음과 같다. 외출할 때는 반드시 알리고, 귀가하면 반드시 찾아뵙고 인사한다. 반드시 정해진 곳에 가서 놀며, 반드시 보람 있는 일을 몸에 익혀야 한다〔爲人子之禮 出必告 反必面 所游必有常 所習必有業〕.'

4-20

공자가 말했다. "3년을 두고 선친의 도를 고치지 않아야 가히 효라고 말할 수 있다."

[原文]

子ㅣ曰 三年을 無>改Ⅱ於父之道ㅣ라야 可>謂>孝
자 왈 삼년 무 개 어부지도   가 위 효
矣니라.
의

[가사체 번역문]

공자께서 말하셨다
삼년동안 아버지뜻 바꾸지를 아니해야 孝라할수 있으리라
                                          효

「학이편(學而篇)」 2장 후반부와 같은 구절. 「1-2」 참고.

4-21

공자가 말했다. "부모의 연세를 잘 기억해야 한다. 한편으로는 기쁘고, 한편으로는 두렵기만 하다."

[原文]

子ㅣ 曰 父母之年은 不>可>不>知也ㅣ니 一則以
　　자　왈　부모지년　불　가　부　지야　　　　일즉이

喜오 一則以懼니라.
희　　일즉이구

[가사체 번역문]

　　공자께서 말하셨다
　　부모님의 연세만은 몰라서는 아니된다
　　한편으론 장수하심 좋아하며 기뻐하고
　　한편으론 연세높음 걱정되기 때문이다

[註解] ○不可不知(불가부지) ─ 알지 않으면 안 된다. '지(知)는 기억(記憶)의 뜻이다.'『集註』 ○一則以喜(일즉이희) ─ 한편으로는 장수하시는 것을 기뻐하고. ○一則以懼(일즉이구) ─ 한편으로는 날로 노쇠하시는 것을 두려워한다.

인간의 생사(生死)는 원천적으로는 하늘이 주관한다. 사랑하는 자식이 병들어 죽는 경우, 부모라도 어쩔 수 없이 보내게 마련이다. 효자의 경우도 같다. 날로 노쇠해가는 부모의 수명을 인간의 힘으로 연장할 수는 없다. 다만 주어진 시간을 아껴서 효도해야 한다. 이를 애일지성(愛日之誠)이라 한다. 늙은 부모를 모신 자식은 하루를 아껴서 정성껏 효도를 다해야 한다.

4-22

공자가 말했다. "옛사람이 말을 함부로 하지 않은 것은, 자신의 실천이 따르지 못할 것을 부끄러워하기 때문이었다."

[原文]

子ㅣ 曰 古者에 言之不>出은 恥ㅛ躬之不ㅣ>逮也
자   왈 고자   언 지 불 출   치   궁 지 불   체 야
니라.

[가사체 번역문]

공자께서 말하셨다
옛날옛날 군자들이 함부로들 말안한건
자기실천 뒤따르지 못할것을 부끄럽게 생각했기 때문이다

[註解] ○古者(고자)−옛날 사람. ○言之不出(언지불출)−말을 함부로 하지 않음. 목적어 언(言)이 앞에 나왔다. ○恥(치)−부끄럽게 여기다, 창피하
게 여긴다. ○躬之(궁지)−'궁지행(躬之行)'과 같음. 자신의 행동이나 실천.
○不逮(불체)−미치지 못한다, 따르지 못한다.

[解說]

언행일치를 신(信)이라 한다. '문(文)·행(行)·충(忠)·신(信)'을
사교(四敎)라 하고 높인다. 군자는 말보다 행동이 민첩해야 한다.

4-23

공자가 말했다. "단속함으로써 실패한 경우는 거의 없다."

[原文]

子ㅣ 曰 以>約失>之者ㅣ 鮮矣니라.
　자　 왈 이 약 실 지 자 　선 의

[가사체 번역문]

공자께서 말하셨다
모든일을 단속하면 실수할일 없느니라

[註解] ○約(약)−마음으로 긴장하고 언행을 단속하다. 아울러 씀씀이를
절약하고 또 행사를 간약(簡約)하게 한다. ○失之(실지)−실패한다. 손실을

입다.

약(約)은 '조여 맨다' 는 뜻이다. 개인이나 국가나 절검(節儉)해야
흥한다. 반대로 방심(放心), 사치(奢侈)하고 모든 일을 방만하게 하면
결국에는 쇠망(衰亡)한다.

4-24

공자가 말했다. "군자는 말은 어눌하되, 행동은 민첩하고
자 한다."

[原文]

子ㅣ 曰君子는 欲下訥Ⅱ於言ㅣ 而敏中於行上이니라.
자　왈군자　욕　눌　어언　　이민　어행

[가사체 번역문]

공자께서 말하셨다
군자라면 말을할때 신중하게 해야하고
일을할땐 재빠르고 민첩하게 해야니라

[註解] ㅇ欲(욕)—…하고자 한다, …하기를 바란다. ㅇ訥於言(눌어언)—말
을 더듬거리다. 말을 신중하게 한다는 뜻. ㅇ而(이)—그러나. ㅇ敏於行(민

어행)-행동은 민첩하게 한다.

【解說】

앞에는 "일은 민첩하게 하고, 말은 신중하게 한다〔敏於事 而愼於言〕."「學而篇 1-14」는 공자의 말이 있다.

4-25

공자가 말했다. "덕은 외롭지 않다. 반드시 이웃이 있다."

【原文】

子ㅣ曰 德不>孤라 必有>隣이니라.
자　왈　덕　불　고　　필　유　린

【가사체 번역문】

공자께서 말하셨다

德을많이 行하면은 꼭반드시 함께하는 사람들이 있으리라
덕　　　　행

【註解】 ○德不孤(덕불고)-덕은 외롭지 않다. 덕행을 행하면 (반드시 호응하는 사람이 있다는 뜻). ○必有隣(필유린)-반드시 이웃이 있다. 유(有)는 같은 부류, 즉 덕에 호응하고 함께 덕행을 하는 동류(同類)가 있다는 뜻.

역사적 현실로 정치 사회에서는 악덕이 판을 친다. 그러나 선본성(善本性)을 지닌 사람들은 총체적으로 선덕(善德)에 가담한다. 그래서 인류 역사는 총체적으로 선하게 발전하는 것이다. 공자의 사상은 선지향적(善指向的) 낙관주의(樂觀主義)다.

4-26

자유가 말했다. "임금을 섬김에 지나치게 자주 간언하면 욕을 보게 되고, 붕우 간에도 지나치게 자주 충고를 하면 소원해진다."

[原文]

子游 | 曰 事君數이면 斯辱矣오 朋友數이면 斯
자유   왈 사군삭   사욕의   붕우삭   사
疏矣니라.
소 의

[가사체 번역문]

子游께서 말하였다
자유
임금님을 섬길적에 너무자주 간언하면 마침내는 辱을보고
욕
붕우간에 지나치게 너무자주 충고하면
그로인해 친구사이 서먹하고 멀어지리

[註解] ○子游(자유)―공자의 제자. 성은 언(言), 이름은 언(偃), 자는 자유 (子游). 문학에 뛰어났다. ○事君數(사군삭)―임금에게 너무 자주 간언을 올리면. ○斯辱矣(사욕의)―마침내는 욕을 보게 된다. ○朋友數(붕우삭)―친구에게도 너무 자주 충고나 간언하면. ○斯疏矣(사소의)―그로 인해 사이가 멀어진다.

[解說]

신하는 임금에게 충간(忠諫)하고, 붕우는 서로 충고(忠告)하는 것이 좋다. 그러나 상대방의 자존심이나 체면을 손상하지 않는 범위 안에서 성실하게, 동시에 담담한 태도로 해야 한다. 지나칠 정도로 자주 하거나 상대방에게 불쾌감을 줄 정도로 끈질기게 하면 결국은 사이가 벌어지게 마련이다.

『집주(集註)』에 다음과 같은 말이 있다. "임금을 섬길 때에, 내가 올린 언행을 임금이 행하지 않으면 내가 물러나야 한다. 친구를 선도할 때, 나의 좋은 충고를 받아들이지 않으면 즉시 그만두어야 한다〔事君 諫不行 則當去 導友 善不納 則當止〕."(胡氏) 임금과 신하 및 붕우 사이는 의로써 맺어진다. 한쪽이 의를 잃으면 상호간의 관계가 성립되지 않는다.

공야장(公冶長)은 제5편 제1장 첫머리에 나오는 사람의 이름이다. 이 편에는 여러 사람에 대한 인물을 평한 말들이 많다. 간결하면서도 요령있는 말로 여러 사람에 대한 현명한 자질, 슬기와 지혜, 인덕과 강직 및 선악 득실을 논평했다. 아울러 인간의 이상형(理想型)과 사람을 등용해 쓰는 법도 암시했다.

이 책은 『십삼경주소본(十三經註疏本)』을 따라서 총 28장으로 나누었다. 단 주자(朱子)는 제1장, 제2장을 합쳐서 총 27장으로 줄였다.

5-1

공자가 공야장을 평해서 "그는 사위로 삼을 만하다. 비록 그가 포승에 묶여 감옥에 있으나, 그의 죄는 아니다."라고 말하고, 자기 딸을 그에게 시집보냈다.

[原文]

子ㅣ 謂Ⅱ公冶長Ⅰ하시되 可>妻也로다. 雖>在Ⅱ縲
자 위 공야장 가처야 수 재누

絏之中Ⅰ이나 非Ⅱ其罪Ⅰ也라 하시고 以Ⅱ其子Ⅰ로
설지중 비 기죄 야 이 기자

妻>之하시다.
처 지

[가사체 번역문]

공자께서 公冶長(공야장)을 評(평)하여서 말하셨다 사위삼을 만하도다
그는지금 비록묶여 감옥속에 갇혔지만 그의죄는 아니니라
그러고서 자기따님 그에게로 시집보내 그의아내 되게했네

[註解] ○謂(위)－여기서는 평한다는 뜻. ○公冶長(공야장)－공자의 제자. 성이 공야(公冶), 이름은 장(長), 자는 자장(子長). 노(魯)나라 사람, 혹은 제(齊)나라 사람이라고도 한다. 『논어』에는 여기 한 번 나온다. ○可妻(가처)－처(妻)는 동사로 풀이한다. 즉 (자기 딸을 그에게 주어) 처로 삼게 할 만하다, 즉 사위로 삼을 만하다. ○雖(수)－비록. ○在縲絏之中(재누설지중)－누(縲)는 검은 새끼줄, 설(紲)은 매다〔繫〕. 『집주본(集註本)』은 '설(絏)'

로 썼다. 즉 감옥에 묶여 있으나. ○非其罪也(비기죄야)—그의 죄가 아니다, 그는 무죄라는 뜻. ○以其子妻之(이기자처지)—이기자(以其子)는 자기 딸로써, 자기 딸을 주어. 처지(妻之)는 처가 되게 했다. 즉 그에게 시집보냈다.

[解說]

공자의 인품은 온화하다. 그러나 인자(仁者)이므로 선악시비(善惡是非)를 밝게 가리는 혜안(慧眼)이 있다. 동시에 의(義)를 용감하게 실천한다. 한마디로 공자는 신의(信義)를 높인다. 그래서 감옥에 갇혀 있는 공야장의 무죄를 믿었고, 또 자기의 딸을 그에게 시집보냈다. 군자나 인자는 정의의 결단력이 있게 마련이다. 공야장에 대해서는 자세히 알 수 없다. 『고주(古注)』에서 황간(皇侃)은 새들의 소리를 알아들었으며, 죄 없이 살인 혐의를 받았다고 했다.

5-2

공자가 남용을 평하여 "나라에 도가 있을 때는 버림받지 않고, 나라에 도가 없을 때에도, 형벌이나 주륙을 (받지 않고) 모면할 사람이다."라고 말하고, 형의 딸을 그에게 시집보냈다.

[原文]

子ㅣ 謂Ⅱ南容ㅣ 하사되 邦有>道에 不>廢하며 邦無
자   위   남용   방유 도   불 폐   방무

>道에 免Ⅱ於刑戮Ⅰ이라 하시고 以Ⅱ其兄之子Ⅰ로
　도　　면　어형륙　　　　　　　　　이　기형지자

妻>之하시다.
처　지

[가사체 번역문]

　　공자께서 南容두고 評하여서 말하셨다
　　　　　　　남용　　평
　　나라안에 道있을땐 등용될수 있는사람
　　　　　　　도
　　그러하나 道없어도 형벌사형 받지않고 모면할수 있는사람
　　　　　　　도
　　그러고서 형의따님 그에게로 시집보내 아내되게 하였다네

[註解] ○子謂(자위)－공자가 평했다. ○南容(남용)－공자의 제자로 성이
남궁(南宮), 이름은 괄(适), 자는 자용(子容)이다. 남궁자용(南宮子容)을 줄여
남용(南容)이라 했다. 일설에는 노(魯)나라 사람, 남궁도(南宮韜)(『孔子家
語』)라고 한다. ○邦有道(방유도)－나라에 도가 있다, 즉 인도(仁道)가 있고
인정(仁政)이 행해진다. ○不廢(불폐)－버림받지 않고 등용된다는 뜻. ○邦
無道(방무도)－나라에 도가 없어도, 즉 나라에 악덕 정치가 퍼진다 해도.
○免於刑戮(면어형륙)－형벌이나 살육을 면한다. ○以其兄之子妻之(이기형
지자처지)－형의 딸을 그에게 시집가게 했다.

[解説]

　　남용(南容)은 학식이 많고 덕행이 높은 군자였다. 특히 그는 언행
(言行)을 신중히 했다. 그러므로 치세(治世)에는 등용될 것이다. 그러
나 난세(亂世)라 해도 형법에 저촉되지 않을 것이다. 이 점에서 공야
장보다 한층 무난한 사람이라 하겠다. 그래서 공자는 자기의 딸은

용감한 정의의 사나이에게 출가시키고, 형의 딸은 탈 없는 남용에게 시집보냈을 것이다. 그러나 『집주(集註)』에서 정자(程子)는 이상과 같이 공자가 배려했다는 설을 반대했다.

5-3

공자가 자천을 평하여 말했다. "군자로다, 이 같은 사람은! 그러나 노나라에 군자가 없다면, 그가 어찌 그렇게 학문과 덕행을 터득했겠느냐?"

[原文]

子ㅣ 謂Ⅱ子賤Ⅰ하사되 君子哉라 若人이여! 魯無
자 위 자천   군자재   약인   노 무

Ⅱ君子者Ⅰ면 斯焉取>斯리오?
군 자 자   사 언 취 사

[가사체 번역문]

공자께서 子賤두고 평하여서 말하셨다
　　　　　자천
진정으로 군자로다 이와같은 者야말로
　　　　　　　　　　　　　　자
그렇지만 魯나라에 盛德군자 없었다면
　　　　　　노　　　성 덕
그가어찌 많은學德 터득할수 있었겠나
　　　　　　학 덕

[註解] ㅇ子賤(자천)—노나라 사람으로 공자의 문인. 공자보다 49세 나이

가 어리다. 성은 복(宓), 이름은 부제(不齊), 자가 자천(子賤). ㅇ君子哉若人 (군자재약인)—군자로다, 이 사람이야말로. 이런 사람이 진짜로 군자라는 뜻. 강조를 위해 '군자재(君子哉)'를 앞에 냈다. ㅇ魯無君子(노무군자)—노 나라에 (그를 가르친) 군자가 없었다면. ㅇ斯焉取斯(사언취사)—그가 어떻 게 그와 같은 학식과 덕행을 터득했겠느냐? 앞의 사(斯)는 자천, 뒤의 사 (斯)는 학문과 덕행의 뜻.

[解說]

『설원(說苑)』이나『한시외전(韓詩外傳)』에 대략 다음과 같은 기록 이 있다. '자천이 어버이같이 섬기고 배운 사람이 3명, 형같이 섬긴 사람이 5명, 벗으로 사귄 사람이 12명, 스승으로 받든 사람이 1명 있 었다. 그들로부터 효(孝)와 제(悌) 및 기타의 덕행을 배우고 익혔으 며, 그들은 다 성덕군자(盛德君子)로 노나라 사람이었다.'

앞에서 공자는 "어진 사람이 사는 마을이 아름답고 좋다[里仁爲 美]."「里仁篇 4-1」고 말했다. 결국 공자는 노나라에 군자가 많음과 아울러 잘 배워서 훌륭한 군자가 된 자천을 함께 칭찬한 것이다.

5-4

자공이 공자에게 "저는 어떻습니까?" 하고 묻자, 공자가 대답했다. "너는 그릇이다."

자공이 다시 "무슨 그릇입니까?" 하고 묻자, 공자가 대답 했다. "호련이다."

子貢이 問曰 賜也는 何如하닛고? 子ㅣ 曰 女는 器
자공 문왈사야 하여   자 왈 여 기

也ㅣ니라 曰 何器也잇고? 曰 瑚璉也니라.
야   왈 하기야   왈 호련야

[가사체 번역문]

　자공께서 공자님께 다음같이 여쭈었다

　賜야저는 어떤지요 공자께서 말하셨다
　사

　賜야자넨 그릇이네 자공께서 여쭈었다
　사

　어떤그릇 같습니까 공자께서 말하셨다

　종묘에서 黍稷담는 瑚璉같은 그릇일세
　　　　　서직　　　　호련

[註解] ○子貢(자공)―공자의 수제자. 이름이 사(賜). ○賜也何如(사야하
여)―자공이 자신의 이름을 대고 "사는 어떻습니까?" 하고 질문했다. ○女
(여)―너, 여(女) = 너 여(汝). ○器也(기야)―그릇이다. 기물같이 쓰일 것이
다. ○何器也(하기야)―어떤 그릇입니까? ○瑚璉(호련)―종묘(宗廟)에서 쓰
는 귀중한 기물. 서직(黍稷)을 괴어 담는 옥기.

[解説]

　자공(子貢)은 언어(言語)에 뛰어났고 이재(理財)에도 밝았다. 그래
서 공자는 "사(賜)는 통달했으니, 정치에 종사해도 아무 걱정이 없다
[賜也達 於從政乎何有]."「雍也篇 6-6」고 말한 바 있다. 여기서도
공자는 "너는 종묘 제사에서 쓰이는 호련 같은 좋은 그릇이다."라고

칭찬했다. 즉 높은 벼슬에 올라 귀하게 쓰일 것이라는 뜻이다. 그러나 공자는 "군자는 기물 같은 존재가 아니다[君子不器]."라고 말한 바도 있다. 즉 군자는 원리원칙을 운영하는 지도자가 되어야 한다. 기물같이 남에게 쓰이는 기능적인 존재가 되지 말라는 뜻이었다. 공자의 인물평은 솔직하고 가혹하다. 그러나 기물치고는 최고의 기물이 된다고 섭섭지 않게 칭찬해 주었다.

5-5

어떤 사람이 말했다. "옹은 인덕은 있으나 구변이 없군요." 공자가 말했다. "어찌 말 잘할 필요가 있겠는가? 남을 대할 때 말재주만을 부리면 자주 남에게 미움을 받게 된다. 나는 옹의 인덕에 대해서는 모르겠다. 그러나 어찌 말 잘할 필요가 있겠는가?"

[原文]

或이 曰 雍也는 仁而不>佞이로다. 子ㅣ 曰 焉用>
혹   왈 옹야   인이불 녕   자   왈 언용

佞이리오? 禦>人以ⅠⅠ口給Ⅰ하야 屢憎Ⅱ於人Ⅰ하나니
녕   어 인이 구급   누증 어인

不>知Ⅱ其仁Ⅰ이어니와 焉用>佞이리오?
부 지 기인   언용 녕

[가사체 번역문]

어떤사람 말하기를 雍야그는 어질지만 말재주는 있지않죠
   옹
공자께서 말하셨다
어찌하여 말잘하는 그럴필요 있겠는가
사람들을 대할때에 말재주를 부린다면 자주종종 미움받네
나는나는 雍야그가 어진德을 가졌는지 그런것은 모르지만
      옹   덕
어찌하여 말만잘할 그럴필요 있겠는가

[註解] ○或曰(혹왈)－어떤 사람이 (공자에게 그의 제자 옹에 대한) 말을
했다. ○雍(옹)－공자의 제자. 성은 염(冉), 이름이 옹(雍), 자는 중궁(仲弓),
노나라 사람으로 인덕은 있었으나 구변이 없었다. ○雍也仁而不佞(옹야인
이불녕)－(선생님의 제자) 옹은 인덕은 있으나 말재주가 없군요. 녕(佞)은
지금은 아첨한다는 뜻으로 쓰이나, 원래는 말재주가 있다는 뜻이다. ○焉
用佞(언용녕)－왜 구변이 좋아야 하느냐? 말재주는 무엇에 쓰려느냐? ○禦
人(어인)－사람들에게 대하다, 남에게 응수하거나, 응답한다. ○以口給(이
구급)－구급으로써 하면. 구급(口給)을 주자(朱子)는 구변(口辯)으로 풀었
다. 『고주(古注)』는 급(給)을 기민(機敏)하다, '약삭빠르고 재치있다.'로 풀었
다. ○禦人以口給(어인이구급)－사람을 대하고 다스릴 때에 말재주만으로
하면. ○屢憎於人(누증어인)－항상 남에게 미움을 산다. 누(屢)는 자주, 언
제나, 항상. ○不知其仁(부지기인)－(공자가) "나는 그의 인덕에 대해서는
잘 모르겠다."고 말했다. 공자가 자기 제자의 인덕을 모를 까닭이 없다. 상
대방이 인덕보다 더 언변을 높이는 무식쟁이니까, 공자는 "나도 잘 모르겠
다."고 말한 것이다. ○焉用佞(언용녕)－'그러나 언변만 좋아서 무엇 하겠
느냐?'

[解說]

여기에 나오는 어떤 사람은 아마 당시 노나라의 실권을 잡고 있는 삼환씨(三桓氏) 일파에 속하는 사람일 것이다. 그 자가 공자의 문하생 중 한 사람인 염옹(冉雍)을 등용하려고 생각했을 것이고―. 그래서 공자에게 와서 "선생님의 제자 옹은 인덕은 있으나 말재주가 없는 것 같더군요." 하고 말했다. 즉 그 자는 '사람을 다스리기 위해서는 구변이 뛰어나야 한다' 고 믿고 있는 것이다. 이에 공자는 "말재주를 무엇에 쓰려고 하느냐?〔焉用佞〕"를 두 번 되풀이했다.

공자의 속생각은 다음과 같았을 것이다. '인정(仁政)을 펴기 위해서는 인덕(仁德)있는 사람이면 족하다.' '그런데 당신은 인정을 펼 생각이 없다. 그래서 나의 제자 옹의 인덕은 인정하면서, 도리어 그의 말재주 없음을 걱정하고 있는 것이다.' 그러기에 공자는 "말재주는 무엇에 쓰려느냐? 인덕으로 다스려야 한다. 덕 없이 약삭빠르게 말재주로 백성들을 속이면, 결국에는 미움을 사게 마련이다."라고 따끔하게 일침을 놓았던 것이다.

한편 공자가 "나는 그의 인덕에 대해서는 잘 모르겠다"고 한 말속에는 두 가지 뜻이 숨어 있다. 하나는 '과연 당신 자신이 인덕이 무엇인지 알고 하는 소리냐?' 라는 뜻이고, 다른 하나는 '자기의 제자를 자기가 자랑할 수 없다.' 는 겸손한 마음이 숨어 있을 것이다. 좌우간 이 구절은 간결하지만 한 토막의 연극이나 소설 같은 생생한 기록이다. 인정(仁政)은 본성 속에 있는 인심(仁心), 즉 '참사랑'을 바탕으로 해야 한다. 외형적이고 기만적인 선전이나 구호로 국민을 속이는 것은 오래 가지 못한다. 결국에는 국민에게 미움을 받고 축출당하게 마련이다. 이와 같은 원칙을 공자는 2천5백 년 전에 말했다.

그런데도 오늘의 정치는 여전히 악덕과 협잡만을 되풀이하고 있다.

5-6

공자가 칠조개에게 벼슬을 시키려 하자, "저는 아직 벼슬을 감당할 자신이 없습니다."라고 대답했다.

이에 공자가 기뻐했다.

[原文]

子ㅣ 使Ⅱ漆雕開로 仕ㅣ하신대 對曰 吾斯之未Ⅱ
자   사   칠 조 개   사   대 왈   오 사 지 미

能信ㅣ이로소이다. 子ㅣ 說하시다.
능 신   자 열

[가사체 번역문]

공자께서 漆雕開를 벼슬살이 하게하자
        칠 조 개
칠조개가 대답했다 저는아직 벼슬자리 감당할수 없습니다
칠조개의 이런말에 공자께서 기뻐했다

【註解】 ○子使漆彫開仕(자사칠조개사) ─ 공자가 칠조개로 하여금 벼슬을 하게 하자. ○漆彫開(칠조개) ─ 공자의 제자. 노나라 사람. 성은 칠조(漆彫), 본명은 계(啓), 자가 자개(子開). 공자보다 11년 아래,『상서(尙書)』공부에 몰두하고 벼슬에 나가지 않았다. ○仕(사) ─ 출사. 나가서 벼슬을 하다. ○對曰(대왈) ─ 대답해서 말했다. ○吾斯之未能信(오사지미능신) ─ 나는 아직 그렇게

할 자신이 없다. ○斯之(사지)—그렇게 하다. 인도(仁道)를 따라서 덕치(德治)를 행할 자신이 없다는 뜻. '사지(斯之)'는 '미능신(未能信)' 다음에 올 것을, 강조하기 위해 앞에 내세웠다. ○未能信(미능신)—아직 (그렇게 할) 자신을 가질 수 없다는 뜻. ○子說(자열)—공자가 기뻐했다.

[解說]

공자가 칠조개에게 "그만하면 나가서 벼슬을 해도 좋다."고 출사를 권했다. 공자가 그의 학문이나 능력을 인정한 것이다. 그러나 칠조개는 "아직 그렇게 할 자신을 가질 수 없다."며 스스로 사양했다. 그래서 공자는 속으로 기뻐했던 것이다. '그렇게 함〔斯之〕'은 곧 인도(仁道)를 따라서 왕도덕치(王道德治)를 편다는 뜻이다. 제자들 중에는 어서 벼슬에 올라 녹봉을 받으려고 갈망한 사람이 많았을 것이다. 그러므로 '아직 자신이 없다.'고 겸손해하는 그를 기쁘게 생각했던 것이다.

5-7

공자가 말했다. "도가 이루어지지 않으니, 뗏목을 타고 바다에 뜰까 한다. 이때에 나를 따를 자는 자유일 것이다."

자로가 이 말을 듣고 기뻐했다. 그러자 공자가 말했다. "유는 용맹을 좋아함이 나보다 더하다. 그러므로 사리를 바르게 재량하지 못한다."

子ㅣ 日 道不>行이라 乘>桴하야 浮ⅡＦ于海ㅣ하리니
자 왈 도불 행 승 부 부 우 해

從>我者는 其由與인저. 子路ㅣ 聞>之하고 喜한대.
종 아 자 기 유 여 자 로 문 지 희

子ㅣ 日 由也는 好>勇過>我하나 無>所Ⅱ取材ㅣ로다.
자 왈 유 야 호 용 과 아 무 소 취 재

[가사체 번역문]

공자께서 말하셨다

온天下에 道가아직 行해지지 아니하니
　　　도　　　　행

뗏목타고 저바다를 떠다닐까 생각하네

이때나를 따를자는 아무래도 子由리라
　　　　　　　　　　　　　자 유

子路그가 이말듣고 아주아주 기뻐했다
자 로

그러하자 이에대해 공자께서 말하셨다

由야너는 나보다도 용맹함을 좋아하여
유

여러일을 올바르게 처리하지 못한다네

[註解] ○道不行(도불행)－천하에 도가 행해지지 않는다. ○乘桴(승부)－
뗏목을 타고. 부(桴)는 마룻대 부. ○浮于海(부우해)－바다에 뜨다. 바다를
건너, 구이(九夷)가 산다는 곳으로 간다. ○從我者(종아자)－나를 따라갈 사
람. ○其由與(기유여)－그는 바로 유, 자네일 것이다. 유(由)는 자로의 이름.
○子路聞之(자로문지)－자로가 그 말을 듣고. ○喜(희)－기뻐하다. ○好勇
過我(호용과아)－나보다 더 용맹을 좋아한다. ○無所取材(무소취재)－『집주
(集註)』는 재(材)를 재(裁)로 보고, 모든 일을 바르게 재량(裁量)하지 못한다

는 뜻으로 풀이했다. 『고주(古注)』는 뗏목을 만들 재료를 구할 수 없다, 혹은 재(材)를 재(哉)로 보고 (지나치게 용기가 많은 자로를) '취할 수 없다.'로 풀기도 한다.

[解說]

도가 행해지지 않는 현실에 실망한 공자가 가설적인 농담을 자로와 주고받았다. 그러면서 지나치게 용맹하고 사려가 깊지 못한 자로를 은근히 훈계했다. 서로 믿는 사이이기에 극단적인 가설을 내걸고 농담조로 가르칠 수 있었던 것이다.

5-8

맹무백이 "자로는 인덕이 있습니까?" 하고 묻자, 공자는 "잘 모르겠소" 하고 말했다.

맹무백이 거듭 묻자, 공자는 대답했다. "유(由)는 천승의 나라에서 군사를 다스릴 수 있으나, 그의 인덕에 대해서는 알지 못합니다."

"구(求)는 어떠합니까?" 하고 묻자, 공자가 대답했다. "구는 천 호의 도읍이나 백 승의 경·대부 집에서 읍장이나 가신 노릇을 할 수는 있으나, 그의 인덕에 대해서는 알지 못합니다."

"적(赤)은 어떠합니까?" 하고 묻자, 공자가 대답했다. "예복에 속대를 띠고 조정에 나가서 빈객들과 응대하게 할 수 있습니다. 그러나 그의 인덕에 대해서는 알지 못합니다."

[原文]

孟武伯이 問 子路는 仁乎잇가? 子ㅣ 曰 不>知也로
맹무백　　문자로　　인호　　　　자　왈부지야

라 又問한대 子ㅣ 曰 由也는 千乘之國에 可>使>治ⅱ
　우문　　　자　왈유야　천승지국　　가　사　치

其賦ㅣ也어니와 不>知ⅱ其仁ㅣ也케라. 求也는 何如하
기부　야　　　부지기인야　　　구야　하여

닛고? 子ㅣ 曰 求也는 千室之邑과 百乘之家에 可>
　　　자　왈구야　천실지읍　백승지가　가

使>爲ⅱ之宰ㅣ也어니와 不>知ⅱ其仁ㅣ也케라. 赤也는
사　위　지재야　　　부지기인야　　　적야

何如하닛고? 子ㅣ 曰 赤也는 束帶立ⅱ於朝ㅣ하야 可>
하여　　　자　왈적야　속대입어조　　가

使下與ⅱ賓客ㅣ言上也어니와 不>知ⅱ其仁ㅣ也케라.
사　여　빈객언야　　　부지기인야

[가사체 번역문]

　孟武伯이 물었다네 子路그는 어집니까
　맹무백　　　　자로

　공자께서 대답했다 그건나도 모르겠소

　거듭해서 물어봤다 공자께서 대답했다

　由야그는 千乘之國 諸侯나라 군사들을 다스릴수 있지만은
　유　　천승지국 제후

　그의仁德 어떤지는 그건나도 모르겠소
　　　인덕

　孟武伯이 또물었다 求야그는 어떠하오
　맹무백　　　　구

　공자께서 대답했다

求야그는 千戶마을 卿大夫집 家臣노릇 그런일은 할수있죠
구　　천호　　경대부　　가신

그러하나 그의 仁德 어떤지는 모르겠소
　　　　　　인덕

赤야그는 어떠하오 공자께서 대답했다
적

赤야그는 禮服입고 冠帶매고 朝廷에서
적　　　예복　　관대　　조정

賓客들과 應對하는 그런일은 할수있죠
빈객　　응대

그러하나 그의 仁德 어떤지는 모르겠소
　　　　　　인덕

【註解】 ○孟武伯(맹무백)—노나라의 대부(大夫)로 참월(僭越)하게 행동한 맹손씨(孟孫氏)의 당주(當主)다. 그의 조부 맹희자(孟僖子)는 공자를 존경했으며, 그의 아들 맹의자(孟懿子)로 하여금 공자에게 예(禮)를 배우게 했다. 맹의자의 아들이 맹무백이며, 그도 공자와 접촉이 있었다. 「爲政篇 2-5, 2-6」 참고. ○問子路仁(문자로인)—실권을 쥐고 있는 맹무백이 공자에게 '자로의 인덕이 어떠하냐?' 고 물었다. ○不知也(부지야)—(공자가) '나는 모르겠소.' 하고 대답했다. 왜 공자가 '모르겠다.' 고 대답했을까? 맹무백이 노나라 임금을 무시하고 예를 어기고 있었으며, 그는 인정(仁政)과 예치(禮治)와는 거리가 먼 자였다. 그런데 그가 공자의 제자들의 인덕에 대해서 물었으므로 '모른다' 고 대답했던 것이다. ○由也(유야)—나의 제자 유(由), 즉 자로(子路)는. ○千乘之國(천승지국)—전차(戰車) 천 대를 동원할 수 있는 나라, 즉 제후국(諸侯國). ○可使治其賦也(가사치기부야)—그로 하여금 (제후국의) 군사(軍事)를 다스리게 할 수 있다. 부(賦)를 주자는 병(兵)이라 풀었다. 그러나 조세(租稅), 부역(賦役) 등을 포함해서 정치 전반의 뜻으로 풀이할 수도 있다. ○求(구)—공자의 제자. 염구(冉求). 「八佾篇 3-6」 참고. ○千室之邑(천실지읍)—천 호(千戶)가 있는 큰 마을, 도읍. ○百乘之家(백승지가)—대부가 다스리는 지역, 전차 백 대를 차출할 수 있는 대부의 나라. ○宰(제)—

모든 일을 주재하는 총책임자, 가신(家臣)이나 장(長). ○赤(적)−공자의 제자. 성은 공서(公西), 이름이 적(赤), 자는 자화(子華), 공자보다 42년 어리다. ○束帶(속대)−(예복을 입고) 띠를 매고. 즉 관복을 차려입고의 뜻. ○立於朝(입어조)−조정에 나가 서다. ○與賓客言(여빈객언)−빈객과 응대함.

[解說]

공자는 학문과 덕행을 겸비한 군자를 배양하고, 그들이 정치에 참여하기를 바랐다. 그러나 맹무백 같은 무도한 자 밑에서 벼슬하는 것은 원치 않았다. 그런데 인(仁)을 모르는 그가 공자의 제자들의 인덕에 대해 물었으므로 "나도 모른다."고 대답했다. 그러나 제자의 능력에 대해서는 높이 평가했던 것이다.

5-9

공자가 자공에게 "너와 안회는 누가 더 나으냐?" 하고 묻자, 자공이 대답했다. "제가 어찌 감히 안회를 바라볼 수 있겠습니까? 안회는 하나를 듣고 열을 알지만, 저는 하나를 듣고 두 개를 알 뿐입니다."

이에 공자가 말했다. "안회만 못하리라. 나와 네가 다 같이 그만 못하니라."

[原文]

子ㅣ謂ㅛ子貢ㅣ曰 女與>回也로 孰愈오 對曰 賜
자 위 자공 왈 여여 회야 숙유 대왈 사

也는 何敢望>回리잇고? 回也는 聞>一以知>十하고
야　　하감망회　　　　　회야　　문일이지십

賜也는 聞>一以知>二하노이다. 子ㅣ曰 弗>如也니
사야　　문일이지이　　　　　자왈불여야

라 吾與Ⅱ女의 弗ㅣ>如也하노라.
　오여여　불　여야

[가사체 번역문]

공자께서 子貢에게 다음같이 물으셨다
　　　　자공

너와顏回 둘中에서 너보기에 어느누가 더낫다고 생각하나
　안회　중

子貢께서 대답했다
자공

제가어찌 감히顏回 바라볼수 있겠어요
　　　　　안회

顏回그는 하나듣고 열가지를 알지마는
안회

저는저는 하나듣고 겨우둘을 알뿐이죠

공자께서 말하셨다

顏回그만 못하리라 나와네가 모두함께 그보다는 못하니라
안회

[註解] ㅇ子謂子貢曰(자위자공왈)―공자가 자공에게 물었다. ㅇ女與回(여
여회)―너와 안회. 여(女) = 여(汝), 회(回)는 안회(顏回), 즉 안연(顏淵). 「爲政
篇 2-9」 참고. ㅇ孰愈(숙유)―누가 더 우수하냐? 나을 유(愈) = 이길 승(勝).
ㅇ賜(사)―자공(子貢)의 이름. ㅇ何敢望回(하감망회)―어찌 감히 안회를 바
라볼 수 있습니까? ㅇ聞一以知十(문일이지십)―하나를 듣고 열을 안다. ㅇ聞
一以知二(문일이지이)―하나를 듣고 둘을 안다. ㅇ弗如也(불여야)―같을 수
없다, 같지 않다. ㅇ吾與女(오여여)―나하고 너 둘이 다같이 (그보다 못하
다).

[解說]

자공(子貢)은 구변이 좋고 돈벌이를 잘하는 현실주의자였다. 이와 대조되는 제자가 안빈낙도(安貧樂道)하는 안회(顔回)였다. 공자는 자공에게 물었다. "너하고 안회 둘 중에, 누가 낫다고 생각하느냐?" 그러자 자공이 재치있게 대답했다. "제가 어찌 안회를 따르겠습니까? 안회는 하나를 들으면 열을 압니다. 그러나 저는 하나를 들으면 둘을 알 뿐입니다." 즉 자기가 못하다는 것을 자인한 것이다. 그러자 공자가 "너만이 아니다. 나도 안연을 못 따라간다."라고 말하며, 솔직하게 대답한 자공을 칭찬할 겸 위로해 주었다.

『집주(集註)』에 있다. '하나를 듣고 열을 아는 것은 상지(上智)의 자질이며, 생이지지(生而知之) 다음간다. 하나를 듣고 둘을 아는 것은 중인(中人) 이상의 자질이며, 배움으로써 아는 경지이다〔聞一知十 上知之資 生知之亞也 聞一知二 中人以上之資 學而知之之才 也〕.'(胡氏)

안연이나 자공은 다 공문(孔門) 십철(十哲)에 드는 수제자로, 두 사람 모두 뛰어났다. 안연에 대해서 공자는 「위정편(爲政篇)」에서 다음과 같이 칭찬한 바 있다. "내가 안회와 종일토록 말을 해도, 한마디의 반대도 없이 흡사 어리석은 사람 같았다. 그러나 그가 물러나 사사롭게 처하는 품을 살피니 (가르침을) 충분히 계발하고 실천하더라. 그러니 안회는 어리석은 사람이 아니다〔子曰 吾與回言終日 不違如愚 退而省其私 亦足以發 回也不愚〕."「2-9」.

한편 자공에 대해서도 「학이편(學而篇)」에서 다음같이 칭찬했다. "사야! 비로소 너와 함께 시를 논할 수 있구나. 과거를 말해주면 미래를 아는구나〔子曰 賜也 始可與言詩已矣 告諸往而知來者〕."「1-

15」. 그러나 자공은 '천명을 감수하지 않고 돈벌이에 힘을 썼다〔不
受命而貨殖焉〕.' 그래서 공자는 자공에게 안회와 자신을 비교하고
스스로 반성할 기회를 주었던 것이다. 사려가 깊은 단수 높은 교육
이라 하겠다.

5-10

재여가 낮잠을 자자, 공자가 말했다. "썩은 나무는 조각할
수 없고, 거름흙으로 쌓은 담장은 흙손질을 할 수가 없다. 재
여 같은 인간을 나무라서 무엇 하겠는가?"

또 공자가 말했다. "전에 나는 남을 대할 때, 그의 말을 듣
고 그의 행실을 믿었으나, 이제 나는 남을 대할 때, 그의 말을
듣고서도 그의 행실을 살피게 되었다. 재여로 해서 내가 이렇
게 사람 대하는 태도를 고치게 된 것이다."

[原文]

宰予ㅣ 晝寢이어늘 子ㅣ 曰 朽木은 不>可>雕也며
재여 주침 자 왈 후목 불 가 조야

糞土之牆은 不>可>杇也ㅣ니 於>予與에 何誅리오?
분 토 지 장 불 가 오 야 어 여 여 하 주

子ㅣ曰 始吾ㅣ 於>人也에 聽Ⅱ其言ㅣ 而信Ⅱ其行ㅣ
자 왈 시 오 어 인 야 청 기 언 이 신 기 행

이러니 今吾ㅣ 於>人也에 聽Ⅱ其言ㅣ 而觀Ⅱ其行ㅣ
금 오 어 인 야 청 기 언 이 관 기 행

하노니 **於>予與**에 **改>是**와라.
    어 여여   개 시

[가사체 번역문]

宰予께서 낮잠자자 공자께서 말하셨다
재 여

썩어버린 그나무는 조각조차 할수없고

거름흙담 그런담은 흙손질도 할수없지

宰予같은 인간들을 나무라서 무엇하리
재 여

그런다음 이어다시 공자께서 말하셨다

前에나는 남對할때 그사람말 듣고서는 그의행실 믿었으나
전   대

이제나는 남對할때 그사람말 듣고서도 그의행실 살핀다네
          대

宰予그者 그때문에 내이렇게 사람보는 態度마저 고쳤다네
재여 자   태도

[註解] ○宰予(재여)—공자의 제자, 재아(宰我). 이름이 여(予).「八佾篇 3-
21」참고. ○晝寢(주침)—낮잠을 자다. ○朽木不可雕(후목불가조)—후목(朽
木)은 썩은 나무, 조(雕)는 조각. ○糞土之牆不可杇也(분토지장불가오야)—분
토(糞土)는 거름흙, 장(牆)은 담장, 불가오(不可杇)는 흙손질할 수 없다. ○於
予與何誅(어여여하주)—재여 같은 사람에 대해서 어찌 책망을 하겠느냐? 어
여여(於予與)는 재여에 대해서, 여(與)는 어조사. 하주(何誅)는 어찌 책망을
하랴? 어찌 꾸지람을 하랴? ○始吾於人也(시오어인야)—처음에 나는 사람
에 대해서. ○聽其言(청기언)—그 사람의 말을 듣고. ○信其行(신기행)—그
의 행실을 믿었다. ○今吾於人也(금오어인야)—지금 나는 사람에 대해서.
○觀其行(관기행)—그의 행실을 보게 되었다. ○於予與改是(어여여개시)—
재여에 대해서 이렇게 태도를 바꾸었다.

[解說]

공자의 말치고는 가혹하리만큼 신랄(辛辣)하다. 그만큼 공자의 노여움과 꾸지람이 컸던 것이다. 즉 재여를 '썩은 나무, 거름흙의 담'에 비유하고, 또 "재아 때문에 말만 믿지 않고 말과 행동을 함께 살피게 되었다"는 말까지 덧붙였던 것이다.

'언어에는 재여와 자공〔言語 宰予子貢〕'「先進篇 11-3」이라고 할 만큼 그는 말을 잘했다. 그러나 말이 신중하지 못하고 인덕이 부족했다.

노나라의 애공(哀公)이 토지신(土地神)을 모시는 사(社)에 심는 나무에 대해서 물었을 때, 재아는 "주나라에서 밤나무를 심은 것은 백성을 전율케 하기 위해서였다〔周人以栗 使民戰栗也〕."「八佾篇 3-21」라고 엉뚱한 말을 해서 공자의 노여움을 산 일이 있다.

특히 "부모의 상을 3년간 모시는 것은 너무 기니까, 한 1년 정도로 줄이면 어떠합니까?"「陽貨篇 17-21」라고 질문했다가, 공자를 노엽게 만든 일도 있었다.

장차 인정(仁政)과 덕치(德治)에 참여할 군자는 자강불식(自強不息)하고 학문을 익히고 덕행을 쌓아야 한다. 그런데 낮잠을 잤으니, 공자가 그를 혹독하게 책망한 것이다. 『집주(集註)』에서는 다음과 같이 풀었다. '군자는 배움에 있어, 한결같이 날로 부지런히 쉬지 않고 배워야 하며, 기력이 다 지쳤을 때만 쉬어야 한다. 그런데 재아가 낮잠을 잤으니 이보다 더한 자포자기(自暴自棄)가 있겠느냐? 그래서 선생이 책망한 것이다〔君子之學 惟日孜孜 斃而後已 惟恐其不及也 宰我畫寢 自棄孰深焉 故夫子責之〕.' (范氏) '주침(畫寢)'을 다른 뜻으로 풀이하는 설도 있으나 취하지 않는다.

공자가 "나는 아직 강직한 사람을 못 보았다."고 말하자, 어떤 사람이 대답했다. "신장이 강직합니다."

그러나 공자가 말했다. "신장은 욕심쟁이다. 어찌 강직할 수 있겠는가?"

[原文]

子ㅣ 曰 吾未>見Ⅱ剛者ㅣ케라 或이 對曰申棖이니
자   왈 오 미 견 강 자   혹   대 왈 신 정

이다. 子ㅣ 曰 棖也는 慾이어니 焉得>剛이리오?
        자   왈 정 야   욕   언 득   강

[가사체 번역문]

공자께서 말하셨다

나는아직 진정으로 剛直한者 못봤다네
              강 직 자

어떤사람 應對했다 저申棖이 剛直하오
       응 대   신 정 강 직

공자께서 말하셨다

申棖그잔 욕심쟁이 어찌하여 그런그가 강직할수 있겠는가
신 장

[註解] ○未見(미견)—아직 보지 못했다. ○剛者(강자)—진짜로 굳센 사람. 인덕(仁德)을 지향하고 실천하려는 마음이나 뜻이 굳은 사람. 『집주(集註)』는 '견강불굴(堅强不屈)'이라고 풀었다. ○申棖(신정)—공자의 제자. 노나라 사람. ○棖也慾(장야욕)—신장은 욕심쟁이다, 욕심이 많다. ○焉得剛

(언득강)—어찌 강직할 수 있겠느냐?

[解說]

공자가 말하는 강자(剛者)는 굳게 인도(仁道)를 지키고 또 살신성인(殺身成仁)하는 사람의 뜻이다. 고집이 세고 주먹질 잘하는 사람이 아니다. 곧 맹자(孟子)가 말하는 대장부(大丈夫)다. '부귀해도 타락하지 않고, 빈천해도 절조를 지키고, 위세나 무력에도 굴하지 않는 사람이 대장부다〔富貴不能淫 貧賤不能移 威武不能屈 此之謂大丈夫〕.'「滕文公 下」. 대장부로서 '수사선도(守死善道)' 하기 위해서는 이기적 탐욕을 극복해야 한다. 사리사욕(私利私慾)에 빠지면 진정한 인덕(仁德)을 세울 수 없다. 인(仁)을 지향하는 휴머니스트는 물질에 대한 욕심, 권력이나 지위를 얻으려는 욕심, 관능적 쾌락을 추구하는 욕정 등을 초월해야 한다.

5-12

자공이 말했다. "저는 남이 저에게 억지를 가하는 것도 원치 않고, 저 또한 남에게 억지를 가하고자 원치도 않습니다."

공자가 말했다. "사야, 네가 해낼 수 있는 바가 아니다."

[原文]

子貢이 曰 我不〉欲ⅲ人之加ⅱ諸我ⅰ也를 吾亦欲
자공   왈 아불 욕 인지가 저아 야   오역욕

>無>加ⅡＩ諸人Ⅰ하노이다. 子ㅣ 曰賜也아 非Ⅱ爾所Ⅰ
　　무　가　저인　　　　　　자　왈사야　　비　이소

>及也니라.
　급야

[가사체 번역문]

子貢께서 공자님께 다음같이 말하였다
자공

저란놈은 남이제게 억지강요 加하는일 그런것도 원치않고
　　　　　　　　　　　　　　가

저도또한 남들에게 억지강요 加하는걸 바라지도 않습니다
　　　　　　　　　　　　　　가

공자께서 말하셨다 이런것은 賜야너가 미칠바가 아니니라
　　　　　　　　　　　　　　사

[註解] ○我不欲(아불욕)―나는 …을 원치 않는다. ○人之加諸我也(인지가
저아야)―남이 나에게 억지를 가하는 것, 남이 나에게 억지나 불의를 가하
다. 앞의 '불욕(不欲)'의 목적어구, '인(人：주어)＋지(之)＋가저아(加諸我：술
어)'. 이때의 지(之)는 목적구에서 주어와 술어를 연결하는 조사(助詞). ○加
諸我(가저아)―가지어아(加之於我)와 같다. 그것을 나에게 가하다. 가(加)는
물질적이든 정신적이든 압박을 가한다. 불의한 일을 강요한다, 이때의 지
(之)는 가(加)의 목적어, 즉 부당한 압박 혹은 불의. ○吾亦欲(오역욕)―나 역
시 …하기를 바란다. ○無加諸人(무가저인)―남에게 가하는 일이 없기를,
전체가 앞의 욕(欲)의 목적어. ○賜也(사야)―사(賜)는 자공의 이름. 공자가
친근감을 나타내기 위해서 이름을 불렀다. ○非爾所及(비이소급)―네가 미
칠 바가 아니다. (너는 아직 그 경지에 미치지 못한다).

[解說]
　공자는 "내가 원치 않는 것을 남에게 시키지 않는다〔己所不欲 勿

施於人]."고 말했다. 소극적인 인(仁)에 해당하는 서(恕)를 말한 것
이다. 자공의 말도 '서'에 해당한다. 그러나 공자는 '너는 아직 멀
었다.'라고 그의 분발을 촉구했다.

5-13

자공이 말했다. "선생님의 문물제도에 관한 말씀은 들을
수가 있으나, 선생님의 인간의 본성이나 천도에 대한 말씀은
좀처럼 들을 수가 없다."

[原文]

子貢이 曰 夫子之文章은 可Ⅱ得而聞Ⅰ也어니와
　자 공　　왈　부 자 지 문 장　　가　득 이 문　야

夫子之言Ⅲ性與Ⅱ天道Ⅰ는 不﹥可Ⅱ得而聞Ⅰ也니라.
　부 자 지 언　성 여　천 도　　불 가　득 이 문　야

[가사체 번역문]

　子貢께서 말하였다
　　자 공
　선생님이 가르치는 학문이나 예악제도 이런것은
　자세하게 들을수가 있지마는
　사람본성 하늘도리 이런것은 웬만해선 들을수가 없네그려

[註解] ○夫子之文章(부자지문장)—문장(文章)은 전적(典籍)만이 아니고, 예
(禮)와 악(樂)을 비롯한 문물이나 의용(儀容)까지를 포함한다. 『집주(集註)』

에는 '문장은 외형으로 나타난 덕이며, 위의나 문사가 다 문장이다〔文章德之見於外者 威儀文辭 皆是也〕.'(朱子)라 했고, 『고주(古注)』는 '장(章)은 명(明)이다. 문채와 형질을 갖추고 밝게 나타나는 것으로서 귀로 듣고 눈으로 볼 수 있다〔章明也 文彩形質著見 可以耳目循〕.'「何晏」라고 풀었다. 즉 문장은 '글'이란 뜻이 아니고, '문화적으로 빛나는 문물제도, 육예(六藝) 및 예의범절' 등의 뜻이다. ㅇ可得而聞(가득이문)—선생이 말을 함으로써 학생들이 듣고 알 수 있다. ㅇ夫子之言性與天道(부자지언성여천도)—선생이 말하는 바, 인간의 본성과 천도에 대해서는, 즉 본성과 천도에 대한 선생님의 말씀. 『집주(集註)』는 다음과 같이 풀었다. '성(性)은 사람이 본성적으로 받아 지니고 있는 천리이다. 천도는 천리 자연의 본체로, (천리나 천도의) 실체는 같은 이(理)이다〔性者 人所受之天理 天道者 天理自然之本體 其實一理也〕.'(朱子) 즉 천도나 천리는 다 무형의 실체로 형이상(形而上)의 이라는 뜻이다. ㅇ不可得而聞也(불가득이문야)—두 가지 뜻으로 풀 수 있다. 하나는 '선생님이 별로 말을 하지 않기 때문에 잘 들을 수가 없다.' 다른 하나는 '선생의 말이 너무 심오하기 때문에 잘 알아들을 수가 없다.'『고주(古注)』는 다음과 같이 풀었다. '성(性)은 사람이 (하늘로부터) 받고 삶을 누리는바(본성)이다. 천도(天道)는 원형(元亨) 일신(日新)의 도리로 깊고 미묘한 것이다. 그러므로 말로만 듣고 알 수 있는 것이 아니다〔性者 人之所受以生也 天道者 元亨日新之道 深微 故不可得而聞也〕.'(何晏)「해설 및 참고」참조.

[解說]

공자의 교육정신은 학문과 덕행을 겸비한 군자들을 배양해서 타락한 정치를 개혁하고 예치(禮治)와 인정(仁政)을 재건하려는 것이었다. 그 전범(典範)을 역사적으로 실증된 주(周)나라의 문물제도에 두었다. 그러므로 공자는 형이상(形而上)의 철학적 개념이나 명제(命題)를 논리적으로 풀이하는 것보다,『시(詩)』·『서(書)』를 위시한 고대의 전적(典籍)이나 문물제도 및 육예(六藝) 등의 교양과목과 사회생활에 필요한 도덕적 예의범절 등을 바르게 알고 실천하고 몸에 익히게 하는 것을 중시했다. 고로 공자는 '배우고 익힘〔學習〕'을 강조했다. 그래서 자공이 '부자지문장(夫子之文章) 가득이문야(可得而聞也)'라고 했던 것이다.

한편 공자는 '인간의 본성(本性)이나 절대(絶對)인 하늘, 혹은 절대선(絶對善)의 하늘의 도리'에 대한 철학적인 천착이나 설명을 별로 하지 않았다. 이에 자공이 '부자지언성여천도(夫子之言性與天道) 불가득이문야(不可得而聞也)'라고 한 것이다.

『고주(古注)』의 '천도자(天道者) 원형일신지도(元亨日新之道) 심미(深微)'를 형병(邢昺)은 대략 다음같이 풀이했다. '『역경』 건괘에 있다. 건도(乾道)는 원형리정이다〔易乾卦云 乾元亨利貞〕.' '문언전은 말했다. 건(乾)은 만물을 생육(生育)하는 선(善)의 근원이다. 형(亨)은 (만물을 성취한다는 뜻으로) 만물의 미(美)를 합한 것이다. 이(利)는 (음양이 화합하고 바르다는 뜻으로) 만물을 아름답고 이롭게 한다. 정(貞)은 (곧게 지킨다는 뜻으로) 사물의 근간이다〔文言曰 元者善之長也 亨者嘉之會也 利者義之和也 貞者事之幹也〕.'

'천도는 하늘의 본체와 본성이며, 만물을 낳고 양육하는 실체적 도리를 말한다〔謂天之體性 生養萬物〕.', '하늘의 도리는 계속해서 만물을 낳고 양육하고, 멈추지 않고 새롭게 한다. 그러므로 날로 새롭다고 한 것이다〔天之爲道 生生相續 新新不停 故曰日新也〕.' (正義)

【参考】 천(天)과 천명(天命) 및 천도(天道)—

공자는 하늘에 대한 철학적 설명이나 신앙을 강조하지 않았다. 그러나 동시에 공자는 '하늘〔天〕, 천명(天命) 및 천도(天道)'를 부정하지도 않았다. 그는 무언중에 하늘을 믿고 의지하고 있었다는 구절을 『논어』에서 발견할 수 있다. 몇 개를 추려보겠다.

① 천(天)에 대한 생각 : 공자는 말했다. "하늘은 말이 없다. (그러나 하늘은) 춘하추동(春夏秋冬) 사계절을 운행하고 아울러 만물을 생육(生育)하고 있다. (그러면서도) 하늘은 말이 없다〔天何言哉 四時行焉 百物生焉 天何言哉〕." 「陽貨篇 17-19」. 즉 자연에 실재하는 현상을 보고 하늘과 하늘의 도리를 터득하라는 말이다.

② 천(天)에 대한 믿음과 신념 : 공자는 하늘은 선덕(善德)을 편들고 또 문화를 지켜준다고 믿고 또 낙관했다. 송(宋)나라에서 환퇴(桓魋)라는 자가 공자를 죽이려고 한 일이 있었다. 그때 공자는 말했다. "하늘이 나에게 덕을 내려주었으니, 환퇴 같은 자가 나를 어찌하겠느냐?〔天生德於予 桓魋其如予何〕." 「述而篇 7-22」. 또 공자가 광(匡)에서 위험에 빠진 일이 있었다. 그때에는 "하늘이 바른 문화를 멸하려 하지 않거늘, 광인(匡人)들이 (문화를 계승한) 나를 어찌하겠느냐?〔天之未喪斯文也 匡人其如予何〕." 「子罕篇 9-5」라고 했다. 즉 하늘이 도덕과 문화를 담당한 자기를 지켜준다는 신념의 표현이다.

③ 하늘은 절대(絶對)다 : '하늘에 죄를 지면, 그 이상 빌 데가 없다〔獲罪於天 無所禱也〕.' 「八佾篇 3-13」. '인간의 생사는 하늘이 주고, 부귀도 하늘에 매여 있다〔死生有命 富貴在天〕.' 「顏淵篇 12-5」. 즉 하늘이 절대자다. 따라서 인간은 하늘의 뜻과 도리를 따라야 한다. 만약에 어기거나 죄를 지면 다시는 빌 곳도 없다고 했다.

④ 하늘은 불의의 재난이나 슬픔도 준다 : 공자는 가장 사랑하는 수제자 안연(顏淵)이 죽자 통곡하며 말했다. "아! 슬프다! 하늘이 나를 버리시는구나, 나를 버리시는구나!〔噫天喪予 天喪予〕." 「先進篇 11-9」. 또 제자 염백우(冉伯牛)가 문둥병에 걸리자, 공자는 창 너머로 손을 뻗어 그의 손을 잡고 탄식했다. "끝났노라, 천명이로다. 이 사람이 이런 병에 걸리다니! 이 사람이 이런 병에 걸리다니!〔亡之 命矣夫 斯人也 而有斯疾也 斯人也 而有斯疾也〕." 「雍也篇 6-10」.

⑤ 천명(天命) : 하늘이 내리는 절대적 명령을 인간은 자기의 뜻이나 힘으로는 어쩔 수 없고 꼭 따라야 한다. 크게는 우주의 운행과 이법(理法), 자연만물의 생성 변화 등의 모든 현상, 작게는 인간의 생사(生死), 빈부귀천(貧富貴賤) 및 국가의 흥망성쇠(興亡盛衰)와 시운(時運) 등이 다 인간의 힘보다는 하늘에 의해서 좌지우지(左之右之)된다. 이러한 것을 막연히 천명이라고 한다. 공자가 '오십이지천명(五十而知天命)' 했다고 한 것은, 곧 '절대인 하늘 앞에 미미한 인간의 힘의 한계를 알게 되었다.' 는 뜻이다.

⑥ 경건한 자세와 성실한 노력 : 공자는 숙명론이나 맹신을 주장하지 않고, 경건하게 하늘과 천도를 따르되 어디까지나 인간의 성실한 노력으로 인애(仁愛)가 넘치는 세계의 창건을 주장했다. 그래서 위대한 것이다.

5-14

자로는 가르침을 듣고, 그것을 미처 실천하지 못했으면, 또 다른 가르침 듣기를 두려워했다.

[原文]

子路는 有>聞이오 未Ⅱ之能行Ⅰ하야서 唯恐>有>
자로   유 문   미 지능행   유공 유
聞하더라.
문

[가사체 번역문]

子路께서 선생님의 가르침을 듣고나서
자로
미처 實踐 못했으면 또가르침 들을까봐 겁을내고 걱정했네
    실천

【註解】 ○子路(자로)—공자가 사랑한 수제자. 지나칠 정도로 과감한 행동파였다. 「公冶長篇 5-7」 참고. ○有聞(유문)—공자의 가르침을 듣다. ○未之能行(미지능행)—가르침을 미처 실천하지 못하다. 지(之)는 가르침. ○唯恐(유공)—이를 두려워하다. 유(唯)＝유(惟)로 다만, 오직, '이것' 의 뜻도 있다. 공(恐)의 목적어는 '유문(有聞)' 이다. 즉 또 가르침의 말 듣기를 두려워했다.

【解說】

이 글은 아마 다른 제자가 자로를 평한 말일 것이다. 『집주(集註)』에서 범씨(范氏)는 다음같이 말했다. "자로는 좋은 말을 들으면 과감하게 반드시 실천했다. 다른 문인이 자신은 (자로에) 미치지 못한다고 생각하고 (자로의 장점을) 밝히고 기록한 것이다. 자로같이 해야 비로소 (실천을) 과감히 한 것이라고 말할 수 있다〔子路聞善 勇於必行 門人自以爲不及也 故著之 若子路 可謂能用其勇矣〕." 『고주(古注)』에서 황간(皇侃)은 말했다. "자로는 타고난 성품이 과감하고 결단성이 있었다. 말을 하면 반드시 그날로 실천했다〔子路稟性果決 言無宿諾〕." 『중용(中庸)』에 있다. '넓게 배우고, 자세히 묻고, 신중하게 생각하고, 밝게 분별하고, 독실하게 실천해라〔博學之, 審問之, 愼思之, 明辯之, 篤行之〕.' 군자(君子)는 곧 절대선(絶對善)의 도를 배우고 그를 행동으로 실천하는 지식인이다.

5-15

자공이 물었다. "공문자에게 어찌하여 문이라는 시호를 붙였습니까?"

　공자가 말했다. "재질이 명민한데도 배우기를 좋아했고, 아랫사람에게 묻기를 부끄러워하지 않았으므로 시호를 문이라 한 것이다."

[原文]

　子貢이 問曰 孔文子를 何以謂Ⅱ之文ⅠФ也잇고? 子
　　자공　　문왈　공문자　하이위　지문　야　　　자

Ⅰ曰 敏而好>學하며 不>恥Ⅱ下問Ⅰ이라 是以謂Ⅱ
　왈　민이호　학　　　불　치　하문　　　시이위

之文Ⅰ也니라.
지문　야

[가사체 번역문]

　子貢께서 여쭈었다
　　자하

　孔文子란 大夫에게 어찌하여 文이라는 그런諡號 붙였나요
　　공문자　　대부　　　　　　　문　　　　　시호

　공자께서 말하셨다

　明晳하고 敏捷하며 배우기를 좋아했고
　　명석　　　민첩

　아랫사람 한테묻길 부끄러워 아니했네

　그리하여 그의諡號 文이라고 한것이네
　　　　　　　시호 문

[註解] ○孔文子(공문자)―위(衛)나라의 대부. 성은 공(孔), 이름은 어(圉), 문(文)은 시호(諡號). ○謂之文(위지문)―그의 시호를 문(文)이라 하다. ○敏而好學(민이호학)―타고난 재질이 명민한데도 배우기를 좋아했다. ○不恥

下問(불치하문)―아랫사람에게 묻기를 부끄러워하지 않았다.

[解說]

　자공이 새삼스럽게 물은 까닭이 있다. 공문자(孔文子)가 대숙질(大
叔疾)에게 전처(前妻)를 버리고 자기 딸 공길(孔佶)로 하여금 들어앉
게 했다. 그러나 대숙질이 전처의 누이와 내통했으므로 공문자가 노
하고 대숙질을 치려고 했으며, 이에 대숙질이 송(宋)나라로 피했다.
그러자 공문자는 대숙질의 동생 유(遺)를 세우고 자기 딸 공길을 다
시 그의 처로 삼게 했다. 이렇게 복잡하게 엉킨 불미한 과거가 있었
기 때문에 자공이 물은 것이다. 그러나 공자는 그가 '민이호학(敏而
好學) 불치하문(不恥下問)' 하는 장점이 있으니, 시호를 문(文)이라 할
만하다고 긍정했다.

5-16

　공자가 자산을 평해 말했다. "그가 지닌 바, 군자의 도에
네 가지가 있으니, 몸가짐을 공손히 하였고, 윗사람 섬김에
충성을 다했고, 백성을 보양함에 은혜로웠고, 백성을 부림에
의로웠다."

[原文]

子ㅣ謂ㄴ子産ㅣ하시대 有ㄴ君子之道ㅣ四ㅣ焉이니
　자　위　자산　　　　유　군자지도　　사　언

其行>己也ㅣ 恭하며 其事>上也ㅣ 敬하며 其養>民
기 행 기 야 공   기 사 상 야 경   기 양 민
也ㅣ 惠하며 其使>民也ㅣ 義니라.
야   혜   기 사 민 야   의

[가사체 번역문]

공자께서 다음같이 子産이란 鄭大夫를 평하여서 말하셨다
　　　　　　　　자산　　정 대 부

그에게는 君子의道 네가지가 있었으니
　　　　군 자　도

자기자신 몸가짐이 겸손하며 공손했고

위엣사람 섬길적에 충성다해 일하였고

백성들을 양육함에 은혜롭게 보살폈고

백성들을 부림에는 義로웁게 하였다네
　　　　　　　　의

[註解] ㅇ子謂子産(자위자산)－공자가 자산을 평했다. ㅇ子産(자산)－정
(鄭)나라 대부(大夫). 원명은 공손교(公孫僑), 자산은 자다. 춘추시대의 이름
난 정치가로 22년간 재상으로 있으면서, 진(晉)과 초(楚) 두 강대국 사이에
끼어있는 작은 정나라를 잘 지키고 또 내정면에서도 많은 공을 세웠다. 공
자 나이 30세 때(기원전 522년) 사망했다. ㅇ有君子之道四(유군자지도사)－
군자로서 지킨 도리와 (덕행이) 네 가지 있다. ㅇ其(기)－그는, 혹은 그것
은. ㅇ行己也恭(행기야공)－자기 몸가짐에 있어서는 남에게 공경하고 겸손
한 태도를 지녔다. ㅇ事上也敬(사상야경)－윗사람을 섬김에 있어서는 경건
하고 엄숙한 태도를 지녔다. ㅇ養民也惠(양민야혜)－백성을 양육함에 있어
서는 자애롭고 또 은혜롭게 했다. ㅇ其使民也義(기사민야의)－백성을 부리
고 쓸 때에는 올바르고 대의에 합당하게 했다.

[解說]

공자의 인물평치고는 최고의 찬사다. 남의 인덕(仁德)을 네 가지나 열거하고 칭찬한 예는 별로 없다. 『논어』 「헌문편(憲問篇)」에도 공자가 자산을 "은혜를 베푸는 사람이다〔惠人〕."라고 말했다. 『좌전(左傳)』 소공(昭公) 20년에 다음과 같은 말이 있다. '자산이 사망했다는 말을 듣자, 공자는 눈물을 흘리면서 말했다. "자산의 인애(仁愛)는 옛사람의 유풍(遺風)이 스며있다〔及子産卒 仲尼聞之 出涕曰 古之遺愛也〕."' 자산은 공자의 출생 2년 전(기원전 554년)에 정(鄭)나라의 경(卿)이 되었고, 다시 10년 후에는 재상이 되어 진·초 사이에 있는 약소국 정나라를 부강하게 만든 명상(名相)이다.

당시 제(齊)나라에는 안영(晏嬰), 진(晉)나라에는 숙향(叔向) 같은 현상(賢相)이 있었다. 이들 현상의 존재는 군자의 정치 참여를 바라는 공자에게는 고무적인 일이었다. 그중에도 자산의 영향이 컸다. 그는 정나라와 인접국가 간의 평화적 공존 및 문화·경제 교류면에서도 막대한 영향력을 행사했던 것이다. 특히 자산은 동기(銅器)에 명문(銘文)을 박아 중국 최초의 성문법을 제정했다. 기타 농업정책이나 조세제도를 혁신함으로써, 은(殷)의 주술적(呪術的) 신권정치 및 주(周)의 제정일치(祭政一致)를 혁파하는 기운을 돋았다. 즉 자산은 현상시대(賢相時代)의 대표자로, 공자에 앞서 합리주의·법치주의를 실천한 선구자였다.

공자는 '생이지지(生而知之)'한 성현이다. 그는 맹목적인 복고주의자(復古主義者)가 아니다. 그는 무조건 역사를 옛날로 돌리려는 퇴보주의자가 아니다. 공자는 역사와 시대의 변화와 발전을 직감한 진보주의적 휴머니스트였다. 그는 자기가 처했던 춘추시대(春秋時代)

가 하극상(下剋上)의 난세임을 통탄하고 개혁하려고 애를 썼다. 동시에 서주(西周)의 영주봉건제(領主封建制)가 지주봉건제(地主封建制)로 넘어가는 과도기라는 역사인식을 직감하고 있었을 것이다. 다만 역사적 발전을 무력적 정벌이나 혁명에 의존하지 않고, 고대의 역사적 전통과 교훈을 바탕으로 합리적이고 동시에 만민을 사랑하는 인애(仁愛)를 바탕으로 한 예치(禮治)·인정(仁政)·덕치(德治)로 성취하려고 했던 것이다.

5-17

공자가 말했다. "안평중은 남과 잘 사귀었다. 오래되어도 남을 잘 공경했다."

[原文]

子ㅣ曰 晏平仲은 善與>人交로다 久而敬>之온여.
자 왈 안 평 중 　선 여 인 교 　　구 이 경 지

[가사체 번역문]

공자께서 말하셨다

晏平仲은 사람들과 사귀기를 잘하였지
안 평 중

오래돼도 그사람을 잊지않고 공경했네

[註解] ○晏平仲(안평중)─성은 안(晏), 이름은 영(嬰), 자는 중(仲), 시호가

평(平). 제(齊)나라의 명상(名相)으로, 공자보다 나이가 많은 실용주의적인 정치가. ○ 久而敬之(구이경지)—사귄 지 오래되어도 상대를 공경했다.

[解說]

공자의 이 말이 언제 한 말인지는 잘 알 수 없다. 그러나 공자는 두 번, 안영(晏嬰)을 만났다. 첫 번째는 나이 30세(기원전 522년) 때로, 제(齊)나라 경공(景公)이 안영과 함께 노(魯)나라를 방문했을 때고, 두 번째는 노나라 소공(昭公)이 제나라로 망명하자, 공자도 제나라에 갔었다. 나이 35세(기원전 517년) 때였다. 제나라에 간 공자는 제나라 대부(大夫) 고소자(高昭子)를 통해서 경공을 알현했다.

경공이 정치의 요체를 묻자, 공자는 "군군(君君) 신신(臣臣) 부부(父父) 자자(子子)"「顔淵篇 12-11」라고 대답했고, 또 당시 경공이 궁전을 신축하고 국가의 재물을 낭비하므로 "씀씀이를 절약해야 한다."고 말했다. 본래 어리석고 줏대가 없는 경공은 공자를 등용해 쓰려고 했으나 전대(前代)부터 임금을 보좌하고 특히 제나라 백성의 절대 신임을 받는 안영이 반대함으로써 취소되었으며, 이에 공자가 서둘러 제나라를 떠났던 것이다. 안영이 반대한 큰 이유는 다른 것이 아니었다. 안영은 근검절약과 실용주의를 높였으므로 지나치게 허례허식을 차리고 낭비를 조장하는 유교적 의식주의를 반대했기 때문이다.

5-18

꽁자가 말했다. "장문중이 큰 거북을 두고, 기둥 끝에 산을

새기고, 대들보에는 무늬를 그렸으니, 어찌 그를 지혜롭다 하
겠는가?"

[原文]

子ㅣ 曰 臧文仲이 居>蔡하되 山>節藻>梲하니 何
　　자　왈　장문중　　거　채　　　산　절　조　절　　　　하

如其知也리오?
여 기 지 야

[가사체 번역문]

　공자께서 말하셨다

　臧文仲은 자기집에 큰거북을 갖다두고
　장 문 중

　그거북을 위하여서 별도따로 집을짓고

　그집기둥 끝에다간 山을조각 하여놓고
　　　　　　　　　　산

　그대들보 위에다간 무늬들을 그렸으니

　어찌하여 그런그를 지혜롭다 하겠는가

[註解] ㅇ臧文仲(장문중)－성이 장손(臧孫), 이름은 진(辰), 자는 중(仲). 시
호가 문(文)이다. 노(魯)나라의 대부(大夫)로, 삼환(三桓)이 득세하기 전에 오
랫동안 나라를 잘 다스렸다. 공자보다 66년 전(기원전 617년)에 사망함.
ㅇ居蔡(거채)－큰 거북을 집에 두었다. 거(居)는 지니다, 집에 두다. 채(蔡)
는 채 지방의 특산품인 큰 거북, 크기가 1척 2촌이나 된다. 원래는 천자만
이 종묘에 두고 대사 때마다 길흉(吉凶)을 점복(占卜)했다. 그것을 대부인
장문중이 참월(僭越)하게 자기 집에 두었던 것이다. ㅇ山節(산절)－절(節)은

기둥머리, 두공(斗拱). 기둥 끝에 산(山)을 조각한 것을 산절(山節)이라 함. ㅇ藻梲(조절)─절(梲)은 양상단주(梁上短柱), 마룻대를 걸치게 한 들보 위의 짧은 기둥. 조(藻)는 무늬를 그리다. '산절(山節), 조절(藻梲)'은 큰 거북을 기르는 집의 내부 장식이다. ㅇ何如其知也(하여기지야)─어찌 그를 지혜롭다고 하랴?

[解說]

공자의 인물평은 예(禮)를 기준으로 했다. 그러므로 장문중의 정치적 능력이나 공적을 무시하고 그가 신분상의 예를 어긴 것을 가혹하게 비난했다. 『논어』「위령공편(衛靈公篇)」에서도 공자는 다음과 같이 말했다. "장문중은 자리를 훔친 자라 하겠다〔臧文仲其竊位者與〕."(15-14)『좌전(左傳)』문공(文公) 2년에도 공자가 그를 책하는 말이 있다.

5-19

자공이 물었다. "영윤(令尹) 자문(子文)은 세 차례나 출사하여 영윤이 되어도 기뻐하는 빛이 없었고, 세 차례나 그만두어도 노여워하는 빛이 없었으며, 또한 자리를 물릴 때에는 전임 영윤의 정사를 반드시 신임 영윤에게 일러주었으니, 그는 어떻습니까?"

이에 공자가 말했다. "충성스럽다." "인(仁)이라 하겠습니까?" 하고 묻자, 공자는 대답했다. "아직 지혜롭지 못하니, 어찌 인을 얻었다 하겠는가?"

자장이 또 물었다. "최저가 제(齊)나라 임금 장공(莊公)을 시해하자, 진문자는 10승의 말을 버리고 제나라를 떠나 다른 나라에 갔으며, 거기서도 역시 '우리나라의 최저 같다.'고 말하고 떠났으며, 다시 다른 나라에 가서도 역시 '우리나라의 최저 같다.'고 말하고 떠났으니, 그는 어떻습니까?"

공자가 "청렴결백하다."라고 말하자, 자장이 "인이라 하겠습니까?" 하고 묻자, 공자가 대답했다. "아직 지혜롭지 못하니, 어찌 인을 얻었다 하겠는가?"

[原文]

子張이 問曰 令尹子文이 三仕爲∥令尹ㅣ호대 無
자장   문왈 영윤자문   삼사위 영윤   무

∥喜色ㅣ하며 三已>之호대 無∥慍色ㅣ하야 舊令尹
회색   삼이지   무 온색   구영윤

之政을 必以告∥新令尹ㅣ하니 何如하닛고? 子ㅣ曰
지정 필이고 신영윤   하여   자 왈

忠矣니라. 曰 仁矣乎잇가? 曰 未>知케라 焉得>仁이
충의   왈 인의호   왈 미지   언득 인

리오? 崔子ㅣ 弑∥齊君ㅣ이어늘 陳文子ㅣ 有∥馬十
     최자 시 제군   진문자   유 마십

乘ㅣ이러니 棄而違>之하고 至∥於他邦ㅣ하야 則曰
승   기이위 지   지어타방   즉왈

猶∥吾大夫崔子ㅣ也라 하고 違>之하며 之∥一邦ㅣ하
유 오대부최자 야   위지   지 일방

야 則又曰 猶∥吾大夫崔子ㅣ也라 하고 違>之하니
  즉우왈 유 오대부최자 야   위지

何如하닛고? 子ㅣ 曰 淸矣니라. 曰 仁矣乎잇가? 曰
하 여   자 왈 청 의   왈 인 의 호   왈

未>知케라 焉得>仁이리오?
미 지   언 득 인

[가사체 번역문]

자장께서 공자님께 다음같이 여쭈었다

令尹子文 그사람은 세번이나 벼슬하여
영 윤 자 문

令尹자리 올랐어도 기뻐하는 기색없고
영 윤

세차례나 그만둬도 노여하는 기색없고

또한벼슬 물러날땐 앞의令尹 하던政事
영 윤   정 사

새로오는 영윤에게 꼭반드시 일러줬죠

이만하면 그의人品 어떻다고 여깁니까
인 품

공자께서 말하셨다

그만하면 충실하지 자공께서 여쭈었다

그렇다면 仁이라고 말할수가 있습니까
인

공자께서 말하셨다 나는나는 알수없다

어찌仁을 얻었다고 말할수가 있겠느냐
인

자장께서 또여줬다

崔子라는 사람있어 齊國莊公 弑害하자
최 자   제 국 장 공 시 해

齊國大夫 陳文子는 十乘마차 내버리고
제 국 대 부 진 문 자   십 승

제나라를 떠나가서 다른나라 도망갔고

거기서도 역시또한 우리나라 최저같다

이런말을 하고서는 그나라도 떠났으며

다시또한 다른나라 거기가서 역시또한

우리나라 최저같다 이러한말 하고서는 다른데로 떠났으니

이만하면 그의人品 어떻다고 여깁니까
　　　　　인품

공자께서 말하셨다

그만하면 청렴하다 자장께서 또여쭸다

그렇다면 仁이라고 말할수가 있습니까
　　　　인

공자께서 말하셨다 나는니는 알수없다

어찌仁을 얻었다고 말할수가 있겠느냐
　　인

【註解】 ○子張(자장)—공자의 제자.「爲政篇 2-18」참고. ○令尹(영윤)—
관명(官名), 재상. ○子文(자문)—초(楚)나라의 대부(大夫). 성은 투(鬪), 이름
은 구(穀), 자는 자문(子文). 어려서 호랑이 젖을 먹고 자랐으므로 어토유(於
菟乳)라고도 한다. ○三仕爲令尹(삼사위영윤)—세 번 혹은 여러 번 출사하고
영윤이 되었다. ○無喜色(무희색)—각별히 기뻐하는 빛이 없었다. ○三已
之(삼이지)—세 번이나 그만두고 물러났다. ○無慍色(무온색)—각별히 노여
워하는 기색도 없었다. ○舊令尹之政(구영윤지정)—구 영윤의 정사. ○必以
告新令尹(필이고신영윤)—반드시 새 영윤에게 고하고 인계했다. 즉 사사롭
게 숨기는 일이 없었다는 뜻. ○何如(하여)—그 인품이 어떠합니까? ○忠
矣(충의)—충성되다. ○仁矣乎(인의호)—인이라 하겠습니까? ○未知(미
지)—아직 지혜롭지 못하다. 주자(朱子)는 '잘 모르겠다' 로 풀었으나, 취하
지 않는다. ○焉得仁(언득인)—어찌 인덕을 얻었다고 하겠느냐? ○崔子(최
자)—제(齊)나라의 대부. 최저(崔杼). ○弑齊君(시제군)—제나라의 임금을 죽
이다. 시(弑)는 아랫사람이 윗사람을 죽임. 제군(齊君)은 제나라의 장공(莊
公). 최저의 처와 통하다가 시살(弑殺)되었다. ○陳文子(진문자)—제나라의
대부. 성이 진(陳), 이름은 수무(須無), 시호가 문(文). ○有馬十乘(유마십
승)—말 40필을 소유하고 있다. 승(乘)은 말 4필. ○棄而違之(기이위지)—말

을 다 버리고 (그 나라를) 떠났다. 어길 위(違) = 갈 거(去). ○至於他邦(지어타방)—다른 나라에 가서. ○猶吾大夫崔子也(유오대부최자야)—(그 나라를 다스리는 사람도) 역시 우리나라의 최저같이 무도하다. ○之一邦(지일방)—또 다른 나라로 가다. ○淸矣(청의)—청렴결백하다.

[解說]

인자(仁者)는 '지(智)·인(仁)·용(勇)' 삼달덕(三達德)을 갖추어야 한다. 우선 많이 배우고 바르게 알아야 한다. 절대선(絶對善)의 천도(天道 = 宇宙의 理法), 인간의 선본성(善本性)을 위시하여 역사관·세계관·가치관이 확립되어야 참다운 군자, 인자가 될 수 있다.

공자는 영윤 자문의 충성과 또 진문자의 청렴을 인정했다. 그러나 "그들의 지(知)가 아직 모자란다. 그러므로 어찌 인덕을 얻었다고 하랴?" 하고 엄하게 비평했다. 인자는 부분적인 기능이나 덕행만으로는 될 수 없음을 밝힌 말이다.

이들 두 사람은 사회의 일반적 통념으로는 존경을 받을 만하다. 그런 점에서 공자도 "그만하면 충성스럽다, 청렴하다."고 인정했던 것이다.

『국어(國語)』에 '투자문(鬪子文)이 세 번 영윤이 되었으나, 그는 하루 먹을 양식도 저축한 것이 없었다. 백성을 긍휼히 대했기 때문이다.' 라는 기록이 있다. 그러나 국가적으로는 인정(仁政)을 펴지 못했다.

진자문의 경우도 자기 혼자 망명하고 청렴하게 지낸 것은 좋으나, 자기 나라에서 최저 같은 역적의 세력과 싸우지 못한 것을 은근히 풍자했을 것이다. 즉 살신성인(殺身成仁)하지 못한 것을 불만스럽게 여겼을 것이다.

5-20

계문자는 세 번 생각한 후에 실천했다. 공자가 그 말을 듣고 말했다. "두 번이면 된다."

[原文]

季文子ㅣ 三思而後에 行하더니 子ㅣ 聞>之하시고
계 문 자   삼 사 이 후   행   자   문 지

曰 再斯可矣니라.
왈   재 사 가 의

[가사체 번역문]

季文子는 세번이나 생각한후 실천했다
계 문 자

공자께서 그말듣고 다음같이 말하셨다 두번이면 족하단다

[註解] ○季文子(계문자)—노(魯)나라의 대부로, 계손씨(季孫氏)의 3대(代), 이름은 명보(名父), 시호가 문(文). 지나치게 신중한 사람이었다. ○三思而後行(삼사이후행)—무슨 일이든지 세 번이나 심사숙고한 다음에 거행했다. ○再斯可矣(재사가의)—두 번이면 된다. 족하다.

[解說]

『좌전(左傳)』에는 계문자(季文子)가 박학하고 재주와 슬기를 겸한

사람이며, 또한 만사를 심사숙고하고 충성스럽게 처리했다고 적혀 있다. 그러나 공자는 그가 과단성 없이 지나치게 생각을 많이 함으로써 일을 잘못했음을 탓한 것이다. 지나친 심사숙고는 우유부단(優柔不斷)에 통한다. 『집주(集註)』에서 주자(朱子)는 다음과 같이 지적했다. '예를 들면, 그가 진(晉)나라에 사신으로 갈 때에 진나라 임금이 병을 앓는다는 말을 듣고 상을 당할 경우, 자기가 행할 예(禮)를 미리 알아보았다는 일이 (지나치게 생각함이다)〔若使晉而求遭喪之禮以行 亦其斯也〕.'

한편 정자(程子)는 다음과 같이 주를 달았다. '악을 행하는 사람은 생각하지 않는다. 생각함은 선을 행하는 것이다. 그러나 두 번 생각하면 족하다. 세 번이나 생각하면 사사로운 뜻이 끼어들어서 도리어 혼란하게 된다.'

5-21

공자가 말했다. "영무자는 나라에 도가 있으면 아는 척했고, 나라에 도가 없으면 어리석은 척했다. 그의 아는 척하는 품은 누구나 따를 수 있으나, 그의 어리석은 척하는 품은 누구나 따를 수 없느니라."

[原文]

子ㅣ 曰 甯武子ㅣ 邦有>道則知하고 邦無>道則愚
자   왈 영 무 자   방 유 도 즉 지   방 무 도 즉 우하니 **其知**는 **可>及也**어니와 **其愚**는 **不>可>及也**니라.
기 지 가 급 야 기 우 불 가 급 야

[가사체 번역문]

공자께서 말하셨다

衛國大夫 **甯武子**는 자기나라 **道**있으면
위 국 대 부 영 무 자 도

아는척을 하고서는 현실참여 하였었고

자기나라 **道**없으면 어리석은 척하면서 나타나지 아니했다
도

그가아는 척을하는 그런품은 누구든지 따를수가 있지마는

어리석은 척한품은 어느누구 한사람도 따를수가 없었다네

[註解] ○甯武子(영무자)—위(衛)나라의 대부. 성은 영(甯), 이름은 유(兪), 시호가 무(武)였다. ○邦有道則知(방유도즉지)—나라에 도가 있으면, 아는 척하고 나가서 현실참여(現實參與)를 한다. ○邦無道則愚(방무도즉우)—나라에 도가 없으면 어리석은 척하고 물러나 은퇴한다. ○其知可及也(기지가급야)—그가 아는 척하고 현실참여하는 품은 따를 수 있다. ○其愚不可及也(기우불가급야)—그가 어리석은 척하고 물러나 은퇴하는 품은 따를 수 없다.

[解說]

일반적으로는 위와 같이 풀이할 수 있다. 그러나 『집주(集註)』는 『좌전(左傳)』을 바탕으로 대략 다음과 같이 해석했다. '영무자는 위나라 문공(文公)과 성공(成公) 때 출사했다. 문공 때에는 도가 행해졌으며, 영무자는 별로 나타날 만한 일을 하지 않았다. (즉 그는 슬기롭게 모든 공을 임금에게 돌렸다.) 성공 때에는 도가 행해지지 않았다. (그래도 그는 어리석게도) 위험을 무릅쓰고 진심갈력(盡心竭力)

하고 임금을 도왔으며, 자신도 잘 보전했다. 이와 같은 어리석음은
따르기 어렵다.'

5-22

공자가 진나라에서 말했다. "돌아가자! 돌아가자! 우리 고
장의 젊은이들은 뜻이 크고 진취적이긴 하지만 조잡하고 알
차지 못하며, 또한 문화적으로 찬연하게 빛나고 문채를 이루
지만 바르게 재량할 줄 모른다. (그러니 돌아가서 가르쳐 주
자.)"

[原文]

子ㅣ 在>陳하사 曰 歸與 歸與인저! 吾黨之小子ㅣ
자 재 진   왈 귀여 귀여   오당지소자

狂簡하야 斐然成>章이오 不>知>所Ⅱ以裁Ⅰ>之로다.
광 간   비 연 성 장   부 지 소 이 재 지

[가사체 번역문]

공자께서 陳나라서 다음같이 말하셨다
　　　　진

돌아가자 돌아가자 우리고장 젊은이들 이상높고 뜻이크다

그러하나 조잡하고 알차지를 아니하며

문화또한 빛나지만 올바르게 판단하고 처리하지 못한다네

[註解] ○子在陳(자재진)－공자는 56세 때에 노나라를 뒤로 하고 여러 나라를 유력(遊歷)했으며, 진나라에도 두 번 들렀었다. 진은 현 하남성(河南省) 남쪽에 있던 작은 나라. 당시 진(晉)과 초(楚)의 싸움으로 진나라도 전화를 입었다. ○歸與(귀여)－돌아가자! ○吾黨之小子(오당지소자)－당(黨)은 향당 (鄕黨), 지역사회의 뜻. 여기서는 우리 노나라의 뜻. 소자(小子)는 젊은이들, 청소년들. ○狂簡(광간)－광(狂)은 이상이 높고 진취적이다. 간(簡)은 뜻이 크다. ○斐然成章(비연성장)－비연(斐然)은 문화적으로 찬연하게 빛난다. 성장(成章)은 아름답게 문양(紋樣)과 문채(文彩)를 이루다. ○不知所以裁之 (부지소이재지)－그것들을 어떻게 재량하고 활용할지를 모른다. 소이(所以) 는 방법, 재(裁)는 재량하고 활용한다.

[解說]

공자는 56세에 노나라를 떠나 여러 나라를 방랑했으며, 68세에 돌아왔다. 이 말은 아마 60세 경에, 진나라에 있을 때에 한 말일 것이다. 사방을 주유(周遊)하고 도(道)가 없음을 본 공자가, 차라리 문화전통이 빛나는 고국에 돌아가 고국의 청년들을 교육하자는 뜻을 피력한 것이다.

5-23

공자가 말했다. "백이와 숙제는 지난날의 악을 생각하지 않았다. 따라서 그들은 남을 원망하는 일도 드물었다."

[原文]

子ㅣ 曰 伯夷叔齊는 不>念Ⅱ舊惡ㅣ이라. 怨是用
자 왈 백 이 숙 제 불 념 구 악 원 시 용

希니라.
희

[가사체 번역문]

공자께서 말하셨다

伯夷叔齊 그분들은 지난날의 惡이란걸 생각지도 않았다네
백 이 숙 제 악

그리하여 그분들은 사람들을 원망하는 그런일도 드물었다

[註解]

○伯夷叔齊(백이숙제)—백이는 형, 숙제는 동생. 고죽국(孤竹國)의
왕자. ○不念舊惡(불념구악)—불념(不念)은 생각하지 않는다, 구악(舊惡)은
지난날의 악한 일. ○怨是用希(원시용희)—원(怨)은 원망, 혹은 후회한다.
시용(是用)은 '시이(是以)'로, 앞의 '원(怨)'을 강조한 조사. 희(希)＝드물 희
(稀). 적다, …한 일이 없다.

[解說]

　사마천(司馬遷)은 '백이와 숙제'를 『사기(史記)』「열전(列傳)」의 첫
머리에 내세울 만큼 그들을 높였다. 그들에 대한 고사를 간략히 추
려보겠다.

　형 백이와 동생 숙제는 고죽국의 왕자였다. 백이는 부왕(父王)이
평소에 동생 숙제에게 자리를 물려주려고 하는 뜻을 잘 알고 있었으
므로, 부왕 사망 후, 주(周) 문왕(文王)의 덕을 흠모하고, 주나라로 갔

다. 그러자 동생 숙제도 뒤따라 주나라로 갔으며, 결국 셋째가 왕위를 계승했다.

그러나 이들이 주나라에 갔을 때는 문왕이 죽고, 그의 아들 무왕(武王)이 은(殷)나라 주왕(紂王)을 치려고 출동하고 있었다. 이에 그들은 앞으로 나가서 무왕의 말고삐를 잡고 말했다. "부친의 상례도 다 마치지 않고 군대를 동원하는 것은 불효(不孝)요, 은나라의 신하로서 임금을 치려는 것은 불충(不忠)입니다."

그러자 출동하던 주나라 군사들이 칼을 뽑아 당장에 백이숙제를 참하려 했다. 그때에 군사(軍師) 강태공(姜太公)이 큰 소리로 "그들은 의인(義人)이다."라고 외치며 제지했으므로 살아남을 수 있었다.

그러나 백이숙제는 주나라가 천하를 통일한 다음에도, 불의(不義)를 저지른 주나라의 곡식을 먹을 수 없다 하고, 수양산에 들어가 고사리를 따먹다가 결국은 아사(餓死)했다.

그들은 정의(正義)와 청백(淸白)을 대표하는 인물이다. 원래 정의감이 강하고 청렴결백한 사람은 무도한 악인을 미워하게 마련이다. 그러나 백이숙제는 남의 악덕을 막으려고 했을 뿐, 사람 자체를 미워하거나 원망하지 않았다. 이 점을 공자가 높이 평한 것이다.

『집주(集註)』에서 주자(朱子)는 맹자의 말을 인용했다. '그들은 악한 임금의 나라에서 벼슬하지 않고, 악한 사람과는 말도 하지 않고, 같은 향당의 사람이라도 그의 관(冠)이 바르지 않으면, 모른 척하고 멀리 떠났으니, 흡사 자신들이 오염될까 두려워하는 듯했다〔其不立於惡人之朝 不與惡人言 與鄕人立 其冠不整 望望然去之 若將浼焉〕.' 그리고 주자는 다시 말했다. "그들의 지조가 이와 같이 높고 꼿꼿했으니, 당연히 포용하는 바가 없을 듯하다. 그러나 미워하던 사람이 능히 고치면 미워하지 않았다. 그러므로 사람들도 그들을 원망하지 않았다〔其介如此 宜若無所容矣 然其所惡之人 能改卽止 故人亦不甚怨之也〕.”

주자는 ‘원시용희(怨是用希)’ 를 ‘남이 그들을 원망하지 않았다’ 로 풀었다. 그러나 이 책은 ‘백이숙제가 지난 악을 생각하지 않고 또 남을 원망하지 않았다.’ 로 풀었다. 「술이편(述而篇)」에 있다. 자공(子貢)이 “백이 숙제는 원망했습니까?” 하고 묻자, 공자는 “인을 구하고 인을 얻었으니, 무엇을 원망하랴!〔求仁而得仁 又何怨乎〕”라고 대답했다.

5-24

공자가 말했다. “누가 미생고를 정직하다고 하는가? 어떤 사람이 그에게 초를 얻고자 하자, 그가 초를 이웃집에서 얻어다 주었다.”

[原文]

子ㅣ 曰 孰謂Ⅱ微生高直ㅣ고? 或이 乞>醯焉이어늘
자 왈 숙위 미생고직   혹 걸 혜언
乞Ⅱ諸其隣ㅣ而與>之온여.
걸 저기린 이여 지

[가사체 번역문]

　　공자께서 말하셨다

　　어느누가 微生高를 정직하다 말하는가
　　　　　미 생 고

　　어떤사람 미생고께 食醋조금 얻자하자
　　　　　　　　　식 초

　　그는그걸 이웃에서 얻어다가 주었다네

[註解] ○孰謂(숙위)—누가 …라고 말하나? 부정의 뜻이 담겨져 있다. ○微生高(미생고)—『집주(集註)』에는 ‘성이 미생(微生), 이름이 고(高), 노(魯)나라 사람으로, 강직하다고 알려졌다.’ 고 설명했다. 「해설」 참고. ○直(직)—강직하다, 정직하다. ○或乞醯(혹걸혜)—어떤 사람이 초를 구걸하다. 초=혜(醯). ○乞諸其鄰(걸저기린)—초를 자기 이웃집에서 구걸하다, 저(諸) = 지어(之於). ○而與之(이여지)—그래가지고 그 사람에게 주다.

[解說]

　　여기서는 대략 ‘자기 집안에 없는 것을 이웃에서 얻어다가 준 것은 정직하지 못하다.’ 로 풀이했다. 『고주(古注)』나 『집주(集註)』도 같게 풀었다. 그러나 다음과 같은 새 풀이도 있다. 미생고(微生高)는 미생고(尾生高)다. 그는 한 여인과 다리 밑에서 상봉하자고 약속을 했다. 그러나 그 여인은 오지 않았고 한편 강물이 불어나자, 그는 고지식하게 나무다리 들보를 껴안고 기다리다가 죽었다. 더없이 고지식하고 강직한 사람이다. 그러나 “그 사람이 이웃에서 초를 꾸어다가 남을 도와주었으니, 고지식하기만 하지 않고 인정에 넘치는 일면도 있지 않으냐?” 하고 공자가 반문한 것으로 해석할 수도 있다.(楊伯峻, 劉寶楠의 설을 바탕으로 함.)

공자가 말했다. "겉으로 말을 잘 꾸미고, 낯빛을 부드럽게 하고, 지나치게 공손한 척하는 태도를 좌구명이 창피하게 여겼거니와, 나도 창피하게 여긴다. 또 속의 원한을 숨기고 친한 척하는 것을 좌구명이 창피하게 여겼는데, 나도 창피하게 여긴다."

[原文]

子ㅣ 曰 巧>言 令>色 足>恭을 左丘明이 恥>之러
자 왈 교 언 영 색 주 공 좌구명 치 지

니 丘亦恥>之하노라. 匿>怨而友ㅛ其人ㅣ을 左丘明
구 역 치 지 익 원 이 우 기 인 좌 구 명

이 恥>之러니 丘亦恥>之하노라.
치 지 구 역 치 지

[가사체 번역문]

공자께서 말하셨다

간교하게 말잘하며 얼굴빛을 온화하고

아름답게 꾸미면서 지나치게 공손한척

그런행동 하는것을 左丘明이 부끄럽고 창피하게 여기었고
좌 구 명

나도역시 부끄럽고 창피하게 여긴다네

마음속의 원한이나 노여움을 숨기고서

그사람을 친근한척 그런행동 하는것을

左丘明이 부끄럽고 창피하게 여기었고
좌 구 명

나도 역시 부끄럽고 창피하게 여긴다네

[註解] ㅇ巧言(교언)-말을 간교하게 잘한다. ㅇ令色(영색)-안색이나 표정을 아름답게 꾸민다. ㅇ足恭(주공)-주(足)는 과(過), 지나치게 공손한 태도를 취한다. '교언영색(巧言令色)'은 「學而篇 1-3」참고. ㅇ左丘明(좌구명)-성이 좌구(左丘), 이름이 명(明). 『고주(古注)』는 노(魯)나라의 대부라고 했으나 잘 알 수 없다. ㅇ恥之(치지)-창피하게 여긴다. ㅇ丘亦恥之(구역치지)-구(丘)는 공자의 이름, '나도 역시 창피하게 여긴다.' ㅇ匿怨(익원)-마음속에 품은 원한이나 노여움을 숨기고. ㅇ友其人(우기인)-상대를 친애하는 척한다.

[解說]

가장된 애교를 부리거나 아첨을 하는 것은 상대를 속이고 자기의 욕구를 채우려는 술책이다. 한편 속에 품은 원한이나 노여운 감정을 숨기고, 반대로 친근하고 친애하는 척하는 태도는 상대방의 허(虛)를 찌르려는 음모라 하겠다. 복검구밀(腹劍口蜜)이란 말이 있다. 속에 칼을 품고 입으로는 달콤한 말을 흘린다. 이와 같은 이중적 행동은 비도덕적이고 범죄에 직통한다.

5-26

안연과 자로가 공자를 모시고 곁에 앉아 있었다. 공자가 말했다. "너희들의 소망하는 바를 각기 말해보지 않겠느냐?"

자로가 말했다. "좋은 말과 수레와 가벼운 가죽옷을 얻어 벗들과 같이 나눠 쓰다가 끝내 헐어 못쓰게 된다 해도 유감스럽게 여기지 않겠습니다."

안연이 말했다. "착한 일을 남에게 자랑하지 않고, 남에게 힘드는 일을 강요하지 않겠습니다."

자로가 "선생님께서 원하시는 바를 듣고 싶습니다" 하자, 공자가 말했다. "노인들을 편하게 해주고, 벗들에게는 신의를 지키며, 연소자들을 사랑으로 품고자 한다."

[原文]

顔淵季路ㅣ 侍러니 子ㅣ 曰 盍Ⅲ各言Ⅱ爾志ㅣ리오?
안 연 계 로 시 자 왈 합 각 언 이 지

子路ㅣ 曰願車馬와 衣輕裘를 與Ⅱ朋友ㅣ共하야 敝>
자 로 왈 원 거 마 의 경 구 여 붕 우 공 폐

之而無>憾하노이다. 顔淵이 曰 願無>伐>善하며 無>
지 이 무 감 안 연 왈 원 무 벌 선 무

施>勞하노이다. 子路ㅣ 曰 願聞Ⅱ子之志ㅣ하노이다.
시 로 자 로 왈 원 문 자 지 지

子ㅣ 曰 老者를 安>之하며 朋友를 信>之하며 少者
자 왈 노 자 안 지 붕 우 신 지 소 자

를 懷>之니라.
회 지

[가사체 번역문]

顔淵子路 두사람이 공자님을 뫼셨을때 공자께서 말하셨다
안 연 자 로

그대들의 소망하는 자신의뜻 각기서로 말해보지 않겠느냐

자로께서 말하였다

말과수레 좋은갖옷 그런것을 얻어서는

붕우들과 함께쓰다 못쓸정도 되어서도

유감으로 여기는일 그런것을 않겠어요

안연께서 말하였다

착한일을 남들에게 자랑하지 아니하고

힘든일을 남들에게 강요하지 않겠어요

자로께서 말하였다

선생님이 원하는걸 들어보고 싶습니다

공자께서 말하셨다

연세높은 노인들을 편안하게 잘모시고

벗님네들 그들에겐 믿음의리 잘지키며 연소자를 사랑하리

【註解】 ○顔淵(안연)―「爲政篇 2-9」참고. ○季路(계로)―「爲政篇 2-17」참고. ○侍(시)―시좌(侍坐). 스승을 모시고 곁에 앉아 있다. ○盍(합)― '하불(何不)'을 합친 글자. 어찌 …하지 않느냐? ○各言爾志(각언이지)―각자 자신의 뜻을 말하다, 너 이(爾). ○願(원)―원한다, …하고 싶다. ○車馬(거마)―수레와 말. ○衣輕裘(의경구)―의(衣)는 동사. 입다. 경구(輕裘)는 가벼운 가죽옷이나 털옷. ○與朋友共(여붕우공)―벗들과 같이 나눠 쓰다, 공유하다. ○敝(폐)―헐어 못쓰게 되다. ○無憾(무감)―유감이 없다. ○無伐善(무벌선)―선을 자랑하지 않음. 벌(伐)은 자랑하다. ○無施勞(무시로)―(남에게) 힘드는 일을 시키지 않는다. 노(勞)는 힘들고 어려운 일. 시(施)는 시키다, 강요하다. ○願聞子之志(원문자지지)―선생님의 뜻을 듣고 싶다. ○老者安之(노자안지)―노인을 편안하게 모신다. 목적어가 앞에 나왔다. ○朋友

信之(붕우신지)─붕우에게는 신의를 지킨다. ○少者懷之(소자회지)─어린 사람들을 사랑한다.

[解說]

각자의 인품에 따라 각자의 소망도 다르다. 자로는 활동적이고 동지애(同志愛)에 넘친다. 한편 안회는 자기 수양을 중시하고 남을 괴롭히지 않겠다는 뜻을 밝혔다. 이는 소극적인 인(仁), 즉 서(恕)를 비친 것이다. 그러나 공자의 소망은 적극적으로 모든 사람에게 인애(仁愛)를 베풀고자 했다. ① '노자안지(老者安之)' : 노인은 비록 현재는 노쇠했으나 과거에는 젊었고, 또 사회와 역사 및 문화 발전에 기여했던 선배들이다. 그러므로 그들의 뒤를 이은 군자는 그들을 안락하게 받들고 모셔야 한다. ② '붕우신지(朋友信之)' : 오늘의 사회, 국가 역사 및 문화 발전을 담당한 군자, 지식인들은 동지애로 결합하고 서로 신의(信義)를 돈독히 지키고 종국적으로 인정(仁政)과 덕치(德治)를 달성해야 한다. ③ '소자회지(少者懷之)' : 사회·국가 역사 및 문화를 물려받고 더욱 발전시킬 청소년 후진들을 참다운 사랑으로 품고 바르게 교육해야 한다. 청소년에 대한 참다운 사랑은 그들을 동물적 존재에서 정신적 존재, 관능적 쾌락보다도 인덕(仁德)을 높이는 군자가 되게 교육하고 훈련하는 것이다. 이상 세 가지는 결국 세대 간의 모든 사람들이 서로 사랑하고, 역사와 문화를 계승 발전케 하는 인(仁)의 실천이다. 공자의 인(仁)에는 역사적 발전관이 깊이 살아있다.

꽁자가 말했다. "다 되었구나! 나는 아직까지 자기의 잘못을 보고 스스로 마음속으로 자책할 수 있는 사람을 보지 못했다."

[原文]

子ㅣ曰 已矣乎라 吾未>見下能見Ⅱ其過ㅣ하고 而
자 왈 이의호 오미 견 능견 기과 이

內自訟者上也케라.
내 자송자 야

[가사체 번역문]

공자께서 말하셨다
다됐구나 다됐구나 나는아직 자기지은 잘못된일 알고서도
스스로를 맘속깊이 책망할줄 아는사람 그런사람 못보았네

[註解] ○已矣乎(이의호)―다 되었구나, 모든 것이 끝났노라. (절망하는 말).「자한편(子罕篇)」에도 '이의호(已矣乎)'가 보인다. '공자가 말했다. "하늘에서는 봉황새가 날아오지 않고, 황하에서는 하도(河圖)가 나타나지 않는구나, 이제 나도 모든 것이 끝났노라!"〔子曰 鳳凰不至 河圖不出 吾已矣夫〕.'「9-9」. ○吾未見(오미견)―나는 아직 보지 못했다. ○能(능)―능히…할 수 있다. ○見其過(견기과)―자기의 허물을 보고. ○內自訟者(내자송자)―마음속으로 자신을 책망하는 사람. 송(訟)은 자책하다.

아마 이 말은 안연(顔淵)이 죽은 다음에 한 말일 것이다. 공자는
안연을 "배우기를 좋아했고, 노여움을 남에게 옮기지 않았고, 과실
을 두 번 거듭하지 않았다. 그러나 불행하게도 단명으로 죽었다〔好
學 不遷怒 不貳過 不幸短命死矣〕."「雍也篇 6-3」고 말한 바 있다.
안연처럼 "자기의 과실을 깊이 자책하는 사람이 없다."고 탄식한 것
이다. 그러나 이 말은 일반적인 교훈으로 풀이해도 좋다. 포악한 하
극상(下剋上)의 난세에서 온갖 악덕을 거듭하면서 아무도 자신을 깊
이 자책하고 반성하는 사람이 없으니, 절망이라는 뜻을 피력한 것이
다. 악덕을 악덕인 줄 모르니, 세상은 더욱 악덕하게 되는 것이다.
그러므로 바르게 배워야 한다.

5-28

공자가 말했다. "집 열 채가 있는 작은 마을에도 반드시 충
성과 신의에 있어서는 나 같은 사람이 있을 것이다. 그러나
나만큼 배우기를 좋아하지는 않을 것이다."

[原文]

子ㅣ 曰 十室之邑에 必有ㅛ忠信이 如>丘者ㅣ焉이
　　자　왈　십실지읍　　필유　충신　　여구자　언

어니와 不>如ㅛ丘之好ㅣ>學也니라.
　　　　불　여　구지호　학야

[가사체 번역문]

　공자께서 말하셨다

　집이열채 있는마을 그런작은 마을에도

　忠誠信義 그런것이 나와같은 그런사람 꼭반드시 있으리라
　충 성 신 의

　그러하나 나程度로 공부하고 배우기를 좋아하진 않을거야
　　　　　정 도

[註解]　○十室之邑(십실지읍)－열 가구 정도가 있는 작은 마을. 실(室)은 가구, 집. ○必有忠信如丘者(필유충신여구자)－필유(必有)는 반드시 있다. 충신(忠信)에 있어서는…. 여구자(如丘者)는 구 같은 사람. 구(丘)는 공자의 이름. ○不如丘之好學(불여구지호학)－불여(不如)는 같을 수 없다, 구지호학(丘之好學)은 내가 배우기 좋아함. 즉 나같이 배우기 좋아하는 사람은 없다.

[解說]

　공자의 사상을 깊이 이해하지 못하면 자기과시(自己誇示)인 말로 오해할 말이다. 공자는 『논어』 첫 장에서 '학이시습지(學而時習之)'를 강조했다. 사회의 지도층이 될 군자는 일반적인 교양과목이나 사회 규범으로서의 예의범절을 잘 배워야 한다. 그러나 공자가 배양하려는 군자는 어디까지나 포악무도한 난세를 개혁하고 인정(仁政) 덕치(德治)를 창건하는 혁신적인 군자다. 따라서 그들은 세속적인 명리(名利)나 부귀영화(富貴榮華)에 미혹되지 않고, 철저하게 수사선도(守死善道)해야 한다. 그러므로 그들은 절대선(絶對善)의 천도(天道)를 깊이 배워 깨닫고 실천해야 한다. 타고난 성품이 좋아서 충신(忠信)하는 것도 좋다. 그러나 도에 대한 신념이 없으면 무도한 군주 밑에서 녹을 받는 타락한 선비가 될 것이다.

제**6**편
옹야편(雍也篇)

옹야편(雍也篇)은 총 30장이다. 이 편도 앞의 「공야장편(公冶長篇)」과 같이 인물을 평한 구절이 많다. 그러나 전반부는 대체로 폄책(貶責)하는 말이 많고, 후반부는 대체로 칭찬하는 말이 많다.

특히 후반부에서는 인(仁), 지(知) 및 군자(君子) 등에 대한 구절이 많으므로 공자의 사상을 연구하는 데 크게 도움이 될 것이다.

주자(朱子)의 『사서집주(四書集註)』에는 이 편을 총 28장으로 나누었다.

6-1

공자가 말했다. "옹, 그대는 가히 남면할 만하다."

[原文]

子ㅣ 曰 雍也는 可>使ㅛ南面ㅣ이로다.
자 왈 옹 야 가 사 남 면

[가사체 번역문]

공자께서 말하셨다
나의제자 雍야그는 너그럽고 도량크며
　　　　옹
대범하고 무게있어 높은벼슬 자리앉아
신하들을 다스리는 그런일을 할만하지

[註解] ㅇ雍(옹)—공자의 제자. 자가 중궁(仲弓)이다. 「公冶長篇 5-5」참
고. ㅇ可使南面(가사남면)—가히 '남면' 할만하다. 대궐에서 임금은 남쪽을
바라보고, 신하는 북쪽을 바라보고 앉는다. 지방 관청에서도 장은 남면(南
面)한다. 즉 중궁은 많은 신하나 부하를 다스릴 만하다는 뜻이다.

[解說]

공자가 제자인 염옹(冉雍)을 다정하게 이름을 불러가면서, "옹아,
자네 인품은 가히 남면하고 백성을 다스릴 만하다."고 말한 것은 파
격적인 칭찬이다. 이렇게 말하는 공자는 물론 현실적으로 중궁이 임
금이 되어 한 나라를 다스린다는 뜻이 아니다. 중궁의 도량이나 식

견 및 덕행이 '가히 남면할 만하다.' 고 인정한 것이다. 「선진편(先進篇)」 5장에도 중궁이 덕행에 뛰어났다고 했다. 주자는 이 장과 다음의 2장을 합해서 한 장으로 만들었다.

6-2

중궁이 "자상백자는 어떠합니까?" 하고 묻자, 공자가 말했다. "가하다, 그는 소탈하고 대범하다."

중궁이 다시 반문했다. "몸가짐을 경건하게 하면서 소탈하고, 대범한 태도로 백성에게 대하면 (더욱) 좋지 않습니까? 몸가짐도 소탈 대범하고, 남에게 대하는 태도도 소탈 대범하면 지나치게 소탈 대범하지 않겠습니까?"

그러자 공자가 말했다. "그대의 말이 옳다."

[原文]

仲弓이 問ᴵᴵ 子桑伯子ᴵ한대 子ᴵ 曰 可也簡이니
　중궁　문　　자상백자　　　　자　왈 가야간

라. 仲弓이 曰 居＞敬而行＞簡하야 以臨ᴵᴵ其民ᴵ이면
　　중궁이 왈 거 경이행 간　　　이임 기민

不ᴵᴵ亦可ᴵ乎잇가? 居＞簡而行＞簡이면 無乃大簡乎
불　역가　호잇가?　거 간이행 간이면　무내대간호

잇가? 子ᴵ 曰 雍之言이 然하다.
잇가?　자　왈 옹지언　　연

仲弓께서 공자님께 子桑伯子 그사람이 어떠한지 여쭈었다
　중궁　　　　　　　　자상백자
공자께서 말하셨다

그만하면 되었도다 소탈하고 대범하다 仲弓다시 되물었다
　　　　　　　　　　　　　　　　　　　중궁
몸가짐이 경건하며 소탈하고 대범스런 그런태도 가지고서

백성들을 대하면은 더욱좋지 않습니까

몸가짐도 소탈하고 역시또한 대범하며 사람들을 상대함도

소탈하고 대범하면 지나치게 소탈하고 대범하지 않을까요

그러하자 공자께서 다음같이 말하셨다 그대말이 옳네그려

[註解] ○子桑伯子(자상백자)—주자는 '노(魯)나라 사람이다' 라고 주석했으나 확실치 않다. ○可也(가야)—가하다, 쓸만하다. ○簡(간)—소탈하고 대범하다. 황간(皇侃)은 '소탈 대범하고 자질구레하지 않다〔疏大無細行也〕.' 라고 했다. ○居敬而行簡(거경이행간)—자신의 몸가짐을 경건하게 하면서 동시에 남에게 소탈하고 대범하게 대한다. ○以臨其民(이임기민)—백성들에게 임한다, 대한다. ○不亦可乎(불역가호)—더욱 좋지 않습니까? ○居簡而行簡(거간이행간)—자신의 몸가짐도 소탈하고 대범하게 하고, 동시에 남에게도 소탈하고 대범하게 대한다면. ○無乃大簡乎(무내대간호)—즉 지나치게 대범하고 소탈하지 않습니까? ○雍之言然(옹지언연)—옹의 말이 옳다. 그대의 말이 옳으니라.

[解說]

『설원(說苑)』에 '자상백자(子桑伯子)가 의관을 갖추지 않고 있는 것을〔不衣冠而處〕' 공자는 "바탕이 좋고 가식이 없다〔質美而無

文〕."라고 말했다는 고사가 보인다. 위에서 공자가 '가야간(可也簡)' 이라고 한 것은 좋은 의미에서 '그는 소탈하고 대범하니, 그만하면 쓸만하다.'고 긍정한 것이다. 그러나 중궁이 "자신의 몸가짐을 경건히 하고, 남에게는 소탈 대범하게 대하면 더욱 좋지 않습니까?" 하고 반문하자, 공자가 "옳다, 자네 말이 옳다."고 동의했다. '경건하게 함〔居敬〕'은 '예를 지키고 사물을 엄숙하게 처리함'이다.

6-3

애공이 "제자 중에서 누가 가장 배우기를 좋아합니까?" 하고 묻자, 공자가 대답했다. "안회(顏回)가 배우기를 좋아했습니다. 그는 노여움을 옮기지 않고, 과실을 두 번 거듭하지 않았습니다. 불행하게도 죽어, 지금은 없습니다. 그 후로는 (그만큼) 배우기 좋아하는 자가 누군지 알지 못합니다."

[原文]

哀公이 問 弟子ㅣ 孰爲>好>學이닛고? 孔子ㅣ 對
애 공   문 제자   숙 위 호 학   공 자   대

曰 有Ⅱ顏回者ㅣㅣ 好>學하야 不>遷>怒하며 不>貳>
왈 유 안 회 자   호 학   불 천 노   불 이

過하더니 不幸短命死矣라. 今也則亡하니 未>聞Ⅱ
과   불 행 단 명 사 의   금 야 즉 망   미 문

好>學者ㅣ也케이다.
호 학 자 야

[가사체 번역문]

哀公께서 물으셨다
애공

제자중에 어느누가 공부하고 배우기를 가장좋아 하십니까

공자께서 대답했다

顔回라는 者가있어 배우기를 좋아했죠
안회   자

그사람은 노여움을 옮기지를 아니했고

過失두번 저지르는 그런일이 없었지요
과실

불행히도 일찍죽어 지금에는 없습니다

그後아직 그者만큼 배우기를 좋아하는
후   자

그런사람 있다는말 들어본적 없습니다

[註解] ○哀公(애공)—노(魯)나라의 임금.「爲政篇 2-19」참고. ○弟子孰
爲好學(제자숙위호학)—제자들 중에 누가 제일 배우기를 좋아하느냐? ○有
顔回者好學(유안회자호학)—안회가 배우기를 좋아한다. 유(有)는 현상(現象)
을 나타내는 동사. 굳이 '있다'라고 번역할 필요가 없다. 자(者)는 단락을
표시하는 조사(助詞). ○不遷怒(불천노)—노여움을 남에게 옮기지 않는다.
옮길 천(遷). ○不貳過(불이과)—잘못이나 과실을 두 번 되풀이하지 않는다.
○不幸(불행)—불행하게도. ○短命(단명)—단명으로, 명이 짧아서. ○今也
則亡(금야즉망)—지금에는 이 세상에 없습니다. ○未聞好學者也(미문호학자
야)—아직까지 그만큼 배우기 좋아하는 사람이 있다는 말을 듣지 못했다.

[解說]

공자의 제자는 약 3천 명, 육예(六藝)에 통한 자만도 72명이었다.
그중에서도 안회(顔回)가 가장 공자의 신임과 사랑을 받았었다. 따

라서 그의 죽음은 공자에게 큰 타격을 주었다. 「선진편(先進篇)」에서는 계강자(季康子)가 "제자 중에 누가 배우기를 좋아하느냐?"고 묻자, 공자는 거의 같은 말로 "유안회자호학(有顏回者好學), 불행단명사의(不幸短命死矣) 금야즉망(今也則亡)"이라고 대답했다. 배움은 곧 덕행에 이어진다. 그러므로 공자는 여기서 '불천노(不遷怒) 불이과(不貳過)'라 했고, 다음에서는 "참으로 안회는 어질도다. 한 그릇 밥과, 한 쪽박 물을 들며 누추한 마을에 살고 있다. 남들 같으면 그 고난을 참지 못하겠거늘, 그는 (가난해도 도를 지키는) 즐거움을 잘 간직하고 있다. 참으로 안회는 어질도다." 「6-11」라고 칭찬했다.

공자가 14년간의 방랑을 마치고 고국인 노나라로 돌아온 때는 그의 나이 68세로 이미 노쇠했다. 남은 희망을 후진에게 걸어야 했다. 그런데 장남 백어(伯魚)가 나이 51세로 죽고, 이어 가장 사랑하던 제자 안회가 나이 41세로 죽었으니, 그 얼마나 애석하고 애통했으랴? 특히 안회의 죽음은 공자에게 절망감을 안겨주었다. 「선진편」에 있다. '안연이 죽자, 공자가 통탄하며 말했다. "아! 나를 하늘이 버리고 망치게 하는구나!" 〔顏淵死 子曰 噫天喪予 天喪予〕.' 「11-9」. '안연이 죽자, 공자가 통곡했다〔顏淵死 子哭之慟〕.' 「11-10」.

6-4

자화가 사신이 되어 제나라로 떠나가자, 염구가 자화의 모친을 위해서 곡식 주기를 청했다. 이에 공자가 "여섯 말 넉 되를 주라."고 말했다. 염구가 좀 더 많이 주자고 청하자, 공자가 "열여섯 말을 주어라." 하고 말했다.

그러나 염구는 여든 섬을 주었다. 이에 공자가 말했다. "자화는 제나라로 갈 때에, 살진 말을 타고 가볍고 값진 가죽옷을 입었다. 내가 들은 바, '군자는 남이 궁핍하고 몰릴 때에는 돕고 보태주되, 부유하게 사는 사람에게는 더 보태고 재물을 늘려주지 않는다.'고 하더라."

[原文]

子華ㅣ 使ᐅ於齊ㅣ러니 冉子ㅣ 爲ᐅ其母ㅣ 請>粟한
자화 사 어제 염자 위 기모 청 속

대 子ㅣ 曰與ᐅ之釜ㅣ하라. 請>益한대 曰與ᐅ之庾ㅣ
자 왈 여 지부 청 익 왈 여 지유

라 하야시늘 冉子ㅣ 與ᐅ之粟五秉ㅣ한대. 子ㅣ 曰赤
염자 여 지속오병 자 왈적

之適>齊也에 乘ᐅ肥馬ㅣ하며 衣ᐅ輕裘ㅣ하니 吾는
지적 제야 승 비마 의 경구 오

聞>之也하니 君子는 周>急이오 不>繼>富라 호라.
문 지야 군자 주 급 불 계 부

[가사체 번역문]

子華께서 使臣되어 齊나라로 떠나가자
자화 사신 제
冉子께서 공자님께 子華모친 위하여서 곡식주길 청하였다
염자 자화
그러하자 공자께서 여섯말과 또넉되를 주어라고 말하셨다

염자께서 좀더많이 주자하고 청을하자

공자께서 말하기를 열여섯말 주라했네

그러하나 염자께서 여든말을 주었다네

이에대해 공자께서 다음같이 말하셨다

子華그가 사신되어 齊나라로 떠나갈때
　자화　　　　　　　제

살찐말을 타고가고 가벼웁고 값나가는 가죽옷을 입고갔지

내가일찍 듣기로는

군자라는 사람들은 다른사람 궁핍할때 도와주고 보태주되

부유하게 잘도사는 그런사람 들에게는

더보태어 늘려주지 않는다고 하였단다

【註解】 ○子華(자화)—공자의 제자. 이름은 공서적(公西赤), 자(字)가 자화. 「公冶長篇 5-8」참고. ○使於齊(사어제)—사신으로 제나라에 가다. 자화는 의용(儀容)이 뛰어나 외교사절에 적합했다. ○冉子(염자)—공자의 제자. 염구(冉求).「八佾篇 3-6」참고. ○爲其母請粟(위기모청속)—자화의 모친에게 곡식 주기를 청했다. ○與之(여지)—자화의 모친에게 …를 주어라. ○釜(부)—양(量)의 단위, 약 6두(斗) 4승(升). ○請益(청익)—더 많이 주기를 청한다. ○庾(유)—약 16두(斗). ○冉子與之粟五秉(염자여지속오병)—염자가 자화의 모친에게 곡식 5병(秉)을 주었다. 1병(秉)은 약 16석(石). ○赤之適齊也(적지적제야)—자화가 사신으로 제나라에 갈 때에. ○乘肥馬(승비마)—살진 말을 타고. ○衣輕裘(의경구)—가벼운 가죽옷을 입었다. ○吾聞之也(오문지야)—나는 들은 바 있다, 나는 알고 있다. ○君子周急(군자주급)—군자는 부족한 사람을 보태준다. 가난에 몰리고 궁핍한 사람을 도와준다. ○不繼富(불계부)—재물이 풍족한 사람에게 더 보태주지 않는다.

【解說】

　자화가 사신으로 외국으로 가자, 염구가 자화의 집에 엄청나게 많은 재물을 보내주었다. 말하자면, 핑계를 대고 나라의 재물을 노략질한 것이다. 이에 공자는 마땅찮게 여기고 "군자주급(君子周急) 불계부(不繼富)"라며 핀잔을 주었다.

자화는 가난하지 않다. 그의 모친에 대한 인사로 부(釜 : 6두 4승) 정도쯤 보내주는 것은 좋다. 많아야 유(庾 : 16두)면 족하다. 그런데 염구는 부(釜)의 백 배에 해당하는 5병(秉)을 보내주었다. 이러한 처사는 분명히 국가 재물을 도둑질하는 행위다.

공자는 「술이편(述而篇)」에서 말했다. "구해서 가져도 무관한 재물이라면, 그것을 얻기 위해서 말채찍을 드는 마부라도 되겠다. 그러나 구하면 안되는 부당한 재물이라면, (탐내지 않고) 내가 즐기는 바 도를 따르겠다〔子曰 富而可求也 雖執鞭之士 吾亦爲之 如不可求 從吾所好〕." 「7-11」. 또 공자는 「계씨편(季氏篇)」에서 말했다. "부족한 것을 걱정하지 않고, 고르지 못함을 걱정한다. 가난을 걱정하지 않고 편안하지 않음을 걱정한다〔不患寡 而患不均 不患貧 而患不安〕." 「16-1」. 의(義)를 따라 나라의 녹봉을 받아야 한다.

본문에서 염구(冉求)를 '염자(冉子)'라고 '자(子)'를 붙여서 존칭한 것은, 아마도 이 글을 쓰거나 추린 사람이 그의 제자이기 때문일 것이다.

6-5

원사(原思)가 영읍의 책임자로 있을 때, 공자가 그에게 곡식 9백 석을 주자, 그가 (너무 많다며) 사양했다. 이에 공자가 말했다. "사양하지 마라. 이웃 마을 사람들이나 향당의 사람들에게 나눠 주면 되지 않느냐."

原思ㅣ 爲ⅱ之宰ㅣ러니 與ⅱ之粟九百ㅣ이어시늘
원사　위　지재　　　여　지속구백

辭한대. 子ㅣ曰 毋하라. 以與ⅱ爾隣里鄕黨ㅣ乎인저.
사　자　왈　무　　　이여　이인리향당　호

[가사체 번역문]

原思께서 공자領邑 책임자로 있을적에
　원사　　　　　영읍

공자께서 原思에게 곡식구백 주었는데 너무많다 사양했다
　　　　　원사

공자께서 말하셨다 사양하지 말아달라

이웃마을 사람이나 우리마을 사람에게 나눠주면 되잖느냐

[註解] ○原思(원사)—공자의 제자로 청빈했다. 성은 원(原), 이름은 헌(憲), 공자보다 16세 어리다. 노(魯) 혹은 송(宋)나라 사람이라고 함. ○爲之宰(위지재)—지(之)는 '공자의 영읍(領邑)', 재(宰)는 다스리는 총책임자. 공자는 노(魯)나라에서 중도(中都)의 재(宰)가 되었을 때, 혹은 사공(司空)이나 사도(司徒) 벼슬에 올랐을 때에 영지를 가지고 있었다. ○與之(여지)—그에게 주다. ○粟九百(속구백)—곡식 9백 석. ○辭(사)—사퇴하다, 사양하다. ○毋(무)—사양하지 말고 받아라. ○以與(이여)—그리고 그것을 …에게 주어라. ○爾鄰里(이인리)—네 이웃 마을의 사람들. ○鄕黨乎(향당호)—향당의 사람들에게 (주면 된다). 호(乎)는 '…하면 좋다'의 뜻을 나타내는 어조사.

[解說]

　바로 앞에서는 염구(冉求)가 잘 사는 자화(子華)에게 많은 곡식을 주자, "군자는 궁핍한 사람을 도와주되, 부자에게 재물을 더 얹어주지 않는다."고 말했다. 그러나 여기서는 영읍(領邑)을 다스리는 원사(原思)에게 곡식을 많이 주면서 말했다. "사양하지 말고 받아라. 그리고 이웃 사람들이나 마을 사람들에게 나눠 줘라." 공자는 '부익부(富益富) 빈익빈(貧益貧)'을 싫어했다. 주자는 '4장, 5장'을 합해서 '제3장'이라 했다.

6-6

꽁자가 중궁에게 말했다. "밭을 가는 소의 새끼라도 그 털색이 붉고 뿔이 바르다면, 설사 (사람들이 그것을) 희생으로 쓰려고 하지 않아도, 산천의 신들이 (어찌) 내버려 두겠는가?"

[原文]

子ㅣ 謂ᴵᴵ仲弓ㅣ曰 犁牛之子ㅣ 騂且角이면 雖>欲
자 위 중궁 왈 이우지자   성차각   수욕
>勿>用이나 山川은 其舍>諸아?
물 용   산천   기사 저

[가사체 번역문]

　공자께서 仲弓에게 다음같이 말하셨다
　　　　　중궁
　밭가는소 새끼라도 털색깔이 붉으면서 뿔두개가 바르다면

혹시가령 사람들이 그런소를 희생으로 바치려고 아니해도

천지산천 여러신이 그를버려 두겠느냐

[註解] ○子謂仲弓曰(자위중궁왈)—공자가 중궁에게 말하다. ○犁牛之子
(이우지자)—이우(犁牛)는 밭을 가는 일소, 혹은 얼룩소. 지자(之子)는 그 새
끼. 얼룩소 리(犁). ○騂(성)—붉은색. ○且(차)—또. ○角(각)—뿔이 바르게
나다. ○雖欲勿用(수욕물용)—비록 사람들이 제사에 희생으로 쓰지 않으려
고 해도. ○山川(산천)—산천. 산천의 신들이. ○其(기)—기(豈)와 같다. '그
어찌?' 강조의 어조사. ○舍諸(사저)—그것을 버리다. 사(舍) = 버릴 사(捨),
저(諸) = '지(之)+어(於)'

[解說]

　중궁(仲弓)은 염옹(冉雍)이며, 공자가 "옹은 남쪽을 바라보고 남들
을 다스릴 만하다〔雍也可使南面〕." 「雍也篇 6-1」고 칭찬한 제자다.
그가 자기의 출신이 미천함을 한탄하자, 공자가 이상과 같은 비유로
써 그를 달래준 것이다. 본인의 덕성이나 능력이 뛰어나면, 비록 무
식하고 부도덕한 위정자들은 알아주지 않고, 따라서 등용하지 않는
다 해도, 어찌 천지 산천의 신령들이 내버려두겠느냐? 반드시 때가
되면 크게 쓰일 것이다. 공자의 제자들은 대부분 평민(平民) 출신이
다. 그들을 군자로 배양해서 인정(仁政)과 덕치(德治)를 펴고자 했다.
당시는 무도한 난세이고 또 권력을 세습하고 있었다. 따라서 이것을
혁파하려고 공자는 애를 쓰고 또 바랐던 것이다.

공자가 말했다. "안회는 마음으로 서너 달을 두고도 인(仁)을 어기지 않는다. 그러나 다른 사람들은 하루나, 한 달에 한 번 정도 어쩌다가 인에 이를 뿐이다."

[原文]

子ㅣ 曰 回也는 其心이 三月 不>違>仁이오. 其餘
자 왈 회야 기심 삼월 불 위 인 기 여

則日月至焉而已矣니라.
즉 일 월 지 언 이 이 의

[가사체 번역문]

공자께서 말하셨다
나의제자 顔回그는 그마음이 한결같고
　　　　　안 회
삼개월이 되어서도 仁을결코 안어겼지
　　　　　　　　　　인
그러하나 다른이는 하루또는 한달동안
어쩌다가 겨우한번 仁에이를 뿐이로다
　　　　　　　　　　인

[註解] ○回也(회야)−안회(顔回)는. 야(也)는 단락을 나타내는 조사. ○其心(기심)−그 마음가짐, 그 마음. ○三月(삼월)−3개월간을. 여러 달, 혹은 오랫동안의 뜻. ○不違仁(불위인)−인을 어기지 않는다. ○其餘(기여)−다른 사람들. ○日月至(일월지)−하루에 한 번, 혹은 한 달에 한 번, 어쩌다가 인에 이른다. 언(焉)은 종결의 뜻을 나타내는 조사. ○而已矣(이이의)−……

일 따름이다. …할 뿐이다.

[解說]

공자가 안회(顔回)를 칭찬하는 말이다. 『집주(集註)』에서 주자(朱子)는 다음과 같이 풀이했다.

'3개월이라고 한 것은 오랜 세월이라는 뜻이다. (여기서 말한) 인(仁)은 마음속에 인덕을 품고 있다는 뜻이다. 마음이 인에서 멀어지지 않는다 함은 곧 사사로운 욕심이 없고 인덕을 품고 있다는 뜻이다〔三月言其久 仁者心之德 心不遠仁者 無私欲 而有其德也〕.' '일월지언자(日月至焉者)라고 말한 뜻은 혹 하루에 한 번, 혹은 한 달에 한 번 이른다는 뜻이다. 즉 인의 경지에 어쩌다가 도달하되, 오래 지속하지 못한다는 뜻이다〔日月至焉者 或日一至焉 或月一至焉 能造其域 而不能久也〕.' 사리사욕(私利私慾)을 극복해야 인심(仁心)을 지니고 인덕(仁德)을 세울 수 있다.

6-8

계강자가 "중유는 정치에 참여할 만합니까?" 하고 묻자, 공자가 대답했다. "유는 과단하니, 정치에 참여해도 아무 문제가 없습니다."

계강자가 "자공은 정치에 참여할 만합니까?" 하고 묻자, 공자가 대답했다. "사는 통달했으니, 정치에 참여해도 아무 문제가 없습니다."

계강자가 "염구는 정치에 참여할 만합니까?" 하고 묻자,

공자가 대답했다. "구는 재주가 있으니, 정치에 참여해도 아무 문제가 없습니다."

[原文]

季康子ㅣ 問 仲由는 可>使>從>政也與잇가 子ㅣ
계강자   문 중유   가 사 종 정 야 여   자

曰 由也는 果하니 於>從>政乎에 何有ㅣ리오 曰賜
왈 유야   과   어 종 정 호   하유   왈사

也는 可>使>從>政也與잇가? 曰 賜也는 達하니 於>
야   가 사 종 정 야 여   왈 사야   달   어

從>政乎에 何有리오. 曰 求也는 可>使>從>政也與
종 정 호   하유   왈 구야   가 사 종 정 야 여

잇가? 曰 求也는 藝하니 於>從>政乎에 何有리오.
      왈 구야   예   어 종 정 호   하유

[가사체 번역문]

季康子가 공자님께 다음같이 물어봤다
계강자

仲由그는 정치참여 할만하다 할수있소
중유

공자께서 대답했다

由야그는 평소성품 과단성이 있으므로 정치참여 문제없죠
유

계강자가 물어봤다 子貢그는 정치참여 할만하다 할수있소
              자공

공자께서 대답했다

賜야그는 모든사물 여러道理 통달하니 정치참여 문제없죠
사   도리

계강자가 물어봤다 冉求그는 정치참여 할만하다 할수있소
              염구

공자께서 대답했다 求야그는 재주있어 정치참여 문제없죠
              구

[註解] ㅇ季康子(계강자)─노나라의 실권을 잡은 참월(僭越)한 대부(大夫), 후에는 노의 소공(昭公)을 몰아냈다. 「八佾篇 3-1」참고. ㅇ仲由(중유)─자로(子路)의 자(字). 과단성이 있고, 용감했다. ㅇ可使從政(가사종정)─가히 정치에 종사하게 할 수 있을까? 종정(從政)은 정치에 참여한다. ㅇ也與(야여)─…일까요? 야(也)는 어조사. 여(與)는 의문 어조사. ㅇ由(유)─자로의 이름. ㅇ果(과)─과단성이 있다. ㅇ於從政乎(어종정호)─정치에 종사하는데. 어(於)는 전치사, 호(乎)는 어조사. ㅇ何有(하유)─무슨 문제나 어려움이 있나? 아무 문제 없다. ㅇ賜(사)─자공(子貢)의 이름. ㅇ達(달)─사리에 통달하다. ㅇ求(구)─곧 염유(冉有)이다. 「八佾篇 3-6」참고. ㅇ藝(예)─재주가 많다.

[解說]

「공야장편(公冶長篇) 5-8」에서는 노나라의 대부인 맹무백(孟武伯)이 공자에게 자로(子路)·염구(冉求)·공서적(公西赤) 등의 인덕(仁德)을 물었다. 이에 대해 공자는 각자가 다 정치적으로 다른 특성을 가지고 있다고 자랑스럽게 대답했다.

이번에는 무도한 세도가인 계강자가 자로(子路)·자공(子貢)·염구(冉求) 등을 "정치에 참여시킬 수 있겠는가?" 하고 묻자, 공자는 각자의 특성을 들고, 그들 모두를 정치에 참여시켜도 아무 문제가 없다며 자기의 제자들을 두둔했다. 자기가 배양한 제자에 대한 자신과 신임이 넘치는 대답이었다.

그러나 공자의 대답 속에는 다음과 같이 계강자를 깨우치고 타이르는 속셈이 포함되어 있다. "그대는 바른 정치가 무엇인지를 모른다. 따라서 그대 밑에는 진짜로 쓸만한 인재가 없다. 그러니 물을 것도 없이, 나의 제자를 등용하라."

『집주(集註)』에서 주자(朱子)는 다음과 같이 말했다. "정치에 종사함[從政]은 곧 대부가 된다는 뜻이다. 과(果)는 곧 과감하고 결단성이 있다는 뜻이다. 달(達)은 곧 모든 사리에 잘 통한다는 뜻이다. 예(藝)는 곧 다재다능하다는 뜻이다[從政謂爲大夫 果有決斷 達通事理 藝多才能]." 한편 정자(程子)는 뜻을 보충했다. "비단 세 사람만이 아니라, 다른 사람도 각자의 특성을 잘 취하면 다 쓸 수 있다고 말한 것이다[非惟三子 人各有所長 能取其長 皆可用也]."

6-9

계씨가 민자건을 비(費)의 읍장으로 삼으려 하자, 민자건이 사자(使者)에게 말했다. "나를 위해 그대가 잘 거절해 주시오. 만약에 다시 나를 부른다면, 나는 반드시 문수 강가에 가 있을 것이오."

[原文]

季氏ㅣ 使Ⅲ閔子騫으로 爲Ⅱ費宰ㅣ한대 閔子騫이
계 씨　사　민자건　　　위 비재　　　　민자건

曰 善爲>我辭焉하라. 如有Ⅱ復>我者ㅣ인댄 則吾必
왈 선위 아사언　　　여유 부 아자　　　즉오필

在Ⅱ汶上ㅣ矣로리라.
재 문 상 의

季씨그자 閔子騫을 費의邑長 삼으려자
계　　　민자건　　비　읍장

이를알고 민자건이 使者에게 말하였다
　　　　　　　　사자

나를위해 그대께서 잘拒絕해 주시지요
　　　　　　　　거절

만일그가 뒤에가서 다시나를 부른다면

閔가나는 꼭반드시 齊魯國境 汶水江邊 그곳에서 기다리리
민　　　　　　　제노국경　문수강변

【註解】 ○季氏(계씨)－노나라에서 실권을 잡고 있는 계손씨(季孫氏) 일가.
실제 인물이 누구인지는 알 수 없다. ○閔子騫(민자건)－공자의 제자. 성은
민(閔), 이름은 손(損), 자가 자건(子騫)이다. 공자보다 나이가 15년 어리며,
특히 덕행에 있어 안연 다음가는 제자였다. ○使閔子騫爲費宰(사민자건위
비재)－민자건을 비의 재로 삼으려 하다. ○費(비)－계손씨 영지의 중심 도
시. ○宰(재)－여기서는 읍장(邑長). ○善(선)－적절하게. 잘. ○爲我(위아)－
나를 위해, 나를 대신해서. ○辭(사)－거절하다. ○如有復我者(여유부아
자)－만약에 다시 나를 부른다면. ○則吾必在汶上矣(즉오필재문상의)－(그
때에는) 나는 반드시 문수(汶水) 강가에 있을 것이다. 문수는 제(齊)와 노
(魯) 국경을 흐르는 강물. 상(上)은 근처, 혹은 북쪽의 뜻도 있다. 문상(汶上)
은 문수 북쪽, 즉 제나라로 가겠다는 뜻.

【解說】

　　계손씨(季孫氏)는 노나라의 질서를 문란케 하는 삼환씨(三桓氏)를
대표하는 세도가였다. 그러므로 덕행이 높은 민자건이 그들 밑에서
벼슬하기를 단호히 거절한 것이다. 도(道)가 있으면 나가서 참여하
고, 도가 없으면 물러나 은퇴하는 것이 진정한 군자(君子)이다.

염백우가 질병에 걸리자, 공자가 문병 가서 창문으로 그의 손을 잡고 말했다. "이럴 리가 없는데! 운명이로구나! 이런 사람이 이런 병에 걸리다니! 이런 사람이 이런 병에 걸리다니!"

[原文]

伯牛ㅣ 有>疾이어늘 子ㅣ 問>之하실새 自>牖로 執
백우   유 질   자 문 지   자 유   집

ㄴ其手ㅣ 曰 亡之러니 命矣夫라! 斯人也ㅣ 而有ㄴ
기 수   왈 망지   명의부   사인야   이유

斯疾ㅣ也할새! 斯人也ㅣ 而有ㄴ斯疾ㅣ也할새!
사질 야   사인야   이유 사질 야

[가사체 번역문]

공자제자 冉伯牛가 나쁜병에 걸렸을때
        염백우

공자께서 問病가서 창문에서 손을잡고 伯牛에게 말하셨다
        문병   백우

이럴理가 없소이다 이게바로 天命이네
   리   천명

德이있는 이런사람 이런病에 걸리다니
덕   병

德이있는 이런사람 이런病에 걸리다니
덕   병

[註解] ○伯牛(백우)—공자의 제자. 성은 염(冉), 이름은 경(耕), 자가 백우 (伯牛), 노나라 사람으로 공자보다 나이가 7년 어렸다. 덕행에 있어, 안연

(顔淵)·민자건(閔子騫) 다음으로 꼽혔다. ○有疾(유질)—악질(惡疾)에 걸리다. 『회남자(淮南子)』에는 나병(癩病 : 문둥병)이라 했다. ○子問之(자문지)—공자가 그를 문병하다. ○自牖(자유)—창문으로. 창문 밖에서 손을 뻗어. ○執其手(집기수)—병자의 손을 잡고. ○亡之(망지)—두 가지 설이 있다. '백우같이 덕 있는 사람이 이 같은 악질에 걸릴 리가 없는데.' (翟灝) '질병이 심하여 살아날 수 없다.' (孔安國) 이 책에서는 전자를 취했다. ○命矣夫(명의부)—운명이로구나. ○斯人也(사인야)—이렇게 덕이 있는 사람이, 덕 있는 이 사람이. ○而(이)—그런데도. ○有斯疾也(유사질야)—이러한 질병에 걸리다니.

[解說]

공자는 하늘과 하늘의 도리가 절대선(絶對善)임을 믿고 또 낙관했다. 그러나 덕(德)있는 제자 염백우가 악질에 걸리자, 심히 낙담하고, "그럴 리가 없는데! 참으로 운명은 알 수 없구나" 하고 처연하게 한탄했다.

6-11

공자가 말했다. "참으로 회는 어질다. 한 그릇 밥과 한 쪽 박 물을 먹으며 누추한 거리에 살고 있으면, 남들은 그 괴로움을 참지 못하거늘, 회는 그 즐거움을 변치 않으니, 참으로 회는 어질도다."

子ㅣ 曰 賢哉라 回也여 一簞食와 一瓢飮으로 在
자 왈 현재 회야 일단사 일표음 재

Ⅱ陋巷Ⅰ을 人>不Ⅱ堪其憂Ⅰ어늘 回也ㅣ 不>改Ⅱ其
루항 인 불 감기우 회야 불 개 기

樂Ⅰ하니 賢哉라 回也여.
락 현재 회야

[가사체 번역문]

공자께서 말하셨다

진정으로 顔回그는 賢明하고 어질구나
　　　　안 회　　　현 명

대食器에 담겨있는 한그릇의 밥을먹고
　　식 기

한표주박 물마시며 누추한집 살고있다

다른사람 같으면은 그괴로움 못참는다

그러하나 顔回그는 그즐거움 변찮으니
　　　　안 회

진정으로 顔回그는 賢明하고 어질구나
　　　　안 회　　　현 명

[註解] ㅇ賢哉回也(현재회야)―현명하다, 안회! 안회는 참으로 어질다!
ㅇ一簞食(일단사)―한 그릇의 밥을 먹는다. 대광주리 단(簞). 밥 식(食)을 여
기서는 '사'로 읽음. ㅇ一瓢飮(일표음)―한 쪽박의 물을 마신다. 박 표(瓢).
ㅇ在陋巷(재루항)―누추한 마을에 살고 있다. 좁을 루(陋), 거리 항(巷). ㅇ人
不堪其憂(인불감기우)―다른 사람은 그 고생스러움을 감내하지 못한다. 견
딜 감(堪). 근심할 우(憂). ㅇ不改其樂(불개기락)―그 즐거움을 변하지 않는
다. 안빈낙도(安貧樂道)의 삶을 변하지 않는다.

[解說]

무도하고 폭력이 난무하는 난세에서는 악덕한 사람들이 득세하고 잘 산다. 반대로 양심적인 지식인이나, 참다운 군자(君子) 및 인자(仁者 : humanist)는 못살게 마련이다. 그래도 그들은 악덕(惡德)한 권력이나 재물에 굴하지 않고 안빈낙도(安貧樂道)한다. 즉 악덕에 타협하지 않고 신념을 가지고 가난하게 살면서 정도(正道)를 지키는 삶 속에서 진정한 즐거움을 느끼는 것이다. 공자는 말했다. "빈여천(貧與賤) 시인지소오야(是人之所惡也) 불이기도득지(不以其道得之) 불거야(不去也)"「里仁篇 4-5」.

6-12

염구가 "선생님의 도를 좋아하지 않는 것은 아니라, 힘이 부족합니다."라고 변명하자, 공자가 말했다. "힘이 모자라는 사람은 도중에서 그만두지만, 지금 자네는 스스로 선을 긋고 움츠리고 있네."

[原文]

冉求ㅣ 曰 非>不>說ⅠⅠ子之道ㅣ이언마는 力不>足
염구   왈 비 불 열   자지도   역부족

也로이다. 子ㅣ 曰 力不>足者는 中道而廢하나니 今
야   자 왈 역부족자   중도이폐   금

女는 畫이로다.
여   획

[가사체 번역문]

冉求께서 변명했다
염구

선생님이 가르치신 道理德行 좋아하지 않는것이 아닙니다
도 리 덕 행

저의힘이 부족하여 실천못할 뿐입니다

공자께서 말하셨다

역부족인 사람들은 중도에서 그만두나

지금자넨 선을긋고 하지않는 것이라네

[註解] ○冉求(염구)─공자의 제자. 이름이 구(求), 자는 자유(子有), 염유(冉有)라고도 부른다. 「八佾篇 3-6」참고. ○非不說(비불열)─좋아하지 않는 것이 아니다. ○子之道(자지도)─선생님이 가르치신 도리나 덕행. ○力不足(역부족)─힘이 모자라서 (실천을 못한다는 뜻). ○中道而廢(중도이폐)─(일단 시작하고 가다가) 도중에서 그만둔다. ○今女畵(금여획)─지금 자네의 경우는 스스로 한계를 정하고 (안하고 있다는 뜻).

[解說]

'의를 보고, 행하지 않으면 용기가 없다〔見義不爲 無勇也〕.'고 한다. 염구(冉求)는 성품이 착실했으나 소극적이었다. 그래서 공자는 「선진편(先進篇)」에서, "구는 후퇴하는 성품이다〔求也退〕." 「11-21」라고 했다. 또 팔일편(「八佾篇 3-6장」)에서도 공자가 염구를 탓한 일이 있었다. '무도하게 세도를 부리는 계씨(季氏)가 (노나라 임금에게만 허락된) 태산에서 제사를 올리려 하자〔季氏旅於泰山〕' 공자가 '계씨의 가신으로 있는 염구'에게 "자네가 막을 수 없나?〔女弗能救與〕" 하고 물었으며, 이에 "제 힘으로는 못하겠습니다〔不

能〕."라고 대답한 일이 있었다. 이와 같은 염구에게 자극을 주고자, 엄한 어조로 탓한 것이다.

6-13

공자가 자하에게 말했다. "그대는 군자다운 유학자가 되어라, 소인과 같은 유학자가 되지 마라."

[原文]

子ㅣ 謂子夏曰 女爲Ⅱ君子儒ㅣ오 無爲Ⅱ小人儒ㅣ
자   위자하왈 여위 군자유   무위 소인유

하라.

[가사체 번역문]

공자께서 子夏에게 다음같이 말하셨다
　　　　자 하
그대는꼭 군자다운 유학자가 되어야네
소인같은 유학자가 되어서는 아니되네

[註解] ㅇ子謂子夏曰(자위자하왈)－공자가 자하에게 말하다. ㅇ女(여)－너 여(汝)와 같다. ㅇ君子儒(군자유)－군자다운 유학자. ㅇ無爲(무위)－되지 마라. 되면 안 된다. ㅇ小人儒(소인유)－소인과 같은 유학자.

[解說]

군자(君子)와 소인(小人)을 대략 다음과 같이 대비(對比)한다. '군자는 대의명분을 밝히고, 소인은 물질적 이득만을 밝힌다[君子喩於義 小人喩於利].'「里仁篇 4-16」.

'군자는 태연자약하면서도 남에게 교만하지 않는다. 소인은 남에게 교만하지만 태연자약하지 못하다[君子泰而不驕 小人驕而不泰].'「里仁篇 4-26」.

'군자는 조화 협동하되 부화뇌동하지 않는다. 소인은 부화뇌동하되 조화 협동하지 않는다[子曰 君子和而不同, 小人同而不和].'「子路篇 13-23」.

'군자는 득실 성패를 자신에서 구한다. 소인은 요행이나 이득을 남으로부터 얻으려고 한다[君子求諸己 小人求諸人].'「衛靈公篇 15-21」.

'군자는 다른 사람의 장점을 취하고 키워서 완성되게 하고, 다른 사람의 단점을 덮어 누르고 나타나지 않게 한다. 소인은 이와 반대다[子曰 君子成人之美, 不成人之惡 小人反是].'「顏淵篇 12-16」.

6-14

자유가 무성의 읍재가 된 다음에, 공자가 말했다. "자네는 좋은 사람을 구했느냐?"

자유가 대답했다. "담대멸명이라는 자가 있습니다. 그는 좁은 지름길을 가지 않고, 공무가 아니면, 제 방에 오지 않습니다."

子游ㅣ 爲Ⅱ武城宰ㅣ러니 子ㅣ 曰女ㅣ 得>人焉爾
자유   위 무성재   자 왈여 득 인언이

乎아? 曰 有Ⅱ澹臺滅明者ㅣ하니 行不>由>徑하며
호   왈 유 담대멸명자   행불 유 경

非Ⅱ公事ㅣ어든 未Ⅲ嘗至Ⅱ於偃之室ㅣ也하나니이다.
비 공사   미 상지 어언지실 야

[가사체 번역문]

공자제자 子游께서 武城邑宰 된다음에 공자께서 물으셨다
     자유   무성읍재

子游자넨 邑宰되어 좋은사람 구했느냐
자유   읍재

子游께서 대답했다 澹大滅明 이라하는 그런사람 있습니다
자유   담대 멸 망

그사람은 길을갈때 좁은샛길 가지않고

公務外는 저의房에 오는일이 없습니다
공무외   방

[註解] ○子游(자유)─공자의 제자. 성은 언(言), 이름은 언(偃). 「爲政篇 2
-7」참고. ○爲武城宰(위무성재)─무성(武城)의 읍재(邑宰). 읍장(邑長)이 되
다. 무성은 노나라 도성 밑에 있는 읍. ○得人焉爾乎(득인언이호)─좋은 사
람을 구했는가? '언이호(焉爾乎)'는 다 어조사, '…했는가?'의 뜻. ○澹臺
滅明(담대멸명)─성이 담대(澹臺), 이름이 멸명(滅明), 자는 자우(子羽). 노나
라 무성 사람이며 역시 공자의 제자로, 나이가 39세 어리다. ○行不由徑(행
불유경)─좁은 지름길을 가지 않는다. 군자는 대도(大道)를 간다. ○非公事
(비공사)─공무가 아니면. ○未嘗至(미상지)─한번도 (저의 방에) 오지 않는
다. ○於(어)─…에. ○偃之室(언지실)─저의 방. 언(偃)은 자유의 이름.

　무성의 읍장이 된 자유가, 같은 제자 중에서 담대멸명을 등용해 쓴 것은 잘한 일이다. 담대멸명은 공자의 제자답게 행동이 공명정대 하고, 사사롭게 찾아와서 은밀하게 말을 하거나 일을 꾸미지도 않는 다.

6-15

　공자가 말했다. "맹지반은 공을 자랑하지 않았다. 후퇴하게 되자, 후미에서 적을 막았으며, 성문에 들어올 무렵에는 말에 채찍질을 하면서, '일부러 뒤처지는 것이 아니고, 말이 늦어서 뒤에 처진 것일세.'라고 말했다."

[原文]

子ㅣ 曰 孟之反은 不＞伐이로다. 奔而殿하야 將＞
자　왈　맹 지 반　불 벌　　　　　분 이 전　　　장

入＞門할새 策Ⅱ其馬ㅣ 曰 非Ⅱ敢後ㅣ也라 馬不＞進
입 문　　　책 기 마　왈 비 감 후　야　　　마 부 진

也라 하니라.
야

[가사체 번역문]

　공자께서 말하셨다

　魯國大夫 孟之反은 자기자랑 안했다네
　노 국 대 부　맹 지 반

싸움에서 후퇴할때 뒤에남아 적을막고

성문안에 들어올땐 말에채찍 가하면서

그사람이 말하기를

내故意로 뒤에처진 그런것이 아니라오

　고　의

나의말이 못달려서 뒤에처진 것뿐이죠

【註解】 ○孟之反(맹지반)−노나라의 대부. 성은 맹, 이름은 지측(之側), 자가 지반이다. 『좌전(左傳)』 애공(哀公) 11년에 대략 다음과 같은 기록이 있다. '노나라의 군대가 제(齊)와 싸워 패하고 후퇴하자, 맹지반이 뒤에 처져 추격하는 적군을 막음으로써 아군이 무사히 성 안으로 돌아왔다.' ○不伐(불벌)−자기의 공을 자랑하지 않는다. ○奔(분)−싸움에 패하고 후퇴한다. ○殿(전)−뒤에 처지다. 뒤떨어질 전(殿). ○將入門(장입문)−성문에 들어오려 하자. ○策其馬(책기마)−자기 말을 채찍질하며. ○非敢後也(비감후야)−감히 뒤에 처지려고 한 것이 아니다. ○馬不進也(마부진야)−말이 잘 뛰지 않아서 (별수 없이) 뒤에 떨어진 것이다.

【解說】

후퇴하는 아군의 뒤에 처져서 추격하는 적을 막고, 아군을 무사히 성 안으로 돌아오게 한 그는 용감한 무사이다. 동시에 '살신성인(殺身成仁)'을 몸소 실천했으니, 그는 바로 참다운 인자이다. 아울러 자기의 공을 자랑하지 않고 '말이 잘 뛰지를 않아서, 뒤에 처졌다.' 겸손한 태도를 취한 것은 곧 군자의 덕행이다. 적극적으로 남에게 인덕(仁德)을 베풀되, 공을 내세우지 않는 겸손의 미덕을 겸해야 한다.

공자가 말했다. "축타의 웅변이 없이 다만 송조의 미모만 있다면, 오늘 같은 세상에서 화를 모면하기 어려울 것이다."

[原文]

子ㅣ 曰 不下有Ⅱ祝鮀之佞ㅣ이며 而有中宋朝之美
자   왈 불 유 축 타 지 녕   이 유   송 조 지 미
上면 難乎免Ⅱ於今之世ㅣ矣니라.
    난 호 면   어 금 지 세   의

[가사체 번역문]

공자께서 말하셨다

衛國大夫 祝鮀같은 말재주가 없으면서 宋國公子 宋朝같이
위 국 대 부 축 타   송 국 공 자 송 조

오직다만 容貌만을 아름답게 꾸민다면
        용 모

지금같은 세상에서 환난이나 재난들을 免하기가 어렵다네
                                    면

[註解] ○祝鮀(축타)―축(祝)은 제사를 관장하는 제관(祭官), 타(鮀)는 이름, 자는 자어(子魚). 위(衛)나라 대부로 구변이 좋았다. ○佞(녕)―말재주, 구변. ○宋朝(송조)―송(宋)의 공자(公子). 이름은 조(朝), 미남이었다. 위령공(衛靈公)의 부인 남자(南子)의 옛날 애인으로, 남자 덕택에 대부가 되었다. ○美(미)―미모. 아름다운 모습. ○難乎免(난호면)―면하기 어렵다.

[解說]

축타(祝鮀)는 「헌문편(憲問篇)」에도 나온다. 위나라의 영공(靈公)이 무도했으나 망하지 않은 이유를 공자가 말했다. "중숙어(仲叔圉)가 외국에서 오는 빈객을 잘 대하고, 축타(祝鮀)가 종묘를 잘 다스리고, 왕손가(王孫賈)가 군대를 잘 다스렸기 때문이다." 한편 『좌전』에는 '축타가 영공을 따라 국제회의에 가서 뛰어난 언변으로 유리한 자리를 차지했다.' 는 기록이 있다.

이 제16장은 '만약에 말재주 없이, 다만 아름다운 용모만으로는, 난세를 잘 살기 어렵다는 뜻' 으로 풀이한다. 즉 외모(外貌)를 중시하면 안 된다는 뜻이 내포되어 있다. 『집주(集註)』는 '구변도 없고, 용모도 없으면, 세상의 화를 면하기 어렵다.' 로 풀이한다. 이 책에서는 전자를 택했다.

6-17

꿍자가 말했다. "누가 나가는데, 문을 통하지 않을 수 있겠는가? 그렇거늘 어찌하여 선왕의 도를 따르지 않는가?"

[原文]

子ㅣ 曰 誰能出不>由>戶리오? 何莫>由ⅱ斯道ㅣ
자 왈 수 능 출 불 유 호   하 막 유 사 도
也오?
야

[가사체 번역문]

　공자께서 말하셨다

　어느누가 출입문을 안통하고 문밖으로 나갈수가 있겠느냐

　그런데도 어찌하여 先王들의 바른 道를 따라가지 아니할까
　　　　　　　　　　　선왕　　　　　　　도

[註解] ○出不由戶(출불유호)―출입하는데, 문을 통하지 않는다. ○何莫 (하막)―어찌하여 …하지 않는가? ○由斯道(유사도)―선왕(先王)의 좋은 도 를 따르다. 도(道)를 인도(仁道)로 풀이해도 된다.

6-18

　공자가 말했다. "질박함이 겉치레를 누르면 촌스럽고, 겉 치레가 질박함을 누르면 수다스럽다. 질박함과 겉치레가 서 로 잘 어울려야 비로소 군자다우니라."

[原文]

　子ㅣ 曰 質勝>文則野오 文勝>質則史니 文質이
　　자　왈　질승문즉야　　문승질즉사　　문질

彬彬然後에 君子니라.
빈빈연후　　군자

[가사체 번역문]

　공자께서 말하셨다

실질적인 내용이나 **道理**만을 강조하고
도 리

문화적인 **修飾**이나 꾸미기를 소홀하면 촌스럽게 되기쉽고
수 식

문화적인 꾸밈이나 **修飾**만을 강조하고
수 식

실질적인 내용이나 **道理**들을 소홀하면
도 리

史官들의 문장같이 공허하게 될것이네
사 관

문화적인 꾸밈들과 실질적인 내용들이

서로서로 어울리고 찬란하게 빛이나야 군자답다 할수있다

[註解] ○質(질)—소박하고 질박한 바탕. ○勝(승)—이긴다, 누른다. ○文(문)—외식적(外飾的), 문화적(文化的) 꾸밈. ○野(야)—야하다, 촌스럽다, 저속하다. ○史(사)—(글과 말을 잘하는 史官처럼) 말이 많고 수다스럽다는 뜻. ○文質(문질)—문화적인 꾸밈과 소박한 바탕. ○彬彬(빈빈)—서로 잘 어울리고 아름답게 빛난다. ○文質彬彬(문질빈빈)—바탕이 되는 선본성(善本性) 위에 학문과 예의를 곁들여야 빛나는 군자가 될 수 있다. ○然後君子(연후군자)—그래야 비로소 군자답다. 군자라 하겠다.

6-19

　공자가 말했다. "사람의 삶은 곧게 마련이다. 곧지 않으면서 사는 것은 요행히 죽음을 면하고 있는 것이다."

[原文]

子ㅣ 曰 人之生也ㅣ 直하니 罔>之生也는 幸而免
자　왈　인지생야　　　직　　　　망　지생야는　　행이면

이니라.

[가사체 번역문]

　공자께서 말하셨다
　사람으로 태어나서 자기삶을 누리는건
　하늘道理 똑바르게 잘따르기 때문이다
　　　　도 리
　그리하지 않으면서 이세상을 사는것은
　그야말로 요행스레 죽음만을 면하고서 살아가고 있는게지

[註解] ○人之生也直(인지생야직)ー사람이 삶을 누리기 위해서는 곧아야
한다. 곧으니까 사람이 사는 것이다. ○罔之(망지)ー망(罔)은 무(無)와 같다,
지(之)는 직(直)이다. 즉 곧지 않고서. ○生也(생야)ー살고 있는 것은. ○幸
而免(행이면)ー요행히 죽음을 면하고 있는 것이다. 죽음을 면한 것은 요행
일 뿐이다.

6-20

　공자가 말했다. "도를 알기만 하는 자는 좋아하는 사람만
못하고, 좋아하는 자는 즐기는 사람만 못하다."

[原文]

子ㅣ 曰 知>之者ㅣ 不>如Ⅱ好>之者ㅣ오 好>之者ㅣ
자　왈 지 지자　불 여 호 지자　　호 지자

不>如Ⅱ樂之者Ⅰ니라.
불　여　낙지자

[가사체 번역문]

　　공자께서 말하셨다

　　道가뭔지 아는것은 좋아함만 못할게고
　　　도

　　그런道를 좋아함은 즐김보다 못하니라
　　　　도

[註解] ○知之者(지지자)—도를 알기만 하는 사람. ○不如(불여)—…와 같
지 않다. …만 못하다. ○好之者(호지자)—도를 좋아하는 사람. ○樂之者(낙
지자)—도를 즐겁게 여기는 사람.

[解說]

　　이상에서 말하는 도(道)는 하늘의 도리다. 하늘은 천지·자연·
만물의 창조주이다. 따라서 하늘의 도리를 곧게 따르고 지켜야 바르
게 살 수 있다. 사람만이 알고 실천할 수 있다. 알고 행하는 단계에
'지(知)·호(好)·락(樂)'의 3단계가 있다.

6-21

　　공자가 말했다. "중급 이상 가는 사람에게는 심오한 철학
을 말해도 좋으나, 중급 이하의 사람에게는 심오한 철학을 말
할 수 없다."

子ㅣ 曰 中人以上은 可Ⅱ以語ㅣ>上也어니와 中人
　　 자 왈 중인이상　　가 이어　상야　　　　중인

以下는 不>可Ⅱ以語ㅣ>上也니라.
이하 불 가 이어　상야

[가사체 번역문]

공자께서 말하셨다
중간이상 사람에겐 깊은도리 가르치고 일러줘도 되겠지만
중간이하 사람에겐 깊은도리 말하잖는 그런것이 되레좋네

[註解] ○中人以上(중인이상)－지성이나 덕행이 중간 이상 되는 사람. ○可
以語(가이어)－말해도 된다. 말할 수 있다. ○上(상)－심오한 철학적인 말이
나 학문.

[解說]

일반적으로 사람은 다 같은 사람이라고 말한다. 외형적·동물적
존재로서의 모든 사람은 다 같다. 즉 누구나 다 음식을 취하고 활동
하고 또 일한다. 아울러 사회적 존재로서, 모든 사람의 정치적 권리
나 의무 및 인권은 다 같다.

그러나 내면적 정신이나 인격면에서 볼 때, 모든 사람은 절대로
같지 않다. 특히 학문이나 지식을 습득하고, 윤리도덕 및 효도 효행
을 실천하는 면에서 볼 때, 사람은 그 정도나 양상이 천차만별이다.

여기서 공자가 말한 '중인이상(中人以上)', 즉 '중치 이상의 사람'
은 곧 '학식이나 덕행면에서 중인 이상'이라는 뜻이다.

'가이어상(可以語上)'의 '상(上)'은 '형이상(形而上)'에 속하는 철학 혹은 윤리도덕에 관한 학문적 원리나 설명, 혹은 정신이나 인격에 속하는 덕행이라는 뜻이다.

6-22

번지가 지(知)에 대해서 묻자, 공자가 대답했다. "백성들을 교화해서 잘 살게 하는 도의정치에 힘을 써야 한다. (아울러) 귀신을 공경하고 받들되, (현실적으로는) 적당히 거리를 두는 것을 지라고 말할 수 있다."

다시 인덕(仁德)에 대해서 묻자, 공자가 대답했다. "인덕은 곧 어려운 일을 남보다 앞서서 감당하고, 보답은 남보다 뒤처져서 얻어야 한다. 그래야 비로소 인덕이라 말할 수 있다."

[原文]

樊遲ㅣ 問>知한대 子ㅣ 曰 務ㅣㅣ民之義ㅣ오. 敬ㅣㅣ鬼
번 지 문 지   자 왈 무 민 지 의   경 귀

神ㅣ而遠>之면 可>謂>知矣니라. 問>仁한대 曰 仁者
신 이 원 지   가 위 지 의   문 인   왈 인 자

ㅣ 先>難而後>獲이면 可>謂>仁矣니라.
선 난 이 후 획   가 위 인 의

[가사체 번역문]

공자제자 樊遲께서 공자님께 다음같이 앎이뭔지 여쭈었다
번지

공자께서 말하셨다

만천하의 백성들이 잘살도록 하는일에 온갖힘을 쏟아얀다

또한가지 말한다면

조상들의 신령이나 천지산천 신령님을 공경하게 모시면서

적당하게 거리둬야 앎이라고 할수있다

樊遲께서 이번에는 仁에대해 여쭈었다
번지   인

공자께서 대답했다

말하자면 仁이란건 어려운일 남들보다 앞장서서 감당하고
         인

보답일랑 남들보다 뒤에서서 얻어야만 仁이라고 할수있네
                                    인

[註解] ○樊遲(번지)─공자의 제자. 「爲政篇 2-5」 참고. ○知(지)─앎, 지혜. 여기서는 '다스림'으로 확대 해석할 수 있다. ○務民之義(무민지의)─무(務)는 힘들여 실천한다. 민지의(民之義)도 여기서는 '백성들을 바르게 교화해서, 잘 살게 하는 일.'의 뜻으로 푼다. 왕숙(王肅)은 '백성을 바르게 교화하고 잘 살게 다스리는 바탕에 힘을 쓴다〔務所以化道民之義〕.'라고 풀었다. ○敬鬼神(경귀신)─경(敬)은 공경하고 모신다. 귀(鬼)는 선조의 신령, 신(神)은 천지 산천의 신령. 즉 선조나 천지 산천에 대한 제사를 모시고, 공경을 하지만. ○而遠之(이원지)─그러나 (현실로 백성을 다스리는 政事면에서는) (귀신을 맹목적으로 믿고 따르지 말고) 적당히 거리를 두고 멀리 한다. 즉 정사를 합리적, 인간 본위로 처리한다는 뜻. ○可謂知矣(가위지의)─'슬기롭다, 지혜롭다, 잘 다스린다.'고 말할 수 있다. ○問仁(문인)─인덕(仁德)에 대해서 묻다. ○仁者(인자)─자(者)를 '단락을 표시하는

조사'로 본다. 인자(仁者 : humanist)로 풀이하면, 앞뒤가 잘 맞지 않는다. ○先難(선난)―남보다 앞서서 어려운 일을 감당하고 처리한다. ○後獲(후획)―이득이나 보답 및 녹봉(祿俸) 등은 남보다 뒤처져서 받는다. ○可謂仁矣(가위인의)―그래야, 비로소 인덕이라 말할 수 있다.

[解說]

공자 사상의 핵심은 바로 '합리적, 인본주의적 도덕정치의 구현(具現)'이었다. 당시의 모든 나라들은 종족(宗族) 중심의 도시국가로, 제정일치(祭政一致)의 신권통치(神權統治)의 틀을 벗어나지 못했다. 한편, 왕족이나 귀족들은 도덕적으로 극심하게 타락했으며 아울러 하극상(下剋上)의 풍조가 만연하고 있었다. 그러므로 공자는 학문과 덕행을 겸비한 군자들을 배양하여 현실 정치에 참여시킴으로써 '합리적, 인본주의적 인정(仁政)과 덕치(德治)'를 구현하려고 했던 것이다.

여기서 공자에게 '지(知)와 인(仁)'에 대해서 물은 번지(樊遲)는 당시 벼슬을 살고 있었을 것이다. 그러므로 공자는 "백성을 교화해서 잘 살게 해주는 것이 지(知 : 알고 다스림, 참다운 지혜)이다."라고 말했다. 또 '귀신을 경이원지(敬而遠之)'하라고도 말했다. 한편 "남보다 앞서서 고생하고, 보답은 남보다 뒤처져서 받아야 한다. 그것이 인덕이다."라고 말한 것이다.

공자는 맹목적으로 신령에게 복을 비는 기복신앙이나, 미신적인 신권정치를 반대했다. 그렇다고 공자는 잘 알 수 없는 신령이나 귀신을 '단정적으로 없다'고 부정도 하지 않았다. 잘 모르는 것은 긍정도 부정도 하지 않았다. 그러나 역사적으로 오랫동안 전해 내려온

관례를 따라 '귀신을 경이원지' 하라고 말한 것이다.

6-23

공자가 말했다. "슬기로운 사람은 물을 좋아하고, 어진 사람은 산을 좋아한다. 슬기로운 사람은 움직이고, 어진 사람은 고요하다. 슬기로운 사람은 삶을 즐기고, 어진 사람은 수명을 누린다."

[原文]

子ㅣ 曰 知者는 樂水하고 仁者는 樂山이니 知者
자 왈 지자 요수 인자 요산 지자
는 動하고 仁者는 靜하며 知者는 樂하고 仁者는 壽
동 인자 정 지자 낙 인자 수
니라.

[가사체 번역문]

공자께서 말하셨다
슬기로운 사람들은 흐르는물 좋아하고
어진사람 그네들은 높은산을 좋아한다
슬기로운 사람들은 활동하기 좋아하고
어진사람 그네들은 조용하며 고요하고
슬기로운 사람들은 즐거웁게 살아가고

어진사람 그네들은 오래오래 사느니라

[註解] ㅇ知者(지자)-지적인 사람. 지혜롭고 재주가 많은 사람. ㅇ樂水 (요수)-물을 좋아한다. '지자요수(知者樂水)'를 포함(包咸)은 '슬기로운 사람은 흡사 물이 끝없이 흐르듯이 자기의 재주와 지식을 활용해서 세상을 다스리는 것을 즐긴다〔知者樂運其才知 以治世 如水流 而不知已〕.'라고 주(注)했다. ㅇ仁者(인자)-어질고 인덕을 갖춘 사람. ㅇ樂山(요산)-산을 좋아한다. '인자요산(仁者樂山)'을 하안(何晏)은 다음과 같이 주했다. '어진 사람은 흡사 굳고 안정되고, 움직이지 않는 산이 만물을 품고 생육하는 품을 즐긴다〔仁者樂 如山之安固 自然不動 而萬物生焉〕.'ㅇ知者動(지자동)-지적인 사람은 활동적이다. ㅇ仁者靜(인자정)-어진 사람은 욕심이 없고 허정(虛靜)하다. ㅇ知者樂(지자낙)-지적인 사람은 현실적으로 인생을 즐긴다. ㅇ仁者壽(인자수)-어진 사람은 수명이 길어 장수한다.

[解說]

지적인 사람은 자기의 지식이나 재주를 활용해서 이곳저곳으로 옮겨 다니며, 현실적 즉물적(卽物的)으로 인생을 즐겁게 산다. 이에 비해 인덕을 갖춘 사람은 확고부동한 자세로 천도를 지키면서 만물을 품고 생육한다. 그러므로 하늘을 따라 장수한다.

6-24

공자가 말했다. "제나라가 한 번 변하면, 노나라같이 되고, 노나라가 한 번 변하면, 도에 맞는 나라가 된다."

子ㅣ 曰 齊一變이면 至ⅱ於魯ㅣ하고 魯一變이면
　　자　　왈　제일변　　　　　지　어노　　　　　　노일변

至ⅱ於道ㅣ니라.
지　　어도

[가사체 번역문]

공자께서 말하셨다

功利重視 齊나라를 한번革新 하게되면 魯나라와 같아지고
공리중시 제　　　　　　혁신　　　　　　노

禮敎없는 魯나라를 한번革新 하게되면
예교　　　노　　　　　　혁신

先王의道 잘따르는 그런나라 될것이네
선왕　도

[註解] ○齊(제)—현 산동성(山東省) 일대에 있었던 부강(富强)한 나라였
다. ○一變(일변)—조금만 좋게 변하면. ○至於魯(지어노)—노나라같이 될
것이다. '노(魯)'는 산동성 곡부(曲阜)를 도읍으로 한 작은 나라. 그러나 주
(周)나라의 문물제도가 비교적 많이 남아있는 나라였다. ○至於道(지어
도)—노나라가 약간만 잘 변하면, 옛날의 주나라같이 도가 행해지는 좋은
나라가 될 수 있다는 뜻이다. 제(齊)나라의 시조는 태공망(太公望), 노나라
의 시조는 주공단(周公旦)이며, 다 같이 주나라의 문화 전통을 이어받았다.

6-25

공자가 말했다. "고에 모가 없다면, 어찌 고라 하랴, 어찌
고라 하랴!"

子ㅣ 曰觚不>觚면 觚哉 觚哉아!
자   왈 고 불 고   고 재 고 재

[가사체 번역문]

공자께서 말하셨다

觚라하는 네모술잔 모나지가 않으면은
고

어찌하여 그런술잔 觚라할수 있겠느냐
고

어찌하여 그런술잔 觚라할수 있겠느냐
고

[註解] ○觚(고)−모가 난 술잔을 고라 한다. ○不觚(불고)−(이름만 고라
고 하면서도) 모가 나지 않는다면. ○觚哉(고재)−어찌 그것을 고라고 말하
겠는가? 실물과 이름이 맞아야 한다. 임금은 임금다워야 하고, 신하는 신
하다워야 한다. 그렇지 못하기 때문에 나라가 문란해지는 것이다. 고(觚)에
대해서는 다른 설도 있다.

6-26

아가 물었다. "인자는 우물에 사람이 빠졌다고 속이면 당
장 달려가 우물에 들어갑니까?"

공자가 말했다. "어찌 그렇게 하겠느냐? 군자는 가기는 하
겠지만, 남의 속임수에 빠지지는 않을 것이다. 일시적으로 속
는다 해도, 끝내 사리에 어둡지는 않을 것이다."

[原文]

宰我ㅣ 問曰 仁者는 雖Ⅲ告>之曰Ⅱ 井有Ⅰ>人焉
재아 문왈 인자 수 고 지왈 정유   인언

이라도 其從>之也로소이다? 子ㅣ 曰 何爲其然也리
     기종 지야   자 왈 하위기연야

오? 君子는 可>逝也언정 不>可>陷也며 可>欺也언
   군자   가 서야   불 가 함야   가 기야

정 不>可>罔也니라.
  불 가 망야

[가사체 번역문]

宰我께서 공자님께 다음같이 여쭈었다
재아

어진사람 그者에게 우물속에 한사람이 빠졌다고 속인다면
        자

어서당장 달려가서 우물안에 갑니까요

공자께서 말하셨다 어찌그리 하겠느냐

군자들은 우물가에 가기는야 하겠지만

사람들의 속임수에 빠지지는 않으리라

한순간은 속겠지만 끝끝내는 일의道理 어둡지는 않을걸세
                        도 리

[註解] ○宰我(재아)―공자의 제자. 말을 잘했다. 「公冶長篇 5-10」 참고.
○仁者(인자)―어진 사람, 인덕을 행하는 사람. ○雖(수)―비록. 여기서는
가령, 혹의 뜻으로 푼다. ○告之曰(고지왈)―인자에게 말한다. ○井有仁焉
(정유인언)―우물에 사람이 빠졌다. 인(仁)을 인(人), 혹은 인자(仁者)로 풀기
도 한다. ○其從之也(기종지야)―그 인자가 (사람을 건지려고) 우물에 들어
가느냐? ○何爲其然也(하위기연야)―어찌 그렇게 하겠느냐? ○君子可逝也

(군자가서야)─(인자는 고사하고) 군자라도, 그를 (거짓말로 속여서 우물에) 가게 할 수는 있을 것이다. ○不可陷也(불가함야)─그러나 군자를 함정에 빠지게 할 수는 없다. ○可欺也(가기야)─일시적으로 속일 수는 있다. ○不可罔也(불가망야)─사리나 도리에 어둡게 할 수는 없다.

[解說]

인자나 군자는 학식이 있고, 사리를 명석하게 판단한다. 그러므로 남들이 쉽사리 그를 속일 수 없다.

6-27

공자가 말했다. "군자는 글을 널리 배우되 예로써 단속해야 한다. 그래야 비로소 도에서 어긋나지 않을 것이다."

[原文]

子ㅣ 曰 君子ㅣ 博學Ⅱ於文ㅣ이오. 約>之以>禮면
자　　왈 군자　박학　어문　　　약　지이　례

亦可Ⅱ以弗ㅣ>畔矣夫인저.
역가　이불　반의부

[가사체 번역문]

공자께서 말하셨다
군자라고 하는者는 글을널리 배우면서
　　　　　　　자
예의로써 단속해야 道에어긋 나잖는다
　　　　　　　　도

[註解] ○博學於文(박학어문)—글을 널리 배우다. 고전의 글을 넓게 많이 배운다. 문(文)은 주로 '시(詩)·서(書)·예(禮)·악(樂)·역(易)·춘추(春秋)' 등의 육경(六經)의 글들이다. 그 속에는 선왕의 도와 문물제도, 역사 기록 및 평가 등이 적혀 있다. ○約之以禮(약지이례)—예로써 조이고 단속한다. 즉 광범하게 많은 지식을 일관된 도리로써 요약하고 통괄한다는 뜻. 예(禮)에는 두 가지 뜻이 있다. 내면적으로는 천리(天理)이고, 외형적으로는 예절(禮節)이다. 그러므로 학식을 일관된 천리로 통괄하고, 인격이나 언행을 예의범절로 단속한다는 뜻이다. ○弗畔(불반)—도에 어긋나지 않는다. ○矣夫(의부)— '…하리라'의 뜻을 나타내는 어조사.

[解說]

'박문약례(博文約禮)'라는 성어의 출전이다. 학문과 지식을 넓게 습득하되, 일관된 도리로 통괄하고 동시에 예의범절에 맞게 행동해야 그 학식이 국가에 유익하게 쓰인다. 군자(君子)나 인자(仁者)는 학문과 덕행으로 백성들을 교화 선도하고 동시에 인정(仁政)과 덕치(德治)에 참여하는 엘리트이다. 그러므로 그의 학식이나 인격 및 언행이 절대선(絕對善)인 천도천리(天道天理)에 부합되게 요약해야 한다.

예의(禮儀)나 예절(禮節)도 근본적으로는 절대선인 하늘의 도리를 기준으로 한 사회적 행동규범이다. 학문이나 과학 기술을 '동물적·이기적 탐욕을 채우기 위한 수단으로 악용하면' 세계와 인류가 고통 받게 된다.

6-28

　공자가 남자를 만나자, 자로가 좋아하지 않았다. 이에 공자가 굳게 다져 말했다. "나에게 잘못이 있다면, 하늘이 미워할 것이다, 하늘이 미워할 것이다."

[原文]

子ㅣ 見ㅣ南子ㅣ하신대 子路ㅣ 不>說이어늘 夫子ㅣ
자　견　남자　　　　　자로　불　열　　　　부자

矢>之曰 予ㅣ 所>否者인댄 天厭>之 天厭>之시리
시 지 왈 여 소 부자　　천 염 지 천 염 지
라.

[가사체 번역문]

　공자께서 靈公妾室 南子그녈 만났는데 子路께서 싫어했다
　　　　　영공첩실 남자　　　　　자로
　이에대해 공자께서 다짐하며 말하셨다
　내가잘못 하였다면 저하늘이 미워하리 저하늘이 미워하리

[註解] ○子見南子(자견남자)－공자가 남자(南子)를 만났다. 남자는 위(衛)나라 영공(靈公)의 부인이며, 음란한 여자로 알려졌다. ○子路不說(자로불열)－성격이 과격하고 정의감이 강한 자로가 좋아하지 않았다. ○夫子(부자)－선생, 즉 공자. ○矢之曰(시지왈)－맹서하고 말하다. ○予所否者(여소부자)－내가 잘못한 일이 있으면. ○天厭之(천염지)－하늘이 미워할 것이다.

【解說】

남자(南子)는 위(衛) 영공(靈公)의 부인으로, 미남자 송조(宋朝)와 내통하는 등 품행이 음란했다. 그러나 그녀는 위나라 정치에 간섭하고 있었다. 그러므로 여러 나라를 유력하면서 자기의 말을 듣고 자기를 등용해 줄 임금을 찾아다니던 공자가 위나라에 가자, 남자가 먼저 공자와 만나자고 자청했다. 이를 처음에는 거절했다. 그러나 위 영공을 만나려면, 자기를 먼저 만나야 한다고 해서, 부득이 가서 예에 어긋나지 않게 휘장[帷] 너머로 그녀를 만났다. 그러나 사려가 깊지 못하고 저돌적인 자로가 불쾌한 태도를 내보였다. 이에 공자가 '만약 내가 잘못했다면, 하늘이 벌을 내릴 것이다.' 라고 말한 것이다. 자로가 '성인의 도가 크고, 덕이 온전함[聖人道大德全]'을 몰랐기 때문이다.

6-29

공자가 말했다. "중용의 덕은 지극하다. 그런데 사람들이 이를 소홀히 한 지, 너무나 오래되었구나."

【原文】

子ㅣ 曰 中庸之爲>德也ㅣ 其至矣乎인저 民鮮이
자 왈 중용지위 덕야 기지의호 민선

久矣니라.
구 의

【가사체 번역문】

　공자께서 말하셨다 中庸의德 지극하다
　　　　　　　　　　　중용　덕

　그런데도 사람들이 中庸의德 안따른지 너무오래 되었구나
　　　　　　　　　　　중용　덕

【註解】 ㅇ中庸之爲德也(중용지위덕야)―중용이 덕이다, 중용이 덕이 된다.
여기서는 방편상 '중용의 덕'으로 풀었다. ㅇ其至矣乎(기지의호)―(중용의
덕이) 지극히 좋은 것이다. ㅇ民鮮(민선)―사람들이 (중용의 덕을) 따르고
실천하지 않는다. ㅇ久矣(구의)―오래되었다.

【解說】

　중용(中庸)을 일반적으로 '양쪽의 극단이 아닌, 중간의 절충점'으
로 생각하고 있으나, 그러한 해석은 본래의 깊은 뜻이 아니다.

　『집주(集註)』의 풀이를 보겠다. '중은 넘치지도 않고, 반대로 모자
라지도 않는다는 뜻이다. 용은 평범하고 항상 (쓰인다는) 뜻이다〔中
者 無過不及之名也 庸平常也〕.' 즉 중용은 모든 사람이 언제나 일상
적으로 따르고 실천할 수 있는 합당한 덕이라는 뜻이다.

　한편 정자(程子)는 다음같이 풀었다. '한쪽으로 치우치지 않음을
중이라 하고, 변하지 않는 것을 용이라 한다〔不偏之謂中 不易之謂
庸〕.', '중은 천하만물에 다 통하는 큰 도리이고, 용은 천하의 일정
불변하는 도리이다〔中者天下之正道 庸者天下之定理〕.' 결국 중용
은 우주 천지만물을 생성화육(生成化育)하는 하늘의 도리, 즉 천도(天
道)라 하겠다. 사람은 하늘에 의해서 태어나 살고 있다. 따라서 하늘
의 도리를 따라 살아야 한다. 이때에 자기의 처지에 가장 잘 맞는 도
리를 곧 중용이라고 한다. 그런데 사람들은 천도를 따르지 않고, 동

물적·본능적 욕심만을 따르고 있다.

6-30

자공이 물었다. "만약 백성들에게 널리 베풀고, 많은 사람을 구제해 줄 수 있다면 어떻습니까? 인이라 할 수 있겠습니까?"

공자가 대답했다. "어찌 인이라고만 하겠느냐? 반드시 성인의 경지라고 말하겠다. 요임금 순임금도 그렇게 하지 못함을 걱정했다. 원래 인이란 내가 서고자 할 때, 남을 서게 하고, 내가 도달하고자 할 때, 남을 도달하게 하는 것이다. 가까운 자기를 가지고 남의 입장을 알아차리는 것이 인을 행하는 방도이다."

[原文]

子貢이 曰 如有下博施Ⅱ於民 而能濟上Ⅰ衆한대
자공   왈 여유 박시 어민 이능제   중

何如하닛고? 可>謂>仁乎잇가? 子ㅣ 曰 何事Ⅱ於仁
하여   가 위 인호잇가 자   왈 하사 어인

Ⅰ이리오? 必也聖乎인저. 堯舜도 其猶病>諸시니라.
         필야성호인저 요순   기유병 저

夫仁者는 己欲>立而立>人하며 己欲>達而達>人이
부인자   기욕 립이립 인하며 기욕 달이달 인

니라. 能近取>譬면 可>謂Ⅱ仁之方Ⅰ也已니라.
      능근취 비   가 위 인지방 야이

【가사체 번역문】

子貢께서 공자님께 다음같이 여쭈었다
자 공

만약만일 백성에게 널리널리 베풀면서

여러많은 사람들을 救濟할수 있다면은 어떻다고 여깁니까
구 제

仁이라고 말할수가 있으리라 보십니까
인

공자께서 대답했다

어찌하여 仁이라고 말할수가 있겠느냐
인

그런것은 꼭반드시 聖人경지 들었다고 말을할수 있겠도다
성 인

堯임금도 舜임금도 그리하질 못하는걸 매일항상 걱정했지
요   순

원래부터 仁이란건 내가만약 서고플때 남을먼저 서게하고
인

내가도달 하고플때 남을먼저 도달토록 하는것을 이른다네

자기欲求 자기處地 이런것을 미루어서
욕구   처지

남에게로 미치는게 仁의實踐 方道란다
인 실천 방도

【註解】 ○子貢(자공)—공자의 제자. 「學而篇 1-10」참고. ○如有(여유)—만약에 …하면. ○博施於民(박시어민)—백성들에게 널리 베풀다. ○而能濟衆(이능제중)—아울러 모든 사람들을 구제하고 제도한다. 제중(濟衆)을 공안국(孔安國)은 '백성들을 환난에서 구제한다〔濟民於患難〕.' 라고 주를 달았다. ○何如(하여)—어떠하냐? ○可謂仁乎(가위인호)—그런 행동을 인행(仁行), 인덕(仁德)이라고 말할 수 있겠습니까? 그런 경지를 인(仁)이라 말할 수 있겠습니까? ○何事於仁(하사어인)—어찌 인이라고만 하겠는가? 형병(邢昺)은 '인만이 아니다〔不啻於仁〕.' 라고 주를 달았다. ○必也聖乎(필야성호)—반드시 성인(聖人)의 경지라 하겠다. ○堯舜(요순)—요임금이나 순임금. ○其猶病諸

(기유병저)—그들도 그런 경지에 도달하지 못함을 걱정했다. ○夫仁者(부인자)—무릇 인이라고 하는 것은. ○己欲立(기욕립)—내가 서고자 할 때, 혹은 차지하려고 하는 자리나 지위. ○而立人(이입인)—이(而)는 '그러나, 도리어'의 뜻. 입인(立人)은, (내가 서지 않고) 남을 서게 한다. 남에게 자리를 준다. ○己欲達(기욕달)—내가 도달하려는 곳, 혹은 달성하려는 일. ○達人(달인)—남으로 하여금 도달케 한다, 달성케 한다. ○能近取譬(능근취비)—능히 가까운 자기의 욕구나 처지를 바탕으로 하고, 남의 욕구나 처지를 알고 또 채워주는 것. 주자(朱子)는 '비(譬)'를 '깨우칠 유(喩)'라고 풀이했다. '능근취비(能近取譬)'는 곧 '이기급인(以己及人)'이다. 즉 '자기의 욕구나 처지를 미루어 남으로 하여금 달성케 함이다.' ○仁之方也已(인지방야이)—인을 실천하는 방도이다.

[解說]

　인(仁)의 근본 의미는 '사람들이 서로 사랑하고 협동하여 함께 잘 사는 공동체를 꾸미는 기본적인 덕목'이다. 그러나 모든 것을 인식하고 실천하는 것은 '나'를 주체로 한다. 그러므로 나를 중심으로 인의 뜻을 다음과 같이 풀이할 수 있다. '남을 사랑하고, 남을 도와서 잘 되게 하는 덕행이다.'

　'나'와 '남'의 관계는 다양하게 마련이다. 사람은 누구나 '자식'으로 태어난다. 그러므로 '나'는 자기를 낳고 양육해준 부모를 사랑하고 받들어야 한다. 그것이 효도이고, 인(仁)의 바탕이고 시발점이다. 그리고 '사랑'을 '형제 · 붕우 · 일가친척 · 이웃 · 동포 · 국민 및 인류 전체'에 뻗어야 한다. 따라서 인은 점차로 확대되게 마련이다. 남을 진정으로 사랑하려면, 나의 욕구나 처지를 곧 남의 욕구나 처지로 생각하고 만족시켜 주어야 한다. 그것이 '이기급인(以己及

仁)'이다. 정치적으로는 '만민을 나같이 생각하고 사랑하고 잘 살게
해주어야 한다.' 그것이 바로 인정(仁政)이다.

술이편(述而篇)은 총 37장으로서, 주로 공자의 생각이나 언행을 적은 글이 많다. 아울러 현인(賢人)·군자(君子) 및 인자(仁者)들의 덕행을 논술했다. 주자(朱子)는 '성인들이 겸손한 태도로 남을 잘 가르치고, 또 점잖은 몸가짐과 행적에 대한 글들이 많이 추려져 있다.'고 했다. 『논어(論語)』 중에서도 정채(精彩)로운 글귀들이 가장 많이 추려져 있다.

7-1

공자가 말했다. "전술(傳述)했을 뿐, 창작하지 않았다. 옛것을 믿고 좋아했다. 나를 노팽에 비기고자 한다."

[原文]

子ㅣ 曰 述而不>作하며 信而好>古를 竊比ⅠⅠ於我
자   왈 술 이 부 작   신 이 호 고   절 비   어 아
老彭ㅣ하노라.
노 팽

[가사체 번역문]

공자께서 말하셨다

제자들아 나는나는 先王들의 좋은 政治
                 선 왕   정 치

傳해주고 풀이했지 創作하진 않았으며
전   창 작

옛날것을 좋아하고 믿으면서 학습했네

이런나를 猥濫되게 老彭에게 비유한다
        외 람   노 팽

[註解] ㅇ述(술)―전술(傳述)하다. 즉 옛날의 고전을 전하고 서술하다. ㅇ不作(부작)―자기가 독단적으로 창작하지 않았다. ㅇ信而好古(신이호고)―옛날의 학문이나 사상 및 문물제도 등을 믿고, 좋아하고 학습했다는 뜻. ㅇ竊(절)―'몰래, 숨어서', 겸손의 뜻을 나타낸다. 즉 외람되게. ㅇ比於我老彭(비어아노팽)―(외람되게) 나를 노팽(老彭)에 비기고자 한다. 노팽에 대해서는 설이 많다. 여기서는 '은(殷)나라의 현명한 대부(大夫)로, 옛날의 역사적

사실을 잘 서술했다.' 는 포함(包咸)의 설을 따른다. 정현(鄭玄)은 '노담(老聃)과 팽조(彭祖) 두 사람'이라고 했으나, 취하지 않는다.

[解說]

문화는 역사적으로 발전한다. 그러므로 공자는 주공단(周公旦)의 예치(禮治)의 도리와 문물제도 및 고대의 전적을 열심히 연구하고 아울러 그것들을 현실에 맞게 해석하고 적용하고자 했다.

7-2

공자가 말했다. "묵묵히 속으로 깊이 깨닫고, 배우기에 물리지 않고, 남을 깨우치기에 게으르지 않다. 이런 일만을 내가 하고 있는 것이다."

[原文]

子│曰 默而識>之하며 學而不>厭하며 誨>人不>倦이 何有‖於我哉│오.
자 왈 묵 이 식 지   학 이 불 염   회 인 불 권 하 유 어 아 재

[가사체 번역문]

공자께서 말하셨다
아무말도 하지않고 맘속으로 터득하고 배우기에 싫지않고
다른사람 깨우침에 게으르지 않는도다

나는 나는 이런 일만 하고 있다 할 수 있네

[註解] ㅇ 默而識之(묵이식지)—무언간에 깊이, 속으로 깨닫고 안다. 즉 심덕(心德)을 닦는다. ㅇ 學而不厭(학이불염)—열심히 배우고 물리지 않는다. 싫을 염(厭). ㅇ 誨人不倦(회인불권)—정성껏 독실하게 남을 가르친다. 가르칠 회(誨), 게으를 권(倦). ㅇ 何有於我哉(하유어아재)—무엇이 나에게 있는가? 나는 다만 그렇게 할 뿐이다.

[解說]

'묵이식지(默而識之)'는 '자연 만물의 깊은 도리를 무언 간에 깨달아 알고, 아울러 속으로 심덕(心德)을 닦는다.'는 뜻이다. '학이불염(學而不厭)'은 '선왕(先王)의 덕치(德治)의 도리와 역사적 업적을 적은 고전 및 주(周)나라 초기의 이상적인 예치(禮治)와 문물제도 등을 열심히 물리지 않고 학습한다.'는 뜻. '회인불권(誨人不倦)'은 '자기가 터득한 도리와 학문 지식을 남에게 정성껏 독실하게 가르친다.'는 뜻. 공자의 이상은 학문과 덕행을 겸비한 군자(君子)를 양성해서 도덕과 윤리가 실천되는 인정(仁政)과 덕치(德治)를 구현하는 것이었다. 그러기 위해서 공자는 '사물의 도리를 알고 마음속의 덕성을 함양하고, 넓게 배우고 익히고, 남에게 가르쳤다.' 이 세 가지가 곧 '묵식(默識)·학습(學習)·회인(誨人)'이다.

7-3

공자가 말했다. "덕을 닦지 못함과, 학문을 익히지 못함과,

의로움을 듣고도 옮아가지 못함과, 옳지 않음을 고치지 못함이, 곧 나의 근심거리다."

[原文]

子ㅣ曰 德之不>修와 學之不>講과 聞>義不>能>
자 왈 덕 지 불 수   학 지 불 강   문 의 불 능

徙하며 不善不>能>改ㅣ 是吾憂也니라.
사   불 선 불 능 개   시 오 우 야

[가사체 번역문]

공자께서 말하셨다
덕을닦지 못하는것 학문강론 못하는것
의로움을 듣고서도 실행하지 못하는것
좋지않은 것을두고 고치지를 못하는것
이러한것 네가지를 나는나는 근심한다

[註解] ○德之不脩(덕지불수)─덕을 닦지 않는다. 목적어 '덕(德)'이 앞에 나왔다. '불수(不脩)'가 동사, '지(之)'는 목적어와 동사를 연결하는 허사(虛詞). ○學之不講(학지불강)─강(講)은 크게 두 가지 뜻이 있다. '학문의 깊은 뜻을 스스로 강구(講究)한다.' '학문을 남에게 강론(講論)한다.' 불강(不講)은 '학문을 강구하지도 않고 또 강론하지도 않는다.' ○聞義不能徙(문의불능사)─문(聞)은 듣고 알다, 문의(聞義)는 견선(見善)과 같다. 즉 '의롭고 좋은 줄 알면서 옮아가지 못한다.' ○不善不能改(불선불능개)─좋지 않은 것을 스스로 고치지 못함. ○是吾憂也(시오우야)─이상과 같은 것을 나는

우려한다.

[解說]

　마음으로나 몸으로 덕(德)을 닦고 행하지 않는다. 배운 바 학문을
스스로 강구하지도 않고, 또 남에게도 강의해주지 않는다. 정의에
편들지도 않는다. 개과천선(改過遷善)하지도 못한다. 이상의 네 가지
를 다 못하면, 결국 '악덕(惡德)하고, 무식(無識)하고, 불의(不義) 무도
(無道)한 악인'이 된다. 개인이 악하면 그 사회와 나라도 악해진다.
이상세계의 창건은 개인의 선화(善化)를 바탕으로 하게 마련이다.
그러므로 공자는 결국 '사람과 세상이 다 함께 개과천선하지 못하
는 것을 걱정한 것이다.'

7-4

　공자가 집안에 한가하게 있을 때에는, 그 표정이 느긋하고
또 그 마음이 온화했다.

[原文]

子之燕居에 申申如也하시며 夭夭如也러시다.
자 지 연 거　　신 신 여 야　　　요 요 여 야

[가사체 번역문]

　공자께서 한가하게 편히쉬고 계실때는

그모습이 느긋하고 그품또한 溫和하고 즐거웁게 보이셨다
온 화

[註解] ○燕居(연거)─집에 한가하게 있을 때. ○申申如(신신여)─표정이
나 태도가 부드럽고 느긋하다. ○夭夭如(요요여)─마음이 온화하고 즐겁
다.

7-5

공자가 말했다. "참으로 심히 노쇠했구나! 이토록 오랫동
안 주공을 다시 꿈에 보지 않게 되었으니!"

[原文]

子ㅣ曰 甚矣라 吾衰也여! 久矣라 吾不Ⅲ復夢見
자 왈 심 의 오 쇠 야   구 의   오 불 부 몽 현

Ⅲ周公ㅣ이로다.
  주 공

[가사체 번역문]

공자께서 말하셨다 몹시매우 老衰했네
                    노 쇠
진정으로 오랫동안 周公다시 꿈에서도 만나뵙지 못했구나.
                 주 공

[註解] ○甚矣吾衰也(심의오쇠야)─심하게 내가 노쇠했구나! ○久矣(구
의)─오래되었다. ○吾不復夢見周公(오불부몽현주공)─내가 다시 주공을 꿈

에 뵙지 못하게 된 것이.

[解說]

　주공(周公)―이름은 단(旦), 그러므로 주공단(周公旦)이라고도 한다. 주(周)나라의 시조인 문왕(文王)의 아들이며, 또 무왕(武王)의 동생이다. 무왕이 무력으로 은(殷)의 포악무도한 주왕(紂王)을 토벌할 때 형을 도왔으며, 건국 후에는 예악(禮樂)을 비롯하여 주나라의 모든 문물제도를 제정하여 예치(禮治)와 덕정(德政)의 기틀을 마련한 위대한 학자·사상가·정치가 및 군사전략가였다. 그러므로 공자가 주왕조 창건에 혁혁한 공을 세운 주공을 존경할 만했다. 그러나 공자가 그를 꿈에 볼 정도로 흠모한 이유는 각별했다. 즉 주공의 혁신적인 종교사상에 있었다. 여기서 먼저, 은주혁명(殷周革命)의 역사적 의미를 고찰해 보겠다.

　제도면에서 은(殷 : 기원전 1766~1122년)의 말기와 주(周) 초기는 다 같은 노예제도였다. 국력이나 생산력면에서는 6백 년 역사를 지닌 은이 오히려 서쪽에 새로 대두한 주를 능가했다. 그런데 왜, 중원의 강대국인 은이 서부의 신흥 소국인 주에게 패했을까? 그 큰 요인을 종교신앙과 도덕의식에서 찾아야 한다.

　은나라나 주나라는 다 종교적 권위의 정점(頂點)인 군주(君主)를 모시고 하늘의 절대명령, 즉 천명(天命)을 받들고 따르는 신권정치(神權政治)를 폈다. 그러나 그 내용면에서는 크게 차이가 있다.

　은나라는 주술적(呪術的) 점복(占卜)에 의해 천명의 소재를 파악하고 또 해석했다. 따라서 천명을 받은 군왕의 권위는 절대적이었으므로, 그는 안하무인격으로 무도한 폭정을 펴고 백성을 학대하고 또 순사(殉死)를 강요했던 것이다. 그러므로 통치자와 백성들은 완전히 분리되어 있었다.

한편 주나라, 특히 주공 이후의 주나라에서는 절대적인 천명(天命)을 인간 본위의 이성(理性)으로 파악하고 해석했다. 즉 하늘은 '덕 있는 사람에게 천명을 내려 백성을 다스리게 한다.' '임금이 덕을 잃으면 하늘은 천명을 거두고, 덕 있는 다른 사람에게 내린다.' 고 해석했다. 그러므로 주나라의 신권 사상은 도덕적 합리주의의 양상을 띠게 되었다. 한편 사회질서와 신분의 위계를 유지하기 위해서 하늘의 도리를 바탕으로 여러 가지 문물제도를 제정했던 것이다. 그러므로 공자가 주공의 발전적인 의식과 업적을 평가한 것이다.

7-6

공자가 말했다. "도에 뜻을 두고, 덕을 지키고, 인을 의지하고, 육예를 익힌다."

[原文]

子ㅣ 曰 志Ⅱ於道Ⅰ하며 據Ⅱ於德Ⅰ하며 依Ⅱ於仁Ⅰ하며 游Ⅱ於藝Ⅰ니라.
(자 왈 지 어 도 거 어 덕 의 어 인 유 어 예)

[가사체 번역문]

공자께서 말하셨다

하늘의道 실천의지 굳게굳게 確立하고
　　도　　　　　　　　　　　확립
마음속에 품고있는 本性의德 根據삼고
　　　　　　　　본성　덕 근거
여러모든 사람들을 사랑하고 養育하는 仁이란걸 依託하고
　　　　　　　　　　　　양육　　　인　　　　의탁
禮樂射書 御數六藝 두루배워 익혀얀다
예 악 사 서　어 수 육 예

[註解] ○志於道(지어도)－도(道)에 뜻을 둔다. 도는 크게는 절대선(絶對善)의 하늘의 도리, 선왕(先王)의 덕치(德治)의 도리, 작게는 주공(周公)의 예치(禮治)의 원리와 문물제도이다. 지(志)는 지향(志向)한다. ○據於德(거어덕)－거(據)는 거점으로 삼고 지킨다. 주자(朱子)는 '거는 잡고 지킨다는 뜻이다〔據者執守之意〕.'라고 풀었다. 덕(德)은 득(得)에 통한다. 도를 따르고 실천해서 얻어진 좋은 성과를 덕이라 한다. '덕(德)'은 '마음으로 터득된 심덕(心德)'과 '행동으로 나타난 덕행(德行)'을 합한 것이다. 따라서 '거어덕(據於德)'은, 곧 '마음이나 행동 면에서 굳게 덕을 지키고 덕을 세운다.'의 뜻이다. ○依於仁(의어인)－인(仁)은 인도(仁道)와 인애(仁愛)를 합친 말이다. 모든 일을 인에 의지해서 해야 한다. 무력이나 속임수를 바탕으로 하면 안된다. ○游於藝(유어예)－예(藝)는 예(禮)·악(樂)·사(射)·서(書)·어(御)·수(數). 군자나 선비는 육예(六藝)를 잘 배우고 익혀야 한다.

[解說]

이상은 인정(仁政)과 덕치(德治)에 참여할 군자(君子)나 선비〔士〕가 지녀야 할 기본 강령이다. '도(道)·덕(德)·인(仁)·예(藝)'의 넷은 '핵심 목표와 실천과정'을 포괄한다. 즉 먼저 도의 달성을 목적으로 삼고, 도를 따라 덕을 세워야 한다. 덕을 세우기 위해서는 인(仁：humanism)에 의지하고, 문화적인 행동이 육예(六藝)를 통해서 인정과 덕치를 실현해야 한다. 무력이나 권모술수를 가지고 남을 위협하거나 속이는 정치는 악덕이다.

7-7

공자가 말했다. "속수의 예 이상을 치른 사람에게, 나는 가르치지 않은 바 없다."

[原文]

子ㅣ 曰 自行ㅍ束脩以上ㅣ은 吾未ㅍ嘗無ㅣ>誨焉
자　 왈　자행　 속수이상　　　오 미　상무　 회언
이로다.

[가사체 번역문]

공자께서 말하셨다

내게와서 **束脩幣帛** 그**以上**을 **行**한사람
　　　　속수폐백　 이상　 행

나는일찍 가르치지 않은적이 없었다네

[註解] ○自行束脩以上(자행속수이상)—속수 이상을 행한 사람부터. 자(自)는 '부터'. ○束脩(속수)—수(脩)는 육포(肉脯), 속(束)은 묶음. 옛날 스승에게 가르침을 청할 때, 육포 열 줄을 엮은 다발을 예물로 바쳤다. ○吾未嘗無誨焉(오미상무회언)—나는 전에 가르치지 않은 일이 없다. 최소한의 예물을 바치고, 배우려는 성의를 표시한 사람을 제자로 삼고 가르쳐 주었다.

가르칠 회(誨).

7-8

    공자가 말했다. "알지 못해 분발하지 않으면 계발해 주지 않고, 표현하지 못해 더듬거리지 않으면 말을 일러주지 않고, 한 구석을 들어 보이면 나머지 세 구석을 알만큼 반응하지 않으면 더는 가르치지 않는다."

[原文]

    子ㅣ 曰 不＞憤이어든 不＞啓하며 不＞悱어든 不＞發
      자   왈 불 분   불 계   불 비   불 발

호되 擧Ⅱ一隅Ⅰ에 不下以Ⅱ三隅Ⅰ反上이어든 則不＞
      거 일 우   불 이 삼 우 반   즉 불

復也니라.
부 야

[가사체 번역문]

    공자께서 말하셨다

    배우고서 알아내길 분발하지 않으면은 계발시켜 주지않고

    표현못해 더듬더듬 안타까워 하잖으면 말을일러 주지않고

    한가지를 가르치면 그나머지 세가지를

    드러낼수 있을만큼 반응하지 않으면은

    더이상은 나는그를 가르치지 않는다네

[註解] ○憤(분)─알려고 분발하다. ○悱(비)─하고 싶은 말을 표현할 줄 몰라 더듬거리는 품. ○擧一隅(거일우)─한 구석을 들어 보인다. ○不以三 隅反(불이삼우반)─세 구석을 스스로 알만큼 반응하지 않으면. ○不復(불 부)─다시, 더 (가르치지) 않는다. 교육은 본인이 배우고자 애를 써야 한다.

7-9

공자는 상을 당한 사람 곁에서 음식을 드실 경우, 배부르게 드시는 일이 없으셨다.

공자는 그날에 곡을 하시면 종일 노래를 부르지 않으셨 다.

[原文]

子ㅣ 食Ⅱ於有>喪者之側ㅣ에 未Ⅱ嘗飽ㅣ也ㅣ러시
자 식 어 유 상 자 지 측 미 상 포 야

다 子ㅣ 於Ⅱ是日ㅣ에 哭則不>歌러시다.
자 어 시 일 곡 즉 불 가

[가사체 번역문]

공자께선 喪을당한 그사람의 곁에서는 飽食하지 않으셨고
상 포 식

哭을하신 그날에는 노래하지 않으셨지
곡

[註解] ○子食於(자식어)─공자가 …에서 음식을 든다. ○有喪者之側(유상

자지측)—상을 당한 사람 곁에서. ○未嘗飽也(미상포야)—한 번도 배불리 든 일이 없었다. ○子於是日(자어시일)—공자는 그날. ○哭(곡)—조상(弔喪)하고 곡을 한 (날에는). ○則不歌(즉불가)—하루 종일 노래를 하지 않았다.

[解說]

공자는 제자 번지(樊遲)에게 효(孝)를 다음과 같이 설명한 일이 있다. '부모가 살아계시면 예로써 섬기고, 돌아가시면 예로써 상례를 치르고, 제사도 예로써 모셔야 한다〔生事之以禮 死葬之以禮 祭之以禮〕.' 「爲政篇 2-5」.

인간의 존엄성을 높이는 '효(孝)와 예(禮)'에서 장례(葬禮)는 중요한 자리를 차지한다. '남의 죽음〔死〕'을 마음속으로부터 애도하고, 행동적으로도 경건하고 신중하게 모셔야 한다. 죽음에 대한 슬픔을 공감하고 함께 나누는 것이 인(仁)이다. 그러므로 효자(孝子)는 부모의 분묘 곁에 초려(草廬)를 엮고 거상(居喪)한다. 남의 집 상사(喪事)에 조문(弔問) 가서도 정중하게 애도해야 한다. 현명한 공자는 눈물도 많고 감정도 섬세했다. 그러므로 그는 조문 가서 배불리 음식을 들지 않았고, 또 그날은 노래도 하지 않았다.

7-10

공자가 안연에게 말했다. "알아서 써주면 나가서 도를 행하고, 버리면 물러나 은둔한다. 아마 나하고 자네만이 그렇게 할 수 있으리라."

이에, 자로가 나서서 "선생님께서 삼군을 부리시는 경우에는 누구와 함께 하시겠습니까?" 하고 묻자, 공자가 말했다. "맨주먹으로 범을 잡으려 하고, 맨발로 강물을 건너가려 하다가 죽어도 뉘우치지 않는 그런 무모한 자와는 함께 하지 않겠다. 일 처리에 앞서, 겁낼 줄 알고, 잘 도모하여 반드시 성사시키는 그런 사람과 함께 하겠다."

[原文]

子ㅣ 謂ㅠ 顔淵ㅣ曰 用>之則行하고 舍>之則藏을
자 위 안연 왈 용 지즉행   사 지즉장

惟我與>爾 有>是夫인저. 子路ㅣ 曰 子ㅣ 行ㅠ三軍
유아여 이 유 시부   자로 왈 자 행 삼군

ㅣ則誰與시리잇고? 子ㅣ 曰 暴虎馮河하여 死而無>
즉수여   자 왈 포호빙하   사이무

悔者를 吾不>與也니 必也臨>事而懼하며 好>謀而
회자 오불 여야 필야임 사이구   호 모이

成者也니라.
성자 야

[가사체 번역문]

공자께서 顔淵에게 다음같이 말하셨다
        안 연
알아보고 써주면은 나아가서 道행하고
                    도
버리면은 물러나서 몸을숨겨 은둔한다
오직나와 자네만이 이런일을 할수있네
이말듣고 子路께서 다음같이 말하였다
        자 로
선생님이 혹시만일 三軍兵士 부린다면 뉘와함께 하겠어요
                삼군병사

공자께서 말하셨다

맨주먹에 범을잡고 맨발로써 강건너려

애를쓰다 죽게돼도 뉘우치지 않는사람

그자와는 나는나는 함께하지 않겠도다

일처리를 하기앞서 겁낼줄을 미리알고

도모하길 또한잘해 성사되게 하는사람 그와함께 하겠도다

[註解] ○子謂顔淵曰(자위안연왈)―공자가 제자 안연에게 말했다. ○用之則行(용지즉행)―남이나 위정자가 나를 써주면, 나가서 도를 행한다. ○舍之則藏(사지즉장)―나를 버리면 물러나 몸을 숨긴다. 은둔한다. 사(舍)＝사(捨). ○唯我與爾(유아여이)―오직 나와 그대만이. ○有是夫(유시부)―그렇게 할 것이다. ○子路曰(자로왈)―자로가 나서서 말했다. ○子行三軍(자행삼군)―(만약) 선생님께서 삼군(三軍)을 동원하고 군사행동을 하시는 경우에는. 삼군은 약 5만의 병력으로 대군(大軍)이다. ○則誰與(즉수여)―그때에는 누구와 함께 하시겠습니까? ○暴虎(포호)―맨주먹으로 범을 잡으려 한다. ○馮河(빙하)―맨발로 강물을 건너가려 한다. ○死而無悔者(사이무회자)―죽어도 뉘우치지 않는 (그런 무모한 사람). ○吾不與也(오불여야)―나는 함께 하지 않겠다. ○必也(필야)―반드시, 어디까지나. ○臨事而懼(임사이구)―큰일을 앞에 두고, 겁을 내고 조심을 한다. ○好謀而成(호모이성)―신중하게 도모하고 반드시 성취한다.

[解說]

　이 10장은 한 토막의 막간극과 같다. 공자가 사랑하는 두 제자, 즉 안연과 자로와 자리를 같이 하고 있다.

　묵묵히 덕을 실천하는 안연에게는 더없을 정도로 칭찬하면서, 무모하고 과감한 행동파 자로에게는 무안할 정도로 핀잔을 주면서, 자로를 깨우쳐 주고 있다.

안연에게 말한 '용행사장(用行舍藏)'은 성인의 경지다. 공자가 안연에게 "너는 성인의 경지에 도달했다."고 칭찬을 한 것이다. 그러자 성미가 급하고 용맹을 자랑하는 자로가, 나서서 엉뚱한 가설을 내걸고 자기 자랑을 유도하려고 했다. 즉 "대군을 동원하는 경우에는 저를 앞세우실 것이 아닙니까?" 하고 자신만만하게 나선 것이다.

그러나 공자는 '맨주먹으로 범을 잡으려 하고, 맨발로 강물을 건너 가려 하다가, 죽어도 뉘우치지 않는 그런 무모한 자[暴虎馮河 死而無悔者]'는 안 된다. 설사 전쟁을 해도, "큰일을 앞에 두고 겁낼 줄 알고, 신중하게 계획을 세워서 반드시 성공하게 하는 그런 사람과 함께 하겠다[必也 臨事而懼 好謀而成者]."라며 따끔하게 핀잔을 줌으로써 자로에게 신중하고 자중할 것을 깨우쳐주었다. 공자는 무조건하고 비전(非戰), 반전(反戰)을 주장하지 않았다. 자위(自衛)와 정의(正義)를 위한 성전(聖戰)을 신중하게 인정했다.

7-11

공자가 말했다. "부를 구해도 될 만한 좋은 세상이라면, 채찍을 드는 천직에도 나는 종사하겠다. 그러나 부를 구하면 안 되는 세상이라면, 나는 내가 좋아하는바 도를 따르겠다."

子ㅣ 曰 富而可>求也인댄 雖ㅒ執鞭之士ㅒ라도 吾
자 왈 부이 가 구 야   수 집편지사   오

亦爲>之어니와 如不>可>求인댄 從ㅒ吾所ㅒ>好하리라.
역 위 지   여 불 가 구   종 오 소   호

[가사체 번역문]

공자께서 말하셨다

道에따라 富貴榮華 구할수가 있다면은
도   부 귀 영 화

채찍드는 천한일도 비록나는 하겠노라

그러하나 부귀영화 구할수가 없다면은

富버리고 道를따라 내가정말 좋아하는 安貧樂道 하겠노라
부   도   안 빈 낙 도

[註解] ○富而可求也(부이가구야)—부(富)를 구해도 될 만큼 좋은 세상이
라면. 부(富)는 재물이나 금전. '이(而), 야(也)'는 별 뜻이 없는 허사. 가구
(可求)는 구할 만하다. ○雖執鞭之士(수집편지사)—비록 채찍을 드는 천한
사람, '집편지사(執鞭之士)'는 시장터에서 채찍을 들고 정리하는 경비원,
혹은 고관이 행차할 때 채찍을 들고 벽제하는 하인배. ○吾亦爲之(오역위
지)—나도 역시 종사하겠다. ○如不可求(여불가구)—만약에 부를 구할 수
없을 만큼 (세상이 문란하다면). ○從吾所好(종오소호)—내가 좋아하는바
도를 따라 살겠다. 즉 안빈낙도(安貧樂道)하겠다.

[解說]

공자는 「술이편(述而篇)」에서는 "의롭지 못하게 부귀를 누리는 것

을, 나는 뜬구름처럼 여긴다〔不義而富且貴 於我如浮雲〕." 「3-15」라
고 말했다. 즉 도를 어기고, 악덕하게 권력을 잡고 부귀영화를 누리
는 것을 반대한 것이다. 그러므로 「태백편(泰伯篇)」에서는 "나라에
도가 없는데, 부귀를 누리는 것은 창피한 노릇이다〔邦無道 富且貴
焉 恥也〕" 「8-13」라고 말했다. 그러나 도가 행해지는 바른 세상에
서는 적극적으로 나서서 사회참여를 하고, 공을 세워서 돈도 벌고
또 이름도 내야 한다. 학덕겸비(學德兼備)한 선비가 못되면, 시장의
경비원 같은 천직(賤職)에라도 종사해야 한다.

7-12

공자께서 가장 신중하게 여긴 일은 재계와 전쟁과 질병이
었다.

[原文]

子之所>愼은 齊戰疾이러시다.
자 지 소 신   재 전 질

[가사체 번역문]

공자께서 가장가장 신중하게 여기신일 세가지가 있었다네

한가지는 沐浴齋戒 또한가진 侵略戰爭 나머지는 疾病이네
　　　　목욕재계　　　　　침략전쟁　　　　질병

[註解] ㅇ子之所愼(자지소신)—공자가 신중하게 여기고 대처한 일들. ㅇ齊

(재)—재계할 재(齋)와 같다. 제사 전에 목욕재계(沐浴齋戒)를 함. ○戰(전)— 나라의 운명을 건 전쟁. ○疾(질)—인간의 생명을 좌우하는 질병.

7-13

공자께서 제나라에 계실 때, 석 달 동안 소(韶)라는 음악을 들으시고 고기 맛까지 잊으셨다. 그리고 말했다. "음악이 이렇게까지 훌륭한 경지에 이르리라고는 생각도 못했다."

[原文]

子ㅣ 在>齊 聞>韶하시고 三月을 不>知ⅱ肉味ㅣ하
자 재 제 문 소　　　　삼 월 부 지 육 미

사. 曰 不>圖爲>樂之至ⅱ於斯ㅣ也호라.
왈 부 도 위 악 지 지 어 사 야

[가사체 번역문]

공자께서 齊나라서 舜임금의 德칭송한 韶란음악 들으시고
　　　　　 제　　　순　　　 덕　　　소

석달이란 기간동안 고기맛을 잊으셨다

그리고또 말하셨다

이音樂이 이렇게도 높은경지 이를줄은 생각지도 못했구나
　음 악

[註解] ○子在齊聞韶(자재제문소)—공자가 35세에 제(齊)에 가서 소(韶) 음

악을 들었다. 소는 순(舜)임금 때의 음악이라고 한다. ㅇ三月不知肉味(삼월부지육미)—(음악에 도취되어) 3개월간, 고기 맛을 잊을 정도였다. ㅇ不圖(부도)—뜻하지 않게. ㅇ爲樂之至於斯也(위악지지어사야)—음악이 이렇게 훌륭한 지경에까지 이르렀구나.

[解說]

공자는 음악에도 정통했다. '소 음악을 진선진미하다고 말했다〔子謂韶 盡美矣 又盡善矣〕.'「八佾篇 3-25」.

7-14

염유가 "선생님은 위나라의 임금을 도우실까요?" 하고 묻자, 자공이 "글쎄, 내가 물어보지." 하고 들어가, 공자에게 "백이숙제는 어떠한 사람입니까?" 하고 물었다.

공자가 "옛날의 현인이다."라고 대답하자, 자공이 다시 "그들은 원망했습니까?" 하고 물었으며, 공자가 다시 말했다. "그들은 인을 얻으려 했다가 인을 얻었거늘, 어찌 원망했겠느냐?" 이에, 자공이 나와서 염유에게 말했다. "선생님은 위나라 임금을 도우시지 않으실 거다."

[原文]

冉有ㅣ 曰 夫子ㅣ 爲ᄅ衛君ㅣ乎아? 子貢이 曰 諾
염유   왈 부자   위 위군 호   자공   왈 낙

다 吾將>問>之호리라. 入曰 伯夷叔齊는 何人也잇
　　오 장 문 지　　　　　입왈 백이숙제　　하인야

고? 曰 古之賢人也니라. 曰 怨乎잇고? 曰 求>仁而
　　왈 고지현인야　　　왈 원호　　　왈 구 인 이

得>仁이어니 又何怨이리오? 出 曰 夫子ㅣ 不>爲也
득 인　　　　우하원　　　출 왈 부자　　불 위 야

시러라.

[가사체 번역문]

冉有께서 말하였다
염유

선생님은 위나라의 임금님을 도울까요

자공께서 말하였다

글쎄한번 들어가서 선생님께 여쭤보지

자공께서 들어가서 공자님께 여쭈었다

백이숙제 그분들은 어떠하신 분들이죠

공자께서 대답했다 그옛날의 현인이다

자공께서 여쭈었다 하늘怨望 했을까요
　　　　　　　　　　　　원 망

공자께서 말하셨다

仁얻고자 하였다가 정말그仁 얻었거늘 어찌怨望 하였겠나
인　　　　　　　　인　　　　　　원 망

자공께서 밖을나와 염유에게 말하였다

우리우리 선생님은 위나라의 임금님을 도우시지 않을걸세

[註解] ○冉有(염유)－공자의 제자.「八佾篇 3-6」참고. ○夫子爲衛君乎
(부자위위군호)－선생님이 위나라의 임금을 도울까? ○子貢(자공)－공자의
제자.「學而篇 1-10」참고. ○諾(낙)－네, 그래. 가벼운 대답. ○吾將問之

(오장문지)—내가 물어보마. ○入(입)—(공자가 있는 방에) 들어가. ○伯夷
叔齊(백이숙제)—은(殷) 말기, 고죽국(孤竹國)의 왕자. 서로 왕의 자리를 양보
하 주(周)로 갔으며, 마침 주무왕이 은을 치려고 하자, 앞을 막고 '불효 불
충'이라고 간했는데, 주나라 건국 후에는 수양산(首陽山)에 들어가 아사(餓
死)한 의인(義人) 형제. 「公冶長篇 5-23」 참고. ○古之賢人(고지현인)—옛날
의 현명한 사람. ○怨乎(원호)—남이나 하늘을 원망했을까요? ○求仁而得
仁(구인이득인)—스스로 인을 구하고, 또 인을 행했다. ○又何怨(우하원)—어
찌 또 원망하고 후회했으랴? ○夫子不爲也(부자불위야)—선생님은 위나라
임금을 도우시지 않으실 거다.

[解說]

여기 나오는 위(衛)나라의 임금은 출공(出公), 이름은 첩(輒), 영공
(靈公)의 손자이며, 괴외(蒯聵)의 아들이다. 영공의 부인이 평판이 나
쁜 남자(南子)다. 기원전 496년에 괴외는 남자를 살해하려다가 실패
하고 송(宋)과 진(晉)으로 망명했다. 영공이 죽고, 손자 첩(輒)이 뒤를
이은 것은 기원전 493년이다. 그러자 영공의 아들, 괴외가 돌아와서
임금이 되려고 했으며, 이에 첩, 즉 출공(出公)이 군대를 동원하여 자
기 아버지 괴외의 귀국을 막았다.

그 후 기원전 480년, 망명했던 괴외(蒯聵)가 위나라에 돌아와서
임금자리에 올랐다. 그가 곧 장공(莊公)이다. 한편 아들 첩은 노(魯)
에 망명했으며, 다시 기원전 478년에 아버지 장공을 쫓아내고 다시
위나라 임금이 되었다. 부자간의 치열한 싸움을 공자는 좋게 보지
않았다.

한편 공자가 초(楚)에서 위나라에 온 때가 출공(出公) 4년(기원전
489년)이며, 공자의 나이 63세였다. 이와 같은 상황에서 염유(冉有)

와 자공(子貢)이 '선생님이 출공을 도와 일을 하실까? 안하실까?' 하고 의문을 품었다. 이에 재치 있는 자공이 직접 묻지 않고, '백이숙제(伯夷叔齊)에 대한 인물평'을 통해서 '선생님은 출공을 돕지 않으실 거라는 해답'을 얻은 것이다. '백이숙제'는 서로 왕의 자리를 양보하고, 또 주무왕(周武王)의 말고삐를 잡고 출정을 반대한 의인(義人)이자 인인(仁人)이다. 공자가 '백이숙제'를 높이 평가한 이상 위나라의 추악한 싸움에 끼어들지 않을 것이었다.

7-15

공자가 말했다. "거친 밥을 먹고 물을 마시고, 팔을 굽혀 베개 삼아도 그 속에 즐거움이 있다. 의롭지 않게 부를 누리고 귀한 자리를 차지하는 것은 나에게는 뜬구름과 같다."

[原文]

子ㅣ 曰 飯Ⅱ疏食ㅣ 飮>水하고 曲>肱而枕>之라도
자 왈 반 소 사 음 수 곡 굉 이 침 지

樂亦在Ⅱ其中ㅣ矣니 不義 而富且貴는 於>我에 如
낙 역 재 기 중 의 불 의 이 부 차 귀 어 아 여

Ⅱ浮雲ㅣ이니라.
부 운

[가사체 번역문]

공자께서 말하셨다

잡곡밥을 지어먹고 맹물한잔 떠마시며

팔을굽혀 베개삼아 가난하게 살아가도

그가운데 樂이있네 道理어겨 富누리고
　　　　　낙　　　　도리　　　부

貴한자리 차지하는 그러한일 나에게는 뜬구름과 같으니라
귀

【註解】 ○飯疏食(반소사)—반(飯)은 동사로 '먹는다', 소사(疏食)는 거친
밥, 잡곡밥, 혹은 채식(菜食). 식(食)을 '사'로 읽는다. ○飮水(음수)—냉수를
마신다. ○曲肱(곡굉)—팔을 굽혀. ○枕之(침지)—베개 삼고 베다. ○樂亦在
其中矣(낙역재기중의)—도를 지키며, 청렴하게 사는 즐거움이 그 속에 있다.
○不義而富且貴(불의이부차귀)—의롭지 않은 방법으로 부귀를 누린다, 혹
은 부귀를 누리되, 의롭지 못하면. ○於我如浮雲(어아여부운)—나에게는 뜬
구름과 같다. 무의미하고 허망하다.

【解說】

　도(道)가 행해지는 좋은 세상에서는 도덕적이고 선량한 사람이
부귀(富貴)를 누리게 마련이다. 반대로 무도(無道)하고 타락한 난세
(亂世)에서는 악덕한 사람들이 부귀를 가로채게 마련이다. 이 장은
악덕한 난세에 처한 경우를 말한 것이다. 제11장의 "부를 구해도 될
만한 좋은 세상이라면, 채찍을 드는 천직에도 나는 종사하겠다. 그
러나 부를 구하면 안 되는 세상이라면, 나는 내가 좋아하는바 도를
따르겠다."는 말과 같은 뜻이다. 도(道)는, 곧 '공간과 시간을 통합
한 우주의 도리'이다. 크게 도를 깨닫고, 역사적으로 인류의 문화
발달을 살필 수 있는 사람은 '의롭지 않은 부귀'를 바라지도 않고,
또 누리지도 않는 법이다.

7-16

공자가 말했다. "앞으로 몇 년 만 더 살게 해주어, 쉰 살까지 역(易)을 배울 수 있다면 큰 허물이 없을 것이다."

[原文]

子ㅣ 曰 假ㅣㅣ我數年ㅣ하야 五十ㅣㅣ以學ㅣ>易이면
자 왈 가 아 수 년 오 십 이 학 역

可ㅣㅣㅣ以無ㅣㅣ大過ㅣ矣리라.
가 이 무 대 과 의

[가사체 번역문]

공자께서 말하셨다
저하늘이 수명더줘 易學공부 하게하면 큰허물이 없으리라
　　　　　　　　역 학

[註解] ○加我數年(가아수년)－(하늘이) 몇 년만 더 살게 해준다. ○五十以學易(오십이학역)－50세까지 『역경(易經)』을 배우고 익힌다. ○無大過(무대과)－큰 과실이 없다. 이 말은 공자가 나이 45,6세 때 한 말이다. 그러나 『집주(集註)』는 '오십(五十)' 을 '졸(卒)' 로 보고, '끝까지 『역경』을 배우다.' 로 풀었다. 『사기(史記)』 「공자세가(孔子世家)」에 '가아수년(假我數年) 약시 아어역(若是我於易) 즉빈빈의(則彬彬矣)' 라는 말이 있으며, 그때 공자의 나이가 70세였다. 그러므로 『집주』는 '오십(五十)' 을 '졸(卒)' 의 오기(誤記)라고 한 것이다. 단 16장과 「공자세가」의 말을 별도로 보면 된다.

7-17

공자가 정음(正音)으로 말한 것은 『시경』과 『서경』을 읽고 또 집례할 때였다.

[原文]

子所ᄆ雅言ㅣ은 詩書執禮ㅣ며 皆雅言也러시다.
자 소   아 언   시 서 집 례   개 아 언 야

[가사체 번역문]

공자께서 늘언제나 다음같이 말하셨다
詩와書를 잘배우고 또한禮를 잘지키고 절실하게 行하여라
시 서   예   행
이를모두 늘언제나 강조해서 말하셨다

[註解] ㅇ子所雅言(자소아언)―공자가 아음(雅音)으로 말한 것은. 아음은 정음(正音), 표준음. ㅇ詩書執禮(시서집례)―『시경』과 『서경』을 읽을 때와 예를 집행할 때였다. ㅇ皆雅言(개아언)―다 정음으로 발음했다. 아언(雅言)은 곧 정음(正音)으로서 천하를 지배하는 주(周)의 조정에서 쓰던 우아한 표준음이다.

7-18

섭공이 자로에게 공자의 사람됨을 물었으나, 자로가 대답하지 않았다. 그러자 공자가 자로에게 말했다. "자네 왜, 말

하지 않았나? 이렇게 말할 것이지, '그분은 분발하면 먹는 것도 잊고 도를 즐기므로, 모든 근심을 잊으며 늙는 것조차 알지 못한다.'고 말하지 않았나!"

[原文]

葉公이 問Ⅱ孔子於子路ㅣ어늘 子路ㅣ 不>對한대.
섭공　　문　공자어자로　　　　　자로　　부대

子ㅣ 曰女ㅣ 奚不>曰 其爲>人也ㅣ 發>憤忘>食하
자　왈여　해불왈 기위　인야ㅣ 발분망식

며 樂以忘>憂하야 不>知Ⅱ老之將ㅣ>至云>爾오!
낙이망우하야 부지 노지장　지운 이

[가사체 번역문]

楚國大夫 葉公께서 공자님의 사람됨을 子路에게 물었는데
초국대부 섭공　　　　　　　　　　　자로

子路께서 이에대해 대답하지 않았다네
자로

공자께서 子路에게 다음같이 말하셨다
　　　　자로

자네는왜 말안했나 그분은요 奮發하면 먹는것도 잊어먹고
　　　　　　　　　　　　　분발

道깨닫고 터득하면 모든근심 잊어버려 늙는것도 모른다고
도

이런말을 했어야지

【註解】 ○葉公(섭공)―초(楚)나라의 대부(大夫). 섭현(葉縣)을 다스렸으므로 섭공이라 했다. 성은 심(沈), 이름은 제량(諸梁), 자는 자고(子高). ○女奚不曰(여해불왈)―여(女)는 여(汝), 해(奚)는 하(何), 너는 왜 말하지 않았나? ○其爲人也(기위인야)―그 사람됨이. ○發憤忘食(발분망식)―발분(發憤)하면 먹

는 일도 잊는다. 발분은 배워서 알려고 분발한다. ○樂以忘憂(낙이망우)—
도를 따르고 사는 즐거움에 넘쳐, 세속적인 근심 걱정을 다 잊는다. ○不
知(부지)—알지 못한다. ○老之將至(노지장지)—늙음이 닥쳐오는 것도 (모른
다). ○云爾(운이)—그렇게 말할 것이지!

[解說]

공자의 학문과 구도(求道) 정신을 표현한 구절이다. '발분망식(發
憤忘食)'은 먹는 것도 잊고 학문에 분발한다는 뜻이고, '낙이망우(樂
以忘憂)'는, 곧 '안빈낙도(安貧樂道)'이다. 학문을 통해 진리를 터득
하고, 그 진리를 따르고 행하면서 살면 그 즐거움은 더없이 크게 마
련이다. 그러므로 세속적인 근심 걱정을 잊고, 자신이 늙는 줄도 모
르게 된다. '조문도(朝聞道) 석사가의(夕死可矣)'의 경지다.

7-19

공자가 말했다. "나는 태어나면서부터 모든 것을 안 사람
이 아니다. 옛것을 좋아하여 부지런히 탐구해서 알게 된 것이
다."

[原文]

子ㅣ 曰 我非ㅁ生而知>之者ㅣ라. 好>古敏以求>
자 왈 아비 생이지 지자 호 고민이구

之者也로라.
지 자 야

[가사체 번역문]

　공자께서 말하셨다
　나란사람 말하자면 날때부터 모든것을 아는사람 아니었네
　옛날것을 좋아하고 부지런히 공부하여 모든것을 알게됐지

[註解] ○我非(아비)－나는 …한 사람이 아니다. ○生而知之者(생이지지
자)－태어나면서 스스로 모든 것을 안 사람. ○好古(호고)－옛날의 서적이
나 학문 및 문물제도, 특히 선왕(先王)의 예악(禮樂)이나 덕치(德治)의 도리.
○敏以求之者也(민이구지자야)－부지런히 배워서 그것들을 탐구한 것이다.
이때의 '자(者)'를 '…한 사람'이라고 풀이할 수도 있다. 그러나 '자(者),
야(也)'를 다 단락의 허사로 보는 것이 좋다.

[解說]

　공자는 「양화편(陽貨篇)」에서 말했다. "사람의 본성은 다 비슷하
다. 학습에 따라 서로 다르게 된다〔子曰 性相近也 習相遠也〕." 「17-
3」. 그러므로 공자는 부지런히 잘 배우면 누구나 다 성인군자가 될
수 있다고 믿었고, 또 그렇게 가르쳤다. 여기서 "나는 태어나면서부
터 모든 것을 안 사람이 아니다."라고 말한 것도, 제자들을 학문적
으로 분발케 하기 위한 것이다.

　인류의 문화는 과거의 역사나 문화의 전통을 바탕으로 하고 발달
하게 마련이다. 그러므로 "옛것을 부지런히 배워야 한다." 공자는
다음과 같이도 말했다. "나는 옛것을 전술(傳述)하고 새로 만들지 않
았다. 옛것을 믿고 배우기를 좋아했다〔述而不作 信而好古〕." 「述而
篇 7-1」. "묵묵히 깨닫고, 물리지 않고 배우고, 열심히 가르친다〔默

而識之 學而不厭 誨人不倦〕."「述而篇 7-2」.

7-20

공자는 괴변·폭력·난동 및 귀신 등에 대해서는 별로 말하지 않았다.

[原文]

子ㅣ 不>語ⅱ怪力亂神ㅣ이러시다.
자　　불　어　괴 력 난 신

[가사체 번역문]

공자께선 늘언제나 괴상이변 武力暴力 悖亂亂動 鬼神造化
　　　　　　　　　　　　무 력 폭 력　패 란 난 동　귀 신 조 화
이와같은 네가지는 말씀하지 않으셨다

[註解] ○子不語(자불어)―공자 사상의 핵심은 합리적인 인본주의를 바탕으로 한 인정(仁政)과 덕치(德治)였다. 그러므로 그는 다음과 같은 것에 대한 언급을 하지 않았다. ○怪(괴)―비현실적·비합리적 괴이(怪異)나 이변(異變). ○力(력)―무도(無道)하고 비평화적인 무력이나 폭력 등을 반대했다. ○亂(난)―절대선(絶對善)의 도리와 사회질서를 어지럽히는 난동(亂動). ○神(신)―주술적(呪術的)·무속적(巫俗的) 미신이나 신권통치(神權統治) 등을 포함한다.

　　공자사상의 핵심은 '인(仁)' 이다. '어질 인(仁)은 사람과 사람이
서로 사랑하고 함께 잘 사는 공동체를 구성하기 위한 윤리도덕의 최
고 덕목이다.' 이는 곧 '현실적·합리적·이성적·실용적 인본주
의(humanism)' 이다. 동시에 공자는 전통을 바탕으로 한 역사 발전
을 높이고 있다. 특히 은(殷)나라의 주술적 신권 통치를 혁파하고,
새로 인본주의적 도덕정치를 실천한 주공(周公)의 예치(禮治)의 도리
와 문물제도를 본으로 삼았다. 그러므로 공자는 '괴(怪)·력(力)·난
(亂)·신(神)'을 자기의 정치철학에서 배제했던 것이다. 『집주(集註)』
에서 사량좌(謝良佐)는 다음과 같이 말했다. "성인은 상도(常道)를 강
조하고 괴변을 배척한다. 도덕을 주장하고 무력을 배제한다. 예치
(禮治)를 높이고 난동을 반대한다. 인간을 본위로 하고 귀신을 멀리
한다〔聖人語常不語怪 語德不語力 語治不語亂 語人不語神〕."

7-21

　　공자가 말했다. "세 사람이 가면, 그중에 반드시 나의 스승
이 있다. 그중에서 좋은 점을 끌라서 내가 따르고, 좋지 않은
점은 거울삼아 고치도록 한다."

[原文]

子ㅣ 曰 三人行에 必有ㅛ我師ㅣ焉이니 擇ㅛ其善
　자　　왈　삼인행　　　필유　아사　언　　　　　택　기선

者 I 而從>之오 其不善者而改>之니라.
자 이종 지 기불선자이개 지

[가사체 번역문]

공자께서 말하셨다
세사람이 길을가면 그중에는 꼭반드시
나의스승 될사람이 언제든지 있게마련
그사람의 좋은점을 찾아골라 따르면서
좋잖은점 거울삼아 고치도록 힘쓰노라

[註解] ㅇ三人行(삼인행)—세 사람이 함께 길을 간다, 행동한다는 뜻으로 풀 수도 있다. ㅇ擇其善者(택기선자)—나보다 선한 사람을 택해서. ㅇ從之(종지)—내가 따른다. ㅇ改之(개지)—나의 잘못을 고친다.

7-22

공자가 말했다. "하늘이 선천적으로 덕을 나에게 부여해 주었거늘, 환퇴가 나를 어떻게 해치랴?"

[原文]

子 I 曰 天生 II 德於予 I 시니 桓魋 I 其如 II 予何 I
자 왈 천생 덕어여 환퇴 기여 여하
리오?

[가사체 번역문]

공자께서 말하셨다

저하늘이 나를보고 이世上에 德살려라 이런命을 내렸거늘
　　　　　　　　　세상　덕　　　　　명

桓魋그者 어쩌나를 제맘대로 해치겠나
환퇴　자

[註解] ○天生德於予(천생덕어여)－일반적으로는 '하늘이 천생으로 나에게 덕을 내려주었다.' 로 풀이한다. 그러나 '생덕어여(生德於予)'의 뜻을 '나로 하여금 이 세상의 덕을 발생케 했다.' 로 해석할 수도 있다. ○桓魋(환퇴)－송(宋)나라의 사마(司馬). 성은 향(向), 이름은 퇴(魋), 송 환공(桓公)의 후손이라 환퇴라 했다. 공자가 노나라에 갔을 때, 이 자가 공자를 죽이려 했다. 그때에 공자가 제자에게 한 말이다. ○其如予何(기여여하)－(하늘이 나에게 덕을 내려주었거늘) 환퇴가 나를 어찌하겠느냐? 절대선인 하늘에 대한 믿음과 낙관이 넘치는 말이다.

7-23

공자가 말했다. "자네들은 내가 무엇을 숨기고 있다고 생각하는가? 나는 숨긴 것이 없네! 내가 하는 일로서 자네들과 같이 하지 않은 것이 없네! 나는 바로 그런 사람일세!"

[原文]

子ㅣ曰 二三子는 以>我爲>隱乎아? 吾無>隱ⅱ乎
자　왈 이삼자　　이 아위 은호　　　오무 은 호

爾Ⅰ로라! 吾無下行而不>與Ⅱ二三子Ⅰ者上ㅣ 是丘
이 오무 행이불 여 이삼자 자 시구

也니라!
야

[가사체 번역문]

공자께서 말하셨다
자네들은 내가무얼 숨겨둔다 생각는가
나란사람 너희몰래 숨기는게 없었다네
내가하는 일들중에 자네들과 함께하지 않는것이 없었다네
이게바로 나란말야

[註解] ○二三子(이삼자)－자네들, 그대들. ○以我爲隱乎(이아위은호)－내가 (무엇을) 숨긴다고 생각하는가? ○吾無隱乎爾(오무은호이)－나는 숨긴 것이 없다. 호이(乎爾)는 허사. ○吾無行而不與二三子者(오무행이불여이삼자자)－내가 행한 것으로 그대들에게 보이지 않은 것이 없다. 여(與)는 보일 시(示). ○是丘也(시구야)－그것이 바로 구(丘)다. 구(丘)는 공자의 이름.

7-24

공자는 네 가지를 가르치셨다. 글·덕행·충성·신의였다.

[原文]

子ㅣ 以>四教하시니 文行忠信이니라.
자 이 사교 문행충신

[가사체 번역문]

공자께선 **學問德行 忠誠信義** 이와같은 네가지를 가르쳤다
　　　　　　학 문 덕 행　충 성 신 의

[註解] ○子以四教(자이사교)―공자는 네 가지를 가르쳤다. ○文(문)―고
전의 글, 학문. ○行(행)―실천, 행실, 덕행. ○忠(충)―성심으로 최선을 다
하는 것을 충이라 한다. ○信(신)―말과 행동이 일치함. 신의를 지킴.

[解說]

'문행충신(文行忠信)'을 사교(四敎)라고 한다. 이는 곧 글을 배우
고 언행을 수양하여 사회에 나가서 사물을 처리함에 최선을 다하고,
아울러 모든 사람에게 신의를 잘 지키라는 가르침이다.

7-25

공자가 말했다. "성인을 내가 만나볼 수 없다면, 군자라도
만나볼 수 있으면 좋겠다."

공자가 말했다. "선인을 내가 만나볼 수 없다면, 항심(恒心)
있는 사람이라도 만나볼 수 있으면 좋겠다. 없으면서도 있는
체하고, 비어도 찬 것같이 하고, 가난해도 태연해야 하니, 항
심 있기도 참으로 어렵다."

[原文]

子ㅣ 曰 聖人을 吾不ㅛ得而見ㅣ>之矣어든 得>見
　　자　왈　성인　　오부　득이견　　지의　　　　득　견

君子者ㅣ면 斯可矣니라. 善人을 吾不>得而見ㅣ>之
군자자　　사가의　　　　선인　　오부　득이견　지

矣어든 得>見ㅛ有>恒者ㅣ면 斯可矣니라. 亡而爲>
의　　　　득견유>항자　　사가의　　　　망이위

有하며 虛而爲>盈하며 約而爲>泰면 難乎有>恒矣
유　　　허이위영　　약이위태　　난호유항의

니라.

[가사체 번역문]

공자께서 말하셨다

나는나는 聖人그분 만날수가 없다면은
　　　　성인

君子라도 만나볼수 있으면은 좋겠도다
군자

나는나는 善人그분 만날수가 없다면은
　　　　선인

변치않는 마음가진 恒心있는 그런사람
　　　　　　　　항심

그사람을 만나볼수 있다면은 좋겠도다

그러하나 오늘날은 德이없는 통치자만 세상에서 득실대고
　　　　　　　　덕

恒心지닌 사람들은 이세상에 있지않다
항심

恒心없는 사람들은 이런恒心 없더라도 있는듯이 행세하고
항심　　　　　　　항심

仁의마음 仁의德이 텅비어도 가득찬듯 그러하게 행세하고
인　　인　덕

惡德임금 백성들을 조이고도 태연한척 그런행동 하고있다
악덕

이러므로 현실에서 恒心지닌 그런사람 만나보기 어렵도다
　　　　　　　　항심

[註解] ○聖人(성인)—하늘과 같은 경지에서 인덕(仁德)을 베푸는 사람. 주공(周公) 같은 사람. ○不得而見之(부득이견지)—만나볼 수 없다. ○得見君子(득견군자)—군자라도 만나볼 수 있으면. ○君子(군자)—학문과 덕행을 겸비하고, 인정(仁政)과 덕치(德治)에 참여하는 지식인. 엘리트. ○斯可矣(사가의)—(그것만으로도) 좋다. ○善人(선인)—착한 사람, 적극적으로는 도(道)를 따르고 행하는 사람. 최소한도 악한 일을 않는 사람. ○有恒者(유항자)—항심(恒心)을 가진 사람, 항심은 한결같은 마음. ○亡而爲有(망이위유)—망(亡)은 무(無)와 같다. 즉 없어도 있는 척한다. ○虛而爲盈(허이위영)—비어도 가득 찬 것같이 한다. ○約而爲泰(약이위태)—가난에 쪼들려도 태연자약하다. ○難乎有恒矣(난호유항의)—참으로 어렵다, 항심을 지니기가.

[解說]

이 장에서 공자는 '성인(聖人)·군자(君子)·선인(善人)·유항자(有恒者)' 등 네 단계의 품격을 들었다. 최고의 경지는 천하에 인덕(仁德)을 베푼 성왕(聖王) 및 주공(周公) 같은 분이다. 공자 당대에도 성인을 볼 수 없다. 그러므로 인정(仁政)과 덕치(德治)에 참여할 군자라도 있었으면 좋겠다고 말한 것이다. 사실 공자는 군자를 양성하여 도덕정치를 실현하고자 했다.

그러나 혼란하고 타락한 춘추시대에는 군자들이 끼어들 자리가 없었다. 악덕한 자들이 부당하게 권세를 가로채 가지고, 무력과 술수로 자기네들의 야욕을 채우기에 급급한 때였다. 그래서 공자는 선인(善人)이나 최소한 '항심(恒心)을 지닌 사람'이라도 나오기를 바랐던 것이다. '선인'은 국가의 기강을 바로잡는 사람이다. 「자로편(子路篇)」에서 공자는 말했다. '선인이 나라를 백 년간 다스리면, 잔학한 자들을 억제하고 따라서 잔인한 살상을 제거할 수 있을 것이다.

그것만으로도 좋겠다〔子曰 善人爲邦百年 亦可以勝殘去殺矣 誠哉是 言也〕.'「13-11」. 이렇게 잔인한 살상을 제거하는 선인의 정치를 기 대하지 못한다면, 최소한 '유항자(有恒者)'라도 있어야 하겠다고 말 했다.

'유항자'는 '한결같은 마음, 즉 항심(恒心)을 지닌 사람'이다. '항 심을 지닌 사람'은 곧 '항상 변하지 않는 절대선의 하늘의 도리를 따르고 지키려는 마음을 품은 사람이다. 그는 최소한 현실의 악덕과 타협하지 않는다. 또 세속적인 명리(名利)에 미혹되어 타락하는 일 도 없다.' 공자는 '유항자'를 다음같이 설명했다. '없어도 있는 척 한다〔亡而爲有〕.' '비어도 가득 찬 것같이 한다〔虛而爲盈〕.' '가난 에 쪼들려도 태연자약하다〔約而爲泰〕.' 이상은 곧 '안빈낙도(安貧樂 道)'의 경지다. 나라가 부패하고 위정자가 타락해도 선비들이 '항 심'을 지니고 '안빈낙도' 하면 다시 부흥할 수 있다.

7-26

공자는 낚시질은 했으나 그물질은 하지 않았고, 주살로 잠 자는 새를 쏘지 않았다.

[原文]

子는 釣而不>綱하시며 弋不>射>宿이러시다.
자 조 이 불 강   익 불 사 숙

[가사체 번역문]

공자께선 평소가끔 낚시질은 하셨으나 그물질은 않으셨다
잠을자는 새들한테 실이달린 화살로써 쏘시지는 않으셨다

[註解] ㅇ釣(조)－낚시질하다. ㅇ不綱(불강)－그물질은 하지 않았다. 즉 물 흐름을 가로질러 그물을 치고 고기를 잡지는 않았다. 강(綱)을 '한 줄에 여러 개의 낚싯바늘을 단 것' 이라고 하는 설도 있다. ㅇ弋(익)－주살. 화살에 실이 달렸다. ㅇ不射宿(불사숙)－잠자는 새, 혹은 앉아있는 새를 쏘지 않았다.

7-27

공자가 말했다. "잘 알지도 못하면서 함부로 일하는 사람이 있으나, 나는 그렇게 하지 않는다. 많이 들은 것 중에서 좋은 것을 택하여 좇았고, 많이 본 것 중에서 골라 기술한다. 이렇게 하는 것이 천생의 총명 다음 가는 슬기다."

[原文]

子ㅣ 曰 蓋有Ⅱ不>知而作>之者Ⅰ아 我無>是也로
자 왈 개유 부 지이작 지자 아무 시야

라. 多聞하야 擇Ⅱ其善者Ⅰ而從>之하며 多見而識Ⅱ
다문 택 기선자 이종 지 다견이지

之ㅣ 知之次也니라.
지 지지차야

공자께서 말하셨다
잘알지도 못하면서 제멋대로 말을하고
제멋대로 행동하는 그런사람 더러있지
그러하나 나는나는 그렇게는 하잖았네
많이듣고 배운것중 좋은것을 선택해서 따르면서 행했다네
많은것을 보고알아 기억하는 그런것이 다음가는 앎이니라

[註解] ○蓋(개)-무릇, 대략. ○有不知而作之者(유부지이작지자)-'유
(有)……자(者)'는 …하는 사람이 있다. '부지이작지(不知而作之)'는 알지 못
하면서 일을 한다. ○我無是(아무시)-나는 그렇게 하지 않는다. ○擇其善
(택기선)-좋은 것을 택해서. ○識之(지지)-기록한다, 기억한다. ○知之(지
지)-생이지지(生而知之)의 뜻.

7-28

 호향 사람들과는 같이 말하기 어려웠다. 그런데 공자가 그
곳 아이를 만나자, 제자들이 당황해했다.
 이에 공자가 말했다. "그 아이가 앞으로 나가려는 것을 내
가 거들어 준 것이다. 뒤로 물러나고자 하는데, 내가 거들어
준 것이 아니다. 덮어놓고 심하게 할 게 무엇이냐? 사람이 자
신을 깨끗이 가다듬고 나오면 그 깨끗함을 받아주어야 한다.
과거에 구애될 게 없다."

互鄕은 難Ⅱ與言ㅣ이러니 童子ㅣ 見커늘 門人이 惑
　　호향　　난　여언　　　　　동자　현　　　문인　혹

한대 子ㅣ 曰 與Ⅱ其進ㅣ也ㅣ오. 不>與Ⅱ其退ㅣ也ㅣ니
　　자　왈　여　기진　야　　　불여　기퇴　야

唯何甚이리오? 人이 潔>己以進이어든 與Ⅱ其潔ㅣ也
유하심　　　　인　결　기이진　　　　여　기결　야

ㅣ오. 不>保Ⅱ其往ㅣ也ㅣ니라.
　　　불　보　기왕　야

[가사체 번역문]

互鄕사람 그네들은 무엇이든 반대하여 말을하기 어려웠다
호향

그러한데 공자께서 그곳아이 만나보자 제자들이 당황했다

이에대해 공자께서 다음같이 말하셨다

그아이가 前進하고 나아가려 하는것을 내가조금 거든건데
　　　　전진

어찌하여 덮어놓고 혹심하게 대하느냐

뒤로後退 하고픈데 거든것은 아니니라
　　후퇴

사람들이 자기몸을 청결하게 가다듬고

그러고서 나오면은 그청결함 받아얀다

그잘못된 과거에는 拘碍될게 없느니라
　　　　　　　　구애

[註解] ○互鄕(호향)－호향이라는 마을, 호(互)는 거스를 오(忤)와 통한다.
○難與言(난여언)－(호향 사람들은 반대를 잘하기 때문에) 함께 말하기가
어렵다. ○童子見(동자현)－호향의 어린아이를 공자가 만나주었다. ○門人
惑(문인혹)－공자의 제자가 당혹했다. ○與其進(여기진)－여(與)는 편들다,

도와주다. 그 아이가 앞으로 나가려고 하기에 거들어 준 것이다. ○不與其退(불여기퇴)—그 아이가 후퇴하려는 것을 도와준 것이 아니다. ○唯何甚(유하심)—덮어놓고 왜 그들에게 혹심하게 대하느냐? ○人潔己以進(인결기이진)—사람이 자신의 마음을 깨끗이 하고, 정진하려고 하면. ○與其潔(여기결)—그 깨끗한 정진을 도와주어야 한다. ○不保其往(불보기왕)—그 과거에 매이거나 집착하면 안된다. 선입관(先入觀)에 사로잡히면 안 된다. 제자들이 잘못된 선입관으로 호향 사람들을 기피하는 것을 탓한 것이다.

7-29

공자가 말했다. "인이 멀리 있는가? 아니다. 내가 인을 바라면, 당장에 인이 앞에 나타난다."

[原文]

子ㅣ 曰 仁遠乎哉아? 我欲＞仁이면 斯仁이 至矣니
자 왈 인원호재 아욕 인 사인 지의
라.

[가사체 번역문]

공자께서 말하셨다

仁이정말 멀리있나 아니란다 그렇잖다
인

내가仁을 원한다면 당장내게 仁이온다
인 인

[註解] ○仁遠乎哉(인원호재)─인이 멀리 있나? 아니다, 인은 멀리 있는 것이 아니다. ○我欲仁(아욕인)─내가 인을 원하고 바라면. ○斯仁至(사인지)─당장 그 자리에 인이 나타난다.

[解說]

　인(仁)은 공자가 가장 강조한 최고의 덕목이다. 『논어』에 백 번 이상이나 언급되었다. 그러므로 제자들도 인은 너무 높아서 보통 사람은 도저히 도달하거나 실천할 수 없는 것이라고 생각했을 것이다. 그래서 공자는 말했다. "인은 바로 내가 원하면, 당장 앞에 나타난다." 이 말은 곧 오늘날의 우리에게 한 말이다. 인(仁)은 사람이 서로 사랑하고 함께 잘 사는 공동체를 꾸미는 윤리의 덕목이다. 인은 곧 휴머니즘이다. 사람이면 누구나 천성으로 '인심(仁心)'을 가지고 있다.

　그러므로 그 '인심'을 발휘하면, 곧 인덕(仁德)을 세울 수 있다. 그런데 왜 '인심을 따라 인덕을 세우기가 어렵고 힘이 드는가?' 그 이유는 다름이 아니다. '나 자신이 숭고한 인간이며, 따라서 인심이 있다는 것을 모르고, 반대로 나는 동물적 존재에 불과하며, 따라서 동물적 이기주의만으로 행동하기 때문이다.' 그러므로 '내가 동물이 아닌 숭고한 인간이며, 나는 본래 인심을 지니고 있다. 그러므로 동물적 이기주의적 욕심을 극복하고 인덕을 세워야한다.'는 것을 알고, 또 실천하려고 원하면 되는 것이다.

진(陳)나라의 사패(司敗)가 공자에게 "선생님의 나라, 노(魯)나라의 임금, 소공은 예를 알았나요?" 하고 묻자, 공자는 "알았지요." 하고 대답하고, 자리에서 물러났다.

그러자 사패가 공자의 제자 무마기(巫馬期)에게 읍하고, 앞에 나오라고 하며 말했다. "내가 듣고 알기에, 군자는 편을 들지 않는다고 하였소. 그런데 군자 역시 편을 드시는구려. 소공이 오(吳)나라에서 부인을 취했으며, 성이 같으므로 오맹자(吳孟子)라고 불렀소. 그런 소공이 예를 안다고 하면, 그 누가 예를 모르겠소?"

이를 무마기가 공자에게 전하자, 공자가 말했다. "나는 행복하다. 약간의 잘못이 있어도, 남이 반드시 알아차리는구나."

[原文]

陳司敗ㅣ 問 昭公이 知>禮乎잇고? 孔子ㅣ 曰 知
진사패   문 소공   지 례호   공자   왈 지

禮시니라. 孔子ㅣ 退커시늘 揖Ⅱ巫馬期ㅣ 而進>之
례   공자   퇴   읍 무마기   이진 지

曰 吾聞君子는 不>黨이라 하니 君子도 亦黨乎아.
왈 오문군자   부 당   군자   역당호

君이 娶Ⅱ於吳ㅣ 하니 爲Ⅱ同姓이라 謂Ⅱ之吳孟子ㅣ
군   취 어오   위 동성   위 지오맹자

라 하니 君而知>禮면 孰不>知>禮리오? 巫馬期ㅣ 以
군이지 례   숙부 지 례   무마기   이

告한대 子ㅣ 曰 丘也ㅣ 幸이로다. 苟有>過어든 人必
고　　자　왈　구야　행　　　구유　과　　　인필

知>之온여.
지　지

[가사체 번역문]

陳司敗가 공자님께 다음같이 여쭈었다
진사패

魯나라의 昭公임금 禮를알고 있었나요
노　　　소공　예

이에대해 공자께서 알고있다 대답했다

공자께서 물러났다

그런다음 陳司敗가 巫馬期께 揖을하고
　　　　진사패　무마기　읍

자기앞에 오게하곤 다음같이 말하였다

내가일찍 듣기로는 군자라는 사람들은

便을들지 않는다고 이러하게 알고있소
편

그러한데 君子역시 便을들고 계시군요
　　　　군자　　편

昭公임금 吳나라서 그의부인 취했으며
소공　　오

姓이같아 吳孟子라 불렀으니 말입니다
성　　　오맹자

그런昭公 禮안다면 그누구가 禮모르리
　　소공　예　　　　　　예

이런일을 무마기가 공자님께 전해주자

공자께서 말하셨다 나는나는 행복하다

만약내게 사소하고 작은잘못 있다해도

사람들이 꼭반드시 나의과실 알게되지

[註解] ○陳司敗(진사패)—진(陳)나라의 법무장관. 사패(司敗)는 관직명(官職名), 법무장관에 해당한다. ○問昭公(문소공)—노(魯)나라의 임금. 소공(昭

公)에 대해서 물었다. ○知禮乎(지례호)—예를 알았습니까? ○退(퇴)—그 자리에서 물러나다. ○揖(읍)—가슴 앞에 두 손을 모으고 절하는 격식. ○巫馬期(무마기)—공자의 제자. 성이 무마(巫馬), 이름은 시(施), 자가 기(期). ○進之(진지)—무마기로 하여금 앞에 나오게 하다. ○吾聞(오문)—나는 듣고 또 알고 있다. ○君子不黨(군자부당)—군자는 편파적으로 편을 들지 않는다. ○君取於吳(군취어오)—노나라의 임금 소공이 오나라에서 부인을 취했다. ○爲同姓(위동성)—성이 같으므로, 노(魯)와 오(吳)는 같은 희성(姬姓)이다. ○謂之吳孟子(위지오맹자)—부인을 오맹자라고 불렀다. 오희(吳姬)라고 해야 할 것을 고쳐 부른 것이다. ○巫馬期以告(무마기이고)—제자 무마기가 공자에게 고했다. ○丘也幸(구야행)—나는 행복하다. 구(丘)는 공자의 이름. ○苟有過(구유과)—만약 과실이 있으면. ○人必知之(인필지지)—남이 반드시 (나의 과실을) 알게 한다, 혹은 남이 알아차린다.

[解說]

노(魯)나라 소공(昭公)은 삼환씨(三桓氏)의 세력을 무력으로 치려다가 반대로 패하고, 제(齊)나라로 망명했다. 공자도 제나라에 갔다. 이때가 소공 25년(기원전 517년)이며, 공자 나이 35세 때였다. 그후 소공은 다시 환국(還國)하지 못하고 객지에서 죽은 비극의 임금이었다.

그전에 소공은 오나라에서 부인을 취했다. 노와 오는 같은 희(姬)성이다. 그래서 오희(吳姬)라고 할 것을 오맹자(吳孟子)라고 이름을 고쳐 불렀다. 이는 동성(同姓)을 취하면 안 된다는 예를 어긴 것이다. 이를 두고, 진나라의 법무장관이 공자에게 "소공은 예를 압니까?" 하고 물은 것이다. 그러나 공자는 자기 나라 임금을 폄할 수가 없어 일부러 다른 말을 한 것이다. 그리고 자기의 어려운 처지를 알아준 것을 다행으로 여긴 것이다.

7-31

공자는 남과 같이 노래를 부를 때, 남이 잘 부르면 반드시 그로 하여금 다시 부르게 하고, 그 다음에 함께 맞추어 노래를 불렀다.

[原文]

子ㅣ 與>人歌而善이어든 必使>反>之하시고 而後
자   여 인 가 이 선   필 사 반 지   이 후

和>之러시다.
화 지

[가사체 번역문]

　　공자께서 사람들과 노래함께 부르실때
　　어떤사람 잘부르면 꼭반드시 그이에게
　　그노래를 다시한번 부르라고 하시고는
　　그사람과 함께맞춰 노래다시 부르셨다

[註解] ○子與人歌(자여인가)─공자는 남과 같이 노래를 부를 때. ○必使
反之(필사반지)─반드시 그로 하여금 반복케 하고. ○而後和之(이후화지)─
그런 다음에 화창(和唱)했다.

7-32

공자가 말했다. "학문에 있어서는 나도 남만 못하지 않다. 그러나 군자답게 실천하는 데는 아직 충분한 경지에 이르지 못했다."

[原文]

子ㅣ 曰 文ㅛ莫吾猶ㅣ>人也아. 躬行ㅛ君子ㅣ는 則
자 왈 문 막 오 유 인 야 궁 행 군 자 즉

吾未ㅛ之有ㅣ>得호라.
오 미 지 유 득

[가사체 번역문]

공자께서 말하셨다

學問함에 있어서는 나도남만 못잖지만
학 문

군자답게 실천함엔 나는아직 充分하지 못한것이 있느니라
충 분

[註解] ㅇ 文莫吾猶人也(문막오유인야)―『집주(集註)』는 '문에 있어서는 나도 남만 못하겠는가?'로 풀었다. 『고주(古注)』는 '문막(文莫)'을 '열심히 공부함'으로 해석했다. ㅇ 躬行君子(궁행군자)―군자의 도를 몸소 행함에 있어. ㅇ 吾未之有得(오미지유득)―나는 아직도 다하지 못함이 있다.

7-33

공자가 말했다. "성인과 인자 같은 경지를 내가 어찌 감히 바라겠느냐? 고작해야 배우고 따라 행하는 것을 싫어하지 않고, 남을 가르치는 일에 게으르지 않을 뿐이라고 말할 수 있을 것이다."

이에 공서화가 말했다. "바로 그것을 제자들이 본받고 행하지 못하는 것입니다."

[原文]

子ㅣ 曰 若ㅐ聖與ㅣ＞仁은 則吾豈敢이리오? 抑爲＞
자 왈 약 성 여 인 즉 오 기 감 억 위

之不＞厭하며 誨＞人不＞倦은 則可＞謂＞云爾已矣니
지 불 염 회 인 불 권 즉 가 위 운 이 이 의

라. 公西華ㅣ 曰 正唯弟子ㅣ 不＞能＞學也로소이다.
공 서 화 왈 정 유 제 자 불 능 학 야

[가사체 번역문]

공자께서 말하셨다

聖人이나 仁者같은 그런분의 높은境地 어찌감히 바라겠나
성 인   인 자   경 지

고작해야 배우고서 실천하기 싫어잖고

또한남을 가르침에 게으르지 아니한다 이렇다고 할뿐이다

公西華가 말하였다
공 서 화

바로그와 같은것을 제자들이 본을받고 실천하지 못합니다

[註解] ○若聖與仁(약성여인)―성인이나 인자 같은 경지. ○吾豈敢(오기감)―내가 어찌 감히 바라겠느냐? ○抑(억)―하지만, 고작해야. ○爲之不厭(위지불염)―위(爲)는 학(學), 물리지 않고 배우고 행한다. ○誨人不倦(회인불권)―회(誨)는 교(敎), 가르치는 일에 게으르지 않다. ○可謂云(가위운)―말할 수 있다. ○爾已矣(이이의)―…뿐이다. ○公西華(공서화)―공자의 제자. 「公冶長篇 5-8」, 「雍也篇 6-4」 참고. ○正唯(정유)―바로 그것을. ○弟子不能學(제자불능학)―제자들이 본받고 따르지 못한다.

[解說]

공자의 겸사(謙辭)다. 자신을 겸손하게 말한 것이다. 같은 「술이편(述而篇)」 앞에서도 "자왈(子曰) 묵이식지(默而識之) 학이불염(學而不厭) 회인불권(誨人不倦) 하유어아재(何有於我哉)"「7-2」라고 겸손하게 말했다. 그러나 '평생 물리지 않고 도를 배우고 행하는 것이 곧 성인의 경지고, 게으름 피우지 않고 부지런히 남에게 도를 가르쳐 주는 것이 곧 인자이다.'

7-34

공자가 심하게 병을 앓자, 자로가 기도를 드리자고 했다. 이에 공자가 "그런 일이 있느냐?" 하고 묻자, 자로가 "있습니다. 뇌문에 위로는 천신에게 빌고, 아래로는 지기에게 빈다고 했습니다."라고 말했다. 그러자 공자가 말했다. "나는 하늘에 빈 지 오래이다."

[原文]

子ㅣ 疾病이시어늘 子路ㅣ 請>禱한데 子ㅣ 曰 有>
자 질병 자로 청 도 자 왈 유

諸아? 子路ㅣ 對曰 有>之하니 誄에 曰 禱ⅱ爾于上
저 자로 대왈 유지 뇌 왈 도 이우상

下神祇ㅣ라 하더이다. 子ㅣ 曰 丘之禱ㅣ 久矣니라.
하 신 기 자 왈 구지도 구 의

[가사체 번역문]

공자께서 몹시앓자 子路께서 빌자했다
　　　　　　　　자 로
공자께서 물으셨다 그런道理 어디있나
　　　　　　　　　도 리
자로께서 대답하길 있습니다 라고했다

誄文에서 말하기를
뇌 문
저위로는 하늘神께 아래로는 토지神께
　　　　　신　　　　　　　　　신
祈禱하고 빌어본다 이런말이 있습니다
기 도
공자께서 말하셨다

그렇다면 나는이미 하늘에다 빌은지가 오래오래 됐느니라

[註解] ○疾病(질병)—심하게 병을 앓다. ○子路請禱(자로청도)—자로가
기도를 드리자고 청했다. ○有諸(유저)—그런 일이 있느냐? 그런 선례가
있느냐? ○誄(뇌)—죽은 사람의 생전의 공덕을 칭송하고 명복을 비는 글.
뇌문(誄文), 뇌사(誄辭). ○禱爾(도이)—기도를 드리다. 이(爾)는 지(之)로, 막
연한 목적어. ○于(우)—…에게. ○上下神祇(상하신기)—'상신하기(上神下
祇)'와 같다. 위로는 천신에게, 아래로는 지기에게. ○丘之禱久矣(구지도구
의)—내가 기도를 한 지 오래되었다. 구(丘)는 공자의 이름.

  공자는 "귀신을 적당히 모시되, 멀리하는 것이 지혜롭다〔敬鬼神
而遠之 可謂知矣〕."고 말했다. 또 '공자는 괴력난신을 말하지 않았
다〔子不語怪力亂神〕.' 공자가 병을 앓자, 자로가 하늘에 빌자고 말
하자, 공자가 "나는 하늘에 기도드린 지 오래다."라고 말했다. 그 뜻
은 다름이 아니라 공자가 말하는 기도는 '인간의 선의(善意)와 정성
(精誠)을 바쳐 배우고 일하는 것' 이다. 철저한 인본주의다.

7-35

  공자가 말했다. "사치하면 불손하게 되고, 검약하면 고루
하게 되기 쉽다. 불손한 것보다 차라리 고루한 것이 낫다."

〔原文〕

子ㅣ 曰 奢則不孫하고 儉則固니 與ㅛ其不孫ㅣ也
  자   왈 사 즉 불 손   검 즉 고   여 기 불 손 야
론 寧固니라.
    녕 고

〔가사체 번역문〕

  공자께서 말하셨다
  사치하면 不遜하고 검약하면 고루하리
           불 손
  불손한것 그보다는 고루한게 더낫다네

[註解] ○奢則不孫(사즉불손)—사치한 생활을 하면, 남에게 불손하고 거만을 떨게 된다. ○儉則固(검즉고)—지나치게 절약하고 검소하면, 남에게 고루하게 된다. ○與其不孫也寧固(여기불손야녕고)—차라리 불손한 것보다, 고루한 편이 낫다. 여기(與其)…영(寧)~은 차라리 ……보다, ~가 좋다.

7-36

공자가 말했다. "군자는 마음이 평탄하고 너그러우며, 소인은 항상 겁내고 두려워한다."

[原文]

子ㅣ曰 君子는 坦蕩蕩이요 小人은 長戚戚이니라.
자　　왈 군 자 　 탄 탕 탕 　　소 인 　　장 척 척

[가사체 번역문]

공자께서 말하셨다

學德갖춘 군자들은 平坦하며 너그럽고
학 덕　　　　　　　　평 탄

利己主義 소인들은 늘언제나 겁을내고 두려워들 하느니라
이 기 주 의

[註解] ○君子(군자)—학문과 덕을 갖춘 사람. ○坦蕩蕩(탄탕탕)—탄(坦)은 평탄하고, 평정(平靜)하다. 탕탕(蕩蕩)은 넓고, 너그럽다. ○小人(소인)—눈앞의 잔 이득만을 추구하는 동물적 이기주의자. ○長戚戚(장척척)—항상, 언제나, 초조하고 겁을 내고, 두려워한다.

군자는 인류의 평화 및 문화 발전에 헌신하는 휴머니스트다. 모든 사람이 형제가 된다. 반대로 소인은 동물적 탐욕을 바탕으로 온갖 악덕을 행한다. 그러므로 모든 사람이 적이 되게 마련이다.

7-37

공자는 온순하시되 엄숙하고, 위엄이 있으시되 무섭지 않고, 공손하시되 안도감을 주신다.

[原文]

子는 溫而厲하시며 威而不>猛하시며 恭而安이러
자   온이려   척이불맹   공이안

시다.

[가사체 번역문]

공자께선 이러셨네

溫和하되 嚴肅하고 威嚴있되 사납잖고
온화   엄숙   위엄

鄭重하고 謙遜하며 安堵感을 주셨다네
정중   겸손   안도감

[註解] ○溫而厲(온이려)―온화하면서도 엄숙하다. ○威而不猛(위이불맹)―위엄이 있으면서도 사납지 않다. ○恭而安(공이안)―정중하고 겸손하

면서 동시에 남에게 안도감을 준다.

[解說]

공자의 위대한 성품을 묘사한 말이다. 공자의 인품은 중화(中和)를 얻었으므로 신비롭게 보일 것이다. 『논어』에는 여러 곳에 공자의 탁월한 인품을 묘사한 말이 많다.

　　형병(邢昺)은 제8편 「태백편」의 특성을 대략 다음과 같이 요약해서 말했다.
"예양(禮讓)하고, 인효(仁孝)의 덕행을 실천한 현인 및 군자들에 관한 구절이 많
다. 아울러 배움을 권장하고 몸가짐을 바르게 하며, 도(道)를 지키고 바르게 다
스리는 도리를 논한 글들이 많다. 첫 장의 태백(泰伯)을 위시하여 요(堯)·순
(舜)·우(禹) 등 성왕(聖王)이나 현인(賢人)들을 칭찬했으며, 예악(禮樂)에 관해서
도 말을 했다."

공자가 말했다. "태백은 지극히 덕이 높은 사람이라 하겠다. 세 차례나 천하의 임금자리를 양보했으면서 은밀히 했으므로, 백성들이 그의 미덕을 칭송조차 못했다."

[原文]

子ㅣ 曰 泰伯은 其可>謂ㅣㅣ至德ㅣ也已矣로다. 三
자 왈 태백   기가 위   지덕 야이의   삼

以ㅣㅣ天下ㅣ讓하되 民無ㅣㅣ得而稱ㅣ焉이온여.
이 천하 양   민무   득이칭   언

[가사체 번역문]

공자께서 말하셨다

文王伯父 泰伯그분 지극히도 덕이높은 그러하신 분이시다
문왕백부 태백

세차례나 임금자리 굳게辭讓 하셨으되 은밀하게 하시어서
                       사양

백성들은 그의美德 칭송조차 못했노라
            미덕

[註解] ○泰伯(태백)－주(周)나라 문왕(文王)의 백부(伯父)다. 문왕의 조부 태왕(大王)에게는 세 아들이 있었다. 태백(泰伯)·중옹(仲雍)·계력(季歷)이다. 계력이 바로 문왕의 부친이다. 태왕은 은(殷)나라의 제후로 있을 때, 자기의 뒤를 셋째 아들 계력을 거쳐 계력의 아들 창(昌 : 문왕의 이름)이 계승하기를 바랐다. 이에 부친의 뜻을 살핀 '태백과 중옹'이 말없이 주나라를 떠나 남쪽 형만(荊蠻)의 땅인 오(吳)로 가서 만인처럼 단발문신(斷髮文身)하고

몸을 숨겼다. 이에 태왕이 죽은 후, 계력이 뒤를 이었고, 다시 문왕이 자리에 올랐다. ○其可謂至德(기가위지덕)—그는 가히 지극한 덕을 갖춘 사람이라 말할 수 있다. ○也已矣(야이의)—어조사. ○三以天下讓(삼이천하양)—세 번이나 천하를 양보하다. ○民無得而稱焉(민무득이칭언)—백성들이 (그의 덕을) 칭송할 수조차 없었다.

[解說]

『논어』에서 공자가 '지극히 덕이 높은 사람이라 하겠다〔其可謂至德也已矣〕.'라고 칭찬한 것은 이 장과, 제20편 「요왈편(堯曰篇)」에서 문왕(文王)을 칭찬한 것뿐이다. 그만큼 공자는 태백을 높이 평가했다. 태백이 부친 태왕(大王)의 의중을 살피고 말없이 형만의 땅으로 가서 단발문신(斷髮文身)했기 때문에 문왕이 뒤를 이었고, 그의 아들 무왕과 주공이 주나라를 창건할 수 있었다. 그러므로 태백은 부친의 뜻에 따라 천하를 유능한 문왕에게 양보한 것이다. 동시에 태백은 자기의 지극한 미덕을 남이 알지 못하게 실천했다. 남들이 알게 행하는 덕보다, 남모르게 행하는 덕이 더 크다. 자기의 공덕(功德)을 내세우지 않는 것은 군자나 현인의 미덕이다.

태백의 부친 태왕(大王) 때의 주나라는 은(殷)나라에 예속된 서방의 작은 제후국(諸侯國)에 불과했다. 만약 그때에, 태왕의 아들들이 임금 자리를 서로 다투었다면, 셋째 아들 계력(季歷)과 그의 아들 문왕(文王)이 뒤를 이을 수 없었을 것이고, 주 왕조의 창건도 없었을 것이다. 그러므로 공자는 태백의 공덕을 지극히 높이 평가한 것이다. 당시 현실적으로 모든 나라에서는 임금 자리를 놓고 얼마나 추악한 비극이 속출하고 있었던가? 춘추 말기의 난맥상을 보며, 더욱 태백

을 칭송했던 것이다. '삼이천하양(三以天下讓)'을 정현(鄭玄)은 대략
다음같이 풀이했다. '태백이 남쪽으로 가서 계력을 상주(喪主)되게
한 것이 일양(一讓), 계력이 왕이 되어도 돌아오지 않은 것이 이양(二
讓), 형만의 땅에 숨은 것이 삼양(三讓)이다.'

8-2

　꽁자가 말했다. "공손하되 예가 따르지 않으면 헛수고만
하게 되고, 신중하되 예가 따르지 않으면 두려워하게 되고,
용감하되 예가 따르지 않으면 난폭하게 되고, 강직하되 예가
따르지 않으면 강박(强迫)하게 된다.

　군자가 부모를 독실하게 사랑하면, 백성들의 인풍(仁風)이
흥성하게 되고, 군자가 옛친구를 버리지 않으면 백성들의 덕
풍(德風)이 후하게 된다."

[原文]

子ㅣ 曰 恭而無>禮則勞하고 愼而無>禮則葸하고
　자　왈 공이무 례즉노　　　신이무 례즉사

勇而無>禮則亂하고 直而無>禮則絞니라. 君子ㅣ 篤
　용이무 례즉난　　　직이무 례즉교　　　군자　독

Ⅱ於親ㅣ 則民興Ⅱ於仁ㅣ하고 故舊를 不>遺 則民不
　어친　즉민흥 어인　　　고구　불유 즉민불

>偸니라.
　투

공자께서 말하셨다

공손하게 하면서도 예가그뒤 안따르면 헛수고만 하게되고

신중하게 하면서도 예가그뒤 안따르면 두려우며 겁을내고

용감하게 하면서도 예가그뒤 안따르면 난폭하며 문란하고

강직하게 하면서도 예가그뒤 안따르면 强迫하고 刻薄하리
                                       강박   각박

군자란者 부모님을 독실하게 사랑하면
     자

백성들의 그仁風이 興盛하게 될것이고
        인풍   흥성

군자란者 옛친구를 버리지를 않으면은
     자

백성들의 그德風이 薄情하지 않게된다
        덕풍   박정

[註解] ○恭而無禮(공이무례)−공손하게 하되, 예가 없다. 공손하게 하되, 예가 따르지 못하면. ○勞(노)−고생스럽다, 도로(徒勞)한다. ○愼而無禮(신이무례)−신중하되 예가 따르지 않으면. ○葸(사)−겁내고 두려워함. ○勇而無禮(용이무례)−용감하되 예가 따르지 않으면. ○亂(난)−난폭하고 문란하다. ○直而無禮(직이무례)−강직하되 예가 따르지 않으면. ○絞(교)−졸라 매다. 강박(强迫), 각박(刻薄). ○篤於親(독어친)−부모에게 효도를 독실하게 한다. ○民興於仁(민흥어인)−백성들 사이에도 인풍(仁風)이 흥성하게 된다. ○故舊不遺(고구불유)−고구(故舊)는 옛 친구, 유(遺)는 소홀히 하다, 버리다. ○偸(투)−주자(朱子)는 박(薄)이라 했다. 박정(薄情). 불투(不偸)는 박정하지 않다, 인심이 후하게 된다.

[解說]

예(禮)는 개인적으로는 인간의 행동을 미화하고 사회적으로는 모든 사람을 조화하고 질서를 바로잡아주는 예술적 규범(規範)이다. 예가 없으면, 인간이나 사회는 동물적 존재로 전락하고 무력이 판을 치는 약육강식(弱肉强食)의 원시상태로 돌아갈 것이다. 예(禮)의 기본 도리는 절대선(絶對善)인 천리(天理)를 바탕으로 한다. 그러므로 예를 따르고 실천함은, 곧 천리를 따르고 행함이다. 우주천지 자연 만물은 큰 조화 속에서 생존하고 발전하게 마련이다. 그러므로 예를 따르고 실천하면, 모든 사람들이 큰 조화 속에서 저마다 바르게 삶을 누리고 발전할 수 있다.

「학이편(學而篇)」에서 유자(有子)가 말했다. "예의 작용은 조화를 귀하게 여긴다〔禮之用和爲貴〕."「1-12」. 예로써 조절하고 절도있게 해야 한다. 예가 따르지 않으면 '공(恭)·신(愼)·용(勇)·직(直)'같은 장점이 도리어 '노(勞)·사(葸)·란(亂)·교(絞)'같은 단점이 된다. 그러므로 공자는 중화(中和)의 미를 살린 예절로써 조절하라고 가르쳤던 것이다.

한편 위에서 아래를 다스리고 지도하는 군자들은 자신들이 솔선수범(率先垂範)해야 한다. 군자가 먼저 부모를 친애하고 효도하면, 백성들도 본을 받고 서로 사랑하고 협동하여 민간에 인(仁)의 기풍이 홍성하게 될 것이다.

아울러 군자들이 신의를 지키고, 우정을 돈독히 하면, 백성들도 서로 우정과 신의를 돈독히 할 것이며, 따라서 서로 박정하게 친구를 버리고 학대하는 일이 없을 것이다. 「안연편(顏淵篇)」에서 공자는 말했다. "군자의 덕은 바람 같고, 소인의 덕은 풀 같다. 풀은 바람을 만나면 반드시 나부끼게 마련이다〔君子之德風也 小人之德草也 草上之風必偃〕."「12-19」.

8-3

증자가 병을 앓자, 제자들을 불러 말했다. "내 발을 펴 보아라! 내 손을 펴 보아라! 『시경』에 '전전긍긍하여 깊은 못가에 서있는 듯, 얇은 얼음을 밟듯 하라.'고 했다. (그러므로 나는 그간 몸을 조심하였는데) 이제부터는 내가 걱정을 면하게 되었구나! 제자들아!"

[原文]

曾子ㅣ 有>疾하자 召Ⅱ門弟子ㅣ曰 啓Ⅱ予足ㅣ하며
증자   유질   소 문제자 왈 계 여족

啓Ⅱ予手ㅣ하라! 詩云 戰戰兢兢하야 如>臨Ⅱ深淵
계   여수   시운 전전긍긍   여임 심연

ㅣ하며 如>履Ⅱ薄氷ㅣ이라 하니 而今而後에야 吾知>
       여리 박빙   이금이후   오지

免夫와라 小子아!
면부   소자

[가사체 번역문]

曾子께서 병을앓자 제자들을 불러놓고 다음같이 말하였다
증자

그이불을 걷고나서 나의발을 살펴보라 나의손을 살펴보라

詩經에서 이르기를 두려워서 조심스레 깊은못가 서있는듯
시경

얇은얼음 밟듯하라 이런말을 하였으니

故로나는 그간몸을 조심하며 보존했지
고

그러하나 이제부턴 이런나의 근심걱정 면할수가 있게됐네

그대들아 너희들도 명심하고 명심하라

[註解] ㅇ曾子(증자)－공자의 제자. 효도(孝道)로 이름이 높았다. ㅇ有疾
(유질)－병을 앓다. ㅇ김門弟子曰(소문제자왈)－문인(門人)과 제자들을 불러
서 말하다. 문인은 스승과 같은 집에 살면서, 배우고 가사를 돌보는 제자.
ㅇ啓予足(계여족)－나의 발을 펴서 보아라. ㅇ詩云(시운)－『시경』「소아(小
雅)」소민편(小旻篇)에 있다. ㅇ戰戰兢兢(전전긍긍)－두려워하고 조심하고
삼가다. 전전(戰戰)은 공구(恐懼), 긍긍(兢兢)은 계신(戒愼). ㅇ如臨深淵(여임
심연)－깊은 물가에 있는 듯이 (조심한다). 즉 한 발만 잘못 디디면 추락한
다. ㅇ如履薄氷(여리박빙)－얇은 얼음을 밟고 걸어가듯이 조심하고 겁을 낸
다. ㅇ而今而後(이금이후)－이제부터는. ㅇ吾知免夫(오지면부)－나는 비로
소 면하게 됨을 알겠다. 부(夫)는 어조사. 즉 '부모로부터 물려받은 몸을
불감훼손(不敢毁損)하는 중책'을 면하게 되었다는 뜻. ㅇ小子(소자)－그대
들이여!

[解說]
　부모가 준 몸을 온전하게 간직해야 부모에게 효도하고, 또 문화
를 계승 발전시킬 수 있다. 그러므로 『효경(孝經)』에서 '신체발부(身
體髮膚) 수지부모(受之父母) 불감훼손(不敢毁損) 효지시야(孝之始也)'라
고 했다.

8-4

증자가 병에 걸리자, 맹경자가 문병을 왔다.

이에 증자가 그에게 말했다. "새가 죽으려 할 때는 울음소리가 애처롭고, 사람이 죽으려 할 때는 그의 말이 착합니다. 군자로서 소중히 여길 바 세 가지의 예도가 있습니다. 몸놀림을 예에 맞게 하면 난폭을 멀리할 것이며, 안색을 예에 맞게 지니면 신의를 가까이할 것이며, 말을 예에 맞게 하면 비천한 억지를 멀리할 것입니다. 제사 때 제기를 다루는 일은 전당자에게 맡기십시오."

[原文]

曾子ㅣ 有>疾이어시늘 孟敬子ㅣ 問>之러니 曾子ㅣ
증자   유 질   맹경자   문 지   증자

言曰 鳥之將>死에 其鳴也ㅣ 哀하고 人之將>死에
언왈 조지장 사   기명야   애   인지장 사

其言也ㅣ 善이니라. 君子ㅣ 所>貴Ⅱ乎道ㅣ者ㅣ 三이
기언야   선   군자   소 귀 호도 자   삼

니 動Ⅱ容貌ㅣ에 斯遠Ⅱ暴慢ㅣ矣며 正Ⅱ顏色ㅣ에 斯
   동 용모   사원 포만 의   정 안색   사

近>信矣며 出Ⅱ辭氣ㅣ에 斯遠Ⅱ鄙倍ㅣ矣니 籩豆之
근 신의   출 사기   사원 비배 의   변두지

事 則有司ㅣ 存이니라.
사 즉유사   존

[가사체 번역문]

曾子께서 병을앓자 孟敬子가 問病왔다
증자   맹경자   문병
증자께서 그이에게 다음같이 말하였다

새가장차 죽을때는 울음소리 애처롭고

사람장차 죽을때는 그의말이 착합니다

군자로서 소중하게 여겨야할 禮세가지 이런것이 있습니다
예

몸놀림이 禮맞으면 난폭함을 멀리하고
예

얼굴빛이 禮맞으면 信義信賴 이런것을 가까이에 둘것이며
예   신 의 신 뢰

말을禮에 맞게하면 낮고천한 억지들을 멀리하게 될겁니다
예

제사祭器 다루는일 枝葉的인 이런일은
제 기   지 엽 적

전담하는 有司에게 맡기도록 하십시오
유 사

[註解] ○曾子有疾(증자유질)―증자가 병에 걸렸다. ○孟敬子(맹경자)―노
(魯)의 대부. 이름은 첩(捷), 맹무백(孟武伯)의 아들, 경자(敬子)는 시호. ○問
之(문지)―문병을 하다. ○鳥之將死(조지장사)―새가 죽으려 할 때. ○其鳴
也哀(기명야애)―그 울음소리가 애처롭다. ○人之將死(인지장사)―사람이
죽으려 할 때. ○其言也善(기언야선)―그가 하는 말이 착하다. ○君子所貴
乎道者三(군자소귀호도자삼)―군자가 귀중하게 여기는 도리가 셋 있다. 도
(道)는 예도(禮道), 예절의 도리. ○動容貌(동용모)―용모(容貌)는 의용(儀容)
의 뜻. 예에 맞는 몸가짐과 몸놀림, 태도. 동(動)은 몸을 움직이다, 놀리다.
즉 예에 맞는 행동거지. ○斯遠暴慢矣(사원포만의)―사(斯)는 즉(卽), 원(遠)
은 멀리한다. 포만(暴慢)은 포악과 모욕, 즉 나의 몸가짐이 예절에 맞으면,
남들의 포악이나 모욕을 멀리할 수 있다는 뜻. ○正顔色(정안색)―얼굴 표
정이나 기색을 예에 맞게 바르고 엄숙하게 하면. ○斯近信矣(사근신의)―남
의 신뢰를 가까이한다, 즉 신뢰를 얻게 된다. ○出辭氣(출사기)―말씨나 말
투를 바르고 점잖게 한다. ○鄙倍(비배)―비(鄙)는 비근하다, 천박하다. 배
(倍)는 도리에 어긋나다. ○籩豆(변두)―변(籩)은 대줄기로 만든 제기. 과일

을 담는다. 두(豆)는 나무로 만든 제기. 식혜나 김치 등을 담는다. ○ 則有司
存(즉유사존) - 전담하는 사람이 있게 마련이다.

[解說]

증자가 "조지장사(鳥之將死)에 기명야애(其鳴也哀)하고, 인지장사
(人之將死)에 기언야선(其言也善)이니라."고 전제한 것은 '내 말을 잘
듣고 명심하라.' 는 뜻이다.

인간과 인간이 서로 접촉하고 서로 영향을 줄 때에, 대충 세 가지
길을 통한다. 그 하나는 총체적인 의용(儀容)으로 나타나는 행동거
지, 그 둘은 얼굴 표정과 기색, 그 셋은 말씨와 말투다. 이 셋을 예절
에 맞게 바르고, 단정하고, 신중하고, 무게 있게 하면, 남들이 나에
게 무례하게 대하지 않을 것이다.

군자는 남을 지도하는 사람이다. 그러므로 몸가짐과 얼굴 표정과
언사를 예도(禮道)에 맞게 해야 한다. 그러면 사람들도 군자를 존경
하고 따르게 될 것이다. 특히 "실무를 전임자에게 맡기라."고 말한
이유가 있다. 즉 노나라 도공(悼公)이 서거하자, 맹경자가 신하의 예
를 어기고 방약무인격으로 행동했으며, 격식에 따라 죽을 먹지 않고
밥을 먹었다. 그래서 정해진 격식을 따르는 것도 중요하지만, 보다
더 기본적인 군자의 예도를 지켜야 함을 강조한 것이다.

8-5

증자가 말했다. "유능하면서도 무능한 사람에게도 묻고,
학식이 많은데도 적은 사람에게도 묻고, 있으면서도 없는 척

하고, 차있는데도 빈 것처럼 하며, 남에게 욕을 보아도 마주
대들고 다투지 않는다. 옛날의 나의 벗으로 이런 태도를 취한
사람이 있었다."

[原文]

曾子ㅣ 曰 以>能으로 問Ⅱ於不能ㅣ하며 以>多로
증자　　 왈　이능　　　 문　어불능　　　　 이다

問Ⅱ於寡ㅣ하며 有>若無하며 實若>虛하며 犯而不>
문　어과　　　 유약무　　　 실약허　　　 범이불

校를 昔者 吾友ㅣ 嘗從Ⅱ事於斯ㅣ矣러니라.
교　 석자오우　 상종　사어사ㅣ의

[가사체 번역문]

曾子께서 말하였다
증자

스스로가 유능치만 무능한자 그사람에 물어보고 알아보며

자기學識 많은데도 學識적은 그런사람 그에게도 물어보고
　　학식　　　　 학식

스스로가 가졌지만 안가진체 하고있고

스스로가 꽉찼으나 텅빈듯이 행동하며

남에게서 욕을봐도 대들거나 다투는일 그런짓을 아니한다

그옛날의 내벗중에 이런태도 취한사람 그런사람 있었다네

[註解] ○以能問於不能(이능문어불능)─이능(以能)은 능력이 있으면서, 문
어불능(問於不能)은 능력 없는 사람에게도 물어본다. ○以多問於寡(이다문
어과)─학식이나 견문이 많으면서 적은 사람에게도 물어본다. ○有若無(유

약무)-있으면서 없는 척한다. 즉 도(道)를 터득해 알고 있으면서 모르는 척한다. ㅇ實若虛(실약허)-덕(德)이 가득 차있으면서, 텅 빈듯한다. ㅇ犯而不校(범이불교)-남이 침범하거나 무례하게 덤벼도, 그를 상대하고 다투거나 싸우지 않는다. ㅇ昔者(석자)-옛날에, 자(者)는 단락을 표시하는 허사. ㅇ嘗(상)-이전에. ㅇ從事於斯矣(종사어사의)-그렇게 했다, 그런 일을 모두 행했었다.

[解說]

군자는 모든 사람을 지도하고 교화해서 좋은 공동체를 창건하고 인정(仁政)과 덕치(德治)를 구현해야 한다. 따라서 공동체의 모든 사람과 호흡을 같이 하고, 함께 앞으로 나가야 한다. 그러므로 군자는 항상 겸손한 태도로 남에게 묻고, 남에게 문제를 제기하고, 남으로 하여금 생각하게 하고 아울러 분발케 해야 한다.

8-6

증자가 말했다. "어린 임금의 보필을 부탁할 수 있고, 백리 사방의 나라의 운명을 맡길 수 있고, 존망이 달린 위급한 때에도 절개를 굽히지 않는 그런 사람을 군자라 할 수 있을까? 그런 사람이 바로 군자니라."

[原文]

曾子ㅣ 曰 可ㅿ以託ㅿ六尺之孤ㅣ하며 可ㅿ以寄ㅿ
증자　　왈　가　이　탁　육　척　지　고　　　　　　가　이　기

百里之命ㅣ이오 臨ㅐ大節ㅣ而不>可>奪也면 君子
백 리 지 명   임 대 절 이 불 가 탈 야   군 자

人與아 君子人也니라.
인 여   군 자 인 야

[가사체 번역문]

　曾子께서 말하였다
　　증자
　어린임금 輔弼攝政 이런부탁 할수있고
　　　　　보 필 섭 정
　나라운명 이런것을 맡길수가 있으면서
　存亡달린 危急때도 뜻과절개 꺾이거나 굽히지를 않는사람
　　존 망　　위 급
　그런사람 군자로다 그런사람 군자로다

[註解] ○可以(가이)－…할 수 있다. ○託六尺之孤(탁육척지고)－탁(託)은
뒤를 보아달라고 부탁한다. 육척지고(六尺之孤)는 어린 임금, 고(孤)는 아버
지를 잃은 아들, 육척(六尺)은 15세 이하의 아이의 키. ○寄百里之命(기백리
지명)－사방 백 리가 되는 제후(諸侯)의 나라의 운명이나 정치를 맡기다. 명
(命)은 정령(政令)의 뜻도 있다. ○臨大節(임대절)－흥망성쇠가 걸린 중대한
고비에 임해서도. ○不可奪(불가탈)－뜻과 절개를 굽히거나, 꺾지 않는다.
○君子人與(군자인여)－군자다운 사람이라 하겠는가?

[解說]
　　제8편 「태백편(泰伯篇)」은 총 21장이다. 그중 5개 장이 증자의 말
이다. 증자는 인품이 온유돈후(溫柔敦厚)하고, 특히 효성스러웠다.
그래서 제3장에는 "부모에게 물려받은 몸을 온전하게 간직했다."고
말했으며, 제4장 및 제5장에서는 '군자의 예도'를 강조했다. 그러

나 제6장과 제7장에서 그는 의연한 군자의 기개를 말했다. 즉 군자는 자기 혼자서 나라를 책임질 수 있어야 한다. 아울러 생사를 걸고, 대의명분과 절개를 지켜야 한다고 씩씩하게 말했다.

8-7

증자가 말했다. "선비는 반드시 뜻이 넓고 굳세어야 한다. 임무가 무겁고 갈 길이 멀기 때문이다. 인(仁)을 제 임무로 삼고 있으니 역시 무겁지 않겠는가? 죽은 다음에야 멈출 것이니, 그 길이 역시 멀지 않겠는가?"

[原文]

曾子ㅣ 曰士ㅣ 不Ⅱ可Ⅲ以不Ⅱ弘毅ㅣ니 任重而道
증자 왈사 불 가 이불 홍 의   임중이도

遠이니라. 仁以爲Ⅱ己任ㅣ이니 不Ⅱ亦重ㅣ乎아? 死
원   인이위 기임 이니 불 역중 호   사

而後已니 不Ⅱ亦遠ㅣ乎아?
이후이 불 역원 호

[가사체 번역문]

曾子께서 말하였다
증자

선비란者 꼭반드시 뜻이넓고 굳세야다
     자

그의任務 무거웁고 갈길멀기 때문이다
   임무

仁이라는 그런일을 자기任務 삼고있어 무겁지가 않겠는가
인   임무

죽은뒤에 멈추리니 그길멀지 않겠는가

[註解] O士(사)—선비. 인정(仁政)과 덕치(德治)를 달성할 군자. 정치 참여자. O不可以不(불가이불)—…하지 않으면 안 된다. O弘毅(홍의)—뜻이 넓고 행동이 의연하다. O任重(임중)—맡은 임무가 중대하다. O道遠(도원)—갈 길이 멀다. O仁以爲己任(인이위기임)—인의 달성을 자기 임무로 삼고 있다. O不亦重乎(불역중호)—역시 중대하지 않으냐? O死而後已(사이후이)—죽은 다음에 비로소 가는 것을 멈출 것이다. O不亦遠乎(불역원호)—역시 갈 길이 멀고, 목적하는 바가 원대하지 않으냐?

[解說]

여기서 말하는 사(士)는 인(仁)의 구현(具現)을 위해 학문과 덕행을 겸비하고 정치에 참여하는 선비로, 군자 혹은 인자를 다 포함한다. 하극상(下剋上)이 성행하는 무도한 세계에서 인도(仁道)를 실천하고 인덕(仁德)을 세우는 일이 얼마나 어렵겠는가? 그러므로 "뜻을 넓고 굳세게 지녀야 한다."고 말했다. 바로 앞에서는 "뜻과 절개를 굽히지 마라."고 했다. 선비는 인의 구현에 생명을 걸고 평생의 중대사로 삼아야 한다.

8-8

공자가 말했다. "시로써 감흥을 돋아 올리고, 예로써 행동 거지를 바르게 세우고, 음악으로써 성정을 완성시킨다."

[原文]

子ㅣ 曰 興ㅛ於詩ㅣ하며 立ㅛ於禮ㅣ하며 成ㅛ於樂
자 왈 흥 어 시   입 어 례   성 어 악

ㅣ이니라.

[가사체 번역문]

공자께서 말하셨다

詩를갖고 興돋우고 禮로行動 바로하며 晉樂으로 完成한다
시   흥   예 행동   음악   완성

[註解] ○興於詩(흥어시)─『시경』을 공부하여 감흥을 돋아 올린다. ○立
於禮(입어례)─예를 따르고 실천하여 언행이나 몸가짐을 바르게 세우다.
○成於樂(성어악)─음악으로 성정(性情)을 조화하고 완성되게 한다. 성(性)
은 이성, 지성. 정(情)은 감정, 정서. 『시경』을 공부해야 자연과 삶에 대한
감흥을 바르게 돋아 올릴 수 있다. 예로써 사회규범을 바르게 세운다. 음
악으로 성정을 조화하고 온전한 인격자가 되게 해야 한다.

8-9

공자가 말했다. "백성들로 하여금 바른 도리를 따라오게
할 수는 있어도, 그들로 하여금 깊은 이유를 알게 할 수는 없
다."

[原文]

子ㅣ 曰 民은 可>使>由>之오 不可>使>知>之니라.
자 왈 민 가 사 유 지 불 가 사 지 지

[가사체 번역문]

공자께서 말하셨다

백성들은 道理따라 잘살도록 하면된다
　　　　도 리
백성에게 깊은道理 알게하는 그런일은 아니해도 괜찮단다
　　　　　도 리

[註解] ○民可使由之(민가사유지)－백성들로 하여금 따르게 한다, 혹은 따르게 할 수는 있다. ○不可使知之(불가사지지)－도리의 깊은 뜻이나 이유를 알게 할 수는 없다.

[解說]

공자의 정치사상을 우민정책이라고 곡해하면 안 된다. 공자의 덕치(德治) 목표는 백성들을 교화해서 저마다 도(道)를 깨닫고 행하게 하는 것이었다. 그리고 덕(德)은 남에게 알지 못하게 베풀어야 한다. 하늘은 말없이 만물을 생육화성(生育化成)한다. 덕치도 무위자연(無爲自然)의 경지에 도달해야 한다.

8-10

공자가 말했다. "용맹을 좋아하고 가난을 심하게 싫어하면 난동하게 된다. 어질지 못한 사람을 심하게 미워해도 난동하게 된다."

[原文]

子ㅣ 曰 好>勇疾>貧이 亂也오. 人而不仁을 疾>
자 왈 호 용 질 빈   란 야   인 이 불 인   질

之已甚이 亂也니라.
지 이 심   난 야

[가사체 번역문]

　　공자께서 말하셨다
　　용맹함을 좋아하며 가난매우 싫어하면 亂動하게 될것이고
　　　　　　　　　　　　　　　　　　　　난동
　　어질잖은 그런사람 심하도록 미워해도 亂動하게 될것이다
　　　　　　　　　　　　　　　　　　　　난동

[註解] ㅇ好勇(호용) — 만용을 좋아한다. 무력이나 주먹 휘두르기를 좋아
한다. ㅇ疾貧(질빈) — 심하게, 극도로 가난을 싫어한다. ㅇ亂(란) — 그런 사
람은 난동하게 마련이다. ㅇ人而不仁(인이불인) — 사람됨이 어질지 못하다.
ㅇ疾之已甚(질지이심) — 주자(朱子)는 '어질지 못한 사람을 심하게 미워하
면, 그 사람으로 하여금 난동하게 만든다.'로 풀이했다.

8-11

　　공자가 말했다. "만약에 주공의 훌륭한 재능을 지니고 있

어도, 남에게 교만하거나 혹은 인색하면, 기타는 볼 것이 없다."

[原文]

子ㅣ 曰 如有ㅣㅣ周公之才之美ㅣ오도 使驕且吝이
자 왈 여유 주공지재지미 사교차린

면 其餘는 不>足>觀也已니라.
기 여 부 족 관 야 이

[가사체 번역문]

공자께서 말하셨다

周公같은 아름다운 그런재주 지니고도
주 공

다른여러 사람에게 驕慢하고 吝嗇하면 더볼것이 없느니라
교 만 인 색

[註解] ○如有(여유)―만약 …을 가지고 있어도. ○周公之才之美(주공지재지미)―주공의 뛰어난 재주와 그 재주의 미덕, 즉 주공과 같은 홀륭한 재주. ○使(사)―가령. ○驕且吝(교차린)―남에게 교만하고 인색하게 한다면. ○其餘不足觀(기여부족관)―기타는 볼 가치가 없다.

8-12

공자가 말했다. "3년을 배우고, 녹봉에 뜻을 두지 않는 사람을 쉽게 볼 수 없다."

子ㅣ曰 三年學에 不>志Ⅱ於穀ㅣ을 不>易>得也니
자 왈 삼년학 부 지 어곡 불 이 득야

라.

[가사체 번역문]

공자께서 말하셨다 삼년동안 배우고도

祿俸에다 자기뜻을 두지않는 그런사람 쉽게볼수 없느니라
녹 봉

[註解] ○三年學(삼년학)─3년간 글을 배우고. ○不至於(부지어)─…에 이
르지 않는다. ○穀(곡)─벼슬에 올라 녹봉을 받는다. ○不易得也(불이득
야)─그런 사람을 쉽게 볼 수 없다. 그런 사람은 드물다.

[解說]

공자의 학문 정신은 '수기치인(修己治人)' 이다. 그러나 옛날에도
벼슬이나 녹봉을 얻고자 공부한 사람이 없지 않았다.

8-13

공자가 말했다. "독실하게 믿고 배우기를 좋아하고, 죽음
으로써 도를 지키고 높여야 한다. 위태로운 나라에는 들어가
지 말고, 문란한 나라에는 살지 마라. 천하에 도가 있으면 나
타나고, 도가 없으면 숨어라. 나라에 도가 있는데 가난하고

미천하면 부끄러운 노릇이오, 나라에 도가 없는데도 부하고 고귀하면 부끄러운 노릇이다."

[原文]

子ㅣ 曰 篤信好>學하며 守>死善>道니라. 危邦不>
자 왈 독신호학 수 사선 도 위방불

入하고 亂邦不>居하며 天下ㅣ 有>道則見하고 無>
입 난방불 거 천하 유도즉현 무

道則隱이니라. 邦有>道에 貧且賤焉이 恥也며 邦無
도즉은 방유도 빈차천언 치 야 방무

>道에 富且貴焉이 恥也니라.
도 부차귀언 치야

[가사체 번역문]

공자께서 말하셨다

先王들의 훌륭한道 독실하게 믿고믿어 배우기를 좋아하고
선왕   도

죽음으로 도지키고 높여야만 하느니라

위태로운 나라에는 들어가지 말것이며

문란해진 나라에는 거기살지 말지어다

이세상에 道있으면 나타나서 現實參與
　　　　道　　　　　　　　　현실참여

그렇잖고 道없으면 물러나서 숨어살라
　　　　道

자기나라 道있는데 가난하고 鄙賤하면 부끄러운 노릇이나
　　　　道　　　　　　　　비천

자기나라 道없는데 富裕하고 尊貴해도 부끄러운 노릇이다
　　　　道　　　　　부유　　존귀

[註解] ㅇ 篤信好學(독신호학)─(선왕의 도를) 독실하게 믿고, 배우기를 좋
아해라. ㅇ 守死善道(수사선도)─죽을 때까지 생명을 걸고 착한 도를 지키고
따른다. ㅇ 危邦不入(위방불입)─위태롭게 기운 나라에는 들어가 벼슬하지
않는다. ㅇ 亂邦不居(난방불거)─도덕이나 기강이 문란한 나라에는 들어가
살지 않는다. ㅇ 天下有道則見(천하유도즉현)─천하에 도가 행해지면, 나타
나 현실 참여를 하고. ㅇ 無道則隱(무도즉은)─도가 없고 행해지지 않으면,
은퇴한다. ㅇ 邦有道(방유도)─나라에 도가 있는데. ㅇ 貧且賤焉(빈차천언)─
가난하고 천하게 살면. ㅇ 恥也(치야)─창피한 노릇이다. ㅇ 邦無道(방무
도)─나라에 도가 없는데. ㅇ 富且貴焉(부차귀언)─부귀를 누려도 (창피하
다).

[解說]

사람은 절대선(絶對善)의 도(道)를 독실하게 믿고 실천해야 한다.
죽을 때까지 생명을 걸고 도를 지켜야 한다. 즉 '수사선도(守死善
道)' 해야 한다.

방(邦)은 제후(諸侯)가 다스리는 나라다. 도 없는 위태로운 나라에
는 들어가 살거나 벼슬을 하면 안 된다. 천하(天下)는 천자(天子)가
다스리는 세계적 국가다. 천하에 도가 행해진다면, 나가서 현실참여
를 하고 평화세계 창건에 기여해야 한다. 그러나 도가 행해지지 않
는다면 물러나 은퇴해야 한다. 무도(無道)한 나라나, 무도한 천하에
서 벼슬하고 녹봉을 받는 것은 범죄에 가담하는 것이다. 그러므로
"무도즉은(無道則隱)하고", 또 "방무도(邦無道)에 부차귀언(富且貴焉)
이 치야(恥也)니라."라고 했다.

한편 "천하유도즉현(天下有道則見)하고, 방유도(邦有道)에 빈차천
언(貧且賤焉)이 치야(恥也)니라."라고 말했다. 자기가 능력이 없으므

로 도가 행해지는 나라나, 그런 천하에 참여를 못하고 따라서 가난하고 천하게 사는 것이다. 그러므로 창피한 노릇이라고 말한 것이다. 공자는 무조건 빈천하게 살라고 한 것이 아니다. 도가 행해지는 선세계(善世界)에서는 군자들이 부귀를 누리게 마련이다.

8-14

공자가 말했다. "그 자리에 있지 않으면, 그 정사를 논하지 마라."

[原文]

子ㅣ 曰 不>在Ⅱ其位ㅣ하얀 不Ⅲ謀Ⅱ其政ㅣ이니라.
　자　왈　부　재　기　위　　　불　모　　기　정

[가사체 번역문]

공자께서 말하셨다
그자리에 있잖으면 그政事를 論하는일 그런일은 안해얀다
　　　　　　　　　정사　　논

[註解] ○不在其位(부재기위)—그 자리에 있지 않으면. 기위(其位)는, 곧 정책을 담당하는 자리에서 책임을 진다는 뜻. ○不謀其政(불모기정)—그 정치를 도모하거나 정책을 논하지 않는다.

이상적인 정치, 착한 정치는 군자를 중심으로 하고 이뤄진다. 학문도 덕행도 없는 자가 무력으로 통치하는 것은 범죄적 행위다. 한편, 학문도 식견도 없는 우민들이 함부로 정치 비판을 하는 것도 삼가야 한다.

8-15

공자가 말했다. "노(魯)의 악사 지(摯)가 초기에 연주한 관저의 종장은 아름답게 귀에 가득 차 넘쳐흘렀다."

[原文]

子ㅣ 曰 師摯之始에 關雎之亂이 洋洋乎 盈>耳
자   왈 사지지시   관저지란   양양호 영이
哉라.
재

[가사체 번역문]

공자께서 말하셨다

魯나라의 樂師摯가 演奏하기 始作을한 關雎終章 아름다움
노   악사지 연주   시작   관저종장

아직까지 洋洋하게 귀에가득 들리누나
        양양

[註解] ○師摯(사지)—노(魯)나라 악관(樂官)의 대사(大師). 지(摯)는 이름.

○始(시)-초기에. 시(始)에 대해서는 여러 가지 설이 많다. ○關雎之亂(관저지란)-『시경』「관저편」을 연주한 종장(終章), 난(亂)은 악곡(樂曲)의 종장. ○洋洋乎(양양호)-아름다운 음악 소리가 넘쳐 퍼지다. ○盈耳哉(영이재)-귀에 가득 차다.

[解說]

공자는 음악에도 정통했다. 이 장은 해석상 문제가 많다. 여기서는 주자(朱子)의 설을 따랐다.

8-16

공자가 말했다. "방자하면서 강직하지 않고, 무식하면서 성실하지 않고, 무능하면서 신의마저 없는 사람은 나도 어찌해야 좋을지 모르겠다."

[原文]

子ㅣ曰 狂而不>直하며 侗而不>愿하며 悾悾而不
자 왈 광이부 직 동이불 원 공공이불

>信을 吾不>知>之矣로라.
신 오부 지 지 의

[가사체 번역문]

공자께서 말하셨다

狂的이고 放恣한데 강직하지 아니하고
광적 방자

무지하고 무식한데 성실하지 아니하고

무능하나 信義없는 그러한者 그사람을
　　　　　신 의　　　　　　　　자

어찌해야 좋을는지 나도나도 모르겠다

【註解】 ○狂而不直(광이부직)―광(狂)은 방자하다, 열광적이다. 직(直)은 곧고 정직하다. ○侗而不愿(동이불원)―동(侗)은 무지, 무식하다. 원(愿)은 성실하다, 선량하다. ○悾悾而不信(공공이불신)―공공(悾悾)은 무능하다, 신(信)은 믿음, 신의. ○吾不知之矣(오부지지의)―나는 (그런 사람을) 어찌해야 할지 모르겠다. 별 도리가 없다는 뜻.

【解說】

동물적 생존을 전부라고 알고, 관능적 자극만을 충족하려는 오늘날의 청년들이 바로 이에 해당된다.

8-17

공자가 말했다. "학문은 따라가지 못할 듯이 서둘러 배우고, 배운 것을 잃을까 겁을 내야 한다."

【原文】

子ㅣ 曰 學如>不>及이오 猶恐>失>之니라.
자　　왈　학 여　불 급　　　　유 공　실 지

공자께서 말하셨다

많이많이 배우고도 따라가지 못할듯이 부지런히 해야하고

배운것을 잃을까봐 오직겁을 내야한다

[註解] ○學如不及(학여불급)─아무리 배워도 따라갈 수 없다는 듯이 부지런히 배워야 한다. ○猶恐失之(유공실지)─흡사 배운 것을 잃을까 겁을 내고, 복습을 하고 익혀야 한다.

[解說]

춘음(寸陰)을 아끼고 부지런히 배워야 한다. 그리고 복습하고 실천해서 몸에 익혀야 한다.

8-18

공자가 말했다. "참으로 높고 위대하도다! 우와 순은 천하를 지니고 다스리면서도 다른 사람에게 선양했다."

[原文]

子ㅣ 曰 巍巍乎 舜禹之有Ⅱ天下ㅣ也 而不>與焉
자　 왈　외외호　순우지유　천　하　야　이불　여언

이어.

[가사체 번역문]

　공자께서 말하셨다

　정말높고 위대하다 舜임금과 禹임금은

　　　　　　　　　순　　　　우

　온천하를 갖고서도 관여하지 않았다네

[註解] ○巍巍乎(외외호)—높고 위대하다! ○舜禹(순우)—고대의 성천자
(聖天子). ○有天下(유천하)—천하를 지니고 다스렸으나. ○不與(불여)—자
신이 관여하지 않았다. 즉 무위자연의 도를 따라 다스렸고, 또 천하를 다
른 현인에게 선양(禪讓)했다.

[解說]

　이 장부터 앞으로 4장은 요(堯)·순(舜)·우(禹)의 위대함을 칭송
한 말이다. 요는 순에게 천하를 선양했고, 순은 우에게 선양했다. 이
들은 다 현명한 사람에게 천하를 다스리게 했다. 즉 대동이상(大同理
想)을 실천한 것이다.

8-19

　공자가 말했다. "위대하도다! 요의 임금됨이여! 높고 위대
하도다! 오직 하늘만이 그토록 높고 클 수 있나니, 요는 하늘
을 따라 본받았노라! 그 덕이 넓고 넓어 백성들이 말로 칭송
할 수 없노라! 높고 높은 그의 공적이여! 그의 문물이 찬연히
빛을 발하리라!"

子ㅣ 曰 大哉라! 堯之爲>君也여! 巍巍乎 唯天
자 왈 대재   요지위 군야   외외호 유천

이 爲>大어시늘 唯堯則>之하시니 蕩蕩乎 民無Ⅱ能
위대   유요칙지   탕탕호 민무 능

名ㅣ焉이로다. 巍巍乎 其有Ⅱ成功ㅣ也여! 煥乎 其
명 언   외외호 기유 성공 야   환호 기

有Ⅱ文章ㅣ이여!
유 문장

[가사체 번역문]

공자께서 말하셨다

위대하고 위대하다 堯의임금 되심이여
요

높고또한 위대하다 오직다만 하늘만이 그렇도록 높고큰데

위대하신 堯임금은 저하늘을 본받았네
요

그의德이 넓고넓어 백성들이 말만으론 칭찬할수 없었노라
덕

높고크다 그의功德 빛나도다 그의文物
공적   문물

[註解] ○大哉(대재)－크고 위대하다. ○堯之爲君也(요지위군야)－요의 임
금되심이여. ○巍巍乎(외외호)－높고 크다. ○唯天爲大(유천위대)－오직 하
늘만이 그렇게 높고 크다. ○唯堯則之(유요칙지)－다만 요임금만이 하늘을
본받고 따른다. ○蕩蕩乎(탕탕호)－요임금의 덕이 사방에 넘치고 퍼진다.
○民無能名焉(민무능명언)－백성들이 말로 칭송할 수 없다. ○其有成功也
(기유성공야)－그가 공적을 세우다. ○煥乎其有文章(환호기유문장)－환(煥)은
빛나다. 유문장(有文章)은 아름답게 문채(紋彩)가 나다.

[解說]

요임금의 덕치는 무위자연(無爲自然)의 천도(天道)와 일치했으며, 최고의 경지였다.

8-20

순은 신하 다섯 명을 가졌었는데 천하가 잘 다스려졌다. 무왕은 "나에게는 좋은 신하가 열 명 있다."고 말했다. 공자는 이에 대해서 말했다. "인재를 얻기가 어렵다고 했는데, 참 그렇지 않으냐? 당후 이후로는 주나라 때가 가장 흥성했는데 그중 부인이 있었으니, 나머지는 아홉 명뿐이었다. 주나라는 천하의 3분의 2를 가졌으면서도 여전히 은나라에 복종했으니, 주나라의 덕은 참으로 지극한 것이라고 말할 수 있다."

[原文]

舜이 有Ⅱ臣五人Ⅰ 而天下丨 治하니라. 武王이 曰
순 유 신오인 이천하 치 무왕 왈

予有Ⅱ亂臣十人Ⅰ호라. 孔子丨 曰 才難이 不Ⅱ其然
여유 난신십인 공자 왈 재난 불 기연

Ⅰ乎아? 唐虞之際丨 於>斯爲>盛하나 有Ⅱ婦人Ⅰ焉
호 당우지제 어 사위 성 유 부인 언

이라 九人而已니라. 三Ⅱ分天下Ⅰ에 有Ⅱ其二Ⅰ하사
구인이이 삼 분천하 유 기이

以服Ⅱ事殷Ⅰ하시니 周之德은 其可>謂Ⅱ至德Ⅰ也
이 복 사 은   주 지 덕   기 가 위 지 덕 야
已矣로라.
이 의

[가사체 번역문]

舜임금은 그의신하 다섯명을 거느리고 온천하를 다스렸네
순

周武王이 말하셨다
주 무 왕

나에게는 나라정치 참잘하는 신하들이 열명이나 있었다오

공자께서 말하셨다

人才얻기 어렵도다 그렇지가 아니하냐
인 재

堯舜이래 周나라가 人才가장 興盛했네
요순 주   인 재   흥 성

열名신하 그들중에 夫人한名 있었으니
   명   부 인 명

男子신하 아홉名뿐 周나라의 武王임금
남 자   명 주   무 왕

天下셋中 둘가지고 그러고도 殷나라에 服從하고 섬겼으니
천 하 중   은   복 종

周나라의 그런德은 진정으로 지극하다 그리말할 수가있네
주   덕

[註解] ○舜有臣五人(순유신오인)—순임금은 다섯 명의 충신이 있었다. 사
공(司空) 우(禹)는 토목 치수를 담당했고, 후직(后稷) 기(棄)는 농업을 담당했
고, 사도(司徒) 설(契)은 교육 교화를 담당했고, 사구(司寇) 고요(皐陶)는 사법
을 담당했고, 백익(伯益)은 산택(山澤) 수렵(狩獵)을 담당했다. ○武王(무
왕)—주나라 문왕(文王)의 아들, 주공(周公)의 형. 은(殷)의 폭군 주(紂)를 방
벌하고 주나라를 창건했다. ○予有亂臣十人(여유난신십인)—나에게는 나라
를 다스리는 데 기여한 신하가 열 명 있었다. 난(亂)은 치(治)의 뜻. 아버지
문왕의 후(后) 태사(太似), 동생 주공단(周公旦), 소공석(召公奭), 군사 태공망

(太公望), 필공(畢公), 영공(榮公), 태전(太顚), 굉요(閎夭), 산의생(散宜生), 남궁 괄(南宮适) 등 열 명이다. ○才難(재난)―인재를 얻기가 어렵다. ○不其然乎 (불기연호)―안 그러하냐? ○唐虞之際(당우지제)―당(唐)은 요임금의 나라, 우(虞)는 순임금의 나라. 지제(之際)는 이하(以下), 이래(以來)의 뜻. ○於斯爲 盛(어사위성)―(요·순 이래) 주나라 때가 가장 흥성했다. ○有婦人焉(유부 인언)―10명 중 부인이 있으니. ○九人而已(구인이이)―9명뿐이다. ○三分 天下有其二(삼분천하유기이)―천하의 3분의 2를 차지하고 있었다. 즉 문왕 (文王)의 덕이 만민에게 미쳤다는 뜻. ○以服事殷(이복사은)―그래도 은나라 를 섬기고 복종했다. ○至德(지덕)―지극한 덕이라 하겠다.

[解說]

임금도 훌륭해야 하지만, 그 밑에 좋은 신하가 있어 보필해야 덕 치(德治)를 할 수 있다. 순임금 때에는 충신 다섯 명이 도와서 이상적 인 덕치를 폈다. 주무왕은 열 명의 뛰어난 인재들의 힘을 얻어 천하 를 바로잡을 수 있었다. 인재를 얻는 것이 더없이 중하다.

한편 주문왕(周文王)은 덕으로써 천하 만민의 인심을 거의 다 얻 어 가지고 있었다. 그래도 실질적으로는 은나라를 섬기고 복종했 다. 그러므로 공자는 지극한 덕이라고 말한 것이다. '삼분천하유기 이(三分天下有其二) 이복사은(以服事殷)' 이하를 다른 장으로 구분하 는 설도 있다.

8-21

공자가 말했다. "우에 대해서 나는 비난할 수 없다. 그는 자기 먹는 음식을 절약하고, 제사지낼 때 귀신을 지성껏 모셨다. 자기는 옷을 검소하게 입으면서 예복인 불면을 아름답게 꾸몄다. 자기가 사는 궁전은 조촐하게 꾸몄으나, 전답의 물도랑 건설에는 전력을 쏟았다. 우에 대해서 나는 흠잡을 수가 없다."

[原文]

子ㅣ 日 禹는 吾無ㅛ間然ㅣ矣로라. 菲ㅛ飲食ㅣ而
　　자　왈　우는　오무　간연　의　　　　비　음식　이

致ㅛ孝乎鬼神ㅣ하시며 惡ㅛ衣服ㅣ 而致ㅛ美乎黻冕
　치　효호귀신　　　　　악　의복　이치　미호불면

ㅣ하시며 卑ㅛ宮室ㅣ 而盡ㅛ力乎溝洫ㅣ하시니 禹는
　　　　비　궁실　이진　력호구혁　　　　　우는

吾無ㅛ間然ㅣ矣로다.
오무　간연　의

[가사체 번역문]

　공자께서 말하셨다

　禹임금에 對해나는 非難할수 없네그려
　우　　　　대　　　비난

　禹임금은 자기자신 먹는음식 절약하고
　우

　조상제사 지낼때는 그의조상 귀신들을 至誠으로 모셨다네
　　　　　　　　　　　　　　　　　　지성

　자기옷은 검소하게 黻冕예복 아름답게
　　　　　　　　　　불면

　자기사는 그宮殿은 조촐하게 꾸몄으나
　　　　　　궁전

　논밭도랑 건설에는 전심전력 쏟았다네

禹임금에 對해나는 흠을잡을 수가없네
우 대

【註解】 ○禹吾無間然矣(우오무간연의)─나는 우를 비난할 수 없다. 간(間)
은 흠잡다, 비난하다. 간(間)을 비교할 수 없을 만큼 거리가 멀다, 탁월하다
로 풀이할 수도 있다. ○菲飮食(비음식)─자기가 드는 음식을 각박하게 절
약하다. ○致孝乎鬼神(치효호귀신)─제사 때, 선조의 귀신을 효성으로 받들
어 모시다. ○惡衣服(악의복)─자기가 입는 옷은 나쁘고 털털하게 한다.
○致美乎黻冕(치미호불면)─지극히 아름답게 꾸민다. 불면(黻冕)은 제복(祭
服). 불(黻)은 가죽으로 된 무릎 덮개. 면(冕)은 관(冠). ○卑宮室(비궁실)─궁
전을 낮게 조촐하게 세운다. ○盡力乎溝洫(진력호구혁)─구혁(溝洫)은 도랑,
즉 관개수로(灌漑水路)를 전력을 기울이어 개간하고 건설하다.

【解說】

　이상은 고대 성왕들의 위대함과 높은 공덕을 기술했다. 요(堯)ㆍ
순(舜)에 대해서는 그들의 선양(禪讓)을 높였고, 우(禹)에 대해서는
그의 치수(治水)의 공과 특히 근검절약한 미덕을 높였으며, 주문왕
및 무왕의 지극한 덕과 업적을 칭송했다.

「자한편(子罕篇)」은 주로 공자의 덕행을 기술한 글이 많다. 그래서 고대 성현(聖賢)들의 덕을 기술한 「태백편(泰伯篇)」 다음에 놓았다고 형병(邢昺)은 말했다.

9-1

공자는 세속적인 이득을 천명이나 인덕과 함께 결부해서 말하지 않았다.

[原文]

子는 罕言>利하시며 與>命하시며 與>仁이러시다.
자 한언리 　　여 명 　　여 인

[가사체 번역문]

공자님은 늘언제나 利得만을 말하잖고
　　　　　　　　　이득
여기에다 天命이나 仁道같은 그런것을 곁들여서 말하셨다
　　　　천명　　인도

[註解] ㅇ子罕言(자한언)—공자는 거의 말하지 않았다. 한(罕)은 드물다. ㅇ利(이)—세속적 이득. ㅇ與命(여명)—천명과 함께. ㅇ與仁(여인)—인덕과 함께.

[解說]

위의 해석은 청(淸)의 초순(焦循)의 풀이를 따랐다. 공자는 도덕적으로 타락한 세상에서 설사 세속적인 이득을 얻고, 또 부귀영화를 누리는 것을 '하늘이 복을 내렸다, 혹은 인덕이 있어서 그렇다.'는 식으로 말하지 않았다는 뜻이다. 악덕한 세상에서 잘 사는 것은 악덕하기 때문이다. 제1장을 '공자는 이(利)·명(命)·인(仁)을 거의 말하지 않았다.'로 해석하기도 하지만, 공자 사상의 핵심과 어긋난다.

공자 사상의 중심은 인(仁)이다. 그러므로 인에 대해서는 수없이 많은 말을 했다. 한편 명(命)에 대해서도 "아! 절망적인 천명이로다! 이 사람이 이런 병에 걸리다니!"「雍也篇 6-10」. "도가 행해지고 안 하고도 천명이다."「憲問篇 14-38」라고 했다.

9-2

달항의 마을 사람이 말했다. "참 크기도 하다, 공자는! 박학다식하면서도, 한 가지 특출한 기능으로 그의 명성을 내게 할 수가 없으니!"

이 말을 들은 공자가 제자에게 말했다. "내가 무엇을 가지고 이름을 내야 할까? 수레 모는 일로 이름을 낼까? 활 쏘는 일로 이름을 낼까? 차라리 수레 모는 일로 이름을 내리라."

〔原文〕

達巷黨人이 曰 大哉라. 孔子여 博學而無>所>成>
달 항 당 인   왈 대 재   공 자   박 학 이 무 소 성
名이로다. 子ㅣ 聞>之하시고 謂ⅱ門弟子ㅣ曰 吾何執
명   자   문 지   위 문 제 자 왈 오 하 집
고? 執>御乎아? 執>射乎아? 吾執>御矣로리라.
    집 어 호   집 사 호   오 집 어 의

[가사체 번역문]

達巷사람 말하였다 공자님은 위대하다 그렇게도 박식한데
_{달 항}
특출하신 기능으로 그의이름 내잖은게 애석하고 애석하네

공자께서 이를듣고 제자에게 말하셨다

내가무얼 가지고서 내이름을 내야할까

수레모는 그런일로 내이름을 내어볼까

활쏘는일 그런일로 내이름을 내어볼까

아니아니 그보다는 수레모는 그런일로 내이름을 내어야지

[註解] ○達巷黨(달항당)―달(達)은 마을의 이름. 자세히 알 수 없다. 항당(巷黨)은 마을. ○大哉孔子(대재공자)―위대하다, 공자는! ○博學(박학)―박학다식하고, 또 다능다재(多能多才)하다. ○而(이)―그러나. ○無所成名(무소성명)―명성을 낼만한 특출한 기능이 없다. 혹은 '공자의 위대함을 말로써 표현할 수가 없다.'로 해석할 수도 있다. ○謂門弟子曰(위문제자왈)―공자가 제자들에게 말했다. ○吾何執(오하집)―내가 무엇을 가지고 특출하다고 이름을 내랴? ○執御乎(집어호)―수레 모는 기술을 가지고, 특출하다고 이름을 내랴? ○射(사)―활 쏘는 기술.

[解說]

공자는 우주의 심오한 도를 만인에게 깨우치고자 한 '지성선사(至聖先師)'였다. 그러므로 평범한 마을 사람들은 그의 높은 경지를 알지 못하고 "특출한 기능이 없다〔無所成名〕."고 말했다. 이를 공자가 유머러스하게 받아서 대답한 것이다.

9-3

공자가 말했다. "삼실의 면관을 쓰는 것이 예법에 맞는다. 지금 사람들이 명주실의 면관을 쓰는 것은 절검하기 위해서다. 나도 여러 사람들을 따르겠다. 당 아래서 배례하는 것이 예법인데, 지금 사람들이 당 위에서 배례하는 것은 교만한 짓이다. 비록 여러 사람들과 어긋나지만, 나는 아래에서 배례하겠다."

[原文]

子ㅣ 曰 麻冕이 禮也어늘 今也純하니 儉이라. 吾
자   왈 마면   예야   금야순   검   오

從>衆하리라. 拜>下ㅣ 禮也어늘 今拜ㅐ乎上ㅣ하니
종 중   배 하 예야   금배 호상

泰也라. 雖違>衆이나 吾從>下하리라.
태 야   수위 중   오종 하

[가사체 번역문]

공자께서 말하셨다

삼실로된 검은冕冠 그걸씀이 禮에맞다
       면관   예

지금세상 사람들이 명주실로 만든冕冠
                        면관

그런冠을 쓰는것은 간편하기 때문이다
   관

나도그런冕冠쓰는 대중들을 따르겠다
    면관

임금에게 절할때는 堂아래서 하는것이 참마땅한 禮法인데
              당   예법

지금세상 사람들은 堂위에서 절을하니 이런것은 교만한짓

비록내가 절하는게 대중들과 어긋나나

나는나는 임금에게 堂아래서 절하겠다

[註解] ○麻冕(마면)—삼실로 만든 검은 면관, 예관(禮冠), 제관(祭冠). ○禮也(예야)—예법이다. ○今也純(금야순)—지금 여러 사람들이 명주실로 만든 관을 쓴다. ○儉(검)—(그 이유는) 절약하기 위해서다. ○吾從衆(오종중)— 나도 여러 사람을 따르겠다. ○拜下(배하)—신하가 당 아래에서 임금에게 절을 한다. ○今拜乎上(금배호상)—지금은 당 위에서 절을 한다. ○泰也(태야)—거만하고, 교만하기 때문이다. ○雖違衆(수위중)—비록 여러 사람들과 다를지라도. ○吾從下(오종하)—나는 예법대로 아래에서 절을 하겠다.

[解說]

예법(禮法)을 존중하고 실천하되, 예법의 근본원리와 기본정신을 이해하고 따라야 한다. 근검절약하는 것도 예의 기본에 맞는다. 그러므로 명주실로 만든 제관을 쓸 수도 있다. 한편 교만은 예에 어긋난다. 그러므로 당 위가 아니고, 아래에서 절을 해야 한다.

9-4

꽁자는 다음의 네 가지를 하지 않았다. 사사로운 뜻이 없었다, 반드시 그렇다는 단정을 내리지 않았다, 고집에 매이지 않았다, 독단적인 아집이 없었다.

子ㅣ 絶>四러시니 毋>意 毋>必 毋>固 毋>我러시다.
자 절 사   무 의 무 필 무 고 무 아

[가사체 번역문]

공자님은 이와같은 네가지를 안하셨다

자기뜻만 세우는일 그런일을 안하셨다

꼭그렇다 斷定하는 그런일을 안하셨다
　　　　단정

頑固하게 고집하는 그런일을 안하셨다
완고

자기이득 취하는일 그런일을 안하셨다

[註解] ○子絶四(자절사)―공자는 절대로 네 가지를 하지 않았다. ○毋
(무)―…하지 않았다. ○意(의)―사사로운 생각, 제멋대로의 생각. 자의(恣
意). ○必(필)―꼭 그렇다는 단정, 혹은 독단적인 기대. ○固(고)―완고한 고
집. ○我(아)―아집(我執). 이기적 자기주장.

[解說]

군자는 공인(公人)이며, 도(道)를 따라 정성을 다해야 한다.

9-5

공자가 광(匡)에서 위태로운 지경에 빠졌을 때 말했다. "문
왕은 이미 돌아가셨지만, 그분이 남긴 문화는 나에게 전해져
있지 않으냐? 하늘이 그의 문화를 없애려고 했다면, 후세 사

람들이 그 문화에 관여하지 못했을 것이다. 하늘이 그 문화를 없애려고 하지 않으니, 광의 사람인들 나를 어찌 해치겠느냐?"

[原文]

子ㅣ 畏ㅠ於匡ㅣ이러시니 曰 文王ㅣ 旣沒하시니 文
자 외 어광 　 　 　 왈 문왕 　 기몰 　 　 문

不>在>玆乎아? 天之將>喪ㅠ斯文ㅣ也신댄 後死者ㅣ
부 재 자호 　 천지장 상 사문 야 　 후사자

不>得>與ㅠ於斯文ㅣ也어니와 天之未>喪ㅠ斯文ㅣ也
부 득 여 어사문 야 　 　 천지미 상 사문 야

시니 匡人이 其如予何리오?
　 　 광인 　 기 여여하

[가사체 번역문]

　공자께서 匡땅에서 危殆함에 처했을때 다음같이 말하셨다
　　　　　　광　　　위태

　周文王은 이세상에 계시지를 않지만은
　주문왕

　저文王이 남긴文化 나에게로 전해져서 남아있지 아니하냐
　　문왕　　문화

　저하늘이 그의文化 없애려고 했다면은
　　　　　　　문화

　後世사람 그문화에 관여하지 못했겠지
　후세

　저하늘이 그문화를 없애려고 않았으니

　匡땅사람 어찌나를 해칠수가 있겠는가
　광

[註解] ○子畏於匡(자외어광)—공자가 광(匡)에서 위협을 받았다, 위험에

빠졌다. 광(匡)은 위(衛)의 지명. 해설 참고. ○文王(문왕)－주문왕(周文王).
무왕(武王)의 아버지. 인덕(仁德)이 높아 천하의 3분의 2가 그에게 귀속되었
으며, 그 바탕 위에서 무왕의 방벌(放伐)이 성공할 수 있었다. ○旣沒(기
몰)－이미 죽었다. ○文不在茲乎(문부재자호)－(문왕을 정점으로 한 주나라
의) 문화 전통은 지금 우리에게 전해져 있지 않으냐? ○天之將喪斯文也(천
지장상사문야)－하늘이 그 문화와 전통을 없애고자 했다면. 사문(斯文)은 주
나라의 문화, 즉 예치(禮治)와 덕치(德治)의 문물제도. ○後死者(후사자)－문
왕보다 뒤에 죽은 사람, 즉 후세의 사람. ○不得與(부득여)－(그 문화에) 참
여하거나 관여하지 못했을 것이다. ○天之未喪斯文也(천지미상사문야)－하
늘이 그 문화를 없애려고 하지 않는 이상. ○匡人(광인)－광의 사람들이.
○其如予何(기여여하)－나를 어찌하랴? 나를 어떻게 해칠 수 있으랴? 기
(其)는 강조의 뜻을 나타내는 허사.

[解說]

공자가 위(衛)나라에서 진(陳)나라로 가는 길에 광(匡)이라는 지방
에 들어갔다. 그러나 그곳 사람들이 공자 일행을 갑자기 포위하고
위협을 가했다. 그 이유는 그곳 사람들이 공자 일행을 '전에 그곳에
침입해서 난동을 쳤던 양호(陽虎) 일당'으로 오해했기 때문이다. 이
에 공자 일행은 5일간이나 구치되고 생명의 위협까지 받아야 했던
것이다. 이런 긴박한 상황에서 공자가 "하늘이 인덕 높은 문왕을 정
점으로 한 주(周)나라의 사문(斯文)을 지키고 그 문화의 빛과 전통을
후세에 전하고 있는 이상, 사문을 이어받고, 천하에 전파하려는 우
리를 해칠 수 없을 것이다."라고 태연하게 말했다. 「술이편(述而篇)」
에서도 공자는 "하늘이 나에게 덕을 심어주었거늘, 환퇴가 나를 어
찌하랴?〔天生德於予, 桓魋其如予何〕"「7-22」고 말했다. 공자는 절

대선(絶對善)의 천도(天道)를 따른 문화의 전통과 발전을 굳게 믿고
있었다.

9-6

오나라의 태재가 자공에게 "선생께서는 성인이실까? 어찌
그렇게 다능하신가?" 하고 묻자, 자공이 말했다. "물론 하늘
이 선생님을 성인 되게 하셨지만 선생님 자신도 본래 다능하
셨습니다."

이 말을 듣고, 공자가 말했다. "태자는 나를 잘 안다고 하
리라. 나는 어려서 천했으므로 미천한 일에 다능한 것이다.
군자가 다능해야 하느냐? 아니다, 다능하지 않다."

(이에 대하여) 자장이 덧붙였다. "선생님께서 전에 '내가
등용되지 않아서 재능이 있다.'고 말씀하셨다."

[原文]

大宰ㅣ 問ㅠ於子貢ㅣ曰 夫子는 聖者與아? 何其
태재　문　어자공　왈　부자　　성자여　　　하기

多能也오? 子貢이 曰 固天縱>之將聖이시고 又多
다능야　　자공　왈　고천종　지장성　　　우다

能也시니라. 子ㅣ 聞>之曰 大宰ㅣ 知>我乎인저. 吾
능야　　자　문지왈　태재　지아호　　　오

少也에 賤이라 故로 多ㅠ能鄙事ㅣ호니 君子는 多乎
소야　천　　고　다능비사　　　군자　　다호

哉아? 不>多也니라. 牢ㅣ 曰子ㅣ 云吾ㅣ 不>試라
　재　　　불　다　야　　로　왈자　운오　불　시

故로 藝라 하시니라.
고　　예

[가사체 번역문]

　吳나라의 太宰嚭가 子貢에게 물어봤다
　오　　　　태재비　자공

　공자그는 성인인가

　어찌하여 공자그자 그렇도록 다능하죠

　子貢께서 말하였다
　자공

　물론당연 저하늘이 선생님을 성인되게 그런학덕 주셨지만

　선생님도 본래부터 다재다능 했습니다

　그러고서 얼마뒤에 공자께서 말하셨다

　太宰그는 이사람을 알고있다 할수있네
　태재

　난어릴때 微賤했다 그렇기에 淺薄한일 잘할수가 있는게지
　　　　미천　　　　　　천박

　원래부터 군자들이 多才多能 하겠느냐
　　　　　　　　　다재다능

　아니란다 그렇잖다 多才多能 하지않다
　　　　　　　　　다재다능

　子張께서 말하였다 선생님이 말하시길
　자장

　등용되지 아니하여 많은재능 익혔다고 이런말씀 하셨지요

[註解] ○大宰(태재)─오(吳)나라의 재상(宰相) 비(嚭). 태재는 재상.『좌전
(左傳)』에 보면, 애공(哀公) 12년에 태재 비(嚭)와 자공(子貢)이 만났다는 기
록이 있다. 그때에 이 문답(問答)이 있었을 것이다. 애공 12년이면, 기원전
483년으로, 공자의 나이 69세 때였다. ○問於子貢(문어자공)─자공에게 물
었다. ○夫子(부자)─선생님. 공자. ○聖者與(성자여)─성인일까? 성인이라

할 수 있을가? ○何其多能也(하기다능야)—어찌 그렇게 다능하냐? ○固
(고)—당연히, 물론. ○縱(종)—풀어놓다, 마냥 …하게 허락하다. ○將(장)—
장차, 거의. ○又多能也(우다능야)—또 (선생이) 원래 다능하다. ○大宰知我
乎(태재지아호)—태재는 참으로 나를 안다고 하리라. 나를 아는 사람이니
라. ○吾少也賤(오소야천)—나는 어려서 미천했었다. ○故多能鄙事(고다능비
사)—그러므로 미천한 일에 다능하다. 비(鄙)는 천하고 속되다. ○君子多乎
哉(군자다호재)—군자는 다능다재(多能多才)해야 하랴? ○不多也(불다야)—다
능하지 않다, 다능할 필요가 없다. ○牢(로)—공자의 제자, 자장(子張). ○子
云(자운)—(전에) 선생님이 말씀하셨다. ○吾不試(오불시)—나는 남에게 등
용되지 못했다. ○故藝(고예)—그래서 많은 기능과 재주를 배웠다.

[解說]

오(吳)나라의 태재(大宰) 비(嚭)가 "부자성자여(夫子聖者與), 하기다
능야(何其多能也)."라고 물은 말 속에는 부정적으로 비꼬는 뜻이 있
다. 즉 "당신의 스승 공자는 참으로 성인일까? 성인이라면서 어찌
그렇게 이것저것 잡스런 일들을 잘할 수 있겠느냐?" 하는 투가 숨어
있다.

공자도 『논어』에서 '군자불기(君子不器)'라고 했다. 즉 군자는 원
리(原理)를 운용하는 지도자다. 이것저것 잡사를 처리하는 기능공,
직능공이 아니다. '그런데 자타가 성인이라고 인정하는 공자가 왜
그렇게 속된 잡일들을 잘할 수 있나?' 하고 의아하게 여긴 것이다.

이에 대해, 충실한 제자 자공은, 아무런 의심도 없이 "고천종지장
성(固天縱之將聖), 우다능야(又多能也)."라고 마냥 선생을 칭송했다.
그러나 본인인 공자는 달랐다. 도리어 "그자야말로 나를 바르게 아
는 사람이다."라고 말한 다음, 다시 '내가 어려서 미천했으므로 다

능다재하다."고 솔직하게 말하고, 또 "성인은 고사하고 군자도 다능
하거나 다재하지 않다."고 덧붙였다. 공자의 말 속에는 자신을 겸손
해하는 뜻과 아울러 어려서 미천해도, 학문과 덕행을 높이면 누구나
군자가 될 수 있다는 뜻이 함축되어 있다.

9-7

공자가 말했다. "내가 아는 것이 있겠는가? 아는 게 별로
없다. 그러나 비천하고 무식한 사람이라도 나에게 성실하
게 물어오면, 나는 아는 것을 모두 털어서 알려주고자 한
다."

[原文]

子ㅣ 曰 吾ㅣ 有>知乎哉아? 無>知也로라. 有Ⅲ鄙
자 왈 오 유 지호재 무 지야 유 비

夫ㅣ 問Ⅱ於我ㅣ호되 空空如也라도 我ㅣ 叩Ⅱ其兩端
부 문 어아 공 공 여야 아 고 기 양 단

ㅣ而竭焉하노라.
이 갈 언

[가사체 번역문]

공자께서 말하셨다

내가정말 아는것이 무엇하나 있겠는가 아는것이 별로없다

鄙淺하고 無識한者 그런사람 이나에게 성실하게 물어오면
비천   무식 자

내아는걸 모두털어 알려주려 하고있네

[註解] ○吾有知乎哉(오유지호재)—나에게 아는 것이 있겠는가? 호재(乎哉)는 의문 조사. ○無知也(무지야)—아는 것이 없다. ○鄙夫(비부)—비천하고 무식한 사람. ○問於我(문어아)—나에게 묻는다. ○空空如也(공공여야)—태도가 성실하고 겸허하다. 공(空) = 정성 공(悾). ○我叩其兩端(아고기양단)—양쪽 모든 것을 다 털다. 두드릴 고(叩). 양단(兩端)은 '양쪽 다'의 뜻. 본말(本末), 시종(始終), 상하(上下), 원근(遠近) 등을 포함한다는 뜻. ○竭(갈)—다하다.

[解說]

공자는 항상 겸손하게 자기는 별로 아는 것이 없다고 말했다. 다만 열심히 배우고 성실하게 익히고 행한다고 말했다. 모든 사람들을 분발시켜 배우게 하기 위해서다. 「술이편(述而篇)」에서는 "나는 천생으로 아는 사람이 아니다. 옛날 학문을 좋아하고 부지런히 배웠다〔我非生而知之者 好古敏以求之者〕."「7-19」라고 말했다. 여기서는 비천하고 무식한 사람이라도 성실한 태도로 배워 알려고 한다면, 나는 정성껏 가르쳐 주겠다고 말했다. 인간의 본성은 다 착하다. 그러므로 누구나 바르게 잘 배우면, 심성(心性)을 함양하고 인격을 높일 수 있다. 그러므로 나보다 많이 아는 사람에게는 내가 배우고, 나보다 못한 사람에게는 내가 가르쳐 주어야 한다.

9-8

공자가 한탄하며 말했다. "하늘에서 봉황새도 오지 않고, 황하에서는 도문도 나오지 않으니, 나도 그만이구나!"

[原文]

子ㅣ 曰 鳳鳥不>至하며 河不>出>圖하니 吾已矣
자 왈 봉조부 지   하불 출 도   오이의
夫인저!
부

[가사체 번역문]

공자께서 탄식하며 다음같이 말하셨다

하늘에서 鳳凰새가 내려오지 아니하고
　　　　봉황

黃河에서 龍馬무늬 나타나지 않는구나
황하　　용마

나로서는 聖王들의 太平盛世 그런세상 기대할수 없겠구나
　　　　성왕　　태평성세

[註解]
○鳳鳥不至(봉조부지)―하늘에서는 봉황새가 내려오지 않는다. 봉조(鳳鳥)는 봉황(鳳凰), 성군(聖君)이 덕치(德治)를 펴면 나타난다고 하는 상서로운 신조(神鳥). ○河不出圖(하불출도)―황하(黃河)에서는 하도(河圖)가 나타나지 않는다. 하도(河圖)는 성왕(聖王)이 나타나면 황하에서, 용마(龍馬)가 그 등에 신비한 도문(圖文)을 지고 나타난다고 한다. ○吾已矣夫(오이의부)―나도 그만이구나, 나도 이미 끝났구나. 이 이상 더 어찌할 도리가 없구나.

[解說]

『집주(集註)』에서 주자는 다음과 같이 주를 달았다. '봉황새는 영조(靈鳥)로, 순(舜)임금 때에 나타나서 춤을 추었고, 문왕(文王) 때에는 기산(岐山)에서 울었다. 하도(河圖)는 황하(黃河)에서 나온 용마(龍馬)의 등에 그려진 그림인데, 복희(伏羲) 때에 나타났다. 이들은 다성왕(聖王)의 출현을 알리는 상서로운 징조다.'

봉황새와 하도가 나오지 않는 것은 성왕(聖王)이 나오지 않는 징조다. 그러므로 공자가 "이미 다 끝났다!"고 한탄한 것이다. 성왕이 나와야 절대선(絶對善)인 천도(天道)를 따르는 '예악(禮樂)의 인정(仁政), 덕치(德治)'가 실현되고, 진정한 '평천하(平天下)'가 창건될 것이다. 그런데 성왕이 나타날 징조가 보이지 않으므로 공자가 크게 한탄한 것이다.

9-9

공자는 상복을 입은 사람을 보거나, 혹은 관복 차림을 한 사람이나 소경이 나타나면 상대가 연소자라도 반드시 일어나 예를 차리고, 또 그 앞을 지나갈 때에는 총총걸음으로 걸었다.

[原文]

子ㅣ 見Ⅲ齊衰者와 冕衣裳者와 與Ⅱ瞽者ㅣ하시고
자 견 자최자 면의상자 여 고자

見>之에 雖少나 必作하시며 過>之必趨러시다.
현 지　수 소　필 작　　　과 지 필 추

[가사체 번역문]

　공자님은 상복입은 사람들을 보시거나

　관복입은 사람이나 앞못보는 그런소경 나타나게 되는때는

　상대방이 연소해도 꼭반드시 일어나서

　그이에게 禮차리고 또그앞을 지나갈땐 총총걸음 하셨다네
　　　　　　예

[註解] ○子見(자견)－공자가 보다. ○齊衰者(자최자)－엄격히 말하면 자최(齊衰)는 어머니의 상복. 그러나 여기서는 부모의 상복을 입은 사람의 뜻이다. 참최(斬衰)는 아버지의 상복. ○冕衣裳者(면의상자)－관모(冠帽)를 쓰고 예복(禮服)이나 관복(官服)을 입은 사람. 면(冕)은 관(冠), 의(衣)는 상의(上衣), 상(裳)은 하의(下衣). ○瞽者(고자)－앞을 못보는 사람. 장님. ○見之(현지)－(자기 앞에) 나타난다, 혹은 우연히 만나다. ○雖少(수소)－비록 연소라도. ○必作(필작)－반드시 일어나 (예를 차린다는 뜻). ○過之(과지)－(공자가) 그들 앞을 지나갈 때는. ○趨(추)－총총걸음으로 지나가다.

[解說]

　공자가 높이는 인(仁)은 적극적으로는 남을 사랑하고 도와주는 것이고, 소극적으로는 남의 어려운 처지를 이해하고 동정하는 것이다. 인을 사회적인 행동 규범으로 나타낸 것이 예(禮)이다. 곧 예를 차린다는 것은 인을 사회적으로 실천함이다. 예는 모든 사람에게 적절하게 차리고 가려야 한다. 부귀를 누리는 세도가에게도 예를 차리되, 일반 서민이나 소경 같은 장애인(障礙人)에게도 적절하게 예를 차려야 한다. 특히 부모의 상을 당하고 거상(居喪)하는 사람에게는 경건한 태도로 대해야 한다. 공자는 몸소 실천했다.

9-10

안연이 감탄하며 말했다. "선생님은 우러러볼수록 더욱 높고, 뚫고 들어갈수록 더욱 굳다. 앞에 있는 듯이 보였다가 홀연히 뒤에 있는 듯하기도 하다. 선생님은 차근차근 사람을 유도하고 계발하신다. 학문으로써 나의 식견을 넓게 해 주시고, 예로써 나의 언행을 단속해 주신다. 그만두려 해도 그만둘 수 없으므로, 나도 모르게 나의 재능을 다해서 좇아 배우고 따라가려 한다. 그러나 선생님은 더욱 우뚝 높은 지표를 내세우시므로, 좇아가려고 해도 끝내 좇을 도리가 없다."

[原文]

顔淵이 喟然歎曰 仰>之彌高하며 鑽>之彌堅하며
안 연 위 연 탄 왈 앙 지 미 고   찬 지 미 견

瞻>之在前이러니 忽焉在>後로다. 夫子ㅣ 循循然善
첨 지 재 전   홀 언 재 후   부 자 순 순 연 선

誘>人하사 博>我以>文하시고 約>我以>禮하시니라.
유 인   박 아 이 문   약 아 이 례

欲>罷不>能하야 旣竭ⅱ吾才ㅣ하니 如>有>所>立이
욕 파 불 능   기 갈 오 재   여 유 소 립

卓爾라 雖>欲>從>之나 末>由也已로다.
탁 이 수 욕 종 지 말 유 야 이

[가사체 번역문]

　공자님의 제자顏淵 한탄하고 감탄하며 다음같이 말하였다
　　　　　　안 연
　우리우리 선생님은 우러러서 뵈올수록 더욱더욱 높으시며
　그속으로 들어가면 드갈수록 굳으시다
　바로앞에 계시는듯 그러다가 또홀연히
　바로뒤에 계시는듯 그러기도 하십니다
　선생님은 차근차근 사람들을 유도하고 계발하여 주십니다
　학문으로 나의식견 넓게넓게 해주시고
　예도로써 나의언행 단속하여 주십니다
　그만두려 하고파도 그만둘수 없습니다
　나의재능 기울여서 배우려고 해보아도
　선생님은 더욱앞에 우뚝높이 계십니다
　그리하여 내가다시 좇아가려 하고파도
　결국에는 그경지에 이를수가 없습니다

[註解] ○ 顏淵(안연)─공자가 가장 아끼던 수제자다. 「爲政篇 2-9」참고.
○ 喟然歎曰(위연탄왈)─위연(喟然)은 탄식하다, 크게 감동하다. 탄왈(歎曰)
은 감탄하며 말하다. ○ 仰之彌高(앙지미고)─우러러보면 볼수록 더욱 높
다. ○ 鑽之彌堅(찬지미견)─(안으로) 뚫고 들어가면 갈수록 더욱 굳다. ○ 瞻
之在前(첨지재전)─보면 앞에 있는 듯하다가. ○ 忽焉在後(홀언재후)─홀연
히 뒤에 있는 듯하다. ○ 循循然(순순연)─차근차근, 질서있게. ○ 善誘人(선
유인)─잘 가르치고 유도하고 계발한다. ○ 博我以文(박아이문)─학문으로

나의 학식이나 식견을 넓힌다. ○約我以禮(약아이례)-예로써 나의 언행을
단속한다. 약(約)은 단속하고 틀을 잡는다. 예(禮)는 예의범절. ○欲罷不能
(욕파불능)-(배우기를) 그만두려 해도, 그만둘 수 없다. ○旣竭吾才(기갈오
재)-(자기도 모르게) 미리 자기의 재능을 다해서. 이미 기(旣)는 여기서 자
기가 미리 서둘러의 뜻. 다할 갈(竭). ○如(여)-흡사 …와 같다. ○有所立
卓爾(유소립탁이)-선생님이 내세운 바 목표나 지표가 우뚝 높고 높다. 탁
이(卓爾)는 높다. ○雖欲從之(수욕종지)-비록 좇아가서 (그 목표에) 이르려
고 해도. ○末由也已(말유야이)-도저히 할 수가 없다. 말(末) = 무(無), 유(由)
는 좋은 방법, 방도.

[解說]

안연(顔淵)은 과묵(寡默)했다. 그래서 공자도 "내가 안연에게 하루
종일 말을 해도, 그는 반론을 제기하지 않는다. 흡사 어리석은 사람
같다〔吾與回言終日 不違如愚〕."「爲政篇 2-9」라고 말했다. 그러나
그가 입을 열고 공자의 인품과 학덕(學德)을 높인 이 말은 최고의 명
언이다. 공자에 대한 최고의 평가라 하겠다.

9-11

공자가 심하게 병을 앓자, 자로가 문인으로 하여금 공자의
가신이 되게 하고 (장례에 참석케 하고자 꾸몄다).
후에 병이 소강상태에 들어가자, 공자가 말했다. "그간 오
래도록 자로가 속여 왔구나! 가신 없는 나에게 가신이 있는
것처럼 꾸몄으니, 누구를 속이려는 것이냐? 하늘을 속이자는

것이냐? 또한 나는 가신들 앞에서 죽느니보다는 차라리 그대
들 앞에서 죽는 것이 좋을 것이다. 또 내가 비록 성대하게 장
례를 치르지 못한다 해도, 길에서 죽도록 그대들이 내버려 두
겠는가?"

[原文]

子ㅣ 疾病이어시늘 子路ㅣ 使Ⅱ門人으로 爲ㅣ>臣이
자 질 병   자로 사 문인   위 신

러니 病間曰 久矣哉라. 由之行>詐也여! 無>臣而
병간왈 구의재   유지행 사야   무 신이

爲>有>臣하니 吾誰欺오? 欺>天乎인저? 且予ㅣ 與Ⅲ
위 유 신   오수기   기 천호   차여 여

其死Ⅱ於臣之手ㅣ也론 無寧死Ⅱ於二三子之手ㅣ乎
기사 어신지수 야론 무녕사 어이삼자지수 호

아. 且予ㅣ 縱不>得Ⅱ大葬ㅣ이나 予ㅣ 死Ⅱ於道路ㅣ
차여 종부득 대장   여 사 어도로

乎아?
호

[가사체 번역문]

공자께서 병을앓자 子路그가 그門人을
              자로   문인
孔子家臣 인것처럼 孔子몰래 꾸몄었다
공자가신   공자
공자님의 病이조금 나아지고 회복되자 공자께서 말하셨다
         병
오래도록 子路그가 나를나를 속였구나
         자로
家臣없는 이사람을 家臣있는 사람처럼 몰래몰래 꾸몄으니
가신   가신

그 누구를 속이려고 그런 짓을 하였느냐 저 하늘을 속일거냐

또한 나는 여러 家臣 그 앞에서 죽기보다
_{가 신}

내차라리 그대들이 보는데서 죽는것이 더욱더욱 좋을게다

비록 나의 장례식을 盛大하게 치르지는 못한다고 하더라도
_{성 대}

한길에서 죽음맞게 그렇게야 하겠는가

[註解] ○子疾病(자질병)―병이 심하다, 위독하다. 질(疾)은 병을 앓다. 병(病)을 더욱 심하게 앓다. ○子路(자로)―공자의 수제자 중의 한 사람. 적극적인 행동파. 「爲政篇 2-17」참고. ○使門人爲臣(사문인위신)―문인들을 가신(家臣)으로 꾸미다. 문인은 문하생, 학생들. 옛날에는 제후(諸侯)만이 죽기 전에 가신을 두고 상례 준비를 할 수 있었다. 그러나 당시 대부(大夫)들도 예법을 어기고 가신을 두었다. 공자는 전에 노(魯)나라의 대부를 지냈다. 그러나 벼슬에서 물러났으므로 가신을 둘 수 없었다. 그런데도 의협(義俠)한 자로가 공자를 위해 가신을 꾸몄던 것이다. ○病間(병간)―병이 좋아지다. 약간 차도가 있게 되자. ○久矣哉(구의재)―오래되었다, 오랫동안. ○由之行詐也(유지행사야)―자로가 (오랫동안) 사기를 쳤구나. 유(由)는 자로의 이름. ○無臣而爲有臣(무신이위유신)―가신을 둘 수 없는 나에게 가신을 있게 했으니. ○吾誰欺(오수기)―내가 누구를 속이랴? ○欺天乎(기천호)―하늘을 속이랴? ○且(차)―또. ○與其死於臣之手也(여기사어신지수야)―가짜로 꾸민 가신들의 손에 죽느니보다는. 여기(與其)는 '…하느니보다는'. ○無寧(무녕)―'도리어 …하리라'. 이때의 무(無)는 아무 뜻이 없다. ○死於二三子之手乎(사어이삼자지수호)―자네들 몇 사람들 손에 죽는 것이 좋다. ○縱(종)―설사, 비록. ○不得大葬(부득대장)―성대한 장례를 지낼 수는 없어도. ○予死於道路乎(여사어도로호)―내가 길에서 죽기야 하겠느냐?

[解說]

　의협(義俠)한 자로(子路)는 스승의 권위와 체면을 세우고자 했다. 그러나 스승 공자는 예(禮)를 지키라고 깨우친다. 무도한 난세에 처한 그들의 서러운 생활의 한 토막이다.

9-12

　자공이 물었다. "여기 아름다운 옥이 있다면, 궤 안에 감춰 두시겠습니까? 혹은 좋은 값을 놓는 사람을 찾아 파시겠습니까?"

　공자가 말했다. "팔고말고, 팔고말고! 나는 값을 놓을 사람을 기다리고 있다."

[原文]

　子貢이 曰 有Ⅱ美玉於斯ㅣ하니 韞>匱而藏>諸잇
　자공　 왈 유 미옥어사　　　　온 독이장 저

가? 求Ⅱ善賈ㅣ而沽>諸잇가? 子ㅣ 曰 沽>之哉 沽>
　　구　선가 이고 저　　　 자　왈 고 지재 고

之哉나 我는 待>賈者也로라.
지재　아　대 가자야

[가사체 번역문]

　자공께서 공자님께 다음같이 여쭈었다

　아름다운 玉있다면 그런玉을 궤짝안에 꼭감추어 둘겁니까
　　　　　　옥　　　　　　　옥

좋은값을 쳐줄사람 그사람을 찾아가서 그런玉을 팔겁니까

공자께서 말하셨다

팔고말고 팔고말고 좋은값을 쳐줄사람

나는나는 그런사람 기다리고 있느니라

[註解] ○有美玉於斯(유미옥어사)─아름다운 옥이 여기 있으면. ○韞匵(온독)─온(韞)은 장(藏), 감추다. 독(匵)은 독(櫝), 궤. ○藏諸(장저)─그것을 저장하겠느냐? 저(諸) = 지호(之乎). ○求善賈(구선가)─구(求)는 구하다, 찾는다. 가(賈)는 값 가(價), 또는 장사 고(賈)로 읽고, 상인으로 풀 수도 있다. ○而沽諸(이고저)─혹은 그것을 팔겠느냐? 고(沽)는 팔다. ○沽之哉(고지재)─팔겠노라. ○待賈(대가)─살 사람을 기다린다, 좋은 값을 기다린다.

[解說]

　공자의 정치 참여를 암시한 말이다. 난세(亂世)에 나타나지 말고 숨으라고 말한 뜻은 악(惡)에 가담하지 말라는 뜻이다. 학문과 덕행을 겸비한 군자는 난세를 바로잡고, 인정(仁政)과 덕치(德治)를 펴서 만민을 잘 살게 하고 아울러 천하를 평화롭게 할 책임이 있다. 그러나 현실적으로 통치자들이 우매하거나 혹은 포악무도하기 때문에 선비들을 등용하지 않고 있는 것이다. 공자는 하루 빨리 현명한 임금이 나오기를 바라고 있었다.

9-13

공자가 동쪽 오랑캐 땅에 가서 살고자 했다. 이에 어떤 사

람이 "누추한 곳에 어떻게 살겠습니까?" 하고 말하자, 공자
가 말했다. "군자가 자리 잡고 살면 어찌 누추하겠소?"

[原文]

子ㅣ 欲>居ㅣㅣ九夷ㅣ러시니 或曰 陋케니 如ㅣㅣ之何ㅣ
　　자 욕 거 구 이　　　　　혹 왈 누　　　여 지 하

잇고? 子ㅣ 曰君子ㅣ 居>之면 何陋之有리오?
　　　자 　왈 군 자 　거 지 　하 루 지 유

[가사체 번역문]

공자께서 九夷땅에 살고싶어 하셨다네
　　　　　구 이

그러하자 어떤사람 다음같이 말하였다

陋醜한곳 그런땅에 그어떻게 사시겠소
누 추

이에대해 공자께서 다음같이 말하셨다

君子자신 그곳에서 살아가며 교화하면 어찌하여 陋醜하리
군 자　　　　　　　　　　　　　　　　　　　　누 추

[註解] ○子欲居(자욕거)—공자가 (동쪽 오랑캐 땅에 가서) 살고자 했다.
○九夷(구이)—동방의 오랑캐 나라. 황간(皇侃)은 '현토(玄兎)·낙랑(樂浪)·
고려(高麗)·만식(滿飾)·부경(鳧更)·삭가(索家)·동도(東屠)·왜인(倭人)·천
비(天鄙)'라고 주를 달았다. ○陋(누)—누추하다, 미개하고 비문화적이다.
○如之何(여지하)—어찌하겠느냐? 어떻게 사느냐? ○君子居之(군자거지)—
군자가 그곳에 가서 살면. ○何陋之有(하루지유)—왜 누추하겠느냐? (군자
의 감화를 받아서 문화적으로 발전하고 변하게 된다는 뜻).

「공야장편(公冶長篇)」에서 공자는 "도가 행하여지지 않으니, 뗏목을 타고 바다로 갈까 한다〔道不行 乘桴 浮于海〕."「5-6」라고 말했다. 이번에는 동방의 오랑캐 땅으로 가겠다고 말했다. 문화의 꽃이 피어나야 할 중화(中華), 즉 중하(中夏)가 타락하고 악덕이 횡행하는데 크게 실망하고 차라리 떠나고 싶다고 말한 것이다.

이에 어떤 사람이 "미개의 야만인들이 사는 땅에서 어떻게 살겠습니까?" 하고 걱정하자, 공자가 말했다. "군자가 가서 살면 교화되고, 문화도 발전하게 마련이다." 군자의 감화력(感化力)를 굳게 믿는 동시에, 정도(正道)를 찾지 못하는 중하(中夏)에 대한 불만을 터뜨린 것이다.

9-14

공자가 말했다. "내가 위나라에서 노나라로 돌아온 후에 음악이 바로잡혔고, 아(雅)와 송(頌)도 제자리를 얻었다."

[原文]

子ㅣ 曰吾ㅣ 自>衛反>魯 然後에 樂正하야 雅頌
자 왈오 자위반 노 연후 악정 아송
이 各得ⅱ其所ㅣ하니라.
각 득 기 소

【가사체 번역문】

공자께서 말하셨다

내가내가 衛나라서 魯나라로 돌아온뒤
　　　　　 위　　　 노

音樂들이 발라졌고 雅頌또한 바로됐네
음 악　　　　　　 아 송

【註解】 ○ 自衛反魯(자위반노)－위나라에서 노나라로 돌아오다. 공자가 14
년간의 편력(遍歷)을 마치고 돌아온 때는 애공(哀公) 11년(기원전 484년)이
다. 공자의 나이 68세 때다. 그 후 73세로 서거할 때까지, 약 5년간 강학(講
學)과 고전 정리 및 문물제도를 바로잡는 데 애를 썼다. 『시경(詩經)』도 그
중에 포함된다. ○ 然後(연후)－그런 다음에. ○ 樂正(악정)－음악을 바로잡
다. ○ 雅頌(아송)－아(雅)는 주(周)의 왕실(王室)이나 귀족들의 향연(饗宴)에
서 연주하던 악곡(樂曲), 송(頌)은 종묘에서 제사지낼 때의 무악(舞樂)이다.
○ 各得其所(각득기소)－모든 것이 저마다 바르게 되었다.

【解說】

노(魯)나라는 본래 주공(周公)을 시조로 모시는 나라로, 다른 나라
보다 주나라의 예악(禮樂)이나 문물제도의 전통이 잘 보전되어 있는
나라다. 그러나 오랜 세월이 지나고 또 춘추시대(春秋時代)의 혼란으
로 제모습을 크게 손상했다. 그러므로 공자가 말년에 제국(諸國) 유
력(游歷)을 마치고 돌아오자, 예악(禮樂) 및 고전(古典) 등을 정리하고
바로잡았다. 오늘날 전하는 『시경(詩經)』에 있는 305편의 시는 바로
공자가 정리한 것이다. 당시 공자는 3천여 편의 시들을 추려, 305편
으로 편집했다. 이를 공자의 산시설(刪詩說)이라고 한다. 시의 정리
에는 필연적으로 그 악곡(樂曲)과 무곡(舞曲)이 포함되었다.

9-15

공자가 말했다. "밖에 나가서는 공경을 섬기고, 집안에서는 부형을 섬기고, 상례를 정성을 다 기울여 치르며, 술로 인해 문란해지지 않는다. 이런 것들을 나는 쉽게 행할 수 있다."

[原文]

子ㅣ 曰 出則事Ⅱ公卿ㅣ하고 入則事Ⅱ父兄ㅣ하며
자 왈 출 즉 사 공 경   입 즉 사 부 형

喪事를 不Ⅱ敢不ㅣ>勉하며 不>爲Ⅱ酒困ㅣ이 何有Ⅱ
상 사 불 감 불   면   불 위 주 곤   하 유

於我ㅣ哉오.
어 아 재

[가사체 번역문]

공자께서 말하셨다

집나가서 벼슬할땐 公卿들을 잘섬기고
                 공경

집안으로 들어와선 父母兄弟 잘섬기고
                 부모형제

喪禮절차 그런일도 정성으로 잘치르며
상례

술때문에 문란하게 되는일은 하잖는다

이런것을 나는쉽게 할수있다 하겠노라

[註解] ○出(출)─밖에 나가다, 즉 출사(出仕)하다. ○事公卿(사공경)─사(事)는 섬기다. 공경(公卿)은 삼공(三公)과 구경(九卿). 조정의 고관들. ○入

(입)-집안에서는. ㅇ事父兄(사부형)-부모형제를 잘 섬긴다. 효제(孝悌)의
도를 다한다. ㅇ喪事(상사)-상례(喪禮)를 치르다. ㅇ不敢不勉(불감불면)-
면(勉)은 힘과 정성을 다하다, 즉 정성을 다하지 않을 수 없다. ㅇ不爲酒困
(불위주곤)-술 때문에 난잡하게 되지 않는다. ㅇ何有於我哉(하유어아재)-
나에게는 아무것도 아니다. 쉽게 행할 수 있다.

9-16

공자가 냇가에서 말했다. "가는 것들이 흐르는 물과 같구
나! 밤낮없이 쉬지 않는구나!"

[原文]

子ㅣ 在ⅱ川上ⅰ曰 逝者ㅣ 如>斯夫인저! 不>舍ⅱ
자 재 천 상 왈 서 자 여 사 부 불 사

晝夜ⅰ로다!
주 야

[가사체 번역문]

공자께서 냇가에서 다음같이 말하셨다
가는것이 이와같다 밤낮없이 쉬지않고 흘러흘러 가는구나

[註解] ㅇ子在川上曰(자재천상왈)-공자가 냇가에서 흐르는 물을 보고 말
했다. 천상(川上)의 상(上)은 부근. ㅇ逝者(서자)-가는 것들. ㅇ如斯夫(여사
부)-이 물과 같구나! ㅇ不舍晝夜(불사주야)-사(舍)는 쉬다, 밤낮을 가리지

않고 흐르고 지나가다. 만물은 다 왔다가 간다.

9-17

공자가 말했다. "덕 좋아하기를 여자 좋아하듯이 하는 사람을 나는 아직 보지 못했다."

[原文]

子ㅣ 曰 吾未>見Ⅱ好>德이 如好>色者ㅣ也케라.
자 왈 오 미 견 호 덕 여 호 색 자 야

[가사체 번역문]

공자께서 말하셨다
덕을좋아 하는것을 여자좋아 하는듯이
그러하게 하는사람 나는아직 본적없다

[註解] ○吾未見(오미견)—나는 아직 보지 못했다. ○好德(호덕)—덕을 좋아하기를. ○如好色者(여호색자)—여자 좋아하듯 하는 사람.

[解說]

당시의 임금들이나 경대부(卿大夫)들은 성도덕면에서 극도로 타락했었다.

9-18

공자가 말했다. “학문을 비유컨대, 산을 쌓아올림과 같다. 흙 한 삼태기가 모자라는데 그만두었다 하면 그것은 내가 그만둔 것이다. 또 비유컨대, 땅을 평탄하게 고르는 데 있어 흙 한 삼태기를 덮어도 진척하거늘, 그것도 내가 하는 것이다.”

[原文]

子ㅣ 曰 譬如>爲>山에 未>成一簣하야 止도 吾止也며 譬如Ⅱ平地Ⅰ에 雖覆Ⅱ一簣Ⅰ나 進도 吾往也니라.

(자 왈 비여 위 산 미 성 일 궤 지 오 지 야 비 여 평 지 수 부 일 궤 진 오 왕 야)

[가사체 번역문]

공자께서 말하셨다
비유하면 山(산)만들때 한삼태기 흙모자라
그만두는 그런것도 내가그만 두는게다
비유하면 평평하게 땅고를때 한삼태기
흙을덮는 그런일도 내나서서 하는게다

[註解] ㅇ譬如爲山(비여위산)－산을 만드는 것에 학문을 비유한다. ㅇ未成一簣(미성일궤)－한 삼태기 흙이 모자라서 산이 완성되지 못했다. 삼태기

궤(簣). ○止(지)─(산 만들기를) 중지한다. ○吾止也(오지야)─자신이 그만둔 것이다. ○譬如平地(비여평지)─땅을 평탄하게 고르는 일에 비유한다. ○雖覆一簣(수부일궤)─비록 한 삼태기 흙을 덮어도. ○進(진)─일이 진척된다. ○吾往也(오왕야)─자신이 나서서 일을 한 것이다. 학문을 하고 안하고는 나 자신의 책임이라는 뜻이다.

9-19

공자가 말했다. "말해준 것을 게으르지 않고 행한 사람은 회(回)일 것이다."

[原文]

子ㅣ 曰 語>之而不>惰者는 其回也與인여.
자　 왈　어　지　이　불　　타　자　　기　회　야　여

[가사체 번역문]

　　공자께서 말하셨다
　　내가말해 준것들을 게으름을 안피우고
　　내말대로 행한사람 오직 顔回 그뿐이네
　　　　　　　　　　　안 회

[註解] ○語之(어지)─말해주다. 지(之)는 말해주는 대상을 표시하는 형식목적어. ○不惰(불타)─게을리하지 않고 행한다. ○其回也與(기회야여)─그런 사람은 안회(顔回)일 것이다.

공자가 안회를 평하여 말했다. "아깝구나! (그가 죽다니!)
나는 그가 앞으로 나가는 것만 보았지, 그 자리에 머무는 것
을 보지 못했다."

[原文]

子ㅣ 謂ⅱ顔淵ㅣ曰 惜乎라! 吾見ⅱ其進ㅣ也오 未
　　자　위　안연　왈　석호　　　오견　기진　야　　미
>見ⅱ其止ㅣ也호라.
　견　　기지　야

[가사체 번역문]

공자께서 제자顔回 평하여서 말하셨다
　　　　　　안회
아깝구나 죽었다니 나는그가 나아가는 그런것만 보아왔지
한자리에 머물러서 가만있는 그런것은 아직까지 본적없다

[註解] ○子謂顔淵曰(자위안연왈)—공자가 죽은 안연을 회상하고 평가하
며 말했다. ○惜乎(석호)—아깝게도 그가 죽었구나! ○吾見(오견)—나는 보
았다. ○其進也(기진야)—그는 학문이나 덕행에 있어, 언제나 앞으로 나아
가기만 했다. ○未見(미견)—본 일이 없다. 보지 못했다. ○其止也(기지
야)—중지하거나 멈추어 서있는 것을 (보지 못했다).

[解說]

　죽은 다음에 비평한 말이다. 그래서 '안연(顔淵)'이라고 성과 이

름을 함께 적었다. 공자가 안연을 칭찬한 말은 여러 곳에 보인다.

9-21

공자가 말했다. "싹은 났으나 꽃을 피우지 못하는 것도 있으며, 꽃은 피었지만 열매를 맺지 못하는 것도 있을 것이다."

[原文]

子ㅣ曰苗而不>秀者ㅣ有矣夫며 秀而不>實者ㅣ
자 왈묘이불 수자 유의부 수이부 실자

有矣夫인저.
유 의 부

[가사체 번역문]

공자께서 말하셨다
싹만나고 꽃못피는 그런것도 있느니라
꽃은겨우 피웠지만 그의열매 맺질못한 그런것도 있느니라

[註解] ○苗(묘)—싹이 나다. 학문 공부에 비유한 말. ○不秀者(불수자)—꽃을 피지 못한다. ○有矣夫(유의부)—있을 것이다. ○秀而不實者(수이불실자)—꽃은 피지만 열매를 맺지 못하는 것.

글을 배우기 시작하고 사물의 도리를 아는 것을 '싹이 돋아 난다.'고 비유했다. 박학다식한 경지가 곧 꽃이 피어난 경지다. 학문이 덕으로 화하고 남에게 인덕(仁德)을 베푸는 것이, 곧 열매를 맺는 경지이다.

9-22

공자가 말했다. "젊은 후배들을 두려워해야 한다. 장래의 그들이 오늘의 우리만 못할 거라고 어찌 알겠는가? (우리보다 더 잘할 것이다.) 그러나 후배라도 40, 50이 되었건만 이름이 알려지지 않으면, 역시 두려운 존재가 못된다."

[原文]

子ㅣ 曰 後生이 可>畏니 焉知ⅱ來者之不ㅣ>如>
자   왈 후생   가 외   언지 내자지불   여

今也리오? 四十 五十 而無>聞焉이면 斯亦不>足>
금 야   사십 오십 이무 문언   사역부 족

畏也已니라.
외 야 이

[가사체 번역문]

공자께서 말하셨다

後生들을 두려웁게 여기어야 하느니라
후생

미래앞을 살사람들 오늘사는 우리보다

더잘할수 없으리라 그어떻게 말하리오

오늘사는 우리보다 더잘할수 있겠지만

미래앞을 살사람들 사오십歲 되어서도 學德소문 안나면은
　　　　　　　　　　　　세　　　　　　학 덕

그者또한 두려워할 그런存在 못되니라
　자　　　　　　　　　존 재

[註解] ○後生可畏(후생가외)－후생(後生)은 뒤에 태어난 후배, 젊은 학자들. 가외(可畏)는 두려울 만하다. 학문적으로 더 발전할 것이니, 경외(敬畏)할만하다. ○焉知(언지)－어찌 알겠는가? 어찌 …라고 말하랴? ○來者之不如今也(내자지불여금야)－후배 학자들이 오늘의 우리만 못하다. ○四十五十(사십오십)－나이 40이나 50세가 되어도. 장년기로 사회의 지도층이다. ○無聞焉(무문언)－학문과 덕행으로 세상에 이름을 내지 못하면. ○斯亦不足畏也已(사역부족외야이)－그 또한 두려워할 바 못된다.

[解說]

공자 사상의 저변에는 인류의 역사와 문화가 시대와 더불어 더욱 발전한다는 '역사적 발전관(發展觀)'이 깊이 흐르고 있다. 아울러 공자는 역사와 문화 발전을 담당할 후배 학자들의 학문과 덕행도 더욱 향상되고 발전한다고 믿었다. 그러므로 '후생가외(後生可畏)'라고 말한 것이다. 그러나 후생(後生)들이 공부를 안 하면 아무 소용이 없다. 후배 학자들이 선배가 이룩하고 물려준 학문이나 문화유산을 열심히 학습하고, 그 위에 새로운 창조(創造)를 가해야 한다. 이를 공자는 '온고지신(溫故知新)'이라고 했다.

군자(君子)는 학문과 덕행을 겸비하고, 절대선(絕對善)의 도(道)를

따라 사회를 개혁하고, 인정(仁政)과 덕치(德治)의 구현(具現)을 위해
사회적으로 활동하고 작용해야 한다. 「헌문편(憲問篇)」에서 '덕 있
는 사람은 반드시 말이 있다〔有德者必有言〕.' 「14-5」라고 했다. 군
자나 인자(仁者) 같은 휴머니스트는 적극적으로 사회악(社會惡)을 고
발하고 아울러 정도(正道)를 만인에게 알려주어야 한다. 유교의 학
문정신은 적극적인 현실참여이다. 단, 악덕에 붙어먹는 것을 절대로
배척했다. 그러므로 군자나 지식인은 철저하게 악덕을 배척하고 적
극적으로 정도를 높여야 한다. 그러면 반드시 사회적으로 이름을 내
게 될 것이다. 이름이 안 나는 것은 무능하기 때문이다.

9-23

 공자가 말했다. "법도에 맞는 말을 따르지 않을 수 있겠느
냐? 그러나 그 말을 따라 잘못을 고치는 것이 더욱 귀중하다.
부드럽게 타이르는 말이 듣기에 즐겁지 않겠느냐? 그러나 그
말의 참뜻을 찾아내는 것이 더욱 귀중하다. 즐거워만 하고 참
뜻을 알지 못하거나 따르기만 하고 고치지 않는다면, 나로서
도 어찌할 도리가 없느니라."

[原文]

子ㅣ曰 法語之言은 能無>從乎아? 改>之爲>貴니
　자　왈　법어지언　　능무　종호　　　개　지위　귀
라. 巽與之言은 能無>說乎아? 繹>之爲>貴니라. 說
　손여지언　　능무　열호　　　역　지위　귀　　　열

而不>繹하며 從而不>改면 吾末Ⅱ如>之何Ⅰ也已矣
이 불 역　　종 이 불 개　　오 말 여 지 하 야 이 의
니라.

[가사체 번역문]

공자께서 말하셨다
올바르게 훈계하는 그러한말 따르지를 않을수가 있겠느냐
그러하나 그말따라 잘못된일 고치는게 더욱더욱 귀중하지
부드럽게 타이르는 그러한말 듣기에도 즐겁지가 않겠느냐
그러하나 그말참뜻 찾아내는 그런것이 더욱더욱 귀중하다
즐거워만 하고서는 참뜻알지 못하거나
따르기만 하고서는 고치지를 않는다면
그런사람 나로서는 어쩔도리 없느니라

[註解] ○法語之言(법어지언)─법어(法語)를 '바르게 타이르다'의 뜻으로 푼다. 즉 법도에 맞게 하라고 타이르는 말. ○能無從乎(능무종호)─따르지 않을 수 있느냐? ○改之爲貴(개지위귀)─잘못을 고치는 것이 더 귀중하다. ○巽與之言(손여지언)─부드럽게 타이르는 말. 유순할 손(巽). ○能無說乎 (능무열호)─기뻐하지 않을 수 있겠느냐? ○繹之爲貴(역지위귀)─속에 있는 뜻을 찾아서 아는 것이 더욱 귀중하다. 풀어낼 역(繹). ○說而不繹(열이불역)─(부드럽게 타이르는 말을 듣고) 기뻐하기만 하고 참뜻을 알지 못하면. ○從而不改(종이불개)─바른 말을 듣고 따르기만 하고 잘못을 고치지 않는다면. ○吾末如之何也已矣(오말여지하야이의)─말(末) = 무(無)와 같다. 여지하(如之何)는 어찌 하다, 야이의(也已矣)는 다 어조사.

　직설적인 충고를 들으면 잘못을 고치고, '간접적인 권고'를 들으면 진의를 파악하고 자기의 덕을 높여야 한다.

9-24

　공자가 말했다. "충성하고 신의를 지켜라. 나보다 못한 사람을 벗으로 삼지 마라. 잘못이 있으면 꺼리지 말고 고쳐라."

[原文]

子ㅣ 日 主Ⅱ忠信ㅣ하며 毋>友Ⅱ不>如>己者ㅣ오.
자 왈 주 충 신　　무 우 불 여 기 자

過則勿>憚>改니라.
과 즉 물 탄 개

[가사체 번역문]

　공자께서 말하셨다

　忠誠함과 信義로움 이것들을 잘지켜라
　충 성　　신 의

　나보다도 못한사람 내벗으로 삼지마라

　잘못한게 있으면은 꺼림없이 고치거라

[註解] ○主(주)―주자(朱子)는 위주(爲主)로 보고 하라로 풀었다. ○忠
(충)―충성. 자기의 최선을 다한다는 뜻. 악덕한 임금에게 굴종(屈從)하는

것이 충이 아니다. ㅇ信(신)—신의(信義)를 지키다. 도(道)에 맞는 말을 하고 말한 것을 실천함. ㅇ毋友(무우)—벗으로 삼지 마라. ㅇ不如己者(불여기자)—학문이나 덕행이 나보다 월등하게 모자라는 사람. ㅇ過(과)—과실. 허물이 있으면. ㅇ勿憚改(물탄개)—고치는 데 꺼리지 마라. 꺼리지 말고 바로 고쳐라.

[解說]

벗은 서로 인덕(仁德)을 높여야 한다. 못한 사람은 가르쳐 준다.

9-25

공자가 말했다. "삼군의 총사령관을 빼앗을 수는 있으나 필부의 뜻을 빼앗을 수는 없다."

[原文]

子ㅣ 曰 三軍은 可>奪帥也어니와 匹夫는 不>可>
자 왈 삼군 가 탈수야 필부 불 가

奪>志也니라.
탈 지 야

[가사체 번역문]

공자께서 말하셨다

三軍大軍 總司令도 뺏을수가 있느니라
삼군대군 총사령

그러하나 匹夫뜻은 빼앗을수 없느니라
필부

【註解】 ○ 三軍(삼군)―제후(諸侯)의 나라의 대군. ○ 可奪帥也(가탈수야)―
대장, 총사령관을 빼앗을 수 있다. 장수 수(帥). ○ 匹夫(필부)―신분이 낮은
사나이. ○ 志(지)―뜻이나 마음을 (뺏을 수 없다).

9-26

　공자가 말했다. "다 떨어진 솜옷을 입고, 여우나 담비 털옷
을 입은 사람과 함께 서있어도 부끄러워하지 않는 사람은 자
로(子路)일 것이다."

　자로가 『시경』에 있는 '해치지도 않고 탐내지도 않으니,
어찌 좋지 않겠는가?'라는 구절을 종신토록 외우고자 하
자, 공자가 말했다. "그러한 도리만으로 어찌 선하다고 하
랴?"

[原文]

子ㅣ曰 衣ㅠ敝縕袍ㅣ하야 與下衣ㅠ狐貉ㅣ者上로
　자　왈　의　폐온포　　　여　의　호학　자
立而不>恥者는 其由也與인저. 不>忮不>求면 何用
입이불　치자　　기유야여　　　불기불구　하용
不>臧이리오? 子路ㅣ終>身誦>之한대 子ㅣ曰 是道
부장　　　　자로　종신송지　　　자　왈　시도
也ㅣ何足ㅠ以臧ㅣ이리오?
야　하족　이장

[가사체 번역문]

공자께서 말하셨다

다떨어진 솜옷입고 여우담비 털옷입은

그사람과 함께서서 부끄럽게 여기잖는

그런사람 바로子路 그사람일 것이로다
　　　　　　자로

詩經속에 들어있는 많고많은 句節중에
시경　　　　　　　　　　　　구절

해치지도 아니하고 탐내지도 아니하니

어찌좋지 않겠는가 바로바로 이句節을
　　　　　　　　　　　　　구절

子路께서 終身토록 외우고자 하였는데
자로　　종신

공자께서 말하셨다

이道理만 가지고는 착한사람 되는데는 부족하지 않겠는가
도리

[註解] ○衣敝縕袍(의폐온포)—의(衣)는 입는다, 폐(敝)는 해질 폐(弊), 온(縕)은 수삼, 포(袍)는 두루마기 같은 외의(外衣). ○與(여)—…와 함께. ○衣狐貉者(의호학자)—여우나 담비 털옷을 입은 사람. 의(衣)는 입다, 여우 호(狐), 담비 학(貉). ○立(입)—(함께 어울려) 서있다. ○而不恥者(이불치자)—그래도 부끄럽게 여기지 않는 사람. ○其由也與(기유야여)—그는 자로(子路)일 것이다. 자로의 이름이 유(由). ○不忮不求(불기불구)—해치지도 않고, 욕심스럽게 구하지도 않는다. 기(忮)는 해치다, 구(求)는 탐욕을 부린다. ○何用不臧(하용부장)—어찌 좋지 않으랴? 용(用)＝위(爲), 장(臧)은 착하다. '불기불구(不忮不求) 하용부장(何用不臧)'은 『시경(詩經)』「패풍(邶風) 웅치편(雄雉篇)」의 구절. ○子路終身誦之(자로종신송지)—자로가 종신 그 구절을 외우고자 했다. ○是道也(시도야)—그 정도의 도(道)를. ○何足以臧(하족이장)—어찌 선하다고 하랴? 부족하다는 뜻.

가난해도 의연한 자로에게 더욱 정진하라고 말한 것이다.

9-27

공자가 말했다. "겨울의 날씨가 추운 다음에, 비로소 소나무나 잣나무가 늦게 시드는 것을 알 수 있다."

[原文]

子ㅣ曰 歲寒然後에 知ㅐ松柏之後ㅣ>彫也니라.
자　왈　세한연후　　지　송백지후　　조야

[가사체 번역문]

공자께서 말하셨다
겨울되어 날씨추운 그런뒤에 바야흐로
소나무나 잣나무가 다른여러 나무보다
훨씬늦게 시드는걸 알수있는 것이니라

[註解] ○歲寒(세한)―그 해의 날씨가 몹시 춥다. ○然後(연후)―그런 다음에. ○知(지)―(비로소) 알 수 있다. ○松柏之後彫也(송백지후조야)―소나무나 잣나무가 늦게 시든다는 것을 (안다). 소나무 송(松), 잣나무 백(柏), 조(彫) = 시들 조(凋).

난세(亂世)에 참다운 충신을 알 수 있다는 비유이기도 하다.

9-28

공자가 말했다. "지혜로운 사람은 미혹되지 않고, 인애로운 사람은 걱정하지 않고, 용감한 사람은 두려워하지 않는다."

[原文]

子ㅣ 曰 知者는 不>惑하고 仁者는 不>憂하고 勇
자　왈　지자　　불　혹　　　인자　　불　우　　　용

者는 不>懼니라.
자　　불　구

[가사체 번역문]

공자께서 말하셨다
지혜로운 사람들은 미혹되지 아니하고
仁愛로운 사람들은 걱정하지 아니하고
　　인 애
용기있는 사람들은 두려하지 않느니라

[註解] ㅇ知者不惑(지자불혹)－도(道)를 터득하고 지혜로운 사람은 미혹되지 않는다. ㅇ仁者不憂(인자불우)－어질고 인덕을 갖춘 사람은 걱정하지 않는다. ㅇ勇者不懼(용자불구)－정의를 용감하게 실천하는 사람은 두려워하

지 않는다.

　'지(知)·인(仁)·용(勇)' 세 가지는 군자의 삼달덕(三達德)이다. 절대선(絶對善)인 천도(天道), 즉 우주의 이법을 깨닫고 실천하는 사람이 지자(知者)다. 만민 만물을 사랑하고 덕을 베푸는 사람이 인자(仁者)다. 정의를 위해 용감하게 실천하는 사람이 용자(勇者)다. 이 셋을 합한 사람이 군자다. 그러므로 군자는 '불혹(不惑), 불우(不憂), 불구(不懼)' 한다.

9-29

　공자가 말했다. "함께 배울 수는 있어도 같이 도를 지켜 갈 수는 없으며, 함께 도를 지켜 간다 해도 같은 입장이나 위치에 나설 수는 없으며, 함께 나선다 해도 같이 권형을 맞출 수는 없다."

[原文]

　子ㅣ 曰 可Ⅱ與共學ㅣ이오도　未＞可Ⅱ與適ㅣ＞道며
　　자　왈　가　여공학　　　　미　가　여적　도

可Ⅱ與ㅣ＞適道오도　未＞可Ⅱ與立ㅣ이며　可Ⅱ與立ㅣ이
가　여　적도　　　미　가　여립　　　가　여립

오도　未＞可Ⅱ與權ㅣ이니라.
　　미　가　여권

[가사체 번역문]

공자께서 말하셨다

그사람과 함께 道_도를 배울수는 있다해도

그사람과 함께 道_도를 따라갈순 없느니라

그사람과 함께 道_도를 따라갈수 있다해도

그사람과 함께 道_도를 내세울순 없느니라

그사람과 함께 道_도를 내세울수 있다해도

그사람과 함께 道_도를 떠나일에 알맞도록 行_행할수는 없느니라

[註解] ㅇ可與共學(가여공학)―함께 같이 배울 수는 있어도. ㅇ未可(미가)―…할 수는 없다. ㅇ與適道(여적도)―같이 도를 따라 나가다. ㅇ可與立(가여립)―사회에 나가 서다. 혹은 입장이나 위치를 같이하다. ㅇ權(권)―(일 처리에 있어) 권형(權衡)을 맞추다. 즉 각자의 재량으로 임시변통하다.

[解說]

글을 배우는 목적과 과정은 크게 3단계로 나눌 수 있다. 우선 절대선(絶對善)의 도(道)를 깨닫고 실천하여 인격을 완성해야 한다. 그 다음에는 사회나 국가에 나아가 좋은 일꾼이 되어야 한다. 그리고 자기가 맡은 직책이나 일을 잘 처리해야 한다.

그러므로 비록 함께 글을 배웠다 해도 사람마다 입장이나 처지가 다르고, 또 일처리에 있어서도 주어진 주변 여건이 다르게 마련이다. 그러므로 권형(權衡)을 맞추어 적절하게 성취해야 한다. 특히 국가를 다스리고 백성을 잘 살게 해주는 정치에는 여러 가지 변수가

따르게 마련이다.

그러므로 고지식하게 원리원칙만을 고집하면 안 된다. 장소와 때에 따라 임시변통으로 적절하게 처리해야 한다. 그렇다고 대도(大道)를 이탈하거나 무자비한 무력을 휘두르면 안 된다. 어디까지나 인정(仁政)과 덕치(德治)를 지향해야 한다.

9-30

'당체꽃이 펄럭이는데, 어찌 임 생각 안 하리요마는, 너무나 멀구나!' (이 시를 두고) 공자가 말했다. "진정으로 생각함이 아닌 것이다. (진정으로 생각한다면) 어찌 멀고 말고가 있겠느냐?"

[原文]

唐棣之華여 偏其反而로다 豈不Ⅱ爾思Ⅰ리오마는
당 체 지 화   편 기 반 이   기 불   이 사

室是遠而니라! 子ㅣ 曰 未Ⅱ之思Ⅰ也언정 夫何遠
실 시 원 이   자 왈 미 지 사 야   부 하 원

之有리오?
지 유

[가사체 번역문]

당체꽃이 펄럭이니 어찌하여 임생각을 하지아니 하겠는가

하지만은 그대집이 너무멀리 있네그려

이에대해 공자께서 다음같이 말하셨다
진정으로 생각함이 아니고도 아니로다
진정생각 한다면은 어찌멀다 하겠느냐

[註解] ○唐棣之華(당체지화)─당체의 꽃이여! 당체(唐棣)는 아가위나무.
○偏其反而(편기반이)─꽃잎이 펄럭펄럭 날리는 품. 치우칠 편(偏), 반(反) =
뒤칠 번(飜). ○豈不爾思(기불이사)─어찌 그대를 생각하지 않겠느냐? ○室
是遠而(실시원이)─그대의 집이 너무 멀다. ○未之思也(미지사야)─(진정으
로) 생각하지 않는 것이다. ○夫何遠之有(부하원지유)─(진정으로 생각한다
면) 어찌 멀다고 하겠느냐?

[解說]

　공자의 파격적인 말이다. 상대를 사랑하고 그리워하는 남녀의 사
랑 노래의 아름다운 시구를 가지고 정성과 행동의 일관성을 깨우치
고자 했다. 참다운 정성이 있으면 멀다는 핑계를 대지 않을 것이다.
『시경』에는 '당체지화(唐棣之華)여! 편기반이(偏其反而)로다. 기불이
사(豈不爾思)리요마는 실시원이(室是遠而)니라.' 라는 구절이 보이지
않는다.

　공자는 「술이편(述而篇)」에서 다음과 같이 말했다. "인을 멀다고
하겠느냐? 내가 인을 원하면, 인은 바로 이른다〔仁遠乎哉 我欲仁 斯
仁至矣〕." 「7-29」.

제10편 「향당편(鄕黨篇)」은 『논어』 중에서도 특수한 편이다. 주로 공자의
일상생활에 관한 여러 가지 사항을 자세히 기술했다. 즉 공(公)과 사(私)에 걸
쳐 예(禮)와 악(樂)을 실천한 공자의 성실하고 근엄한 생활의 여러 면모를 문인
들이 적은 기록들을 추린 것이다. 이러한 기록 속에서 공자가 예악(禮樂)을 어
떻게 해석하고 행동화했는가도 알 수 있다. 『고주(古注)』는 25장, 『신주(新注)』
는 17장으로 분류했다. 이 책에서는 『신주』를 따랐다.

10-1

공자는 향당에서는 누구에게나 공손하고 성실했으며, 말도 잘 하지 못하는 사람 같았다. 그러나 종묘나 조정에서는 명석하게 말을 잘하되 지극히 신중했다.

[原文]

孔子ㅣ 於ㅐ鄕黨ㅣ에 恂恂如也하사 似ㅐ不>能>言
공자   어 향당   순순여야   사 불 능 언

者ㅣ러시다. 其在ㅐ宗廟朝廷ㅣ하사는 便便言하사대
자   기재 종묘조정   편편언

唯謹爾러시다.
유 근 이

[가사체 번역문]

공자께서 향당에서 사람들을 대할때는
누구에나 공손하고 성실하게 하시었다
말을할땐 과묵했고 종묘에나 조정에선
명석하게 말을하고 지극히도 신중했다

[註解] ○孔子於鄕黨(공자어향당)—공자가 향당(鄕黨)에 있어서는. 향당은 향리나 마을, 주대(周代)의 지방구역(地方區域)의 제도로 5백 호를 당(黨), 25당, 즉 12,500호를 향(鄕)이라 했다. ○恂恂如也(순순여야)—겸손하고 성실하고 온순했다. 순(恂)은 정성, 여(如)는 같다로서 …와 같은 태도를 취했다. ○似不能言者(사불능언자)—흡사 말을 잘 못하는 사람 같았다. ○其在

宗廟朝廷(기재종묘조정)—그가 종묘나 조정에 있을 때에는. ○便便言(편편언)—또박또박 명석하게 말을 한다. ○唯謹爾(유근이)—유(唯)는 지극히, 근(謹)은 근엄하고 성실하다, 이(爾)는 어조사로 연(然)과 같다.

10-2

조정에서 하대부와 말할 때에는 강직한 태도로 했고, 상대부에게 간쟁할 때에는 화락(和樂)한 태도로 했다.

임금 앞에서는 지극히 공경하는 태도와 아울러 엄하게 위의(威儀)를 차렸다.

[原文]

朝에 與‖下大夫ㅣ言에 侃侃如也하시며 與‖上大
조 여 하대부 언 간간여야   여 상대

夫ㅣ言에 誾誾如也러시다. 君在어시든 踧踖如也하
부 언 은은여야   군재   축적여야

시며 與與如也러시다.
여여여야

[가사체 번역문]

공자께서 조정에서 하대부와 말할때는

강직하신 태도로써 그들에게 말하셨고

상대부에 諫할때는 和樂하신 태도로써 분명하게 말하셨다
       간   화락

나라임금 앞에서는 지극하게 공경하는

그러하신 태도에다 엄한威儀 차리셨다
위 의

[註解] ○朝(조)―조정에서. ○與下大夫言(여하대부언)―하대부와 말할 때
에는, 고대의 신분 계층은 '제후(諸侯)·경(卿)·대부(大夫)·사(士)'로 나누
었다. 경을 상대부(上大夫), 대부를 하대부(下大夫)라고도 했다. ○侃侃如也
(간간여야)―주자(朱子)는 강직(剛直)으로 풀었다. 강직할 간(侃). ○與上大夫
言(여상대부언)―상급자인 경(卿)에게 말한다. 즉 간쟁(諫諍)을 한다는 뜻.
○誾誾如也(은은여야)―온화하고 즐거운 태도로. 온화할 은(誾). ○君在(군
재)―임금이 계시면, 임금 면전에서는. ○踧踖如也(축적여야)―신중하고 공
손한 태도. 삼갈 축(踧), 공손할 적(踖). ○與與如也(여여여야)―엄숙하게 위
의(威儀)를 차렸다.

[解說]
　고대에는 여러 신하들은 해 뜨기 전에 조정에 들어갔고, 해가 뜨
면서 군왕(君王)이 나와 조회(朝會)를 했다. 한때 공자도 대부가 되어
조회에 참석했으며, 조회 전에 다른 대부 및 경들과 정사에 관한 말
을 나누었을 것이다. 그리고 임금 면전에서는 지극히 신중하고 엄숙
하게 위의(威儀)를 차렸을 것이다.

10-3

　임금이 불러 내빈을 접대하라고 하면, 엄숙한 낯빛으로 발
걸음을 빨리하였다.
　함께 서있는 여러 내빈에게 읍할 때에는, 손을 좌우로 돌려

읍했다. 그때에도 옷의 앞뒷자락이 가지런히 출렁일 뿐이었다.

빨리 종종걸음으로 나아갈 때의 자세가 단정했다.

내빈이 물러가면, 반드시 (임금에게) '손님은 뒤돌아보지 않고 잘 갔습니다.' 하고 복명해 올렸다.

[原文]

君이 召使>擯이어시든 色勃如也하시며 足躩如也
군   소 사 빈   색 발 여 야   족 곽 여 야
러시다. 揖>所Ⅱ與立Ⅰ하사대 左Ⅱ右手ⅠⅠ러시니 衣
       읍 소 여 립   좌 우 수   의
前後Ⅰ襜如也러시다. 趨에 翼如也러시다 賓退어든
전 후 첨 여 야   추   익 여 야   빈 퇴
必復命曰 賓不>顧矣라 하더시다.
필 복 명 왈 빈 불 고 의

[가사체 번역문]

임금님이 부르시고 來賓들을 접대하라 이런命을 내리면은
                  내 빈   명
엄숙하신 낯빛으로 발걸음을 빨리했다

동쪽서쪽 서계시는 내빈들께 揖할때는
                          읍
마주잡은 손의向方 돌려가며 揖하셨다
        향 방   읍
이때에도 옷자락이 가지런히 앞과뒤로 가벼웁게 출렁였다

종종걸음 하시면서 빨리나아 갈때에는 그자세가 단정했다

내빈들이 물러가면 꼭반드시 임금에게

손님들이 떠날때에 흡족하고 안심해서

뒤를돌아 보지않고 잘갔다고 복명했다

[註解] ○君召使擯(군소사빈)—임금이 불러, 외국에서 온 손님을 접대하게 한다. ○色勃如也(색발여야)—색(色)은 표정과 안색, 발여(勃如)는 긴장하고 엄숙하게 변한다. 야(也)는 어조사. ○足躩如也(족곽여야)—발걸음을 총총히 빨리 한다. 바삐 갈 곽(躩). ○揖所與立(읍소여립)—주빈(主賓)과 함께 와서 (동서로 나뉘어) 서있는 다른 손님들에게 읍(揖)을 할 때는. 읍(揖)은 가슴 앞에 두 손을 마주잡고 가볍게 절한다. ○左右手(좌우수)—마주잡은 손의 방향을 좌우로 돌리다. ○衣前後(의전후)—옷자락이 가볍게 앞뒤로 출렁인다. ○襜如也(첨여야)—첨(襜)은 행주치마. 그것이 가지런하다란 뜻. ○趨進(추진)—종종걸음으로 빨리 앞으로 나가다. 달릴 추(趨). ○翼如也(익여야)—익(翼)은 단정하다는 뜻. ○賓退(빈퇴)—사신들이 물러가다. ○必復命曰(필복명왈)—반드시 복명하고 아뢰었다. ○賓不顧矣(빈불고의)—손님들이 (흡족하고 안심해서) 뒤돌아보지 않고 갔습니다.

10-4

대궐 문에 들어갈 때에는 몸을 굽혀 절하는 듯, 송구스러워하는 모양이 흡사 문이 좁아서 들어가지 못하는 듯하였다.

서는 경우에는 문 가운데에 서지 않으시고, 들어갈 때에는 문지방을 밟지 않으셨다.

임금이 계시던 자리를 지나갈 때에는 표정과 안색을 엄숙하게 하고, 총총걸음으로 지나갔으며, 말이 모자라는 듯이 과

묵하였다.

옷자락을 잡고 층계를 밟고 당에 오를 때도 절하는 듯이 송구스러운 품으로 숨을 죽여 호흡을 하지 않는 듯 하셨다.

당에서 나와 층계를 하나만 내려와도 안색을 펴 화락한 낯을 지으셨고, 층계를 다 내려와 총총걸음으로 나가실 때의 품은 단정하고 아름다우셨으며, 제자리로 돌아가시는 태도는 신중하고 경건하셨다.

[原文]

入ॻ公門ㅣ하실새 鞠躬如也하사 如>不>容이러시
　　입　공문　　　국궁여야　　　여　불　용

다. 立不>中>門하시며 行不>履>閾이러시다. 過>位
　　입부　중　문　　　행불　리　역　　　　과　위

하실새 色勃如也하시며 足躩如也하시며 其言이 似
　　　色발여야　　　　족곽여야　　　　기언　사

ॻ不>足者ㅣ러시다. 攝>齊升>堂하실새 鞠躬如也하
　부　족자　　　　섭　자승　당　　　국궁여야

시며 屛>氣하사 似ॻ不>息者ㅣ러시다. 出降ॻ一等ㅣ
　　병기　　　사　불　식자　　　　출강　일등

하사는 逞ॻ顔色ㅣ하사 怡怡如也하시며 沒>階하사는
　　　영　안색　　　이이여야　　　　몰　계

趨翼如也하시며 復ॻ其位ㅣ하사는 踧踖如也러시다.
추　익여야　　　복　기위　　　　축　적여야

[가사체 번역문]

대궐문에 들어갈땐 몸을굽혀 절하는듯

송구스런 그모양은 마치흡사 문이좁아

들어가지 못하는듯 그러하게 하시었다

서있어야 할때에는 문가운데 서지않고

들어갈땐 문지방을 밟는일이 없으셨다

임금님이 계신곳을 지나쳐서 갈때에는

表情顔色 엄숙하게 총총걸음 하시면서 그곳앞을 지났으며
표정 안 색

해야할말 모자란듯 寡默하게 하시었다
과 묵

옷자락을 잡으시고 여러층계 밟으시며

堂위에를 오를때도 恰似절을 하시는듯
당   흡사

송구스런 모습으로 숨을죽여 呼吸않는 그런듯이 하시었다
호 흡

堂안에서 나와서는 층계하나 내려와도
당

얼굴빛을 활짝펴서 화락하신 표정짓고

층계모두 내려와선 총총걸음 나가실때

그때품은 단정하고 아름다워 보였으며

제자리로 돌아가는 그태도는 신중하고 경건하게 하시었다

【註解】 ○入公門(입공문)—공문(公門)은 제후(諸侯)의 궁성(宮城)의 문. 여기서는 노나라 임금의 대궐 문을 들어가다. ○鞠躬如也(국궁여야)—국궁(鞠躬)하는 듯한다. 국궁은 상반신을 숙이고 정중하게 하는 절. ○如不容(여불용)—흡사 (문이 좁아서, 몸이) 들어가지 않는 듯하다. ○立不中門(입부중문)—대문 한가운데 서지 않는다. ○行不履閾(행불리역)—대문을 지나갈 때에 문지방을 밟지 않는다. 밟을 리(履), 문지방 역(閾). ○過位(과위)—(정해진) 임금의 자리. (설사 임금이 없어도, 그 자리를 지나갈 때에는). ○色勃如也(색발여야)—색(色)은 표정과 안색, 발여(勃如)는 긴장하고 엄숙하게 변한다. ○足躩如也(족곽여야)—발걸음을 총총히 빨리 한다. 바삐 갈 곽(躩).

○其言似不足者(기언사부족자)—말이 모자라는 듯이, 입을 다물고 침묵하다. ○攝齊升堂(섭자승당)—옷자락을 잡고 당에 오르다. 잡을 섭(攝), 가지런할 자(齊), 자(齊)를 여기서는 '자'로 읽는다. 제후의 공당(公堂)은 높이가 7척(七尺)이며, 매 척마다 계단이 있다. 당에 오르기 위해서는 옷자락을 손으로 잡고 치켜들어야 한다. ○屛氣(병기)—숨을 죽이다. ○似不息者(사불식자)—흡사 숨을 안 쉬는 듯하다. ○出降一等(출강일등)—임금 앞에서 나와 당의 층계를 한 단계 내려오다. ○逞顔色(영안색)—(긴장을 풀고) 얼굴을 펴다. 풀 령(逞). ○怡怡如也(이이여야)—즐겁고 기쁜 듯하다. 기쁠 이(怡). ○沒階(몰계)—층계를 다 내려오다. ○趨進(추진)—잰걸음으로 나가다. ○翼如也(익여야)—단정하고 아름답다. 「10-3」 참고. ○復其位(복기위)—원위치로 돌아가다. ○踧踖如也(축적여야)—신중하고 공손한 태도. 삼갈 축(踧), 공손할 적(踖).

10-5

꽁자가 (사신으로 가서) 규(圭)를 손에 들고 (다른 나라 임금에게) 바칠 때에는, 몸을 굽히고 송구스러운 태도로 마치 그 무게를 감당하기 어려운 듯했다. 규를 위로 들어올릴 때에는 읍하는 듯, 아래로 내릴 때에는 물건을 넘겨주는 듯했으며, 얼굴 표정과 안색을 신중하고 두려워하는 듯하고, 발걸음을 땅에 대고 끄는 듯이 총총히 옮겼다.

그 후 예물을 진상할 때에는 부드럽고 화평한 낯을 지었다. 다시 개인적으로 회견할 때에는 몹시 즐거운 표정을 지었다.

執>圭하사대 鞠躬如也하샤 如>不>勝하시며 上如
집 규   국 궁 여 야   여 불 승   상 여

揖하시고 下如>授하시며 勃如戰色하시며 足踏踏如
읍   하 여 수   발 여 전 색   족 축 축 여

>有>循이러시다. 享禮에 有Ⅱ容色Ⅰ하시며 私覿에
유 순   향 례 유 용 색   사 적

愉愉如也러시다.
유 유 여 야

[가사체 번역문]

공자께서 使臣가서 圭를들고 다른나라 임금에게 바칠때는
        사신   규

당신몸을 굽히시고 송구스런 모습으로

그무게를 감당하기 어려운듯 하시었다

圭를위로 올릴때는 揖하는듯 하시었고
규   읍

그아래로 내릴때는 물건하나 넘겨주듯 그런듯이 하셨으며

얼굴표정 그顔色을 두려웁고 愼重하게 하시는듯 하시었고
        안 색   신 중

발걸음을 땅에대고 끄는듯이 하시면서 총총하게 옮기셨다

그후禮物 進上할땐 부드럽고 和平하신 얼굴빛을 지으셨다
   예물 진상   화 평

사사롭게 會見할땐 유쾌하고 즐거우신 그런표정 지으셨다
        회 견

[註解] ○執圭(집규)ㅡ규(圭)를 손에 들고 (상대방 임금에게) 바치다. 규는
옥(玉)으로 만든 패 같은 것으로, 제후(諸侯)가 다른 나라에 가는 사신에게
내려준다. 사신은 이를 다른 나라 임금에게 바쳐 올린다. ○鞠躬如也(국궁
여야)ㅡ국궁하고 정중한 자세로 바쳐 올린다. ○如不勝(여불승)ㅡ마치 무거

워서 들기 어려운 듯한다. 규는 자기 나라의 임금이 내려준 귀중한 것이기 때문에, 소중하게 받든다는 뜻. ○上如揖(상여읍)―규를 위로 들어올릴 때는 읍하는 듯한다. ○下如授(하여수)―규를 아래로 내려, 넘겨줄 때는 물건을 넘겨주는 높이로 한다. ○勃如戰色(발여전색)―발여(勃如)는 엄숙하다, 전색(戰色)은 두려워하는 기색을 띠다. ○足蹜蹜(족축축)―발걸음을 좁게 딛는다. 종종걸음칠 축(蹜). ○如有循(여유순)―발을 땅에 대고 밀듯이 걷는다. ○享禮(향례)―규를 바치고 난 다음에, 여러 가지 예물을 상대방 임금에게 올리는 의식. ○有容色(유용색)―부드러운 표정을 짓는다. ○私覿(사적)―사사롭게 대면하다. 볼 적(覿). ○愉愉如也(유유여야)―유쾌하고 즐거운 표정을 하다.

[解說]

공자는 군왕의 사신으로 외국에 가서 그 나라 임금을 예방한 일이 없었다. 그러므로 이 글은 격식을 논한 글일 것이다.

10-6

군자는 보라색과 붉은색으로 옷깃을 장식하지 않는다. 다홍색과 자주색으로 속옷을 만들지 않는다.

여름 더울 때에는 고운 베나 거친 베옷을 겉에 입고 밖에 나간다. 검정 옷을 입을 때에는 검은 양가죽 옷을 받쳐 입고, 흰옷을 입을 때에는 어린 사슴의 가죽옷을 받쳐 입고, 누런 옷을 입을 때에는 여우의 가죽옷을 받쳐 입는다.

평상 입는 가죽옷은 길게 하되, 오른쪽 소매는 짧게 한다.

반드시 잠옷을 마련하며, 그 길이가 키의 한 배 반이나 되게 한다. 사사로이 집안에 편히 있을 때에는 여우나 담비의 두꺼운 털을 바닥에 깔고 앉는다.

탈상한 다음에는 다시 패옥(佩玉)을 찬다. 유상(帷裳)이 아니면 천을 좁게 대어 입는다. 염소 가죽으로 만든 옷과 검은 관을 쓰고 조문하지 않는다.

매월 초하룻날에는 반드시 조복 차림으로 조정에 간다.

[原文]

君子는 不下以Ⅱ紺緅Ⅰ로 飾上하시며 紅紫로 不Ⅲ
군자 불 이 감추 식 홍자 불

以爲Ⅱ褻服Ⅰ이러시다. 當>暑하사 袗絺綌을 必表而
이위 설복 당서 진치격 필표이

出>之러시다. 緇衣엔 羔裘오 素衣엔 麑裘오 黃衣엔
출 지 치의 고구 소의 예구 황의

狐裘러시다. 褻裘는 長하되 短Ⅱ右袂Ⅰ러시다. 必有
호구 설구 장 단 우메 필유

Ⅱ寢衣Ⅰ하시니 長一身有半이러시다. 狐貉之厚로
침의 장일신유반 호학지후

以居러시다. 去>喪하사는 無>所>不>佩러시다. 非Ⅱ
이거 거상 무소불패 비

帷裳Ⅰ이어든 必殺>之러시다. 羔裘玄冠으로 不Ⅱ以
유상 필쇄지 고구현관 불이

弔Ⅰ러시다. 吉月에 必朝服而朝러시다.
조 길월 필조복이조

공자님은 보라색과 붉은색을 옷깃에다 장식하지 않으셨고

또한역시 다홍색과 자주색을 속옷으로 만들지를 않으셨다

여름철에 더울때는 고운베나 거친베옷 겉에입고 밖에가며

검은옷을 입을때는 검은羊의 가죽옷을 받쳐입고 계시었다

하얀옷을 입을때는 어린사슴 가죽옷을 받쳐입고 계시었고

누런옷을 입을때는 여우가죽 그런옷을 받쳐입고 계시었다

평상시에 입으시는 가죽옷은 길게하되 오른소매 짧게했다

꼭반드시 잠옷마련 그길이는 당신키의 한배반이 되게했다

사사로이 집안에서 편안하게 계실때는

여우담비 두터운털 바닥에다 깔고앉고

탈상하신 다음에는 다시패옥 차시었다

평상복인 경우에는 여러헝겊 조각천을 좁게대어 입으셨다

염소가죽 사용하여 만든옷을 입으시고

검은관을 쓰시고는 조문하지 않으셨다

매달매월 초하루엔 관복차려 입으시고 조정으로 가시었다

[註解] ○君子不以紺緅飾(군자불이감추식)−군자는 보라색과 붉은색으로 옷깃이나 소매끝을 장식하지 않는다. 감색 감(紺), 검붉을 추(緅), 꾸밀 식(飾). ○紅紫不以爲褻服(홍자불이위설복)−다홍색과 자주색으로 속옷을 만들지 않는다. 붉을 홍(紅), 자줏빛 자(紫), 속옷 설(褻). ○當暑(당서)−여름, 더울 때에는. ○袗絺綌(진치격)−홑으로 된 고운 베나 거친 베옷. 홑옷 진(袗), 고운 갈포 치(絺), 거친 갈포 격(綌). ○必表而(필표이)−반드시 겉에 입고. ○出之(출지)−외출하다. 밖에 나가다. ○緇衣(치의)−검은 옷. 검은 비단 치(緇). ○羔裘(고구)−어린양의 가죽옷. 새끼양 고(羔), 가죽옷 구(裘). ○素衣(소

의)—흰 옷. ○麑裘(예구)—어린 사슴의 가죽옷. 사슴 새끼 예(麑). ○黃衣(황의)—누런 옷. ○狐裘(호구)—여우 가죽옷. 여우 호(狐). ○褻裘長(설구장)—집안에서 입는 가죽의 평상복. ○短右袂(단우몌)—오른쪽 소매를 짧게 한다. 일하기 편하게. ○必有寢衣(필유침의)—반드시 자리옷은. 유(有)는 뒤에 걸린다. 침의(寢衣)를 이불이라고 풀이하기도 한다. ○長一身有半(장일신유반)—길이가 키의 한 배 반이 된다. ○狐貉貉之厚(호학지후)—두꺼운 여우나 담비의 털가죽. 담비 학(貉). ○以居(이거)—집안에서는 (바닥에 깔고) 앉아 있다. ○去喪(거상)—상을 마치면, 탈상(脫喪)한 다음에는. ○無所不佩(무소불패)—모든 패물을 차다. 군자는 옥(玉)을 찬다, 옥은 덕을 상징한다. 찰 패(佩). ○非帷裳(비유상)—예복이 아니고, 집에서 입는 평상복에는. 유상(帷裳)은 곧 예복(禮服)이다. 상(裳)은 아래에 걸치는 치마로, 주름을 잡았다. 휘장 유(帷), 치마 상(裳). ○必殺之(필쇄지)—(예복이 아닌 평상복에는 주름을 잡는 대신) 천 토막을 꿰맸다. 살(殺)은 '쇄'로 읽음. ○羔裘(고구)—어린 양의 가죽옷. ○玄冠(현관)—검은 관모. ○不以弔(불이조)—조문하지 않는다. ○吉月(길월)—매달 초하루. 월삭(月朔). ○必朝服而朝(필조복이조)—반드시 정식으로 조복을 입고 조정에 간다.

[解說]

이 장에 대한 설도 크게 둘이 있다. 하나는 공자의 생활 격식을 기술한 것이라는 설이고, 다른 하나는 일반적으로 군자의 격식을 적은 글이라고 하는 설이다. 이 책에서는 후자의 설을 따랐다.

재계(齋戒)할 때에 입는 명의는 반드시 삼베로 만든 것이었다.

재계할 때에는 반드시 음식을 평소와 다르게 했으며, 거처하는 자리도 반드시 평소와 다르게 했다.

[原文]

齊必有∥明衣ㅣ러시니 布러라. 齊必變>食하시며
재 필 유   명 의   포   재 필 변 식

居必遷>坐러시다.
거 필 천 좌

[가사체 번역문]

齋戒할때 입는明衣 꼭반드시 삼베로써 만든것을 입으셨다
재 계   명 의

재계할땐 꼭반드시 음식들을 평소와는 같지않게 하시었고

居處하는 그자리도 꼭반드시 평소와는 같지않게 하시었다
거 처

[註解] ○齊(재)—재(齋)와 같음. 재계할 때에는. ○必有明衣布(필유명의
포)—반드시 명의를 삼베로 만들었다. 유(有)는 현상을 표시하는 동사로
'명의포(明衣布)' 전체에 걸린다. 명의(明衣)는 목욕한 다음에 입는 깨끗한
옷. 포(布)는 마포(麻布), 삼베. ○齊必變食(재필변식)—재계할 때에는 반드
시 음식도 평소와 다르게 했다. ○居必遷坐(거필천좌)—거처하는 자리도 반
드시 평소와 다르게 했다.

제사에 앞서 10일 간, 정성스럽게 목욕재계(沐浴齋戒)를 해야 한
다. 그래야 선조의 신령이 강림하고 제사를 받을 수 있다.

10-8

밥은 정미한 쌀밥을 싫어하지 않으시고, 회는 가늘게 썬 것
을 싫어하지 않으셨다.

밥이 상하여 쉰 것과, 생선이 상하고 고기가 부패한 것을
먹지 않으셨다. 빛깔이 나쁜 것을 먹지 않았으며, 냄새가 나
쁜 것을 먹지 않았으며, 익히지 않은 것을 먹지 않았으며, 제
철이 아닌 것을 먹지 않으셨다.

바르게 자른 것이 아니면 먹지 않으시고, 간이 맞지 않는
것을 먹지 않으셨다.

고기가 많아도 밥보다 더 많이 먹지 않으셨으며, 술은 정한
양은 없으나 (술 마시고) 흐트러지는 일이 없으셨다.

저잣거리에서 산 술과 육포는 먹지 않으셨다. 생강은 물리
지 않고 들었으나 많이 들지는 않으셨다.

관가에서 제사 지내고 물린 고기는 하룻밤을 넘기지 않았
으며, 집에서 제사 지내고 물린 고기는 사흘을 넘기지 않았
다. 사흘이 지난 것은 먹지 않으셨다.

음식을 들 때에는 말을 하지 않았으며, 잠자리에서도 말을
하지 않으셨다.

비록 잡곡밥이나 나물국이라도 반드시 엄숙하게 고수레를 하셨다.

[原文]

食不>厭>精하시며 膾不>厭>細러시다. 食饐而餲
식불 염 정   회불 염 세   사 의 이 애
와 魚餒而肉敗를 不>食하시며 色惡不>食하시며 臭
   어 뇌 이 육 패 불 식   색 악 불 식   취
惡不>食하시며 失>飪不>食하시며 不>時不>食이러
악 불 식   실 임 불 식   불 시 불 식
시다. 割不>正이어든 不>食하시며 不>得Ⅱ其醬Ⅰ이
     할 부 정   불 식   부 득 기 장
어든 不>食이러시다. 肉雖>多나 不>使>勝Ⅱ食氣Ⅰ하
     불 식   육 수 다 불 사 승 식 기
시며 唯酒無>量하사대 不>及>亂이러시다. 沽酒市脯
     유 주 무 량   불 급 란   고 주 시 포
를 不>食하시며 不>撤>薑食하시며 不Ⅱ多食Ⅰ이러시
   불 식   불 철 강 식   불 다 식
다. 祭Ⅱ於公Ⅰ에 不>宿>肉하시며 祭肉은 不>出Ⅱ三
    제 어 공   불 숙 육   제 육 불 출 삼
日Ⅰ하더시니 出Ⅱ三日Ⅰ이면 不>食>之矣나라 食不>
일   출 삼 일   불 식 지 의   식 불
語하시며 寢不>言이러시다. 雖Ⅱ疏食菜羹Ⅰ이라도
어   침 불 언   수 소 사 채 갱
必祭必齊如也러시다.
필 제 필 제 여 야

[가사체 번역문]

밥드실땐 하얀쌀밥 싫어하지 않으시고

膾드실땐 잘게썬걸 싫어하지 않으셨다
회

밥이傷해 썩은것과 生鮮傷해 썩은것과
상   생선상

고기들이 腐敗한건 잡수시지 않으셨다
부패

빛깔나쁜 그런음식 잡수시지 않았으며

냄새나쁜 그런음식 잡수시지 않았으며

익히지를 않은음식 잡수시지 않았으며

제철아닌 그런음식 잡수시지 않으셨다

똑바르게 안자른건 잡수시지 않으시고

간이맞지 않은음식 잡수시지 않으셨다

고기비록 많지만은 밥더많이 드셨으며

술은限定 없었으나 술마시고 흐트러진 그런일은 없으셨다
한정

저자에서 사온술과 肉脯같은 그런것은 잡수시지 않으셨다
육포

식사끝난 다음에는 生薑많이 드셨는데
생강

그렇다고 너무많이 잡수시진 않으셨다

官家제사 바친고기 하룻밤을 안넘기고
관가

집의祭祀 바친고기 사흘밤을 안넘겼다
제사

사흘지난 그런음식 잡수시지 않으셨다

당신음식 드실때는 말하지를 않으셨고

잠자리에 들어서도 말하지를 않으셨다

하지만은 비록거친 잡곡밥과 나물국도

꼭반드시 엄숙하게 고수레를 하셨다네

[註解] ○食不厭精(식불염정)-식(食)은 밥. 불염(不厭)은 싫어하지 않는다. 정(精)은 정백미(精白米)로 지은 흰 쌀밥. ○膾不厭細(회불염세)-회는 잘게 썬 것을 싫어하지 않는다. 회 회(膾). ○食饐而餲(사의이애)-음식이 썩거나 맛이 변하다. 쉴 의(饐), 쉴 애(餲). ○魚餒而肉敗(어뇌이육패)-생선이 썩어 냄새가 나고, 고기가 썩어 살이 뭉그러진다. 주릴 뇌(餒). ○色惡(색악)-음식의 빛깔이 변한 것. ○臭惡(취악)-냄새가 악하게 나다. 냄새 취(臭). ○失飪(실임)-잘 익지 않은 것. 익힐 임(飪). ○不時不食(불시불식)-제철이 아닌 음식은 먹지 않는다. ○割不正(할부정)-바르게 자르지 않은 것. ○不得其醬(부득기장)-간이 맞지 않는 것. ○肉雖多(육수다)-비록 고기반찬이나 음식이 많이 있어도. ○不使勝食氣(불사승식기)-주식보다 더 많이 먹지 않는다. 식기(食氣)는 주식의 기운, 분량. ○唯酒無量(유주무량)-다만 술은 한량이 없다, 분량을 한정하지 않는다. ○不及亂(불급란)-술을 마시고 흐트러지는 일이 없다. ○沽酒市脯不食(고주시포불식)-시장이나 가게에서 산 술이나 육포(肉脯)는 먹지 않는다. 팔 고, 살 고(沽), 저자 시, 팔 시(市), 포 포(脯). ○不撤薑食(불철강식)-식사가 끝나도, 생강은 물리지 않고 먹는다. 소화에 도움이 된다. 생강 강(薑). ○不多食(불다식)-(생강을) 많이 먹지 않는다. (일반적으로 음식을) 많이 먹지 않는다로도 푼다. ○祭於公(제어공)-나라 혹은 관에서 공적인 제사를 지내다. ○不宿肉(불숙육)-제사에 썼던 고기를 묵히지 않는다. ○祭肉(제육)-집에서 사사로이 제사를 지내다. ○不出三日(불출삼일)-제사에 쓴 음식은 사흘을 넘기지 않는다. ○出三日(출삼일)-사흘을 넘긴 것은. ○不食之矣(불식지의)-먹지 않는다. ○食不語(식불어)-식사를 할 때에는 말을 하지 않는다. ○寢不言(침불언)-취침시에는 말을 하지 않는다. ○雖疏食(수소사)-비록 거친 잡곡밥이라도. ○菜羹(채갱)-야채로 끓인 국이라도. ○瓜祭(과제)-과(瓜)는 필(必)로 고친다. 제(祭)는 고수레의 뜻. 먹기 전에 음식을 조금 떼어 귀신에게 바친다. ○必

齊如也(필제여야)ー반드시 제사 지낼 때처럼 경건하게 한다.

[解說]

공자가 높이는 예(禮)는, 곧 생활의 예술미(藝術美)이기도 하다. 예는 사치나 낭비와는 다르다. 공자는 의식생활(衣食生活)을 예에 맞게 했다.

일견 까다롭게 느껴지지만 그 속에는 합리적인 의미가 내포되어 있다.

10-9

자리가 바르지 않으면, 앉지 않으셨다.

[原文]

席不>正이어든 不>坐러시다.
석 부 정　　　부 좌

[가사체 번역문]

處해야할 그자리가 바르지를 않으면은 處하시지 않으셨다
처　　　　　　　　　　　　　　　　　처

[註解] ○席不正(석부정)ー자리가 바르지 않다, 즉 '예법에 맞지 않으면' 의 뜻. ○不坐(부좌)ー앉지 않았다.

　예법(禮法)은 사회질서를 바로잡는 기본 법도이다. 법률보다 한 단계 높은 도덕윤리의 기강이다. '석부정(席不正)'을 확대 해석하면, 도(道)에 어긋나는 벼슬자리라고 풀이할 수 있다. 좁게 해석하면 질서에 어긋나는 자리'라고 해석할 수 있다.

10-10

　마을 사람들과 함께 술을 마실 때에는 지팡이를 짚은 노인들이 나간 다음에 따라 나갔다.

　마을 사람들이 역귀를 쫓는 굿을 할 때에는 조복을 입고 동쪽 섬돌에 서있었다.

[原文]

鄕人飮酒에 杖者ㅣ 出이어든 斯出矣러시다. 鄕人
향인음주　　장자　출　　　　사출의　　　　　향인

儺에 朝服 而立ㅛ於阼階ㅣ러시다.
나　조복 이입 어조계

[가사체 번역문]

　당신마을 사람들과 함께술을 마실때는
　지팡이를 짚고있는 노인들이 나간다음 그뒤따라 나가셨다
　당신마을 사람들이 疫鬼쫓는 굿할때는
　　　　　　　　　　　역귀

朝服입고 동쪽섬돌 그곳위에 서계셨다
조복

[註解] ○鄕人飮酒(향인음주)－마을 사람들이 다 모여서 함께 술을 마시는 의식. 향음례(鄕飮禮)라고 한다. 친목과 경로(敬老)를 위해서 벌이는 술잔치. 향인(鄕人)은 지역 공동체의 사람들. ○杖者出(장자출)－지팡이를 짚은 노인. 『예기(禮記)』「왕제편(王制篇)」에 '50세에는 집에서 지팡이를 짚고, 60세에는 향리에서 지팡이를 짚는다.'고 있다. ○斯出矣(사출의)－비로소(뒤따라) 나가다. 사(斯)＝즉(則). ○儺(나)－나례. 주로 연말에 한다. 역귀를 쫓아내는 의식으로, 굿 같은 것. 역귀 쫓을 나(儺). ○朝服(조복)－조정에 갈 때 입는 예복. ○阼階(조계)－동쪽의 섬돌. 동편 층계 조(阼), 섬돌 계(階).

[解說]

과학이 발달하고 사회가 변천하며, 아울러 서양의 개인주의가 팽배한 현대사회에서는 동양의 윤리도덕, 특히 효도(孝道)나 경로(敬老)를 소홀히 하기 쉽다. 그러나 깊이 생각해야 한다. '나'를 생육(生育)해준 부모, '나'보다 앞서서 역사와 문화를 계승하고 발전케 한 노인들의 덕택으로 '오늘의 내'가 있고, 또 문화생활을 누리고 있는 것이다. 그러므로 부모나 선인(先人)들에게 감사하고 잘 받들고 섬겨야 한다. '오늘의 나'도 얼마 후에는 노인이 된다.

10-11

자기 대신 남을 다른 나라에 보내어 안부를 묻게 할 적에는, 그에게 두 번 절을 하고 전송했다.

계강자가 약을 보내주자, 공자는 절을 하며 받고 말했다.
"나는 이 약을 잘 알지 못하므로, 감히 먹을 수가 없다."

[原文]

問Ⅱ 人於他邦 Ⅰ 하실새 再拜而送>之러시다. 康子
문　인어타방　　　　　재배이송지　　　　　강자

Ⅰ 饋>藥이어늘 拜而受>之曰 丘Ⅰ 未>達이라. 不Ⅱ
궤　약　　　　배이수지왈구　미달　　　불

敢嘗Ⅰ이라 하시다.
감상

[가사체 번역문]

멀리異國 보내어서 安否묻게 하실때는
　　이국　　　　　안부
머나먼길 떠나가는 그사람의 등을보고 두번절을 하시었다
季康子가 藥보내자 절하고서 받으시고 다음같이 말하셨다
계강자　약
大夫께서 주신藥을 잘알지를 못합니다
대부　　　약
그러하니 이藥감히 먹을수가 없습니다
　　　　약

[註解] ○問人於他邦(문인어타방)─남으로 하여금 다른 나라에 가서 안부
를 묻게 한다. ○再拜而送之(재배이송지)─공자는 자기 대신 가는 사람, 즉
사자(使者)에게 절을 두 번 하고 전송했다. ○康子(강자)─계강자(季康子).
노나라의 참월(僭越)한 세도가. 「爲政篇 2-20」참고. ○饋藥(궤약)─약을
들라고 보내준다. 먹일 궤(饋). ○丘(구)─공자의 이름. ○未達(미달)─잘 알
지 못한다. ○不敢嘗(불감상)─감히 약을 먹지 못하겠다. 맛볼 상(嘗).

10-12

마구간이 불이 나서 탔다. 공자가 퇴청하여 "사람이 상했느냐? "고 물었으나, 말에 대해서는 묻지 않았다.

[原文]

廐焚이어늘 子ㅣ 退>朝曰 傷>人乎아? 하시고 不>
구 분   자 퇴 조 왈 상 인 호   불

問>馬하시다.
문 마

[가사체 번역문]

　마구간이 불에탔다
　공자께서 退廳하여 사람들이 다쳤느냐 이것만을 물으실뿐
　　　　퇴 청
　그곳말에 대해서는 물으시지 않으셨다

[註解] ○廐焚(구분)—마구간 구(廐), 불사를 분(焚).

10-13

　임금이 음식을 하사하면 반드시 자리를 바르게 고쳐 앉고 먼저 맛을 보았다.
　임금이 생고기를 하사하면 반드시 익혀서 선조 제사상에 올렸다. 임금이 산 짐승을 하사하면 반드시 사육했다.

임금을 모시고 먹을 때에는 임금이 고수레를 하면, (임금을 위하여) 먼저 맛을 보았다.

병들어 누웠을 때, 임금이 문병 와서 보면, 머리를 동쪽으로 두고, 몸에 조복을 걸치고, 그 위에 큰 띠를 걸쳤다.

임금이 오라고 명하면, 수레가 준비되기를 기다리지 않고 먼저 떠났다.

태묘에 들어가서는 모든 일을 하나하나 물었다.

[原文]

君이 賜>食이어시든 必正>席先嘗>之하시고 君이
군   사 식   필정 석선선상 지   군

賜>腥이어시든 必熟而薦>之하시고 君이 賜>生이시
사 성   필숙이천 지   군   사생

어든 必畜>之러시다. 侍Ⅱ食於君Ⅰ에 君祭어시든 先
     필휵 지   시 식어군   군제   선

飯이러시다. 疾에 君이 視>之어시든 東首하시고 加Ⅱ
반   질 군   시 지   동수   가

朝服Ⅰ拖>紳이러시다. 君이 命召어시든 不>俟>駕行
조복 타 신   군   명소   불 사 가행

矣러시다. 入Ⅱ太廟Ⅰ하사 每>事問이러시다.
의   입 태묘   매 사문

[가사체 번역문]

임금님이 공자님께 음식물을 下賜하면
                          하 사
꼭자리를 똑바르게 고치어서 앉으시고 당신먼저 맛보셨다

임금님이 공자님께 생고기를 下賜하면
　　　　　　　　　　　　　하 사
익힌후에 조상님의 제사상에 올리셨다

임금님이 공자님께 산짐승을 하사하면 꼭반드시 飼育했다
　　　　　　　　　　　　　　　　　　　　사 육
임금님을 모시고서 음식들땐 임금님이

고수레를 하시면은 임금님을 위하여서 당신먼저 맛보셨다

병이들어 누웠을때 임금님이 와서보면

당신머리 옮기시어 동쪽으로 두시고서

몸에朝服 입으시고 위에큰띠 걸치셨다
　　조 복
임금님이 공자님께 오라는命 내리시면
　　　　　　　　　　　　 명
수레준비 되는것을 기다리지 않으시고 당신먼저 떠나셨다

[註解] ○君賜食(군사식)—임금이 음식을 하사한다. ○必正席(필정석)—반 드시 자리를 바르게 고쳐 앉고. ○先嘗之(선상지)—공자가 먼저 맛을 본다. 먼저 먹었다. ○賜腥(사성)—생고기를 하사하다. 비릴 성(腥). ○必熟而薦 之(필숙이천지)—반드시 익혀서 제사상에 올린다. 익을 숙(熟), 천거할 천 (薦). ○賜生(사생)—살아 있는 짐승을 하사한다. ○畜(흑)—사육한다. ○侍 食於君(시식어군)—임금을 모시고 식사를 한다. ○君祭(군제)—임금이 제식 (祭食)한다. 제식(祭食)은, 즉 고수레. ○先飯(선반)—임금이 제식을 했으니 까 배석하는 신하는 다른 격식을 차리지 않고 먹으면 된다. 선(先)은 임금 보다 먼저 먹는다는 뜻이 아니다. 아울러 임금 앞에서 감히 손님 행세를 하지 않고 자진해서 든다는 뜻이다. ○疾(질)—질병이 나다. 병을 앓다. ○君視之(군시지)—임금이 와서 볼 때에는. ○東首(동수)—머리를 동쪽으로 두고 눕는다. ○加朝服(가조복)—조복을 위에 걸치다. ○拖紳(타신)—큰 띠 를 걸치다. 끌 타(拖), 큰 띠 신(紳). ○君命召(군명소)—임금이 부르면. ○不 俟駕(불사가)—수레를 준비하는 동안은 기다리지 않고. 기다릴 사(俟), 멍에

가(駕). ○入太廟 每事問(입태묘 매사문)―「八佾篇 3-15」참고.

10-14

벗이 죽고, 돌아갈 곳이 없으면, "우리집에 빈소를 차리라."고 말하셨다. 벗이 준 것은 비록 수레나 말같이 귀중한 것이라도 제사 지낸 고기가 아니면 절하지 않으셨다.

[原文]

朋友ㅣ 死하여 無>所>歸어든 曰於>我殯이라 하시
봉 우   사   무 소 귀   왈 어 아 빈

다. 朋友之饋는 雖ⅱ車馬ㅣ라도 非ⅱ祭肉ㅣ이어든 不
봉 우 지 궤   수   거 마   비   제 육   불

>拜러시다.
배

[가사체 번역문]

　　친한벗이 죽었는데 돌아갈곳 없으면은
　　나의집에 그殯所를 차리라고 말하셨다
　　　　　　 빈 소
　　나의벗이 내게준게 수레나말 이것처럼 貴重한것 이라해도
　　　　　　　　　　　　　　　　　　　 귀 중
　　제사고기 아니면은 절하지를 않으셨다

[註解] ○朋友死(붕우사)―붕우가 죽었을 때, 친구가 죽었을 때. ○無所歸
(무소귀)―뒤를 봐줄 상주(喪主)가 없거나. 빈소가 없으면. ○於我殯(어아

빈)—우리집을 빈소로 쓰라고 (말했다). 염할 빈(殯). ○朋友之饋(붕우지궤)—친구가 물건을 보내주다. 보내줄 궤(饋). ○雖車馬(수거마)—비록 수레나 말같이 귀중한 물건이라도. ○非祭肉(비제육)—제육이 아니면. ○不拜(불배)—절하지 않았다.

10-15

　잘 때는 죽은 사람처럼 (뻗은 자세로) 자지 않았으며, 집에 한가롭게 있을 때에는 위용을 차리지 않으셨다.

　부모의 상복을 입은 사람을 보면, 아무리 친한 사이라도 엄숙하게 얼굴빛을 고쳤고, 면관을 쓴 사람이나 소경을 보면, 아무리 친한 사이라도 반드시 예모를 갖추셨다. 상복을 입은 사람에게는 모르는 사이라도 식(式)의 예를 하셨으며, 부판의 상복을 입은 사람에게도 식의 예를 하셨다.

　성찬이 나오면 반드시 정색하고 주인에게 경의를 표하셨다.

　우레가 치고 바람이 심하게 불 때에는 반드시 얼굴빛이 변하셨다.

[原文]

寝不＞尸하시며　居不＞容이러시다.　見Ⅱ齊衰者ㅣ하
침　불　시　　　　거　불　용　　　　　견　자최자

시고　雖＞狎이나　必變하시며　見Ⅲ冕者與Ⅱ瞽者ㅣ하시
　　　수　압　　　필　변　　　　견　면자여　고자

고 雖>褻이나 必以>貌러시다. 凶服者를 式>之하시
　　수 설　　　　필 이 모　　　　흉 복 자　　식 지

며 式Ⅱ負版者Ⅰ러시다. 有Ⅱ盛饌Ⅰ이어든 必變>色
　　식 부 판 자　　　　유 성 찬　　　　　필 변 색

而作이러시다. 迅雷風烈에 必變이러시다.
이 작　　　　신 뢰 풍 렬　　필 변

[가사체 번역문]

　밤에누워 주무실때 죽은사람 그러듯이

　몸을곧게 뻗은채로 주무시지 않았으며

　집안에서 한가롭게 사사로이 계실때는 威嚴威容 안차렸고
　　　　　　　　　　　　　　　　　　　위 엄 위 용

　부모님의 初喪당해 喪服입은 사람보면
　　　　　초 상　　　상 복

　제아무리 그사람과 아주친한 사이라도

　哀惜하고 嚴肅하게 얼굴빛을 고치셨고
　애 석　　엄 숙

　冕冠을쓴 사람이나 소경들을 보게되면
　면 관

　제아무리 친하고도 아주친한 사이라도 禮義모습 갖추셨다
　　　　　　　　　　　　　　　　　　예 의

　상복입은 사람에겐 잘모르는 사이라도

　수레앞에 가로지른 나무잡고 절을하는 式의禮를 행하셨고
　　　　　　　　　　　　　　　　　　　식 예

　그나라의 地圖戶籍 지고가는 者에게도 式의禮를 행하셨다
　　　　　지 도 호 적　　　　　　　식 예

　珍羞盛饌 나오면은 꼭반드시 정색하고
　진 수 성 찬

　음식차린 주인에게 敬意로움 표하셨다
　　　　　　　　경 의

　우레치고 바람불땐 늘언제나 꼭반드시 얼굴빛이 변하셨다

[註解] ㅇ寢不尸(침불시)—잘 때에는 시체 같은 모양으로 자지 않는다. 주
검 시(尸). ㅇ居不容(거불용)—집안에 한거(閑居)할 때에는 의용(儀容)을 갖추

지 않는다. ○見齊衰者(견자최자)—부모의 상복을 입은 사람을 보면. 재최(齊衰)는 '자최'로도 읽는다. 원래는 모친의 상복, 여기서는 부모의 상복으로 해석한다. 부친의 상복은 참최(斬衰). ○狎(압)—친근하고 허물없는 사이. ○變(변)—얼굴빛이 변한다, 정색한다. ○冕者(면자)—면관(冕冠)을 쓰고 예복 차림을 한 사람. ○瞽者(고자)—소경. 앞 못보는 사람. ○褻(설)—친한 사이, 항상 보는 사이. 친압할 설, 더러울 설(褻). ○貌(모)—용모를 엄숙하게 하다, 예에 맞게 갖추다. ○凶服者(흉복자)—흉례(凶禮)는 장례(葬禮), 즉 장례를 치르기 위한 상복을 입은 사람. ○式之(식지)—식(式)의 예를 한다. 수레 앞의 가로지른 나무를 잡고 절하는 것을 식례라 한다. ○式負版者(식부판자)—부판자에게 식례를 한다. 부판(負版)은 상복의 일종. 『고주(古注)』는 호적(戶籍)이나 도적(圖籍)을 짊어진 사람이라고 했으나, 여기서는 맞지 않는다. ○有盛饌(유성찬)—남이 성찬을 차려 바친다. ○必變色(필변색)—반드시 정색을 하고. ○作(작)—일어나서 경의를 표한다. ○迅雷(신뢰)—어수선하게 우레가 치다. ○風烈(풍렬)—심하게 바람이 불다.

10-16

수레에 탔을 때는 반드시 똑바로 서서 손잡이를 잡으셨다. 수레 안에서는 돌아보지 않고, 말을 빨리 하지 않고, 손가락질을 하지 않으셨다.

[原文]

升>車하사　必正立　執>綏러시다　車中에　不ᚌ内顧
승　거　　필 정 립　집　수　　　거 중에　불　내 고

I 하시며 **不 ॥ 疾言** I 하시며 **不 ॥ 親指** I 러시다.
　　 부　질　언　　　　　불　친　지

[가사체 번역문]

　　수레위에 탔을때는 꼭반드시 바로서서 손잡이를 잡으셨다

　　수레안에 계실때는 돌아보지 않으셨고

　　말씀빨리 하시는일 그런것도 없으셨고

　　손가락질 그런것도 하시지를 않으셨다

[註解] ○升車(승거)─수레를 타다. ○必正立(필정립)─반드시 바른 자세로 서다. ○執綏(집수)─손잡이를 잡다. 잡을 집(執), 수레 손잡이 수(綏). ○車中(거중)─수레 안에서는. ○不內顧(불내고)─이곳저곳 돌아보지 않는다. ○不疾言(부질언)─말을 빨리 하지 않는다. ○不親指(불친지)─이것저것 손가락 질하지 않는다.

10-17

　꿩이 사람의 기색을 살피고 날아올라가 빙빙 돌다가 다시 다시 내려와 앉았다. 공자가 "산 계곡 다리에 있는 암꿩이 때를 만났구나, 때를 만났구나!" 하고 말하셨다. 자로가 그 꿩을 잡아 올리자, 공자가 세 번 냄새를 맡고 일어나셨다.

色斯擧矣하야 翔而後集이니라 曰 山梁雌雉ㅣ時
색 사 거 의   상 이 후 집   왈 산 량 자 치   시

哉時哉인저 子路ㅣ 共>之한대 三嗅而作하시다.
재 시 재   자 로   공 지   삼 후 이 작

[가사체 번역문]

꿩이란놈 한마리가 사람氣色 살피고서
　　　　　　　　　　　　기 색
날아올라 빙빙돌다 다시도로 내려와서 그자리에 앉았다네

공자께서 말하시길

산의溪谷 다리위에 앉아있는 암꿩들이
　　계 곡
좋은때를 만났구나 좋은때를 만났구나 이러하게 말하셨다

그러하자 제자子路 꿩한마리 잡아다가 공자님께 올렸다네
　　　　　　자 로
이에대해 공자께서 세번냄새 맡으시고 자리에서 일어났다

[註解] ㅇ色斯擧矣(색사거의)－꿩이 사람의 기색을 살피고 하늘로 날아 올
라가다. ㅇ翔(상)－하늘에서 한 바퀴 돈다. ㅇ後集(후집)－다시 내려와 앉
는다. ㅇ山梁(산량)－산 계곡 다리. 교량(橋梁). ㅇ雌雉(자치)－암꿩. 암컷 자
(雌), 꿩 치(雉). ㅇ時哉(시재)－때를 만나다. 꿩이 물을 먹고 모이를 쪼아 먹
는 때가 되었다는 뜻. ㅇ子路共之(자로공지)－자로가 그 꿩을 잡아 공자에
게 바치다. 공(共)＝이바지할 공(供). ㅇ三嗅(삼후)－세 번 냄새를 맡다. ㅇ作
(작)－일어나다.

[解說]

설이 많고 해석하기 어려운 구절이다. 공자가 산길을 가다가 꿩

을 보고 "저 꿩도 때를 만나, 물 마시고 모이를 쪼게 되었구나." 하고 말했다. 공자의 말속에는 자기의 불우(不遇)를 비유한 뜻이 담겨져 있을 것이다. 그러나 생각이 깊지 못하고 과감하기만 한 자로가, 나중에 그 꿩을 잡아서 공자의 식탁에 올려놓았다. 이에 공자는 세 번 냄새만 맡아보았을 뿐 먹지 않고 밥상에서 일어났다. 대략 이상이 『고주(古注)』의 풀이다. 이상이 『논어』 전10편(前十篇)이다.

공자가 제자들을 평한 말이 많다. 직설적으로 한 평도 있고, 혹은 간접적으로 서로 비교하면서 서로의 특성을 대조한 평도 있다. 형병(邢昺)은 대략 다음과 같이 말했다. "앞의 제10편은 주로 공자가 향당(鄕黨)에서 행한 성인의 행실을 기술했으며, 이 편에서는 제자들의 슬기로운 행실을 기술했다. 이들 두 편은 성인과 현인의 행실을 이어서 논한 것으로 역시 좋은 글들이다."

『집주(集註)』에서 주자(朱子)는 대략 다음과 같이 말했다. "이 편은 주로 제자들의 현명한 행실, 혹은 그렇지 못한 것을 말한 것으로 총 25장으로 되어 있다." 호인(胡寅)은 말했다. "이 편에는 민자건(閔子騫)의 행실을 말한 것이 4장이나 있으며, 그중의 하나는 곧바로 민자(閔子)라고 존칭했다. 아마 민자의 문인이 기술한 글일 것이다."

공자가 말했다. "선배들은 예악에 대해서 촌사람 같다고 하고, 후배들은 예악에 대해서 군자답다고 말한다. 그러나 내가 만일 (어느 한 쪽을) 택한다면, 끝 선배들을 따르겠다."

[原文]

子ㅣ 曰 先進이 於ㅍ禮樂ㅣ에 野人也오 後進이 於
자 왈 선 진 어 예악 야 인 야 후 진 어

ㅍ禮樂ㅣ에 君子也라 하나니 如用>之 則吾從ㅍ先進
예악 군 자 야 여 용 지 즉 오 종 선 진

ㅣ호리라.

[가사체 번역문]

공자께서 말하셨다
전해오는 옛말중에 이러한게 있느니라
周나라의 초기선비 禮와樂을 지키기를
　주　　　　　　　　예　　악
시골사람 모양으로 소박하게 지키었고
주나라의 후기선비 예와악을 지키기를
세련스런 군자처럼 화려하게 지키었다
내가만일 禮와樂을 써야할일 있다면은
　　　　예　악
周나라의 초기선비 소박했던 그들처럼 예와악을 쓰겠노라
　주

[註解] ○ 先進(선진)―초기의 공자의 제자들, 즉 선배들. 자로(子路)·민자

건(閔子騫)·칠조개(漆雕開) 등. ○於禮樂(어예악)—예악에 대하는 태도나, 예악을 다루는 솜씨. ○野人也(야인야)—고풍(古風)이 있고 소박하여 야인(野人)답다. ○後進(후진)—후기의 문하생들, 후배들. 자하(子夏)·자유(子游)·자장(子張) 등. ○君子也(군자야)—세련되고 화려하여 문화인답다. ○如用之(여용지)—만약에 이들 둘 중의 하나를 택해서 쓴다면. ○吾從先進(오종선진)—나는 야인다운 선배들의 태도를 따르겠다.

[解說]

　'선진(先進), 후진(後進)'에 대해서는 설이 많다. '선진, 후진'을 '다 같이 나가서 정치에 참여한 선비'로 본다. 황간(皇侃)은 '오제(五帝)까지의 선비들을 선진, 삼왕(三王) 이후의 선비들을 후진'으로 보았다. 옛날에는 예악을 소박하게 꾸미고 지켰으므로 야인(野人)과 같다고 했으며, 후세에는 예악을 화려하게 꾸미고 지켰으므로 군자답다고 했다. '문질빈빈(文質彬彬)'한 것을 군자라 한다. 그러나 공자는 화려(華麗)한 것보다 차라리 소박(素朴)한 것을 추켜세우고자 했다. 여기서는 '선진, 후진'을 공자의 문하생 중의 '초기의 선배들과 후기의 후배들'의 뜻으로 풀이했다.

11-2

　공자가 말했다. "나를 따라 진과 채에서 고생을 한 제자들은 아무도 벼슬에 오르지 못했구나. 덕행으로는 안연·민자건·염백우·중궁이 뛰어났고, 언어에는 재아·자공이 뛰어났고, 정사에는 염유와 계로가 뛰어났고, 문학에는 자유와 자하가 뛰어났다."

[原文]

子ㅣ 曰 從॥我於陳蔡ㅣ者ㅣ 皆不>及>門也로다.
　　자　왈　종　아　어　진　채　자　개　불　급　문　야

德行엔 顏淵 · 閔子騫 · 冉伯牛 · 仲弓이오 言語엔
　덕　행　안　연　민　자　건　염　백　우　중　궁　　　언　어

宰我 · 子貢이오 政事엔 冉有 · 季路오 文學엔 子
　재　아　자　공　　　정　사　염　유　계　로　문　학　자

游 · 子夏니라.
　유　자　하

[가사체 번역문]

공자께서 말하셨다

나를따라 그옛날에 陳나라와 蔡나라서 고생했던 제자로서
　　　　　　　　진　　　　채

내門下에 있는자는 그아무도 없네그려
　문하

德行으로 말하자면 顏淵에다 閔子騫에 冉伯牛와 仲弓이요
덕행　　　　　　　안연　　민자건　염백우　중궁

言語로써 말하자면 宰我에다 子貢이요
언어　　　　　　재아　자공

政事로써 말하자면 冉有에다 季路이고
정사　　　　　　염유　계로

文學으로 말하자면 子游에다 子夏로다
문학　　　　　　자유　자하

[註解] ○從我於陳蔡者(종아어진채자)―나를 따라 진(陳)과 채(蔡) 두 나라
에 가서 고생을 한 제자들. ○皆不及門也(개불급문야)―그들은 다 벼슬의
문에 오르지 못하고 출세하지 못했다. ○德行(덕행)―덕행에 뛰어난 사람

은. ○顏淵(안연)─「爲政篇 2-9」참고. ○閔子騫(민자건)─「雍也篇 6-9」참고. ○冉伯牛(염백우)─염경(冉耕),「雍也篇 6-10」참고. ○仲弓(중궁)─염옹(冉雍),「雍也篇 5-5」참고. ○言語(언어)─말재주. 언변과 설득력. ○宰我(재아)─자아(子我),「八佾篇 3-21」참고. ○子貢(자공)─「學而篇 1-10」참고. ○政事(정사)─여기서는 주로 행정 능력의 뜻이다. ○冉有(염유)─염구(冉求),「八月篇 3-6」참고. ○季路(계로)─자로(子路), 중유(仲由),「爲政篇 2-17」참고. ○文學(문학)─여기서는 고전 학문의 뜻. ○子游(자유)─언언(言偃),「爲政篇 2-7」참고. ○子夏(자하)─복상(卜商),「學而篇 1-7」참고.

[解說]

공자가 진(陳)과 채(蔡)나라에서 고생한 때는 그의 제국 편력(諸國遍歷) 후반기에 속한다. 즉 공자는 나이 56세 때(기원전 497년)에 고국 노(魯)를 떠나 13년간이나 여러 나라를 유력(遊歷)했고, 나이 69세에 되돌아왔다.

특히 진과 채, 두 나라에서는 먹을 양식까지도 결핍할 정도로 막심한 고초를 겪었다. 이때에 수행했던 많은 제자들이 함께 고생을 했으며, 그들이 끝내 벼슬에 오르지 못했다고 한탄을 한 것이다. 주자(朱子)는 '불급문야(不及門也)'를 '지금은 모두 우리 문하에 있지 않다.'는 뜻으로 주를 달았다.

하단(下段)은 '사과십철(四科十哲)'을 말한 것이다. 즉 '덕행·언어·정사·문학'이 '사과'이다. 그리고 각 분야에서 뛰어난 제자 열 사람을 '십철'로 내세웠다. 십철이란 칭호는 당 현종(唐玄宗)대에 붙인 것이다. 십철 중에 '증자(曾子)'나 '자장(子張)' 같은 고제자(高弟子)가 빠졌으므로, 『집주(集註)』에서 정자(程子)는 세속적인 논의라고 말했다.

11-3

공자가 말했다. "안회는 나에게 도움을 주는 사람이 아니다. 그는 내 말을 잘 이해하고 기쁘게 따르고 행했다."

[原文]

子ㅣ 曰 回也는 非ㅠ助>我者ㅣ也로다. 於ㅠ吾言ㅣ
　　자　　왈　회야　　비　조　아자　야　　　　어　오언

에 無>所>不>說온여.
　　무　소　불　열

[가사체 번역문]

공자께서 말하셨다

顔回그는 나를도와 주지않는 者로구나
안 회　　　　　　　　　　　　　　자

평소내가 그者에게 무슨말을 해주어도
　　　　　자

훌륭하게 이해하고 기뻐하며 따랐다네

[註解] ○回(회)─회(回)는 안연(顔淵)의 이름. ○非助我者也(비조아자야)─
나를 도와주는 사람이 아니다. ○於吾言(어오언)─나의 말에 있어, 나의 말
에 대하여. ○無所不說(무소불열)─기뻐하지 않는 바가 없다. 무슨 말을 해
도 잘 이해하고 기쁘게 따라 행한다.

공자는 풍자적으로 "나를 도와주는 사람이 아니다."라고 말했다.
그러나 '무슨 말을 해도 알아듣고, 기쁘게 따르고 실천한다.'는 말
로, 안연의 높은 경지를 칭찬하고 있다.

11-4

꽁자가 말했다. "민자건은 참으로 효성스럽다. 그의 부모
형제가 그를 효제라고 칭찬하는 말을 비난할 사람이 아무도
없을 것이다."

[原文]

子ㅣ 曰 孝哉라 閔子騫이여 人不>間Ⅱ於其父母
　　자　왈　효재　　민자건　　　　인불　간　어기부모
昆弟之言Ⅰ이로다.
곤제지언

[가사체 번역문]

공자께서 말하셨다

閔子騫은 진정으로 孝悌롭다 라고했던
민자건　　　　　　　효제

그의부모 형제말에 다른말을 하는사람 그아무도 없으리라

[註解] ㅇ孝哉(효재)―참으로 효성스럽다. ㅇ閔子騫(민자건)―공자의 제
자. 이름은 손(損), 자가 자건(子騫). ㅇ人不間(인불간)―다른 사람이 비난할

수 없다, 이론(異論)을 제기할 수 없다. ○於其父母昆弟之言(어기부모곤제지언)—그의 부모나 형제들이 그를 효제(孝悌)라고 하는 말에 대하여, (다른 사람이 이의를 제기하지 않았다). 『집주(集註)』에서는 '민자건이 부모형제에 대하여 효제했다는 말에 다른 사람이 이의를 제기하지 않는다.' 로 풀기도 했다.

[解說]

『이십사효도설(二十四孝圖說)』에 민자건(閔子騫)의 고사가 있다. 어려서 친어머니를 여읜 민자건 형제는 계모 밑에서 자라야 했다. 계모는 자기의 소생 두 아들만을 사랑하고 민자건 형제를 박대했다. 하루는 아버지가 민자건에게 마차를 몰게 했다. 그런데 어린 민자건이 몹시 추위를 타고 오들오들 떨었다. 괴이하게 여긴 아버지가 자세히 실사해보니, 계모가 친자식의 옷에는 솜을 넣고, 전처의 두 아들 옷에는 갈대꽃을 넣어 입힌 것을 알았다.

이에 노발대발한 아버지가 계모를 내쫓으려 하자, 민자건이 말했다. "어머님이 계시면 저 혼자 춥지만, 안계시면 우리 형제 셋이 다 추워야 합니다. 그러니 노여움을 거두십시오." 이에 계모가 회개하여 일가가 단란했으며 민자건 형제들이 우애롭게 지냈다. 결국 민자건의 효성이 일가를 감동시켰던 것이다.

11-5

남용이 백규의 시를 세 번이나 되풀이하고 외웠으므로 공자가 자기 형님의 딸을 그에게 시집보냈다.

[原文]

南容(남용)이 三>復॥白圭(백규)ㅣ어늘 孔子(공자)ㅣ 以॥其兄之子
(이기형지자)ㅣ로 妻>之(처지)하시다.

[가사체 번역문]

南宮括(남궁괄)이 白圭詩(백규시)를 하루에도 세번이나 반복해서 읊었었다
그리하여 공자께서 南容(남용)에게 兄(형)의딸을 妻(처)로삼게 하였다네

[註解]

○南容(남용)－남궁괄(南宮括), 자는 자용(子容)이다. 「公冶長篇(공야장편) 5-2」 참고. ○三復(삼복)－세 번이나 거듭해서 외다. 삼(三)은 여러 번, 거듭 되풀이해서. ○白圭(백규)－『시경』「대아(大雅)」억편(抑篇)의 시다. ○以其兄之子(이기형지자)－자기 형님의 딸을. ○妻之(처지)－남용에게 시집보냈다.

[解說]

백규(白圭)의 시는 다음과 같다. '백규의 흠은 오히려 고칠 수도 있으나 잘못한 말은 어찌할 수 없다〔白圭之玷 尙可磨也 斯言之玷 不可爲也〕.' 백규는 백옥(白玉)으로 만든 규(圭)로 사신이 지니고 가서 다른 나라 임금에게 바치는 장방형(長方形)의 옥패(玉牌)다. 점(玷)은 흠, 옥패에 난 결함. 남용(南容)은 신중한 사람이다. 공자는 「공야장편(公冶長篇)」에서 말했다. "나라에 도가 있으면 등용될 것이다. 도가 없어도 형벌에 걸리지 않을 사람이다."「5-2」.

11-6

계강자가 제자에 대해서 물었다. "누가 배우기를 좋아합니까?"

공자가 대답했다. "안회라는 사람이 배우기를 좋아했는데, 불행하게도 단명으로 죽었으며, 지금에는 없습니다."

[原文]

季康子ㅣ 問 弟子ㅣ 孰爲>好>學이닛고? 孔子ㅣ
계 강 자   문 제 자   숙 위 호 학   공 자

對曰 有Ⅱ顔回者ㅣㅣ 好>學하더니 不幸短命死矣라
대 왈 유 안 회 자   호 학   불 행 단 명 사 의

今也則亡하니라.
금 야 즉 망

[가사체 번역문]

계강자가 공자님께 제자들에 대하여서 다음같이 물어봤다

그누구가 배우기를 가장좋아 하는지요

공자께서 대답했다

안회란者 배우기를 가장좋아 하였으나
     자

불행히도 短命으로 안타깝게 죽었으며 지금에는 없습니다
        단 명

[註解] ○季康子(계강자)—노(魯)나라의 참월한 세도가. 「爲政篇 2-20」,
「雍也篇 6-8」참고. ○孰爲好學(숙위호학)—누가 배우기를 좋아하느냐?
○有顔回者好學(유안회자호학)—안회라는 사람이 배우기를 좋아했다, 안회

가 배우기를 좋아했다. ○不幸短命死(불행단명사)—불행하게도 단명으로 죽었다. ○今也則亡(금야즉망)—지금에는 (배우기 좋아하는 자가) 없다. 이때의 호학은 '배운 것을 행동으로 실천한다.'는 뜻.

[解說]

안회(顏回)는 앞에서 여러 번 나왔다. 노나라의 애공(哀公)도 이와 같은 질문을 했으며, 이에 대해서 공자는 자세하게 대답했다. 「雍也篇 6-7」 참고.

11-7

안연이 죽자, (그의 아버지) 안로가 공자의 수레로 (자기 아들의) 덧관을 마련해 달라고 간청했다.

이에 공자가 말했다. "재주가 있거나 없거나 (부모는) 다같이 자기 자식이라 말한다. 내 자식 이(鯉)가 죽었을 때도 나는 관만 있었지, 덧관은 없었다. 나는 걸어 다니면서까지 아들의 덧관을 마련해 줄 수가 없었으니, 그 이유는 내가 대부의 말석에 참여한 적이 있었기 때문에 걸어 다닐 수 없기 때문이다."

[原文]

顔淵이 死커늘 顔路ㅣ 請Ⅲ子之車하야 以爲Ⅱ之
안 연   사   안 로 청 자 지 거   이 위   지

槨ㅣ한대 子ㅣ 曰 才不才에 亦各言Ⅱ其子ㅣ也니 鯉
　곽　　　　자　왈　재부재　　역각언　기자　야　　이

也ㅣ 死커늘 有>棺而無>槨하니 吾不Ⅲ徒行하야 以
　야　사　　유관이무곽　　　오불　도행　　　이

爲Ⅱ之槨ㅣ은 以Ⅲ吾ㅣ 從Ⅱ大夫之後ㅣ라 不>可Ⅱ徒
　위　지곽　이오　　종　대부지후　라　불가　도

行ㅣ也니라.
　행　야

[가사체 번역문]

顏淵께서 죽었는데 그의아비 顏路께서 공자님께 청하였다
　안연　　　　　　　　　　안로

당신수레 주시면은 자식덧관 만들겠다

공자께서 말하셨다

부모란者 자기자식 현명하든 그렇잖든
　　　자

모두같이 자식위해 말을하게 마련이다

그러하나 나의자식 伯魚그가 죽었을때
　　　　　　　　백어

棺만있고 그외덧관 해주지를 않았다네
관

내가걸어 다니면서 자식덧관 마련해줄 그럴수는 없었다네

전에내가 대부말석 참여했던 적있는데

수레마저 타지않고 걸어다닐 수는없지

[註解] ○顏淵死(안연사)─안연이 죽자. ○顏路(안로)─안연의 아버지. 이름은 유(由), 혹은 무요(無繇). 역시 공자의 제자였다. ○請子之車以爲之槨(청자지차이위지곽)─청(請)은 청하다, 자지차(子之車)는 공자의 수레로, 이위지곽(以爲之槨)은 덧관을 마련하다, 관(棺)은 속 널, 곽(槨)은 외관(外棺). ○才不才(재부재)─재주가 있으나 없으나. ○亦各言其子也(역각언기자야)─역시

부모는 다 자기 자식이라고 한다. ○鯉也死(이야사)―이(鯉)가 죽었을 때, 이는 공자의 아들. 자는 백어(伯魚), 야(也)는 허사(虛詞). ○有棺而無槨(유관이무곽)―관만 있었지, 곽이 없었다. ○吾不徒行以爲之槨(오불도행이위지곽)―불(不)은 '도행(徒行) 이위지곽(以爲之槨)'을 다 부정한다. '내가 (수레없이 걸어가면서) 아들의 곽을 만들어 줄 수 없다.' ○以吾從大夫之後(이오종대부지후)―나는 대부의 말석을 따라가야 하기 때문에. 이(以)는 이유, 까닭으로. ○不可徒行也(불가도행야)―걸어갈 수가 없다.

[解說]

공자는 안연(顔淵)을 사랑했으며 그가 죽자, "아아! 하늘이 나를 버리셨다〔噫 天喪予 天喪予〕."라고 탄식했다. (다음 장) 한편 안연의 부친 안로(顔路)가 공자에게 "선생님의 수레를 임시변통해서 안연의 덧관을 만들게 해주세요." 하고 청하자, 공자는 이를 거절하면서 말했다. "내 자식이 죽었을 때도 덧관을 마련해 주지 않았다. 나는 대부의 말석을 좇는 신분이므로 수레 없이 걸을 수가 없다." 인정을 위해 예절을 어길 수 없음을 분명히 밝힌 것이다. 공자는 69세에 50세 되는 아들 이(鯉)를 잃었고, 다시 72세에는 41세 되는 안연을 잃었다. 공자의 비탄이 얼마나 컸으랴. 그래도 공자는 자기 신분에 맞는 예도(禮道)와 예절(禮節)을 지켜야 했다.

11-8

안연이 죽자, 공자가 한탄했다. "아아! 하늘이 나를 버리셨다, 하늘이 나를 버리셨다."

[原文]

顔淵이 死커늘 子ㅣ 曰 噫라 天喪>予삿다. 天喪>
안 연 　　사 　　자 왈 희 　천 상 여 　　　　천 상

予삿다.
여

[가사체 번역문]

顔淵께서 별세하자 공자께서 말하셨다
안 연
아아아아 저하늘이 나를나를 버리셨다
아아아아 저하늘이 나를나를 버리셨다

[註解] ○噫(희)―아아! ○天喪予(천상여)―하늘이 나를 버리다.

11-9

안연이 죽자, 공자가 통곡하며 소리내어 울었다. 따라갔던
제자가 "선생님께서 통곡하셨다."고 말하자, 공자가 말했다.
"내가 통곡을 했다고? 허기는 그를 위해 통곡하지 않으면, 누
구를 위해 통곡하겠느냐?"

[原文]

顔淵이 死커늘 子ㅣ 哭>之慟하신대 從者ㅣ 曰 子
안 연 　　사 　　자 곡 지 통 　　　　종 자 왈 자

ㅣ 慟矣사소이다. 曰 有>慟乎아? 非ⅱ夫人之爲慟ㅣ
　통 의　　　　　왈 유 통 호　　　　비 부 인 지 위 통

이오 而誰爲리오?
　　이 수 위

[가사체 번역문]

顔淵께서 죽었는데 공자께서 통곡하며 소리내어 우시었다
안 연

따라갔던 제자들이 선생님이 소리내어 통곡했다 라고하니

이에대해 공자께서 다음같이 말하셨다 내가내가 통곡했지

내가그를 위하여서 통곡하지 않는다면 누굴위해 통곡하랴

[註解] ㅇ子哭之慟(자곡지통)―공자가 통곡하고 소리내어 울다. 곡(哭)은
크게 소리내어 울다. 통(慟)은 곡보다 한층 더 슬피 운다. ㅇ從者(종자)―따
라갔던 제자. ㅇ有慟乎(유통호)―통곡을 했다고? 내가 통곡을 했다고? ㅇ非
夫人之爲慟(비부인지위통)―그 사람을 위해 통곡하지 않으면. ㅇ而誰爲(이
수위)―그러면 누구를 위해 통곡을 하느냐?

[解說]

앞의 7장에서 냉철하게 예를 지키던 공자도 이렇게 인정에 흐르
고 눈물을 흘렸다. "그를 위해 통곡하지 않으면, 누구를 위해 통곡
하겠느냐?" 이때 공자 나이 72세로, 그가 죽기 2년 전이다. 사람의
죽음을 심각하게 여기고 엄숙하게 대하면서 마냥 통곡하는 공자는
참으로 인정 많고 눈물 흘릴 줄 아는 평범한 사람이라 하겠다. 그러
므로 우리는 더욱 공자의 말에 끌리는 것이리라. 특히 죽음을 엄숙
하게 대하고, 아울러 예도(禮道)와 예절(禮節)을 중시함으로써 공자

는 상례와 제사를 더없이 중시했던 것이다. 상례와 제사를 높이는 유교 사상의 깊은 뜻을 바르게 이해해야 한다.

11-10

안연이 죽자, 문인들이 성대하게 장사를 지내려고 하는 것을 공자가 "안 된다."고 말했다.

그러나 문인들이 성대하게 장사를 지내 주었다. 이에 공자가 말했다. "안회는 나를 친아버지처럼 생각해 주었으나, 나는 그를 친자식처럼 대해 주지 못했다. 그것은 나 때문이 아니고, 너희들 몇 사람 때문이다."

[原文]

顔淵이 死커늘 門人이 欲Ⅱ厚葬Ⅰ>之한대 子ㅣ曰
안 연   사   문 인   욕   후 장   지   자 왈

不可하니라. 門人이 厚葬>之한대 子ㅣ曰 回也는 視
불 가   문 인   후 장 지   자 왈 회 야   시

>予猶>父也어늘 予不>得Ⅱ視猶Ⅰ>子也호니 非>我
여 유 부 야   여 부 득   시 유   자 야   비 아

也라 夫二三子也니라.
야   부 이 삼 자 야

[가사체 번역문]

顔淵께서 죽었는데 門人들이 그를위해
안 연   문 인

그의장사 성대하게 지내려고 하였다네

이에대해 공자께서 안된다고 말하셨다

문인들이 듣지않고 성대하게 장사했다

이에대해 공자께서 다음같이 말하셨다

回는나를 친아버지 못지않게 여겼으나
회

나는그를 자식처럼 대해주질 못하였네

그건바로 나때문에 그런것이 아니란다 너희몇명 때문이지

【註解】 ㅇ欲厚葬之(욕후장지)―장사(葬事)를 성대하게 지내 주려고 하다. ㅇ回也(회야)―안회는. ㅇ視予猶父也(시여유부야)―나를 친아버지처럼 보았다. ㅇ予不得視猶子也(여부득시유자야)―그러나 나는 친자식처럼 돌봐주지 못했다. ㅇ非我也(비아야)―나 때문에 그런 것이 아니다. ㅇ夫二三子也(부이삼자야)―너희들 몇 사람 때문이다.

【解說】

　예도(禮道)를 어기면 군자가 아니다. 공자는 안회를 친자식처럼 사랑하고, 그의 장례도 예도에 맞기를 바랐다. 그러나 주책없는 제자 몇 사람이 안회의 장례를 예도에 어긋나게 성대히 치른 결과, 도리어 안회를 욕되게 했음을 탓한 것이다. 안회에 대한 지극한 사랑이 넘친다. '너희들 몇 사람'이라고 말할 뿐, 안회의 부친 안로(顏路)의 이름을 들지 않았음에 주의해야 한다.

11-11

자로가 귀신 섬기는 일에 대해 묻자, 공자가 말했다. "사람도 제대로 섬기지 못하는데 어찌 귀신을 섬길 수 있겠느냐?"

(자로가 다시) "감히 죽음에 대해 묻고자 합니다." 하자, 공자가 말했다. "삶에 대해서도 잘 모르는데 어찌 죽음에 대해 알겠느냐?"

[原文]

季路ㅣ 問>事Ⅱ鬼神Ⅰ한대 子ㅣ 曰 未>能>事>人
계 로 문 사 귀 신 자 왈 미 능 사 인

이면 焉能事>鬼리오? 敢問>死하노이다. 曰 未>知>
언 능 사 귀 감 문 사 왈 미 지

生이면 焉知>死리오?
생 언 지 사

[가사체 번역문]

子路께서 공자님께 귀신들을 섬기는일 그런일을 여쭈었다
자로

공자께서 말하셨다

살아있는 사람들도 잘섬기지 못하면서

어찌하여 귀신들을 섬길수가 있겠느냐

자로께서 말하였다

죽음이란 무엇인지 감히말씀 여쭙니다

공자께서 말하셨다

삶이란게 무엇인지 잘알지도 못하는데
어찌하여 죽음뭔지 그런것을 알겠느냐

【註解】 ○季路(계로)―자로(子路), 중유(仲由). ○事鬼神(사귀신)―귀신을 섬
긴다. 즉 제사지낼 때 모시는 신령을 어떻게 섬기면 좋으냐고 물었다. 하
늘이나 산천(山川)에 대해서는 신(神), 죽은 사람에 대해서는 귀(鬼)라고 한
다. ○未能事人(미능사인)―살아 있는 사람도 잘 섬기지 못하면서. ○焉能
事鬼(언능사귀)―어떻게 귀신을 섬길 수 있겠느냐? ○敢問死(감문사)―감히
죽음에 대해서 묻겠습니다. ○未知生(미지생)―삶을 잘 알지 못하면서, '지
생(知生)'은 '삶의 본질과 의미를 바르게 안다.'는 뜻과 아울러 '바르게 산
다.'는 뜻이 다 포함되어 있다. 지(知)는 알고 행한다는 뜻이다. ○焉知死
(언지사)―어찌 죽음에 대해서 알겠느냐?

【解說】
　공자의 철학이나 사상은 '살아 있는 사람'을 바탕으로 한다. 우
주천지 자연만물을 창조하고 주재하는 '절대의 신'이나 '사후의 영
혼세계'에 중점을 두지 않는다. 다만 '우주천지 자연 속에 태어나
현실적으로 살고 있는 인간이 따라야 할 바른 도리와 바른 행실'에
중점을 둔다. 바른 도리는, 곧 우주의 이법(理法)이다. 우주는, 곧 공
간(空間)과 시간(時間)이다. 그러므로 우주의 이법은, 곧 공간과 시간
을 통합한 도리로, 이를 한마디로 천도(天道)라고 한다.
　우주천지 자연만물은 천도에 의해서 생성(生成)·변화(變化)·번
식하고 있다. 그중에서 만물의 영장인 인간만이 '사랑의 공동체'를
형성하고 아울러 대를 이어가면서 역사와 문화를 계승하고 더욱 창
조적으로 발전케 하고 있다. 절대명령인 천명(天命)에 의해서 이승

에 태어나 삶을 누리는 사람은 절대선(絶對善)의 천도를 따라 살아야한다. 그러므로 사랑을 바탕으로 자연 만물과 사람들을 사랑하고 함께 잘 사는 공동체를 꾸미고 동시에 역사와 문화를 계승 발전케 해야 한다. 그것이 곧 이승에 태어나 사는 인간 삶의 바른길이다. 이는 곧 공자의 현실적 · 실천적 · 지성적 인생 철학사상이다.

공자도 내면적으로는 절대신(絶對神)의 존재와 그 권위 및 작위(作爲)를 경외(敬畏)했으며 따라서 제사를 인정하고 높였던 것이다. 즉 천신(天神)이나 지기(地祇), 혹은 산천의 신령(神靈) 및 선조의 귀신을 모시고 제사 지내는 것을 중시했다. 그러나 공자는 제사를 유신론 혹은 미신적으로 파악하지 않고 예치(禮治)의 일환으로 높였던 것이다. 그러므로 '경귀신(敬鬼神) 이원지(而遠之)'라고 했다.

공자는 미신적인 귀신을 인간적인 신령으로 승화시켰다. 즉 자신의 삶의 근원이 바로 하늘과 선조라는 것을 인식하고, 영적으로 교감(交感) 교통(交通)하고 아울러 감사하기 위해서 제사를 높였던 것이다. '제사 제(祭)'는 '접할 접(接)'과 뜻이 통한다. 고대의 미신적이고 맹목적인 신령이나 귀신에 대한 기복신앙(祈福信仰)을 인간의식의 우주적 확대로 전환한 것이다. 이는 곧 인간의 자아의식(自我意識)을 동물적 차원에서 정신적 · 우주적 차원으로 확대한 것이다.

11-12

(공자를 모시는 데 있어서) 민자건은 공손했고, 자로는 강직했고, 염유와 자공은 부드러웠다. 이에 공자는 즐거운 듯이 말했다. "유 같은 사람은 천수를 다 누리기 어려울 것이

다."

[原文]

閔子는 侍>側에 誾誾如也하고 子路는 行行如也
민자 시 측   은은여야   자로   행행여야

하고 冉有 子貢은 侃侃如也어늘 子ㅣ 樂하시다. 若>
    염유 자공   간간여야   자 락   약

由也는 不>得Ⅱ其死然Ⅰ이로다.
유야   부득 기사연

[가사체 번역문]

공자님을 뫼실때에

閔子騫은 공손했고 子路께선 강직했고 冉有子貢 화락했다
민자건   자로   염유자공

이에대해 공자께서 즐거운듯 말하셨다

由야그잔 자기天壽 다누리기 어려우리
유   천수

[註解] ○閔子(민자)-민자건(閔子騫). ○侍側(시측)-공자를 모시고 곁에
앉아 있다. ○誾誾如也(은은여야)-은은(誾誾)은 공손하고 부드럽고 즐거운
듯하다. 여야(如也)는 …한 듯하다. ○子路(자로)-중유(仲由). ○行行如也
(행행여야)-고지식하고 강직하다. ○冉有(염유)-염구(冉求). 「八佾篇 3-6」
참고. ○子貢(자공)-「學而篇 1-10」참고. ○侃侃如也(간간여야)-화락(和
樂)한 모양. ○子樂(자락)-공자가 즐거운 낯을 하고. ○曰(왈)-말하다.
『집주(集註)』에는 '왈(曰)'이 없다. ○若由也(약유야)-자로 같은 사람은. 유
(由)는 자로의 이름. ○不得其死然(부득기사연)-부득(不得)은 …하지 못한

다. 기사(其死)는 제 죽음, 즉 수를 다 누리고 죽는다는 뜻. 연(然) = 언(焉),
어조사.

[解說]

공자가 모처럼 한가하게 제자들과 자리를 같이하고 흐뭇한 미소
를 띠고 있다. 스승 곁에 배석한 제자들의 품은 저마다 특색이 있다.

그중에서도 가장 과감하고 강직한 행동파인 자로를 보니, 걱정이
앞섰다. 도가 행해지는 좋은 세상이라면 크게 활약하고 공을 세울
것이다. 그러나 도가 없는 난세를 어떻게 무사히 넘길 수 있을까?
공자의 제자들에 대한 사랑과 걱정이 교차하는 대목의 글이다.

11-13

노나라 사람이 장부라는 창고를 만들자, 민자건이 말했다.
"옛날 것을 그대로 두고 쓰면 어떠한가? 무엇 때문에 반드시
고쳐야 하는가?"

이 말을 듣고 공자가 말했다. "그 사람은 말이 없는 사람이
지만, 말을 하면 반드시 사리에 맞게 한다."

[原文]

魯人이 爲ⅠⅠ長府ㅣ러니 閔子騫이 曰 仍Ⅱ舊貫ㅣ
　노인　위　장부　　　민자건　왈　잉　구관

如ⅡⅠ之何ㅣ오? 何必改作이리오? 子ㅣ 曰 夫人ㅣ 不〉
여　지하　　하필개작　　　　자　왈　부인　불

言이언정 言必有>中이니라.
언 　　　언 필 유 중

[가사체 번역문]

魯나라의 季氏란者 長府라고 하는창고 다시고쳐 지으려자
노 　　　계씨 자 장부

閔子騫이 말하였다
민자건

전에있던 그창고를 사용하면 어떠한가

무엇땜에 꼭반드시 새로고쳐 지어야나

이에대해 공자께서 다음같이 말하셨다

저閔子騫 그사람은 말이없는 사람이다
민자건

말을하면 꼭반드시 사리맞게 하느니라

[註解] ○魯人(노인)－노나라 사람, 즉 실권을 행사하고 있던 계씨(季氏).
○爲長府(위장부)－장부라는 창고를 만들었다. 「해설 참고」. ○閔子騫(민자
건)－「雍也篇 6-9」참고. ○仍舊貫(잉구관)－옛날 그대로 따르고 쓰다. 仍
(인할 잉)＝因(인할 인), 관(貫)은 일 사(事)의 뜻이다. ○如之何(여지하)－어떠
한가? ○何必改作(하필개작)－무엇 때문에 꼭 고칠 필요가 있나? ○夫人不
言(부인불언)－저 사람은 평소에 말을 잘 안한다. ○言必有中(언필유중)－말
을 하면 반드시 사리에 맞게 한다. 적중한다.

[解說]

　　민자건은 계씨가 자기를 비(費)의 재(宰)로 삼으려 하자, 거절한
일이 있다(「公冶長篇 6-9」). 그 정도로 신중한 사람이 마침내 입을
열고 계씨의 횡포(橫暴)를 비난했다. 그 이유를 『집주(集註)』는 대략
다음과 같이 풀이했다. 장부(長府)는 재물 창고다. 옛날 것을 그냥 쓰

지 않고, 새로 개축함으로써 백성의 막대한 노력과 재물을 탕진한 것을 비난한 것이다(다른 설도 있다).

11-14

공자가 말했다. "자로 정도의 거문고로 어찌 우리 문중에서 타는가?"

이에 제자들이 자로를 존경하지 않게 되자, 공자가 다시 말했다. "자로는 그만하면 당에는 오를 수 있다. 아직 실에 들만하지 못할 뿐이다."

[原文]

子ㅣ 曰 由之鼓瑟을 奚爲॥於丘之門ㅣ고? 門人이
자　　왈　유지고슬　　해위　　어구지문　　　문인

不>敬॥子路ㅣ한대 子ㅣ 曰 由也는 升>堂矣오? 未>
불경　　자로　　　　자　　왈　유야는　승　당의　　미

入॥於室ㅣ也니라.
입　어실　야

[가사체 번역문]

공자께서 말하셨다

子路는왜 거문고를 門안에서 타고있나
자로　　　　　　　문

제자들이 子路그를 존경하지 않게되자 공자께서 말하셨다
　　　　자로

子路그者 堂위에는 오를수가 있느니라
자로　자　당

아직까지 室안에는 들어오기 부족하지
실

【註解】 ㅇ由之鼓瑟(유지고슬)―자로 정도로 거문고를 타면서. 고(鼓)는 타
다, 슬(瑟)은 큰 거문고. 25현 또는 27현의 거문고. ㅇ奚爲(해위)―어찌 …
하는가? ㅇ於丘之門(어구지문)―공자의 문중에서. 구(丘)는 공자. ㅇ門人不
敬子路(문인불경자로)―다른 문인들이 자로를 존경하지 않는다. ㅇ由也(유
야)―자로의 거문고. ㅇ升堂矣(승당의)―당에는 오를 만하다. 당(堂)은 대
청, 내당. ㅇ未入於室也(미입어실야)―아직은 실에 들어갈 정도는 아니다.
실(室)은 안방, 내실.

【解說】

　음악은 온화돈유(溫和敦柔)해야 한다. 성격이 억센 자로가 거문고
를 타자, 자연히 그 소리가 굳고 억세게 들렸을 것이다. 이에 음악을
잘 알고 예민하게 분별하는 공자가 "저런 솜씨로 어찌 우리 문중에
서 거문고를 타는가?"라고 비판했다. 그런데 다른 제자들이 자로를
존경하지 않게 되자, 공자가 당황하고 다시 말을 바꾸어 "자로의 학
문이나 거문고 실력은 승당(升堂)은 했다. 아직 입실(入室)할 만하지
못하다는 뜻이다."라고 수정했다.

11-15

　자공이 물었다. "사와 상은 누가 더 현명합니까?"
　공자가 말했다. "사는 지나치고 상은 미치지 못한다."
　자공이 "그러면 사가 더 낫습니까?"하고 묻자, 공자가 말

했다. "지나친 것은 미치지 못함과 같다."

[原文]

子貢이 問 師與>商也ㅣ 孰賢이닛고? 子ㅣ 曰 師
자공   문 사여 상야   숙현   자 왈 사

也는 過하고 商也는 不>及이니라. 曰 然則師愈與잇
야   과   상야   불급   왈 연즉사유여

고? 子ㅣ 曰 過猶>不>及이니라.
    자   왈 과유 불급

[가사체 번역문]

자공께서 여쭈었다

師와商은 둘중에서 누가좀더 賢明하오
사 상   현 명

공자께서 말하셨다

師야그는 지나치고 商야그는 못미치지
사   상

그러하자 자공께서 다음같이 여쭈었다

그렇다면 商야보다 師야그가 낫습니까
        상   사

공자께서 말하셨다

말하자면 지나침은 못미침과 같으니라

[註解] ○師與商也(사여상야)—사와 상은. 사(師)는 자장(子張)의 이름, 상
(商)은 자하(子夏)의 이름. 야(也)는 단락을 표시하는 조사. ○孰賢(숙현)—누
가 더 현명한가? ○師也過(사야과)—사는 지나치다. ○商也不及(상야불급)—
상은 미치지 못한다. ○然(연)—그러면. ○師愈與(사유여)—사가 (상보다)

더 나으냐? 여(與)는 의문을 나타내는 조사. ○ 過猶不及(과유불급)─지나친
것도 못 미치는 것과 같다.

[解說]

 '과유불급(過猶不及)'의 출전이다. 만사의 도리를 말할 때나, 일을
처리함에 있어서나, 도(道)에 맞아야 한다. 모자라거나 못 미치거나
하면 안되지만, 반대로 지나치거나 넘치거나 해도 안된다. 도에 맞
고 적당한 것을 중용(中庸)이라고 한다. 공자는 「옹야편(雍也篇)」에서
말했다. "중용의 덕은 지극하다. 그러나 사람들은 중용의 덕을 오래
지니지 못하는구나〔中庸之爲德也 其至矣乎 民鮮久矣〕."

11-16

 계씨가 노의 임금보다 더 부자인데도, 염구가 그를 위해서
무거운 세금을 부과하고 심하게 거둬들임으로써 계씨의 재
물을 더욱 불려 주었다. 이에 공자가 말했다. "염구는 나의
제자가 아니다. 자네들이 전고를 울리고 그를 공격해도 좋
다."

[原文]

　季氏Ⅰ 富Ⅱ於周公Ⅰ이어늘 而求也Ⅰ 爲>之聚斂
　　계씨　　부　어주공　　　　　이구야　　위지취렴

而附Ⅱ益之Ⅰ한대. 子Ⅰ 曰非Ⅱ吾徒Ⅰ也로소니 小子
이부　익지　　　자　왈비　오도　야　　　　소자

아 鳴>鼓而攻>之ㅣ 可也니라.
명 고 이 공 지 가 야

[가사체 번역문]

季康子란 그大夫가 魯나라의 임금이나
계 강 자 　　　 대 부 　 노

周나라의 周公보다 훨씬더욱 부잔데도
주 　　　 주 공

冉求그가 그를위해 무거웁게 나라세금
염 구

부과하고 거둬들여 계씨재물 불려줬네

이에대해 공자께서 다음같이 말하셨다

염구그는 진정으로 나의제자 아니로다

여기있는 그대들아 저戰鼓를 두드리고
　　　　　　　　　　 전 고

모두그를 聲討하고 공격해도 좋느니라
　　　　 성 토

[註解] ○季氏(계씨)─노나라의 참월(僭越) 무도한 대부(大夫), 임금을 무시하고 세도를 부렸다. ○富於周公(부어주공)─주공(周公)보다 더 부자였다. 주공은 곧 노나라의 임금. ○而(이)─그런데도. ○求也(구야)─염구(冉求)가. ○爲之(위지)─계씨를 위해서. ○聚斂(취렴)─무거운 세금을 부과하고 백성들로부터 재물을 거두었다. ○而附益之(이부익지)─그래가지고 계씨의 재물을 더욱 불려주었다. ○非吾徒也(비오도야)─(도에 어긋난 짓을 한) 염구는 나의 제자가 아니다. ○小子(소자)─애들아, 자네들. ○鳴鼓(명고)─전고(戰鼓)를 두드리고. 공격하라는 북을 울리고. ○攻之(공지)─염구를 공격해도. ○可也(가야)─좋다.

[解說]

염구(冉求)는 정치적 수완이 있었으며, 한때 그가 계씨(季氏)의 가신(家臣)으로 행정을 담당한 일이 있었다.

그때에 백성에게 중세(重稅)를 부과하고 재물을 거두어들여서 결과적으로 백성을 고생시키고, 반대로 계씨의 재산을 더욱 불어나게 해주었다. 이에 공자는 인정(仁政)을 저버린 염구를 혹독하게 나무란 것이다.

11-17

시는 우직하고, 삼은 둔하다. 사는 치우치고, 유는 거칠다.

[原文]

柴也는 愚하고 參也는 魯하다. 師也는 辟하고 由也는 喭이니라.
시야 우 삼야 노 사야 벽 유 야 언

[가사체 번역문]

柴야그는 愚直하고 參야그는 素朴하다
시 우직 삼 소박
師야그는 치우치고 由야그는 거칠다네
사 유

○柴也愚(시야우)─공자의 제자. 이름이 시(柴), 자는 자고(子羔), 우(愚)는 우직하다. ○參也魯(삼야노)─삼(參)은 증자(曾子)의 이름. 노(魯)는 우둔하다. ○師也辟(사야벽)─사(師)는 자장(子張)의 이름. 벽(辟)은 편벽되다, 치우치다. ○由也喭(유야언)─유(由)는 자로(子路)의 이름. 언(喭)은 속되고 조잡하다.

[解說]

주로 결점을 들어 그들의 특성을 말했다. 「이인편(里仁篇)」에서도 공자는 말했다. "허물이나 잘못을 보면 그 인덕이나 인간됨을 알 수 있다〔觀過 斯知仁〕."「4-7」.

11-18

공자가 말했다. "안회는 도에 가까웠다. 그러나 그는 가난하여 자주 쌀궤가 비었다. 자공은 천명을 받지 않고, 재물을 불렸다. 그러나 슬기로운 그의 추측은 거의 적중했다."

[原文]

子ㅣ 曰 回也는 其庶乎오. 屢空이니라. 賜는 不＞
자 왈 회야 기서호 누공 사 불

受＞命이오 而貨殖焉이니 億則屢中이니라.
수 명 이 화 식 언 억 즉 누 중

[가사체 번역문]

공자께서 말하셨다

顔回그는 道에거의 가까웁게 되었으나
안 회   도

가난하여 자주자주 그의쌀독 비었구나

子貢그는 하늘命을 안따르고 장사하여 재산증식 하였으며
자 공   명

臆測하고 推測한게 자주자주 맞았구나
억 측   추 측

[註解] ○回也(회야)-안연, 안회. 야(也)는 단절을 나타내는 조사. ○其庶
乎(기서호)-그는 도에 가까웠다. 거의 다 도를 깨닫고 행했다는 뜻. 가까울
서(庶). ○屢空(누공)-가난하여 자주 쌀궤가 비었다. ○賜(사)-자공. ○不
受命(불수명)-천명을 받지 않는다. 즉 가난을 감수하지 않고, 혼탁한 난세
에는 군자는 가난하게 마련이다. ○貨殖焉(화식언)-재물을 불렸다. 언(焉)
은 조사. ○億則屢中(억즉누중)-그의 억측이나 추측이 혼히 잘 적중했다.
억(億) = 생각 억(臆).

[解說]

　여기서도 특성의 양면을 들었다. 도를 잘 깨닫고 행한 안회는 항
상 식량이 떨어졌으며 가난에 시달렸다. 반면 자공은 군자의 숙명적
인 가난을 감수하지 않고, 난세에서도 슬기롭게 돈벌이를 잘했다.
　그러나 자공의 경우는 '억측이 잘 적중했다.' 는 말로 바른 태도
가 아님을 암시하고 있다.

자장이 선인의 도를 묻자, 공자가 말했다. "옛날의 성인의 발자취를 밟고 따르지 않으면, 깊은 방에 들어가지 못한다."

[原文]

子張이 問_Ⅱ善人之道ㅣ한대 子ㅣ 曰 不>踐>迹이면
자 장   문   선 인 지 도   자   왈 불 천 적

亦不>入_Ⅱ於室ㅣ이니라.
역 불   입   어 실

[가사체 번역문]

子張께서 善人道理 공자님께 여쭈었다
자장   선 인 도 리

공자께서 말하셨다

옛날聖人 발자취를 따르지를 않으면은
     성 인

聖人들의 깊은房에 들어가지 못한다네
성 인   방

[註解] ○善人之道(선인지도)—선인의 도리. 선인(善人)은 어질고 착한 사람. 주자(朱子)는 '바탕은 좋지만 아직 배우지 않은 사람〔美質而未學者也〕.'이라고 풀이했다. ○不踐迹(불천적)—옛날 성현의 발자취를 따르지 않으면. ○亦不入於室(역불입어실)—역시 깊은 방에 들어갈 수 없다.

위의 해석은 유보남(劉寶楠)의 설을 따랐다. 성현의 가르침을 따르고 실천해야 착한 사람이 된다.

11-20

공자가 말했다. "변론을 잘한다고 편을 들지만, 과연 그 사람이 군자일까? 외모만 장중하게 꾸미는 사람은 아닐까?"

[原文]

子ㅣ 曰 論篤을 是與면 君子者乎아? 色莊者乎아?
자 왈 논독 시 여 군자자호 색장자호

[가사체 번역문]

공자께서 말하셨다 말잘하는 사람들을
대부분이 편들지만 과연그가 군자일까
외모만이 장중한者 그런사람 아닐런지
　　　　　　　자

[註解] ○論篤(논독)—말을 잘한다. 변론이나 언론이 뛰어나다. ○是與(시여)—그것을 편든다, 추켜세운다. ○君子者乎(군자자호)—(과연 그 사람이) 군자일까? ○色莊者乎(색장자호)—외모만 장대하게 꾸미는 사람.

　이상은 주자(朱子)의 풀이를 따랐다. 『고주(古注)』는 이 장을 앞의 장과 하나로 묶어 선인(善人)의 조건으로 '논독시여(論篤是與), 군자자호(君子者乎), 색장자호(色莊者乎).'를 들었다. 즉 '선인은 언론이 독실해야 한다, 행동이 군자다워야 한다, 용모가 장중해야 한다.'는 뜻으로 해석했다.

11-21

　자로가 "좋은 말을 들으면 즉시 행해야 합니까?" 하고 묻자, 공자가 "부형이 계시니, 어떻게 네 판단만으로 행할 것이냐?"라고 대답했다.

　(이번에는) 염유가 "좋은 말을 들으면 즉시 행해야 합니까?" 하고 묻자, 공자가 "들은 즉시 행하라."고 대답했다.

　이에 공서화가 아뢰었다. "유가 '들은 즉시 행할까요?'라고 묻자, '부형이 계신데' 하시더니, 구가 '들은 즉시 행할까요?'라고 묻자, '들은 즉시 행하라.'고 하시니, 저로서는 어느 쪽이 옳은지 헷갈립니다. 감히 그 연유를 묻고자 합니다."

　이에 공자가 말했다. "구는 소극적이니까 적극적으로 나서라 했고, 유는 남보다 훨씬 적극적이니까 뒤로 물러서게 한 것이다."

[原文]

子路ㅣ 問 聞斯行>諸잇고? 子ㅣ 曰 有ㅠ父兄이 在
자로 문 문사행 저 자 왈 유 부형 재

ㅣ하니 如>之何 其聞斯行>之리오? 冉有ㅣ 問 聞斯
여 지하 기문사행 지 염유 문 문사

行>諸잇고? 子ㅣ 曰 聞斯行>之니라. 公西華ㅣ 曰
행 저 자 왈 문사행 지 공서화 왈

由也ㅣ 問 聞斯行>諸어늘 子曰 有ㅠ父兄在ㅣ라 하
유야 문 문사행 저 자왈 유 부형재 라

시고 求也ㅣ 問 聞斯行>諸어늘 子ㅣ 曰 聞斯行>之
구야 문 문사행 저 자 왈 문사행 지

라 하시니 赤也ㅣ 惑하야 敢問하노이다. 子ㅣ 曰 求也
적야 혹 감문 자 왈 구야

는 退라 故로 進>之하고 由也는 兼>人이라 故로 退>
퇴 고 진 지 유야 겸 인 고 퇴

之호라.
지

[가사체 번역문]

子路께서 말하였다 좋은말은 듣는즉시 행하여야 하오리까
자로

공자께서 말하셨다

父兄들이 계시는데 어찌하여 너의판단 그걸믿고 행할쏘냐
부형

冉有께서 여쭈었다 좋은말은 듣는즉시 행하여야 하오리까
염유

공자께서 말하셨다 듣는즉시 행하여라

公西華가 말하였다 由야그가 여쭙기를 듣는즉시 행할까요
공서화   유

이에대해 선생님은 父兄들이 계신다고 이러하게 말하셨고
부형

求야그가 여쭙기를 듣는즉시 행할까요
구

이에대해 선생님은 듣는즉시 행하라고 이런말씀 하셨으니

赤이저는 헷갈려서 감히감히 여쭙습니다
　적

공자께서 말하셨다

求야그는 小心하여 大凡하게 나서랬고
　구　　　　소심　　　대범

由야그는 대범하여 물러나게 한것이네
　유

[註解] ㅇ聞斯行諸(문사행저)—좋은 말을 들으면, 즉시 행하다. 사(斯) = 즉(卽), 행제(行諸)는 그것을 행하다. ㅇ有父兄在(유부형재)—집안에 부형이 계시다, 즉 부형에게도 의논을 해야 한다는 뜻. ㅇ如之何(여지하)—어떻게 (너만의 생각이나 결정으로 행동을 하느냐?) ㅇ聞斯行之(문사행지)—들은 바를 곧 행한다. 『집주본(集註本)』은 '여지기문사행지(如之其聞斯行之)'로 지(之) 다음의 하(何)가 없다. ㅇ公西華(공서화)—공자의 제자. 이름이 적(赤), 「雍也篇 6-3」참고. ㅇ由(유)—자로의 이름. ㅇ求(구)—염구의 이름. ㅇ赤(적)—공서화의 이름. ㅇ惑(혹)—헷갈린다, 알 수가 없다. ㅇ敢問(감문)—감히 (다르게 대답한 까닭을) 묻겠다. ㅇ求也退(구야퇴)—염구는 성품이 소극적이다. ㅇ故進之(고진지)—고로 적극적으로 나서게 한 것이다. ㅇ由也兼人(유야겸인)—자로는 남보다 훨씬 적극적이다. ㅇ故退之(고퇴지)—그래서 뒤로 물러나게 한 것이다.

[解說]

공자는 때와 장소 및 사람에 따라 적절하게 말하고 가르쳤다. 여기서도 성품이 적극적인 사람은 행동을 자제하게 하고, 반대로 소극적인 사람은 적극적으로 나서게 가르치고 있다.

11-22

공자가 광(匡)이란 곳에서 난을 당하였을 때, 안연이 뒤늦게 오자, 공자가 "나는 그대가 죽은 줄 알았다."고 말했다.

그러자 안연이 아뢰었다. "선생님이 계신데, 제가 어찌 죽습니까?"

[原文]

子ㅣ 畏Ⅱ於匡Ⅰ하실새 顔淵이 後러니 子ㅣ 曰吾ㅣ
자 외 어광 안연 후 자 왈오

以>女爲>死矣라 호라. 曰 子ㅣ 在어시니 回ㅣ 何敢
이 녀위 사의 왈자 재 회 하감

死리잇고?
사

[가사체 번역문]

공자께서 匡땅에서 폭도공격 당했을때
　　　　　광

제자顔淵 뒤처져서 한참뒤에 도착했다
　　안 연

공자께서 말하셨다

나는그대 오지않아 죽은줄말 알았다네

그러하자 顔淵께서 다음같이 아뢰었다
　　　　안 연

선생님이 계시는데 제가어찌 죽겠어요

[註解] ㅇ子畏於匡(자외어광)—공자 일행이 위(衛)나라의 광(匡)이란 곳에서 위험한 처지에 빠진 일이 있었다. 「子罕篇 9-5」참고. ㅇ顔淵後(안연

후)-안연이 뒤늦게 왔다. ㅇ吾以女爲死矣(오이녀위사의)-나는 그대가 죽은 줄 생각했다. '이(以)~위(爲)…'는 '~을 …라 생각하다.' ㅇ子在(자재)-선생님이 계신데. ㅇ回何敢死(회하감사)-제가 어찌 감히 죽겠습니까?

[解説]

공자 일행이 위(衛)에서 진(陳)으로 가는 도중 광(匡)이라는 곳에서 폭도들의 공격을 받은 일이 있었다. 그때의 공자와 안연의 대화다. 공자의 말에는 사랑하는 제자에 대한 염려의 정이 넘치고, 안연의 말에는 인도(仁道)의 구현(具顯)을 위해 진력하는 스승에 대한 믿음이 넘치고 있다. 자식이나 제자는 아버지와 스승을 믿고 따라야 한다. 그래야 역사 문화가 계승되고 발전한다.

11-23

계자연이 "중유와 염구는 대신이라고 할 수 있습니까?"하고 묻자, 공자가 말했다.

"나는 당신이 색다른 질문을 할 줄 알았는데, 고작 유와 구에 대해 묻는군요. 이른바 대신은 바른 도리로써 임금을 섬기고, 그렇지 못하면 물러나는 사람을 말합니다. 지금의 유와 구는 이른바 신하 속에는 들 수 있겠지요."

계자연이 "그렇다면 주인이 하고자 하는 일에 따르기는 합니까?"하고 묻자, 공자가 말했다.

"아비와 임금을 시해하는 일에는 그들도 따르지 않을 것입니다."

季子然이 問 仲由 冉求는 可>謂Ⅱ大臣Ⅰ與잇고?
계 자 연   문 중 유 염 구   가 위 대 신   여

子ㅣ 曰吾ㅣ 以子爲Ⅱ異之問Ⅰ이러니 曾由與>求之
자 왈 오   이 자 위   이 지 문   증 유 여 구 지

問이로다. 所謂大臣者는 以>道事>君하다가 不可則
문   소 위 대 신 자   이 도 사 군   불 가 즉

止하나니 今由與>求也는 可>謂Ⅱ具臣Ⅰ矣니라. 曰
지   금 유 여 구 야   가 위 구 신   의   왈

然則從>之者與잇가? 子ㅣ 曰 弑Ⅱ父與君Ⅰ>은 亦
연 즉 종 지 자 여   자 왈 시 부 여 군   역

不>從也리라.
부 종 야

[가사체 번역문]

季子然이 여쭈었다
계 자 연

당신제자 仲由冉求 그두사람 大臣이라 말할수가 있습니까
        중 유 염 구   대 신

공자께서 말하셨다

난당신이 다른질문 하실줄을 알았는데

고작해서 由야求야 그에대해 물었네요
        유 구

소위말해 대신이란 옳고바른 도리로써 임금님을 잘섬기고

안통하면 그만두는 그런사람 들입니다

由란者와 求란者는 소위家臣 그속에는 들어갈수 있겠지요
유 자   구 자   가 신

季子然이 말하였다
계 자 연

그렇다면 자기주인 하고싶은 그런일에 따르기는 하겠어요

공자께서 말하셨다

아비임금 시해하는 그런일은 그者들도 따르지를 않겠지요
_자

[註解] ○季子然(계자연)―노나라의 실권자 계씨(季氏) 일파. 일설에는 계
환자(季桓子)의 동생, 즉 계강자(季康子)의 숙부라고도 한다. ○仲由(중유)―
자로(子路). ○冉求(염구)―자유(子有). 자로와 자유는 한때 계씨 밑에서 벼
슬을 했다. ○可謂大臣與(가위대신여)―이른바 대신이라고 말할 수 있을
까? ○以子爲異之問(이자위이지문)―당신이 색다른 질문을 하는 줄 알았다.
○曾(증)―여전히, 전과 같이. ○由與求之問(유여구지문)―자로와 염구에 대
한 질문이로군. ○以道事君(이도사군)―바른 도리로써 임금을 섬긴다. ○不
可則止(불가즉지)―안되면 그만둔다. ○可謂具臣矣(가위구신의)―평범한 신
하로 꼽힐 수는 있다. 주자(朱子)는 '신하의 수를 채운다〔謂備臣數矣〕.'라
고 풀이했다. ○然則從之者與(연즉종지자여)―그렇다면 (주인의 명령에는)
잘 따르겠군요. ○弑父與君(시부여군)―아버지나 임금을 시해하라는 (그런
명령에는). ○亦不從也(역부종야)―그들도 역시 따르지 않을 것이다.

[解說]

　노(魯)나라의 임금을 무시하며 참월(僭越)하고 무도하게 실권을
전횡(專橫)하고 있는 삼환씨(三桓氏)의 한 집안인 계씨(季氏)에 대한
공자의 불만이 잘 나타난 구절이다.

　계자연(季子然)이 이름 높은 공자의 일급 가는 제자 '자로와 염구'
를 자기 밑에 가신(家臣)으로 채용하고, 공자에게 "그들은 이른바 대
신(大臣)이겠지요?" 하고 자랑스럽게 물었다. 그러나 공자는 "대신
은 도(道)로써 임금을 섬기는 사람이다. 도가 행해지지 않으면 물러
나는 사람이다."라고 퉁명스럽게 대답했다. 그 말 속에는 다음과 같

은 뜻이 포함되어 있다. "당신은 무도한 대부(大夫)다. 대신을 거느릴 수 없다. 무도한 당신 밑에 있는 그들은 여러 가신 중의 하나일 뿐이다."

이에 계자연이 "그러면 상전의 명은 잘 따르겠군요?" 하고 묻자, 공자는 다시 일침을 놓았다. "대부라 할지라도 도에 맞는 명령을 내려야 한다. 무도하게 자기 아버지나 임금을 시해하라는 따위의 명령은 그들일지라도 따르지 않을 것이다."

『논어』에는 삼환씨(三桓氏)의 처사를 비판한 글들이 많다. 그중에도 이 구절은 정면으로 그들을 부정한 것이라 하겠다.

11-24

자로가 자고로 하여금 계씨의 영지인 비(費)의 읍재가 되게 하자, 공자가 말했다. "남의 집 아들을 망치게 하는구나."

이에 자로가 아뢰었다. "백성을 다스리는 일도 있고, 사직을 받드는 일도 있으며, (그것을 통해 도를 배우고 익힐 수 있습니다) 어찌 반드시 책 읽는 것만을 학문이라고 하겠습니까?"

그러나 공자가 말했다. "그러므로 말 잘하는 자가 밉다는 것이다."

[原文]

子路ㅣ 使ㅄ子羔로 爲ㅐ費宰ㅣ한대 子ㅣ 曰賊ㅐ夫
　　자로　　사　자고　　위　비재　　　　　자　왈적　부

人之子ㅣ로다. 子路ㅣ 曰 有ㅐ民人ㅣ焉하며 有ㅐ社
　인지자　　　　자로　　왈　유　민인　언　　　유　사

稷ㅣ焉하니 何必讀書 然後에 爲>學이리잇고? 子ㅣ
　직　언　　　하필독서　연후　　위　학　　　　　자

曰 是故로 惡ㅐ夫佞者ㅣ하노라.
왈　시고　오　부녕자

[가사체 번역문]

子路께서 子羔에게 季氏費邑 다스리는 邑宰되게 하였는데
자로　　자고　　계씨비읍　　　　　읍재

공자께서 말하셨다

남의집의 귀한아들 망치도록 하는구나

이에대해 자로께서 다음같이 아뢰었다

백성들을 다스리는 그런일도 있을게고

종묘사직 받드는일 그런일도 있습니다

그를통해 道배우고 익힐수도 있습니다
　　　　　도

어찌하여 꼭반드시 책을읽는 그런것만 학문이라 하오리까

그러하자 공자께서 다음같이 말하셨다

그러므로 진정나는 궤변하는 그런자를 미워한다 말하노라

[註解] ㅇ子羔(자고)—공자의 제자. 고영(高榮). ㅇ爲費宰(위비재)—위(爲)
는 되게 하다, 비(費)는 계씨(季氏)의 도읍(都邑), 재(宰)는 장(長), 즉 읍장(邑
長). ㅇ賊(적)—해친다, 망친다. ㅇ夫人之子(부인지자)—남의 아들. 부(夫)는
어조사. 무릇, 혹은 저. ㅇ有民人焉(유민인언)—(실제로 돌봐주어야 할) 인

민이 있다, 즉 백성을 다스리는 일을 한다는 뜻. ○有社稷焉(유사직언)─사
직은 국가, 즉 나라를 섬기고 받드는 일을 한다. ○何必(하필)─어찌, 반드
시. ○讀書然後(독서연후)─책을 읽는 공부를 해야만. ○爲學(위학)─학문
이라고 말하랴? ○是故(시고)─그러니까. ○惡(오)─미워한다, 싫어한다.
○夫佞者(부녕자)─간교하게 말 잘하는 사람, 궤변(詭辯)하는 사람.

[解說]

　학문과 덕행을 닦고 쌓은 다음에 정치에 참여해야 한다.

11-25-1

　자로·증석·염유·공서화가 공자를 모시고 앉아 있었
다. 그러자 공자가 말했다. "내가 약간 나이가 많다고 해서
어려워 마라. 그대들은 평소에 '나를 남이 몰라준다.'고 말
하지만, 만약 그대들을 알아서 써준다면 어떻게 하겠느
냐?"

[原文]

子路·曾晳·冉有·公西華ㅣ 侍坐러니 子ㅣ 曰
자로 증석 염유 공서화 시좌 자 왈

以Ⅲ吾ㅣ 一日長Ⅱ乎爾ㅣ나 毋Ⅱ吾以Ⅰ也하라. 居則
이 오 일일장 호이 무 오이 야 거즉

曰 不Ⅱ吾知Ⅰ也라 하나니 如或＞知＞爾면 則何以
왈 불 오지 야 여혹 지이 즉하이

哉오?
재

[가사체 번역문]

子路曾晳 冉由하고 公西華가 공자님을 뫼시고서 앉았는데
자로증석 염유   공서화
공자께서 말하셨다
내가내가 너희보다 나이몇살 많다해서 어려워들 하지마라
그대들은 평소나를 남이몰라 준다고들 그러하게 말하지만
만약가령 그대들을 남이알아 써준다면 어떻게들 하겠느냐

[註解] ○曾晳(증석)-증자(曾子)의 아버지. 공자의 문인. 이름은 점(點).
○侍坐(시좌)-스승을 모시고 앉아 있다. ○以吾一日長乎爾(이오일일장호
이)-이(以)는 …라고 해서, …이기 때문에, 이(爾)는 너, 너희들, '오일일장
호이(吾一日長乎爾)'는 '내가 약간 너희들보다 나이가 많다.' ○毋吾以也(무
오이야)-나를 어렵게 여기지 말고 (소신껏 말을 해라). ○居則曰(거즉왈)-
평소에 말하다. ○不吾知也(불오지야)-나를 알아주지 않는다고 (불평하
다, 말하다.) ○如或知爾(여혹지이)-만약에 혹 너희들을 알아주고 (등용한
다면). ○則何以哉(즉하이재)-즉 어떻게 하겠느냐?

[解說]

제25장은 길다. 『집주(集註)』는 전체를 '11단(段)'으로 나누었다.
여기서는 '6단'으로 나누어 풀이하겠다. 공자가 모처럼 한가하게
사랑하는 네 사람의 제자, 즉 '자로·증석·염유·공서화'와 함께
앉아있게 되자 말했다. "만약에 어떤 나라 임금이 너희들을 인정해
서 등용해 준다면, 너희들은 나가서 어떻게 하겠느냐?"고 물었다.

이에 제자들이 각자 자기의 생각을 솔직하게 말했던 것이다.

11-25-2

자로가 불쑥 나서서 말했다. "천승(千乘)의 제후의 나라가 강대국 사이에 끼어 더더욱 무력 침략을 받고, 아울러 기근이 들어 궁핍해도, 제가 나서서 다스리면 3년 안으로 나라를 강하게 만들고 백성들에게 방정한 길을 알게 하겠습니다."

공자가 빙그레 웃었다.

[原文]

子路ㅣ 率爾而對曰 千乘之國이 攝Ⅱ乎大國之
자로   솔이이대왈 천승지국   섭   호대국지
間ㅣ하야 加>之以Ⅱ師旅ㅣ오 因>之以Ⅱ饑饉ㅣ이어든
간   가 지이 사려   인 지이 기근
由也ㅣ 爲>之면 比>及Ⅱ三年ㅣ하야 可使Ⅱ有>勇이
유야 위지   비 급 삼년   가사 유용
오 且知ㅣ>方也케 호리이다. 夫子ㅣ 哂>之하시다.
차지   방야   부자 신 지

[가사체 번역문]

子路께서 불쑥나서 다음같이 말하였다
자로

戰車천대 동원할수 있는그런 제후나라
전차

강대국들 그사이에 끼어있어 더욱더욱 무력침략 받게되고

아울러서 饑饉들어 궁핍해도 子路제가 앞장서서 다스리면
　　　　　　기 근　　　　　　　　　　　자 로

三年내에 그나라를 강하도록 하게하고
삼 년

백성에게 方正한길 알리도록 하오리다
　　　　　　방 정

이말듣고 공자께서 微笑지어 보이셨다
　　　　　　　　　　미 소

【註解】 ○率爾(솔이)―불쑥, 당돌하게 나서서. ○千乘之國(천승지국)―전차(戰車) 천 대를 동원할 수 있는 제후(諸侯)의 나라. 당시의 노(魯)·위(衛)·정(鄭) 같은 나라. ○攝乎大國之間(섭호대국지간)―강대국 사이에 끼어 있다. 섭(攝)은 '잡히다, 압박을 받다.'의 뜻. ○加之以師旅(가지이사려)―(강대국들이) 무력 침공을 가한다. 사려(師旅)는 군대. 사(師)는 2천5백 명, 여(旅)는 5백 명의 군대. ○因之以饑饉(인지이기근)―무력 침공으로 인하여 기근에 시달린다. ○由也爲之(유야위지)―유가 나서서 나라를 다스린다면, 유(由)는 자로의 이름. ○比及三年(비급삼년)―대략 3년이면. 비(比)는 대략, 근(近)의 뜻. ○可使有勇(가사유용)―(나라의 힘을) 끌어올려 강하게 만든다. ○且知方也(차지방야)―또한 (백성들에게는) 방정한 도리를 알게 한다. ○夫子哂之(부자신지)―공자가 빙그레 웃었다. 비웃을 신(哂).

11-25-3

"구야! 너는 어떠하냐?"(공자가 묻자, 염유가 대답했다.)

"사방 6, 70리 혹은 더 작아서 5, 60리쯤 되는 나라를 제가 맡아 다스린다면 3년 정도로 민생을 풍족하게 할 수 있을 겁니다. 그러나 예악은 (제 힘으로는 못하므로) 다른 군자를 기다리겠습니다."

[原文]

求아! 爾는 何如오? 對曰 方六七十과 如五六十
   구   이   하여   대왈   방육칠십   여오륙십

에 求也ㅣ 爲>之면 比>及ㅣㅣ三年ㅣ하야 可>使>足>民
   구야   위지   비급   삼년   가사족민

이어니와 如>其禮樂ㅣ엔 以俟ㅣㅣ君子ㅣ호리다.
         여 기예악   이사   군자

[가사체 번역문]

공자께서 말하셨다

이번에는 求야자네 어찌어찌 하겠느냐
        구

冉求께서 말하였다
염 구

사방으로 육칠십리 아니면은 오육십리 그정도의 작은나라

제가맡아 다스리어 삼년정도 지나면은

백성생활 풍족하게 할수있을 것입니다

그러하나 禮와樂은 저의능력 부족하여
        예   악

다른군자 그런사람 기다리고 있겠어요

[註解] ○求(구)―염유(冉有)의 이름. ○爾何如(이하여)―네 생각은 어떠하
냐? 너는 어떻게 하겠느냐? ○方六七十(방육칠십)―사방이 6, 70리의 작은
나라. ○如(여)―혹은. ○求也爲之(구야위지)―제가 맡아 다스린다면. ○比
及三年(비급삼년)―3년 정도면. ○可使足民(가사족민)―민생을 풍족하게 하

겠다. ㅇ如其禮樂(여기예악)―(그러나) 예악에 대해서는 (저의 힘으로는 어려우므로). ㅇ以俟君子(이사군자)―다른 군자를 기다리겠다.

11-25-4

"적아! 너는 어떠하냐?" (하고 묻자, 공서화가 대답했다.)

"제가 할 수 있는 바가 아니고, 배우고자 원하는 바를 아뢰겠습니다. 종묘의 제사나 제후들의 회합 때에 검은 예복과 예관을 갖추어 차리고 군자의 예를 돕고 싶습니다."

[原文]

赤아! 爾는 何如오? 對曰 非>曰>能>之라 願學
적   이   하여   대왈   비왈능지   원학

焉하노이다. 宗廟之事와 如會同에 端章甫로 願爲Ⅱ
언   종묘지사   여회동   단장보   원위

小相Ⅰ焉하노이다.
소 상   언

[가사체 번역문]

공자께서 말하셨다

이번에는 赤이자네 어찌어찌 하겠느냐
          적

公西華가 말하였다 저는할수 없습니다
공 서 화

배우고자 원하는바 이런것을 아뢰리다

종묘제사 제후회합 이런일이 있을때에

검은예복 검은예관 이런것을 갖추고서

임금님의 禮執行을 돕고싶을 뿐입니다
　　　　예 집 행

[註解] ○赤(적)―공서화(公西華)의 이름. ○非曰能之(비왈능지)―제가 할 수 있다는 뜻이 아니라. ○願學焉(원학언)―제가 배우고자 하는 바를 (말하겠다). ○宗廟之事(종묘지사)―종묘에 제사를 모시는 일. ○如會同(여회동)―혹은 제후들이 회동할 때에. ○端章甫(단장보)―단(端)은 현단(玄端)의 예복, 즉 검은 예복. 장보(章甫)는 치포(緇布), 검은 감으로 만든 예관(禮冠). ○願爲小相焉(원위소상언)―의식을 행할 때의 보좌관 되기를 원한다. 상(相)은 의식을 집행하는 사람, 소(小)는 보좌관.

11-25-5

점아! 너는 어떠하냐?"(공자가 물었다.)

증석은 조용히 거문고를 타고 있다가 크게 한바탕 소리를 퉁기고 거문고를 놓고 일어서서 대답했다.

"저는 세 사람의 생각과 다릅니다."

"무슨 걱정이냐? 각자가 제 뜻을 말하는 것이다."

(이에 증석이 말했다.) "늦은 봄에 봄옷을 만들어 입고, 관을 쓴 벗 대여섯과 아이들 6, 7명과 같이 기수에서 목욕하고 기우제 드리는 곳에서 바람을 쐬고 노래를 부르다가 돌아오겠습니다."

공자가 찬성 감탄하면서 "나도 너와 같다."고 말했다.

點아! 爾는 何如오? 鼓>瑟希러니 鏗爾 舍>瑟而
점   이   하여   고슬희   갱이사슬이

作하야 對曰 異ⅱ乎三子者之撰ⅰ호이다. 子ㅣ 曰何
작   대왈 이 호삼자자지찬   자 왈 하

傷乎리오. 亦各言ⅱ其志ㅣ也니라 曰 莫春者에 春服
상호   역각언 기지 야   왈 모춘자   춘복

이 旣成이어든 冠者五六人과 童子六七人으로 浴ⅱ
기성   관자오륙인   동자육칠인   욕

乎沂ㅣ하고 風ⅱ乎舞雩ㅣ하야 詠而歸호리이다. 夫子
호기   풍 호무우   영이귀   부자

ㅣ 喟然嘆曰 吾與>點也하노라.
위 연 탄 왈 오 여 점 야

[가사체 번역문]

이번에는 點이그대 어찌어찌 하시겠소
     점

曾晳께서 조용조용 거문고를 타다가는
증석

크게한번 소리낸후 거문고를 놓아두고 일어서서 대답했다

點이저는 세사람과 생각는게 다릅니다
점

공자께서 말하셨다

그무엇을 걱정하오 각자제뜻 말한거요

이에증석 아뢰었다

늦은봄에 봄옷들을 만들어서 입고서는

관을쓴벗 대여섯과 童子육칠 명과함께 沂水에서 목욕하고
            동자   기수

기우제를 드리는곳 舞雩壇에 올라가서
            무우단

바람쐬고 노래하다 그런다음 오겠어요

공자께서 탄식하고 다음같이 말하셨다

나도그대 그생각에 찬동한다 하겠노라

【註解】 ○點(점)―증석(曾晳)의 이름. ○鼓瑟希(고슬희)―거문고를 조용히 타다가. 희(希) = 드물 희(稀). ○鏗爾(갱이)―쟁하고 크게 소리를 내다. 금옥 소리 갱(鏗). ○舍瑟而作(사슬이작)―거문고를 놓고 일어나서. 작(作)은 일어서다. ○異乎三子者之撰(이호삼자자지찬)―세 사람의 생각과 다르다. 찬(撰)은 마음속에 품은 생각. ○何傷乎(하상호)―무슨 걱정이냐? ○亦各言其志也(역각언기지야)―역시 각자 자기의 뜻을 말하는 것이다. ○莫春者(모춘자)―늦은 봄에. 막(莫) = 저물 모(暮), 자(者)는 단락을 표시하는 허사. ○春服旣成(춘복기성)―봄옷을 잘 차려 입고. 춘복(春服)은 우제(雩祭)를 올리는 제복. ○冠者(관자)―관을 쓴 사람. 성년이 된 사람. 나이 20에 관을 쓴다. ○童子(동자)―아이들. ○浴乎沂(욕호기)―기수(沂水)에서 목욕을 한다. 기(沂)는 노(魯)의 성읍(城邑) 남쪽에 있는 강, 그 강가에 우제(雩祭)를 지내는 무우단(舞雩壇)이 있다. ○風乎舞雩(풍호무우)―무우단에서 바람을 쐬다. ○詠而歸(영이귀)―(선왕의 덕을) 노래 부르고 돌아온다. ○喟然歎曰(위연탄왈)―위연(喟然)도 감탄하다, 탄(歎)도 감탄하다. ○吾與點也(오여점야)―나는 증석에 찬성한다.

11-25-6

세 사람이 나가고 증석만이 뒤에 처졌다.

증석 : "세 사람의 말을 어떻게 생각하십니까?"

공자 : "저마다의 뜻을 말했을 뿐이다."

증석 : "선생님께서는 왜 유의 말을 듣고 웃으셨습니까?"

공자 : "나라는 예로써 다스려야 하는데 그의 말이 겸양하지 못해서 웃은 것이다."

증석 : "구가 말한 것도 나라를 다스리겠다는 뜻이 아닙니까?"

공자 : "사방 6, 70리이건 또는 5, 60리이건 역시 나라가 아니겠느냐? 구가 작은 나라의 경제만을 잘하겠다고 말한 것은 겸손을 보인 것이다."

증석 : "그렇다면 적이 말한 것도 나랏일이 아니겠습니까?"

공자 : "종묘에 제사 드리는 일과, 제후들의 회동하는 일이 어찌 제후의 일이 아니겠느냐? 가장 큰 국가의 일이다. 그런데 적이 지나치게 겸손하여 작은 일을 돕겠다고 말했으니, 그러면 누가 그보다 큰일을 돕는단 말이냐?"

[原文]

三子者ㅣ 出커늘 曾晳이 後러니 曾晳이 曰 夫三
삼자자 출   증석   후   증석   왈 부삼

子者之言이 何如하닛고? 子ㅣ 曰 亦各言ᄔ其志ㅣ
자자지언   하여   자   왈 역각언 기지

也已矣니라. 曰 夫子ㅣ 何哂>由也시닛고? 曰 爲>國
야이의   왈 부자   하신 유야   왈 위국

以>禮어늘 其言이 不>讓이라. 是故로 哂>之호라 唯
이 례   기언   불양   시고   신지   유

求則非>邦也與잇가? 安見ᄔ方六七十과 如五六十
구즉비 방야여   안견 방육칠십   여오륙십

而非>邦也者ㅣ리오. 唯赤則非>邦也與잇가? 宗廟
이비 방야자　　　　　　유적즉비 방야여　　　　종묘

會同이 非Ⅱ諸侯ㅣ而何오. 赤也ㅣ 爲Ⅱ之小ㅣ면 孰
회동 비 제후 이하　　　　적야 위 지소　　　숙

能爲Ⅱ之大ㅣ리오?
능위 지대

[가사체 번역문]

　세사람이 나가고서 曾晳만이 남았었다
　　　　　　　　　증석

　그는혼자 공자님과 다음같이 서로서로 말을주고 받았다네

　증석께서 말하였다

　세사람이 한말들을 어떻게들 보십니까

　공자께서 말하셨다

　저마다의 자기뜻을 말하였을 뿐입니다

　증석께서 말하였다

　선생님은 어찌하여 由의말을 들으시고 부드럽게 웃었나요
　　　　　　　　　　유

　공자께서 말하셨다

　한나라는 예를써서 다스려야 하는데도

　그의말이 겸양하지 못하여서 웃은게요

　증석께서 말하였다

　求가말한 그런것도 한나라를 다스리는 그런뜻이 아닙니까
　구

　공자께서 말하셨다

　사방으로 육칠십리 아니면은 오륙십리

　이것역시 소위말해 나라라고 할수있죠

　求야그가 다짐하며
　구

　작은나라 경제만을 잘하겠다 말한것은 겸손함을 보인거죠

증석께서 말하였다

그렇다면 赤(적)이그가 다짐하며 말한것도 나랏일이 아닙니까

공자께서 말하셨다

종묘제사 드리는일 제후회동 이런일이

어찌하여 소위말해 제후일이 아닌가요 한나라의 큰일이죠

그러한데 赤(적)이그자 지나치게 겸손하여

작은일을 돕겠다고 다짐하며 말했으니

그러면은 어느누가 그것보다 큰일들을 돕겠다는 말인가요

【註解】 ○ 三子者出(삼자자출)-자로·염유·공서화 세 사람이 나갔다. ○ 曾皙後(증석후)-증석은 뒤에 남았다. ○ 夫子何哂由也(부자하신유야)-선생님께서 왜 자로의 말을 듣고 웃으셨습니까? ○ 爲國以禮(위국이례)-예로써 나라를 다스린다. ○ 其言不讓(기언불양)-자로의 말은 공손하지 않았다. ○ 是故哂之(시고신지)-그래서 그를 웃은 것이다. ○ 唯求則非邦也與(유구즉비방야여)-허기는 염구가 말한 것도 나라 다스리는 일이 아닙니까? ○ 安~而非邦也者(안~이비방야자)-어찌 …이라면 나라 다스리는 일이 아니겠느냐? ○ 見方六七十(견방육칠십)-사방이 6, 70이라면, 견(見)은 '본다'는 뜻이 아니고, '사방 넓이가 …이다'의 뜻. ○ 如五六十(여오륙십)-혹은 5, 60이라면. ○ 唯赤則非邦也與(유적즉비방야여)-허기는 공서화의 말도 나라 다스리는 일이 아니겠느냐? ○ 宗廟(종묘)-종묘에 제사지내다. ○ 會同(회동)-제후들이 회동하다. ○ 非諸侯而何(비제후이하)-(종묘에 제사 지내는 일과 제후가 회동하는 일이) 결국 제후가 할 일이고 동시에 나라를 다스리는 일이다. ○ 赤也爲之小(적야위지소)-공서화는 그것을 작은 일을 보좌한다고 말하지만. ○ 孰能爲之大(숙능위지대)-그렇다면 누가 큰일을 보좌한다는 말이냐? (그것이 바로 큰일이다).

[解說]

『논어』 중에서 가장 긴 글이다. 방편상 한 장을 여섯 절로 나누어 풀이했다. 『고주(古注)』는 '1장'으로 추렸고, 『집주(集註)』는 '11장'으로 세분했다.

공자가 자로(子路)·증석(曾晳)·염유(冉有)·공서화(公西華) 등 제자에게 "만약 오늘의 실권자들이 우리를 알아서 써준다면 어떻게 하겠느냐? 각자 자기의 생각을 말해보라."고 유도했다. 이에 자로가 성급하게 직설적으로 "3년이면 약소국을 부강한 나라로 만들 수 있다."고 큰소리 쳤다. 이에 공자가 웃었다. 자로가 예악(禮樂)의 덕치(德治)를 말하지 않고 부국강병(富國强兵)만 말했기 때문이다.

한편 염유와 공서화도 역시 "나서서 정치를 하겠다."고 말했다. 다만 그들은 자로보다 겸손한 태도로 자기의 포부를 피력했다.

그러나 증석은 "저는 그들과 생각이 다릅니다."라고 전제하고 말했다. "늦은 봄에 새로 봄옷을 입고, 어른 아이들이 함께 어울려 기수(沂水)에서 목욕하고, 기우제를 지내는 무우단(舞雩壇)에서 선왕(先王)의 덕을 칭송하는 노래를 부르겠다."고 말했다. 이는 곧 '현재는 때가 아니니까 나서서 정치에 참여하지 않고, 물러나 덕을 쌓고 덕풍(德風)을 진작하겠다.' 는 뜻이다. 이에 공자가 크게 감탄하고 말했다. "나도 네 생각에 찬동한다."

　　안연편은 총24장으로 구성되었다. 형병(邢昺)은 대략 다음과 같이 설명했다. '이 편에는 논한 내용이 많다. 우선 인정(仁政)의 도리를 밝히고 아울러 그 인정을 달성하는 길을 말했다. 그리고 군신(君臣)과 부자(父子)가 지켜야 할 예(禮), 미혹(迷惑)을 분별하고 옥사를 처결하는 일, 군자의 학문과 덕행 등이 다 언급되었으며, 이들 가르침은 다 성현의 격언이며 동시에 벼슬에 나가는 기본 단계이다. 그러므로 「선진편(先進篇)」 뒤에 이 편을 엮었다.'

　　여기서도 공자는 제자들의 인품이나 정도에 따라 대답을 달리하고 있다. 특히 안연(顔淵)과 자장(子張)이 인(仁)에 대해서 묻자, 공자가 세계적인 차원에서 인을 설명했다. 그만큼 두 제자를 높이 평가한 것이다.

12-1-1

안연이 인에 대해서 묻자, 공자가 대답했다.

"자신의 이기적 욕심을 극복하고 천리에 돌아가는 것이, 곧 인의 실천이다. 하루만이라도 (임금이) 이기적 욕심을 극복하고 천리에 돌아가면, 천하 만민이 다 인에 돌아가게 된다. 인의 실천은 자기 자신에게 달려 있는 것이다. 남에게 달려 있는 것이겠는가?"

[原文]

顔淵이 問>仁한대 子ㅣ 曰 克>己復>禮ㅣ 爲>仁이
안 연   문 인   자 왈 극 기 복 례   위 인

니 一日克>己復>禮면 天下歸>仁焉하나니 爲>仁이
   일 일 극 기 복 례   천 하 귀 인 언   위 인

由>己니 而由>人乎哉아?
유 기   이 유 인 호 재

[가사체 번역문]

顔淵께서 공자님께 仁에대해 여쭈었다
안 연

공자께서 말하셨다

제自身의 이기적인 그욕심을 극복하고
  자 신

天理에로 돌아가는 克己復禮 그게바로 仁을실천 하는게지
천 리   극 기 복 례   인

하루라도 이기적인 그욕심을 극복하고 천리에로 돌아가면

천하만민 모두仁에 돌아가게 될것이네
        인

仁을실천 하는것은 자신에게 달려있지 남에달린 것이겠나
인

【註解】 ○顏淵問仁(안연문인)−안연이 인(仁)에 대해서 물었다.「해설」참
고. ○克己復禮(극기복례)−자기의 이기적 탐욕(貪慾)을 극복하고 천리에 돌
아가 따르고 실천한다. 이상은『집주(集註)』의 풀이를 바탕으로 했다.『고
주(古註)』는 약간 다르다. '극기(克己)'를 마융(馬融)은 '약신(約身)'이라 했
다. 즉 몸을 단속하고 엄숙하게 행동한다는 뜻이다. 공안국(孔安國)은 '몸
이 능히 예에 돌아오는 것이, 곧 인이다〔身能反禮則爲仁〕.'라고 풀었다.
형병(邢昺)은 다음과 같이 유현(劉炫)의 설을 인용했다. '극은 이긴다는 뜻
이고, 기는 몸을 말한다〔克訓勝也 己謂身也〕.' '몸에는 기욕이 있으므로
마땅히 예의로 정제해야 한다. (이때에) 기욕과 예의가 싸우게 되니, 예의
로 하여금 기욕을 이기게 하면, 몸이 예에 되돌아가게 되며, 이렇게 하는
것이 곧 인을 이룩함이다〔身有嗜慾 當以禮義齊之 嗜慾與禮義戰 使禮義勝
嗜慾 身得復歸於禮 如是乃爲仁也〕.' ○爲仁(위인)−'인을 성취하다, 인을
이룩하다. 인을 행하고 인덕을 세우다.' 한편 '(…이 바로) 인이다'로 해석
하기도 한다. ○一日克己復禮(일일극기복례)−단 하루라도 (임금이나 제후
가) '극기복례' 하면, (당시의 모든 나라의 임금들은 이기적 탐욕을 채우는
데에만 골몰했다). ○天下歸仁焉(천하귀인언)−천하의 만민들이 다 인으로
되돌아갈 것이다. ○爲仁由己(위인유기)−인을 실천하고 인덕을 세우는 것
은 바로 나 자신에게 달려 있다. ○而由人乎哉(이유인호재)−남에게 달려
있겠느냐? 이(而)는 반전(反轉)의 뜻을 나타내는 접속사.

【解說】

인(仁)은 공자 사상의 핵심이며, 최고의 덕목이다.『논어』에는 인
(仁)을 논한 구절이 근 백 개 가까이나 된다. 그러나 공자는 인에 대

한 정의를 딱 떨어지게 내리지 않았다. 그 이유는 인(仁)이란 글자가 포괄하는 뜻이 엄청나게 많고 광범하기 때문이다. 한 글자 속에 많은 뜻이나 내용을 압축한 것이 한문·한자의 특색이다. 그러므로 인(仁)을 설명할 때에도 '상대, 장소 및 경우'에 따라 저마다 다르게 설명했던 것이다.

그중에서 인의 뜻을 잘 요약한 구절을 몇 개 추리면 다음과 같다. 제자 번지(樊遲)가 인을 묻자, 공자는 "인은 남을 사랑함이다〔愛人〕."「顔淵篇 12-22」라고 대답했다. 즉 인은 인간애(人間愛)·인류애(人類愛)의 근간이다.

자공(子貢)이 "백성에게 넓게 베풀고 많은 사람을 구제할 수 있다면 인이라 말할 수 있습니까?〔如能博施於民 而能濟衆者 何如 可謂仁乎〕" 하고 묻자, 공자가 대답했다. "그것을 어찌 인이라고만 말하랴? 그 정도라면 반드시 성(聖)의 경지다. 요임금·순임금도 그렇게 하려고 애를 쓴 경지다. 인(仁)은 내가 나서고 싶을 때나 자리에 남을 내세우고, 내가 도달코자 하는 바를 남으로 하여금 도달케 하는 것이다. 즉 나를 가지고 남을 촌탁하는 것이 인을 이루는 방도이다〔夫仁者 己欲立而欲人 己欲達而達人 能近取譬 可謂仁之方也已〕."「雍也篇 6-30」. 내가 하고 싶은 바를 남으로 하여금 달성케 하는 덕행이 곧 적극적인 인이다. 소극적 인은, 곧 '내가 원치 않는 것을 남에게 강요하지 않는 것이다〔己所不欲 勿施於人〕.'「顔淵篇 12-2, 衛靈公篇 15-24」.

보다 큰 인(仁)은 '나의 몸을 죽이고 나라나 모든 사람을 위한 인덕을 세우는 것이다〔殺身以成仁〕.'「衛靈公篇 15-9」.

이상에서 보듯이 인(仁)은 '남을 진정으로 사랑하고 남을 잘 되게 하는 실천적인 덕행이다.' 남을 진정으로 사랑하고 남을 높이기 위해서는 '나 자신의 동물적·이기적 탐욕'을 극복해야 한다. 그러므로 주자는 극기(克己)를 '사리사욕(私利私慾)을 극복함이다.'라고 풀이한 것이다.

다음으로 '예에 돌아간다〔復禮〕'를 해석함에 있어, 주자는 '예는 천리의 절문이다〔禮者 天理之節文〕.'라고 풀이했다. 주자의 말뜻을 깊이 알아야 한다. '예(禮)'는 좁게는 예의범절(禮儀凡節)의 뜻이고, 크게는 국가적인 차원의 '문물(文物)·제도(制度)·의례(儀禮) 및 예악(禮樂)' 등의 모든 '문화적인 격식'을 다 포함한다. 이와 같은 '문화적인 격식'이 있어야 국가 사회 및 가정의 '위계(位階) 질서(秩序)'가 바르게 선다. 그러므로 '예(禮)는 사회의 질서를 바로잡고 모든 사람이 함께 잘 사는 공동체를 구성하고 또 유지하는 문화적 문물제도 및 예의범절을 통합한 말이다.'

오늘의 타락한 정치세계에서는 복잡다단한 법률로써 사람의 행동을 규제하고 사회의 질서를 유지한다. 그러나 옛날의 도덕 사회에서는 예(禮)로써 인정(仁政)과 덕치(德治)를 실행하려고 했다.

다음으로 주자가 말한 '천리(天理)의 절문(節文)'을 자세히 설명하겠다. 먼저 '천리(天理)'에 대한 설명을 하겠다.

천리는 곧 우주(宇宙)의 이법(理法)이다. 우(宇)는 공간을 말하고, 주(宙)는 시간을 말한다. 그러므로 우주는 곧 '공간과 시간의 통합체'이다. 따라서 우주를 한마디로 '천(天)'이라고 한 것이다. 그러므로 천리(天理)는, 곧 '우주의 이법'이다. 자연과학에서 높이는 자연법칙(自然法則)도 천리에 포함된다.

'공간과 시간을 통합한 천(天)'은 절대(絶對)이다. 그 절대를 기독교에서는 인격신(人格神)으로 본다. 그리고 유교에서는 '이(理)의 극치, 즉 태극(太極)', 혹은 '이(理)'라고 인식한다. 따라서 '절대가 만물을 창조하고 모든 현상을 주재한다.'고 믿는 점에서는 기독교와 유교가 같다.

그러므로 천리(天理)는, 곧 '인간을 포함한 자연 만물을 창조하고 아울러 시간의 흐름에 따라 생성·변화·번식·발전케 하는 절대의 도리·진리'이다. 천리(天理)는 광명정대(光明正大)하고, 공평무사(公平無私)하고, 영구불변(永久不變)하는 도리이다. 동시에 천리(天理)는 대자연의 조화 속에서 만물을 고르게 '생성화육(生成化育)'하는 '절대선(絶對善)'의 도리이다. 그러므로 동양사상은 천도를 높이고 따르라고 하는 것이다. 과학자가 자연법칙을 존중하고 활용하듯이 인간 및 인류는 천도를 따르고 행해야 바르게 잘 살고 또 좋은 공동체, 즉 선세계(善世界)를 형성할 수 있다.

그러므로 모든 사람을 잘 살게 하는 정치(政治)도 천리(天理)를 따르고 실천해야 한다. 천리를 안 따르고 동물적·이기적 탐욕을 바탕으로 남을 살상(殺傷)하고 남의 재물을 탈취하기 때문에 오늘의 인류 세계가 위기에 빠진 것이다.

다음으로 '절문(節文)'에 대한 설명을 하겠다. '절(節)'은 조절한다는 뜻이다. '문(文)'은 '문화적으로 표현된 문물(文物)·제도(制度)·의례(儀禮) 및 예악(禮樂) 등의 모든 격식'을 한마디로 엮은 말이다. 그러므로 '천리(天理)의 절문(節文)'은, 곧 '절대선인 하늘의 도리를 바탕으로 자연 만물 및 모든 사람을 조절하여 선세계(善世界)를 창건하고 또 유지하기 위한 문화적인 문물제도이다.'

'극기복례위인(克己復禮爲仁)'의 뜻을 현대적으로 요약하면 다음과 같다. '나의 동물적·이기적 탐욕을 극복하고 천리를 바탕으로 한 문물제도 및 예의범절을 따르고 실천하는 것이, 곧 사랑과 인덕(仁德)이 넘치는 진정한 평화세계 창건에 직결된다.'

여기서 우리는 냉철하게 오늘의 악덕 세계를 살펴보자. 오늘의 인류나 모든 나라의 악덕 정치는 절대선(絶對善)의 천리(天理)를 따르지 않고 반대로 동물적·이기적 탐욕을 바탕으로 하고, 서로 싸우고 쟁탈하는 아귀도(餓鬼道)의 악덕정치에 골몰하고 있으며, 따라서 약육강식(弱肉强食)의 생지옥(生地獄)을 연출하고 있다.

12-1-2

안연이 "그 조목을 일러주십시오." 하자, 공자가 말했다.

"예가 아니면 보지 말고, 예가 아니면 듣지 말고, 예가 아니면 말하지 말고, 예가 아니면 행하지 마라."

안연이 말했다. "제가 비록 불민하지만, 말씀대로 실천하겠습니다."

[原文]

顔淵이 曰 請問ⅱ其目ㅣ하노이다. 子ㅣ 曰 非禮勿＞
　안연　　왈 청문　기목　　　　　　　　자　왈 비례물

視하며 非禮勿＞聽하며 非禮勿＞言하며 非禮勿＞動이
　시　　　비례물청　　　비례물언　　　비례물동

니라. 顔淵이 曰 回雖ⅱ不敏ㅣ이나 請事ⅱ斯語ㅣ矣로
　　　　안연　　왈 회수　불민　　　청사　사어　의

리이다.

[가사체 번역문]

　　顏淵께서 그條目을 일러달라 청하였다
　　　안 연　　　　　조 목

　　공자께서 말하셨다

　　禮아니면 보지말고 禮아니면 듣지말고
　　예　　　　　　　　예

　　禮아니면 말하잖고 禮아니면 행하지도 말아야만 하느니라
　　예　　　　　　　　예

　　顏淵께서 말하였다
　　　안 연

　　제가비록 不敏하나 선생님의 말씀대로 實踐토록 하오리다
　　　　　　불 민　　　　　　　　　　　　　실 천

[註解] ○請問(청문)－묻겠습니다, 일러주십시오. ○其目(기목)－인을 이루는 항목, 조목, 행동 강령. ○非禮(비례)－예가 아니면, 예에 어긋나는 것은. ○勿視(물시)－보지 마라. ○勿動(물동)－움직이지 마라, 행하지 마라. ○回雖不敏(회수불민)－제가 비록 민첩하지 못해도. 회(回)는 안연의 이름. 불민(不敏)은 약삭빠르지 못하다, 즉 우둔하다. ○請事斯語矣(청사사어의)－말씀대로 실천하겠습니다. 사(事)는 행한다, 실천한다.

[解說]

　　주자는 '예는 천리의 절문(節文)'이라고 했다. 즉 '절대선(絶對善)의 천리를 바탕으로 하고 조절하여 사회질서를 바로잡고, 만민이 다 같이 잘 살고 번성하는 공동체를 이루는 행동 및 생활의 문화적 규범이라.'는 뜻이다. 그러므로 예에 어긋나는 일을 일절 하지 말아야 인덕(仁德)을 세울 수 있다.

중궁이 인에 대해 묻자, 공자가 말했다.

"문밖에 나가 사람을 대할 때에는 큰손님을 뵙는 듯이 하고, 백성들을 부릴 때에는 큰제사를 모시는 듯이 해야 한다. 또 내가 원치 않는 바를 남에게 강요하지 마라. (그렇게 하면) 나라에서도 집안에서도 원망이 없게 될 것이다."

중궁이 말했다. "제가 비록 불민하지만, 말씀대로 실천하겠습니다."

[原文]

仲弓이 問>仁한대 子ㅣ 曰 出>門如>見ㅠ大賓ㅣ하
중궁   문인   자 왈 출 문여 견 대빈

며 使>民如>承ㅠ大祭ㅣ하고 己>所>不>欲을 勿>施ㅠ
사 민여 승 대제   기 소 불 욕 물 시

於人ㅣ이니 在>邦無>怨하며 在>家無>怨이니라. 仲
어 인   재 방무 원   재 가무 원   중

弓이 曰 雍雖ㅠ不敏ㅣ이나 請事ㅠ斯語ㅣ矣로리이다.
궁   왈 옹수 불민   청사 사어 의

[가사체 번역문]

공자제자 仲弓께서 仁에대해 여쭈었다
         중궁   인
공자께서 말하셨다
문밖으로 나가서는 사람들을 대할때엔 큰손님을 뵙는듯이
백성들을 부릴때엔 큰제사를 모시는듯 그러하게 해야한다

또한내가 원치않는 그런것을 남들에게 강요하지 말아야만

나라서도 집안서도 원망함이 없게되리

중궁께서 말하였다

제가비록 불민하나 선생님의 말씀대로 實踐토록 하오리다

실천

【註解】 ○ 仲弓(중궁)─염옹(冉雍). 공자가 "옹은 남면하고 백성을 다스릴 만하다〔雍也可使南面〕."「雍也篇 6-1」고 말한 바 있다. ○ 問仁(문인)─인에 대해서 묻다. ○ 出門(출문)─대문 밖으로 나가 사람을 대할 때에는. ○ 如見大賓(여견대빈)─큰손님을 뵙는 듯이 정중하게 한다. 대빈(大賓)은 국빈(國賓)이나 공경(公卿). ○ 使民(사민)─백성을 부려 쓰다. ○ 如承大祭(여승대제)─큰제사를 모시는 듯이 신중하게 한다. 대제(大祭)는 체(禘)나 교(郊)와 같은 국가의 제사. 체(禘)는 임금이 시조를 하늘에 배향하는 제사, 교(郊)는 천지(天地)를 모시는 제사. ○ 己所不欲(기소불욕)─나 자신이 원치 않는 바의 여러 가지 일. ○ 勿施於人(물시어인)─남에게 강요하지 않는다. ○ 在邦無怨(재방무원)─국가적인 차원에서도 원망이 없다. ○ 在家無怨(재가무원)─가정적인 차원에서도 원망이 없다. ○ 雍雖不敏(옹수불민)─저 옹이 비록 불민(不敏)하지만. 불민은 민첩하지 못하다, 우둔하다. ○ 請事斯語矣(청사사어의)─선생님의 말씀대로 실천하겠습니다. 청(請)은 겸손의 뜻을 나타낸다. …하겠다.

【解說】

　인(仁)의 뜻의 핵심은 '남을 사랑하고 공경하고 받들어 그가 훌륭한 사람이 되고, 아울러 잘 살게 내가 행동적으로 도와줌'이다. 부모가 자식을 사랑으로 양육하는 것이 인이다. 스승이 제자들을 바르고 착하게 가르쳐 좋은 인재로 배양하는 것이 인이다. 나라를 다스리는 사람이 상하(上下)의 모든 사람들을 공경하고 정사(政事)를 신중히 처리하는 것이 곧 인이다. 한편 '내가 하기 싫은 것을 남에게 강요하지 않는 것'도 인이다. 사람은 누구나 남에게 살상(殺傷) 되기를 싫어한다. 그런데 오늘날의 국제정치는 강대국이 무력으로 약소국을 지배하고 재물을 탈취하고 있다. 그것이 곧 불인(不仁)이 다.

12-3

사마우가 인에 대해서 묻자, 공자가 말했다. "인은 말을 신중하게 하는 것이다." 이에 사마우가 "말을 신중하게 하는 것이 곧 인이겠습니까?" 하고 재차 묻자, 공자가 말했다. "행하기 어려우니, 말을 신중하게 아니할 수 있겠느냐?"

[原文]

司馬牛ㅣ 問>仁한대 子ㅣ 曰 仁者는 其言也ㅣ 訒
사 마 우   문 인   자   왈 인 자   기 언 야   인

이니라. 曰 其言也ㅣ 訒이면 斯謂ⅠⅠ之仁ㅣ 矣乎잇가?
왈 기 언 야   인   사 위   지 인   의 호

子ㅣ 曰 爲>之難하니 言>之得>無>訒乎아?
자   왈 위 지 난   언 지 득 무 인 호

[가사체 번역문]

司馬牛가 仁에대해 공자님께 여쭈었다
사 마 우   인

공자께서 말하셨다

仁이란건 말을할때 신중하게 하는게지
　　인

이에대해 司馬牛가 말을할때 신중하게
　　　　사 마 우

하는것이 그게바로 仁입니까 재차묻자
　　　　　　　　　인

공자께서 말하셨다

행하기가 어려우니 말을할때 신중하게 아니할수 있겠느냐

[註解] ○司馬牛(사마우)─공자의 제자. 이름은 이(犁), 혹은 경(耕), 자가
자우(子牛). 송(宋) 나라 환퇴(桓魋)의 동생. 경솔하게 말을 많이 했다. ○其
言也訒(기언야인)─(행동에 앞서) 말을 신중하게 함이다. 기언(其言)은 '자
기가 행하려는 일에 대한 말' 인(訒)은 참을 인(忍), 혹은 어려울 난(難)의 뜻
으로 '함부로 말을 하지 않고, 신중하게 한다.' 는 뜻. ○斯謂之仁己乎(사위
지인이호)─그것이 곧 인입니까? 말을 신중하게 하는 것을 곧 인이라 합니
까? ○爲之難(위지난)─인은 행하고 실천하기 어렵다. 지(之)는 인(仁). ○言
之得無訒乎(언지득무인호)─인에 대한 말을 신중하게 하지 않을 수 있느냐?

[解說]

　　앞에 나왔듯이 안연(顔淵)과 중궁(仲弓)도 인(仁)에 대해 같은 질문
을 했다. 이에 대한 공자의 대답은 저마다 다르다. 덕행이 높은 안연
에 대해서는 '극기복례 위인(克己復禮 爲仁)' 이라 대답했고, 정치 능
력이 높은 중궁에 대해서는 "윗사람을 공경하고 정사(政事)를 신중
히 처리하여 모든 사람에게 원망을 받지 않는 것이 곧 인이다."라고
대답했다. 그러나 경솔하고 떠벌리기 좋아하는 사마우(司馬牛)에게
는 "행하기에 앞서 말을 신중하게 하는 것이 곧 인이다."라고 대답

했다. 그러나 사마우가 공자의 말뜻을 알아듣지 못하고 "신중하게 말하는 것이 곧 인입니까?" 하고 반문하자, 공자가 다시 말했다. "인은 물론 모든 덕행은 행하기 어렵다. 그러니 말하기를, 어렵게 여기고 신중하게 해야 한다." 공자의 말 뒤에는 사마우를 탓하는 뜻이 숨어있다. "너같이 말을 함부로 하는 자는, 인덕은 고사하고 다른 덕행도 행할 수 없다."

공자는 「자로편(子路篇)」에서 말했다. "강직하고 의연하고 소박하고 과묵한 것이 인에 가깝다〔剛毅木訥 近仁〕." 「13-27」. 한편 "말을 간교하게 잘하고, 표정을 그럴싸하게 꾸미는 인간은 인심(仁心)이나 인덕(仁德)이 없다〔巧言令色 鮮矣仁〕." 「學而篇 1-2」라고도 말했다.

12-4

사마우가 군자에 대해서 묻자, 공자가 대답했다. "군자는 두려워하지도 않고 겁내지도 않는다."

사마우가 "두려워하지도 않고 겁내지도 않으면, 그것으로 군자라 하겠습니까?" 하고 거듭 묻자, 공자가 말했다. "속으로 살펴서 허물이 없거늘, 어찌 두려워하며 겁을 내겠느냐?"

[原文]

司馬牛ㅣ 問Ⅱ君子ㅣ한대 子ㅣ 曰 君子는 不〉憂不
사 마 우　　문　군 자　　　　자　왈 군 자　　불 우 불

>懼니라. 曰 不>憂不>懼면 斯謂ᴨ之君子ㅣ矣乎잇가
　　구　　　　왈　불　우불　구　　사 위　지 군 자　의 호

子ㅣ曰 內省不>疚어니 夫何憂何懼리오?
　자　　왈　내성불　구　　　부 하 우 하 구

[가사체 번역문]

　司馬牛가 공자님께 어떠해야 君子인지 그에대해 여쭈었다
　사 마 우　　　　　　　　　　　　　군 자

　공자께서 말하셨다

　君子라고 하는자는 두려워도 아니하고 겁내지도 아니한다
　군 자

　사마우가 말하였다

　두려워도 아니하고 겁내지도 아니하면 군자라고 하오리까

　공자께서 말하셨다

　맘속으로 살펴봐도 허물하나 있잖으니

　어찌하여 두려하며 어찌하여 겁내겠나

[註解] ○問君子(문군자)─군자의 길, 혹은 군자가 취할 태도에 대해서 묻
다. ○君子(군자)─학문과 덕행을 겸비하고 인정(仁政)과 덕치(德治)에 참여
하는 선비, 지식인. 군자는 지(知)·인(仁)·용(勇) 삼달덕(三達德)을 갖추어
야 한다. ○不憂不懼(불우불구)─근심이나 걱정하지 않고, 겁내고 두려워하
지 않는다. ○斯謂之君子矣乎(사위지군자의호)─그렇게 하는 것만으로 군자
라 할 수 있습니까? ○內省不疚(내성불구)─마음속으로 살펴보아도 허물이
없다. 구(疚)는 병(病), 즉 허물이나 죄가 될 만한 병폐. ○夫(부)─무릇, 발
어(發語)의 어조사. 여기서는 '허니, 그러하니'의 뜻. ○何憂何懼(하우하
구)─어찌 걱정을 하고 겁을 내는가?

[解說]

마음속에 인심(仁心)을 덕행(德行)으로 나타내는 사람이, 곧 군자(君子)다. 군자는 절대선의 천도(天道)를 알고[知], 모든 사람을 사랑[仁]하고, 도의를 용감하게 실천[勇]한다. 하늘과 하나가 된 군자는 걱정하고 겁낼 것이 없게 마련이다.(다음 절 참조)

12-5

사마우가 걱정하며 "남들은 다 형제들이 있는데, 저만 형제가 없군요." 하고 말하자, 자하가 그에게 말했다.

"저는 '생사는 명을 따르고, 부귀는 하늘에 매여 있다.'고 들었습니다."

"또 저는 '군자로서 몸가짐을 경건히 하고, 일 처리를 도를 따라 실수 없이 하고, 아울러 남에게 공손하고 예절 바르게 대하면, 사해 안의 모든 사람들이 다 형제가 된다.'고 들었습니다. 그러니 군자인 당신이 어찌 형제 없음을 걱정하십니까?"

[原文]

司馬牛ㅣ 憂曰 人皆有兄弟어늘 我獨亡로다. 子
사 마 우 우 왈 인 개 유 형 제   아 독 무   자

夏ㅣ 曰 商은 聞>之矣로니 死生이 有>命이오 富貴
하 왈 상 문 지 의 사 생 유 명 부 귀

丨在>天이라호라. 君子丨 敬 而無>失하니 與>人恭
　　　재 천　　　　　　　군 자　경 이 무 실　　　　여 인 공

而有>禮면 四海之内丨 皆兄弟也丨니 君子丨 何患
이 유 례　사 해 지 내　개 형 제 야　　　군 자　하 환

Ⅱ乎無兄弟丨也리오?
호 무 형 제　야

[가사체 번역문]

　사마우가 걱정하며 다음같이 말하였다

　다른사람 다들모두 형제들이 있다는데 저만홀로 없습니다

　자하께서 말하였다

　저는들어 알고있죠 삶과죽음 命따르고 부귀영화 在天이다
　　　　　　　　　　　　　　　　　　　　　　　　　재 천

　여기에다 군자로서 몸가짐을 경건하게

　일을할때 道에맞게 실수없이 수행하고
　　　　　도

　아울러서 남들에게 공손하고 禮지키면
　　　　　　　　　　　　　　　예

　四海안의 모든사람 그들모두 나의형제 이러한말 들었는데
　사 해

　군자로서 그대어찌 형제없다 걱정하오

[註解] ○司馬牛憂曰(사마우우왈)—사마우가 걱정스럽게 말했다. ○人皆
有兄弟(인개유형제)—다른 사람은 다 형제가 있다. 즉 형제들이 서로 사랑
하고 서로 도우면서 잘 산다는 뜻. ○我獨亡(아독무)—나만 형제가 없다. 즉
형제다운 형제가 없다는 뜻. ○子夏(자하)—공자의 제자. 성은 복(卜), 이름
은 상(商). ○商聞之矣(상문지의)—나, 상은 들었다, 들어서 알고 있다. ○死
生有命(사생유명)—죽거나 살거나 다 명이다. 즉 생사(生死)는 천명(天命)에
따른다. 천명은 곧 하늘이 절대적인 명령으로 준다는 뜻이 포함되어 있다.
○富貴在天(부귀재천)—부귀는 하늘에 있다. 즉 부귀를 하늘이 내려준다는

뜻. 이때의 천(天)은 우주적인 차원의 운세와 때를 포괄한 뜻이다. ○君子 (군자)―군자로서, 즉 군자다운 인격자로서. ○敬而無失(경이무실)―몸가짐 을 경건히 하고 일처리를 도에 맞게 한다. 무실(無失)은 도(道)를 잃지 않는 다는 뜻. ○與人(여인)―모든 사람에게. ○恭而有禮(공이유례)―공손하게 대하고, 또 예의바르게 대한다. ○四海之內(사해지내)―동서남북 모든 지상 세계, 즉 세계의 모든 사람이란 뜻. ○皆兄弟也(개형제야)―모두가 서로 형 제가 된다. ○君子何患乎無兄弟也(군자하환호무형제야)―군자가 어찌 형제 가 없다고 걱정하겠느냐?

[解說]

사마우(司馬牛)는 송(宋)나라 사람으로, 형제가 5명 있었다. 그러 나 형제들이 다 악덕하고 서로 싸우며, 국가적으로 문제가 많았다. 그래서 사마우가 걱정하고〔憂〕두려워하면서〔懼〕고민을 한 것이다. 특히 형 환퇴(桓魋)는 송나라에서 반란을 일으키고 국외로 도망을 했으며, 한때는 공자를 시해하려고 한 일도 있었다. 그러나 사마우 는 공자의 제자로서 군자의 도를 잘 지켰다. 이에 공자가 "마음속에 가책을 받을 허물이 없고 떳떳하거늘, 왜 걱정하고 겁을 내느냐?〔內 省不疚 夫何憂何懼〕" 하고 위로를 해주었다.

한편 자하(子夏)도 다음과 같이 사마우를 타이르고 위로했다. "생 사와 부귀는 사람의 힘을 초월한 절대적인 천명으로 결정되거나 주 어진다. 그러므로 생사 부귀는 하늘의 뜻에 맡겨야 한다." "군자의 도를 지키고 몸가짐을 경건히 하고, 일처리를 도에 따라 실수 없이 하고, 아울러 남에게 공손하고 예절바르게 대하면, 사해 안의 모든 사람들이 다 형제가 된다. 그러니 군자인 당신이 어찌 형제 없음을 걱정하십니까?" '사생유명(死生有命) 부귀재천(富貴在天)'은 옛부터 전하는 고어, '군자(君子)…사해지내(四海之內) 개형제야(皆兄弟也)'는 공자로부터 들은 말일 것이다.

12-6

자장이 총명에 대해서 묻자, 공자가 대답했다.

"물이 스며들어 적시듯이 은근히 하는 참언이나, 피부로 느껴질 듯이 절박한 하소연에 넘어가지 않아야 총명하다고 말할 수 있다. 더욱이 물이 스며들어 적시듯이 은근히 하는 참언이나, 피부로 느껴질 듯이 절박한 하소연에 넘어가지 않아야 비로소 멀리 내다볼 수 있게 된다."

[原文]

子張이 問>明한대 子ㅣ 曰 浸潤之譖과 膚受之愬
자장 문 명   자 왈 침윤지참   부수지소

ㅣ 不>行焉이면 可>謂>明也已矣니라. 浸潤之譖과
불 행언   가 위 명야이의   침윤지참

膚受之愬ㅣ 不>行焉이면 可>謂遠也已矣니라.
부수지소 불 행언   가 위원야이의

[가사체 번역문]

자장께서 공자님께 총명한게 무엇인지 그에대해 여쭈었다

공자께서 말하셨다

마치물이 스며들어 적시듯이 은근하게 말을하는 참언이나
피부로써 느껴질듯 그절박한 하소연에 넘어가지 아니해야
총명하다 그렇다고 말을할수 있느니라
거기다가 더욱더욱 마치물이 스며들어 적시듯이 은근하게
말을하는 참언이나 피부로써 느껴질듯 그절박한 하소연에
넘어가지 아니해야 멀리멀리 내다볼수 있다라고 할수있네

【註解】 ㅇ問明(문명)－사람을 밝게 보는 총명. 밝은 분별력. ㅇ浸潤之譖
(침윤지참)－물이 스며들어 푹 젖게 하는 듯, 은근히 하는 참언. ㅇ膚受之愬
(부수지소)－피부로 느낄 수 있게 노골적으로 절박하게 하는 호소나 참소.
ㅇ不行焉(불행언)－(참언이나 호소를 듣고도) 넘어가지 않고, 또 따르지 않
으면. ㅇ可謂明也已矣(가위명야이의)－비로소 사람이나 사물을 밝게 보고
또 안다고 말할 수 있다. ㅇ可謂遠也已矣(가위원야이의)－멀리 앞을 내다본
다고 말할 수 있다.

【解說】
　바르고 어진 덕치(德治)를 펴기 위해서는 바르고 어진 선비를 등
용해서 써야 한다. 그러므로 위정자는 사람을 밝게 보는 총명이 있
어야 한다. 간흉(奸凶)한 참언(讒言)이나 참소(讒訴)에 넘어가지 않고
또 물리칠 수 있어야 한다.

12-7

자공이 정치에 대해서 묻자, 공자가 대답했다. "백성의 식

량을 충족하게 하고, 나라의 무력을 충실하게 하고, 아울러 모든 사람이 (나라를) 믿게 해야 한다."

자공이 "만부득이 한 가지를 버려야 한다면, 셋 중에 어느 것을 먼저 버려야 합니까?" 하고 묻자, 공자가 말했다. "무력 강화 정책을 버려야 한다."

자공이 또 "만부득이 한 가지를 더 버려야 한다면 나머지 둘 중에 어느 것을 버려야 합니까?" 하고 묻자, 공자가 말했다. "식량 충족 정책을 버려야 한다. 자고로 사람은 다 죽게 마련이다. 그러나 사람들이 믿지 않으면, 나라가 존립할 수 없다."

[原文]

子貢이 問>政한대 子ㅣ 曰足>食足>兵이면 民信>
자공 문 정   자 왈족 식족 병   민신

之矣리라. 子貢이 曰 必不>得>已而去인댄 於Ⅱ斯三
지의   자공 왈 필부 득 이이거   어 사삼

者ㅣ에 何先이리잇고? 曰 去>兵이니라. 子貢이 曰 必
자   하선   왈 거병   자공 왈 필

不>得>已而去인댄 於Ⅱ斯二者ㅣ에 何先이리잇고?
부 득 이이거   어 사이자   하선

曰 去>食이니 自>古皆有>死어니와 民無>信不>立이
왈 거식   자 고개유 사   민무 신불 립

니라.

[가사체 번역문]

자공께서 공자님께 政治란걸 여쭈었다
정 치

공자께서 말하셨다

백성들의 식량을랑 충족하게 하여놓고

그나라의 무력을랑 충실하게 하여놓고

아울러서 모든사람 믿게해야 하느니라

子貢께서 여쭙기를 만부득이 한가지를
자 하

내버려야 한다면은 셋중에서 어느것을

가장먼저 내버려야 하오리까 하고묻자

공자께서 말하셨다

무력강화 그정책을 내버려야 하느니라

子貢께서 여쭙기를 또부득이 한가지를
자 공

내버려야 한다면은 그나머지 둘중에서

어느것을 내버려야 하오리까 하고묻자

공자께서 말하셨다

식량충족 그정책을 내버려야 하느니라

예전부터 사람들은 모두죽게 마련이다

그러하나 사람들이 안믿으면 그나라가 存立할수 없느니라
존 립

[註解] ○問政(문정)―정치의 요체를 물었다. ○足食(족식)―백성들의 식량을 충족하게 한다. 즉 식량 정책을 잘 다스린다. ○足兵(족병)―병(兵)은 무력이나 군비, 즉 무력을 충실하게 강화한다. ○民信之矣(민신지의)―백성들이 나라를 믿는 일, 즉 백성들로 하여금 나라를 믿고 따르게 함이다. ○必不得已而去(필부득이이거)―부득이하게 버려야 한다면. ○於斯三者何先(어

사삼자하선)-셋 중의 어느 것을 먼저 버려야 하느냐? ㅇ去兵(거병)-무력
강화 정책을 버린다. ㅇ去食(거식)-식량 충족 정책을 버린다. ㅇ自古皆有
死(자고개유사)-자고로 사람은 다 죽게 마련이다. ㅇ民無信不立(민무신불
립)-백성들이 믿지 않으면, 나라가 설 수 없다.

[解說]

언변이 좋고 돈벌이 잘하는 자공(子貢)이 정치의 요체(要諦)를 묻
자, 공자가 대답했다. "백성들의 배를 채워주고, 나라의 무력을 강
화하고, 아울러 국가에 대한 신망을 높여야 한다." 이는 곧 '민생(民
生), 국방(國防) 및 국가에 대한 국민의 신망(信望)'을 말한 것이며, 오
늘의 일반적인 정치관과 다를 바 없다.

그러나 이 세 가지 기본정책에 대한 비중이나 정책 수행 순서에
있어 공자의 생각은 일반과 달랐다. 즉 공자는 '국민의 신망'을 가
장 중시하고, 그 다음이 민생문제, 또 그 다음이 국방문제라고 말한
것이다. 패도(覇道)의 악덕 정치에서는 '무력 강화와 경제발전'을
앞세운다. 즉 '힘과 돈'으로 백성을 다스리고자 한다. 그러나 공자
의 도덕정치(道德政治)에서는 '국민의 신망'을 앞세운다. 국민의 신
망을 얻기 위해 '국가를 다스리는 위정자'는 인덕(仁德)을 갖추고 인
정(仁政)을 펴야 한다. 안 그러면 국민의 신망을 얻을 수 없다.

오늘의 세계는 심각한 위기에 빠져 있다. 즉 '과학 기술과 재물을
송두리째 무력(武力)으로 화하고, 이기적 탐욕을 채우기 위해 남을
살상(殺傷)하고 남의 재물을 탈취하는 데 골몰하고 있다.' 이대로 가
다가는 공멸(共滅)한다. 위기극복을 위해서 유교의 도덕정치 사상을
바르게 알아야 한다.

12-8

위나라 대부 극자성이 말했다. "군자는 본질(本質)만을 높이면 된다. 어찌 문식(文飾)을 가하려 하는가?"

이에 대하여 자공이 말했다. "아깝게도 그대의 군자에 대한 설은 맞지 않습니다. 빨리 달리는 사두마의 수레도 (한번 내뱉은) 실언(失言)을 뒤좇아갈 수 없다고 했습니다. 문식이 본질이고, 본질이 문식이라고 하여 (그 두 가지의 차이를 인정하지 않는다면) 호랑이나 표범의 가죽이 개나 양의 가죽과 같다고 하는 격입니다."

[原文]

棘子成이 曰 君子는 質而已矣니 何以>文爲리
극자성   왈 군자   질이이의   하이 문위

오? 子貢이 曰 惜乎라 夫子之說이 君子也나 駟不>
자공   왈 석호   부자지설   군자야   사불

及>舌이로다. 文猶>質也며 質猶>文也니 虎豹之鞹
급 설   문유 질야   질유 문야   호표지곽

이 猶Ⅱ犬羊之鞹Ⅰ이니라.
유   견양지곽

[가사체 번역문]

衛國大夫 棘子成이 다음같이 말하였다
위국대부 극자성

군자들은 본질만을 높이면은 되는데도

어찌하여 外形文飾 가하려고 하는가요
외형문식

이에대해 자공께서 다음같이 말하였다

아깝게도 그대말한 군자들에 대한意見 딱맞지를 않습니다
_{의 견}

부리나케 치달리는 四頭馬의 그수레도
_{사 두 마}

한번뱉은 失言그걸 뒤쫓을수 없답니다
_{실 언}

문식그게 본질이고 본질그게 문식이다

이러하게 말을하여 그두가지 그차이를 인정하지 않는다면

호랑이나 표범가죽 개나양의 가죽하고

똑같다고 말을하는 것과같은 격입니다

[註解] ○棘子成(극자성)—위(衛)나라의 대부. 기타는 미상. ○君子質而已矣(군자질이이의)—군자는 바탕이 되는 본질만 높이면 된다. ○何以文爲(하이문위)—어찌 외형적인 문식(文飾)을 꾸미느냐? ○惜乎(석호)—아깝다, 가석하다. ○夫子之說君子也(부자지설군자야)—당신이 말하는 군자에 대한 의견은 (틀린다는 뜻). ○駟不及舌(사불급설)—빨리 달리는 사두마차(四頭馬車)도 혀[舌],즉 말[言]을 따를 수 없다. 잘못한 말을 돌이킬 수 없다. ○文猶質也(문유질야)—문이 곧 질이다. ○虎豹(호표)—호랑이나 표범. ○鞹(곽)—털을 뽑은 속 가죽. ○犬羊(견양)—개나 양.

[解說]

　군자는 내면적 학문과 덕성과, 외면적 문화적 꾸밈과 태도 및 행동거지가 일치해야 한다.

12-9

애공이 유약에게 "금년에는 기근이 들어 국가의 비용이 모자라니 어떻게 하면 좋겠소?" 하고 묻자, 유약이 "왜 '10분지 1을 받는 세법'을 쓰지 않으십니까?" 하고 되물었다.

애공이 "지금 '10분의 2를 받는 세법'으로도 내가 모자라는데, 어떻게 '10분지 1을 받는 세법'을 쓰겠소?" 했다. 이에 유약이 말했다. "백성이 풍족하면 누구와 더불어 임금이 부족하겠습니까? 백성이 부족하면 누구와 더불어 임금이 풍족하겠습니까?"

[原文]

哀公이 問ⅱ於有若ㅣ日 年饑 用不>足하니 如ⅱ
애공   문 어유약   왈 년기 용부족   여

之何ㅣ오? 有若이 對曰 盍>徹乎시닛고? 曰 二도 吾
지하   유약   대왈 합 철호   왈 이   오

猶不>足이어니 如ⅱ之何ㅣ 其徹也리오? 對曰 百姓
유부족   여 지하   기철야   대왈 백성

이 足이면 君孰與不>足이며 百姓이 不>足이면 君
족   군숙여부족   백성   부족   군

孰與足이닛고?
숙여족

[가사체 번역문]

哀公께서 有若에게 다음같이 물어봤다
애공   유약

금년에는 饑饉들어 국가비용 모자라니 어떡하면 좋겠어요
기근

유약께서 되물었다

임금께선 어찌하여 열에하나 받는세법 이걸쓰지 않습니까

애공께서 말하였다

열에둘을 받는세법 이걸로도 모자란데

어찌하여 지금내가 열에하나 받는세법 그런것을 쓰겠어요

이에대해 유약께서 다음같이 말하였다

백성들이 풍족하니 임금님이 뉘더불어 부족하게 되오리까

백성들이 부족하니 임금님이 뉘더불어 풍족하게 되오리까

[註解] ○哀公(애공)—노나라 애공(기원전 494년에 즉위). 애공 16년에 공자가 사거했다. ○有若(유약)—공자의 제자. 유자(有子),「學而篇 1-2」참고. ○年饑(연기)—금년에 기근이 들었다. ○用不足(용부족)—나라의 씀씀이가 부족하다. ○如之何(여지하)—어떻게 하면 좋으냐? ○盍徹乎(합철호)—왜 철(徹)을 아니 쓰느냐? 철(徹)은 '10분의 1을 거두는 세법'. ○二(이)—여기서는 '10분의 2를 거두는 세법'을 쓰고 있다는 뜻. ○吾猶不足(오유부족)—그래도 내가 부족한데. ○如之何其徹也(여지하기철야)—어떻게 철(徹)의 세법을 쓰겠느냐? ○君孰與不足(군숙여부족)—임금이 누구와 더불어 부족하랴?

[解說]

백성을 잘 살게 해야 임금이나 나라도 부(富)하게 된다.

12-10

자장이 덕을 높이고 미혹을 분별하는 일에 대해서 묻자, 공자가 말했다.

"충성과 신의를 중하게 여기고, 도의를 실천하는 것이 곧 덕을 높이는 일이다. 내가 좋아하면 그가 살기를 바라고, 내가 미워하면 그가 죽기를 바라지만, 그와 같이 살기를 바랐다가, 또 죽기를 바라는 것이 곧 미혹이다."

[原文]

子張이 問Ⅱ 崇>德 辨Ⅰ>惑한대 子ㅣ 曰 主Ⅱ忠信
자 장 문 숭 덕 변 혹 자 왈 주 충 신

Ⅰ하며 徙>義崇>德也니라. 愛>之란 欲Ⅱ其生Ⅰ하고
사 의 숭 덕 야 애 지 욕 기 생

惡>之란 欲Ⅱ其死Ⅰ하나니 旣欲Ⅱ其生Ⅰ이오 又欲Ⅱ
오 지 욕 기 사 기 욕 기 생 우 욕

其死Ⅰㅣ 是惑也니라.
기 사 시 혹 야

[가사체 번역문]

子張께서 공자님께 仁의德을 더높이고
자 장 인 덕

迷惑한걸 분별하는 그런일을 여쭈었다
미 혹

공자께서 말하셨다

忠誠하고 信義로움 무거웁게 여기면서
충 성 신 의

道義實踐 하는것이 德높이는 일일테고
도 의 실 천 덕

내가 그를 좋아하면 그가 살길 바라면서
내가 그를 미워하면 그가 죽길 바라는게 그게 바로 미혹이다

[註解] ○子張(자장)－「爲政篇 2-18」참고. ○崇德(숭덕)－덕을 높인다. 숭(崇)은 높인다, 가득 채운다〔充〕. 덕(德)은 인덕(仁德). ○辨惑(변혹)－미혹 (迷惑)이나 의혹(疑惑)을 분별한다. ○主忠信(주충신)－주(主)는 중하게 여긴 다, 힘을 쓰다. 충(忠)은 '정성으로 최선을 다함' 이다. 신(信)은 '언행일치 (言行一致)로 신의를 지킴' 이다. ○徙義(사의)－(사리사욕에 매이지 않고) 도의를 따르고 실천한다. ○愛之欲其生(애지욕기생)－내가 사랑하고 좋아 하면, 그가 살기를 바라고. ○惡之欲其死(오지욕기사)－내가 미워하고 싫으 면, 그가 죽기를 바란다. ○旣欲其生(기욕기생)－전에는 그가 살기를 바라 고. ○又欲其死(우욕기사)－다시 이번에는 그가 죽기를 바란다. ○是惑也 (시혹야)－(그렇게 오락가락하는 것이) 미혹이다.

[解說]

도덕(道德)의 바른 뜻을 알아야 한다. 도(道)는 절대선(絶對善)인 천 도(天道)이다. 그 천도를 따르고 행해서 얻은 좋은 성과를 덕(德)이라 한다.

간악하고 음흉한 권모술수를 써서 재물이나 권력을 획득하는 것 은 범죄적 악덕이다. 진정한 덕(德)은, 곧 인덕(仁德)이다. 그러므로 덕을 높이기 위해서는 인심(仁心)을 바탕으로 남에게 성실하고 또 신의를 잘 지켜야 한다.

충(忠)은 '최선을 다한다' 는 뜻이다. 국가의 중심인 임금에게 충 성하는 것도 물론 충이다. 그러나 동시에 모든 사람들에게도 성실하 게 대하고, 또 자신이 최선을 다해서 사랑하고 받들어야 한다. 그것

이 곧 충이다. 아울러 말과 행동이 일치하는 신의(信義)를 지키고 높여야 한다. 사회에 나가서 행동할 때는 사리사욕(私利私慾)을 극복하고 사회적 정의(正義)나 도의(道義)를 굳게 지키고 실천해야 한다. 그러므로 공자가 '숭덕(崇德)'은, 곧 '주충신(主忠信)과 사의(徙義)'라고 말한 것이다.

절대선의 천도를 따르면 미혹하고 길을 잃지 않을 것이다. 그러나 사람들은 자기의 욕심이나 이해관계를 바탕으로 행동한다. 그래서 미혹하고 길을 잃는 것이다. 그 한 예를 '좋아하면 살기를 바라고, 미우면 죽기를 바란다.'는 말로 들었다. '생사는 천명이다〔死生有命〕.' 그런데 자기의 감정을 기준으로 인간의 생사를 결정하려고 한다. 이보다 더 큰 미혹이 있겠는가?

12-11

제나라의 경공이 공자에게 정치에 대해서 묻자, 공자가 대답했다. "임금은 임금다워야 하고, 신하는 신하다워야 하고, 아비는 아비다워야 하고, 자식은 자식다워야 합니다."

이에 경공이 말했다. "좋은 말이오! 참으로 임금이 임금답지 못하고, 신하가 신하답지 못하고, 아비가 아비답지 못하고, 자식이 자식답지 못하면, 비록 곡식이 창고에 가득한들 내가 어찌 먹을 수 있겠소?"

齊景公이 問Ⅱ政於孔子ㅣ한대 孔子ㅣ 對曰 君君
제 경 공　문　정 어 공 자　　　　공 자　대 왈 군 군

臣臣 父父 子子니이다. 公ㅣ 曰 善哉라! 信如君不>
신 신 부 부 자 자　　　　공　왈 선 재　　신 여 군 불

君하며 臣不>臣하며 父不>父하며 子不>子면 雖有>
군　　신 불 신 하며　부 불 부 하며　자 불 자면　수 유

粟이나 吾得而食>諸아?
속　　　오 득 이 식　저

[가사체 번역문]

　제나라의 景公임금 공자님께 政治란게 무엇인지 물어봤다
　　　　　　경 공　　　　　　　　　정 치

　공자께서 대답했다

　임금님은 임금답게 신하들은 신하답게

　아비들은 아비답게 자식들은 자식답게 그러해야 하옵지요

　경공께서 말하였다 그참좋은 말이외다

　진정으로 그임금이 임금답지 아니하고

　신하들도 마찬가지 신하답지 아니하고

　아비들도 마찬가지 아비답지 아니하고

　자식들도 마찬가지 자식답지 아니하면

　비록곡식 있더라도 내가어찌 먹겠어요

[註解] ㅇ齊景公(제경공)―제(齊)나라 경공(景公 : 기원전 547~490년 재위). 이
름은 저구(杵臼), 영공(靈公)의 아들. 대부(大夫) 최저(崔杼)가 자기 처와 밀통
한 장공(莊公)을 죽이고 대신 내세운 임금. 경공은 장기간 자리를 지켰으나
대부들의 세력을 억제하지 못하고, 나라도 바르게 다스리지 못했다. 공자

는 경공을 두 번 만났다. 노(魯) 소공(昭公) 20년에 경공이 노나라에 왔을 때와 25년 공자가 제나라에 갔을 때다. 이 대화를 언제 한 것인지는 알 수 없다. ○君君(군군)—임금이 임금다워야 한다, 임금이 덕으로써 다스려야 한다. 동시에 상하(上下)의 위계(位階)와 질서(秩序)가 바르게 서야 한다는 뜻. ○臣臣(신신)—신하가 신하답다, 즉 신하의 도리와 본분을 잘 지킨다는 뜻. ○父父(부부)—아버지가 아버지답게 자식을 애육(愛育)하고 가정을 다스려야 한다. ○子子(자자)—자식이 자식다워야 한다. 부모를 섬기고 효도를 해야 한다. ○善哉(선재)—참 좋은 말이다! ○信如君不君(신여군불군)—참으로 임금이 임금다울 수 없다면. 임금이면서 임금 노릇을 제대로 할 수 없다면. ○子不子(자부자)—자식이 자식의 도리를 다하지 않는다면. ○雖有粟(수유속)—비록 곡식이 있어도. 비록 곡식이 창고에 가득한들. ○吾得而食諸(오득이식저)—내가 어찌 먹을 수 있겠소?

【解說】

국가나 가정은 공동체다. 공동체가 잘 유지되고 더욱 발전하려면 공동체의 구성원들이 자기의 위치와 본분을 잘 지키고, 또 저마다의 직분과 역할을 충분히 수행해야 한다. 공자가 말한 "군군(君君), 신신(臣臣), 부부(父父), 자자(子子)"가 바로 이런 뜻이다. 각자가 주체(主體)가 되어 서로 사랑하고 협동하여 공동체를 형성하고 발전시키는 것이 인정(仁政)이요 덕치(德治)이다. 공자 사상의 깊은 뜻을 바르게 알자.

공자가 말했다. "한 마디 말로써 판결을 내릴 수 있는 사람은 유일 것이다."(자로는 승낙한 일을 묵히는 법이 없다.)

[原文]

子ㅣ 曰 片言에 可ㅣㅣ以折ㅣ>獄者는 其由也與인저.
　자　왈　편언　가　이절　옥자　기유야여

子路는 無>宿>諾이러라.
　자로　무　숙　낙

[가사체 번역문]

공자께서 말하셨다
한마디의 짧은말로 판결하고 해결할자 그사람은 子路리다
　　　　　　　　　　　　　　　　　　　　　자　로
子路그는 승낙한일 묵히는법 없느니라
자　로

[註解] ㅇ片言(편언)－한마디 말. 편파적인 말, 혹은 한쪽 말이라는 설도 있으나 취하지 않는다. ㅇ可以折獄者(가이절옥자)－재판이나 옥사를 판결하고 해결할 수 있는 사람. 절(折)은 판결을 내린다. ㅇ其由也與(기유야여)－그런 사람은 유(由)일 것이다. 유는 자로의 이름. ㅇ子路無宿諾(자로무숙낙)－자로는 승낙한 일을 묵히는 법이 없다. (이는 편집자의 기록이다.)

12-13

꽁자가 말했다. "송사를 처리하는 일은 나도 남과 같지만, (나의 경우는) 반드시 송사 자체를 없게 하려고 한다."

[原文]

子ㅣ 曰 聽>訟이 吾猶>人也나 必也 使>無>訟乎
자 왈 청 송   오유 인야   필야 사 무 송 호
인저.

[가사체 번역문]

공자께서 말하셨다
송사판결 그런일은 나도남들 만큼한다
허나나는 꼭반드시 訴訟하는 그자체를 없게하려 하느니라
                  소 송

[註解] ○聽訟(청송)─송사를 듣고 재판한다. ○吾猶人也(오유인야)─나도 남과 같이 할 수 있다. ○必也使無訟乎(필야사무송호)─(나는 기필코) 사람들에게 송사 자체가 없게 하겠다.

[解說]

백성들의 선본성(善本性)을 계발하고 인격을 도야(陶冶)하고, 사람들을 교화해서 저마다 윤리 도덕을 실천케 하는 것이 덕치(德治)의 기본이다. 그렇게 되면 자연히 송사 자체가 없어질 것이다.

12-14

자장이 정치에 대해서 묻자, 공자가 말했다.

"자리에 있으면 게을리하지 말고, 충성껏 일을 처리하라."

[原文]

子張이 問>政한대 子ㅣ 曰 居>之無>倦하며 行>之
자장 문 정   자 왈 거 지 무 권   행 지

以>忠이니라.
이 충

[가사체 번역문]

子張께서 좋은 政治 그에대해 여쭈었다
자장   정치

공자께서 말하셨다

그자리에 앉았으면 게으르면 아니되고 충성으로 일을하라

[註解] ○居之無倦(거지무권)—벼슬자리에 있으면, 절대로 게으르면 안된다. ○行之以忠(행지이충)—일처리를 충성으로써 해야 한다. 충(忠)은 마음속으로 정성을 다하고, 또 도(道)를 따라서 자신이 최선을 다한다는 뜻이다. 무도한 임금 밑에서 맹목적으로 복종하는 것은 충성이 아니다.

12-15

공자가 말했다. "널리 학문을 배우고, 예절로 단속을 해야

도에 어긋나지 않게 될 것이다."

[原文]

子ㅣ 曰 君子ㅣ 博學ㅃ於文ㅣ이오 約>之以>禮면
자　왈　군자　　박학　어문　　　　약　지이　례

亦可ㅃ以弗畔ㅣ>矣夫인저.
역가　이불반　　의부

[가사체 번역문]

공자께서 말하셨다

글을널리 배우면서 예절로써 단속해야 道에어긋 나잖는다
　　　　　　　　　　　　　　　　　도

[註解] ○博學於文(박학어문)—박학(博學)은 널리 배우다. 문(文)은 '고
전·학문·역사 및 옛날의 문물제도' 등을 포함한다. ○約之以禮(약지이
례)—약(約)은 요약하다, 단속하다. 예(禮)는 내면적으로는 천리(天理), 외형
적으로는 예의범절. ○亦可以弗畔矣夫(역가이불반의부)—역시 도(道)에 어
긋나지 않게 될 수 있을 것이다.

[解說]

'박문약례(博文約禮)' 해야 한다. 박학다식하되, 마음과 몸을 단속
하고 예의범절을 지켜야 도(道)에서 벗어나지 않게 될 것이다.

공자가 말했다. "군자는 남의 장점을 도와 더욱 아름답게 해주고, 남의 단점을 눌러 악하게 되지 않게 한다. 그러나 소인은 이와 반대로 한다."

[原文]

子ㅣ 曰 君子는 成Ⅱ人之美ㅣ하고 不＞成Ⅱ人之惡
자 왈 군자 성 인지미 불 성 인지악

ㅣ하나니 小人은 反＞是니라.
소 인 반 시

[가사체 번역문]

공자께서 말하셨다
군자들은 남의長點 도와주어 성취하지
　　　　　　장 점
남의短點 억눌러서 악하게는 아니한다
　　단 점
그러하나 소인들은 항상이와 반대니라

[註解] ○成人之美(성인지미)－남의 장점을 들어 훌륭한 사람이 되게 한다. ○不成人之惡(불성인지악)－남의 단점을 시정하여 악인이 되지 않게 한다. ○小人反是(소인반시)－소인배들은 남을 더욱 나쁜 사람이 되게 한다.

12-17

계강자가 공자에게 정치에 대해서 묻자, 공자가 말했다.
"정치는 바로잡는 것입니다. 그대가 앞장서서 바르게 하면,
그 누가 감히 바르지 않게 하겠나이까?"

[原文]

季康子ㅣ 問ㅛ政於孔子ㅣ한대 孔子ㅣ 對曰 政者
계강자   문 정 어공자   공자   대왈 정자

는 正也니 子帥以正이면 孰敢不>正이리오?
　정야   자수이정   숙감부　정

[가사체 번역문]

季康子가 공자님께 政治란걸 물어봤다
계강자   정치

공자께서 말하셨다

정치그건 다름아닌 똑바르게 하는거죠

그대먼저 앞장서서 똑바르게 한다면은

그누구가 어찌감히 똑바르게 안하리오

[註解] ○季康子(계강자)─노나라의 참월무도한 대부. ○政者正也(정자정
야)─정치는 만사를 바르게 틀 잡는 것이다. ○帥(수)─앞장서서, 솔선수범
하여. ○孰敢不正(숙감부정)─누가 감히 부정할 수 있으랴?

12-18

계강자가 도둑을 걱정하여 공자에게 묻자, 공자가 말했다.
"우선 당신 자신이 탐욕하지 않으면, 비록 상을 준다고 해도
도둑질할 사람이 없을 것이오."

[原文]

季康子ㅣ 患>盜하야 問ⅠⅠ於孔子ㅣ한대 孔子ㅣ 對
계강자 환 도 문 어공자 공자 대

曰 苟子之不欲이면 雖>賞之라도 不>竊하리라.
왈 구자지불욕 수 상지 부 절

[가사체 번역문]

季康子가 공자님께 도둑들이 많은것을 걱정하며 물어봤다
계강자

공자께서 말하셨다

우선당신 자신부터 탐욕하지 아니하면

비록賞을 준다해도 도둑질할 사람들이 있지않을 것입니다
상

[註解] ○患盜(환도)─도둑이 많음을 걱정하여. ○問於孔子(문어공자)─그
대책을 공자에게 물었다. ○苟(구)─가령, 적어도. ○子之不欲(자지불욕)─
그대 자신이 탐욕하지 않으면. ○雖賞之不竊(수상지부절)─비록 상을 준다
고 해도 사람들이 도둑질하지 않을 것이다.

12-19

계강자가 정치에 대해서 물으면서 공자에게 말했다. "만약 무도한 사람을 사형에 처하고, 백성들로 하여금 도를 지키게 하면 어떻겠소?"

이에 공자가 말했다. "당신은 정치를 하겠다면서 어찌 살 인을 하려고 하십니까? 당신이 선하려고 애를 쓰면, 백성들 이 선하게 됩니다. 군자의 덕은 바람과 같고, 소인의 덕은 풀 과 같은 것입니다. 풀은 바람이 불면 반드시 쏠리어 따르게 마련입니다."

[原文]

季康子ㅣ 問ㅣㅣ政於孔子ㅣ曰 如殺ㅣㅣ無道ㅣ하여 以
계강자 문   정어공자 왈 여살   무도   이

就ㅣㅣ有道ㅣ인대 何如하닛고? 孔子ㅣ 對曰 子ㅣ 爲>
취 유도   하여   공자   대왈 자 위

政에 焉用>殺이리오? 子ㅣ 欲>善이면 而民이 善矣
정   언용 살   자 욕 선   이민 선의

리니 君子之德은 風이요 小人之德은 草라. 草上ㅣㅣ
    군자지덕   풍   소인지덕   초   초상

之風ㅣ이면 必偃하나니라.
지풍   필언

[가사체 번역문]

季康子가 政治란걸 물으면서 다음같이 공자님께 말하였다
계강자   정치

가령만약 無道한者 死刑같은 罰을주고
　　　　　무도　자 사형　　 벌
백성들에 대하여서 道지키게 한다면은 어떻다고 여깁니까
　　　　　　　　　도
이에대해 공자께서 다음같이 말하셨다

어찌하여 당신께선 좋은정치 하겠다며 하필殺人 하려하죠
　　　　　　　　　　　　　　　　　　　살인
그대자신 앞장서서 선하고자 애를쓰면 백성들도 선해지죠

군자德은 바람같고 소인德은 풀과같죠
　　 덕　　　　　　 덕
풀이란건 바람불면 늘언제나 쓸립니다

[註解] ○ 如殺無道(여살무도)－만약에 무도한 사람을 사형에 처하고. ○ 以
就有道(이취유도)－(백성들로 하여금) 도를 따르고 지키게 하면. ○ 子爲政
焉用殺(자위정언용살)－그대는 정치를 함에 있어, 어찌 사람을 죽이려고 하
시오. 어찌 언(焉). ○ 子欲善(자욕선)－그대가 선하기를 원한다. 선하게 하
려고 노력하면. ○ 而民善矣(이민선의)－그에 따라 백성들이 착하게 된다, 선
하게 한다. ○ 君子之德風(군자지덕풍)－임금이나 위정자의 덕은 바람과 같
다. ○ 小人之德草(소인지덕초)－백성이나 서민들의 덕은 풀과 같다. ○ 草上
之風(초상지풍)－풀 위에 바람이 불면. 지풍(之風)은 바람이 가면. ○ 必偃(필
언)－반드시 바람에 나부낀다. 쓰러질 언(偃).

[解說]

　　근본적으로 인정(仁政)과 덕치(德治)의 바른 도리를 알 까닭이 없
는 계강자가 "말 안 듣는 자를 사형하면 백성들이 순순히 따를 것이
아니냐?"고 형벌 강화의 뜻을 내비치자, 공자가 크게 핀잔을 주었
다. "왜 살인의 정치를 하려느냐? 위정자가 선정을 지향하면 백성
들은 착하게 된다." 그리고 비유를 들어 말했다. "다스리는 사람은

바람이고 다스림을 받는 백성은 풀과 같다. 위에서 훈훈한 덕풍(德風)이 불면, 아래에 있는 풀들은 나부끼게 마련이다." 무지막지한 계강자가 알아들었을까?

12-20

자장이 "선비는 어떻게 하면 통달했다고 할 수 있습니까?" 하고 묻자, 공자가 "네가 말하는 통달이란 무슨 뜻이냐?"고 반문했다. 이에 자장이 "제후의 나라에서도 반드시 이름이 나고, 경대부의 영지에도 반드시 이름이 나는 것입니다."라고 대답했다. 그러나 공자가 말했다.

"그것은 명성이지 통달이 아니다. (참으로 통달하는 사람은) 성품이 소박 강직하고 정의를 사랑하고, 남의 말을 깊이 살피고, 남의 기색을 관찰하고, 또 신중한 태도로 남에게 겸손해한다. 그래야 제후의 나라에서도 통달할 수 있고, 또 경대부의 영지에서도 통달할 수가 있는 것이다."

"그러나 명성을 얻기만 하는 사람은 겉으로는 인을 취하는 척하면서 실제로는 인에 어긋나는 짓을 한다. 그러면서도 자기의 처신에 대해서 의아하게 여기지 않는 사람이다. 이들이 곧 제후의 나라에서도 이름을 내고, 경대부의 영지에서도 이름을 내는 것이다."

子張이 問 士ㅣ 何如라야 斯可>謂ㅼ之達ㅣ矣닛고?
　　자장　문사　하여　　사가위　지달　의

子ㅣ 曰 何哉오 爾所謂達者여? 子張이 對曰 在>邦
　자　왈하재　이소위달자　　자장　대왈재방

必聞하며 在>家必聞이니이다. 子ㅣ 曰 是는 聞也라
　필문　재가필문　　　　자　왈시　문야

非>達也니라. 夫達也者는 質直而好>義하며 察>言
비달야　　부달야자　질직이호의　　찰언

而觀>色하야 慮以下>人하나니 在>邦必達하며 在>
이관색　　여이하인　　재방필달　재

家必達이니라. 夫聞也者는 色取>仁而行違요. 居>
가필달　　부문야자　색취인이행위　거

之不>疑하나니 在>邦必聞하며 在>家必聞이니라.
지불의　　재방필문　　재가필문

[가사체 번역문]

　　子張께서 공자님께 다음같이 여쭈었다
　　자장

　　선비란者 어떠해야 그를두고 通達한다 말을할수 있습니까
　　　　자　　　　　　　통달

　　공자께서 되물었다

　　너가지금 말하려는 그通達이 뜻이뭐지
　　　　　　　　　　통달

　　이에子張 대답했다
　　　자장

　　제후들의 나라서도 꼭반드시 이름나고

　　卿大夫의 領地서도 꼭반드시 이름나는 그런것을 말합니다
　　경대부　영지

　　이에대해 공자께서 다음같이 말하셨다

　　그런것은 名聲이지 진정通達 아니란다
　　　　　　명성　　　통달

진정으로 통달한 者(자) 그사람은 그성품이 소박하고 강직하며

정의로움 사랑하고 남의말을 잘살피며 남의기색 관찰하고

거기에다 덧붙여서 조심스런 태도로써 남들에게 겸손하다

이러하게 하여야만 제후들의 나라서도 통달할수 있게되고

경대부의 영지서도 통달할수 있게된다

그러하나 명성만을 얻으려는 그사람은

겉으로는 仁(인)이란걸 取(취)하는척 하면서도

실제로는 仁(인)에벗어 나는짓을 하게된다

그러면서 자기처신 疑訝(의아)하게 안여기는 그와같은 사람이다

이런사람 그者(자)들이 제후들의 나라서도 꼭반드시 이름내고

경대부의 領地(영지)서도 꼭반드시 이름낸다

【註解】 ○士何如(사하여)－선비가 어떻게 하면. ○斯可謂之達矣(사가위지달의)－비로소 통달한다고 말할 수 있느냐? 사(斯)는 비로소. 달(達)은 통달, 달성. ○何哉 爾所謂達者(하재 이소위달자)－그대가 말하는 달이란 무슨 뜻이냐? 무엇이냐? 네가 말하는 달이란? ○在邦必聞(재방필문)－나라에서도 반드시 이름이 난다. 방(邦)은 제후(諸侯)가 다스리는 나라. 문(聞)은 알려지다, 소문이 난다. ○在家必聞(재가필문)－가(家)는 경대부(卿大夫)가 다스리는 영지(領地). ○是聞也(시문야)－네가 달(達)이라고 말한 것은 문(聞)이다. ○非達也(비달야)－달이 아니다. ○質直(질직)－본질이나 자질이 강직하고. ○而好義(이호의)－아울러 정의를 사랑하고 도의를 실천한다. ○察言(찰언)－남의 말을 깊이 살핀다. ○觀色(관색)－얼굴 표정이나 기색을 관찰한다. ○慮以下人(여이하인)－사려가 깊고 남에게 겸손하고 경하한다. ○色取仁(색취인)－표면으로는 인(仁)을 취하는 척하면서. ○而行違(이행위)－그러

나 실지로는 인에 어긋나는 행동을 한다. ○居之不疑(거지불의)─그렇게 하면서, 혹은 그렇게 처신하면서 의아하게 여기지 않는다.

[解說]

자장(子張)이 국가나 지역사회에서 명성을 얻는 것을 성공이나 성취라고 착각한 잘못을 공자가 바로잡아 주었다. 국가나 공동체에서 진정한 공을 세우기 위해서는 "첫째로 너 자신이 본질적으로 강직하고 정의를 지켜야 한다〔質直而好義〕. 다음에 위정자들의 언행이나 기색을 잘 살펴야 한다〔察言而觀色〕. 그리고 백성들을 깊이 염려하고 또 그들에게 겸손해야 한다〔慮以下人〕. 그래야 인정(仁政)이나 덕치(德治)를 위한 진정한 공을 세울 수 있다."

"공을 세우는 것과 가면을 쓰고 대중의 명성을 얻는 것과는 다르다." 진정한 공은 도(道)를 따르고 행해서 달성된다. 공자는 『효경(孝經)』에서 "입신행도 양명어후세(立身行道 揚名於後世)"라고 말했다.

<h2 style="text-align:center">12-21</h2>

번지가 공자를 따라 무우단(舞雩壇) 아래에서 바람을 쏘이다가 말했다. "감히 여쭈어 청하겠습니다. 덕을 높이고, 악을 바로잡고 미혹을 분별하는 길을 일러주십시오."

이에 공자가 말했다. "참으로 좋은 질문이다. 일을 앞세우고 얻기를 뒤로 하면, 그것이 덕이 아니겠느냐? 자신의 나쁜 점을 스스로 탓하고 남의 나쁜 점은 탓하지 않는 것이 바로 악을 바로잡는 길이 아니겠느냐? 하루아침의 분을 참지 못하

고 포악한 짓을 하여, 그 누를 부모에게까지 미치게 하는 것
이 미혹이 아니겠느냐? "

[原文]

樊遲ㅣ 從遊Ⅱ於舞雩之下ㅣ러니 曰 敢問Ⅱ 崇>德
번지 종유 어무우지하 왈감문 숭덕

修>慝 辨ㅣ>惑하노이다. 子ㅣ 曰 善哉라. 問이여 先>
수특변 혹 자 왈 선재 문 선

事後>得이 非>崇>德與아? 攻Ⅱ其惡ㅣ이오. 無>攻Ⅱ
사후득 비숭덕여 공기악 무공

人之惡ㅣ이 非>修>慝與아? 一朝之忿으로 忘Ⅱ其身
인지악 비수특여 일조지분 망기신

ㅣ하야 以Ⅱ及其親ㅣ이 非>惑與아?
이 급기친 비혹여

[가사체 번역문]

樊遲께서 공자따라 舞雩壇의 아래에서 바람쐬다 말하였다
번지 무우단

감히제가 여쭙니다

자신의德 더높이고 악한것을 바로잡고 미혹함을 분별하는
덕

그런도리 그게뭔지 정말알고 싶습니다

이에대해 공자께서 다음같이 말하셨다 그참좋은 질문이네

해야할일 먼저하고 功얻는일 뒤로하면 그것이곧 德아니냐
공 덕

자기자신 나쁜점을 제스스로 탓을하고 남의잘못 탓하잖는

그게바로 나쁜점을 바로잡는 길아니냐

하루아침 忿못참고 暴惡한짓 저질러서
분 포악

자기부모 그들에게 累끼치는 그런것이 迷惑함이 아니겠냐
　　　　　　　　　누　　　　　　　　　　미혹

[註解] ○樊遲(번지)—공자의 제자. 「爲政篇 2-5」참고. ○從遊(종유)—공자를 따라 소풍한다, 소요한다. ○於舞雩之下(어무우지하)—무우(舞雩) 근처에서, 혹은 무우단(舞雩壇) 아래에서. 무우는 기우제(祈雨祭)를 지내는 단이 있는 곳. ○崇德(숭덕)—덕을 높이는 길. ○脩慝(수특)—사악한 마음을 바로잡고 선을 행하는 길. 닦을 수(脩), 사특할 특(慝). ○辨惑(변혹)—미혹을 분별하고 바르게 판단하는 길. 분별할 변(辨), 미혹할 혹(惑). ○善哉問(선재문)—참으로 좋은 질문이다. ○先事後得(선사후득)—사회나 국가를 위해서 어려운 일을 남보다 먼저 나서서 하고, 내가 차지할 보수나 이득은 뒤에 얻는다. ○非崇德與(비숭덕여)—그렇게 하는 것이 숭덕이 아니겠느냐? ○攻其惡(공기악)—자신의 잘못이나 결점을 탓하고 꾸짖는다. ○無攻人之惡(무공인지악)—남의 잘못이나 결점을 공격하지 않는다. ○一朝之忿(일조지분)—일시적, 순간적인 분(忿)이나 분기(憤氣). ○忘其身(망기신)—(일시적인 분을 참지 못하고) 자기 몸을 돌보지 않고, (남과 싸운다). ○以及其親(이급기친)—그 화가 부모에게 미치게 하는 것이. ○非惑與(비혹여)—어리석고 미혹된 짓이 아니겠느냐?

[解說]

앞의 제10장에서 자장(子張)도 거의 같은 질문을 했다. 이에 대한 공자의 대답은 서로 다르다. 이 장에서 공자는 '일을 먼저 하고 뒤에 얻는 것'을 덕이라 하고, '자신을 책하고 남에게 관대하게 함'을 수특(脩慝)이라 하고, '분을 참지 못하고 남과 싸워 그 화를 부모에게 미치도록 하는 것'을 미혹(迷惑)이라고 말했다.

12-22

번지가 인(仁)에 대하여 묻자, 공자가 말했다. "남을 사랑함이다." 번지가 다시 지(知)에 대해서 묻자, 공자가 말했다. "사람을 알아보는 것이다."

그러나 번지가 뜻을 깨닫지 못하자, 공자가 다시 말했다. "강직한 사람을 등용하여 사악한 사람 위에 쓰면, 사악한 사람도 강직한 사람으로 변할 수 있다."

번지가 스승 앞에서 물러나와 자하를 보고 말했다. "아까 내가 선생님을 뵈옵고 지(知)에 대해서 묻자, 선생님께서 '강직한 사람을 등용하여 사악한 사람 위에 쓰면, 사악한 사람도 강직한 사람으로 변할 수 있다.'고 대답하셨는데 무슨 뜻입니까?" 하고 묻자, 자하가 말했다.

"그 말씀은 참으로 많은 뜻을 지니고 있습니다. 순임금이 천하를 차지하자, 여러 사람들 중에서 선발하여 고요를 등용하니, 어질지 못한 사람들이 멀어졌으며, 탕임금이 천하를 차지하자, 여러 사람들 중에서 선발하여 이윤을 등용하니, 어질지 못한 사람들이 멀어졌던 것입니다."

[原文]

樊遲ㅣ 問>仁한대 子ㅣ 曰 愛>人이니라. 問>知한
번 지   문 인   자 왈 애 인   문 지

대 子ㅣ 曰 知>人이니라. 樊遲ㅣ 未>達이어늘 子ㅣ 曰
자 왈 지 인   번 지   미 달   자 왈

擧>直錯Ⅱ諸枉ㅣ이면 能使Ⅱ枉者直ㅣ이니라. 樊遲ㅣ
거 직조 저왕 능사 왕자직 번지

退하야 見Ⅱ子夏ㅣ 曰 鄕也에 吾ㅣ 見Ⅱ於夫子ㅣ而
퇴 견 자하 왈 향야 오 현 어부자 이

問>知하니 子ㅣ 曰 擧>直錯Ⅱ諸枉ㅣ이면 能使Ⅱ枉
문 지 자 왈 거 직조 저왕 능사 왕

者直ㅣ이라 하시니 何謂也오 子夏ㅣ 曰 富哉라 言乎
자직 하위야 자하 왈부재 언호

여. 舜有Ⅱ天下ㅣ에 選Ⅱ於衆ㅣ하사 擧Ⅱ皐陶ㅣ하시니
순유 천하 선 어중 거 고요

不仁者ㅣ 遠矣오 湯有Ⅱ天下ㅣ에 選Ⅱ於衆ㅣ하사 擧
불인자 원의 탕유 천하 선 어중 거

Ⅱ伊尹ㅣ하시니 不仁者ㅣ 遠矣니라.
이 윤 불인자 원의

[가사체 번역문]

樊遲께서 공자님께 仁에대해 여쭈었다
번지 인

공자께서 말하셨다

다른사람 그사람을 사랑함이 仁이라네
인

이번에는 樊遲께서 知에대해 여쭈었다
번지 지

공자께서 말하셨다

그사람을 바로아는 그런것이 知이니라
지

樊遲께서 그말뜻을 이해하지 못하기에 공자께서 말하셨다
번지

강직한者 등용하여 사악한者 위에쓰면
자 자

사악했던 그사람도 강직하게 될수있네

그런다음 번지께서 스승앞을 물러나와 子夏에게 말하였다
자하

조금전에 둔한제가 선생님을 뵙고나서 知에대해 여쭸는데
지

선생님이 말씀하길

강직한者 등용하여 사악한者 위에쓰면
　　　자　　　　　　　　자

사악했던 그사람도 강직하게 될수있다

이런말씀 하셨는데 이게무슨 뜻입니까

子夏께서 말하였다
자 하

그말씀은 진정으로 많은뜻을 지녔다오

聖人이신 舜임금이 온천하를 차지함에
성 인　　　순

많은사람 그중에서 皐陶뽑아 등용하니
　　　　　　　　　고 요

어질지가 못한자들 멀어졌던 것입니다

성인이신 湯임금이 온천하를 다스림에
　　　　　　탕

많은사람 그중에서 伊尹뽑아 등용하니
　　　　　　　　　이 윤

어질지가 못한자들 멀어졌던 것입니다

[註解] ○樊遲(번지)-「爲政篇 2-5」참고. ○問仁(문인)-인에 대해서 질문하다. ○愛人(애인)-사람을 사랑함이 인이다. 인(人)은 모든 사람, 다른 사람. ○問知(문지)-지(知)에 대해서 질문하다. ○知人(지인)-사람을 바르게 아는 것이 곧 지다. ○未達(미달)-그 뜻을 알지 못했다. ○擧直錯諸枉 (거직조저왕)-곧은 사람을 들어 굽은 사람 위에 놓는다. 조(錯)는 놓다, 등용하다. 저(諸)는 '지어(之於)'의 합자(合字). ○能使枉者直(능사왕자직)-굽은 사람을 능히 곧은 사람이 되게 할 수 있다. ○樊遲退 見子夏曰(번지퇴 견자하왈)-번지가 공자 앞에서 물러나와, 자하를 보고 물었다. ○鄕也(향야)-아까, 전에. ○富哉言乎(부재언호)-참으로 여러 가지 뜻이 있고 또 깊은 말이로다. ○舜有天下(순유천하)-순임금이 천하를 다스릴 때에. 순(舜)은 오제(五帝)의 두 번째 성제(聖帝). 첫 번째 요(堯)가 순에게 선양(禪讓)했다. ○選於衆(선어중)-여러 사람들 중에서 선발하다. ○擧皐陶(거고요)-

고요(皐陶)를 등용해 쓰다. 고요는 현신(賢臣)으로 순임금 밑에서 법을 바르게 다스렸다. ○不仁者遠矣(불인자원의)─어질지 않은 사람, 즉 무도하고 악한 사람들이 멀어지게 되었다. 자취를 감추고 사라졌다. ○湯(탕)─은(殷)나라를 세운 성군(聖君). 하(夏)의 무도한 폭군 걸(桀)을 치고 은나라를 세웠다. ○伊尹(이윤)─탕왕을 보필한 공신(功臣)이자 현신(賢臣)이다.

[解說]

모든 사람을 사랑하는 것이 인(仁)이다. 어질고 착한 사람을 등용해서 나라를 다스려야 인정(仁政)이나 덕치(德治)를 펼 수 있다. 지인(知人)이 정치의 요체다.

12-23

자공이 붕우의 도에 대해서 묻자, 공자가 말했다. "충고하고 잘 인도하되, 듣지 않으면 그만두어야 한다. 지나친 충고로 도리어 욕을 당하는 일이 없게 해야 한다."

[原文]

子貢이 問>友한대 子ㅣ 曰 忠告而善道>之호대
자공   문우   자   왈 충고이선도 지

不可則止하야 無Ⅱ自辱ㅣ焉이니라.
불가즉지   무 자욕 언

[가사체 번역문]

子貢께서 공자님께 朋友間에 지켜야할 道에대해 여쭈었다
자공　　　　　　　　　봉우간　　　　　　　道

공자께서 말하셨다

朋友에게 忠告하고 善으로써 引導하되 안되면은 그만둬라
봉우　　　충고　　　선　　　인도

지나치게 충고하여 辱을보는 그런일이 없게해야 하느니라
　　　　　　　　　　욕

[註解] ○問友(문우)―벗과 사귀는 도리에 대해서 묻다. ○忠告而善道之
(충고이선도지)―충고하고 잘 인도한다. ○不可則止(불가즉지)―상대가 (충
고를) 듣지 않으면 그만둔다. ○毋自辱焉(무자욕언)―지나친 충고로 도리
어 욕을 보는 일이 없어야 한다.

12-24

　증자가 말했다. "군자는 글로써 벗과 사귀고, 벗함으로써
서로의 인덕을 돕고 높인다."

[原文]

曾子ㅣ 曰 君子는 以>文會>友하고 以>友輔>仁이
증자　왈 군자　　이문회우　　　　이우보인

니라.

[가사체 번역문]

曾子께서 말하였다 君子들의 경우에는
중자   군자

學問하고 實踐하는 그일로써 벗사귀고
학 문   실 천

벗사귀는 그일로써 서로間의 仁과德을 도와주고 높인다네
                    간   인 덕

【註解】 ○ 以文會友(이문회우)―학문이나 글로써 벗한다. ○ 以友輔仁(이우
보인)―벗함으로써 서로의 인덕을 돕고 높인다.

【解說】

　사람은 평생 벗과 사귀고 어울리게 마련이다. 좋은 벗은 학문을
통해 절차탁마하고, 서로의 인덕을 높이고 훌륭한 일꾼이 된다. 함
께 어울려 술 마시고 노는 벗은 서로 해롭다.

총 30장으로 되어 있다. 전반에는 주로 정치에 관한 문답(問答)이 많고, 후반에는 정치와 가정 도덕 및 위정자와 정치에 참여하는 선비들이 지켜야 할 도덕에 관한 내용이 많다. 형병(邢昺)은 대략 다음과 같이 말했다. "선인이나 군자들이 나라를 다스리고 백성을 교화하는 인정(仁政)과 효제(孝悌)에 대한 글들이 많다. 특히 중용의 도를 지키고 윤리 도덕을 실천하는 것이 수신(修身)과 치국(治國)의 기본임을 밝혔다."

자로가 정치에 대해서 묻자, 공자가 말했다. "백성들의 앞에 서서 일을 하고, 다음에 백성들을 부려야 한다."

"좀 더 자세히 말씀해 주십시오." 하고 자로가 청하자, 공자가 말했다. "언제나 게으름을 피우지 말아라."

[原文]

子路ㅣ 問>政한대 子ㅣ 曰 先>之勞>之니라. 請>
　자　로　　문　정　　　　　자　왈　선　지　노　지　　　　청

益한대 曰 無>倦이니라.
익　　왈　무　권

[가사체 번역문]

子路께서 공자님께 政治란걸 여쭈었다
자로　　　　　　　정치
공자께서 말하셨다
백성앞서 일을하고 그렇게한 다음에야 백성들을 부려얀다
자세하게 말해주길 자로께서 청하였다
공자께서 말하셨다 게으름을 피지말라

[註解] ○子路問政(자로문정)—자로가 정치에 대해서 물었다. ○先之勞之(선지로지)—백성들에 앞서서 솔선수범하고 다음에 백성들도 수고롭게 일하도록 하라. ○請益(청익)—더 자세히 말씀해 주십시오. ○無倦(무권)—물리거나 게으름을 피우지 마라.

[解說]

'선지노지(先之勞之)'를 공안국(孔安國)은 '앞서서 덕으로 인도하고, 백성들로 하여금 믿게 하고, 다음에 그들을 부리고 일을 하게 한다〔先導之以德 使民信之 然後勞之〕.' 라고 풀이했다.

13-2

중궁이 계씨의 가재(家宰)가 되어 공자에게 정치에 대해서 묻자, 공자가 말했다. "먼저 담당자에게 일을 처리케 하고, 작은 잘못은 관대히 용서해 주고, 현명한 사람을 등용해 써라."

중궁이 "어떻게 현명한 사람인지를 알고, 그를 등용해 씁니까?" 하고 묻자, 공자가 말했다. "네가 잘 아는 현명한 사람을 먼저 등용해라. 그리하면 네가 모르는 현명한 사람을 남들이 내버려두지 않고 추천할 것이다."

[原文]

仲弓이 爲Ⅱ季氏宰ㅣ라 問>政한대 子ㅣ 曰 先Ⅱ有
중궁 위 계씨재   문정   자 왈선유

司ㅣ오 赦Ⅱ小過ㅣ하며 擧Ⅱ賢才ㅣ니라. 曰 焉知Ⅱ賢
사   사 소과   거 현재   왈 언지현

才ㅣ而擧>之리잇고? 曰 擧Ⅱ爾所ㅣ>知면 爾所>不>
재 이 거 지   왈 거이소 지   이소부

知를 人其舍>諸아.
지 인 기사 저

[가사체 번역문]

공자제자 仲弓께서 季氏집안 家宰되어 政治란걸 여쭈었다
　　　　중궁　　　계씨　　　가재　　　정치

공자께서 말하셨다

우선먼저 담당有司 그者에게 일시키고
　　　　　유사　자

자그마한 잘못들은 관대하게 용서하되 현명한者 등용하라
　　　　　　　　　　　　　　　　　　　　　자

仲弓께서 여쭙기를
중궁

그어떻게 현명한者 그런사람 알아보고 등용할수 있습니까
　　　　　자

공자께서 말하셨다

너가아는 현명한者 그者먼저 등용하라
　　　　　자　자

너모르는 현명한者 그사람을 사람들이 내버려들 두겠느냐
　　　　　자

[註解] ○仲弓(중궁)—공자의 제자 염옹(冉雍), 「公冶長篇 5-5」참고. ○爲季氏宰(위계씨재)—계씨(季氏)의 재(宰). 재(宰)는 여기서는 가신(家臣)의 장(長). ○先有司(선유사)—먼저 유사로 하여금 일을 처리케 한다. 유사(有司)는 일의 담당자. ○赦小過(사소과)—작은 잘못은 관대하게 용서한다. ○擧賢才(거현재)—현명한 인재를 등용한다. ○焉知(언지)—어찌 알 수 있느냐? ○擧爾所知(거이소지)—네가 알고 있는 현명한 인재를 먼저 등용해라. ○爾所不知(이소부지)—그러면 네가 모르는 현명한 인재를. ○人其舍諸(인기사저)—남들이 내버려두겠느냐? (반드시 추천할 것이다.)

[解説]

재(宰)는 하급관리를 통솔하는 자리다. 적재(適材)를 적소(適所)에 쓰되, 그중에도 현명한 인재를 찾아서 등용해 써야 한다.

13-3

　자로가 공자에게 "위나라의 임금이 선생님을 모셔다가 정치를 부탁하면, 무엇을 먼저 하시겠습니까?" 하고 묻자, 공자가 말했다. "반드시 명분을 바로잡겠다."

　자로가 "그렇습니까? 그러나 선생님의 생각은 너무 우원(迂遠)하십니다. 왜 명분을 먼저 바로잡으시려고 하십니까?" 하고 되묻자, 공자가 말했다.

　"너는 참으로 무식하고 무례하구나. 유야! 군자는 자기가 모르는 일에는 입을 다물고 있어야 한다. 명분이 바로서지 않으면, 말이 순조롭게 전달되지 못하고, 말이 순조롭게 전달되지 않으면, 모든 일이 성취되지 못하고, 모든 일이 성취되지 않으면, 예악이 흥성하지 못하고, 예악이 흥성하지 않으면, 형벌이 적중하지 못하고, 형벌이 적중하지 않으면, 백성들은 손발 둘 곳을 잃게 된다. 그러므로 군자가 사물에 적합한 이름을 지을 때에는 반드시 말할 수 있게 하며, 말한 것을 반드시 행할 수 있게 해야 한다. 그러므로 군자는 말에 있어, 조금이라도 소홀한 바가 있어서는 아니 된다."

[原文]

子路ㅣ 曰 衛君이 待>子而爲>政하시나니 子ㅣ 將
자로 　 왈 위군　 대 자이위 정　　　　　　　 자 　 장

Ⅱ奚先ㅣ이시리잇고? 子ㅣ 曰 必也正>名乎인저. 子
해선　　　　　　　 자 　 왈 필야정 명호　　 자

路ㅣ 曰 有>是哉라? 子之迂也여. 奚其正이시리잇
<small>로 왈 유 시재 자지우야 해기정</small>

고? 子ㅣ 曰野哉라. 由也여! 君子ㅣ 於Ⅱ其所Ⅰ>不>
<small>자 왈 야재 유야 군자 어 기소 부</small>

知에 蓋闕如也니라. 名不>正 則言不>順하고 言不>
<small>지 개궐여야 명부 정 즉언불 순 언불</small>

順 則事不>成하고 事不>成 則禮樂이 不>興하고 禮
<small>순 즉사불 성 사불 성 즉예악 불 흥 예</small>

樂이 不>興 則刑罰不>中하고 刑罰이 不>中 則民無
<small>악 불 흥 즉형벌부 중 형벌 부 중 즉민무</small>

>所>措Ⅱ手足Ⅰ이니라. 故로 君子ㅣ 名>之인댄 必可>
<small>소 조 수족 고 군자 명 지 필가</small>

言也며 言>之인댄 必可>行也니 君子ㅣ 於Ⅱ其言Ⅰ
<small>언야 언 지 필가 행야 군자 어 기언</small>

에 無>所>苟而已矣니라.
<small>무 소 구 이 이 의</small>

[가사체 번역문]

子路께서 공자님께 다음같이 여쭈었다
<small>자 로</small>

衛나라의 임금님이 선생님을 모셔다가 政治하길 바란다면
<small>위 정 치</small>

무엇부터 하겠나요

공자께서 말하셨다

꼭반드시 이름이랑 名分먼저 바로잡는 그일부터 하겠노라
<small>명 분</small>

이에대해 子路께서 의심하며 되물었다
<small>자 로</small>

그럴까요 그렇지만 선생님의 그생각은 迂遠한것 같습니다
<small>우 원</small>

어찌하여 선생님은

이름이랑 명분먼저 바로잡는 그일부터 하시려고 하십니까

공자께서 말하셨다

자로너는 진정으로 무식하고 무례하군

진정으로 군자들은 자기자신 모르는일 입다물고 있어야네

이름이랑 명분그게 바로서지 아니하면

하는말이 순조롭게 전달되지 아니하고

하는말이 순조롭게 전달되지 아니하면

모든일이 어긋나고 성취되지 아니하며

모든일이 어긋나고 성취되지 아니하면

예와악이 흥성하게 일어나지 아니하고

예와악이 흥성하게 일어나지 아니하면

형과벌이 올바르고 맞게적중 하지않고

형과벌이 올바르고 맞게적중 하잖으면

백성들은 자신들의 몸둘곳을 잃게된다

그러므로 군자들이 사물들에 그적합한 이름들을 지을때엔

꼭말할수 있게하며

말한것을 꼭행할수 있게해야 하느니라

그러므로 군자들은 말을함에 아주전혀

소홀하게 하는바가 있어서는 아니된다

[註解] ○衛君(위군)―위나라의 출공(出公) 첩(輒), 기원전 492~481년에 재위. 영공(靈公)이 죽자, 영공의 부인 남자(南子)가 외국에 망명중인 태자 괴외(蒯聵)를 젖혀놓고 태자의 아들 첩을 자리에 올렸다. 그리고 첩도, 자기 부친 괴외의 귀국을 방해했다. 말하자면, 윤상(倫常)을 어긴 무도한 임금이다. ○待子而爲政(대자이위정)―(만약에) 선생님을 받들어 모시고 정치를 한다면. ○子將奚先(자장해선)―선생님은 무슨 일을 먼저 하시겠습니까? ○必也正名乎(필야정명호)―반드시 먼저 명분을 밝히고, 사물의 이름을 바

르게 잡겠다. ○有是哉(유시재)─그렇게 하시겠습니까? ○子之迂也(자지우야)─(그러나) 선생님의 생각은 우원(迂遠)하십니다. ○奚其正(해기정)─(당장에 고치고 처리할 일이 많을 텐데) 왜 명분 바로잡는 일을 먼저 하시려고 하십니까? ○野哉由也(야재유야)─유야! 너는 참으로 촌놈이로구나. 야(野)는 무식하고 무례하다는 뜻. ○於其所不知(어기소부지)─자기가 모르는 일에 대해서는. ○蓋闕如也(개궐여야)─개(蓋)는 무릇. 궐여(闕如)는 빠뜨린다, 즉 모른 척한다는 뜻. 개궐(蓋闕)을 합해서 '덮어두고 빠뜨린다.' 로 풀기도 한다. ○名不正(명부정)─명분이나 사물의 이름이 바르지 않으면. ○則言不順(즉언불순)─사람들의 말이 순탄하게 통하지 못한다. ○言不順 則事不成(언불순 즉사불성)─말이 순탄하게 통하지 않으면, 일이 바르게 성취되지 않는다. ○禮樂不興(예악불흥)─국가의 기강이나 질서를 문화적, 도덕적으로 틀 잡는 예악이 흥성할 수 없다. ○刑罰不中(형벌부중)─형벌을 바르고 적절하게 적용하거나 집행할 수 없다. ○民無所錯手足(민무소조수족)─백성들이 손발을 놓거나 움직일 수 없게 된다. 즉 행동할 수 없게 된다는 뜻. ○君子名之(군자명지)─군자(君子)는 통치하는 임금이나 정치에 참여하는 선비. 명지(名之)는 모든 일에 명분을 밝히고 아울러 모든 사물에 이름이나 호칭을 붙인다. ○必可言也(필가언야)─반드시 말로 할 수 있게 한다. 언어로 표현한다. ○言之(언지)─언어로 표현하고. ○必可行也(필가행야)─반드시 실천해야 한다. ○君子於其言(군자어기언)─군자는 대의명분을 밝히고 모든 사물에 이름을 부여할 때에는. ○無所苟而已矣(무소구이이의)─조금도 소홀하게 하는 바가 없다. 즉 엄격하게 한다.

[解說]

이 장은 도덕정치의 핵심이 되는 정명론(正名論)이다. 오늘날의 타락한 세계 정치는 '정치란 거짓말하는 것, 무력으로 남을 위협하고 굴복케 하는 것, 재물이나 이득으로 남을 낚고 따르게 하는 것' 이 전부다.

그러므로 오늘의 정치에는 절대선(絶對善)의 천도 천리도 없고, 윤리도덕도 없다. 고작 있는 것이 국회에서 정한 법이다. 그런데 그 법을 정하는 국회가 '무력·재물 및 권력의 시녀' 이기 때문에, 그 법이 만민을 위한 공평무사한 법이 되지 못하고 일부의 이득을 보장하는 법으로 타락하고 있는 것이다.

국제 정치의 경우는 더 심하다. 초강대국은 '막강한 무력과 엄청나게 많은 재물과 고도의 과학 기술 및 조직력을 결집하고' 전세계의 모든 나라를 지배하고 있다. 쉽게 말하면 '무력의 패권으로 세계를 지배하고 있다.'

그러면서 그 상태를 평화, 혹은 세계화라고 한다. 다시 말하면, 강대국에 의한 세계정복 상태를 평화라고 말하고 있다. 그러면서 그 틀에서 벗어나기 위해 민족적 자주를 높이고 자위적 국방을 강화하려는 약소국가를 불량국이나 테러 국가라고 치부하고 온갖 수단을 동원해서 그들을 압박한다. 그러고도 입으로는 세계평화, 민족공존을 외친다.

한 나라의 생존권, 즉 국권(國權)도 인정하지 않는 강대국은 약소국가의 인권(人權)을 들먹인다. 이를 두고 인류 위기라고 하는 것이다.

13-4

번지가 공자에게 농사짓는 법을 가르쳐 달라고 청하자, 공자가 말했다. "나는 늙은 농부만 못하다."

　번지가 다시 채소 키우는 법을 가르쳐 달라고 청하자, 공자
가 말했다. "나는 늙은 채소장이만 못하다."

　번지가 나가자, 공자가 말했다. "번수는 참으로 소인이구
나. 윗사람이 예를 좋아하면 백성들도 경건하지 않을 리 없
고, 윗사람이 도의를 잘 지키면 백성들도 복종하지 않을 리
없고, 윗사람이 신의를 잘 지키면 백성들도 성실하지 않을 리
없다. 이렇게 되면, 사방에 있는 이웃나라 백성들이 제 자식
을 포대기에 싸 업고 찾아올 것이다. 이렇듯 덕으로써 다스리
면 되는 것인데, 어찌 군자가 농사를 배우고자 하는가."

[原文]

　樊遲ㅣ 請>學>稼한대 子ㅣ 曰 吾不>如Ⅱ老農ㅣ호
　번지　　청학가　　　　자　왈 오불　여　　노농
라. 請>學爲>圃한대 曰 吾不>如Ⅱ老圃ㅣ호라. 樊遲
　청학위포　　　　왈 오불　여　　노포　　　번지
ㅣ 出커늘 子ㅣ 曰 小人哉라 樊須也여 上이 好>禮則
　출　　자　왈 소인재　번수야　상　호례즉
民莫Ⅱ敢不ㅣ>敬하고 上이 好>義 則民莫Ⅱ敢不ㅣ>
민막　감불　경　　　상　호 의　즉민막　감불
服하고 上이 好>信 則民莫Ⅱ敢不ㅣ>用情이니 夫如>
복　　　상　호 신　즉민막　감불　용정　　　부여
是 則四方之民이 襁Ⅱ負其子ㅣ而至矣리니 焉用>
시　즉사방지민　강　부기자　이지의　　　언용
稼리오.
가

【가사체 번역문】

　樊遲께서 공자님께 농사짓는 방법들을 알려달라 청을하자
　　번 지
　공자께서 말하셨다

　늙은농부 그사람이 나보다더 잘안다네

　번지께서 또한다시 채소재배 하는법을 알려달라 청을하자

　공자께서 말하셨다

　나는늙은 채소장이 그사람만 못하다네

　번지께서 나간다음 공자께서 말하셨다

　번지정말 소인이네

　윗사람이 앞장서서 먼저禮를 좋아하면
　　　　　　　　　　예
　백성들도 경건하지 않을리가 없게되고

　윗사람이 앞장서서 먼저道義 잘지키면
　　　　　　　　　　도 의
　백성들도 복종하지 않을리가 없게되고

　윗사람이 앞장서서 먼저信義 잘지키면
　　　　　　　　　　신 의
　백성들도 성실하지 않을리가 없게된다

　이세가지 잘하면은

　천지사방 이웃나라 백성들이 제자식을

　포대기에 싸서업고 찾아오게 될것이다

　이러하듯 덕으로써 다스리면 되는건데

　어찌군자 농삿일을 배우고자 하려는가

【註解】 ○樊遲(번지)－공자의 제자. 이름이 수(須).「爲政篇 2-5」참고.
○請學稼(청학가)－농사짓는 법을 배우고 싶습니다. ○吾不如老農(오불여노
농)－나는 늙은 농부만큼 알지 못한다. ○請學爲圃(청학위포)－채소밭 가꾸

는 법을 배우고 싶다. 밭 포(圃). ○老圃(노포)—늙은 채소장이. ○小人哉 樊
須也(소인재 번수야)—번수는 참으로 사람이 잘다, 소인이로다. ○上好禮(상
호례)—윗사람이 예를 좋아하면. 상(上)은 위에서 백성을 다스리는 사람들.
○則民莫敢不敬(즉민막감불경)—그러면 백성들도 감히 공경하지 않을 수
없다. ○上好義(상호의)—윗사람이 도의나 정의를 좋아하면. ○莫敢不服
(막감불복)—감히 복종하지 않을 수 없다. ○上好信(상호신)—윗사람이 신의
를 좋아하면, 즉 신의를 잘 지키면. ○用情(용정)—사랑과 인정을 베풀다.
○夫如是(부여시)—그렇게 되면. ○四方之民(사방지민)—사방에 있는 인접
국가의 백성들이. ○襁負其子(강부기자)—포대기에 자기 자식을 싸 업고.
포대기 강(襁). ○而至矣(이지의)—그 좋은 나라로 올 것이다. ○焉用稼(언용
가)—(정치를 담당하는 선비는 그 나라의 도덕을 높이는 일에 전념해야 한
다) 어찌 농사짓는 일을 하겠느냐?

[解說]

공자가 학문과 덕행을 겸비한 군자(君子)를 배양하는 목적은 인정
(仁政)과 덕치(德治)를 실현하기 위해서다. 그러므로 장차 도덕정치
에 참여할 군자들은 '문행충신(文行忠信)'「爲政篇 7-24」및 예악(禮
樂)을 잘 학습해야 한다. 돈벌이나 농사짓는 일은 백성들에게 맡기
면 된다. 위에 있는 군자들이 덕풍(德風)으로 백성들을 교화하면, 백
성들이 감화되게 마련이다. 따라서 저마다 도(道)를 따라 바르게 살
고, 예(禮)를 따라 근면 절약하고, 도의와 사회 정의를 지키고, 서로
사랑하고 신의를 지키게 될 것이다. 그렇게 되면 사방에 있는 인접
국가에서 모든 백성들이 '그 나라의 인정 덕치를 흠모하고' 모여들
것이다.

공자는 '군자불기(君子不器)'「爲政篇 2-12」라고 했다. 즉 군자는

절대선(絶對善)의 천도(天道)를 따르고 활용해서 평화세계를 실현하는 지도자라는 뜻이다. 그러므로 군자의 직책과 사명은 공업이나 농업에 종사하는 사람과 다른 것이다.

13-5

공자가 말했다. "시 3백 편을 암송해도, 맡은 바 정사를 제대로 처리하지 못하고, 또 사방에 사신으로 나가서 혼자서 응대하지 못한다면, 비록 많은 시를 외웠다 한들 무슨 소용이 있겠느냐?"

[原文]

子ㅣ 曰 誦ㅛ 詩三百ㅣ호대 授>之以>政에 不>達하
자 왈 송 시삼백 수 지이 정 부달

며 使ㅛ於四方ㅣ에 不>能ㅛ專對ㅣ하면 雖>多나 亦奚
사 어사방 불능 전대 수 다 역해

以爲리오?
이 위

[가사체 번역문]

공자께서 말하셨다

詩三百篇 암송해도 자기자신 맡은政事 처리하길 잘못하고
시 삼 백 편　　　　　　　　　　　　　　정사

또한사방 여러나라 사신으로 나가서도 혼자대응 못한다면

비록많은 詩를왼들 무슨소용 있겠느냐
　　　　시

[註解] ○ 誦詩三百(송시삼백)—시 3백 편을 암송하다. 『시경(詩經)』을 공자 때에는 '시'라고 불렀다. ○ 授之以政(수지이정)—(그 사람에게) 정사(政事) 처리를 맡기다. 줄 수(授). ○ 不達(부달)—달성하지 못한다. 맡은 바 정사를 잘 처리하지 못한다. ○ 使於四方(사어사방)—사방에 있는 다른 나라에 사신으로 파견되다. ○ 不能專對(불능전대)—혼자서 응대하지 못한다. 사신으로 가서 외교적 임무를 다하지 못한다. ○ 雖多(수다)—비록 많아도, 즉 암송한 시가 많아도. ○ 亦奚以爲(역해이위)—역시 무슨 쓸모가 있나?

[解說]

『시경(詩經)』의 내용을 크게 '풍(風), 아(雅), 송(頌)' 셋으로 분류한다. 풍(風)을 통해서 민풍(民風)을 살피고, 아(雅)로써 정치적 행사를 알 수 있고, 송(頌)을 통해 국가를 창건한 선조신의 공덕을 기린다. 결국 『시경』에 있는 3백 편의 시는 다 덕치(德治)의 교훈을 담고 있는 것이다. 『시경』 3백 편을 배우고 암송하는 목적은 덕치를 진작함에 있다. 암송만 하고 덕치에 공을 세우지 못하거나, 외국에 사신으로 가서 외교적 사명을 완수하지 못한다면, 『시경』을 배우고 암송한 보람이 없게 되는 것이다.

13-6

공자가 말했다. "위정자 자신이 올바르면 명령을 내리지 않아도 만사가 이루어지고, 위정자 자신이 올바르지 못하면 비록 호령을 해도 백성들이 따르지 아니한다."

子ㅣ 曰 其身이 正이면 不>令而行하고 其身이 不>
자　왈 기신　정　　　불 령이행　　　기신　　부

正이면 雖>令不>從이니라.
정　　　수 령부 종

[가사체 번역문]

공자께서 말하셨다

윗사람이 올바르면 법령명령 안내려도 온갖萬事 이뤄지고
　　　　　　　　　　　　　　　　　　　만사

윗사람이 안바르면 설혹호령 한다해도 백성들이 안따른다

[註解] ○其身正(기신정)－자신을 올바르게 하면. ○不令而行(불령이행)－
법령이나 명령을 내리지 않아도 정책이 행해진다. 즉 백성들이 따르고 행
한다. ○雖令不從(수령부종)－비록 명령을 내려도 따르고 행하지 않는다.

13-7

공자가 말했다. "노나라와 위나라의 정치는 형제 같다."

[原文]

子ㅣ 曰 魯衛之政이 兄弟也로다.
자　왈 노위지정　　형제야

[가사체 번역문]

공자께서 말하셨다

魯나라와 衛나라는 본래부터 형제나라
노   위

그러하나 그당시에 쇠퇴하고 혼란하며 정치또한 비슷했네

[註解] ○魯衛之政(노위지정)-노나라와 위나라의 정치. ○兄弟也(형제
야)-형제지간이다. 형제와 같다.

[解說]

노(魯)는 주공(周公)의 후손이 임금이 된 나라이고, 위(衛)는 주공
의 동생 강숙(康叔)이 임금이 된 나라다. 이 두 나라는 주(周)의 후예
가 세운 나라다. 그러나 공자 시대에는 두 나라의 국력이 다 쇠퇴했
으므로 공자가 한탄한 말이다. 그러나 주(周)나라의 문화를 부흥하
려는 공자가 희망을 이 두 나라에 걸고 있음을 밝힌 말이기도 하다.

13-8

공자가 위나라의 공자(公子) 형(荊)을 다음과 같이 높이 평
했다. "그는 집안의 살림을 잘했다. 처음 재물이 생기자, '이
만하면 소용에 맞겠다.'라고 말했으며, 그 후 좀 더 재물이 늘
어나자, '그런대로 갖추어졌다.'라고 말했으며, 그 후 재물이
많아지자, '이제야 아름답게 되었다.'고 말했느니라."

子ㅣ 謂Ⅱ衛公子荊ㅣ하사대 善居>室이로다. 始有
  자   위 위공자형   선 거 실   시유
에 曰 苟合矣라 하고 少有에 曰 苟完矣라 하고 富有
  왈 구합의   소유   왈 구완의   부유
에 曰 苟美矣라 하니라.
  왈 구미의

[가사체 번역문]

공자께서 다음같이 衛나라의 公子荊을 아주높이 평하셨다
              위   공자형

衛나라의 公子荊은 집안살림 참잘했다
위   공자형

公子에게 맨처음에 재물조금 생겼을때
공자

이만하면 되겠구나 이러하게 말했으며

그후좀더 재물늘자 그런대로 갖춰졌다 이러하게 말했으며

그후재물 많아지자 이제서야 아름답게 되었다고 말했다네

[註解] ○子謂(자위)－공자가 비평하다. ○衛公子荊(위공자형)－위나라의
공자 형. 공자(公子)는 임금의 서자(庶子), 형(荊)은 위나라에서 높이 평가하
는 육군자(六君子) 중의 한 사람. ○善居室(선거실)－집안 살림을 잘 다스리
다. ○始有 曰苟合矣(시유 왈구합의)－처음에 재물이 생기자, (형이) "이만
하면 소용(所用)에 맞겠다."고 말했다. ○少有 曰苟完矣(소유 왈구완의)－그
후 재물이 조금 더 생기자, (형이) "그런대로 갖추어졌다."고 말했다. ○富
有 曰苟美矣(부유 왈구미의)－그후 재물이 부유하게 되자, (형이) "이제야
집안 살림이 아름답게 되었다."고 말했다.

위나라의 공자이면서 교만하지 않고, 절검(節儉)하고, 지족(知足)하는 형(荊)의 집안 다스리기, 특히 경제생활을 칭찬한 말이다. 예나 지금이나 사람들은 끝간 데 없는 욕심으로 재물을 긁어모으려 하고, 잘못된 삶을 살고 있다. 그러나 형은 공자의 몸으로 '안분지족(安分知足)' 할 수 있었다. 만족은 마음으로 얻는 것이다.

13-9

공자가 위나라에 갔을 때, 염유가 수레를 몰았다. 그러자 공자가 말했다. "백성들이 많구나."

염유가 "이렇게 백성들이 많으니, 다음에 무엇을 더 보태야 합니까?" 하고 묻자, 공자가 말했다. "백성들을 부유하게 해주어야 한다."

염유가 "백성들이 부유하게 된 다음에는 무엇을 더 해주어야 합니까?" 하고 묻자, 공자가 말했다. "백성들을 교화해야 한다."

[原文]

子ㅣ 適>衛하실새 冉有ㅣ 僕이러니 子ㅣ 曰 庶矣哉
자 적 위 염유 복 자 왈 서의재
라. 冉有 曰 旣庶矣어든 又何加焉이리잇고? 曰 富>
염유 왈 기서의 우하가언 왈 부

之니라. 曰 旣富矣어든 又何加焉이리잇고? 曰 敎〉之
　지　　　 왈 기 부 의　　　 우 하 가 언　　　 왈 교 지
니라.

[가사체 번역문]

공자께서 위나라에 가셨을때 염유그가 공자수레 몰았었다

그러하자 공자께서 다음같이 말하셨다 백성들이 참많구나

염유그가 여쭈었다

그러면은 이다지도 백성들이 참많으니

다음에는 그무엇을 더보태야 하옵니까

공자께서 말하셨다

백성들을 부유하게 해주어야 하느니라

염유그가 여쭈었다

백성들이 부유하게 된다음엔 무엇을더 해주어야 하옵니까

공자께서 말하셨다

백성들을 교육하고 교화해야 하느니라

[註解] ○子適衛(자적위)－공자가 위나라에 갔다. 갈 적(適). ○冉有僕(염유복)－제자 염유가 수레를 몰았다. 종 복(僕). 여기서는 수레를 몰다. ○庶矣哉(서의재)－위나라에 사람들이 많다. 백성들이 매우 번성하다. ○旣庶矣(기서의)－이렇게 백성들이 번성하니. ○又何加焉(우하가언)－다시 무엇을 가해 주어야 하나? ○富之(부지)－백성들을 경제적으로 잘 살게 해준다. ○敎之(교지)－(경제적 부를 누리게 한 다음에는) 그들을 교육하고 교화해야 한다.

　좋은 나라에는 많은 백성들이 모여들게 마련이다. 그들을 경제적
으로 잘 살게 해주어야 한다. 그 다음에는 백성들을 교육하고 교화
해서 도덕적으로 높여야 한다.

13-10

　공자가 말했다. "혹 나를 써 준다면, 1년이면 나라를 바로
잡고, 3년이면 성과를 올리겠다."

[原文]

　子ㅣ 曰 苟有ⅡＵ用＞我者면 朞月而已라도 可也니
　　자　왈　구　유　용　아　자　　기　월　이　이　　　　가　야

三年이면 有＞成이리라.
삼　년　　　유　성

[가사체 번역문]

　공자께서 말하셨다
　그누구가 혹시나를 등용하여 써준다면
　일년동안 정치하여 그나라를 바로잡고
　삼년동안 정치하여 큰성과를 올리겠다

[註解] ○苟有用我者(구유용아자)─혹 나를 써 준다면. 구(苟)는 혹, 가령.
'유용아자(有用我者)'를 '나를 등용해 쓰는 사람이 있다.'로 풀기도 한다.

○期月而已(기월이이)―1년이면, 기월(期月)은 1년. 이이(而已)는 다만, 즉 1년
이면의 뜻. ○可也(가야)―족하다, 된다. 즉 나라를 바로잡겠다는 뜻. ○三年
有成(삼년유성)―3년이면 도덕정치의 성과를 올리겠다.

[解說]

위나라 영공(靈公)이 공자를 등용하지 않자, 위나라를 떠나면서
한 말이다.(『史記』「孔子世家」)

13-11

공자가 말했다. "착한 사람이 나라 다스리기를 백 년 하면,
잔인포악한 자를 눌러 이기고, 사형을 없앨 수 있다고 했거
늘, 참으로 옳은 말이다."

[原文]

子ㅣ 曰 善人이 爲>邦百年이면 亦可ㅛ以勝>殘去
자 왈 선인 위 방백년 역가 이승 잔거

ㅣ>殺矣라 하니 誠哉라 是言也여.
살 의 성재 시언야

[가사체 번역문]

공자께서 말하셨다

착한사람 그者들이 한나라를 다스리길 백년동안 계속하면
　　　　　자

잔인하고 포악한자 이런사람 敎化되고
　　　　　　　　　　　　　　　교 화
백성에게 형과벌을 쓰잖아도 될수있다
이런옛말 그참으로 옳고바른 말이로다

[註解] ○爲邦百年(위방백년)―백 년만 나라를 다스리면. ○亦可以(역가이)―역시 …할 수 있다. ○勝殘(승잔)―잔학한 자들을 눌러 이기고. ○去殺矣(거살의)―살인을 없게 한다. ○是言也(시언야)―옳은 말이다.

13-12

　공자가 말했다. "천명을 받은 왕자가 나타난다면, 반드시 30년 후에는 인덕(仁德)이 넘치리라."

[原文]

子ㅣ 曰 如ⅱ有王者ㅣ면 必世而後仁이니라.
자　　왈　여　유왕자　　　필세이후인

[가사체 번역문]

　공자께서 말하셨다

　천명받은 임금님이 한나라를 다스리면

　꼭반드시 삼십년뒤 仁政仁德 넘쳐나리
　　　　　　　　　　　인 정 인 덕

[註解] ○如有王者(여유왕자)―만약에 천명을 받은 왕자가 나타나 나라를

다스린다면, 혹 '왕자가 나타난다 해도'로 풀기도 한다. ㅇ 必世(필세)—반
드시 한 세(世)가 지나면. 세(世)는 30년. ㅇ 而後仁(이후인)—(30년이) 지난
후에야 인정(仁政)과 인덕(仁德)이 넘칠 것이다.

13-13

공자가 말했다. "자기 몸가짐을 바르게 한다면 다스리는
데 무슨 어려움이 있겠느냐? 자기 몸가짐을 바르게 하지 않
으면, 어찌 남을 바르게 다스릴 수 있겠느냐?"

[原文]

子ㅣ 曰 苟正ㅐ其身ㅣ矣면 於>從>政乎에 何有며
자　왈　구　정　기　신　의　　어　종　정　호　　하　유

不>能>正ㅐ其身ㅣ이면 如>正>人에 何오?
불　능　정　기　신　　　여　정　인　하

[가사체 번역문]

공자께서 말하셨다

자기자신 몸가짐을 똑바르게 한다면은

한나라를 다스림에 무슨어렴 있겠는가

그러하나 한편으로 자기자신 몸가짐도 똑바르게 못하면서

어찌남을 똑바르게 다스릴수 있겠는가

[註解] ㅇ 苟(구)—가령, 만약에. ㅇ 正其身矣(정기신의)—자기 몸을 바르게

한다면, 몸가짐이나 언행(言行)을 바르게 한다면. ○於從政乎(어종정호)-정
치에 종사함에, 즉 다스림에 있어. ○何有(하유)-무슨 어려움이 있겠느
냐? 아무런 문제가 없다. ○不能正其身(불능정기신)-자기 한 몸도 바르게 하
지 못한다면. ○如正人何(여정인하)-'정인(正人)'을 '어찌 …하랴(如…何)?'

[解說]

공자는 「안연편(顔淵篇)」에서 "정치는 바르게 함이다〔政者正也〕"
「12-17」라고 말했다.

13-14

염유가 조정에서 물러나오자, 공자가 "왜 늦었느냐?" 하고
물었다. 이에 염유가 "정치적인 일이 있었습니다" 하고 대답
하자, 공자가 말했다.

"그것은 계씨의 개인적인 일이다. 만약 나라의 정치적인
일이라면, 비록 내가 등용되지 않았어도, 함께 참석하여 듣기
는 했을 것이다."

[原文]

冉子ㅣ 退>朝어늘 子ㅣ 曰 何晏也오 對曰 有>政
염자 퇴조   자   왈 하안야   대왈 유정
이러이다 子ㅣ 曰 其事也로다 如有>政인댄 雖>不Ⅱ
      자   왈 기사야   여유정   수불
吾以Ⅰ나 吾其與Ⅱ聞之Ⅰ니라.
오이   오기여 문지

[가사체 번역문]

冉有께서 조정에서 일마치고 나오는데 공자께서 물으셨다
염유

어찌하여 늦었느냐

염유께서 대답했다 나라政事 있었어요
　　　　　　　　　정사

공자께서 말하셨다

그것들은 季氏자기 개인적인 일이니라
　　　　계씨

나라정치 일이라면 비록내가 조정에는 등용되지 않았지만

거기함께 참석하여 政事論議 했을게다
　　　　　　　　정사논의

[註解] ○冉子(염자)―공자의 제자 염유(冉有), 당시 그는 계씨(季氏)의 가신으로 일을 했다. ○退朝(퇴조)―조정에서 퇴근하다, 물러나오다. ○何晏也(하안야)―어째서 늦었느냐? ○有政(유정)―정사(政事)가 있었다. ○其事也(기사야)―그것은 (정사가 아니고) 계씨 일가의 사사로운 일이다. ○如有政(여유정)―만약 국가적인 정사가 있었다면. ○雖不吾以(수불오이)―'비록 내가 등용되지는 않았지만〔雖不吾用〕', 이(以) = 용(用). ○吾其與聞之(오기여문지)―나도 그들과 함께 그 자리에 참석하고 논의(論議)를 들었을 것이다.

[解說]

공자는 정치의 요체(要諦)로 "반드시 명분과 이름을 바르게 해야 한다〔必也正名乎〕."「子路篇 13-3」고 말했다. 당시 계씨(季氏)는 대부(大夫)의 신분으로 노(魯)나라의 정사(政事)를 가로채고 전횡(專橫)하고 있었다. 국가의 정사는 군주(君主)가 다스리는 것이다. 이를 대부가 가로챘으니, 그것은 정사가 아니고 가사(家事)다.

13-15-1

노나라 정공이 물었다. "한 마디로 나라를 흥하게 할 수 있는 그런 말이 있겠소?"

이에 공자가 대답했다. "말은 원래 그렇게 할 수 있는 것이 아닙니다. 그러나 그와 근사한 뜻으로 사람들이 전하는 바 '임금 되기 어렵고, 신하 되기 쉽지 않다.'는 말이 있습니다. 만약에 임금 되기 어려움을 참으로 안다면, 그 말이 곧 한마디로 나라를 흥하게 할 수 있는 말에 가까운 것이 아니겠습니까?"

[原文]

定公이 問 一言而可Ⅱ以興Ⅰ>邦이라 하나니 有>
정 공 문 일 언 이 가 이 흥 방 유

諸잇가? 孔子ㅣ 對曰 言不>可Ⅱ以若>是 其幾Ⅰ也
저 공 자 대 왈 언 불 가 이 약 시 기 기 야

어니와 人之言曰 爲>君難하며 爲>臣不>易라 하나니
인 지 언 왈 위 군 난 위 신 불 이

如知Ⅱ爲>君之難Ⅰ也인댄 不>幾Ⅱ乎一言而興Ⅰ>
여 지 위 군 지 난 야 불 기 호 일 언 이 흥

邦乎잇가?
방 호

[가사체 번역문]

魯國임금 定公께서 다음같이 물으셨다
노 국 정 공

한마디로 나라興할 그런말이 있습니까
　　홍
공자께서 대답했다

말이란건 원래부터 그러하게 할수있는 그런것이 아닙니다

그러하나 그런것과 엇비슷한 말뜻으로 사람들이 전하는바

임금되기 어려웁고 신하되기 쉽지않다 이런말이 있습니다

임금되기 어려움을 진정으로 안다면은 그말이곧 한마디로

그나라를 흥하게할 그런말이 될겁니다

[註解] ○定公(정공)─노(魯)나라 임금, 기원전 509~495년 재위. 공자 나이 44세에서 58세 때까지의 임금. ○一言而可以興邦(일언이가이흥방)─한마디 말로써 나라를 흥성(興盛)하게 할 수 있다. ○有諸(유저)─그러한 말이 있겠나? ○言不可以若是(언불가이약시)─말이란 원래 그런 것이 아니다. 즉 말만으로는 그렇게 나라를 흥성하게 만들 수 없다는 뜻. ○其幾也(기기야)─그와 근사한 것으로는. ○人之言(인지언)─사람들이 하는 말이 있다. ○爲君難(위군난)─임금 노릇하기 어렵다, 임금 되기 어렵다. ○爲臣不易(위신불이)─신하 되기도 어렵다. ○如知爲君之難也(여지위군지난야)─만약에 임금 되기 어렵다는 뜻을 바르게 안다면. 지(知)는 '알고 바르게 행한다면'의 뜻이 포함되어 있다. ○不幾乎(불기호)─가까운 말이 아니겠느냐?

13-15-2

정공이 또 물었다. "한 마디로 나라를 잃게 할 수 있는 그런 말이 있겠소?"

이에 공자가 대답했다. "말은 원래 그렇게 할 수 있는 것이 아닙니다. 그러나 그와 근사한 뜻으로 사람들이 전해오는 바, '나는 임금 된 것을 기뻐하지 않지만, 내 말을 백성들이 어기지 않는 것을 기쁘게 여긴다.'라는 말이 있습니다. 만약 임금의 말이 착하고, 그 말을 어기지 않는다면, 그야 좋지 않겠습니까? 그러나 임금의 말이 착하지 못한데 백성들이 어기지 못한다면, 그것이 곧 한 마디로 나라를 잃게 할 수 있는 말에 가까운 것이 아니겠습니까?"

[原文]

曰 一言而喪>邦이라 하나니 有>諸잇가? 孔子ㅣ
왈 일언이상 방 유 저 공자

對曰 言不>可Ⅱ以若>是 其幾Ⅰ也이어니와 人之言
대왈 언불 가 이약 시 기기 야 인지언

曰 予無>樂Ⅱ乎爲君Ⅰ이오. 唯其言而莫Ⅱ予違Ⅰ也
왈 여무 낙 호위군 유기언이막 여위 야

라 하나니 如其善而莫Ⅱ之違Ⅰ也인댄 不Ⅱ亦善Ⅰ乎
여기선이막 지위 야 불 역선 호

잇가? 如不善而莫Ⅱ之違Ⅰ也인댄 不>幾Ⅱ乎一言而
여불선이막 지위 야 불 기 호일언이

喪Ⅰ>邦乎잇가?
상 방호

[가사체 번역문]

정공께서 또물었다
한마디로 나라잃는 그런말이 있겠나요
공자께서 대답했다

말이란건 원래부터 그러하게 할수있는 그런것이 아닙니다
그러하나 그런것과 엇비슷한 말뜻으로 사람들이 전하는바
나는나는 임금된걸 기뻐하진 아니하나
나의말을 백성들이 어기지를 않는것을
기뻐하게 여긴다는 그런말이 있습니다
임금말씀 착하면서 백성들이 안어기면 역시좋지 않겠나요
그러하나 임금말씀 착하지를 아니한데
백성들이 그런말씀 어기지를 못한다면
그말바로 나라잃게 할수있는 한마디에 가까운게 아닐까요

[註解] ㅇ一言而喪邦(일언이상방)─한 마디 말로써 나라를 잃게 한다. 나라를 잃게 하는 한 마디 말. ㅇ有諸(유저)─그런 말이 있나? ㅇ予無樂乎爲君(여무낙호위군)─나는 임금 된 것을 기쁘게 여기지 않는다. ㅇ唯其言而莫予違也(유기언이막여위야)─다만 내가 말을 하면, (백성들이) 어기지 않는 것을 (기쁘게 여긴다). 혹은 (바란다). ㅇ如其善而莫之違也(여기선이막지위야)─만약에 임금의 말이 착하고 백성들이 어기지 않는다면. ㅇ不亦善乎(불역선호)─역시 좋지 않겠느냐? ㅇ如不善而莫之違也(여불선이막지위야)─만약에 (임금의 말이) 나쁜데, 백성이 어기지 못한다면. ㅇ不幾乎(불기호)─가깝지 않으냐?

[解説]

옛날이나 지금이나, 세속적인 정치는 '거짓말'로 국민들을 속이고 있다. 그러므로 악덕한 통치자는 국민들을 속이는 '한 마디 말로 나라를 흥하게도 하고, 반대로 망하게도 한다.'고 착각하고 있다. 나라의 흥망성쇠는 '거짓말'에 매여 있는 것이 아니라, '언행충신

(言行忠信)'을 지키느냐, 안 지키느냐에 달려 있는 것이다. 그래서 공자는 '언불가이약시(言不可以若是)'라고 한 것이다.

그러나 굳이 국가의 흥망성쇠를 상징하는 '근사한 한 마디 말'을 들자면 하고, 공자는 말했다. "만약에 임금이 임금 노릇하기 어려움을 알고, 인덕(仁德)을 닦고 인정(仁政)을 편다면(如知爲君之難也)" 그것이 나라를 흥하게 하는 말이 될 것이다. 반대로 "임금이 무조건 자기 말 따르기를 강요한다면(唯其言而莫予違也)." 그것이 곧 나라를 망치는 길이라고 지적했다. 옛날이나 지금이나 정치는 절대선의 도를 따라야 한다.

13-16

섭공이 정치에 대해서 묻자, 공자가 말했다. "가까운 사람들이 기쁘게 따르고, 먼 사람들이 덕을 따라오게 해야 합니다."

[原文]

葉公이 問>政한대 子ㅣ 曰 近者ㅣ 說하며 遠者ㅣ
섭 공   문 정   자 왈 근 자   열   원 자
來니라.
래

[가사체 번역문]

葉公께서 좋은정치 무엇인지 물으셨다
섭 공

공자께서 말하셨다

가까운곳 사람들이 기뻐하며 따라오고

먼곳사람 德을따라 오게해야 한답니다
　　　　덕

[註解] ○葉公(섭공)—초(楚)나라의 대부.「述而篇 7-18」참고. ○近者說
(근자열)—가까운 사람들이 기뻐하다. ○遠者來(원자래)—이웃 나라 사람들
이 덕을 따라온다.

13-17

자하가 거보의 읍재가 된 다음에 정사에 대해서 묻자, 공자
가 말했다. "급하게 서둘지 말고 또 작은 이익을 얻으려고 하
지 마라. 급하게 서둘면 통달할 수 없고, 작은 이득을 얻으려
고 하면 큰일을 이루지 못한다."

[原文]

子夏ㅣ 爲Ⅱᄇ父宰ㅣ라 問>政한대 子ㅣ 曰 無>欲>
자하　위　거보재　　문정　　자　왈무욕

速하며 無>見Ⅱ小利ㅣ니 欲>速 則不>達하고 見Ⅱ小
속　　무견소리　　욕속 즉부달　　　견소

利ㅣ 則大事ㅣ 不>成이니라.
리　즉대사　불성

[가사체 번역문]

　　공자제자 子夏께서 莒父邑宰 된다음에
　　　　　　　자 하　　　거 부 읍 재
　　나라정사 그에대해 공자님께 여쭈었다

　　공자께서 말하셨다

　　빨리하려 황급하게 서두르지 말것이며

　　작은이익 얻으려고 하여서는 안된다네

　　황급하게 서두르면 통달할수 없게되고

　　작은이익 얻으려면 큰일들을 못이루지

[註解]　ㅇ爲莒父宰(위거보재)―거보(莒父)의 읍재(邑宰)가 된다. 거보는 노
(魯)나라의 읍으로, 현 산동성(山東省) 거현(莒縣). 재(宰)는 장(長). ㅇ無欲速
(무욕속)―빨리 하려고 서둘지 마라. ㅇ無見小利(무견소리)―작은 이득을 보
려고 하지 마라. ㅇ則不達(즉부달)―그러면 통달하지 못한다. 근본적으로
일을 처리하지 못한다. ㅇ大事不成(대사불성)―큰일을 성취하지 못한다.

[解說]

　　한 도성(都城)의 정사를 처리할 때에도, 인정(仁政)의 원칙에 따라
크게 내다보고 통달되게 해야 하며, 눈앞의 작은 이득을 탐하고 덕
치(德治)를 망각해서는 안 된다.

　　앞에 있다. '착한 사람이 나라 다스리기를 백 년 하면, 잔인포악한
자를 눌러 이기고, 사형을 없앨 수 있다고 했거늘, 참으로 옳은 말이
다.'「子路篇 13-11」. '천명을 받은 왕자가 나타난다면, 반드시 30
년 후에는 인덕(仁德)이 넘치리라.'「子路篇 13-12」. 비록 지방의 행
정이지만 이와 같은 원대한 목표를 따라 바르게 다스려야 한다.

13-18

　섭공이 공자에게 말했다. "우리 마을에 궁(弓)이라는 강직한 사람이 있는데, 자기 아버지가 양을 훔친 것을 증언했소."

　이에 공자가 말했다. "우리들이 말하는 강직이란 그런 것이 아닙니다. 아버지는 자식을 위해 숨기고, 자식은 아버지를 위해 숨깁니다. 강직은 그런 속에 있어야 합니다."

[原文]

葉公이 語Ⅱ孔子Ⅰ曰 吾黨에 有Ⅱ直>躬者Ⅰ하니
섭공　　어　공자　왈　오당　　유　직궁자

其父Ⅰ攘>羊이어늘 而子Ⅰ證>之하나이다. 孔子Ⅰ
기부　양　양　　　　이자　증　지　　　　　공자

曰 吾黨之直者는 異Ⅱ於是Ⅰ하니 父Ⅰ爲>子隱하며
왈　오당지직자는　이　어시　　　부　위　자은

子Ⅰ爲>父隱하나니 直在Ⅱ其中Ⅰ矣니라.
자　위　부은　　　　직재　기중　의

[가사체 번역문]

葉公께서 공자님께 다음같이 말하였다
섭공

우리마을 곧은자는 아버지가 羊훔친걸 관가에다 말했어요
　　　　　　　　　　　　　　양

이에대해 공자께서 다음같이 말하셨다

저희마을 곧은자는 그사람관 다릅니다

아버지는 그자식을 위하여서 숨겨주고

그자식은 아버지를 위하여서 숨깁니다
곧음이란 그런속에 있어야만 한답니다

[註解] ○黨(당)―마을, 공동체, 향당(鄕黨). 1당은 25호(戶). ○有直躬者(유직궁자)―이름을 궁(弓 = 躬)이라고 하는 강직한 사람이 있다는 뜻. 주자(朱子)는 '직궁(直躬)을 강직하게 행동하는 사람' 이라고 풀이했다. ○其父攘羊(기부양양)―자기 부친이 남의 양을 훔치자. ○而子證之(이자증지)―그 아들이 (자기 부친의 죄를) 증언하다. ○吾黨之直者(오당지직자)―우리 마을에서 말하는 강직한 사람은. ○異於是(이어시)―그와는 다르다. ○父爲子隱(부위자은)―부친은 자식의 죄를 감추고 자식을 위한다. ○子爲父隱(자위부은)―자식은 자기 아비의 죄를 감추고 위한다. ○直在其中矣(직재기중의)―그 속에 강직이 있는 것이다. 기중(其中)은 '부자가 서로 사랑하고 위하는 인륜 속에' 라는 뜻.

[解說]

부자(父子)의 인륜(人倫)이 바로 서야 공동체가 바르게 형성된다. 바른 공동체에서 사회정의를 찾아야 한다. 아비를 고발하는 자식은 금수만도 못하다.

13-19

번지가 인에 대해서 묻자, 공자가 말했다. "거처할 때에는 공손한 태도를 취하고, 일을 처리할 때에는 신중하게 하고, 남에게는 충성을 다하는 것이다. (이런 인덕은) 비록 오랑캐 땅에 가서도 버리면 안 된다."

[原文]

樊遲ㅣ 問>仁한대 子ㅣ 曰 居處恭하며 執>事敬하
번 지 문 인   자 왈 거 처 공   집 사 경

며 與>人忠을 雖>之ㅣㅣ夷狄ㅣ이라도 不>可>棄也니라.
여 인 충 수 지 이 적   불 가 기 야

[가사체 번역문]

樊遲께서 仁에대해 공자님께 여쭈었다
번 지   인

공자께서 말하셨다

평상시의 容貌言行 공손하게 해야하고
       용 모 언 행

일을처리 할때에는 신중하게 해야하고

남에게는 그충성을 다하여야 하느니라

이와같은 仁의태도 오랑캐땅 가더라도 버리면은 아니된다
       인

[註解] ○樊遲(번지)―「爲政篇 2-5」참고. ○問仁(문인)―인에 대해서 묻
다. ○居處恭(거처공)―평상시의 몸가짐이나 언행을 공손하게 한다. ○執
事敬(집사경)―일을 다스릴 때에는 신중한 태도로 처리한다. ○與人忠(여인
충)―모든 사람에게 충성을 다한다. 충(忠)은 정성을 기울여 최선을 다한다
는 뜻. ○雖之夷狄(수지이적)―비록 오랑캐 나라에 가서도. 지(之)는 가다,
이(夷)는 서쪽 오랑캐, 적(狄)은 북쪽 오랑캐. ○不可棄也(불가기야)―(그와
같은 인자의 태도를) 버리면 안 된다.

번지가 막연하게 인(仁)에 대해서 묻자, 공자는 인자(仁者)가 취할 태도를 일러주었다. 그리고 그와 같은 인자의 태도는 비록 오랑캐 땅에 가는 경우에도 잘 지니고 행하라고 강조했다. 군자의 인덕은 오랑캐들도 감화시킬 수 있음을 암시한 것이다.

인자(仁者)는 마음속에 인심(仁心)을 지니고 행동으로 인덕(仁德)을 세워야 한다. 그러므로 '일상생활을 경건하게 하고〔居處恭〕', '모든 일을 신중하게 받들고 처리해야 하며〔執事敬〕', 특히 '모든 사람을 대할 때에, 정성과 최선을 다해야 한다〔與人忠〕.'

13-20-1

자공이 물었다. "어떻게 하면, 선비라고 할 수 있습니까?"

공자가 말했다. "몸가짐과 언행에 부끄러움이 있어야 한다. 또 사방에 외교사절로 나가 임금으로부터 받은 사명을 욕되게 하지 말아야 한다. 그래야 비로소 선비라 할 수 있다."

[原文]

子貢이 問曰 何如라야 斯可>謂ⅱ之士ㅣ矣잇고?
자공　　문왈　하여　　사가 위 지사　의

子ㅣ曰 行>己有>恥하며 使ⅱ於四方ㅣ하야 不>辱ⅱ
자　왈 행기유치　　사 어사방　하야　불 욕

君命ㅣ이면 可>謂>士矣니라.
군 명　　　　가 위 사 의

[가사체 번역문]

子貢께서 여쭈었다
자 공

어떠해야 그사람을 선비라고 할수있죠

공자께서 말하셨다

그몸가짐 그언행에 부끄러움 느낄줄을 알아야만 하느니라

외교사절 나가서는 임금한테 받은명령 욕안되게 해야한다

그래야만 그비로소 선비라고 할수있다

[註解] ○子貢(자공)-「學而篇 1-10」참고. ○斯可謂之士矣(사가위지사
의)-비로소 선비라고 말할 수 있나? 사(斯) = 즉(則). ○行己有恥(행기유
치)-행기(行己)는 자신의 몸을 행함에 있어. 즉 몸가짐과 언행에 있어, 유
치(有恥)는 부끄러움이 있다. 잘못 했을 때, 양심의 가책을 느끼고, 창피하
게 여긴다는 뜻. ○使於四方(사어사방)-사신(使臣)이 되어 사방 여러 나라
로 간다. ○不辱君命(불욕군명)-임금이 내린 사명을 완수하고 욕되게 하지
않는다.

13-20-2

자공이 또 "감히 묻겠습니다. 그 다음 가는 사람은 어떠합
니까?" 하자, 공자가 말했다. "일가친척들로부터 효자라고
칭찬 받고, 마을 사람들로부터 우애롭다고 칭찬을 받아야 하
느니라."

曰 敢問 ॥其次 ㅣ 하노이다. 曰 宗族이 稱>孝焉하며
　왈　감문　　기차　　　　　　　왈　종족　　칭　효언

鄕黨이 稱>弟焉이니라.
향당　　칭　제언

[가사체 번역문]

　자공께서 또말했다 주제넘게 묻겠어요

　다음가는 그사람은 어떠해야 하옵니까

　공자께서 말하셨다

　일가친척 들로부터 효자라고 칭찬받고

　마을사람 들로부터 공손하고 우애롭다 이런칭찬 받아야네

[註解] ○敢問其次(감문기차)－감히 묻겠습니다. 그 다음 가는 사람은 어떤 사람입니까? ○宗族稱孝焉(종족칭효언)－종족들로부터 효자라고 칭찬을 받는다. ○鄕黨稱弟焉(향당칭제언)－마을사람들로부터 공손하고 우애롭다고 칭찬을 받는다.

13-20-3

　자공이 또 "감히 묻겠습니다. 그 다음 가는 사람은 어떠합니까?" 하자, 공자가 말했다. "말하면 반드시 실행하고, 실행하면 반드시 성과를 거두는 사람이다. (비록) 딱딱하고 강직하여 소인 같지만 그래도 역시 그 다음은 갈 수 있다."

曰 敢問 ॥ 其次 ┃ 하노이다. 曰 言必信하며 行必果
<small>왈 감문 기차　　　　　　　　왈 언필신　　　　행필과</small>

┃ 硜硜然 小人哉나 抑亦可 ॥ 以爲 ┃ ＞次矣니라.
<small>갱갱연 소인재　　억역가 이위　　차의</small>

[가사체 번역문]

자공께서 여쭈었다 주제넘게 묻겠어요

다음가는 사람그는 어떠해야 하옵니까

공자께서 말하셨다

그자신이 말한것을 꼭반드시 실행하고

실행하면 꼭반드시 그에대한 성과들을 거둘수가 있어얀다

딱딱하고 강직하여 소인같은 자이지만

역시또한 그런사람 그다음은 갈수있다

[註解] ㅇ言必信(언필신)－말하면 반드시 신의를 지키고 행한다. ㅇ行必果(행필과)－행하면 반드시 성과를 거둔다. 결과를 본다. ㅇ硜硜然(갱갱연)－딱딱하고 융통성이 없다. 돌소리 갱(硜). ㅇ抑亦可以爲次矣(억역가이위차의)－그런대로 그 다음은 될 수 있다.

13-20-4

자꿍이 "오늘날 정치에 참여하고 있는 사람은 어떻습니까?"하고 묻자, 꿍자가 말했다.

"아! 말들이 밖에 안 되는 조그만 기량을 가진 사람이야 논할 바 못된다."

[原文]

曰 今之從>政者는 何如하닛고? 子ㅣ 曰 噫라!
  왈 금지종 정자 하여   자 왈 희
斗筲之人을 何足>算也리오.
  두 소 지 인 하 족 산 야

[가사체 번역문]

자공께서 여쭈었다 오늘날의 위정자는 어떻다고 여깁니까

공자께서 말하셨다 슬프고도 슬프도다

한말들이 한되들이 기량작은 그런자들 논할바가 못되니라

[註解] ㅇ今之從政者(금지종정자)―오늘날 정치에 참여하고 있는 사람. ㅇ何如(하여)―어떠하냐? ㅇ噫(회)―감탄사, 아! ㅇ斗筲之人(두소지인)―말들이 그릇같이 도량이 좁은 사람. 말 두(斗), 대그릇 소(筲). ㅇ何足算也(하족산야)―어찌 논할 수 있겠느냐?

[解說]

선비는 원칙적으로 예의염치(禮義廉恥)를 알고 가려야 한다. 예(禮)는 절대선(絶對善)의 천도천리(天道天理)를 따르고 실천함이다. 의(義)는 도리를 따라 사물을 바르게 처리함이다. 아울러 사회 정의를 지킴이다. 염(廉)은 청렴결백(淸廉潔白)함이다. 치(恥)는 양심이나 수치심을 바탕으로 자신의 잘못을 창피하게 여김이다. 사람만이 수치심을 지니고 있다.

단, 공자가 여기서 말하는 선비는 치(恥)를 가리는 데서부터 시작한다. 즉 낮은 단계의 선비라 하겠다. 공자는 그들을 다시 3단계로 나누어 말했다. 으뜸은 자기 잘못을 창피하게 여기고, 정치적 사명을 다하는 정치 참여자이다. 다음은 정치에 참여하지 못하고 야에 처해 있으되, 일가친척으로부터 효자라고 칭찬을 받고, 사회적으로는 겸손하고 우애롭다고 칭찬을 받는 사람이다. 그 아래 단계는 언행일치(言行一致)하고 작은 일이라도 성취하는 인간이다. 이 3단계만을 선비라고 할 수 있다고 말했다. 그러나 오늘날의 정치에 참여하고 있는 자들은 '소인(小人)'들이므로, 선비 속에 들어갈 수 없다고 말했다. 선비는 도(道)를 따르고 행하는 사람이다.

13-21

공자가 말했다. "중용의 도를 행하는 사람과 함께 하지 못할 바에는, 차라리 뜻이 높은 사람이나 혹은 고집스러운 사람을 택하겠다. 뜻이 높은 사람은 진취적이고, 고집스러운 사람은 나쁜 일은 하지 않기 때문이다."

[原文]

子ㅣ曰 不下得ㅛ中行ㅣ而與上ㅣ之인댄 必也狂狷
자 왈 부 득 중행 이여 지 필야광견

乎인져. 狂者는 進取오 狷者는 有>所>不>爲也니라.
호   광자   진취   견자   유 소 불 위 야

[가사체 번역문]

공자께서 말하셨다

中庸道理 실천하는 그와같은 사람들과 함께하지 못할바엔
중용도리

뜻이높은 사람이나 고집스런 그런사람 그사람을 택하겠다

왜냐하면 그이유는

뜻이높은 사람들은 남들보다 앞장서고

고집스런 사람들은 나쁜일은 하지않지

[註解]

○不得中行(부득중행)─부득(不得)은 얻지 못한다, 중행(中行)은 중용의 도를 행하는 사람의 뜻. ○而與之(이여지)─'부득(不得)'에 걸린다. '…하는 사람과 함께하지 못할 바에는'. ○必也狂狷乎(필야광견호)─반드시 뜻이 높은 사람이나 고집스러운 사람을 택하겠다. 광(狂)은 지나치게 뜻이 높고 진취적인 사람, 견(狷)은 무식하지만 고집스럽고 굳은 사람. ○狂者進取(광자진취)─광자는 진취적이고. ○狷者有所不爲也(견자유소불위야)─(나쁘다고 생각하면) 하지 않는다.

[解說]

혼자서는 나라를 다스릴 수 없다. 반드시 많은 사람이 함께 어울리고 힘을 합쳐야 한다. 즉 도(道)를 같이 하는 동지가 있어야 한다. 가장 이상적인 동지는 '중용(中庸)의 도, 중정(中正)의 도'를 행하는 참다운 군자다. 그러나 그런 사람은 많지 않고, 또 어울리기 어렵다. 그렇다고 해서 간사하고 아첨하는 소인배와 짝을 하면 안 된다. 차

라리 과격하고 적극적인 사람이나, 혹은 견고하고 고집스러운 사람
과 함께 하면 크게 나쁜 짓은 안하게 될 것이다.

13-22

  공자가 말했다. "남쪽 사람이 '사람에게 항심(恒心)이 없다
면 무당이나 의원도 어찌 할 수 없다.'고 말했는데, 참 좋은
말이다. 『주역(周易)』에 '덕행이 일정하지 않으면, 수치를 초
래한다.'는 점괘가 있다." 그리고 공자가 말했다. "그런 것은
점을 치지 않는다."

[原文]

子ㅣ 曰 南人이 有>言曰 人而無>恒이면 不>可Ⅲ
자 왈 남인   유 언왈 인이무 항   불 가

以作Ⅱ巫醫ㅣ라 하니 善夫라. 不>恒Ⅱ其德ㅣ이면 或
이작 무 의   선부   불항 기 덕   혹

承Ⅱ之羞ㅣ라 하니 子ㅣ 曰 不>占而已矣니라.
승 지수   자 왈 부 점이이의

[가사체 번역문]

  공자께서 말하셨다

  사람에게 항상믿고 오래도록 변치않는 그런마음 없다면은

  무당이나 **醫員**들도 어찌할수 없다라고 남쪽사람 말했다네
       의 원

  그말정말 좋고말고 **周易占卦** 가운데에
          주 역 점 괘

그 언행을 도덕성에 맞지않게 한다면은

수치창피 초래한다 라고하는 점괘있다

공자께서 말하셨다 그런것은 주역으로 점치는게 아니란다

[註解] ㅇ南人有言(남인유언)―남쪽에 한 사람이 말했다. ㅇ人而無恒(인이무항)―사람이면서 항심(恒心)이 없다. 항심은 곧 변하지 않는 도덕성(道德性), 즉 인심(仁心). ㅇ不可以作巫醫(불가이작무의)―무당이나 의술로서도 어찌할 수 없다. ㅇ善夫(선부)―좋다, 잘한 말이다. ㅇ不恒其德 或承之羞(불항기덕 혹승지수)―자신의 언행을 도덕성에 맞게 하지 않으면, 혹 수치나 창피를 초래한다. 『역경(易經)』항괘(恒卦) 구삼(九三)의 효사(爻辭)다. ㅇ不占而已矣(부점이이의)―(그런 도덕성은) 점을 치지 않는다.

[解說]

공자는 선인(善人)은 고사하고 '유항자(有恒者)'라도 만나보면 좋겠다고 말했다. 「述而篇 7-25」. '유항자'는 '마음이나 언행이 한결같은 사람', 즉 '변치 않는 인심(仁心)'을 바탕으로 도덕을 지키고 행하는 사람'의 뜻이다. 외부의 명예나 이욕(利慾)에 흔들리지 않고, 굳게 절개를 지키고 도를 행하는 사람이다. 인간의 본성인 인심이나 도덕성은 무술(巫術)이나 의술(醫術)의 대상이 아니다.

13-23

공자가 말했다. "군자는 화동(和同)하고 뇌동(雷同)하지 않는다. 소인은 뇌동하고 화동하지 않는다."

子ㅣ 曰 君子는 和而不>同하고 小人은 同而不>
　　자　　왈　군자　　　화이부동　　　　소인　　　동이불

和니라.
화

[가사체 번역문]

공자께서 말하셨다

군자라는 사람들은 和同하고 협력하지 附和雷同 아니한다
　　　　　　　　　　화동　　　　　　　　부화뇌동

소인이란 사람들은 부화뇌동 할줄알고 화합협동 아니한다

[註解] ㅇ君子(군자)—학문과 덕행을 쌓고 인정(仁政)과 덕치(德治)에 참여
하는 휴머니스트. ㅇ和(화)—인도(仁道)를 중심으로 하며 화합하고 협동한
다. ㅇ不同(부동)—부화뇌동(附和雷同)하지 않는다. ㅇ小人(소인)—이기적(利
己的)·관능적(官能的) 욕구를 바탕으로 재물이나 무력만을 추구하는 자질
구레한 사람. ㅇ同而不和(동이불화)—소인은 부화뇌동하고 화동 협력하지
않는다.

[解說]

　국가 민족의 번영이나 발전을 위해서 서로 힘을 합치고 협력해야
한다. 그것이 군자다. 소인은 나만 잘 살면 된다는 천박한 생각으로
재물만을 추구한다. 또 소인들은 작당하고 부화뇌동하면서 반도덕
적인 삶을 산다. 그러므로 공동체의 공동이익을 해친다.

13-24

자공이 물었다. "마을 사람들이 모두 좋아하면 어떻습니까?"

공자가 "그것만으로는 좋지 못하다."고 말하자, 자공이 또 물었다. "마을 사람들이 모두 미워하면 어떻습니까?"

이에 공자가 말했다. "그래도 좋지 못하다. 마을의 착한 사람들이 좋아하고, 마을의 나쁜 사람들이 미워하는 그런 사람이라야 한다."

[原文]

子貢이 問曰 鄕人이 皆好>之면 何如하닛고? 子ㅣ
자공　　문왈　향인　　개호　지　　하여　　　　자

曰 未>可也니라. 鄕人이 皆惡>之면 何如닛고? 子ㅣ
왈　미　가야　　향인　　개오　지　　하여　　　　자

曰 未>可也니라. 不>如鄕人之善者ㅣ 好之오 其不
왈　미　가야　　불　여향인지선자　　호지　　기불

善者ㅣ 惡之니라.
선자　　오지

[가사체 번역문]

자공께서 여쭈었다 그마을의 모든이가 좋아하면 어떤가요

공자께서 말하셨다

그것만을 가지고는 좋다라고 할수없다

자공께서 또물었다 그마을의 모든이가 미워하면 어떤가요

이에대해 공자께서 다음같이 말하셨다

그러해도 좋지않다

그마을의 착한사람 그자들이 좋아하고

그마을의 악인들이 싫어하는 그런사람 이라야만 하느니라

그마을의 악한사람 그자들이 싫어하는 그런사람 이라야네

【註解】 ○鄕人皆好之(향인개호지)—마을 사람들이 모두 좋아한다. ○何如 (하여)—(모든 사람의 호감을 사는) 그런 사람은 어떠하냐? ○未可也(미가 야)—(모든 사람의 호감을 사는 것만으로는) 좋다고 할 수 없다. ○惡之(오 지)—미워하다, 즉 미움을 받다. ○不如(불여)—…만 못하다, 차라리 …하는 편이 좋다. ○鄕人之善者好之(향인지선자호지)—마을 사람들 중 착한 사람 이 좋아하고. ○其不善者惡之(기불선자오지)—마을 사람들 중 악한 사람이 미워한다.

【解說】

공자는 말했다. "인자라야 능히 남을 좋아할 수도 있고, 미워할 수도 있다〔惟仁者能好人能惡人〕." 「里仁篇 4-3」. 일반 대중은 선악시비(善惡是非)를 바르게 가리거나 또 판단하지 못한다. 그러므로 무식한 대중의 지지를 얻는 사람이 반드시 좋은 사람이라고 단정할 수 없다. 선인이 좋아하고, 악인이 미워하는 그런 사람이라야 한다.

세속적인 생각으로는 모든 사람의 지지를 받고, 모든 사람으로부터 사랑받는 그런 사람을 덕(德) 있는 사람이라고 착각한다. 그러나 군자(君子)는 절대선(絶對善)의 천도(天道)를 기준으로 선(善)을 선양하고, 악(惡)을 억제해야 한다. 그렇게 되면, 대중들 중 착한 사람은 그를 좋아하며 따를 것이고, 반대로 악한 사람들은 그를 꺼리고 멀리할 것이다.

13-25

공자가 말했다. "군자는 섬기기는 쉬우나 기쁘게 하기는
어렵다. 바른 도리가 아닌 방법으로 그를 기쁘게 해도, 군자
는 기뻐하지 않는다. 군자가 사람을 부릴 때에는 재능과 기량
에 적합하도록 부린다.

이와 반대로 소인은 섬기기는 어렵고, 기쁘게 해주기는 쉽
다. 비록 도리가 아닌 방법으로 그를 기쁘게 해주어도 그는
기뻐한다. 또 소인은 사람을 부릴 때에는 한 사람에게 모든
기능이 구비되기를 요구한다."

[原文]

子ㅣ曰 君子는 易>事而難>說也니 說>之不>以>
자 왈 군자 이 사 이 난 열 야 열 지 불 이

道면 不>說也오. 及Ⅱ其使人ㅣ>也하얀 器>之니라.
도 불 열 야 급 기 사 인 야 기 지

小人은 難>事而易>說也니 說>之雖>不>以>道라도
소 인 난 사 이 이 열 야 열 지 수 불 이 도

說也오. 及Ⅱ其使ㅣ>人也하얀 求>備焉이니라.
열 야 급 기 사 인 야 구 비 언

【가사체 번역문】

공자께서 말하셨다
군자라는 사람들은 섬기기는 쉽지만은
기뻐하게 해주기는 진정으로 어렵다네
도리아닌 방법으로 기뻐하게 해주어도 기뻐하지 아니하지
사람들을 부릴때는 재능기량 각기맞게 사람들을 부린다네
소인이란 사람들은 섬기기는 어려웁고
기뻐하게 해주기는 진정으로 쉬우니라
도리아닌 방법으로 기뻐하게 해주어도 소인들은 기뻐한다
사람들을 부릴때는 한사람에 모든기능 구비되길 요구한다

【註解】 ○君子易事(군자이사)―군자는 섬기기는 쉽다. ○而難說也(이난열야)―그러나 그를 기쁘게 하기는 어렵다. ○說之不以道(열지불이도)―바른 도리가 아닌 방법으로 그를 기쁘게 해도. ○及其使人也(급기사인야)―군자가 다른 사람을 부리고 쓸 때에는. ○器之(기지)―기량에 적합하게 부리고 쓴다. ○小人難事而易說也(소인난사이이열야)―소인은 섬기기는 어려워도 기쁘게 하기는 쉽다. ○求備焉(구비언)―한 사람에게 모든 기능이 구비되기를 구한다.

【解說】

군자는 도가 행해지고 천하가 평화롭게 되어야 기뻐한다. 그러므로 기쁘게 하기 어렵다. 소인은 도는 제쳐놓고, 자신의 끝없는 탐욕을 채워 주어야 기뻐한다. 그래서 어렵다.

공자가 말했다. "군자는 태연하면서도 교만하지 않고, 소인은 교만할 뿐 태연하지 못하다."

[原文]

子ㅣ 曰 君子는 泰而不>驕하고 小人은 驕而不>
자 왈 군자 태이불교 소인 교이불
泰니라.
태

[가사체 번역문]

공자께서 말하셨다

군자들은 泰然自若 하면서도 교만찮고
　　　　태 연 자 약

소인들은 교만할뿐 泰然하지 못하다네
　　　　　　　　태 연

[註解] ○泰(태)―태연자약하다. ○而不驕(이불교)―그러나 교만하지 않다. ○小人驕而不泰(소인교이불태)―소인은 교만하기만 하고, 태연자약하지 못하다.

[解說]

군자는 도(道)와 하나가 된다. 그러므로 태연할 수 있다. 소인은 탐욕스럽게 이득을 추구하기 때문에 태연할 수가 없다.

공자가 말했다. "강직하고, 과감하고, 질박하고, 말이 무딘 사람은 인에 가깝다."

[原文]

子ㅣ 曰 剛毅木訥이 近>仁이니라.
자　왈 강 의 목 눌　근　인

[가사체 번역문]

공자께서 말하셨다

강직하고 과감하고 질박하고 말무딘게 仁者性品 가깝다네
　　　　　　　　　　　　　　　인 자 성 품

[註解] ㅇ剛(강)－강직하다. 물욕(物慾)에 굴하지 않고 의지가 굳다. ㅇ毅 (의)－의연하다. 기상이나 기개가 높고 크다. ㅇ木(목)－소박(素朴)하고 질 박(質朴)하다. 목(木) = 박(朴). ㅇ訥(눌)－말을 신중하게 한다. 입이 무겁다. ㅇ近仁(근인)－인자(仁者)의 성품이나 인덕(仁德)에 가깝다.

[解說]

이기적(利己的)·관능적(官能的)·동물적(動物的) 욕심을 극복해야 인덕(仁德)에 가까이 갈 수 있다. 그러기 위해 '강의목눌(剛毅木訥)' 해야 한다.

13-28

차로가 "어떻게 하면 가히 선비라 하겠습니까?" 하고 묻자, 공자가 말했다. "간곡히 서로 선을 권하고, 잘못을 고치도록 애를 쓰고, 또 함께 화목하고 즐기면 선비라 말할 수 있다. 즉 친구에게는 서로 간곡히 선을 권하고, 잘못을 고치도록 애를 쓰고, 형제간에는 부드럽게 화목하고 즐겨야 한다."

[原文]

子路ㅣ 問曰 何如라야 斯可>謂Ⅱ之士ㅣ矣닛고?
자로   문왈 하여   사가위 지사 의

子ㅣ 曰 切切偲偲하며 怡怡如也면 可>謂>士矣니
자 왈 절절시시   이이여야   가위 사의

朋友엔 切切偲偲오 兄弟엔 怡怡니라.
붕우   절절시시   형제   이이

[가사체 번역문]

子路께서 여쭈었다 어떡하면 선비라고 말할수가 있을까요
자로

공자께서 말하셨다

간곡하게 서로서로 善한일을 하게하고 잘못을랑 고치도록
선

애를쓰고 노력하며 또한함께 和樂하면
화 락

그사람을 선비라고 말할수가 있느니라

다시한번 말하자면

친구에겐 간곡하게 善한일을 하게하고
선

잘못을랑 고치도록 애를쓰며 노력하고

형제간엔 和同하며 和樂해야 하느니라
            화동   화락

【註解】 ○ 斯可謂之士矣(사가위지사의)－비로소 선비라고 말할 수 있습니까? ○ 切切(절절)－간곡히 권하고 잘못을 책한다. ○ 偲偲(시시)－애를 쓰고 노력하다. ○ 怡怡(이이)－화동(和同)하고 화락(和樂)한다.

13-29

공자가 말했다. "선인이 백성을 7년간 가르치면, 백성들을 전쟁에 나가 싸우게 할 수 있다."

[原文]

子ㅣ 曰 善人이 敎＞民七年이면 亦可Ⅱ以卽Ⅰ＞戎
자 왈 선 인   교 민 칠 년   역 가 이 즉   용

矣니라.
의

[가사체 번역문]

공자께서 말하셨다

道따르고 실행하는 착한사람 그런者가
도   자

백성들을 칠년동안 가르치고 교화하면

그나라의 백성들을 전쟁터에 나아가서 싸우도록 해도된다

[註解] ○善人(선인)−도(道)를 따르고 행하는 착한 사람. ○敎民七年(교민칠년)−백성들을 가르치고 교화한다. 주자(朱子)는 '효제충신(孝悌忠信)'을 가르친다고 풀었다. ○卽戎(즉융)−전쟁에 나가 싸우게 할 수 있다. 이때의 싸움은 나라를 수호하는 성전(聖戰)의 뜻이다.

13-30

공자가 말했다. "백성들을 바르게 가르치지 않고 전쟁에서 싸우게 한다면, 이는 곧 백성들을 버리는 것이 된다."

[原文]

子ㅣ 曰 以ⅱ不>敎民ㅣ戰이면 是謂>棄>之니라.
자 왈 이 불 교 민 전   시 위 기 지

[가사체 번역문]

　공자께서 말하셨다
　백성들을 똑바르게 가르치지 아니하고
　전쟁터에 나아가서 싸우도록 한다면은
　이것은곧 백성들을 내버리는 것이된다

[註解] ○以不敎民戰(이불교민전)−백성들을 바르게 교육하거나 교화하지 않고 싸우게 하는 것은. ○是謂棄之(시위기지)−이는 곧 백성들을 버리는 것이 된다.

[解說]

　사람은 하늘로부터 착한 성품을 내려 받고 있다. 그러므로 인간의 본성은 착하다. 그 선본성(善本性)의 핵심을 인심(仁心)이라고 한다. 인심은 곧 '모든 사람이나 만물을 사랑하는 마음'이다. 따라서 평범한 사람이나 백성들은 본질적으로 '남을 죽이고, 남의 재물을 탈취하는 전쟁을 싫어하게 마련이다.'

　그러나 절대선(絶對善)의 천도(天道)와 인심(仁心)을 따르지 않고, 반대로 '남을 죽이고 남의 재물을 탈취하는 아귀도(餓鬼道)와 수심(獸心)'을 따르므로 전쟁이 있으며, 악덕한 현실세계에서는 전쟁을 당연시하고 국가 권력은 무고한 백성들에게 전쟁을 강요한다. 이러한 악덕정치는, 곧 '생민(生民)'을 버리고 생으로 죽이는 범죄행위이다. 설사, 외국의 침략을 막는 성전(聖戰)의 경우에도 백성들을 바르게 교화한 다음에 나가서 싸우게 해야 한다. 그래야 인정(仁政)과 덕치(德治)를 실현할 수 있다.

 편명 헌문(憲問)은 '원헌(原憲)이 묻는다[問].'는 뜻이다. 형병(邢昺)은 대략 다음과 같이 해설했다. "이 편에서는 주로 삼왕(三王)과 이패(二覇)의 역사적 흔적과 여러 제후(諸侯)·대부(大夫)들의 행적을 논했다. 아울러 '인을 실천하고 염치를 아는 것[爲仁知恥]'과 '자신을 수양하고 백성을 편하게 해주는 것[修己安民]'이 정치의 대절(大節)임을 밝혔다. 고로 자로(子路)가 문정(問政)한 제13편 다음에 편찬했다."

 주자(朱子)의 『집주(集註)』에는 "이 편은 혹 원헌이 기술한 것일 거다."라는 호씨(胡氏)의 말을 주(注)로 달았다. 총 46장으로 나눈다.

14-1

원헌이 부끄러움에 대해서 묻자, 공자가 말했다.

"나라의 도가 있으면 녹을 받아먹는다. 그러나 나라에 도가 없는데 녹을 받아먹는 것은 부끄러운 일이다."

[原文]

憲이 問>恥한대 子ㅣ 曰 邦有>道에 穀하며 邦無>
헌   문 치   자   왈 방유 도   곡   방무

道에 穀이 恥也니라.
도   곡   치 야

[가사체 번역문]

공자제자 原憲께서 부끄러운 일이뭔지 공자님께 여쭈었다
         원 헌

공자께서 말하셨다

그나라에 道있으면 祿받아도 마땅하나
         도   녹

그나라에 道없는데 祿을받는 그런것은 부끄러운 일이니라
         도   녹

[註解] ㅇ憲(헌)-공자의 제자. 원헌(原憲). 자는 원사(原思). ㅇ問恥(문치)-부끄러움. 치욕에 대해서 묻다. ㅇ邦有道穀(방유도곡)-나라에 도가 행해지는 경우 출사(出仕)하고 봉록(俸祿)을 받아먹는다. ㅇ邦無道穀(방무도곡)-나라에 도가 행해지지 않고 무도할 때에 나가서 봉록을 받아먹는 것이. ㅇ恥也(치야)-부끄럽고 창피한 노릇이다.

[解說]

무도한 나라에 출사하여 녹을 받아먹는 것은 백성의 재물을 도둑질하는 범죄라 하겠다. 인정(仁政)을 펴는 경우에 출사하여 녹을 받아먹어야 한다.

14-2

"남에게 이기기를 좋아하고, 자기의 공을 내세워 자랑하고, 남을 원망하고, 또 끝없이 탐욕을 부리는 (네 가지를) 억제하면 인이라 할 수 있습니까?"

공자가 말했다. "그렇게 할 수 있기는 퍽 어렵다. 그러나 인인지 어떤지는 잘 모르겠다."

[原文]

克伐怨欲을 不>行焉이면 可Ⅱ以爲Ⅰ>仁矣잇가?
극 벌 원 욕   불 행 언   가 이 위   인 의

子ㅣ 曰 可Ⅱ以爲Ⅰ>難矣어니와 仁則吾不>知也케라.
자 왈 가 이 위 난 의   인 즉 오 부 지 야

[가사체 번역문]

남이기기 좋아하고 자기功을 자랑하며
　　　　　　　　　공
다른사람 원망하고 끝도없이 욕심내는
이와같은 네가지를 억누르고 안한다면

이를두고 仁이라고 말할수가 있습니까
인

공자께서 말하셨다 그리하기 퍽어렵다

그러하나 이러한게 그仁인지 어떤지는 잘알지를 못하겠다

[註解] ○克(극)—남에게 이기기를 좋아하다. ○伐(벌)—자기의 공을 내세우고 자랑한다. ○怨(원)—남을 원망한다. ○欲(욕)—탐욕을 부린다. ○不行焉(불행언)—이상의 네 가지를 억제하고 행하지 않으면. ○可以爲仁矣(가이위인의)—인이라 할 수 있습니까? ○可以爲難矣(가이위난의)—그렇게 하기가 퍽 어렵다. ○仁則吾不知也(인즉오부지야)—그러나 그것이 인인지 어떤지는 나도 잘 모르겠다.

[解說]
인은 사랑과 협동을 실천함이다.

14-3

공자가 말했다. "선비가 편하게 있기를 바라면, 참다운 선비가 될 수 없다."

[原文]

子ㅣ 曰 士而懷>居면 不>足ㅐ以爲ㅣ>士矣니라.
자　왈　사이회거　부족　이위　　사의

공자께서 말하셨다

선비로서 편안하게 있기만을 바란다면 선비되기 부족하다

[註解] ○懷居(회거)—편하게 있기를 바란다. ○不足以爲士矣(부족이위사의)—참다운 선비가 될 수 없다.

14-4

공자가 말했다. "나라에 도가 있을 때는 말과 행동을 돋보이게 하지만, 나라에 도가 없으면 행동은 돋보이게 하되 말은 겸손하게 해야 한다."

[原文]

子ㅣ 曰 邦有>道엔 危>言危>行하고 邦無>道엔
자 왈 방유 도   위 언위 행   방무 도

危>行言孫이니라.
위 행언손

[가사체 번역문]

공자께서 말하셨다

그나라에 道있을땐 말과행동 그모두를 돋보이게 해야지만
　　　　　도

그나라에 道없으면 그행동은 준엄하고 돋보이게 해야하며
　　　　　도

그의 말은 신중하고 겸손하게 해야 한다

【註解】 ○邦有道(방유도)—나라에 도가 있다. 즉 위정자가 도를 따라 나라를 다스린다는 뜻. ○危(위)—고답(高踏)하고 준엄(峻嚴)하게 한다. 즉 도덕적으로 돋보이게 한다. ○邦無道(방무도)—나라가 문란하고 도가 없을 때. ○危行(위행)—행동은 고답하고 돋보이게 하지만. ○言孫(언손)—말은 신중하고 겸손하게 해야 한다.

14-5

공자가 말했다. "덕 있는 사람은 반드시 도에 맞는 말을 한다. 그러나 말 잘하는 사람이 다 덕이 있는 것은 아니다.

인자는 반드시 용감하게 행한다. 그러나 용감한 사람이 다 인자는 아니다."

[原文]

子ㅣ 曰 有>德者는 必有>言이어니와 有>言者는
자 왈 유 덕 자 필 유 언 유 언 자
不ⅡⅡ必有德ⅠⅠ>이니라 仁者는 必有>勇이어니와 勇者
불 필 유 덕 인 자 필 유 용 용 자
는 不Ⅱ必有Ⅰ>仁이니라.
불 필 유 인

[가사체 번역문]

　공자께서 말하셨다

　有德者는 꼭반드시 道에맞는 말을한다
　유덕자　　　　도

　그렇다고 하지마는 말잘하는 모든사람 德있는건 아니란다
　　　　　　　　　　　　　　　　　덕

　仁한者는 꼭반드시 용감하게 실행한다
　인　자

　그렇다고 하지마는 勇敢한者 모두다들 仁한것은 아니란다
　　　　　　　　　　용감　자　　　　　인

[註解] ○有德者必有言(유덕자필유언)—덕 있는 사람은 반드시 도에 맞는 좋은 말을 한다. ○有言者不必有德(유언자불필유덕)—말 잘하는 사람이 다 덕이 있는 것은 아니다. ○仁者必有勇(인자필유용)—인자는 반드시 용감하게 행동한다. ○勇者不必有仁(용자불필유인)—용감한 사람이 다 인자는 아니다.

[解說]

　덕(德)의 뜻을 바르게 알아야 한다. 도(道)를 행해서 얻은 좋은 성과를 덕(德＝得)이라 한다. 아울러 덕(德)은 반드시 남에게도 미치게 마련이다. 자기 한 사람만 좋고 남에게 좋지 않은 것은 덕이 될 수 없다. 그러므로 '유덕자(有德者)'는, 곧 '도를 실천하여 모든 사람에게 덕을 미치는 사람이다.' 그러므로 그의 말이나 행동이 도에 맞고 좋게 마련이다. 맹목적으로 용력(勇力)을 휘두른다고 덕이 따르는 것이 아니다.

　'인자(仁者)'는 '인심(仁心)을 바탕으로 만민만물(萬民萬物)을 사랑하고 양육하는 사람이다.' 인자는 '지(知)·인(仁)·용(勇)'의 삼달덕(三達德)을 갖추어야 한다. '지(知)'는, 곧 절대선(絶對善)의 도를 알고 실천함이다. '인(仁)'은 '큰 인(仁)'의 핵심이 되는 '사랑'이다. '용(勇)'은 '정의(正義)의 실천력'이다. 도의(道義)나 정의(正義)에 어긋나는 나쁜 짓을 무모하게 행하는 것은 진정한 용기가 아니다. 절대선의 도를 모르고, 동물적 · 이기적 욕심을 채우기 위해 무모하게 폭력을 행사하는 자는 '악덕한 폭도'다. 그런 자는 용기 있는 자가 아니라 무식한 깡패다.

오늘 세계의 대부분 나라들은 '무력과 권모술수 및 거짓말'을 바탕으로 정치를 하고 있다. 이러한 현상을 '방무도(邦無道)'라고 한다. 참다운 지식인인 군자는 무도한 나라에 참여해서도 안 되고 특히 봉록을 받아먹으면 안 된다. 범죄에 가담하면 안 된다.

14-6

노나라의 대부 남궁괄이 공자에게 반문하듯이 물었다. "예(羿)는 활을 잘 쏘았고, 오(奡)는 배를 흔들 만큼 힘이 강했으나, 그들은 모두 제 명에 죽지 못했지요. 그러나 우(禹)와 직(稷)은 스스로 농사를 짓고 일을 했으나, 후에는 천하를 얻었지요."

이에 공자는 대답을 하지 않다가 남궁괄이 나간 다음에 말했다. "저런 사람이 참으로 군자로다. 저런 사람이야말로 참으로 덕을 존중하는 사람이다."

[原文]

南宮适이 問ⅠⅠ於孔子Ⅰ曰 羿는 善>射하고 奡는
남궁괄   문   어공자   왈 예   선 사   오

盪舟호대 俱不>得ⅠⅠ其死Ⅰ어늘 然 禹稷은 躬稼而
탕주   구부득   기사   연 우직   궁가이

有ⅠⅠ天下Ⅰ하시니이다. 夫子Ⅰ 不>答이러시니 南宮适
유 천하   부자   부답   남궁괄

이 出커늘 子Ⅰ 曰 君子哉라. 若人이여 尚>德哉라
   출   자 왈 군자재   약인   상 덕재

若人이여.
약인

[가사체 번역문]

魯國대부 南宮适이 공자님께 여쭈었다
노국   남궁괄

羿란者는 활잘쏘고 奡란者는 크나큰배 흔들만큼 힘셌으나
예 자   오 자

그네들은 모두모두 자기命에 못죽었죠
                  명

禹와稷은 그스스로 농사짓고 일했으나
우   직

결국에는 니중에는 온天下를 얻었지요
                  천하

공자님은 바로즉시 그에대답 안하시고

남궁괄이 나간뒤에 다음같이 말하셨다

저런사람 진정으로 德이있는 군자로다
                  덕

저런사람 바로德을 존중하는 사람이다
              덕

[註解] ○南宮适(남궁괄)―노(魯)나라의 대부. 자는 자용(子容), 남용(南容)
이라고도 한다. ○羿(예)―신화에 나오는 활을 잘 쏘는 사람. 하(夏)의 임금

을 죽이고 왕위를 찬탈했으나, 그의 제자 한착(寒浞)에게 피살되었다. ○ 奡(오)—한착의 아들로, 큰배를 흔들어 엎을 만큼 힘이 강했다. 그러나 그도 하나라 임금 소강(小康)에게 피살되었다. ○ 盪(탕)—흔들다. ○ 俱不得其死(구부득기사)—둘이 모두 명을 다 살지 못하고 피살되었다. ○ 禹(우)—하(夏)의 시조. 치수(治水)의 공을 세워 순(舜)임금으로부터 천하를 선양(禪讓)받았다. ○ 稷(직)—주(周)나라의 선조로, 농사를 지어 백성들을 잘 살게 해주었다. 그 덕으로 그의 후손 문왕(文王), 무왕(武王)이 주왕조를 세웠다. ○ 躬稼(궁가)—몸소 농사를 지었다. ○ 有天下(유천하)—천하를 가졌다. 천자가 되었다는 뜻. ○ 夫子不答(부자부답)—공자가 대답을 하지 않았다. ○ 君子哉若人(군자재약인)—저런 사람이 군자로다. ○ 尙德哉若人(상덕재약인)—저런 사람이 바로 덕을 높이는 사람이로다.

[解說]

무력을 가지고 나라를 찬탈한 자는 제 명에 못 죽는다. 그러나 몸소 고생하고 남을 잘 살게 하는 사람은 천하를 얻을 것이다. 이와 같은 역사적 진실을 말한 남궁괄을 공자가 칭찬했다.

14-7

공자가 말했다. "군자로서 어질지 못한 사람이 있을 수는 있을 것이다. 그러나 소인이면서 어진 사람은 절대로 없다."

[原文]

子ㅣ 曰 君子而不仁者는 有矣夫어니와 未ㅿ有ㅣㅣ
자 왈 군자이불인자 유의부 미 유

小人而仁者ㅣ也니라.
소 인 이 인 자 야

[가사체 번역문]

공자께서 말하셨다

군자로서 個中에는 어질지를 못한者가 있을수는 있을게다
　　　　　개중　　　　　　　　　자

그러하나 小人중엔 어진사람 절대없다
　　　　　소인

[註解] ○君子而不仁者有矣夫(군자이불인자유의부)－군자 중에, 혹 어질지
못한 사람이 있을 수는 있다. ○未有小人而仁者也(미유소인이인자야)－소인
이면서 어진 사람은 절대로 없다.

[解說]

　군자(君子)는 학문과 덕행을 쌓고 인정(仁政)과 덕치(德治)에 참여
하는 지식인이다. 그러나 학문 수양의 정도에 따라 그 등급이 다양
하게 다를 것이며, 개중에는 인덕(仁德)을 잘 세우지 못하는 사람도
있을 것이다. 그러나 소인은 '이기적·동물적 욕심을 바탕으로 하
고 권력과 재물만을 쟁취하려고 한다.' 그러므로 소인에게는 절대
로 인심(仁心)도 인덕(仁德)도 있을 수 없게 마련이다.

14-8

공자가 말했다. "그를 사랑한다면서 힘든 일을 시키지 않을 수 있겠느냐? 그에게 충성한다면서, 바르게 깨우쳐 주지 않을 수 있겠느냐?"

[原文]

子ㅣ 曰 愛>之란 能勿>勞乎아? 忠焉이란 能勿>
자 왈 애 지 능물로호 충언 능물

誨乎아?
회 호

[가사체 번역문]

공자께서 말하셨다

사랑하는 者라하여 그사람께 힘든일을 안시킬수 있겠느냐
　　　　　자

충심으로 받들면서 그사람을 깨우치지 않을수가 있겠느냐

[註解] ㅇ愛之(애지)—그를 사랑한다면서. ㅇ能勿勞乎(능물로호)—그를 고생시키지 않을 수 있나? 노(勞)는 힘든 공부나 일을 하게 한다. ㅇ忠焉(충언)—상대를 충성되게 받든다. 충(忠)은 '나의 정성과 최선을 다 한다.'는 뜻. ㅇ能勿誨乎(능물회호)—깨우치고 가르치지 않을 수 있나? 윗사람에게도 충고한다. 가르칠 회(誨).

[解說]

'사랑(愛)'의 참뜻을 바르게 알자. 사랑하는 상대가 훌륭한 사람이 되게 돌봐주는 실천적인 덕행이, 곧 사랑이다. 자식을 사랑하기 때문에 힘든 공부나 일을 하게 한다. 힘든 공부도 일도 하지 마라, 내가 대신 해 주마 하는 것은 사랑이 아니고 자식을 폐인으로 만드는 짓이다.

충성(忠誠)의 뜻도 바르게 알자. 상대방에게 충성한다는 것은 상대방이 도를 따라 착한 삶을 살게 깨우치고 협조하는 실천적인 덕행이다. 상대방이 무도한 짓을 하는데 맹목적으로 부화뇌동(附和雷同)하는 것은 충성이 아니다. 그러므로 임금이 잘못하면, 정성껏 충간(忠諫)을 올려야 한다. 친구나 붕우가 잘못하면 성실하게 타이르고 깨우쳐서 바른길을 가게 해야 한다.

14-9

공자가 말했다. "정나라에서는 사령을 작성할 때, 비심이 초안을 잡고, 세숙이 내용을 검토하고, 외교관 자우가 문장을 수정하고, 동리에 사는 자산이 윤색했다."

[原文]

子ㅣ 曰 爲>命에 裨諶이 草Ⅱ創之ㅣ하고 世叔이
자 왈 위 명 비 심 초 창 지 세 숙

討Ⅱ論之ㅣ하고 行人子羽ㅣ 修Ⅱ飾之ㅣ하고 東里子
토 론 지 행 인 자 우 수 식 지 동 리 자

産이 潤Ⅱ色之ㅣ하니라.
산 윤 색 지

[가사체 번역문]

　　공자께서 말하셨다

　　鄭나라의 경우에는 외교문서 작성할때
　　정

　　裨諶이란 그大夫가 문서초안 작성하고
　　비 심　　　　대부

　　世叔이란 그大夫가 문서내용 검토하고
　　세숙　　　　대부

　　외교관인 大夫子羽 그문장을 수정하고
　　　　　　대부자우

　　東里사는 大夫子産 그문장을 潤色했지
　　동리　　대부자산　　　　　윤색

[註解] ㅇ爲命(위명)－위(爲)는 작성하다. 명(命)은 다른 나라 제후(諸侯)에게 대응하는 사명(辭命), 즉 외교문서. ㅇ裨諶(비심)－정나라의 대부. ㅇ草創之(초창지)－초안을 잡는다. ㅇ世叔(세숙)－정나라의 대부. 유길(游吉). ㅇ討論之(토론지)－내용을 검토하고 심의한다. ㅇ行人子羽(행인자우)－행인(行人)은 외교관, 자우(子羽)는 대부, 공손휘(公孫揮). ㅇ脩飾之(수식지)－문장을 수정한다. ㅇ東里子産(동리자산)－동리에 사는 자산이. ㅇ潤色之(윤색지)－아름답게 윤색한다.

[解說]

　　자산(子産)은 정(鄭)나라의 현명한 대부(大夫)로 강대국 진(晉)과 초(楚) 두 나라 사이에 끼어있는 약소국 정의 사직을 잘 보전했다. 그러므로 공자도 자산을 높이 평가했다. 「公冶長篇 5-15」 참고.

　　여기서는 자산이 외교사령을 작성하는 데도 여러 사람의 손을 거쳐 만전을 기했음을 칭찬한 것이다. 즉 책략을 잘 세우는 비심(裨諶), 박학하고 글을 잘 짓는 세숙(世叔), 외교관인 자우(子羽)를 거쳐, 마지막으로 자신이 문장을 다듬고 윤색했음을 말했다. 외교사령은 그 나라의 학문 사상을 대표하는 문화의 결정(結晶)이다.

14-10

어떤 사람이 자산에 대해서 묻자, 공자가 말했다. "그는 은혜로운 사람이다."

자서에 대해서 묻자, 공자가 말했다. "그저 그렇다."

판중에 대해서 묻자, 공자가 말했다. "정치적 수완이 있는 사람이다. 그가 백씨의 병읍 3백 호를 몰수했고, 백씨는 가난에 빠져 거친 음식을 먹다가 죽었으나 원망하는 말을 못했다."

[原文]

或이 問ᴨ子産ㅣ한대 子ㅣ 曰 惠人也ㅣ니라. 問ᴨ子
혹   문 자산   자 왈 혜인야   문 자

西ㅣ한대 曰 彼哉 彼哉여. 問ᴨ管仲ㅣ한대 曰 人也ㅣ
서   왈 피재 피재   문 관중   왈 인야

奪ᴨ伯氏 騈邑三百ㅣ하야늘 飯ᴨ疏食ㅣ 沒>齒하되
탈 백씨 병읍삼백   반 소사   몰 치

無ᴨ怨言ㅣ하니라.
무 원언

[가사체 번역문]

어떤사람 대부子産 그에대해 여쭈었다
            자산

공자께서 말하셨다

대부子産 그사람은 은혜로운 사람이다
　　자산

楚國公子 申에대해 공자님께 여쭈었다
초국공자 신

공자께서 말하셨다 그저그런 사람이다

제나라의 宰相管仲 그에대해 여쭈었다
　　　　재상관중

공자께서 말하셨다 정치수완 있는者다
　　　　　　　　　　　　　자

管仲그가 伯氏騈邑 三百戶를 뺏었으나
관중　　백씨병읍　삼백호

伯氏그는 자기에게 죄있음을 잘알고는
백씨

거친음식 먹으면서 목숨다할 그때까지

管仲에게 원망하는 말한마디 못하였다
관중

[註解] ○或問(혹문)─어떤 사람이 물었다. ○子産(자산)─바로 앞에 나옴.「公冶長篇 5-16」참고. ○惠人也(혜인야)─은혜로운 사람이다. 자비로운 사람. ○子西(자서)─초(楚)나라의 공자 신(申), 소왕(昭王)의 동생으로 영윤(令尹)을 지냈다. ○彼哉彼哉(피재피재)─그저 그렇다. ○管仲(관중)─제(齊)나라의 대부로 명상(名相)이었다.「八佾篇 3-22」참고. ○人也(인야)─'뛰어난 정치인'이라는 뜻이다. ○奪伯氏騈邑三百(탈백씨병읍삼백)─백씨(伯氏)는 제(齊)의 대부. 이름은 언(偃), 병읍(騈邑)은 지명, 3백(三百)은 3백호(戶)의 땅. 백씨의 죄를 물어 관중이 그의 땅을 몰수했다. ○飯疏食(반소사)─거친 음식을 먹고 살다. 즉 가난하게 살다의 뜻. ○沒齒(몰치)─치(齒)는 연령. 수명을 다할 때까지, 죽을 때까지. ○無怨言(무원언)─관중에 대해서 원망의 말을 못했다.

14-11

공자가 말했다. "가난하면서 원망하지 않기는 어렵지만, 부자로 살면서 교만하지 않기는 쉽다."

[原文]

子曰 貧而無>怨難하고 富而無>驕易하니라.
자 왈 빈이무 원난   부이무 교이

[가사체 번역문]

공자께서 말하셨다
가난하게 살면서도 원망하지 아니하긴 어렵고도 어렵지만
부유하게 살면서도 교만하지 아니하긴 쉽고도또 쉬우니라

[註解] ○貧而無怨(빈이무원)—가난하면서 원망하지 않음. ○難(난)—어렵다. ○富而無驕(부이무교)—부자로 살면서 교만하지 않음. ○易(이)—용이하다, 쉽다.

14-2

공자가 말했다. "맹공작은 조나 위 같은 세도가의 가신이 되면 훌륭하고도 남음이 있을 것이다. 그러나 등이나 설 같은 작은 나라의 대부는 될 수 없을 것이다."

[原文]

子ㅣ曰 孟公綽이 爲Ⅱ趙魏老ㅣ則優어니와 不＞可
자 왈 맹공작 위 조위노 즉우 불 가

Ⅲ以爲Ⅱ滕薛大夫ㅣ니라.
이 위 등설대부

[가사체 번역문]

공자께서 말하셨다 魯國대부 孟公綽은
　　　　　　　　노국　　맹공작
趙魏같은 큰나라의 우두머리 家臣되면 훌륭하게 잘할게다
조위　　　　　　　　　　　가신
그러하나 滕薛같은 작은나라 大夫되면 잘하지를 못할게다
　　　　등설　　　　　　대부

【註解】○孟公綽(맹공작)─노(魯)나라의 대부(大夫)다. 공자는 그를 과욕(寡慾)하고 유덕(有德)하다고 칭찬했다. 그러나 그의 행정 능력은 높이 평가하지 않았다. ○趙(조)─대국(大國) 진(晉)에 속한 지방 국가, 후에는 진에서 갈라져 독립했다. ○魏(위)─역시 진에 속한 지방 국가, 후에 독립했다. ○老(노)─가로(家老). 즉 가신(家臣)의 우두머리란 뜻. ○優(우)─가로(家老)가 되면 훌륭하게 잘하고 좋을 것이다. ○不可以爲(불가이위)─…가 될 수는 없다. ○滕(등)·薛(설)─둘 다 작은 나라. ○大夫(대부)─국정을 맡아본다.

14-13-1

　자로가 인격 완성에 대해 묻자, 공자가 말했다. "장무중 같은 지혜와, 맹공작 같은 청렴과, 변장자 같은 용감성과, 염구 같은 재주를 갖추고, 예악으로써 문화적 세련을 가하면 인격

완성이라 할 수 있다."

[原文]

子路ㅣ 問Ⅱ成人ㅣ한대 子ㅣ 曰 若Ⅱ臧武仲之知와
자로 문 성인   자 왈 약 장무중지지

公綽之不欲과 卞莊子之勇과 冉求之藝ㅣ에 文>之
공작지불욕   변장자지용   염구지예   문 지

以Ⅱ禮樂ㅣ이면 亦可Ⅲ以爲Ⅱ成人ㅣ矣니라.
이 예악   역가 이위 성인 의

[가사체 번역문]

子路께서 공자님께 人格完成 어떠해야 하는건지 여쭈었다
자로   인격완성

공자께서 말하셨다

臧武仲이 가진지혜 孟公綽이 가진淸廉 卞莊子가 가진勇猛
장무중   맹공작   청렴 변장자   용맹

冉求그者 가진재주 여기에다 덧붙여서 禮樂으로 文彩내면
염구 자   예악   문채

그게바로 人格完成 이라할수 있느니라
              인격완성

[註解] ○成人(성인)─여기서는 인격 완성의 뜻. ○若臧武仲之知(약장무중
지지)─장무중(臧武仲) 같은 지혜. 장무중은 노(魯)의 대부, 장손흘(臧孫紇).
문중(文仲)의 손자, 선숙(宣叔)의 아들. 슬기롭고 박학다식했다. ○公綽之不
欲(공작지불욕)─맹공작(孟公綽) 같은 과욕(寡慾). 앞장에 나옴. ○卞莊子之
勇(변장자지용)─변(卞)은 노나라의 읍명(邑名). 변장자(卞莊子)는 '변읍에 사
는 장자' 라는 뜻이다. 그는 용감했다. ○冉求之藝(염구지예)─염구는 다재
다능(多才多能)했다. 「雍也篇 6-8」 참고. ○文之以禮樂(문지이예악)─예와

악으로써 문채를 내게 한다. 즉 더욱 문화적으로 세련되게 한다. ○亦可以
爲成人矣(역가이위성인의) ─ 역시 인격 완성이라 하겠다.

14-13-2

공자가 다시 말했다. "그러나 오늘날의 인격 완성은 반드
시 그렇게 하지 않아도 된다. 이득을 보면 의를 생각하고, 위
급할 때에는 생명을 바치고, 오래된 약속이라도 평생 잊지 않
으면 인격 완성이라 할 수 있다."

[原文]

曰 今之成人者는 何必然이리오. 見>利思>義하며
왈 금지지성인자 하필연 견리사 의

見>危授>命하며 久要에 不>忘Ⅱ平生之言Ⅰ이면 亦
견 위 수 명 구 요 불 망 평 생 지 언 역

可Ⅲ以爲Ⅱ成人Ⅰ矣니라.
가 이위 성인 의

[가사체 번역문]

공자께서 말하셨다

오늘날의 인격완성 어찌하필 그래얄까

利益되는 일을보면 義를먼저 생각하고
이 익 의

위급할땐 목숨바쳐 그危機를 구해야고
위 기

오래전의 약속들도 평생잊지 아니하면

그게바로 인격완성 이라할수 있느니라

[註解] ○今之成人(금지성인)—오늘의 인격 완성은. ○何必然(하필연)—어찌 반드시 그렇게 하랴? 그렇게까지 하지 않아도 된다. ○見利思義(견리사의)—이익을 보면 의를 생각한다. ○見危授命(견위수명)—위급할 때에는 생명을 바치고 구한다. ○久要(구요)—오래된 약속. 요(要)는 언약, 약속의 뜻. ○不忘(불망)—잊지 않는다. ○平生之言(평생지언)—평생을 두고 자기가 한 말.

[解說]

성인(成人)은 '사람다운 사람이 된다, 인격을 완성한다.'는 뜻이다. 원칙적으로는 '지혜(知慧)·과욕(寡慾)·용기(勇氣)·재능(才能)'을 갖추고 아울러 예악(禮樂)으로써 문채(文彩)를 가해서 '진선미(眞善美)를 겸해야 한다.'

예(禮)는 사회나 국가의 기강이나 질서를 바로잡는다. 악(樂)은 인간의 감정이나 정서를 순화하고 조화되게 한다. 예악(禮樂)은 법령이나 형법에 앞서 문화적으로 인간을 아름답고 바르게 승화시킨다.

그러나 공자는 '오늘에는 사리사욕(私利私慾)보다 도의(道義)를 앞세우고, 자기의 몸을 아끼지 않고 국가의 위난을 구하고, 또 평생 자신이 한 말을 실천하는 정도면 된다.'고 인격 완성의 조건을 완화했다. 인정(仁政)과 덕치(德治)를 실현하기 위해서는 사람들이 먼저 사람다워야 한다. 즉 혹심한 이기주의(利己主義), 무력주의(武力主義) 및 물질주의(物質主義)를 극복하고 대의명분(大義名分)과 윤리도덕을 존중하는 선량한 문화인이 되어야 한다.

14-14

　　공자가 공명가에게 공숙문자에 대해서 물었다. "정말이냐? 공숙문자는 말이 없고, 웃지 않고, 재물을 취하지 않느냐?"

　　이에 공명가가 대답했다. "말을 전한 사람이 지나쳤습니다. 공숙문자는 반드시 말할 때에 말하므로 남들이 그의 말을 싫어하지 않고, 또 참으로 즐거울 때에 웃으므로 남들이 그의 웃음을 싫어하지 않고, 또 언제나 의롭다는 것을 안 후에 재물을 취하므로 남들이 그가 가져도 싫어하지 않습니다."

　　그러자 공자가 말했다. "그러냐? 참으로 그러하냐?"

[原文]

子ㅣ 問ⅱ公叔文子 於公明賈ㅣ 曰 信乎 夫子ㅣ
자 　문 공숙문자 어공명가 　 왈 신호 부자

不＞言 不＞笑 不＞取乎아? 公明賈ㅣ 對曰 以告者ㅣ
불 언 불 소 불 취호 　 공명가 　 대왈 이고자

過也로소이다. 夫子ㅣ 時然後言이라 人不＞厭ⅱ其言
과야 　 　 부자 　 시연후언 　 인불 염 기언

ㅣ하며 樂然後笑라 人不＞厭ⅱ其笑ㅣ하며 義然後取
　 낙연후소 　 인불 염 기소 　 　 의연후취

라 人不＞厭ⅱ其取ㅣ하나니이다. 子ㅣ 曰 其然가 豈其
　 인불 염 기취 　 　 자 　 왈 기연 개기

然乎리오?
연 호

690 완역 해설 논어

【가사체 번역문】

공자께서 公明賈께 公叔文子 그에대해 다음같이 물으셨다
　　　　　　공명가　　　　공숙문자

公叔文子 그사람은 말이없고 웃지않고 財物들도 안취한다
공숙문자　　　　　　　　　　　　　　　　재물

하는말이 있다는데 정말사실 진짠가요

公明賈가 대답했다
공명가

말을傳한 그사람이 지나쳤다 여깁니다
　　　전

公叔文子 그사람은 말해얄때 말을하여
공숙문자

사람들이 그의말을 싫어하지 않았어요

진짜정말 진정으로 즐거울때 웃었기에

사람들이 그의웃음 싫어하지 않았어요

늘언제나 의롭다는 그사실을 알고난뒤 그재물을 取했기에
　　　　　　　　　　　　　　　　　　　　　　　　취

그사람이 取하여도 사람들이 그取함을 싫어하지 않았어요
　　　　　취　　　　　　　　　　취

공자께서 말하셨다

그가과연 그랬을까 그참으로 그랬을까

【註解】 ○公叔文子(공숙문자)－위(衛)나라의 대부. 공손발(公孫拔). 문(文)은
시호(諡號). ○公明賈(공명가)－위나라 사람. 자세히 모른다. ○夫子(부자)－
그 사람. 공숙문자. ○以告者過也(이고자과야)－그렇게 말한 사람이 과했습
니다. ○時然後言(시연후언)－때가 된 다음에 말하다. ○人不厭其言(인불염
기언)－남들이 그의 말을 싫어하지 않다. ○義然後取(의연후취)－사리에 맞
은 다음에 취하다. ○豈其然乎(개기연호)－과연 그러할까?

공자가 말했다. "장무중이 방읍을 거점으로 하고, 자기 후계자를 세우겠다고 노나라에 요구했다. 비록 임금에게 강요하지 않았다고 말하나, 나는 믿지 않는다."

[原文]

子ㅣ 曰 臧武仲이 以>防으로 求>爲ⅱ後於魯ㅣ하
자 왈 장무중 이 방 구 위 후 어로

니 雖>曰>不>要>君이나 吾不>信也하노라.
수 왈 불 요 군 오 불 신 야

[가사체 번역문]

공자께서 말하셨다

魯國大夫 臧武仲이 그防邑을 據點으로
노국 대부 장무중 방읍 거점

자기後繼 세워달라 魯나라에 요청했다
후계 노

비록그가 말하기를

임금에게 강요하지 않았다고 하지만은 나는믿지 아니한다

[註解] ○臧武仲(장무중)—앞의 13장에 나왔다. ○以防(이방)—방(防)을 점령하여 거점으로 삼고. 방(防)은 지명. 장무중의 영지(領地)로 제(齊)나라에 가까이 있다. ○求爲後於魯(구위후어로)—(장무중이 죄를 짓고 제나라로 망명하는 길에 방을 거점으로 하고) 자기의 후계자를 세우겠다고 노나라에 요구했다. ○雖曰不要君(수왈불요군)—비록 말로는 노나라 임금에게 강요하거나 협박했다고 말하지 않지만. ○吾不信也(오불신야)—나는 믿지 않는다.

14-16

공자가 말했다. "진나라 문공은 사계를 쓰고 바르지 못했으며, 제나라 환공은 바르고 사계를 쓰지 않았다."

[原文]

子ㅣ 曰 晉文公은 譎而不>正하고 齊桓公은 正而
자 왈 진문공 휼이부 정 제환공 정이

不>譎하니라.
불 휼

[가사체 번역문]

공자께서 말하셨다

晉나라의 文公임금 바르잖은 계책쓰고 올바르지 못했으며
진 문공

제나라의 桓公임금 그반대로 올바르고
환공

거기다가 바르잖은 그런계책 안썼다네

[註解] ㅇ晉文公(진문공)—진(晉)나라 중이(重耳). ㅇ譎(휼)—사계(邪計)를 쓰다. ㅇ齊桓公(제환공)—제의 소백(小白). 둘 다 패자(覇者)였다.

14-17

자로가 물었다. "환공이 공자 규를 죽이자, 소홀은 규를 따라 죽었으나 관중은 죽지 않았으니, 어질지 못하다 하겠습니까?"

이에 공자가 말했다. "환공이 제후들을 규합하는 데 병거 같은 무력을 사용하지 않은 것은 관중의 힘이었다. 그러니 역시 어질다고 하겠다, 역시 어질다고 하겠다."

[原文]

子路ㅣ 曰 桓公이 殺ㅐ公子糾ㅣ하야늘 召忽은 死﹥
자로 왈 환공 살 공자규 소홀 사

之하고 管仲은 不﹥死하니 曰 未﹥仁乎인저? 子ㅣ 曰
지 관중 불사 왈 미인호 자 왈

桓公이 九ㅐ合諸侯ㅣ호대 不﹥以ㅐ兵車ㅣ는 管仲之
환공 구 합제후 불 이 병거 관중지

力也니 如ㅐ其仁ㅣ 如ㅐ其仁ㅣ이리오.
력야 여 기인 여 기인

[가사체 번역문]

子路께서 여쭈었다
자로

齊나라의 桓公임금 公子糾를 殺害하자
제 환공 공자규 살해

糾의사람 召忽그者 糾를따라 죽었으나
규 소홀 자규

糾의사람 管仲그잔 따라죽지 않았으니
규 관중

어질지를 못하다고 말을할수 있겠나요

공자께서 말하셨다

桓公임금 霸者될때 諸侯들을 糾合함에
환공 패자 제후 규합

兵車같은 武器들을 사용하지 않은것은
병거 무기

管仲그者 힘이컸다
관중 자
그런일은 仁과같다 그런일은 仁과같다
인   인

[註解] ㅇ桓公(환공)—제(齊)나라의 임금. 기원전 685~643년 재위. 관중의 보필로 패권을 잡았다. ㅇ殺公子糾(살공자규)—공자 규를 죽이다. ㅇ召忽死之(소홀사지)—공자 규를 돌보던 소홀은 순사했다. ㅇ管仲不死(관중불사)—관중도 소홀과 같이 공자 규의 후견인이었다. 그러나 그는 죽지 않고 살아 남았다. ㅇ未仁乎(미인호)—어질지 않은가요? ㅇ桓公九合諸侯(환공구합제후)—환공이 천하의 모든 제후들을 규합하고 (패자가 되었으며). ㅇ不以兵車(불이병거)—전차, 즉 무력을 쓰지 않은 것은. ㅇ管仲之力也(관중지력야)—관중의 힘이다. ㅇ如其仁(여기인)—그는 어질다. (누가 그의 인을 따르랴?) 『古注』.

[解說]

제의 양공(襄公)이 죽은 다음에, 형 규(糾)와 동생 소백(小白)이 서로 다투었고 규가 패했다. 이에 후견인인 소홀은 순사했으나, 같은 규의 후견인인 관중은 죽지 않고 포숙(鮑叔)의 천거로 소백, 즉 환공을 도와 패자가 되게 했다. 공자는 이를 높이 평가했다.

14-18

자공이 말했다. "관중은 비인도적인 사람이 아니겠습니까? 환공이 공자 규를 죽였는데, 따라 죽지 않았을 뿐더러, 도리어 환공을 도왔으니까요."

이에 공자가 말했다. "관중은 환공의 재상으로 그를 도와 패자로 만들고, 또 천하를 크게 바로잡았다. 그리하여 오늘에 이르도록 그의 혜택을 입고 있는 것이다. 만약 관중이 아니었더라면, 우리들도 머리를 풀고 오랑캐 옷을 입었을 것이 아니겠느냐? 그 어찌 관중의 태도가 보잘것없는 남녀들이 작은 절개를 지킨다고 스스로 목매어 개천 속에서 아무도 모르게 개죽음을 하는 것과 같겠느냐?"

[原文]

子貢이 曰 管仲은 非Ⅱ仁者Ⅰ與인저? 桓公이 殺Ⅱ
자 공 왈 관 중 비 인 자 여 환 공 살
公子糾Ⅰ어늘 不>能>死오 又相>之온여. 子ㅣ 曰 管
공 자 규 불 능 사 우 상 지 자 왈 관
仲이 相Ⅱ桓公Ⅰ하야 霸Ⅱ諸侯Ⅰ하야 一匡Ⅱ天下Ⅰ하
중 상 환 공 패 제 후 일 광 천 하
니 民到Ⅱ于今Ⅰ히 受Ⅱ其賜Ⅰ하나니 微Ⅱ管仲Ⅰ이면
민 도 우 금 수 기 사 미 관 중
吾其被>髮左衽矣러니라? 豈若Ⅱ匹夫匹婦之爲>諒
오 기 피 발 좌 임 의 기 약 필 부 필 부 지 위 량
也라 自經Ⅱ於溝瀆Ⅰ而人莫中之知上也리오?
야 자 경 어 구 독 이 인 막 지 지 야

[가사체 번역문]

子貢께서 말하였다
자 공
桓公宰相 管仲그는 仁한者가 아니라고 말을해도 되겠나요
환 공 재 상 관 중 인 자

관중自己 桓公임금 公子糾를 죽였을때
자기 환공 공자규

管仲그는 公子糾를 따라죽지 않았고요
관중 공자규

뜻밖에도 도리어는 桓公임금 도왔었죠
환공

공자께서 말하셨다

관중그는 그임금을 霸者되게 하였었고
패자

천하크게 바로잡아 오늘까지 그의혜택 입고있는 것이란다

관중그자 아니라면 우리들도 머리풀고

오랑캐와 같은옷을 입었을게 아니겠나

어찌管仲 그태도를
관중

볼것없는 남녀들이 작은절개 지킨다고 제스스로 목을매어

개천에서 남들몰래 개들처럼 죽는것과 같다할수 있겠느냐

[註解] ○非仁者與(비인자여)—인자가 아니지요? ○相桓公(상환공)—환공을 도와서. ○霸諸侯(패제후)—제후들을 제패하다, 제후의 패자가 되게 하다. ○一匡天下(일광천하)—천하를 한바탕 크게 바로잡았다. ○受其賜(수기사)—그 혜택을 받고 있다. ○微(미)—만약 아니면. ○被髮(피발)—머리를 풀어헤치고. ○左衽(좌임)—옷깃을 왼쪽으로 여미다. ○豈若(기약)—어찌…와 같으냐? ○爲諒(위량)—양(諒)은 소신(小信). 작은 약속이나 절개를 위해서. ○自經(자경)—스스로 목을 매어 죽다. ○於溝瀆(어구독)—개천이나 구덩이 속에 묻히다. ○而莫之知也(이막지지야)—아무도 모르다, 알려지지 않는다.

[解說]

　『논어』에는 공자가 관중(管仲)을 평한 구절이 많다. 대부분 관중의 정치적 수완을 높이 산 말들로, 넓은 의미로는 그를 어진 사람 속에 포함시켰다. 그러나 엄격한 의미에서 그가 예를 어겼으므로 참다운 군자나 대인이 될 수 없음을 지적했던 것이다. 여기서는 그가 환공을 도와 '제후를 규합하고, 일광천하(糾合諸侯 一匡天下)' 한 공을 역설했다.

14-19

공숙문자의 가신인 대부 선이 공숙문자의 추천으로 같이 조정의 신하가 되었다. 공자가 듣고 말했다. "가히 시호를 문(文)이라고 할 만하다."

[原文]

公叔文子之臣 大夫僎이 與Ⅱ文子Ⅰ로 同升Ⅱ諸
공숙문자지신 대부선 여 문자 동승 저

公Ⅰ이러니 子ㅣ 聞>之하시고 曰 可Ⅱ以爲Ⅰ>文矣로
공 자 문지 왈 가 이위 문의
라.

[가사체 번역문]

公叔文子 家臣大夫 僎이라고 하는者가
공숙문자 가신대부 선 자
공숙문자 추천으로 공숙문자 그와함께 조정신하 되었는데
공자께서 이를듣고 다음같이 말하셨다

가히정말 그의 謚號 文이라고 할만하다
시 호 문

【註解】 ○ 公叔文子(공숙문자) - 위(衛)의 대부. 앞의 14장 참조. ○ 僎(선) -
공숙문자의 가신(家臣). ○ 與文子(여문자) - 공숙문자와 같이. ○ 同升諸公
(동승저공) - 같이 공조(公朝), 즉 조정(朝廷)에 오르게 되었다. 저(諸) = '지어
(之於)'. ○ 子聞之(자문지) - 공자가 그 말을 듣고. ○ 可以爲文矣(가이위문
의) - 문이라고 시호를 줄 만하다.

【解說】

　자기의 가신을 추천해서 대부가 되게 하고, 또 함께 공조(公朝)에
오른 공숙문자를 칭찬했다.

14-20

　공자가 위나라 영공의 무도함을 말하자, 계강자가 "그러한
데도 어찌하여 자리를 잃지 않습니까?" 하고 되물었다.

　이에 공자가 말했다. "중숙어가 빈객을 접대하고, 축타가
종묘를 잘 모시고, 왕손가가 군대를 잘 다스리니, 어찌 그가
자리를 잃겠느냐?"

【原文】

子ㅣ言Ⅱ 衛靈公之無道ㅣ也러시니 康子ㅣ曰 夫
자　언　위령공지무도　야　　　　강자　왈　부

如>是로되 奚而不>喪이닛고? 孔子ㅣ 曰 仲叔圉는
여 시   해이불상   공자   왈 중숙어

治ⅱ賓客ㅣ하고 祝鮀는 治ⅱ宗廟ㅣ하고 王孫賈는 治
치 빈객   축타 치 종묘   왕손가   치

ⅱ軍旅ㅣ하니 夫如>是니 奚其喪이리오?
군 려   부여 시 해기 상

[가사체 번역문]

공자께서 季康子께 衛나라의 靈公임금 無道함을 말하시자
            계강자   위   영공   무도

季康子가 되물었다
계강자

그런데도 어찌하여 그자리를 안잃었죠

공자께서 말하셨다

衛國大夫 仲叔圉가 賓客들을 잘치르고
위국대부 중숙어 빈객

衛國家臣 祝鮀란者 그宗廟를 잘모시고
위국가신 축타 자 종묘

衛國家臣 王孫賈가 그軍隊잘 다스리니
위국가신 왕손가   군대

어찌하여 靈公임금 그자리를 잃겠어요
            영공

[註解] ○子言(자언)－공자가 말하다. ○衛靈公之無道(위령공지무도)－위
(衛)나라의 영공이 무도함을 (공자가 지적해 말하다). ○康子(강자)－계강
자(季康子).「爲政篇 2-20」참고. ○夫如是(부여시)－그러한데, 그렇게 무도
한데. ○奚而不喪(해이불상)－어찌해서 임금 자리를 잃지 않느냐? ○仲叔
圉治賓客(중숙어치빈객)－중숙어(仲叔圉)가 빈객을 잘 접대한다, 즉 외교를
잘 다스린다. 중숙어는 위의 대부, 공문자(孔文子).「公冶長篇 5-15」참고.
○祝鮀治宗廟(축타치종묘)－축타(祝鮀)가 종묘를 잘 모신다. 선조신(先祖神)
의 보호를 받는다. 축타는 위의 가신.「雍也篇 6-16」참고. ○王孫賈治軍

旅(왕손가치군려)—왕손가(王孫賈)가 군대를 잘 다스리고 통솔한다. 왕손가
도 위의 가신. 「八佾篇 3-13」 참고.

[解說]

　설사 임금이 어리석어도, 그 밑에 있는 신하들이 총명하고 유능
하고 또 도를 따라 잘 다스리면, 그 임금이 자리를 유지할 수 있다는
사실을 지적한 구절이다.

14-21

　공자가 말했다. "함부로 말을 하고도 부끄럽게 여기지 않
는다면, (그 말을) 행하기 어려울 것이다."

[原文]

子ㅣ 曰 其言之不>怍이면 則爲>之也ㅣ 難하니라.
자　왈　기언지부작　　　즉위지야　　난

[가사체 번역문]

　공자께서 말하셨다
　되는대로 말하고도 부끄럽게 안여기면
　그가말을 실행하기 어려울게 틀림없다

[註解] ○其言之(기언지)—함부로 말을 한다, 즉 실속 없는 허튼소리나 큰

소리를 함부로 한다는 뜻. ㅇ不怍(부작)—부끄럽게 여기지 않는다. 부끄러워할 작(怍). ㅇ爲之也(위지야)—(허튼소리, 큰소리를) 행하기가. ㅇ難(난)—어렵다.

[解說]

군자는 언행이 일치한다. 그러나 사기꾼은 큰소리, 허튼소리를 하고도 부끄러운 줄 모른다. 당장 남을 속이고 이득을 취하기에 바쁘기 때문이다. 잠시 후에 탄로나고 망신당한다는 것조차 모를 정도로 무식하기 때문이다. 총명한 사람은 함부로 허튼소리를 하지 않는다.

14-22

진성자가 간공을 시해하자, 공자는 목욕하고 입조하여 애공에게 아뢰었다. "진성자가 자기의 군주를 시해했으니, 그를 토벌하십시오."

그러나 애공은 "저들 삼가(三家)에게 말하시오." 하고 미루었다.

이에 공자가 조정에서 물러나 말했다. "나도 대부의 말석에 있던 몸이라, 고하지 않을 수가 없었다. 그런데 임금은 그들 삼가에게 말하라고 하시더라."

그 후 공자가 삼가에게 가서 말했으나, 그들은 "안 된다." 고 말했다.

이에 공자는 또 말했다. "나도 대부의 말석에 있던 몸이라, 고하지 않을 수가 없어 고한 것이다."

[原文]

陳成子ㅣ 弑Ⅱ簡公ㅣ이어늘 孔子ㅣ 沐浴而朝하사
진 성 자   시 간 공   공 자   목 욕 이 조

告Ⅱ於哀公ㅣ曰 陳恒이 弑Ⅱ其君ㅣ하니 請討ㅣ之하소
고 어 애 공 왈 진 항   시 기 군   청 토 지

서. 公曰 告Ⅱ夫三子ㅣ하라. 孔子ㅣ 曰 以>吾從Ⅱ大夫
공 왈 고 부 삼 자   공 자   왈 이 오 종 대 부

之後ㅣ라 不Ⅱ敢不ㅣ>告也호니 君曰 告Ⅱ夫三子者ㅣ
지 후   불 감 불   고 야   군 왈 고 부 삼 자 자

온여. 之Ⅱ三子ㅣ하여 告하신대 不>可라 하여늘 孔子ㅣ
지 삼 자   고   불 가   공 자

曰 以>吾從Ⅱ大夫之後ㅣ라 不Ⅱ敢不ㅣ>告也니라.
왈 이 오 종 대 부 지 후   불 감 불   고 야

[가사체 번역문]

齊國大夫 陳成子가 簡公임금 弑害하자
제 국 대 부 진 성 자 간 공   시 해

공자께서 목욕하고 朝廷으로 들어가서 哀公에게 아뢰었다
                조 정   애 공

陳成子가 그의君主 簡公임금 죽였으니 그사람을 치십시오
진 성 자   군 주 간 공

哀公임금 말하였다 三家에게 말하시오
애 공   삼 가

이러하자 공자께서 조정에서 물러나와 다음같이 말하셨다

나도한때 大夫들의 끝자리에 있었기에 안告할수 없었는데
        대 부   고

임금님은 三家에게 말하라고 하시더라
        삼 가

제14편 헌문편 703

그런뒤에 공자께서 三家에게 말했으나 안된다고 하였다네
_{삼 가}

공자께서 말하셨다

나도한때 大夫들의 끝자리에 있었던몸
_{대 부}

안告할수 없었기에 三家에게 告했다네
_고　　　_{삼 가}　　_고

[註解] ○陳成子(진성자)―성(成)은 시호다. 제(齊)나라의 대부 진항(陳恒)이며, 일명 전상(田尙)이라고도 했다. ○弑簡公(시간공)―진성자가 기원전 481년에 제나라의 군주 간공(簡公)을 시해하고, 간공의 동생 평공(平公)을 자리에 앉히고 국권을 전횡했으므로, 제나라를 '전씨(田氏)의 나라' 라고 부르기도 했다. ○孔子沐浴而朝(공자목욕이조)―공자가 목욕하고 입조(入朝)하다. ○告於哀公曰(고어애공왈)―애공에게 고해 올리고 또 말했다. ○陳恒弑其君(진항시기군)―진항이 자기의 군주를 시해했으니. ○請討之(청토지)―(진항을) 토벌하십시오. ○公曰(공왈)―애공이 공자에게 말했다. ○告夫三子(고부삼자)―(그 일을) 삼가(三家)에게 말하고 부탁하시오. '삼가' 는, 곧 노나라의 정권을 가로채고 참월(僭越) 무도하게 전횡하는 '맹손(孟孫)·숙손(叔孫)·계손(季孫)'의 세 집안. ○以吾從大夫之後(이오종대부지후)―나도 전에는 대부의 말석에 있던 몸이기 때문에. ○不敢不告也(불감불고야)―감히 고하지 않을 수가 없다. ○君曰告夫三子者(군왈고부삼자자)―임금이 (당신이 처리하지 않고, 나보고) 삼가에게 고하라고 하시더라. ○之三子告(지삼자고)―공자가 삼가에게 가서 고했다. ○不可(불가)―삼가는 '불가' 라 했다. 즉 진성자의 처벌을 반대했다.

[解說]

이 사건은 『춘추좌씨전(春秋左氏傳)』 애공(哀公) 14년조에 보인다.

당시 공자는 71세의 고령이었다. 그러나 공자는 애공에게 고해서 진항(陳恒)을 토벌하기를 바랐다. 당시 제나라의 백성들도 자기 임금을 죽인 진항을 부당하게 여겼다. 그러므로 노나라 애공이 정의의 깃발을 높이 들면 역적을 처치할 가능성도 있었을 것이다. 그러나 애공은 임금으로서의 권위와 주체성을 잃고, 국권을 '삼가(三家)'에게 농락당하고 있었으므로 직접 나서지 못했던 것이다. 그래서 공자는 아쉬운 마음으로 말했다. "나도 한때는 이 나라 대부의 말석에 있던 몸이라 고하지 않을 수가 없었다〔以吾從大夫之後 不敢不告也〕." 이 구절은 역사적 사실을 객관적으로 기술한 것이다.

14-23

자로가 임금 섬김에 대해서 묻자, 공자가 말했다. "속이지 말고, 면전에서도 간언을 올려라."

[原文]

子路ㅣ 問>事>君한대 子ㅣ 曰 勿>欺也오 而犯>
자로   문 사 군   자 왈 물 기 야   이 범
之니라.
지

[가사체 번역문]

자로께서 공자님께 임금님을 섬기는일 그에대해 여쭈었다

공자께서 말하셨다 속이는일 하지말고 面前서도 諫言하라
_{면전} _{간언}

【註解】 ○ 事君(사군)—임금 섬기는 도리. ○ 勿欺也(물기야)—속이지 마라.
○ 而犯之(이범지)—그러나 면전에서도 충간을 하라.

14-24

공자가 말했다. "군자는 위로 나가지만, 소인은 아래로 처
진다."

【原文】

子ㅣ 曰 君子는 上達하고 小人은 下達이니라.
자 왈 군자   상 달   소인   하 달

【가사체 번역문】

공자께서 말하셨다
군자라고 하는자는 저위에로 도달하고
소인이라 하는자는 그아래로 처진다네

【註解】 ○ 君子上達(군자상달)—군자는 위를 바라고 수양하고 나가서 도덕
(道德)이나 인의(仁義)를 달성하려고 한다. ○ 小人下達(소인하달)—소인은
아래로 처져 재물이나 이득을 얻으려고 한다.

【解說】

　배워서 도(道)를 깨닫고, 또 도를 실천해서 덕(德)을 세우는 사람
이 군자(君子)다. 군자는 절대선(絶對善)의 도를 따라 상달(上達)하려
고 노력한다. 이와 반대로 소인(小人)은 사리사욕(私利私慾)을 채우려
고 밑바닥으로 떨어진다.

14-25

　공자가 말했다. "옛날의 공부하던 사람은 자기 수양을 위
해서 했으나, 오늘의 공부하는 사람은 남에게 보이고 팔리기
위해서 한다."

【原文】

　子ㅣ 曰 古之學者는 爲>己러니 今之學者는 爲>
　자　　왈　고 지 학 자　　위 기　　　금 지 학 자　　위
人이로다.
인

【가사체 번역문】

　공자께서 말하셨다
　옛날옛날 그옛날의 학문하던 사람들은 자기수양 위해했고
　그반면에 오늘날의 학문하는 사람들은
　남들에게 잘보이고 팔리기를 위해한다

[註解] ○古之學者(고지학자)—옛날의 글공부하던 사람. ○爲己(위기)—자기 수양. 자신의 학문과 덕행을 높이기 위해서 공부했다. ○今之學者(금지학자)—오늘의 글공부하는 사람은. ○爲人(위인)—남을 위해서, 즉 남에게 잘 보이고 등용되기 위해서 공부를 한다는 뜻.

14-26

거백옥이 공자에게 사신을 보냈다. 공자가 사신과 자리를 같이하고 물었다. "대부 어른은 무엇을 하십니까?"

사신이 대답했다. "우리 어른께서는 자기의 과실을 적게 하고자 애를 쓰시나 잘 되지 않는 것 같습니다." 사신이 나간 후에 공자가 말했다. "참 훌륭한 사자로다, 훌륭한 사자로다!"

[原文]

蘧伯玉이 使人於孔子ㅣ어늘 孔子ㅣ 與之坐
거백옥   사 인어공자   공자   여지좌

而問焉曰 夫子는 何爲오? 對曰 夫子ㅣ 欲寡其
이문언왈 부자 하위   대왈 부자   욕과 기

過ㅣ而未能也니이다. 使者ㅣ 出커늘 子ㅣ曰 使乎
과   이미능야   사자   출   자 왈 사호

使乎여!
사 호

【가사체 번역문】

蘧伯玉이 그의使臣 공자님께 보내었다
거 백 옥　　　사 신

공자께서 그使臣과 자리함께 하고서는 다음같이 물으셨다
　　　사 신

대부어른 그분께선 무얼하고 계십니까 그使臣이 대답했다
　　　　　　　　　　　　　　　　　사 신

저희어른 그분께선 자기過失 줄이고자 여러모로 애쓰시나
　　　　　　　　과 실

그리쉽게 잘되시지 아니한것 같습니다

그使臣이 나간후에 공자께서 말하셨다
　사 신

참훌륭한 使者로다 참훌륭한 使者로다
　　　　사 자　　　　　　　사 자

【註解】 ○蘧伯玉(거백옥)－위(衛)나라의 대부. 성이 거(蘧), 이름은 원(瑗), 자가 백옥(伯玉). 현명하고 덕이 높았다. ○使人於孔子(사인어공자)－거백옥이 공자에게 사신을 보냈다. ○孔子與之坐(공자여지좌)－공자가 사신과 자리를 같이하고. ○而問焉(이문언)－그리고 물었다. ○夫子何爲(부자하위)－대부 어른은 무엇을 하십니까? (공자가 사신에게 묻는 말). ○夫子欲寡其過 而未能也(부자욕과기과 이미능야)－(사신의 대답) 우리 어른께서 자기의 과실을 적게 하고자 애를 쓰시나, 잘 되지 않는 것 같습니다. ○使乎使乎 (사호사호)－참 훌륭한 사자로다, 훌륭한 사자로다!

【解說】

거백옥이 "과실을 적게 하려고 애를 쓴다."고 한 말은 '군자의 도리를 지키고 있다.'는 뜻이다. 그러나 "잘 안 되는 모양입니다."라고 한 말은 겸양을 표시한 말이다. 그래서 공자가 '훌륭한 사자'라고 칭찬을 한 것이다.

14-27

공자가 말했다. "그 자리에 있지 않으면, 그 자리의 정사를 도모하지 않는다."

[原文]

子ㅣ 曰 不>在Ⅱ其位ㅣ하얀 不>謀Ⅱ其政ㅣ이니라.
자 왈 부 재 기 위   불 모 기 정

[가사체 번역문]

공자께서 말하셨다

그자리에 있잖으면 그政事를 論하는일 그런일을 안하니라
　　　　　　　정사　　논

[註解] ○不謀其政(불모기정)―그 자리에서 할 정사를 도모하지 않는다.

14-28

증자가 말했다. "군자는 자기 지위를 벗어나는 일을 생각하지 않는다."

[原文]

曾子ㅣ 曰 君子는 思不>出Ⅱ其位ㅣ니라.
증자 왈 군자 사 불 출 기 위

[가사체 번역문]

曾子(증자)께서 말하였다

君子(군자)들은 자기자리 벗어나는 그런일을 생각하지 아니한다

[註解] ㅇ思(사)—생각하다. ㅇ不出其位(불출기위)—자기의 위치를 벗어나는 생각을 하지 않는다.

[解說]

앞의 장과 합치기도 한다.

14-29

공자가 말했다. "군자는 자기의 말이 자기 행실보다 지나치는 것을 부끄러워한다."

[原文]

子(자)ㅣ 曰(왈) 君子(군자)는 恥(치)Ⅱ 其言(기언)Ⅰ 而過(이과)Ⅱ 其行(기행)Ⅰ이니라.

[가사체 번역문]

공자께서 말하셨다

군자들은 자기말이 행실보다 지나침을 부끄럽게 여기니라

[註解] ㅇ恥(치)—부끄럽게 여긴다. ㅇ其言而過其行(기언이과기행)—자기의 말이 자기의 행실보다 지나치다. 즉 실천하지 못할 말을 한다.

14-30

공자가 말했다. "군자의 도가 세 가지 있으나, 나는 하나도 제대로 못하고 있다. 인덕 있는 자는 근심하지 않고, 지혜로운 자는 미혹되지 않고, 용감한 자는 두려워하지 않는다."

자공이 말했다. "선생님께서 스스로를 말씀하신 것이다."

[原文]

子ㅣ 曰 君子 道者ㅣ 三에 我無>能焉호니 仁者는
자   왈 군자 도자 삼에 아무 능언   인자

不>憂하고 知者는 不>惑하고 勇者는 不>懼니라. 子
불 우   지자   불 혹   용자   불 구   자

貢이 曰 夫子ㅣ 自道也삿다.
공   왈 부자 자도야

[가사체 번역문]

공자께서 말하셨다

군자道가 셋있으나 나는그中 어느하나 잘하는게 없네그려
　　도　　　　　　　　중

仁德있는 사람그는 근심하지 아니하고
인 덕

지혜로운 사람그는 迷惑되지 아니하고
　　　　　　　　미혹

용감한者 그네들은 두려워들 하잖는다
　　　자

子貢께서 말하였다
자공

선생님이 스스로를 말씀하신 것이로다

【註解】 ○君子道者三(군자도자삼)—군자가 따르고 행할 도(道)에 세 가지
가 있다. 이때의 도는 실천할 생활태도의 뜻. ○我無能焉(아무능언)—나는
다 행할 수 없다. ○仁者不憂(인자불우)—인덕을 갖춘 사람은 걱정하지 않
는다. ○知者不惑(지자불혹)—바르게 알고 지혜로운 사람은 미혹되거나 망
설이지 않는다. ○勇者不懼(용자불구)—도를 터득하고 용감하게 실천하는
사람은 두렵고 무서운 것이 없다. ○夫子自道也(부자자도야)—선생님이 자
신을 말씀하신 것이다.

【解說】

천도(天道)는, 곧 우주의 이법(理法)이며 절대선(絶對善)의 도리다.
군자는 '천인합일(天人合一)' 한다. 즉 천도를 따라 행한다. 절대선의
천도를 바르게 알고 실천하는 지자(知者)는 미혹되고 망설일 것이
없다. 만민 만물을 사랑하고 덕을 베푸는 인자(仁者)는 근심하고 걱
정할 것이 없다. 정의를 위해 용감하게 실천하는 용자(勇者)는 하늘
의 대신자(代身者)로 겁나고 두려울 것이 없다. 그러므로 '지(知)·인
(仁)·용(勇)'을 군자의 삼달덕(三達德)이라 한다. 「子罕篇 9-28」참
고.

14-31

자공이 자주 남들을 비교하고 논평하자, 공자가 말했다.
"사는 현명하여 저렇게 남들을 비평한다. 그러나 나는 저렇게
할 틈이 없다."

[原文]

子貢이 方>人하더니 子ㅣ 曰 賜也는 賢乎哉아 夫
자공   방인   자 왈 사야   현 호 재 부

我則不>暇로다.
아 즉 불 가

[가사체 번역문]

　자공께서 사람들을 비교하고 評을하자 공자께서 말하셨다
　　　　　　　　　　　　　　평
　賜는정말 현명하다 저러하게 사람들을 비교하고 評하다니
　사　　　　　　　　　　　　　　　　　　평
　그러하나 나는나는 그리할틈 없네그려

[註解] ○方人(방인)—사람을 비교하고 비평한다. ○賜(사)—자공의 이름.
○賢乎哉(현호재)—현명하니까 (저렇게 비평한다는 뜻). ○夫我則不暇(부아
즉불가)—하지만 나는 그렇게 할 틈이 없다.

14-32

공자가 말했다. "나를 남이 알아주지 않는 것을 걱정하지

말고, 나에게 능력이 없는 것을 걱정해라.”

[原文]

子ㅣ 曰 不>患Ⅲ人之不Ⅱ己知Ⅰ이요 患Ⅱ其不能Ⅰ>
자 왈 불 환 인지불 기지 환 기불능

也니라.
야

[가사체 번역문]

공자께서 말하셨다
나란사람 알아주지 않는것을 걱정말고
자신에게 능력없는 그런것을 걱정하라

[註解] ○不患(불환)─걱정하지 않는다. ○人之不己知(인지불기지)─나를
남이 알아주지 않는 것. ○其不能也(기불능야)─내가 능력이 없음을 (걱정
하라).

[解說]

올바른 사회에서는 현명하고 덕 있는 사람이 등용된다. 그러므로
나 자신의 학문과 덕행을 쌓고 또 능력을 배양해야 한다.

14-33

공자가 말했다. “남이 나를 속일까 지레 의심하지 말고, 남

이 나를 불신할까 억측하지 마라. 그러나 또한 남보다 먼저 깨닫고 알아야 현명하다고 하겠다."

[原文]

子ㅣ 曰 不>逆>詐하며 不>億>不>信이나 抑亦先
자 왈 불 역 사 불 억 불 신 억 역 선

覺者ㅣ 是賢乎인저.
각 자 시 현 호

[가사체 번역문]

공자께서 말하셨다

남이나를 속일까봐 지레짐작 의심말고

남이나를 不信할까 근거없이 짐작마라
불 신

그러하나 역시또한 남들앞서 깨달아야 현명하다 할수있네

[註解] ㅇ不逆詐(불역사)─역(逆)은 미리, 앞질러. 사(詐)는 속이다. 즉 남
이 속이지나 않을까 지레 의심하지 말라는 뜻. ㅇ不億(불억)─억측하지 마
라. ㅇ不信(불신)─나를 불신한다. ㅇ抑亦(억역)─그러나 또한.

14-34

미생묘가 공자를 평하여 말했다. "丘는 왜 저렇게 이 세상
에 미련을 두고 서성대고 있는가? 말재주를 피우고자 함이
아니겠는가?"

(이 말을 전해들은) 공자가 말했다. "감히 말재주를 피우고자 함이 아니다. 세상의 고루함을 가슴 아프게 여기고 이를 고치고자 함이로다."

[原文]

微生畝 ㅣ 謂 ɪɪ 孔子 ㅣ 曰 丘는 何爲 是棲棲者與
　　미생묘　　　위 공자 왈 구　　하위　시서서자여

오? 無乃爲>佞乎아? 孔子 ㅣ 曰 非 ɪɪ 敢爲 ㅣ >佞也라.
　　무내위 녕호　　공자 왈 비 감위 녕야

疾>固也니라.
질 고 야

[가사체 번역문]

微生畝가 공자님께 다음같이 말하였다
미생묘

그대丘는 어찌하여 그렇게도 이세상에 미련두고 서성대오
　　구

말재주를 피우려고 그리하여 그러는가

이에대해 공자께서 다음같이 말하셨다

감히제가 말재주를 피우고자 하는것이 정말절대 아닙니다

이세상의 固陋함을 맘아프게 여기어서 고치고자 함입니다
　　　　고루

[註解] ○微生畝(미생묘)—미생(微生)은 성, 묘(畝)는 이름. 고령(高齡)의 은자(隱者)일 것이다. ○謂孔子曰(위공자왈)—공자를 평해서 말했다, 혹은 직접 공자에게 말했다. 여기서는 전자를 택했다. ○丘(구)—공자의 이름. ○何爲(하위)—왜, 무엇 때문에. ○是栖栖者與(시서서자여)—그렇게 (이 세상에

제14편 헌문편 717

미련을 두고) 오락가락하나? ○ 無乃爲…乎(무내위…호)—즉 …한 것이 아니냐? ○ 佞(녕)—말을 잘한다, 말재주를 피우다. ○ 非敢(비감)—감히 …하려는 것이 아니다. ○ 疾固也(질고야)—고루한 세상을 가슴 아프게 여기고 (병든 세상을) 고치려는 것이다.

[解說]

도가풍(道家風)의 은자(隱者)들은 공자가 은퇴하지 않고, 세상을 바로잡으려고 고생하는 것을 잘 이해하지 못하고 도리어 빈정대기도 했다. 여기 나오는 은자 미생묘(微生畝)도 같았다. 이에 대해 공자가 말했다. "나는 세상을 바로잡으려고 한다."

14-35

공자가 말했다. "기주의 좋은 말은 그 힘으로 일컫는 것이 아니고, 그 조련이 잘되었으므로 일컫는 것이다."

[原文]

子ㅣ 曰 驥는 不稱其力이라 稱其德이也니라.
자 왈 기 불 칭 기 력 칭 기 덕 야

[가사체 번역문]

공자께서 말하셨다

驥州에서 나는말은 힘으로써 칭찬받는 그런것이 아니란다
기 주

調練잘된 名馬라서 칭찬받는 것이란다
조 련　　명 마

【註解】 ○驥(기)—기주(驥州)에서 산출되는 명마(名馬). ○不稱其力(불칭기력)—그 힘을 가지고 명마라고 일컫는 것이 아니다. ○稱其德也(칭기덕야)—조련(調練)이 잘된 결과로 명마라고 일컫는 것이다. 덕(德)은 덕택으로, 그 결과로.

14-36

어떤 사람이 "원한을 덕으로 갚으면 어떻겠습니까?" 하고 묻자, 공자가 말했다.

"그렇다면 덕에는 무엇으로 갚으려느냐? 원한에는 직량(直諒)으로 갚고, 덕에는 덕으로 갚아야 한다."

[原文]

或이 曰 以>德報>怨이 何如하닛고? 子ㅣ 曰 何以
혹　왈　이덕보원　　하여　　　　자　왈하이

報>德고? 以>直報>怨이오 以>德報>德이니라.
보 덕　　이직보 원　　이 덕보 덕

[가사체 번역문]

어떤사람 여쭈었다

원한맺힌 응어리를 德으로써 갚는다면 어떠하다 여깁니까
덕

공자께서 말하셨다

그러면은 그德에는 무엇으로 갚겠느냐
덕

원한에는 直諒으로 그德에는 그德으로 갚아야만 하느니라
직량   덕   덕

[註解] ㅇ 或曰(혹왈)—어떤 사람이 말하다. 여기서는 묻다. ㅇ 以德報怨(이덕보원)—덕으로써 원한을 갚는다. ㅇ 何如(하여)—어떠하냐? ㅇ 以直報怨(이직보원)—원한을 직량(直諒)으로 갚는다. 직량은 정직하고 성실함.

14-37

공자가 "나를 알아주지 않는구나!" 하고 말하자, 자공이 "어찌 선생님을 알아주지 않는다 하십니까?" 하고 되물었다.

이에 공자가 말했다. "하늘도 원망치 않고, 사람도 탓하지 않겠다. 아래에서 배워 위에 통달하니, 나를 알아주는 분은 바로 하늘이니라."

[原文]

子ㅣ 曰 莫ⅱ我知ⅰ也夫인저! 子貢이 曰 何爲其
자 왈 막 아 지 야 부   자 공 왈 하 위 기

莫>知>子也잇고? 子ㅣ 曰 不>怨>天하며 不>尤>人이
막 지 자 야   자 왈 불 원 천   불 우 인

오. 下學而上達하노니 知>我者는 其天乎인저.
하 학 이 상 달   지 아 자   기 천 호

[가사체 번역문]

공자께서 恨歎하길 나를알아 주지않네
　　　　한 탄

子貢께서 되물었다
자 공

어찌하여 선생님을 알아주지 않는다는 그런말씀 하십니까

이에대해 공자께서 다음같이 말하셨다

저하늘도 원망않고 사람들도 탓않겠다

아래에서 배우고서 저위에로 통달하니

나를알아 주는분은 바로바로 하늘이지

[註解] ○莫我知也夫(막아지야부)─나를 알아주지 않는구나! 막아지(莫我知) = 막지아(莫知我), 부정사＋목적어＋동사. 부(夫)는 감탄사. ○何爲(하위)─어째서 …이냐? …라 하느냐? ○不怨天(불원천)─하늘을 원망하지 않는다. ○不尤人(불우인)─사람을 탓하지 않는다. ○下學而上達(하학이상달)─하(下)는 하늘 아래, 즉 지상(地上). 상(上)은 천상(天上). 지상의 현상(現象)을 보고 배워서 천상의 천도(天道)를 터득한다는 뜻. ○知我者其天乎(지아자기천호)─나를 알아주고 인도해 주는 자는 바로 하늘뿐이로다.

[解說]

　하늘[天]은 우주를 창조하고 우주를 섭리하는 절대자(絶對者)이고, 동시에 천지 자연만물을 생육하는 절대선(絶對善)의 도리의 주체이다. 지상에서 삼라만상을 통해 배우고 하늘의 도리를 터득했으니, 하늘은 나를 알아준 것이다. 즉 나와 하늘은 통한다는 뜻. 이 구절은 매우 의미가 깊다.

14-38

　　꽁백료가 계손씨에게 자로를 참소했다. 이 사실을 자복경
백이 공자에게 고하면서 말했다. "계손씨는 분명히 꽁백료의
말에 마음이 흔들리고 있습니다. 아직은 저의 힘으로 꽁백료
를 처형하고 그의 시체를 저잣거리에 내보일 만합니다."

　　이에 공자가 말했다. "도가 행해지는 것도 천명이며, 도가
폐하는 것도 천명이다. 꽁백료가 천명을 어찌하겠느냐?"

[原文]

公伯寮ㅣ 愬ⅡＩ子路於季孫ㅣ이어늘 子服景伯이 以
공 백 료 　소　 자 로 어 계 손　　　　　　 자 복 경 백　　 이

告 曰 夫子ㅣ 固有>惑志 於公伯寮ㅣ하나니 吾力이
고 왈 부 자　 고 유 혹 지 어 공 백 료　　　　　 오 력

猶能肆Ⅱ諸市朝ㅣ니이다. 子ㅣ 曰 道之將>行也與도
유 능 사 저 시 조　　　　　 자　 왈 도 지 장 행 야 여

命也며 道之將>廢也與도 命也니 公伯寮ㅣ 其如>
명 야　 도 지 장 폐 야 여　 명 야 니 공 백 료　 기 여

命何리오?
명 하

[가사체 번역문]

公伯寮가 季孫氏께 子路그를 讒訴했다
공 백 료　 계 손 씨　 자 로　　 참 소

子服景伯 그사람이 공자님께 告하면서 다음같이 말하였다
자 복 경 백　　　　　　　　　 고

季孫氏는 分明하게 公伯寮가 했던말에 그마음이 흔들렸죠
계 손 씨　 분 명　　 공 백 료

아직까진 제힘으로 子路그를 모함했던 公伯寮를 處刑하고
　　　　　　　　　자로　　　　　　　　　　공백료　　처형

그의屍體 시장터에 내어보일 만합니다
　　시체

이에대해 공자께서 다음같이 말하셨다

바른道가 行해지는 그런것도 天命이며
　　도　행　　　　　　　　　　천명

바른道가 廢해지는 그런것도 天命이다
　　도　폐　　　　　　　　　　천명

公伯寮가 하늘명령 그天命을 어쩌겠나
공백료　　　　　　　천명

[註解] ○公伯寮(공백료)－공백(公伯)은 성, 요(寮)는 이름. 노(魯)나라 사람. 공자의 제자라고도 하나 확실치 않다. ○愬(소)－참소하다, 중상하다. 즉 자로(子路)를 계손씨(季孫氏)에게 참소했다. 당시 자로는 계손씨의 가신(家臣)으로 있었다. ○子服景伯(자복경백)－자복(子服)이 성, 경(景)은 시호, 백(伯)이 자, 이름은 하(何). 노나라의 대부로, 맹손씨(孟孫氏)의 일족이다. ○以告曰(이고왈)－자복경백이 그 사실을 공자에게 고하고 아울러 말했다. ○夫子(부자)－여기서는 계손씨. ○固有惑志(고유혹지)－(계손씨가) 당연히 마음으로 미혹할 것이다, 즉 참언을 듣고 마음이 흔들릴 것이다. ○於公伯寮(어공백료)－공백료의 참언에. ○吾力猶能(오력유능)－나의 힘이 아직은 …할 수 있다. ○肆諸市朝(사저시조)－사(肆)는 사형하고 시체를 거리에 내버리는 형벌, 저(諸)는 '지(之)＋어(於)'. 사저시조(肆諸市朝)는, 즉 그 자를 처형하고 그 시체를 시장에 내버린다는 뜻. ○道之將行也與(도지장행야여)－도가 행해지는 것도. ○命也(명야)－천명이다. 천명에 따라 도가 행해지기도 하고, 행해지지 않기도 한다는 뜻. ○道之將廢也與命也(도지장폐야여명야)－도가 폐해지는 것도 천명이다. ○公伯寮其如命何(공백료기여명하)－공백료가 천명을 어찌하겠는가?

[解說]

좋은 세상에서는 도(道)가 행해지고, 나쁜 세상에서는 도가 행해지지 않고, 악인(惡人)과 악덕(惡德)이 활개를 친다. 노(魯)나라에서 삼환씨(三桓氏)가 임금을 무시하고 국권(國權)을 참월(僭越)하게 가로채고 있는 것은, 곧 무도(無道)하기 때문이다. 자로(子路)가 참소를 당한 것도 무도하기 때문이다.

그러나 공자는 '국가의 유도(有道)와 무도(無道)는 사람의 힘만으로 되는 것이 아니고, 뒤에 보이지 않는 하늘의 명이 작용하고 있다.'고 믿었다. 그래서 '공백료가 천명을 어찌하겠는가?[公伯寮其如命何]'라고 말한 것이다.

14-39

공자가 말했다. "현명한 사람은 어지러운 세상을 피하고, 그 다음 가는 사람은 무도한 나라를 피하고, 그 다음 가는 사람은 무례한 사람을 피하고, 그 다음 가는 사람은 나쁜 말을 피한다." 그리고 공자가 덧붙여 말했다. "그와 같이 실천한 사람이 일곱 사람 있었다."

[原文]

子ㅣ 曰 賢者는 辟>世하고 其次는 辟>地하고 其
자 왈 현자 피세 기차 피지 기
次는 辟>色하고 其次는 辟>言이니라. 子ㅣ 曰 作者ㅣ
차 피색 기차 피언 자 왈 작자

七人矣로다.
칠 인 의

[가사체 번역문]

공자께서 말하셨다

賢者들은 어지러운 그런세상 회피하고
현 자

그다음은 그무도한 그런나라 회피하며

그다음은 그무례한 그런사람 회피하고

그다음은 **道**벗어난 나쁜말을 피한다네
도

그리고또 덧붙여서 다음같이 말하셨다

이와같이 행한사람 일곱명이 있었단다

[註解] ○賢者(현자)─현명한 사람. ○辟世(피세)─무도한 세상을 피한다. 도가 행해지지 않는 난세(亂世)를 피한다. 함께 어울리지 않는다. 피(辟) = 피(避). ○其次(기차)─그 다음 단계로 슬기로운 사람. ○辟地(피지)─땅을 피한다, 즉 무도하고 흐트러진 나라를 피한다. ○辟色(피색)─색(色)은 안색(顏色), 즉 악덕하고 무례한 임금을 피한다는 뜻. 좁게는 나쁜 인간을 피한다는 뜻. ○辟言(피언)─도에서 벗어난 나쁜 말이나 글을 피한다. ○作者(작자)─이상과 같이 행한 사람이. ○七人矣(칠인의)─일곱 명이 있었다. 즉 장저(長沮)·걸익(桀溺)·장인(丈人)·석문(石門)·하괴(荷蕢)·의봉인(儀封人)·초광접여(楚狂接輿) 등 일곱 명이다. 단 공자가 말한 일곱 명이 이들인 지는 알 수 없다.

[解說]

현명한 사람은 무도(無道)하고 악덕(惡德)한 세계나 국가에 어울려

악한 짓을 하지 않는다. 또 현명한 사람은 무도하고 악덕한 권력자나 재벌 밑에서 악한 짓을 하지 않는다. 공자의 뜻은 악덕과 타협하거나 붙어먹지 말라는 뜻이다. 도가사상과 같이 세상을 포기하고 은퇴하라는 뜻이 아니다. 학문과 예악(禮樂)으로 악의 세계를 선의 세계로 교화하는 것이 공자사상이다.

14-40

자로가 석문에서 묵었다. 문지기가 "어디에서 왔소?" 하고 묻자, 자로가 "공씨 문중에서 왔소." 하고 대답하자, 문지기가 말했다.

"안될 줄 뻔히 알면서 굳이 하려는 사람들이구려!"

[原文]

子路ㅣ 宿Ⅱ於石門Ⅰ이러니 晨門이 曰 奚自오? 子
자 로 숙 어석문 신 문 왈 해 자 자

路ㅣ 曰 自Ⅱ孔氏Ⅰ로라. 曰 是ㅣ 知Ⅱ其不可Ⅰ而爲
로 왈 자 공 씨 왈 시 지 기불가 이위

>之者與아!
지 자 여

[가사체 번역문]

공자제자 子路께서 石門에서 묵었는데
자로 석문

문지기가 물어보길 어디에서 왔소했다

이에대해 子路께서 孔氏門中 거기에서 왔소하고 대답하자
(자로) (공씨문중)

문지기가 말하였다

아니될줄 알면서도 굳이하려 하는자들 그런사람 들이구려

[註解] ○宿於石門(숙어석문)－석문에서 묵었다. 석문(石門)은 지명. ○晨門(신문)－아침에 문을 여는 문지기. ○奚自(해자)－어디에서 왔는가? ○自孔氏(자공씨)－공씨 문중에서 왔다. ○是…者與(시…자여)－바로 …하는 사람이군요? ○知其不可(지기불가)－안되는 줄 알면서. ○而爲之者與(이위지자여)－그래도 하는 사람이군.

[解說]

난세(亂世)를 바로잡으려는 공자와 제자들의 사상과 행동을 오해하거나 조소하는 사람들이 많았다. 그러한 기술이 『논어』에도 여러 군데 나온다.

14-41

공자가 위나라에서 경쇠를 치자, 마침 상태기를 메고 공자가 묵고 있는 문앞을 지나가던 사람이 말했다. "뜻이 담겨져 있구나, 치는 경쇠 소리에!" 잠시 후에 또 말했다. "경소리가 천덕스럽고 깐깐하구나! 자기를 몰라주면 그만둘 것이로다. 깊으면 옷을 벗고, 얕으면 걷어 올리라고 했거늘."

이에 공자가 말했다. "과감하다! 그러나 (그렇게 무모하게 세상을 버리는 일은) 어렵지 않다."

[原文]

子ㅣ 擊ㅛ磬於衛ㅣ러시니 有下荷>簣 而過ㅛ孔氏
자 격 경어위   유 하 궤 이과 공씨

之門ㅣ者上ㅣ 曰 有>心哉라 擊>磬乎여! 旣而曰 鄙
지문 자   왈 유심재   격 경호여   기이왈 비

哉라 硜硜乎여! 莫ㅛ己知ㅣ也어든 斯已而已矣니
재   갱갱호여   막 기지 야어든   사이이이의

深則厲오 淺則揭니라. 子ㅣ曰 果哉라! 末ㅛ之難ㅣ
심즉려 천즉게   자 왈 과재   말 지난

矣니라.
의

[가사체 번역문]

공자께서 衛나라서
         위

경쇠치자 그때마침 삼태기를 메고서는 孔子문앞 지나가던
                                  공자

어떤사람 말하였다

뜻이담겨 있는구려 경쇠소리 그속에는

잠시후에 또말했다 치는경쇠 그소리는 각박하고 깐깐하다

자기자신 몰라주면 그만두면 될것이고

물깊으면 옷을벗고 물얕으면 옷을걷고 건너가라 하였거늘

이에대해 공자께서 다음같이 말하셨다

과감하다 그렇지만 그대처럼 무모하게 이세상을 버리는일

어렵지는 아니하다

[註解] ㅇ子擊磬於衛(자격경어위)―공자가 위나라에서 경쇠를 쳤다. 경쇠
〔磬〕는 악기. ㅇ有荷簣(유하궤)―흙 삼태기를 메고. ㅇ過孔氏之門(과공씨지

문)-공자가 유숙하고 있는 집 문전을 지나가다. ○有心哉(유심재)-뜻이 담겨져 있다. ○擊磬乎(격경호)-경쇠를 치고 있다. ○旣而曰(기이왈)-그리고 또 말했다. ○鄙哉(비재)-(생각이나 마음이) 천덕스럽다. ○硜硜乎 (갱갱호)-돌 부딪는 소리. 각박하고 깐깐하다. ○莫己知也(막기지야)-나를 알아주지 않는다. ○斯已而已矣(사이이이의)-그러면 그것으로 그만이다. ○深則厲(심즉려)-물이 깊으면 옷을 벗어들고 강을 건너가다. ○淺則揭(천즉게)-물이 얕으면 옷을 걷어올리고 강을 건너가다. '심즉려(深則厲), 천즉게(淺則揭)'는『시경(詩經)』패풍(邶風)에 있는 구절. 시세에 따라 융통성있게 하라는 뜻. ○果哉(과재)-과단성있게 (세상을 버리는 일). ○末之難矣 (말지난의)-그렇게 (무모하게 세상을 버리는 일은) 어렵지 않다. 말(末) = 무(無).

[解說]

　세상을 버리고 은퇴하기는 어렵지 않다. 흐트러진 세상을 바로잡기가 어려운 것이다. 어려운 일을 하는 사람이 공자다.

14-42

　자장이 물었다. "『서경』에 고종이 양암이라 하여 3년간 말을 하지 않았다고 했는데 무슨 뜻입니까?"

　공자가 말했다. "어찌 고종만 그리했겠느냐? 옛사람들은 모두 그랬다. 임금이 세상을 뜨면 백관들이 다 자기의 직책을 총괄해서 총재에게 재가받기를 3년간 했던 것이다."

子張이 曰 書云 高宗이 諒陰三年을 不>言이라 하
자장 왈 서운 고종 양음삼년 불 언

니 何謂也잇고? 子ㅣ 曰 何必高宗이리오? 古之人이
하 위 야 자 왈 하 필 고 종 고 지 인

皆然하니 君薨커시든 百官이 總>己하야 以聽Ⅱ於冢
개 연 군 훙 백 관 총 기 이 청 어 총

宰ㅣ三年하니라.
재 삼 년

[가사체 번역문]

자장께서 여쭈었다

書經에서 말하기를 高宗께서 여막살이
서 경 고 종

삼년동안 말하지를 않았다고 하였는데 이게무슨 뜻입니까

공자께서 말하셨다

어찌다만 高宗만이 그러하게 했겠느냐
고 종

옛날사람 그분들은 모두모두 그랬단다

임금님이 세상뜨면 百官들이 다들모두
백 관

자기직책 총괄해서 冢宰에게 裁可받길 삼년동안 하였단다
총 재 재 가

[註解] ○書云(서운)—『상서(尙書)』,『서경』에 있다. 이 말은 『상서』 「무일
편(無逸篇)」에 있다. ○高宗(고종)—은(殷)나라 중흥의 왕 무정(武丁). ○諒陰
(양음)—부왕(父王)이 죽은 다음 천자가 거처하는 곳을 양암(諒闇)이라 했다.
즉 임금의 여막(廬幕)에 해당한다. ○三年不言(삼년불언)—천자가 조용히 양
암(諒闇)에서 3년간 복상(服喪)했다는 뜻이다. ○何必高宗(하필고종)—어찌

반드시 고종만 그렇게 했으랴? ○皆然(개연)—다 그렇게 했다. ○君薨(군훙)—임금이 죽으면. ○百官總己(백관총기)—백관들이 다 자기의 직책을 총괄해서. ○以聽於冢宰(이청어총재)—(모든 직무를 각자가 전결하지 않고) 총재의 말을 듣고 처리하다, 즉 총재의 재가에 일임했다는 뜻.

[解說]

부모가 돌아가면 자식은 3년간 거상(居喪)해야 한다. 그것이 천하의 통례(通禮)다. 임금도 세 칸 여막(廬幕)에 해당하는 양암(諒闇)에 거처하며 묵묵히 정사를 보았다. 아울러 백관들도 모든 정무를 일괄해서 총재(冢宰)의 재가를 받고 처리했다. 이 말은 『예기(禮記)』「단궁하편(檀弓下篇)」에도 보인다.

14-43

공자가 말했다. "윗사람이 예를 좋아하면, 백성들 부리기가 쉽다."

[原文]

子ㅣ 曰 上이 好>禮면 則民易>使也니라.
자 왈 상 호 례 즉 민 이 사 야

[가사체 번역문]

공자께서 말하셨다

윗자리에 앉은자가 禮를정말 좋아하면
                        예
백성들이 敎化되어 부리기가 쉬우니라
        교 화

[註解] ○上好禮(상호례)—윗사람이 예를 솔선수범(率先垂範)한다는 뜻.
○則民易使也(즉민이사야)—즉 백성들도 교화되므로 부려 쓰기가 쉽다.

[解說]

　예(禮)는 위계(位階)나 질서(秩序)의 바탕이다.

14-44

　자로가 군자에 대해서 묻자, 공자가 말했다. "자기를 수양
하고 모든 것을 경건히 받들어야 한다."
　자로가 "그렇게만 하면 됩니까?" 하고 묻자, 공자가 말했
다. "자기를 수양하고 남들을 안락하게 해주어야 한다."
　자로가 "그렇게만 하면 됩니까?" 하고 묻자, 공자가 말했
다. "자기를 수양하고 백성을 안락하게 해주어야 한다. 자기
를 수양하고 백성을 안락하게 해주는 것은 요임금이나 순임
금도 실현하기 어려워한 것이다."

[原文]

子路 l 問 ∥ 君子 l 한대 子 l 曰 修 ＞ 己以敬이니라.
자 로　문 군 자　　　자　왈　수 기 이 경

曰 如>斯而已乎잇가? 曰 修>己以安>人이니라. 曰
왈 여 사 이 이 호   왈 수 기 이 안 인   왈

如>斯而已乎잇가? 曰 修>己以安Ⅱ百姓Ⅰ이니 修>
여 사 이 이 호   왈 수 기 이 안 백 성   수

己以安Ⅱ百姓Ⅰ은 堯舜도 其猶病>諸시니라.
기 이 안 백 성   요 순   기 유 병 저

[가사체 번역문]

　子路께서 공자님께 君子들은 어떠해야 하는지를 여쭈었다
　　자로   군자

　공자께서 말하셨다

　자기자신 修養하고 모든것을 敬虔하게 받들어야 하느니라
　　　　 수양   경건

　자로께서 여쭈었다 그만하면 되겠나요

　공자께서 말하셨다

　자기자신 수양하고 다른사람 安樂하게 해주어야 하느니라
　　　　　　　　　　　　안락

　자로께서 여쭈었다 그만하면 되겠나요

　공자께서 말하셨다

　자기자신 수양하고 백성들을 안락하게 해주어야 하느니라

　자기자신 수양하고 백성들을 안락하게 해주는일 그런것은

　堯임금도 舜임금도 실현하기 어려웠네
　　요   순

[註解] ○修己以敬(수기이경)—자기를 수양하고 모든 일을 경건하고 성실
하게 받들고 처리한다. ○如斯而已乎(여사이이호)—그렇게 하는 것뿐입니
까? ○修己以安人(수기이안인)—자기를 수양하고 모든 사람을 안락하게 해
준다. ○安百姓(안백성)—모든 백성을 안락하게 해준다. 인(人)은 지식이 있
는 지도급의 사람들. 민(民)은 지식이 없는 서민 대중들의 뜻으로 구분할

수 있다. ○堯舜(요순)—요임금과 순임금. 신화에서 높이는 성군(聖君). ○其
猶病諸(기유병저)—요순도 그렇게 하려고 고심했다는 뜻. 혹은 그렇게 못한
것을 병통(病痛)으로 여겼다는 뜻.

[解說]

학문과 덕행을 바탕으로 일을 바르게 처리하고, 사람들을 잘 살
게 해주는 인격자가, 곧 군자다.

14-45

(공자의 친구) 원양이 앉아서 공자를 기다렸다. 공자가 그
를 책망했다. "어려서도 겸손하지 못하고, 자라서도 칭찬받
을 만한 일이 없고, 늙어서는 죽지 않고 (보람없이) 살고 있는
자가 바로 삶에 대한 도적이다." 그리고 지팡이로 그의 정강
이를 때렸다.

[原文]

原壤이 夷俟러니 子ㅣ 曰 幼而不Ⅱ孫弟ㅣ하며 長
원양   이사   자 왈 유이불 손제   장
而無>述焉이오 老而不>死ㅣ 是爲>賊이라 하시고 以
이무 술언   노이불 사   시위 적   이
>杖叩Ⅱ其脛ㅣ하시다.
장 고 기경

[가사체 번역문]

공자께서 原壤그를 책망하며 말하셨다
　　　　원 양
어려서도 겸손찮고 자라서도 칭찬없고

늙어서는 죽지않고 보람없이 살고있는 이사람이

바로바로 삶에대한 盜賊이다 그러고는
　　　　　　　　　도 적
갖고있던 지팡이로 정강이를 때려줬네

[註解] ○ 原壤(원양)—노(魯)나라 사람으로, 공자가 어려서부터 잘 알고 있던 사람일 거라고 한다. 『예기』에 보면, 그 어머니가 죽었는데도, 그는 나무에 올라가 노래를 불렀다고 하며, 공자가 그를 도와서 장례를 치르게 했다고 한다. ○ 夷俟(이사)—이(夷)는 앉아서 두 다리를 뻗고, 사(俟)는 기다리다. ○ 幼而不孫弟(유이불손제)—어려서는 남에게 겸손하지 않고 또 우애롭게 하지 못했다. ○ 長而無述焉(장이무술언)—자라서는 칭찬받을 만한 일을 한 것이 없다. ○ 老而不死(노이불사)—늙어서 죽지 않고 살되, 무가치하게 살고 있다. ○ 是爲賊(시위적)—그런 사람이 바로 삶의 도적이다. ○ 以杖叩其脛(이장고기경)—지팡이로 그의 정강이를 때렸다.

[解說]

　어려서 효도와 예절을 지키지 못하고, 성장해서는 가치 있는 일을 한 것이 없으며, 늙어서도 멍청하게 살고 있다. 이런 사람을 공자는 '삶의 도적'이라고 책망하고 매질까지 했다. 하늘로부터 삶을 내려 받았으니, 하늘의 뜻과 도리에 맞는 착한 삶을 살아야 한다.

14-46

궐(闕)이라는 향당의 한 소년이 전갈(傳喝)을 하고 있었다. 어떤 사람이 "저 아이는 장차 공부하고 정진할 수 있을까요?" 하고 물었다. 이에 공자가 대답했다. "나는 저 아이가 어른 자리에 앉아 있는 것을 보았으며, 또 어른과 나란히 걸어가는 것을 보았습니다. 그러므로 저 아이는 공부하고 정진하려는 아이가 아니고, 성급하게 성공하기를 바라는 아이입니다."

[原文]

闕黨童子ㅣ 將>命이어늘 或이 問>之曰 益者與잇
궐 당 동 자   장 명   혹   문 지 왈 익 자 여

가? 子ㅣ 曰 吾見Ⅲ其居Ⅱ於位ㅣ也하며 見下其與Ⅱ
자 왈 오 견 기 거 어 위 야   견 기 여

先生ㅣ 並行上也호니 非Ⅱ求>益者ㅣ也라 欲Ⅱ速成ㅣ
선 생 병 행 야   비 구 익 자 야   욕 속 성

者也니라.
자 야

[가사체 번역문]

闕이라는 한鄕黨의 어린소년 한아이가 命을전달 하였는데
궐   향당   명

어떤사람 여쭈었다 저아이는 장차더욱 精進할수 있을까요
                                 정진

이에대해 공자께서 다음같이 대답했다

나는그가 어른들이 앉아야할 그자리에 앉았는걸 보았으며

어린그가 어른들과 함께같이 걸어가는 그런것도 보았다네

그러므로 저아이는 더욱정진 하려하는 그런아이 아니고요

성급하게 성공하길 생각하는 아이이죠

[註解] ○ 闕黨童子(궐당동자)—궐(闕)은 지명. 공자가 살고 있던 궐리(闕里)라는 설도 있다. 당(黨)은 5백 호의 마을, 동자(童子)는 소년, 동자, 아이. ○ 將命(장명)—장(將)은 전한다. 명(命)은 말, 전하는 말. 장명(將命)은 주인과 손님의 전갈을 담당하는 소년. ○ 或問之曰(혹문지왈)—어떤 사람이 물었다. ○ 益者與(익자여)—(공부하고 노력해서) 더욱 정진할 수 있을까? ○ 吾見(오견)—나는 보았다. ○ 其居於位也(기거어위야)—저 아이가 (무엄하게) 어른 자리에 앉아있는 것을. ○ 見其與先生並行也(견기여선생병행야)—저 아이가 (버릇없이) 어른과 나란히 가고 있는 것을 보았다. ○ 非求益者也(비구익자야)—그러므로 저 아이는 (공부하고 노력해서) 더욱 정진할 수 있는 아이가 아니다. ○ 欲速成者也(욕속성자야)—빨리 성공하기를 바라는 아이이다.

[解說]

스스로 예의범절을 가리려고 노력을 해야 장차 점잖은 사람이 될 수 있다. 어려서 무엄하게 자라면 큰 인물이 못된다.

본편은 주로 공자가 겪은 여러 가지 불우한 일들에 관한 기술 및 쇠퇴한 세상을 한탄하는 감회를 적은 글이 많다. 그러나 그런 속에서도 수신(修身)과 처세(處世)의 바른길과 법을 논한 짧은 말들이 섞여있다. 총 42장으로 나눈다.

위나라의 영공이 공자에게 전진의 법을 묻자, 공자가 대답했다. "제사 지낼 때, 제기를 진설하는 법에 대해서는 일찍이 들어 알고 있지만, 전쟁의 작전법은 배운 바 없습니다."

그리고 이튿날 위나라를 떠났다.

[原文]

衛靈公이 問Ⅱ陳於孔子Ⅰ한대 孔子ㅣ 對曰 俎豆
위 령 공　문 진 어 공 자　　　공 자　　대 왈 조 두

之事는 則嘗聞>之矣어니와 軍旅之事는 未Ⅱ之學Ⅰ
지 사　즉 상 문　지 의　　　군 려 지 사　　미　지 학

也라 하시고 明日에 遂行하시다.
야　　　　　　명 일　　수 행

[가사체 번역문]

衛나라의 靈公임금 戰術이란 무엇인지 공자님께 물어봤다
위　　　영공　전술

공자께서 말하셨다

제사모실 때에쓰는 祭器놓는 法에對한 일찍들어 알지만은
　　　　　　　　제기　　법 대

전쟁전술 그런것은

배운바가 없습니다 라고하고 다음날에 위나라를 떠나셨다

【註解】 ○衛靈公(위령공)―위나라의 영공.「憲問篇 14-20」참고. ○問陳
於孔子(문진어공자)―공자에게 전술(戰術), 혹은 전진(戰陣)에 대해서 물었

다. 전진은 싸움터의 진지 배치. ○俎豆之事(조두지사)—조(俎)는 희생(犧牲)을 고이는 제기(祭器). 두(豆)는 야채를 담는 제기, 혹은 제기의 받침대. 조두지사는 제사 지낼 때 제기를 진설(陳設)하는 일, 즉 제례(祭禮)나 예교(禮教)에 관한 일이라는 뜻. ○則嘗聞之矣(즉상문지의)—즉 이전에 들어서 알고 있다는 뜻. ○軍旅之事(군려지사)—군대에 관한 일. 즉 군대 지휘, 전술 등. ○未之學也(미지학야)—아직 배운 바가 없다. ○明日遂行(명일수행)—그 이튿날 위나라를 떠났다.

15-2

진나라에서 양식이 떨어지고, 따라갔던 제자들이 병들어 일어나지 못하게 되었다.

이에 자로가 화가 나서 공자를 뵙고 말했다. "군자가 이렇듯이 궁핍해야 합니까?"

공자가 말했다. "군자는 원래 궁핍하게 마련이다. 소인배는 궁핍하면 문란하게 된다."

[原文]

在>陳絶>糧하니 從者ㅣ 病하야 莫ㅁ能興ㅣ이러니
재 진절 량   종자   병   막 능흥

子路ㅣ 慍見曰 君子ㅣ 亦有>窮乎잇가 子ㅣ 曰 君子
자로   온현왈 군자   역유 궁호   자   왈 군자

ㅣ 固窮이니 小人은 窮斯濫矣니라.
  고궁   소인   궁사람 의

[가사체 번역문]

陳나라서 공자일행 먹을糧食 떨어지자
진　　　　　　　　　　양식

따라갔던 제자들이 病이들고 쓰러져서 일어날수 없게됐다
　　　　　　　　　병

자로께서 화를내고 공자님을 뵙고서는 다음같이 말하였다

군자들도 이렇듯이 궁핍해야 합니까요

공자께서 말하셨다

군자란者 원래부터 궁핍하게 마련이다
　　　자

소인배는 궁핍하면 문란하게 마련이다

[註解] ○在陳絶糧(재진절량) — 진나라에서는 먹을 양식마저 떨어졌다. 진
(陳)은 하남성(河南省) 진주(陳州) 일대의 작은 나라. 공자 나이 63세 때의 일
이다. ○從者病(종자병) — 따르던 제자들이 병에 쓰러지고. ○莫能興(막능
흥) — 좀처럼 일어나지 못했다. ○子路慍見曰(자로온현왈) — 자로가 화를 내
고 공자를 보고 말했다. ○君子亦有窮乎(군자역유궁호) — 군자도 역시 이렇
게 궁핍해야 하는가? ○君子固窮(군자고궁) — (난세에서는) 군자는 당연히
궁핍하게 마련이다. 즉 군자는 궁핍한 법이다. ○小人窮斯濫矣(소인궁사람
의) — 소인배는 궁핍하면 문란하게 된다, 넘나는 짓을 한다.

[解說]

　　제1장, 제2장을 하나로 합치기도 한다. 덕치(德治)를 모르는 위나
라의 영공은 공자에게 전진(戰陣)을 물었다. 이와 같이 무도한 난세
에서는 참다운 군자는 궁핍하게 마련이다. 그러므로 도가 행해지는
세상을 만들려고 고생을 하는 것이다. 궁핍에 지게 되면 안 된다.

15-3

공자가 자공에게 물었다. "사야! 너는 내가 많은 것을 배우고, 또 그것들을 다 기억하고 있다고 생각하겠지?"

자공이 "네! 안 그렇습니까?" 하고 되묻자, 공자가 말했다. "안 그렇다, 나는 하나를 가지고 꿰뚫고 있는 것이다."

[原文]

子ㅣ曰賜也아! 女ㅣ以予로 爲ⅱ多學 而識>之者ㅣ與아? 對曰 然하노이다 非與잇가? 曰 非也라 予는 一以貫>之니라.
자 왈 사 야 여 이 여 위 다 학 이 지 지 자 여 대 왈 연 비 여 왈 비 야 여 일 이 관 지

[가사체 번역문]

　공자께서 자공에게 다음같이 말하셨다
　賜야너는 나를두고 많은것을 배우고서
　사
　모든것을 기억하고 있다고들 생각하지
　자공께서 말하기를 그렇다고 여깁니다
　그러하지 않습니까 이러하게 되물었다
　공자께서 말하셨다
　그렇지가 않느니라 나는나는 하나로써 꿰어뚫고 있느니라

[註解] ○賜也(사야)—사(賜)는 자공(子貢)의 이름. ○女(여)—너. 여(汝)와

같다. ○以予爲…者與(이여위…자여)ㅡ나를 …하는 사람이라고 생각하느냐? 여(與)는 의문 조사. ○多學而識之(다학이지지)ㅡ많은 것을 배우고, 그 모든 것을 기억하고 있는 (사람). ○然(연)ㅡ그렇게 생각합니다. ○非與(비여)ㅡ안 그렇습니까? ○非也(비야)ㅡ안 그렇다. ○予一以貫之(여일이관지)ㅡ나는 하나로써 꿰뚫고 있다.

[解說]

제4편 「이인편(里仁篇)」 15장에서 공자는 증자(曾子)에게 '오도일이관지(吾道一以貫之)'라 했으며, 그때의 '일(一)'은 '인덕(仁德)'의 뜻이다. 그러나 여기서 말하는 '일(一)'은 '하나인 절대선의 천도(天道)' 및 '천도를 바탕으로 한 인도(仁道)'의 뜻으로 보아야 한다. 『집주(集註)』에서 주자(朱子)는 「이인편」은 행동면에서 말한 것이고, 여기서는 인식면에서 말한 것이다.'라고 했다. 즉 모든 행동을 '하나인 인덕, 곧 충(忠)과 서(恕)'를 바탕으로 해야 한다. 한편 만물에 대한 인식을 '하나인 천도'를 기준으로 하면 모든 것이 관통하게 마련이다.

15-4

공자가 말했다. "유야! 덕을 아는 사람이 거의 없구나."

[原文]

子ㅣ 曰 由아! 知>德者ㅣ 鮮矣니라.
자 왈 유   지 덕 자 선 의

[가사체 번역문]

공자께서 말하셨다

由야지금·세상에는 德을알고 실천하는 그런사람 드물구나
  유   덕

【註解】 ○由(유)ㅡ자로(子路)의 이름. ○知德者鮮矣(지덕자선의)ㅡ덕을 알고 실천하는 사람이 거의 없다. 선(鮮)은 적다, 없다.

【解說】

'인부지이불온(人不知而不慍) 불역군자호(不亦君子乎)'「學而篇 1-1」라고 말한 공자다. 오죽하면, 과격한 행동파인 제자 자로를 보고 한탄했을까? '지덕자(知德者)'의 지(知)는 알고 실천하다, 덕(德)은 도(道)를 실천하여 얻은 좋은 성과나 열매의 뜻이다. 따라서 '지덕자선의(知德者鮮矣)'는 '절대선의 천도를 따르고 실천해서 인정(仁政)과 덕치(德治)를 펴려는 임금이 거의 없다.'는 공자의 실망을 토로한 말이다.

15-5

공자가 말했다. "조작하지 않고 다스린 분이 바로 순임금이셨다. 어찌하셨나 하면 몸가짐을 공손하고, 또 바르게 하시고 남쪽을 바라보고 앉아계실 분이었다."

子ㅣ 曰 無爲而治者는 其舜也與신저. 夫何爲哉
자 왈 무 위 이 치 자 기 순 야 여 부 하 위 재

시리오 恭己正南面而已矣시니라.
공 기 정 남 면 이 이 의

[가사체 번역문]

공자께서 말하셨다

인위적인 행동으로 꾸미지를 아니하고

다스리신 그분바로 舜임금님 이시란다
　　　　　　　　　순

그분어찌 하셨냐면

舜임금은 몸가짐을 공손하게 하시고는
순

똑바르게 남쪽보고 앉아계실 뿐이었지

[註解] ㅇ無爲而治(무위이치)－인위적으로 조작하지 않고 자연스럽게 다
스리다. ㅇ恭己正(공기정)－몸가짐을 공손하고 바르게 한다. ㅇ南面(남
면)－임금은 남쪽을 바라보고 앉는다. ㅇ而已矣(이이의)－뿐이다.

15-6

　자장이 행도(行道)에 대해서 묻자, 공자가 말했다. "군자가
말을 충성되고 믿음직하게 하고, 행실을 돈후하고 공손하게
하면, 비록 오랑캐 나라에서도 도가 행해질 것이다. 그러나 말
이 충성되거나 믿음직하지 못하고, 또 행실이 돈후하거나 공

손하지 못하면, 향리인들 도가 행해지겠느냐? 그러므로 군자는 '충신독경(忠信篤敬)'을 서있을 때에도 눈앞에 엄숙히 떠올리고, 수레에 탔을 때에도 수레 멍에에 걸려 있는 듯이 살펴야한다. 그렇게 하면 도가 행해진다."

자장이 (이 말을) 허리띠에 적었다.

[原文]

子張이 問>行한대 子ㅣ 曰 言忠信하며 行篤敬이
자장   문 행   자 왈 언충신   행독경

면 雖Ⅱ蠻貊之邦ㅣ이라도 行矣어니와 言不Ⅱ忠信ㅣ
  수 만맥지방   행의   언불 충신

하며 行不Ⅱ篤敬ㅣ이면 雖Ⅱ州里ㅣ나 行乎哉아? 立
    행부 독경   수 주리   행호재   입

則見Ⅲ其參Ⅱ於前ㅣ也오 在>輿則見Ⅲ其倚Ⅱ於衡ㅣ
즉견 기참 어전 야   재 여즉견 기의 어형

也니 夫然後行이니라. 子張이 書Ⅱ諸紳ㅣ하니라.
야   부연후행   자장   서 저신

[가사체 번역문]

자장께서 공자님께 바른道를 행하는法 그에대해 여쭈었다
                    도   법
공자께서 말하셨다
군자들은 충성되고 믿음있게 말을하고
거기에다 돈후하고 공손하게 행동하면
오랑캐땅 가서라도 道가행해 질수있지
                도
군자들은 하는말이 충성믿음 있잖으며

거기에다 행실들이 돈후공손 하잖으면

고을이나 촌락인들 道가행해 지겠느냐
　　　　　　　　도

군자들은 충성믿음 돈후공손 이런것을

서있을때 그런때도 바로눈앞 그자리에 엄숙하게 떠올리고

수레탔을 그런때도 수레멍에 바로그곳 걸려있듯 살펴야네

이렇게한 그런다음 道가행해 질것이네
　　　　　　　　도

자장께서 이말씀을 허리띠에 적어뒀다

[註解] ㅇ子張問行(자장문행)―공자의 제자 자장이 행도(行道)에 대해서
묻다. 행도(行道)는 도를 행하다, 혹은 세상에 도가 행해지게 하다. ㅇ言忠
信(언충신)―말이 충성되고 신의가 있어야 한다. ㅇ行篤敬(행독경)―행실이
돈독하고 공손해야 한다. ㅇ雖蠻貊之邦(수만맥지방)―비록 오랑캐 나라에
서도 도가 행해질 것이다. 만(蠻)은 남쪽 오랑캐, 남만(南蠻). 맥(貊)은 북쪽
오랑캐, 북적(北狄). ㅇ雖州里(수주리)―비록 고을이나 촌락에서도. 주(州)는
12,500호가 모인 고을, 이(里)는 25가구의 촌락. ㅇ立(입)―서있을 때에도.
ㅇ見其參於前也(견기참어전야)―그것을 엄숙하게 앞에 보는 듯이 한다. 삼
(參)은 엄숙하게, 기(其)는 '충신독경(忠信篤敬)'. ㅇ在輿(재여)―수레를 타고
있으면. ㅇ見其倚於衡也(견기의어형야)―그것이 수레 멍에에 걸려 있는 듯
이 살핀다. 의(倚)는 걸려있다, 형(衡)은 수레의 멍에. ㅇ夫然後行(부연후
행)―무릇 군자가 그렇게 '언충신 행독경(言忠信 行篤敬)'하면 도가 행해진
다. ㅇ書諸紳(서저신)―그 말을 허리띠에 적었다. 저(諸) = 지어(之於), 신(紳)
은 허리띠, 큰 띠.

[解說]

　사회나 나라의 기풍을 혁신하고 선화(善化)하기 위해서는 군자들

이 솔선수범해야 한다. 특히 '언충신(言忠信) 행독경(行篤敬)' 해야 한다.

15-7

공자가 말했다. "참으로 곧도다, 사어는! 나라에 도가 있어도 화살같이 곧게 행하고, 나라에 도가 없어도 화살같이 곧게 행하노라."

"참으로 군자로다, 거백옥은! 나라에 도가 있으면 벼슬하고, 나라에 도가 없으면 거두어 감춘다."

[原文]

子ㅣ 曰 直哉라 史魚여! 邦有>道에 如>矢하며 邦
자 왈 직 재 사 어   방 유 도   여 시   방

無>道에 如>矢로다. 君子哉라 蘧伯玉이여! 邦有>
무 도   여 시   군 자 재   거 백 옥   방 유

道則仕하고 邦無>道則可ⅠⅠ卷而懷Ⅰ>之로다.
도 즉 사   방 무 도 즉 가 권 이 회 지

[가사체 번역문]

공자께서 말하셨다

衞國大夫 史魚그는 진정으로 강직하다
위 국 대 부 사 어

그나라에 道있어도 화살같이 강직하고 곧게곧게 행동하고
     도

그나라에 道없어도 화살같이 강직하고 곧게곧게 행동한다
     도

衛國大夫 거백옥은 진정으로 군자로다
위 국 대 부

그나라에 道있으면 나아가서 벼슬하고
　　　　도

그나라에 道없으면 모든것을 거두고서 자기품에 간직한다
　　　　도

[註解] ○直哉史魚(직재사어)─사어(史魚)는 곧은 사람이다. 사어는 위(衛)의 대부. 성이 사(史), 자가 자어(子魚). ○如矢(여시)─화살같이 곧다. ○君子哉蘧伯玉(군자재거백옥)─참으로 군자다운 거백옥(蘧伯玉)이다. 거백옥도 역시 위의 대부.「憲問篇 14-26」참고. ○可卷而懷之(가권이회지)─거두고 숨을 수 있다.

15-8

꿍자가 말했다. "더불어 말할 수 있는 사람과 말을 하지 않으면 사람을 잃고, 더불어 말할 수 없는 사람과 말을 하면 말을 잃는다. 지혜로운 사람은 사람도 잃지 않고, 또 말도 잃지 않는다."

[原文]

子ㅣ 曰 可Ⅱ與言ㅣ而不Ⅱ與>之言ㅣ이면 失>人이
자　왈　가　여언　이불　여　지언　　　실인

오 不>可Ⅱ與言ㅣ而與>之言이면 失>言이니 知者는
불가　여언　이여　지언　　실언　　지자

不>失>人하며 亦不>失>言이니라.
불실인　　역불실언

【가사체 번역문】

공자께서 말하셨다

함께말을 할수있는 그사람과 말안하면 그사람을 잃게되고

함께말을 할수없는 그사람과 말을하면 말을잃게 되느니라

지혜로운 사람들은 사람들도 잃지않고 또한말도 잃지않지

【註解】 ○可與言(가여언)―더불어 말할 수 있다, 혹은 말을 해야 하는데. ○失人(실인)―사람을 잃는다. ○不可與言(불가여언)―더불어 말할 수 없다, 혹은 말을 하면 안 된다. ○失言(실언)―말을 잃는다, 즉 헛되게 말을 한다 는 뜻.

【解說】

인간은 말을 통해 서로 교통(交通)하고 또 협력해서 문화를 창조 할 수 있다. 그러므로 말을 신중하고 적절하게 해야 한다. 서로 기준 이 맞는 사람들이 도에 맞는 말을 하고, 서로 협력해서 보람 있는 일 을 하고, 또 보람 있는 삶을 살아야 한다.

'불실인(不失人)'의 깊은 뜻을 알자. '사람을 잃지 않는다〔不失 人〕.'는 것은, 곧 '사람다운 삶을 잃지 않는다.'는 뜻이다. 도(道)에 맞는 말을 서로 주고받고, 또 함께 실천해야 사람다운 사람이 되고, 또 보람 있는 삶을 산다. 나쁜 말을 주고받고 나쁜 삶을 살면 실인 (失人), 즉 '사람을 망친다.' 말의 값을 잃지 않는 것이 '불실언(不失 言)'이다. 값없는 말을 함부로 하는 것이, 곧 실언(失言)이다.

공자가 말했다. "지사나 인자는 살기 위하여 인을 해치는 일이 없으며, 도리어 몸을 죽여 인을 이룩한다."

[原文]

子ㅣ曰 志士 仁人은 無Ⅱ求>生以害ㅣ>仁이오 有
자 왈 지 사 인 인 무 구 생 이 해 인 유

Ⅱ殺>身以成ㅣ>仁이니라.
살 신 이 성 인

[가사체 번역문]

공자께서 말하셨다

뜻이굳센 선비들과 仁政德治 하려는者
　　　　　　　　　인 정 덕 치　　　자

자기자신 살기위해 仁해치는 法없으며
　　　　　　　　　인　　　법

자기生命 犧牲하고 그仁德을 이룬단다
　　생 명 희 생　　　덕

[註解] ○志士(지사)—도(道)에 뜻을 두고, 도의 구현(具現)을 위해 노력하는 선비. ○仁人(인인)—인심(仁心)을 바탕으로 인정(仁政)을 실현하려는 휴머니스트. ○無(무)—…하는 일이 없다. …하지 않는다. ○求生以害仁(구생이해인)—삶[生]을 구하려고 인을 해치다. ○有(유)—…한다. ○殺身以成仁(살신이성인)—몸을 죽여서라도 인을 이룩한다.

[解說]

공자사상의 핵심을 말한 구절이다. 인간도 동물이다. 그러므로 육신을 바탕으로 동물적인 삶을 영위한다. 그러나 인간은 동물과는 차원이 다른 가치적 삶을 영위한다. 즉 인류애를 바탕으로 평화세계를 창건하고, 아울러 역사와 문화를 대대로 이어가면서 더욱 새롭게 발전시킨다. 그러므로 인간의 삶의 진가(眞價)는 동물적 생존에 있는 것이 아니라, '사랑으로 하나가 되어 하나의 세계를 창건하고, 아울러 인류의 역사와 문화를 계승하고 더욱 창조적으로 발전케 함'에 있는 것이다.

인(仁)은 '인류애를 바탕으로 평화세계를 창건한다.' 와 아울러 '인류의 역사와 문화를 계승하고 더욱 발전시킨다.' 는 뜻이 함께 포함되어 있다. '살신성인(殺身成仁)' 은, 곧 동물적 삶을 지양하고 '사랑이 넘치는 인류의 평화세계를 창건한다.' 는 뜻이다.

15-10

자공이 인을 이룩하는 방법을 묻자, 공자가 말했다. "공장 (工匠)이 일을 잘하려면 반드시 먼저 연장을 예리하게 한다. 그러므로 그 나라에 있을 때는 그 나라의 현명한 대부를 섬기고, 또 인덕 있는 선비와 벗하여야 한다."

[原文]

子貢이 問>爲>仁한대 子ㅣ 曰 工欲>善Ⅱ其事ㅣ인
자 공   문 위 인   자 왈 공 욕 선 기 사

댄 必先利Ⅱ其器ㅣ니 居Ⅱ是邦ㅣ也하야 事Ⅱ其大夫
　　필 선 리 　 기 기　　　 거 　 시 방 　 야　　　　 사 　 기 대 부
之賢者ㅣ하며 友Ⅱ其士之仁者ㅣ니라.
지 현 자　　　　 우 　 기 사 지 인 자

[가사체 번역문]

　자공께서 공자님께 仁道仁政 이룩하는 방법들을 여쭈었다
　　　　　　　　　　 인 도 인 정

　공자께서 말하셨다

　工匠들은 일잘하려 꼭반드시 연장먼저 예리하게 해놓는다
　공 장

　그나라에 있을때는 그나라의 현명하신 대부들을 잘섬기며

　仁德있는 선비들과 벗하여야 하느니라
　인 덕

[註解] ㅇ問爲仁(문위인)—인도(仁道)와 인정(仁政)을 이룩하다. 실현한다.
ㅇ工欲善其事(공욕선기사)—공장(工匠)이 자기 일을 잘하기 위해서는. ㅇ必
先利其器(필선리기기)—반드시 먼저 자기의 연장이나 기구를 예리하게 한
다. ㅇ居是邦也(거시방야)—그 나라에 있을 때는. 있는 이상. ㅇ事其大夫之
賢者(사기대부지현자)—그 나라 대부 중에서 현명한 사람을 섬기다. ㅇ友其
士之仁者(우기사지인자)—그 나라 선비 중에서 어진 사람과 벗한다.

[解說]

　어질고 착한 사람들이 하나로 뭉치고 세를 형성해야 인정(仁政)을
실천할 수 있다. 좋으나 나쁘나 혼자서는 큰일을 할 수 없다. 정치가
타락하고 세상이 악하게 되는 것도, 나쁜 사람들이 많고 결탁하여
사회나 국가를 지배하고 있기 때문이다. 그러므로 사회나 국가를 혁
신하고 바르게 잡기 위해서는, 바르고 착한 사람들이 함께 뭉치고

세를 형성해야 한다. 특히 인정(仁政)을 구현(具現)하기 위해서는 지(智)·인(仁)·용(勇)의 삼달덕(三達德)을 갖춘 군자(君子)나 인자(仁者)들이 굳게 단결해야 한다.

15-11

안연이 나라 다스리는 법을 묻자, 꽁자가 말했다. "하나라의 역법(曆法)을 쓰고, 은나라의 수레를 타고, 주나라의 면류관을 쓰고, 음악은 소무(韶舞)를 따르되, 정나라의 음악은 추방하고, 아첨하는 자들을 멀리하라. 정나라의 음악은 음란하고, 아첨하는 사람은 위태롭다."

[原文]

顔淵이 問>爲>邦한대 子ㅣ 曰 行ǁ夏之時ㅣ하며
안 연　문 위 방　　자　왈 행　하 지 시

乘ǁ殷之輅ㅣ하며 服ǁ周之冕ㅣ하며 樂則韶舞오 放
승 은 지 로　　복 주 지 면　　　악 칙 소 무　　방

ǁ鄭聲ㅣ하며 遠ǁ佞人ㅣ이니 鄭聲은 淫하고 佞人은
정 성　　　원 영 인　　　정 성　음　　영 인

殆니라.
태

[가사체 번역문]

顔淵께서 공자님께 한나라를 다스리는 방법들을 여쭈었다
안 연

공자께서 말하셨다

夏나라의 曆法쓰고 殷나라의 수레타고
하   역법   은

周나라의 禮服입고 韶舞음악 기준한다
주   예복   소무

鄭音樂은 淫亂하고 아첨하는 사람들은 그나라를 기울인다
정음악   음란

[註解] ○問爲邦(문위방)—나라를 다스리는 도리나 방법을 묻다. ○行夏之時(행하지시)—하(夏)의 시령(時令)을 쓰다. 음력(陰曆)이 농사를 짓는 데 적합했다. ○乘殷之輅(승은지로)—은(殷)나라 때에 만든 작은 수레. 나무로 만들었는데 견실하며 실용적이었다. ○服周之冕(복주지면)—주(周)나라 때의 면류관을 쓰고 예복을 입는다. 예법(禮法)에 맞았다. ○樂則韶舞(악칙소무)—소(韶)는 순(舜)의 음악. 옛날에는 음곡(音曲)과 무곡(舞曲)이 일치했다. 칙(則)은 법칙으로 삼는다, 기준으로 한다. 공자는 소를 진선진미(盡善盡美)하다고 쳤다. 「팔일편(八佾篇) 3-25」 참고. ○放鄭聲(방정성)—정(鄭)나라의 음악을 추방한다. ○遠佞人(원영인)—아첨하는 사람을 멀리한다. ○鄭聲淫(정성음)—정나라 음악은 음탕하다. ○佞人殆(영인태)—아첨하는 자는 나라를 위태롭게 한다.

[解說]

공자는 역사와 전통을 존중했다. 그러므로 그가 높이는 인정(仁政)과 덕치(德治)도 역대의 좋은 문화 전통을 활용하라고 한 것이다. 문화의 창조나 발전도 전통 위에서 이룩된다.

15-12

공자가 말했다. "사람은 멀리 생각하지 않으면, 반드시 가까운 근심이 있게 마련이다."

[原文]

子ㅣ 曰人無ⅡⅡ遠慮ㅣ면 必有Ⅱ近憂ㅣ니라.
자　왈 인 무　원 려 　필 유　근 우

[가사체 번역문]

공자께서 말하셨다 사람이라 하는자가
멀리까지 걱정하고 염려하지 않으면은
꼭반드시 가까이에 근심할일 있게된다

[註解] ○人無遠慮(인무원려)―멀리 걱정하지 않으면. 원려(遠慮)는 멀리 앞을 내다보고 미리 걱정하고 대비한다는 뜻. ○必有近憂(필유근우)―반드시 나의 주변이나 가까운 곳에서 현실적으로 걱정거리가 발생한다는 뜻.

[解說]

원려(遠慮)는 우주관(宇宙觀)·세계관(世界觀)·역사관(歷史觀)을 바르고 크게 세운다는 뜻이다. 크고 멀리 내다보지 않고, 나만의 사리사욕(私利私慾)을 채우려고 서로 날뛰면, 결국에는 공동체로서의 사회나 국가가 파탄나고, 따라서 나 자신도 멸망하게 된다.

공자가 말했다. "다 되었구나! 나는 아직까지 덕 좋아하기를 여색 좋아하듯 하는 자를 보지 못했다."

[原文]

子ㅣ 曰 已矣乎라! 吾ㅣ 未>見ⅱ好>德을 如>好>
자 왈 이의호 오 미견 호덕 여호

色者ㅣ也케라.
색자 야

[가사체 번역문]

공자께서 말하셨다
끝이로다 나는아직 德을좋아 하는것을
덕
女色좋아 하듯하는 그런사람 못봤노
여색

[註解] ○已矣乎(이의호)—끝났다, 말세로다, 더 바랄 게 없구나. 실망의 감탄사. ○吾未見…者(오미견…자)—나는 아직까지 …하는 사람을 보지 못했다. ○好德(호덕)—덕을 좋아하다. 인덕(仁德) 베풀기를 좋아하고, 인정(仁政) 펴기를 좋아하는 임금의 뜻. ○如好色者也(여호색자야)—여색 좋아하듯이. 당시의 임금들은 도덕적으로 타락하고 여색을 탐했다.

공자가 말했다. "장문중은 벼슬자리를 도둑질하는 사람이다. 유하혜가 어진 사람인 줄 알면서도 자기와 함께 벼슬자리에 서게 하지 않는다."

[原文]

子ㅣ 曰 臧文仲은 其竊>位者與인저. 知ⅱ柳下惠
자 왈 장문중 기절 위자여 지 유하혜
之賢ㅣ 而不ⅱ與立ㅣ也로다.
지현 이불 여립 야

[가사체 번역문]

공자께서 말하셨다

臧文仲은 벼슬자리 도둑질한 사람이다
장문중

柳夏惠가 어진者라 하는것을 알면서도
유하혜 자

자기함께 벼슬자리 서게하지 않았단다

[註解] ○臧文仲(장문중)—노(魯)나라의 대부. ○其竊位者與(기절위자여)—그는 벼슬자리를 도둑질하는 사람이다. ○知柳下惠之賢(지유하혜지현)—유하혜가 현명한 사람인 줄 알고도. ○不與立也(불여립야)—함께 나서서 벼슬하게 하지 않는다. 현인을 등용해야 나라가 잘된다.

15-5

공자가 말했다. "자기 자신에 대한 책망은 엄하게 하고, 남에 대한 책망을 가볍게 하면 원망이 멀어진다."

[原文]

子ㅣ 曰 躬自厚 而薄責ㅠ於人ㅣ이면 則遠>怨矣
자   왈 궁자후 이박책 어 인   즉 원 원 의
니라.

[가사체 번역문]

공자께서 말하셨다
자기자신 책망하길 엄격하게 하면서도
다른사람 책망하길 가벼웁게 하게되면 원망함이 멀어진다

[註解] ㅇ躬自厚(궁자후)―자기 자신에 대한 (책망을) 엄하게 한다. ㅇ薄責於人(박책어인)―남에게는 가볍게 책망한다. ㅇ遠怨矣(원원의)―원망이 멀어진다.

[解說]

남의 잘못이나 허물은 혹독하게 나무라고 책망한다. 반대로 자신의 과실이나 잘못은 감추거나 호도한다. 그러므로 사람들이 서로 불신하고 원망하는 것이다.

15-16

공자가 말했다. " '어찌할까! 어찌할까! ' 하고 걱정하지 않는 사람에 대해서는 나도 어찌할 수가 없다."

[原文]

子ㅣ 曰 不>曰下 如>之何 如>之何上者는 吾末Ⅱ
자 왈 불 왈 여 지 하 여 지 하 자 오 말
如之>何也ㅣ 已矣니라.
여 지 하 야 이 의

[가사체 번역문]

공자께서 말하셨다
어찌할까 어찌할까 라고하며 생각거나 걱정하지 않는사람
그사람에 대해서는 나도어쩔 수가없다

[註解]

○ 不曰如之何者(불왈여지하자) ─ '어찌할까?' 하고 말하지 않는 사람. ○ 吾末如之何也已矣(오말여지하야이의) ─ 나도 어찌할 수가 없다. '야이의(也已矣)' 는 '뿐이다, 별 수가 없다.' 는 뜻을 강조하는 조사.

[解說]

본인이 '어찌할까?' 하고 심사숙고(深思熟考)하고 노력을 해야 남이 도와주거나 교도(敎導)할 수 있다.

공자가 말했다. "종일토록 모여 있으면서, 말이 의에 미치지 않고, 자잘한 재치만 부리는 인간들은 참으로 곤란하다."

[原文]

子ㅣ 曰 群居終日에 言不>及義오 好行Ⅱ小慧ㅣ
자 왈 군거종일 언불 급의 호행 소혜
면 難矣哉라.
난 의 재

[가사체 번역문]

공자께서 말하셨다

終日모여 있으면서 주고받는 그말들이 道義거기 미치잖고
종 일   도 의
작은지혜 가지고서 행동하는 사람들은 그참으로 곤란하다

[註解] ○群居終日(군거종일)—종일 모여 있다. ○言不及義(언불급의)—주고받는 말이 도의(道義)나 인의(仁義)에 미치지 않는다. ○好行小慧(호행소혜)—작고 얕은 꾀 부리기를 좋아하는 (사람들). ○難矣哉(난의재)—곤란하다. 구제불능이라는 뜻.

[解說]

예나 지금이나, 겉약고 얕은 꾀 부리는 사이비(似而非) 지식인들 때문에 나라가 결딴나게 마련이다.

공자가 말했다. "군자는 의를 바탕으로 하고, 예를 행하며, 겸손하게 말하고, 신의로써 매듭을 진다. (이런 사람이) 참다운 군자니라."

[原文]

子ㅣ 曰 君子 義以爲>質이오 禮以行>之하며 孫
자 왈 군자 의이위질 예이행지 손

以出>之하며 信以成>之하나니 君子哉라.
이출 지 신이성지 군자재

[가사체 번역문]

공자께서 말하셨다

군자라고 하는자는 仁義로써 本質삼고
　　　　　　　　　신의　　　본질

禮에맞게 행동하고 겸손하게 말을하고
예

信義로써 매듭짓지 이래야만 君子라네
신의　　　　　　　　　　군자

[註解] ○義以爲質(의이위질)─의를 바탕으로 삼다. 인의(仁義)를 본질로 한다. ○禮以行之(예이행지)─예로써 행한다, 즉 예의범절(禮儀凡節)에 맞게 행동한다. ○孫以出之(손이출지)─겸손하게 말을 한다. 말을 신중하고 겸손하게 한다. ○信以成之(신이성지)─자기가 한 말을 신의로써 매듭을 진다. 즉 자기가 한 말을 실천하고 완성한다. ○君子哉(군자재)─그러므로 그런 사람을 참다운 군자라 한다. 그래야 참다운 군자이니라.

15-19

공자가 말했다. "군자는 자신의 무능을 걱정할 뿐, 남이 자기를 알아주지 않는 것은 걱정하지 않는다."

[原文]

子ㅣ曰君子는 病>無>能焉이오 不>病Ⅲ人之不Ⅱ
자 왈 군 자 병 무 능 언 불 병 인 지 불

己知ㅣ也니라.
기 지 야

[가사체 번역문]

공자께서 말하셨다

군자라는 사람들은 자신無能 걱정할뿐
　　　　　　　　　　　무능

사람들이 자기존재 알아주지 않는것은 걱정하지 않는다네

[註解] ○君子病(군자병)—군자는 걱정한다. 병(病)은 속을 태운다, 병통(病痛)으로 여긴다. ○無能(무능)—자신의 무능. 능력이 없는 것. ○不病(불병)—걱정하지 않는다. 가슴 아프게 생각하지 않는다. ○人之不己知(인지불기지)—남이 나를 알지 못한다.

[解說]
「學而篇 1-16」, 「里仁篇 4-14」, 「憲問篇 14-32」 참고.

꽁자가 말했다. "군자는 종신토록 이름이 나지 않는 것을
유감으로 여긴다."

[原文]

子ㅣ 曰君子는 疾Ⅱ沒>世而名不ㅣ>稱焉이니라.
자 왈군자   질 몰 세이명불   칭언

[가사체 번역문]

공자께서 말하셨다
군자들은 죽은뒤에 이름나지 않는것을 遺憾으로 여긴단다
                                        유감

[註解] ○疾…焉(질…언)─…을 꺼린다. 싫어한다. 질(疾)은 '병(病), 환
(患)'과 같은 뜻. ○沒世(몰세)─죽을 때까지, 평생토록. 혹은 '죽은 다음
에'로 풀기도 한다. ○名不稱(명불칭)─이름이 칭송되지 않는다.

[解說]

바로 앞에서 군자는 '남이 자기를 알아주지 않아도 언짢게 여기
지 않는다.'라고 했다. 그러나 군자는 자기를 수양해서 나라와 백성
을 위해 공을 세워야 한다. 비록 무도한 정치에 참여하지는 않아도
높은 학문과 덕행으로 알려지게 마련이다.

공자가 말했다. "군자는 자신에게 구하고, 소인은 남에게 구한다."

[原文]

子ㅣ 曰君子는 求諸己ㅣ오 小人은 求諸人ㅣ이
　자　왈군자　구　저기　　소인　　구　저인
니라.

[가사체 번역문]

공자께서 말하셨다
군자들은 모든것을 자신에게 찾아내고
소인들은 그반대로 남에게서 찾는단다

[註解] ○君子求諸己(군자구저기)―군자는 모든 것을 자기에게서 찾고 구한다. ○小人求諸人(소인구저인)―소인은 모든 것을 남에게서 찾고 구한다.

[解說]

우선 군자와 소인이 찾고 구하는 것이 다르다. 군자는 도(道)를 따라 인정(仁政)과 덕치(德治)가 행해지기를 구한다. 소인은 사리사욕(私利私慾)을 채우기 위해 재물(財物)이나 이득(利得)을 얻으려고 안달한다. 군자는 좋으나 나쁘나 모든 책임을 자신에게 돌린다. 그러므로 무도하고 타락한 세상도 자신의 학문과 덕행으로 바르게 잡으려고 하는 것이다.

15-22

공자가 말했다. "군자는 긍지를 가지되 다투지 않으며, 어울리되 편당하지 않는다."

[原文]

子ㅣ 曰 君子는 矜而不>爭하며 群而不>黨이니라.
자 왈 군자 긍 이 부 쟁 군 이 부 당

[가사체 번역문]

　공자께서 말하셨다
　군자들은 긍지갖되 다투지를 아니한다
　여럿함께 어울리되 패를짓지 아니한다

[註解] ㅇ君子矜(군자긍)－군자는 긍지를 가진다. ㅇ而不爭(이부쟁)－그러나 남들과 다투지 않는다. ㅇ群(군)－같은 군자끼리 어울리고 화동(和同)한다. ㅇ而不黨(이부당)－그러나 편당(偏黨)하거나, 당파적인 처신을 하지 않는다.

[解說]

　군자는 절대선(絶對善)의 천도(天道)를 기준으로 한다. 천도는 공평무사(公平無私)한 도리다. 그러므로 군자는 도를 기준으로 화동(和同)하되 편당(偏黨)하지 않는다. 소인은 범죄적 집단을 꾸미고 국가의 재물을 사취(詐取)한다.

15-23

공자가 말했다. "군자는 말만으로 사람을 추켜세우지 않고, 사람의 (위상이 낮다고 해서) 그의 말까지 폐기하지 않는다."

[原文]

子ㅣ 曰君子는 不Ⅱ以>言擧Ⅰ>人하며 不以>人廢
자 왈군자 불 이 언거 인 불 이 인폐
Ⅰ>言이니라.
언

[가사체 번역문]

공자께서 말하셨다
군자라고 하는자는 말만으로 사람들을 추어주지 아니하고
신분위상 낮다해서 그의좋은 말까지는 폐하지를 않는단다

[註解] ○不以言擧人(불이언거인) ― 말로써 사람을 천거하지 않는다, 즉 말만 잘한다고 그 사람을 등용하지 않는다. 말과 행동이 일치해야 한다. ○不以人廢言(불이인폐언) ― 그 사람의 위상(位相)이 낮다고 해서 좋은 말까지 폐

기하지 않는다.

[解說]

　말 잘하고 행동이 따르지 않는 자가 사기꾼이다. 백성들의 말을 귀담아 들어야 덕치(德治)를 펼 수 있다.

15-24

　자공이 "한 마디로 평생토록 지키고 행할 덕을 나타낸 말이 있습니까?" 하고 묻자, 공자가 말했다.

　"바로 서(恕)라는 말이다. 나 자신이 원치 않는 일을 남에게 강요하지 마라."

[原文]

子貢이 問曰 有下一言 而可Ⅱ以終>身行Ⅰ>之者
자공　　문왈　유　일언　이가　이종　신행　　지자

上乎잇가? 子ㅣ 曰 其恕乎인저. 己所>不>欲을 勿>
호　　　자　왈　기서호　　　기소불욕　　물

施Ⅱ於人Ⅰ이니라.
시　어인

[가사체 번역문]

　자공께서 여쭈었다
　평생동안 지키면서 행할만한 한마디말 그런것이 있습니까

공자께서 말하셨다 그건바로 恕이리라

내가원치 않는바를 남들에게 강요하지 말아야할 것이니라
^서

【註解】 ㅇ有…者乎(유…자호)－…하는 (그런 것이) 있습니까? ㅇ一言(일
언)－한 마디 말로써. ㅇ可以終身行之(가이종신행지)－평생토록 행할 수 있
을 만한 (덕행을 나타낸 말). ㅇ其恕乎(기서호)－그 말이 바로 서(恕)일 것이
다. ㅇ己所不欲(기소불욕)－내가 원치 않는 바. 소(所)는 구조조사(構造助詞)
로 '불욕(不欲)'을 명사화한다. ㅇ勿施於人(물시어인)－(내가 하기 싫은 일
을) 남에게 하라고 강요하지 마라.

【解說】

　「이인편(里仁篇)」에 있는, 공자가 "나의 길은 하나로 꿰뚫었다〔吾
道一以貫之哉〕."라고 한 말을 증자가 부연했다. "선생님의 도는 충
과 서이다〔曾子曰 夫子之道　忠恕而已矣〕."「里仁篇 4-15」. 즉 '하
나〔一〕'는 인(仁)이고, '충(忠)과 서(恕)'는 '인의 대표적인 덕행'이
다.

　충(忠)은 적극적인 인덕이고, 서(恕)는 소극적인 인덕이다. 충은
적극적으로 남을 사랑하고 추켜세우는 덕행이다. 즉 '기욕립이립인
(己欲立而立人) 기욕달이달인(己欲達而達人)'「雍也篇 6-30」이다. 서
(恕)는 '나를 미루어 남의 처지나 입장을 이해하고 관대하게 대한다
〔推己及人〕.'이다. 여기서는 '기소불욕(己所不欲) 물시어인(勿施於
人)'이라 했다.

공자가 말했다. "내가 남들에 대해서, 누구를 허물하고 누구를 칭찬하랴? 만약 칭찬한 사람이 있다면, 그럴 만한 실증이 있다. 오늘의 이 백성들도 하은주(夏殷周) 삼대 때에 도를 따라 끋게 살던 사람들과 같다."

[原文]

子ㅣ 曰 吾之於>人也에 誰毁誰譽리오? 如有ⅱ所>
자 왈 오지어 인야 수훼수예 여유 소

譽者ㅣ면 其有>所>試矣니라. 斯民也는 三代之所ⅱ
예자 기유 소 시의 사민야 삼대지소

以直道而行ㅣ也니라.
이직도이행 야

[가사체 번역문]

공자께서 말하셨다

내가남에 대하여서 그누구를 허물하고 그누구를 칭찬하랴

혹시만약 칭찬받을 그런사람 있다면은

그사람은 試驗통해 檢證됐던 사람이다
　　　　　시험　　　검증

오늘날의 이백성도 夏殷周때 道를따라 곧게살던 자들이지
　　　　　　　　　하은주　도

[註解] ○吾之於人也(오지어인야)—나는 모든 사람에 대해서. ○誰毁誰譽
(수훼수예)—누구를 허물하고, 누구를 칭찬하랴? ○如有所譽者(여유소예
자)—만약에 칭찬을 한 사람이 있다면. ○其有所試矣(기유소시의)—그는 시

험을 통해서 실증된 사람이다. ㅇ斯民也(사민야)－오늘의 이 모든 백성들. ㅇ三代之所(삼대지소)…－하은주(夏殷周) 3대를 통해서 …한 (바, 혹은 사람). ㅇ以直道而行也(이직도이행야)－곧은 도리로써 살고 행한 사람.

[解說]

앞의 23장에서 공자는 "군자는 말만으로 사람을 추켜세우지 않는다〔君子 不以言擧人〕."라고 했다. 여기서는 "사람을 칭찬할 때나 반대로 폄(貶)할 때나 시험을 거친 다음에 실증적으로 해야 한다."고 말했다.

후반부 '사민야(斯民也)' 이하는 별장(別章)으로 나누기도 한다. 오늘의 백성들은 하은주(夏殷周) 3대의 역사와 정통을 계승한 백성들임을 강조한 말이다.

15-26

공자가 말했다. "전에는 역사를 기록하는 사관이 의아한 것을 빼놓고 적지 않았으며, 또 말을 가진 사람이 남에게 빌려주어 타게 하는 좋은 일이 있었다. 그러나 지금은 그런 일이 전혀 없게 되었다."

[原文]

子ㅣ 曰 吾猶及Ⅱ史之闕文Ⅰ也와 有>馬者ㅣ 借>
자 왈 오유급 사지궐문 야 유마자 차

人乘>之호니 今亡矣夫인저.
인 승 지   금 망 의 부

[가사체 번역문]

공자께서 말하셨다

예전에는 史官들이 疑訝한건 빼어놓고 기록하지 않았다네
       사 관   의 아

말가진者 남들에게 빌려주어 타게하는 그런좋은 일있었다
     자

그러하나 지금세상 그런일이 없게됐다

[註解] ○吾猶及(오유급)―나는 (이전의 …한 일을) 볼 수 있었다. ○史之
闕文也(사지궐문야)―역사를 기록하는 사관(史官)이 (의아한 점을 빼놓고)
적지 않았다. ○有馬者(유마자)―말을 가진 사람. ○借人乘之(차인승지)―남
에게 빌려주어 타게 하다. ○今亡矣夫(금망의부)―지금은 (그러한) 미풍(美
風)이 없어졌다. 볼 수 없게 되었다.

15-27

공자가 말했다. "간교한 말은 덕을 어지럽히고, 작은 것을
참지 못하면, 즉 도모하는 큰일을 흐트러뜨린다."

[原文]

子ㅣ曰 巧言은 亂>德이오 小不>忍 則亂ㅐ大謀ㅣ
자 왈 교언   난 덕   소 불 인 즉 난 대 모

니라.

[가사체 번역문]

공자께서 말하셨다

간교하게 꾸미는말 德을 紊亂 하게하고
                  덕   문란

작은것을 못참으면 큰계획을 망친단다

[註解] ○巧言(교언)－간교하게 잘 꾸민 말. ○亂德(난덕)－덕을 어지럽힌
다. ○小不忍(소불인)－작은 것을 참지 못하면. ○則亂大謀(즉난대모)－곧
크게 꾸민 일을 흐트러뜨린다.

[解說]

　'교언영색 선의인(巧言令色 鮮矣仁)'「學而篇 1-3」이라 했다. 대사
(大事)를 성취하기 위해서는 노력과 인내가 있어야 한다.

15-28

　공자가 말했다. "대중이 미워하는 것도 반드시 잘 살펴보
고, 대중이 좋아하는 것도 반드시 잘 살펴보아야 한다."

[原文]

　子ㅣ 曰 衆惡>之라도 必察焉하며 衆好>之라도 必
　　자 왈 중오 지   필찰언   중호 지   필
察焉이니라.
찰 언

　　공자께서 말하셨다
　　대중모두 싫어해도 꼭반드시 살펴보고
　　대중모두 좋아해도 꼭반드시 살펴얀다

[註解] ○衆惡之(중오지)―대중이 미워하는 것, 여러 사람이 싫어하는 것.
○必察焉(필찰언)―반드시 살피다. ○衆好之(중호지)―대중이 좋아하는 것.

15-29

　　공자가 말했다. "사람이 도를 넓힐 수 있는 것이지, 도가
사람을 넓히는 것이 아니다."

[原文]

　　子ㅣ 曰 人能弘>道오 非ⅱ道弘ㅣ>人이니라.
　　자　　왈　인　능　홍　도　　비　도　홍　　인

[가사체 번역문]

　　공자께서 말하셨다
　　사람들이 道넓히지 道가사람 못넓힌다
　　　　　　　도　　　　　도

[註解] ○人能弘道(인능홍도)―사람이 능히 도를 펴고 넓힐 수 있다. ○非
道弘人(비도홍인)―도가 사람을 넓히는 것이 아니다.

사람이 절대선(絶對善)의 도(道)를 깨닫고, 도를 따르고 행해야 비
로소 도가 널리 퍼지게 마련이다. 아무리 좋은 도가 있어도 사람이
모르고 행하지 않으면, 도는 퍼지지도 않고 또 넓어지지도 않는다.

15-30

공자가 말했다. "잘못하고도 고치지 않는 것이 바로 잘못
이니라."

[原文]

子ㅣ 曰 過而不>改ㅣ 是謂>過矣니라.
자　 왈 과 이 불 개　　시 위 과 의

[가사체 번역문]

공자께서 말하셨다
잘못들을 저지르고 고치지를 않는것이 그게바로 잘못이다

[註解] ○過而不改(과이불개)─잘못을 저지르고 고치지 않는다. ○是謂過
矣(시위과의)─그것이 곧 허물이다.

[解說]
도(道)를 바르게 알아야 도에서 벗어난 것이 잘못임을 알고, 따라

서 고치게 마련이다.

　기준이 없으면 선악시비(善惡是非)가 흐려진다. 도를 알면서 악한
짓을 하는 것은 범죄이다.

15-31

　공자가 말했다. "나는 전에 종일토록 먹지도 않고, 밤새도
록 잠도 자지 않고 생각만 했었다. 그러나 아무런 이로움도
없었다. 역시 배우는 것만 못하더라."

[原文]

　子ㅣ 曰 吾嘗終日不>食하며 終夜不>寢하야 以思
　　자　왈 오상종일불 식　　종야불 침　　　이사

하니 無>益이라. 不>如>學也로다.
　　무 익　　　불 여 학 야

[가사체 번역문]

　공자께서 말하셨다

　나는말야 前에한번 종일토록 먹지않고
　　　　　전

　밤새도록 잠안자고 생각만을 하였지만

　아무利得 없었다네
　　　이 득

　이리하는 것보다는 배우는게 더좋단다

[註解] ㅇ吾嘗(오상)—나는 전에 …했다. ㅇ終日不食(종일불식)—하루 종일 먹지도 않고. ㅇ終夜不寢(종야불침)—밤새도록 잠도 자지 않고. ㅇ以思(이사)—그리고 생각만 했다. ㅇ無益(무익)—아무런 이득도 없었다. ㅇ不如學也(불여학야)—배우는 것만 못하다. 차라리 배우는 것이 좋다.

[解說]

   학문은 성현(聖賢)들이 남긴 고귀한 문화유산이다. 그러므로 학문을 배워야 참된 도리를 깨닫고 바르게 알 수 있다.

15-32

   공자가 말했다. "군자는 도를 도모하고, 밥을 도모하지 않는다. 농사를 지어도 굶주릴 수 있으나, 배우면 저절로 녹을 얻을 수 있다. 군자는 도를 걱정하되 가난을 걱정하지 않는다."

[原文]

   子ㅣ 曰 君子는 謀>道오 不>謀>食하나니 耕也에 餒在ㅐ其中ㅣ矣오 學也에 祿在ㅐ其中ㅣ矣니 君子는 憂>道오 不>憂>貧이니라.

[가사체 번역문]

공자께서 말하셨다

군자라고 하는자는 道를달성 하려하고
_도

食祿얻는 그런것은 도모하지 아니한다
_{식록}

백성들이 農事해도 나라정치 잘못되면 굶주릴수 있을게다
_{농사}

道얻으려 學問하나 그속에는 祿俸있지
_도   _{학문}   _{녹봉}

군자들은 道얻지를 못할까봐 걱정할뿐 가난걱정 아니한다
_도

[註解] ○君子(군자)―학문과 덕행을 쌓고 인정(仁政)과 덕치(德治) 구현(具現)에 참여하는 선비. ○謀道(모도)―도를 도모하다. ○不謀食(불모식)―밥, 즉 식록(食祿) 얻기를 도모하지 않는다. ○耕也(경야)―경작을 해도. 농사를 지어도. ○餒在其中矣(뇌재기중의)―굶주림이 그 속에 있다. 백성들이 농사를 해도 정치가 나쁘면 굶주린다. 주릴 뇌(餒). ○學也(학야)―배우고 참다운 군자가 되어 바른 정치를 펴면. ○祿在其中矣(녹재기중의)―자기가 먹을 식록(食祿)이 그 속에서 나온다. ○憂道(우도)―도의 실천을 걱정하되, 도덕정치의 실현을 걱정하되. ○不憂貧(불우빈)―내가 가난하게 살고 안 살고는 걱정하지 않는다.

[解說]

군자는 인덕(仁德)을 바탕으로 한 인정(仁政)에 참여하는 엘리트 휴머니스트이다. 따라서 어떻게 하면 천하에 절대선(絶對善)의 도덕정치를 펴고 백성들을 잘 살게 해줄까 하는 것을 걱정하고 염려해야 한다. 나만의 부귀영화(富貴榮華)를 얻으려고 안달하는 자는 참다운 군자가 아니다. 그런 자는 곧 소인(小人)이다. 개인(個人)보다 전체(全

體)를 위하고, 물질보다 정신을 높이고, 도덕사회 건설에 앞장서는 지식인이 되어야 한다.

15-33

공자가 말했다. "지능으로써 나라를 얻었다 해도 인덕으로써 지키지 않으면 반드시 잃게 된다.

지능으로써 나라를 얻고 인덕으로써 지킨다 해도 장엄한 태도로 임하지 않으면 백성들이 존경하지 않는다.

지능으로써 나라를 얻고 인덕으로써 지키고, 또 장엄한 태도로 임하기도 하되 백성을 부림에 있어 예로써 하지 않으면 역시 완전하지 못하다."

[原文]

子ㅣ 曰 知及>之오도 仁不>能>守>之면 雖>得>之
자 왈 지급 지 인불능수지 수득지

나 必失>之니라. 知及>之하며 仁能守>之오도 不Ⅱ
필실지 지급지 인능수지 부

莊以涖Ⅰ>之면 則民不敬이니라. 知及>之하며 仁能
장이이 지 즉민불경 지급지 인능

守>之하며 莊以涖>之오도 動>之不>以>禮면 未>善
수지 장이이지 동지불이례 미선

也니라.
야

[가사체 번역문]

공자께서 말하셨다

知能으로 한나라를 얻었다고 하더라도
지 능

仁德으로 안지키면 꼭반드시 잃게된다
인 덕

지능으로 나라얻고 인덕으로 지킨대도

장엄한그 태도로써 臨하지를 않는다면
임

백성들이 그임금을 존경하지 아니한다

지능으로 나라얻고 인덕으로 지키면서

장엄한그 태도로써 임한다고 하더라도

백성들을 부릴적에 그예로써 안한다면 완전하지 못하단다

[註解] ○知及之(지급지)-지능이 미친다, 즉 나라를 얻고 다스림에 그 지혜나 기능이 족하다는 뜻. ○仁不能守之(인불능수지)-인덕(仁德)을 가지고 나라를 지키지 못하면. ○雖得之(수득지)-비록 나라를 얻었다 해도. ○必失之(필실지)-반드시 나라를 잃을 것이다. ○不莊以涖之(부장이이지)-장중하고 위엄있는 태도로 임금 자리에 임하지 않으면. 군림할 리(涖). ○則民不敬(즉민불경)-백성들이 존경하지 않는다. ○動之不以禮(동지불이례)-백성을 동원하고 부려 쓰는 데 예로써 하지 않으면. ○未善也(미선야)-아직 선하지 못하다.

[解說]

지능·인덕·위엄 및 예를 갖추어야 한다.

공자가 말했다. "군자는 작은 일은 몰라도 큰일은 맡아서 다스릴 수 있다. 소인은 큰일은 맡아서 다스릴 수 없어도 작은 일은 잘 안다."

[原文]

子ㅣ 曰君子는 不>可Ⅱ小知ㅣ 而可Ⅱ大受ㅣ也오.
자 왈군자 불 가 소 지 이가 대 수 야

小人은 不>可Ⅱ大受ㅣ而可Ⅱ小知ㅣ也니라.
소 인 불 가 대 수 이가 소 지 야

[가사체 번역문]

공자께서 말하셨다
군자라고 하는자는 작은일은 잘몰라도
큰일들을 맡아서는 다스릴수 있느니라
소인들은 큰일맡아 다스릴수 없지만은 작은일은 잘안다네

[註解] ○君子不可小知(군자불가소지)-군자는 작은 일은 알지 못하나. ○而可大受也(이가대수야)-그러나 큰일을 맡아서 다스릴 수 있다. ○小人不可大受(소인불가대수)-소인은 큰일은 맡아서 다스리지 못하나. ○而可小知也(이가소지야)-작은 일은 알 수 있다.

[解說]

소지(小知)는 '작은 일, 곧 개인적·일상적 생활에 관한 지혜나 기능'의 뜻이다. '대수(大受)'는 '경세제민(經世濟民)의 대임(大任)을 맡다.'의 뜻이다.

15-35

공자가 말했다. "사람에게 있어, 인은 물이나 불보다 더 중요하다. 지금까지 물이나 불속에 들어가 죽은 사람은 보았으나, 인을 따르다가 죽었다는 사람은 보지 못했다."

[原文]

子ㅣ 曰 民之於>仁也에 甚Ⅱ於水火ㅣ하니 水火는
자 왈 민 지 어 인 야   심   어 수 화   수 화

吾見Ⅱ蹈而死者ㅣ矣어니와 未>見Ⅱ蹈>仁而死者ㅣ
오 견   도 이 사 자   의   미 견 도 인 이 사 자

也케라.
야

[가사체 번역문]

　공자께서 말하셨다

　백성에겐 仁이란게 물불보다 더귀하다
　　　　　인

　물로불로 그때문에 죽은예는 보았지만

　仁때문에 죽었다는 그런예는 못봤다네
　인

[註解] ○民之於仁也(민지어인야)―사람과 인의 관계. 인에 대한 사람의

위치, 관계. ○甚於水火(심어수화)—물이나 불보다 더 중하다. 심(甚)은 심히 중하다. ○水火(수화)—도(蹈)의 보어를 앞에 내세웠다. 즉 '도어수화(蹈於水火)'. ○吾見蹈而死者矣(오견도이사자의)—나는 물과 불을 밟고 죽은 사람은 보았다. 도(蹈)는 밟다, 여기서는 '물이나 불속에 뛰어들다.' 의 뜻이다. ○未見(미견)—아직 …한 사람을 보지 못했다. ○蹈仁而死者也(도인이사자야)—인을 따르고 실천하다가 죽은 사람.

[解說]

　'물불〔水火〕' 은 생존(生存)의 필수품이다. 없으면 못산다. 그러므로 물불 때문에 죽는 사람이 많다. 그러나 인(仁)은 '물불' 보다 더 중요하다. 살신성인(殺身成仁)해야 한다.

15-36

　공자가 말했다. "인을 행함에 있어서는 스승에게도 양보하지 않는다."

[原文]

子ㅣ 曰 當>仁하야 不>讓ⅱ於師ㅣ니라.
자　　왈　당　인　　　불　양　어　사

[가사체 번역문]

　공자께서 말하셨다

仁을자기 임무삼고 실천하는 그런일은
인
스승이라 하더라도 양보하지 아니한다

[註解] ○當仁(당인)—인을 실천할 때에는. ○不讓於師(불양어사)—스승에
게도 사양하지 않는다, 양보하지 않는다.

15-37

꽁자가 말했다. "군자는 굳고 바르지만, 맹신하지 않는
다."

[原文]

子ㅣ 曰 君子는 貞而不>諒이니라.
자　　 왈 군자　 정 이 불　량

[가사체 번역문]

공자께서 말하셨다 군자라고 하는자는
굳고또한 바르지만 시비분별 하지않고
꼭반드시 남을믿는 그런일은 아니한다

[註解] ○貞(정)—곧고, 또 굳다. ○諒(량)—선악 시비를 가리지 않고 덮어
놓고 믿거나, 자기가 한 말을 실천함.

[解說]

　군자는 도(道)를 모든 가치의 기준으로 삼는다. 따라서 독단적 고
집을 배제한다.

15-38

　공자가 말했다. "임금을 섬길 때에는 먼저 자기의 직책을
성심껏 수행하고, 그 다음에 녹을 받아먹어야 한다."

[原文]

子ㅣ 曰 事>君호대 敬ⅱ其事ㅣ 而後ⅱ其食ㅣ이니라.
자　왈　사　군　　　경　기　사　　이　후　　기　식

[가사체 번역문]

　공자께서 말하셨다

　임금님을 섬길때는 제일먼저 자기직책 성실하게 수행하고

　그런뒤에 자기祿俸 求하여야 하느니라
　　　　　　녹봉　구

[註解] ○事君(사군)—임금을 섬긴다. 조정에서 벼슬살이를 하다. ○敬其
事(경기사)—자기의 직책을 성실하게 수행한다. ○而後其食(이후기식)—그
리고 나서 녹을 받아먹는다.

15-39

공자가 말했다. "가르침이 있고, 부류는 없다."

[原文]

子ㅣ 曰 有>敎無>類니라
자 왈 유 교 무 류

[가사체 번역문]

공자께서 말하셨다
가르치면 모든사람 훌륭하게 되느니라

[註解] ○有敎(유교) ─ 교육은 있다. 인격이나 인품은 교육에 따라 형성된다는 뜻. ○無類(무류) ─ 인간의 신분상의 부류가 없다.

[解說]

선본성(善本性)을 교육으로 계발(啓發)하고 육성하면 누구나 군자가 될 수 있다.

15-40

공자가 말했다. "지키는 도가 같지 않으면, 일을 함께 도모하지 않는다."

子ㅣ 曰 道不>同이면 不ㅠ相爲謀ㅣ니라.
자 왈 도 부 동   불 상 위 모

[가사체 번역문]

공자께서 말하셨다

신봉하고 실천하는 道가같지 아니하면
　　　　　　　　도

서로함께 論하거나 도모하지 아니한다
　　　　논

[註解] ○道不同(도부동)—신봉하고 따르는 도(道)가 같지 않으면. ○不相
爲謀(불상위모)—서로 함께 일을 도모하거나 논의하지 않는다. 논의할 수
없다.

15-41

공자가 말했다. "말은 뜻을 바르게 전달해야 된다."

[原文]

子ㅣ 曰 辭는 達而已矣니라.
자 왈 사   달 이 이 의

[가사체 번역문]

공자께서 말하셨다

말이란건 자기뜻만 전달하면 되느니라

[註解] ○辭達(사달)―말은 뜻을 바르게 전달(傳達)해야 한다. ○而已矣(이
이의)―그뿐이다. 군소리나 가식(假飾)이 필요 없다는 뜻.

15-42

악사인 소경 면이 공자를 찾아와 뵙자, 그가 층계 앞에 오
면, 공자가 "층계요."라 하고, 그가 자리 앞에 오면, 공자가
"자리요."라 하고, 그가 자리 잡고 앉으면, 공자가 "아무개는
여기 있고, 아무개는 저기 있소." 하고 말했다.

악사 면이 물러간 다음에 자장이 물었다. "소경인 악사에
게 말하는 도가 있습니까?"

공자가 대답했다. "그렇다. 바로 그렇게 하는 것이 소경인
악사를 돕는 길이다."

[原文]

師冕이 見할새 及>階어늘 子ㅣ 曰 階也라 하시고
　사 면　　 현　　　 급 계　　 자　 왈 계 야

及>席이어늘 子ㅣ 曰 席也라 하시고 皆坐어늘 子ㅣ
급 석　　　 자　 왈 석 야　　　　 개 좌　　 자

告>之曰 某在>斯 某在>斯라 하시다. 師冕이 出커늘
고 지 왈 모 재 사 모 재 사　　　 　　 사 면　 출

子張이 問曰 與>師言之道與잇가? 子ㅣ 曰 然하다.
자 장　 문 왈 여 사 언 지 도 여　　 자　 왈 연

固相>師之道也니라.
고 상 사 지 도 야

[가사체 번역문]

소경樂師 冕이란者
　　　악사 면　　　자
공자님을 찾아뵈니 그가층계 앞에오면

공자께서 바로앞이 층계라고 말하시고

그가자리 앞에오면 공자께서 바로앞이 자리라고 말하시고

그가자리 앉으면은 공자께서 그者에게 아무개는 여기있고
　　　　　　　　　　　　　자
아무개는 저기있소 이러하게 말하셨다

악사冕이 물러간뒤 자장께서 여쭈었다
　　　면
소경樂師 그者에게 말하는道 있습니까
　　　악사　자　　　　　도
공자께서 대답했다

그러하다 바로바로 그러하게 하는것이

소경樂師 그사람을 도와주는 道이니라
　　　악사　　　　　　　　　도

[註解] ○師冕(사면)－면(冕)이라는 이름의 악사(樂師). 소경이다. ○及階
(급계)－층계 앞에 도달하면. ○及席(급석)－자리 앞에 오면. ○皆坐(개
좌)－모든 사람들이 다 착석하면. ○某在斯(모재사)－아무개는 여기 있다.
○與師言之道與(여사언지도여)－(그렇게 하는 것이) 악사에게 말하는 도리
입니까? ○固相師之道(고상사지도)－그것이 바로 소경인 악사를 돕는 도리
다.

[解說]

　이 장의 서술을 통해 우리는 '공자가 얼마나 자상한 사람인가.' 를 알 수 있다. 인애(仁愛)와 예절(禮節)은 멀리 있는 것이 아니다. 바로 일상생활 속에서 남을 사랑하고 친절을 베푸는 것이 인애와 예절의 실천이다.

이 편은 『논어』 중에서도 체재가 특이하다. 그러므로 남송(南宋)의 홍흥조(洪興祖)는 제론(齊論)이라는 설을 지지했다. 『논어』에는 삼론(三論)이 있다. 고문으로 된 고론(古論), 노의 학자가 전한 노론(魯論) 및 제나라에서 전한 제론(齊論)이다. 다른 편과 같지 않은 특이점을 들면, '자왈(子曰)'을 여기서는 '공자왈(孔子曰)'이라 했고, '삼우(三友)·삼요(三樂)·삼연(三衍)·삼계(三戒)·삼외(三畏)' 등 숫자적으로 맞춘 장이 많으며, 또 장폭이 긴 것이 있다. 전편을 총 14장으로 나눈다. 이 책에서는 장폭이 긴 것을 다시 분단(分段)했다.

16-1-1

계씨가 전유를 치려고 했다. 이에 (계씨 밑에서 벼슬하던) 염유와 계로가 공자에게 "계씨가 전유를 치려고 합니다." 하고 아뢰자, 공자가 말했다.

"구야! 그것은 바로 네 잘못이 아니겠느냐? 무릇 전유는 옛날의 주나라 선왕께서 그를 동쪽 몽산 밑에 봉하고, 그를 몽산의 제주(祭酒)로 삼으셨고, 또 노나라 지역 안에 있으며, 또 그는 바로 노나라 사직의 신하의 나라다. 그런데 어찌 함부로 친단 말이야?"

[原文]

季氏ㅣ 將>伐Ⅱ顓臾ㅣ러니 冉有季路ㅣ 見Ⅱ於孔
계씨   장 벌 전유   염유계로   현 어공

子ㅣ曰 季氏ㅣ 將>有>事Ⅱ於顓臾ㅣ로소이다 孔子ㅣ
자 왈 계씨   장 유 사 어전유   공자

曰 求아! 無乃爾是過與아? 夫顓臾는 昔者에 先
왈 구   무내이시과여   부전유   석자   선

王이 以爲Ⅱ東蒙主ㅣ하시고 且在Ⅱ邦域之中ㅣ矣라.
왕   이위 동몽주   차재 방역지중   의

是ㅣ 社稷之臣也니 何以伐爲리오?
시   사직지신야   하이벌위

[가사체 번역문]

季氏그者 顓臾나라 武力으로 치려했다
계씨 자 전유   무력

794 완역 해설 논어

계씨밑에 벼슬하던 冉由季路 두사람이 공자님께 아뢰었다
  염유계로

계씨께서 顓臾나라 무력으로 치려해요
      전유

공자께서 말하셨다

求야봐라 이런일은 너의잘못 아니더냐
구

顓臾그는 周나라의 先王께서 동쪽蒙山 그아래에 봉하시고
전유   주   선왕   몽산

蒙山祭酒 삼으셨고 魯나라의 영토내에 위치하고 있으면서
몽산제주   노

또한바로 魯나라의 社稷지킨 신하였다
      노   사직

그러한데 어찌하여 함부로들 친단말가

【註解】 ○季氏(계씨)―노나라의 실권을 잡은 계씨(季氏). 당시의 실재 인물은 계자연(季子然)일 것이다. 「八佾篇 3-1」, 「先進篇 11-24」 참고. ○將伐(장벌)―무력으로 치려고 한다. ○顓臾(전유)―복희(伏羲)의 후예. 성은 희(姬). 그의 영지로, 노나라의 부용국(附庸國)이 있었다. ○冉有(염유)―공자의 제자. 이름은 구(求). 「八佾篇 3-6」 참고. ○季路(계로)―공자의 제자. 성은 중(仲), 이름이 유(由), 자는 자로(子路). 「爲政篇 2-17」, 「公冶長篇 5-7」 참고. ○將有事於顓臾(장유사어전유)―장차 전유 나라에서 일이 벌어질 것이다, 즉 계씨가 전유를 치려고 한다는 뜻. ○求(구)―염유(冉有)의 이름. ○無乃爾是過與(무내이시과여)―즉 네가 잘못한 것이 아니겠느냐? '무(無)…여(與)'는 …이 아니냐? 내이시과(乃爾是過)는, 즉 네가 잘못한 것이다. ○昔者先王(석자선왕)―옛날 주나라의 선왕이. ○以爲東蒙主(이위동몽주)―이위(以爲)는 …로 삼다, …되게 하다. 동몽(東蒙)은 산 이름, 몽산(蒙山). 산동성(山東省) 비현(費縣)에 있다. 주(主)는 제주(祭主). 선왕이 전유를 몽산에 봉하고 산제(山祭)를 지내게 했다. ○且在邦域之中矣(차재방역지중의)―또한 전유는 노나라 국토 안에 있으며. ○是社稷之臣也(시사직지신

야)-전유는 사직을 지키는 신하. 혹은 신하의 나라, 즉 부용국(附庸國)이다. ㅇ何以伐爲(하이벌위)-어찌 전유를 친단 말이냐?

16-1-2

염유가 "계씨가 치려고 하는 것이지, 저희들이 원하는 것이 아닙니다."라고 말하자, 공자가 말했다.

"구야! 옛날의 사관(史官) 주임이 다음과 같이 말했다. 자기의 재능을 펴고 벼슬에 오르되, 만약 제 힘으로 감당하지 못하면 물러난다고 했다. 그런데 위태로워도 붙잡지 못하고, 엎어져도 일으키지 못한다면, 그런 신하를 어디에 쓰겠느냐? 또 그대들의 말도 잘못이다. 범과 들소가 우리 밖에 나오거나 궤 속에 넣어둔 귀옥이 깨어졌다면, 그 누구의 잘못이겠느냐?"

[原文]

冉有ㅣ 曰 夫子ㅣ 欲>之언정 吾二臣者는 皆不>
염유   왈 부자   욕지   오이신자   개불

欲也로이다. 孔子ㅣ 曰 求아! 周任有>言曰 陳>力
욕야   공자   왈 구   주임유언왈 진력

就>列하야 不能者ㅣ 止라 하니 危而不>持하고 顚而
취열   불능자   지   위이부지   전이

不>扶면 則將焉用ⅱ彼相ㅣ矣리오? 且爾言이 過矣
불부   즉장언용 피상 의   차이언   과의

로다. **虎兕ㅣ 出ㅠ於柙ㅣ하며 龜玉이 毁ㅠ於櫝中ㅣ이**
　　　　호 시　　출　어 합　　　　　귀 옥　　훼　어 독 중

是ㅣ 誰之過與오?
　시　　수 지 과 여

[가사체 번역문]

　염유께서 말하기를

　계씨께서 치려하지 저희들이 원하는게 아닙니다 라고했다

　공자께서 말하셨다

　求야봐라 **史官周任** 이런말을 했었단다
　구　　　　사 관 주 임

　자기재능 펼치고서 벼슬자리 나아가되

　만일만약 제힘으로 감당하지 못하면은 물러난다 라고했다

　위태롭게 기울어도 붙잡지를 아니하고

　엎어지고 있는데도 일으키지 못한다면

　그런신하 진정으로 어디에다 쓰겠느냐 그대말도 잘못이다

　호랑이나 들소들이 우리밖을 나오거나

　궤짝속에 넣어뒀던 점을치는 거북이나 그귀중한 **玉**같은게
　　　　　　　　　　　　　　　　　　　　　　　　옥

　훼손되고 깨졌다면 그건누구 잘못이냐

[註解] ○夫子欲之(부자욕지)―부자(夫子)는 존칭, 여기서는 계씨를 말한
다. 욕지(欲之)는 원한다, 즉 계씨가 전유를 치려고 한다. ○吾二臣者(오이신
자)―우리 두 신하, 즉 염유(冉有)와 자로(子路)는 한동안 계씨의 가신(家臣)이
었다. ○皆不欲也(개불욕야)―다 바라지 않는다. ○周任有言曰(주임유언왈)―
주임(周任)이 한 말이 있다. 주임은 옛날의 사관(史官). ○陳力就列(진력취
열)―자기의 능력을 발휘해 보이고 자리에 오른다. 진(陳)은 펴 보인다, 열
(列)은 벼슬자리에 나가다. ○不能者止(불능자지)―자기 힘으로 못하면 (벼

슬을) 그만둔다. ○危而不持(위이부지)—위태롭게 기우는데도 바로잡지 못한다. ○顚而不扶(전이불부)—엎어지는데도 부축해 일으키지 못한다. ○將焉用(장언용)—장차 어디에 쓰겠는가? ○彼相矣(피상의)—그와 같은 가신을. 상(相)은 도울 가신의 뜻. ○且爾言過矣(차이언과의)—또 그대들의 말도 틀렸다, 옳지 못하다. ○虎兕出於柙(호시출어합)—호랑이나 물소가 우리 밖으로 나오다. ○龜玉(귀옥)—거북〔龜〕이나 옥(玉). 거북은 점을 치는 신성한 것, 옥은 의례(儀禮)에 쓰는 귀중한 것. ○毁於櫝中(훼어독중)—함 속에 보관하고 있는 귀중한 거북이나 옥구슬이 훼손되면. 함 독(櫝). ○是誰之過與(시수지과여)—그것은 누구의 잘못이냐?

16-1-3

염유가 말했다. "지금 전유는 성이 견고하고 또 비(費)에 가까우므로, 지금 이를 치고 빼앗지 않으면, 장차 반드시 자손들의 우환거리가 될 것입니다."

이에 공자가 말했다. "구야! 군자는 안 그런척하고 욕심을 내거나, 또 말 꾸미는 것을 미워한다."

[原文]

冉有ㅣ 曰 今夫顓臾ㅣ 固而近Ⅱ於費ㅣ하니 今不>
염유 왈 금부전유 고이근 어비 금불

取면 後世에 必爲Ⅱ子孫憂ㅣ하리이다. 孔子ㅣ 曰求아!
취 후세 필위 자손우 공자 왈구

君子는 疾Ⅲ夫舍>曰>欲之오 而必爲Ⅱ之辭ㅣ니라.
군자 질 부사 왈 욕지 이필위 지사

【가사체 번역문】

염유께서 말하였다

지금顓臾 그나라는 城郭들이 堅固하고
　　　전유　　　　　　　　성곽　　　 견고

費가까이 위치하여 이를치고 뺏잖으면
비

꼭반드시 자손들의 우환거리 될겁니다

공자께서 말하셨다

求야봐라 군자들은 이런사람 미워한다
구

안그런척 하면서도 자기이득 탐을내고

꼭반드시 하려하며 말바꾸는 사람말야

【註解】 ○今夫顓臾(금부전유)—지금. 그 전유는. ○固而近於費(고이근어
비)—도성이 견고하고, 또 (계씨의 도읍인) 비에 가까이 있다. ○今不取(금
불취)—지금 전유를 취하지 않으면. ○後世(후세)—후세에, 장차는. ○必爲
子孫憂(필위자손우)—반드시 자손들의 우환이 될 것이다. ○君子疾(군자
질)—군자는 싫어한다, 미워한다. ○夫舍曰欲之(부사왈욕지)—무릇. 겉으로
는 욕심이 없는 듯하면서 실지로는 욕심이 있는 것을 (미워한다). ○而必
爲之辭(이필위지사)—이(而)는 그러면서. 필(必)은 굳이, 반드시. '위지(爲
之)'는 그것을 위하여, 즉 속마음을 꾸미려고. 사(辭)는 변명을 하다.

16-1-4

"내가 듣건대 '나라를 다스리는 사람은 백성 적음을 걱정하
지 않고 (혜택이나 분배가) 고르지 못함을 걱정하며, 가난을
걱정하지 않고 편안하지 못함을 걱정한다.'라고 했다. 대개

고르면 가난하지 않고, 화목하면 백성이 적지 않을 것이고, 편안하면 나라가 기울지 않을 것이다.

그러므로 먼 데 사람이 복종하지 않으면 문화적인 덕치로 교화시켜 스스로 오게 할 것이며, 오면 그들을 편안히 살게 해 주어야 한다."

[原文]

丘也는 聞 有>國有>家者ㅣ 不>患>寡 而患>不>
구야 문 유국유 가자 불 환 과 이환 불

均하며 不>患>貧 而患>不>安이라호니 蓋均이면 無>
균   불 환 빈 이환 불 안   개균   무

貧이오 和면 無>寡오 安이면 無>傾이니라. 夫如>是
빈   화   무 과 안   무 경   부여 시

故로 遠人이 不>服 則修Ⅱ文德ㅣ 以來>之하고 旣來
고 원인 불 복 즉수 문 덕 이래 지   기래

>之 則安>之니라.
지 즉안 지

[가사체 번역문]

　나는前에 들었다네 한나라의 통치자는
　　　전
　백성들이 적은것을 걱정하지 아니하고
　나라혜택 백성에게 안고른걸 걱정한다
　가난한걸 걱정않고 안편한걸 걱정한다
　고르면은 백성들이 가난하지 아니하고
　화목하면 백성들이 적어지지 않을게고

편안하면 그나라가 기울지를 아니하며

먼데있는 사람들이 복종하지 아니하면

문명덕치 잘닦아서 그스스로 오게하며

그들오면 편히살게 해주어야 하느니라

[註解] ○丘也聞(구야문)—丘(丘)는 공자의 이름. 나는 들은 바 있다. 문(聞)은 듣다, 그렇게 알고 있다는 뜻. ○有國有家者(유국유가자)—나라를 지니고 다스리는 사람. 국(國)은 큰 나라, 가(家)는 작은 나라, 제후(諸侯)의 나라. ○不患寡(불환과)—백성의 수가 적은 것을 걱정하지 않는다. ○而患不均(이환불균)—도리어 고르지 못한 것을 걱정한다. 즉 국가의 혜택이 백성에게 고르게 돌아가지 못함을 걱정한다는 뜻. ○不患貧(불환빈)—가난을 걱정하지 않고. ○而患不安(이환불안)—도리어 편안하지 못한 것을 걱정한다. ○蓋均無貧(개균무빈)—무릇 나라의 혜택이 고르게 백성들에게 미치면, 가난할 수가 없다. ○和無寡(화무과)—상하(上下) 좌우(左右)의 모든 사람이 화목하면 백성들의 수가 적을 수 없다. ○安無傾(안무경)—국민 전체가 평안을 누리면, 나라가 위태롭게 기울 수 없다. ○夫如是(부여시)—무릇 이렇게 (나라를 다스리는 법이다). ○故(고)—그러므로. ○遠人不服(원인불복)—먼 사람들이 복종하지 않으면. 원인(遠人)은 지역적으로 먼 데서 온 사람의 뜻만이 아니라, 그 나라 왕실이나 통치계급과 거리가 먼 사람의 뜻도 포함된다. ○則修文德(즉수문덕)—(위정자 자신이) 학문과 덕행을 닦고. ○以來之(이래지)—그래가지고 (먼 사람들이) 나라에 와서 살게 한다. ○旣來之(기래지)—이미 온 사람들에게는. ○則安之(즉안지)—즉 편안히 살게 해준다.

16-1-5

"지금 유와 구는 계씨를 돕는데, 먼 데 사람들이 스스로 복종하여 좇아오게 하지 못했을 뿐만 아니라, 민심이 이탈되고 나라가 쪼개지는데도 이를 막고 지키지 못하면서 도리어 같은 나라 안에서 전쟁을 일으키고자 한다. 나는 계씨의 걱정이 전유에 있는 것이 아니라, 바로 자기 집안에 있음을 우려하노라."

[原文]

今由與＞求也는 相Ⅱ夫子Ⅰ호대 遠人이 不服＞而
금유여 구야   상 부자   원인   불복 이

不＞能＞來也하며 邦分崩離析 而不＞能＞守也하고
불 능 래야   방분붕리석 이불 능 수야

而謀＞動Ⅱ干戈於邦內Ⅰ하니 吾는 恐季孫之憂Ⅰ不
이모 동 간과어방내   오   공계손지우 부

＞在Ⅱ顓臾Ⅰ而在Ⅱ蕭墻之內Ⅰ也하노라.
재 전유 이재 소장지내 야

[가사체 번역문]

지금너희 由와求는 계씨그를 돕는일에
         유 구

먼사람들 제스스로 복종하게 못했으며

백성민심 이탈되고 온나라가 쪼개져도 지키지를 못하고서

같은나라 그안에서 전쟁을랑 하려한다

나는나는 季氏그의 그걱정이 顓臾나라 거기있지 아니하고
         계 씨   전 유

바로魯國 정치안에 있다는걸 걱정한다
_{노국}

왜냐하면 계씨그者 魯國임금 안받들고
_{자 노국}

나라권력 가로채는 그런일을 해서라네

[註解] ○今由與求也(금유여구야)─지금 유와 구는, 즉 자로와 염유는.
○相夫子(상부자)─계씨를 도움에 있어. ○遠人不服(원인불복)─먼 사람이
복종하지 않고. ○而不能來也(이불능래야)─또 스스로 와서 살지도 않는다.
○邦分崩離析(방분붕리석)─나라가 쪼개지고 붕괴되고, 신하나 백성들이
갈라지고 흩어진다. ○而不能守也(이불능수야)─그런데도 방비하지 못하면
서. ○而謀動干戈於邦內(이모동간과어방내)─도리어 같은 나라 안에서 전쟁
을 일으키려고 책동한다. 모(謀)는 꾸민다, 동(動)은 (전쟁을) 일으키다, 간
과(干戈)는 방패와 창, 전쟁. ○吾恐(오공)─나는 두렵다, 걱정한다. ○季孫
之憂(계손지우)─계손씨에 대한 걱정, 우려. ○不在顓臾(부재전유)─전유를
치려는 데 있는 것이 아니라. ○而在蕭墻之內也(이재소장지내야)─(걱정거
리는) 은밀하게 정치를 논하는 방안에 있다. 소(蕭)는 숙(肅)과 같다, 즉 엄
숙하다. 장(墻)은 병풍(屛風), 즉 '은밀하게 정사를 의논하는 방안'의 뜻.

[解說]

'다스림은 바르게 함이다[政者正也].' 이는 곧 절대선(絶對善)의
도(道)를 따라 천하를 바르게 다스린다는 뜻이다. 군자(君子)가 정치
에 참여하는 목적도 도의정치(道義政治)를 실현하기 위해서다. 군자
는 절대로 포악무도(暴惡無道)한 권력자에 붙어 아부하거나, 또는 녹
을 받아먹으면 안 된다. 이와 같은 원칙과 정신을 기준으로 공자가
계씨(季氏)의 가신(家臣)으로 있으면서 계씨의 잘못을 바로잡지 못하
고, 도리어 군색하게 변명하려는 자로(子路)와 염유(冉有)를 신랄하

게 꾸짖었다.

윗사람의 부정(不正)을 자기 힘으로 막거나 고칠 수 없으면, 벼슬자리에서 물러나야 한다. 할 일을 못하면서 자리에 있는 것은 '절위(竊位)'「衛靈公篇 15-13」다. 더욱이 잘못을 윗사람에게 전가하거나, 혹은 윗사람의 무력행사를 두둔하면 안 된다. 그리고 공자는 인정(仁政)과 덕치(德治)의 기본을 다음과 같이 밝혔다.

"나라를 다스리는 사람은 백성 적음을 걱정하지 않고 혜택이나 분배가 고르지 못함을 걱정한다. 가난을 걱정하지 않고 편안하지 못함을 걱정한다." "고르면 가난하지 않고, 화목하면 백성이 적지 않을 것이고, 편안하면 나라가 기울지 않을 것이다." "그러므로 먼 데 사람이 복종하지 않으면 문화적인 덕치로 교화시켜 스스로 오게 할 것이며, 오면 그들을 편안히 살게 해주어야 한다."

16-2

공자가 말했다. "천하에 도가 있으면 예약과 정벌의 명령이 천자로부터 나오고, 천하에 도가 없으면 예약과 정벌의 명령이 제후로부터 나온다.

제후로부터 나오면 대략 10대로 망하지 않음이 없고, 대부로부터 나오면 5대로 망하지 않음이 없고, 가신이 국권을 잡으면 3대에 망하지 않음이 없다.

천하에 도가 있으면 정사가 대부의 손에 있을 리 없고, 천하에 도가 있으면 서민들이 논란하지 않는다."

孔子ㅣ 曰 天下ㅣ 有>道 則禮樂征伐이 自ㅐ天子
공자 왈 천하 유 도 즉예악정벌 자 천자

ㅣ出하고 天下ㅣ 無>道 則禮樂征伐이 自ㅐ諸侯ㅣ出
출 천하 무 도 즉예악정벌 자 제후 출

하나니 自ㅐ諸侯ㅣ出이면 蓋十世에 希>不>失矣오
자 제후 출 개십세 희 불 실의

自ㅐ大夫ㅣ出이면 五世에 希>不>失矣오 陪臣이 執
자 대부 출 오세 희 불 실의 배신 집

ㅐ國命ㅣ이면 三世에 希>不>失矣나라. 天下ㅣ 有>道
국명 삼세 희 불 실의 천하 유 도

則政不>在ㅐ大夫ㅣ하고 天下ㅣ 有>道 則庶人不>
즉정부재 대부 천하 유 도 즉서인불

議하나니라.
의

[가사체 번역문]

공자께서 말하셨다

천하에道 있으면은 禮樂들과 征伐명령 天子에서 나오지만
　　　도　　　　예악　　　정벌　　　천자

천하에道 없으면은 禮樂들과 征伐명령 제후에서 나온다네
　　　도　　　　예악　　　정벌

제후에서 나오면은 대략말해 십대안에 안亡하지 아니하고
　　　　　　　　　　　　　　　　망

대부에서 나오면은 오대안에 망하지를 아니함이 거의없고

家臣들이 나라정권 가로채면 삼대안에 안망하지 아니한다
가신

천하에道 있으면은 나라정사 大夫손에 있을리가 만무하고
　　　도　　　　　　　　대부

천하에道 있으면은 庶民들과 百姓들이 政治論議 하잖는다
　　　도　　　　서민　　백성　　정치논의

[註解] ○天下有道(천하유도)─천하에 바른 도리가 있으면, 즉 정도(正道)의 정치가 행해지면. ○禮樂征伐(예악정벌)─예악(禮樂)은 문물(文物)·제도(制度)·의식(儀式)·예절(禮節)·전장(典章) 및 음악(音樂) 등. 예악은 문화적으로 백성을 교화하는 규범이다. 정벌(征伐)은 나가서 무력으로 난신(亂臣)이나 역적(逆賊)을 토벌함. 즉 무력행사의 뜻. ○自天子出(자천자출)─문무(文武)의 명령이 천자로부터 나온다. ○無道(무도)─도가 없으면, 도가 행해지지 않으면. ○自諸侯出(자제후출)─제후가 참월(僭越)하게 대권을 행사한다는 뜻. ○蓋十世(개십세)─대략 10세, 10대(代). ○希不失矣(희불실의)─희(希) = 드물 희(稀), 실(失)은 잃다, 망하다. 즉 나라를 잃고 망하지 않음이 거의 없다. ○自大夫出(자대부출)─나라의 대권을 대부가 농단(壟斷)하면. ○五世希不失矣(오세희불실의)─5대에 나라를 잃고 망한다. ○陪臣執國命(배신집국명)─가신(家臣)들이 국권(國權)을 가로채고 정령(政令)을 발하면, 배신(陪臣)은 대부 밑에 있는 가신. ○三世希不失矣(삼세희불실의)─3대에 망하지 않음이 없다. ○政不在大夫(정부재대부)─정사나 정령을 대부가 처리하지 않는다. ○庶人不議(서인불의)─일반 서민이나 백성들은 정치에 대한 논란을 하지 않는다.

[解說]

정치의 바른 도리는, 곧 '공동체를 구성하는 모든 사람들이 서로 사랑하고 하나가 되어 함께 잘 사는 도리'다. 그 도리가, 곧 절대선(絶對善)의 천도(天道)이며, 그 천도를 따르고 행하는 정치를 인정(仁政), 덕치(德治)라 한다.

모든 사람을 하나로 화합(和合)하고 잘 살게 하는 절대선의 중심적 존재가 바로 천자(天子)다. 하늘의 대신자(代身者)로서, 만민을 다스리는 천자는 최고의 덕을 갖추어야 한다. 그래야 하늘이 그에게 명(命)을 내려 존귀한 자리에 오르게 한다. 만약에 그가 실덕(失德)하면 하늘은 명을 거두고 새로 유덕자(有德者)에게 천명(天命)을 바꾸어 내린다. 이를 혁명(革命)이라 한다.

도가 행해지는 나라에서는 덕이 있는 천자를 중심으로 하나가 되어야 한다. 천자 아래 제후(諸侯)·경(卿)·대부(大夫)·사(士) 및 서인(庶人)이 저마다의 신분과 위계(位階)를 지키고 각자의 직분을 다해야 한다. 그래야 그 공동체가 고르고 평안하게 발전한다. 천도를 따르지 않고, 아래가 위를 능멸하거나 침범하면 그 공동체는 망한다.

16-3

공자가 말했다. "작록을 주는 권한이 왕실에서 떠난 지 5세가 되었고, 정령이 대부에게 넘어간 지가 4대나 되었다. 그러므로 삼환의 자손도 미약해지는 것이 당연하다."

[原文]

孔子ㅣ 曰 祿之去ㅐ公室ㅣ이 五世矣오 政逮ㅐ於
공자 왈 녹지거 공실   오세의 정체 어

大夫ㅣㅣ 四世矣니 故로 夫三桓之子孫이 微矣니라.
대부   사세의 고 부삼환지자손   미의

[가사체 번역문]

공자께서 말하셨다

爵祿주는 그權限이 왕실에서 떠난지가 다섯세대 되었으며
작록   권한

政令들이 임금떠나 대부에게 넘어간지 네세대가 되었도다
정령

그러므로 三桓자손 그者들도 微弱하고 衰頹해질 것이로다
         삼환   자   미약   쇠퇴

[註解] ㅇ祿之去公室(녹지거공실)—작록(爵祿)을 내리는 권한이 왕실에서 떠나다. 즉 삼환씨(三桓氏)가 권력을 잡고 멋대로 작록을 내렸다는 뜻. 공실(公室)은 노나라의 왕실. ㅇ五世矣(오세의)—5세가 되었다. ㅇ政逮於大夫(정체어대부)—정사가 (임금 손을 떠나) 대부들 손에 들어간 지. ㅇ四世矣(사세의)—4세가 되었다. ㅇ故夫三桓之子孫微矣(고부삼환지자손미의)—그러므로 삼환씨의 자손들이 쇠퇴하고 미약해진다.

[解說]

앞에서 공자는 "제후가 천자를 무시하고 참월하게 대권을 행사하는 경우, 대략 10세가 되면 나라를 잃고 망하지 않음이 거의 없다〔自諸侯出 蓋十世 希不失矣〕."라 했고, 또 "나라의 대권을 대부가 농단하면, 5대에 나라를 잃고 망한다〔自大夫出 五世希不失矣〕."라고 말했다.

이와 같은 원칙을 적용해서 "삼환씨의 자손들도 쇠퇴하게 마련이다〔故夫三桓之子孫微矣〕."라고 했다. 노(魯)의 문공(文公)이 죽은 후, 문공의 아들 적(赤)을 양중(襄仲)이 죽이고 선공(宣公)을 내세웠다. 그리고 성공(成公)·양공(襄公)·소공(昭公)·정공(定公)까지 5세 동안 정권을 삼환(三桓: 孟孫·叔孫·季孫)이라는 대부가 농단했다.

16-4

공자가 말했다. "이로운 벗이 셋이고, 해로운 벗이 셋이다. 정직한 사람과 벗하고, 성실한 사람과 벗하고, 박학다식한 사람과 벗하면 유익하다. 알랑거리고 비위를 잘 맞추는 사람과 벗하거나, 굽실대는 사람과 벗하거나, 빈말 잘하는 사람과 벗하면 해롭다."

[原文]

孔子ㅣ 曰 益者ㅣ 三友오 損者ㅣ 三友니 友>直하
공 자 왈 익자   삼 우   손자   삼 우   우 직

며 友>諒하며 友ㅐ多聞ㅣ이면 益矣오. 友ㅐ便辟ㅣ하며
우 량   우 다문   익 의   우 편 벽

友ㅐ善柔ㅣ하며 友ㅐ便佞ㅣ이면 損矣니라.
우 선유   우 편 녕   손 의

[가사체 번역문]

공자께서 말하셨다

이로운벗 세種類고 해로운벗 세種類다
         종류   종류

정직하고 강직한者 그사람과 벗을하고
              자

성실하고 믿음있는 그런사람 벗을하고

학식많은 그런사람 벗을하면 유익하다

남의비위 잘맞추는 그런사람 벗하거나

줏대없이 굽실대는 그런사람 벗하거나

빈말하는 그런사람 벗을하면 害가된다
                              해

[註解] ○ 益者三友(익자삼우)―이익이 되는 세 유형의 벗. ○ 損者三友(손자삼우)―손해가 되는 세 유형의 벗. ○ 友直(우직)―정직하고 강직한 사람과 벗한다. 강직한 사람은 나에게 충간(忠諫)한다. ○ 友諒(우량)―성실한 사람과 벗하다. 신의를 지키는 덕을 증진할 수 있다. ○ 友多聞(우다문)―박학다식한 사람과 벗하다. 모든 사물의 도리를 밝게 할 수 있다. ○ 便辟(편벽)―알랑거리고 비위를 잘 맞추는 사람. ○ 善柔(선유)―줏대없이 굽실거리는 사람. ○ 便佞(편녕)―듣기 좋게 말 잘하는 사람.

[解說]

예나 지금이나 같다. 강직하고 성실하고 박학다식한 사람을 벗하면 이로움이 많다. 반대로 남의 비위를 잘 맞추는 편벽된 사람, 줏대없이 남에게 굽실대는 사람, 가식과 교언으로 남의 환심을 사려는 사람 등을 벗으로 하면 해롭다. 좋은 벗과 어울려야 심성과 인격 도야에 도움이 되고, 사회적으로는 정의와 도의를 실천할 수 있다. 함께 술 마시고 놀기만 하는 벗은 손우(損友)다.

16-5

공자가 말했다. "좋아하는 일 중에 유익한 것이 셋이고, 해로운 것이 셋이다. 예악을 따라 절제하기를 좋아하거나, 남의 착한 일 말하기를 좋아하거나, 현명한 벗을 많이 갖기를 좋아하는 일은 유익하다. 방자한 쾌락을 좋아하는 것이나, 일은 않고 유흥을 좋아하는 것이나, 술잔치 좋아하는 것은 해롭다."

孔子ㅣ 曰 益者ㅣ 三樂오 損者ㅣ 三樂니라. 樂>節
공자 왈 익자 삼요 손자 삼요 요절

ㅣ禮樂ㅣ하며 樂>道ㅣ人之善ㅣ하며 樂>多ㅣ賢友ㅣ면
예악 요도 인지선 요다 현우

益矣오. 樂ㅣ驕樂ㅣ하며 樂ㅣ佚遊ㅣ하며 樂ㅣ宴樂ㅣ
익의 요교락 요일유 요연락

이면 損矣니라.
손의

[가사체 번역문]

공자께서 말하셨다 좋아하는 일들중에

유익한게 셋이있고 해로운게 셋이있다

禮와樂을 따르면서 節制하길 좋아하고
예 악 절제

사람들의 착한일을 말하기를 좋아하고

어질고도 현명한벗 많이갖기 좋아하는 그런일은 유익하고

방자하게 노는것을 좋아하는 일들이나

안일하고 遊樂하기 좋아하는 일들이나
유락

술잔치를 벌이고서 놀기좋아 하는것은 나쁘고도 손해된다

[註解] ○益者三樂(익자삼요)─유익한 세 가지를 좋아하는 일. 즐길 요
(樂). ○損者三樂(손자삼요)─손해가 되는 세 가지를 좋아하는 일. ○樂節禮
樂(요절예악)─요(樂)는 좋아하다. 절예악(節禮樂)은 예악으로 조절하고 절
도있게 함. ○樂道人之善(요도인지선)─남의 장점이나 착한 행동을 칭찬하
고 말하기를 좋아하다. ○樂多賢友(요다현우)─현명한 벗 많기를 좋아한
다. ○益矣(익의)─유익하고 이롭다. ○樂驕樂(요교락)─교만을 떨며 방자

하게 노는 쾌락을 좋아하다. ○樂佚遊(요일유)―안일하게 놀기만을 좋아하다. ○樂宴樂(요연락)―술잔치 벌이고 놀기를 좋아하다. ○損矣(손의)―나쁘고 손해가 된다.

[解說]

예악(禮樂)으로 인품이나 행동을 잘 조절해야 한다. 남의 선덕(善德)을 칭찬해야 한다. 현명한 친구를 많이 사귀어야 한다. 이 세 가지는 이로운 것이다. 반대로 게으름 피우고, 술 마시고, 호기 부리고 놀거나 쾌락에 빠지면 일신을 망친다.

16-6

공자가 말했다. "군자를 모시고 있을 때 저지르기 쉬운 잘못이 셋이 있다. 윗사람이 말을 하기 전에 먼저 입을 여는 것을 조급한 탓이라 한다. 윗사람이 말을 했는데도 대꾸하지 않는 것을 속을 감추는 탓이라 한다. 윗사람의 안색을 살피지 않고 함부로 떠드는 것을 장님의 탓이라 한다."

[原文]

孔子ㅣ 曰 侍ⅱ於君子ㅣ에 有ⅱ三愆ㅣ하니 言未>
공자 왈 시 어군자 유 삼건 언미

及>之而言을 謂ⅱ之躁ㅣ오. 言及>之而不>言을 謂ⅱ
급 지이언 위 지조 언급 지이불 언 위

之隱ㅣ이오. 未ㅣ見ⅱ顔色ㅣ而言을 謂ⅱ之瞽ㅣ니라.
지은 미 견 안색 이언 위 지고

[가사체 번역문]

공자께서 말하셨다

君子들을 모실때에 저지르기 쉬운잘못 세가지가 있느니라
군 자

윗사람이 말하기전 먼저입을 여는것을 조급하다 라고하고

윗사람이 말을해도 대꾸하지 않는것을 속감춘다 라고하며

윗사람의 안색을랑 살피지를 아니하고 함부로들 말하는걸

장님처럼 보지못한 것이라고 말하니라

[註解] ㅇ侍於君子(시어군자)－군자를 모시고 있을 때에. ㅇ有三愆(유삼건)－저지르기 쉬운 잘못이 셋이 있다. 허물 건(愆). ㅇ言未及之(언미급지)－어른이 미처 말하지 않았는데. ㅇ而言(이언)－내가 먼저 말하는 것을. ㅇ謂之躁(위지조)－조급한 탓이라 한다. ㅇ言及之(언급지)－어른이 말을 했는데. ㅇ而不言(이불언)－내가 대꾸하지 않는 것을. ㅇ謂之隱(위지은)－숨기는 탓이라 한다. ㅇ未見顔色(미견안색)－어른의 안색을 살피지 않고. ㅇ而言(이언)－내가 함부로 말하는 것을. ㅇ謂之瞽(위지고)－장님처럼 보지 못하는 탓이라 한다.

[解說]

어른을 모시고 있으면서 대화할 때에는 세심하고 신중해야 한다. 어른이 먼저 말을 하면 그 의도나 뜻을 깊이 살피고 신중하게 대답해야 한다. 어른이 말을 걸었는데도 멍청하게 앉아서 대꾸를 안 하면 큰 실례가 되고, 또 속을 숨기는 것으로 오해를 산다. 특히 대화할 때는 어른의 표정과 기색을 잘 살피면서 응대해야 한다.

공자가 말했다. "군자가 경계해야 할 점 세 가지가 있다. 청소년기에는 혈기가 안정되지 않았기 때문에 여색을 경계해야 하며, 장년기에는 혈기가 마냥 강성하기 때문에 싸움을 경계해야 하며, 노년기에는 혈기가 쇠잔하기 때문에 욕심을 경계해야 한다."

[原文]

孔子ㅣ 曰 君子ㅣ 有>三戒ㅣ하니 少之時에 血氣ㅣ
공 자 왈 군자 유 삼계 소 지 시 혈 기

未>定이라 戒>之在>色이오 及ⅱ其壯ㅣ也하야 血氣
미 정 계 지 재 색 급 기 장 야 혈 기

ㅣ 方剛이라 戒>之在>鬪오 及ⅱ其老ㅣ也하야 血氣ㅣ
방 강 계 지 재 투 급 기 노 야 혈 기

旣衰라 戒>之在>得이니라.
기 쇠 계 지 재 득

[가사체 번역문]

공자께서 말하셨다

군자들이 경계할게 세가지가 있느니라

청소년기 그시절엔 혈기안정 되지않아 女色을랑 경계하고
여 색

장년기엔 그혈기가 왕성하고 강하기에 싸움경계 해야하며

노년기엔 그혈기가 쇠약하고 시들기에 욕심경계 해야한다

[註解] ㅇ君子有三戒(군자유삼계)—군자가 지켜야 할 세 가지 계율. 경계해야 할 일. ㅇ少之時(소지시)—청소년 시절에는. ㅇ血氣未定(혈기미정)—혈기가 안정되지 않았다. ㅇ戒之在色(계지재색)—여색을 경계해야 한다. ㅇ及其壯也(급기장야)—장년기가 되면. ㅇ血氣方剛(혈기방강)—혈기가 마냥 강하고 왕성하므로. ㅇ戒之在鬪(계지재투)—싸움이나 투쟁을 하지 않도록 경계해야 한다. ㅇ及其老也(급기노야)—노쇠하게 되면. ㅇ血氣旣衰(혈기기쇠)—혈기가 시들고 쇠진하므로. ㅇ戒之在得(계지재득)—얻고자 하는 욕심을 경계해야 한다.

[解說]

군자만이 아니라 모든 사람이 지켜야 할 계명이다. 청소년기는 학습과 수양에 주력해야 한다. 관능적인 향락에 빠지면 일생을 망친다. 장년기에는 인심(仁心)을 바탕으로 인덕(仁德)을 세워야 한다. 무력이나 폭력으로 권력이나 재물을 쟁취하면 안 된다. 늙어서는 허심탄회하게 모든 것을 물려주고 왕생해야 한다.

16-8

공자가 말했다. "군자가 두려워해야 할 것이 세 가지 있다. 천명을 두려워해야 하고, 대인을 두려워해야 하고, 성인의 가르침을 두려워해야 한다. 소인은 천명을 알지 못하므로 두려워하지 않으며, 대인에게 함부로 대하고, 성인의 가르침을 업신여긴다."

孔子ㅣ 曰 君子ㅣ 有ㅠ三畏ㅣ하니 畏ㅠ天命ㅣ하며
<small>공자 왈 군자 유 삼외 외 천명</small>

畏ㅠ大人ㅣ하며 畏ㅠ聖人之言ㅣ이니라. 小人은 不>
<small>외 대인 외 성인지언 소 인 부</small>

知ㅠ天命ㅣ 而不ㅣ畏也라 狎ㅠ大人ㅣ하며 侮ㅠ聖人
<small>지 천명 이불 외야 압 대인 모 성인</small>

之言ㅣ이니라.
<small>지 언</small>

[가사체 번역문]

공자께서 말하셨다

군자들이 두려워들 해야할게 다음같이 세가지가 있느니라

하늘명령 天命그걸 두려워들 해야하고
<small>천 명</small>

하늘같은 大人그를 두려워들 해야하고
<small>대 인</small>

聖人들의 가르침을 두려워들 해야한다
<small>성 인</small>

소인들은 천명몰라 두려워들 하잖으며

하늘같은 大人그를 무엄하게 상대하고
<small>대 인</small>

聖人들의 가르침을 업신여겨 무시한다
<small>성 인</small>

[註解] ㅇ君子有三畏(군자유삼외)－군자가 두려워해야 할 일이 세 가지 있다. 외(畏)는 경외하다. ㅇ天命(천명)－하늘은 천지 자연만물을 창조하고 생육화성(生育化成)하는 절대(絶對)이다. 천명(天命)은 하늘이 절대명령적으로 내려주는 모든 것이다. 우주(宇宙)의 이법(理法), 자연법칙(自然法則), 하늘의 도리[天道] 등이 다 천명으로 주어진 절대 진리이다. ㅇ大人(대인)－

하늘과 하나가 된 사람. 절대선(絕對善)의 천도천리(天道天理)를 따르고 지키는 사람. ㅇ聖人之言(성인지언)─성인의 말. 가르침. 성인의 글이나 책. ㅇ小人(소인)─동물적 존재로, 육체적·이기적 욕구만을 채우려는 저속한 인간. 금전만능주의(金錢萬能主義)에 사는 천덕(賤德)한 속물. ㅇ不知天命(부지천명)─(동물적 존재인 소인은) 하늘도 천명도 알지 못한다. ㅇ而不畏也(이불외야)─그러므로 경외하지 않는다. ㅇ狎大人(압대인)─압(狎)은 무엄하게 함부로 대한다. 즉 동물 같은 삶을 사는 소인은 정신적으로 높은 경지에 있는 대인(大人)을 높일 줄 모르고 함부로 대한다. ㅇ侮聖人之言(모성인지언)─성인의 말. 책이나 글을 높일 줄 모르고 도리어 무시하고 욕한다.

16-9

꽁자가 말했다. "나면서 스스로 아는 사람은 으뜸이고, 배워서 아는 사람은 다음이고, 막히자 애써 배우는 사람은 그 다음이다. 그러나 막혀도 배우지 않는 자를 세상 사람들은 하치라고 친다."

[原文]

孔子ㅣ 曰 生而知之者는 上也오 學而知之者
공자 왈 생 이 지 지자 상야 학 이 지 지자

는 次也오 困而學之는 又其次也니 困而不學이
차야 곤 이 학 지 우 기 차 야 곤 이 불 학

면 民斯爲下矣니라.
민 사 위 하 의

[가사체 번역문]

공자께서 말하셨다

태어나며 제스스로 아는자는 으뜸이다

배우고서 그때아는 그사람은 두번째다

막히면은 애를쓰고 배우는자 세번째다

막히고도 안배우면 백성들도 그사람을 가장낮게 치느니라

[註解] ○生而知之者(생이지지자)—천생으로 총명하여 스스로 천도천리 (天道天理)를 깨닫고 아는 사람. ○上也(상야)—으뜸이다. 최상급의 인간이다. ○學而知之者(학이지지자)—배우고 학문을 통해서 천도천리를 터득하고 아는 사람. ○次也(차야)—다음 가는 사람. ○困而學之(곤이학지)—막히고 통하지 않아서 배우고 천도천리를 알게 된 사람. 곤(困)은 막히고, 통하지 않는다. 곤란을 겪다. ○又其次也(우기차야)—또 그 다음 가는 사람. ○困而不學(곤이불학)—막히고 곤란을 겪으면서도 배우지 않는 사람. ○民斯爲下矣(민사위하의)—세상 사람들은 그를 가장 하치로 친다.

[解說]

여기서 '지지(知之)'라고 한 뜻은 '외형적 기술이나 기능을 알다.'의 뜻보다 '천도천리를 깨닫고 실천한다.'는 뜻이다. 성인(聖人)은 '생이지지(生而知之)'한다. 그러나 대부분의 사람들은 학문을 통해서 천도천리를 깨닫고 실천한다. 공자 자신도 "나는 생이지지하지 않고, 부지런히 옛날의 글을 배워서 알게 되었다."「述而篇 7-19」라고 말했다. 천도를 배워야 사람다운 사람이 되며, 기술도 선용할 수 있다.

16-10

공자가 말했다. "군자가 깊이 생각해야 할 일이 아홉 가지 있다. 사물을 밝고 정확하게 보려고 생각해야 한다. 남의 말을 들을 때에는 사리를 총명하게 분별하려고 생각해야 한다. 남에게 대할 때에는 안색 표정을 온화하게 하려고 생각해야 한다. 몸가짐과 태도를 공손하게 하려고 생각해야 한다. 말을 성실하고 진실되게 하려고 생각해야 한다. 일처리를 경건하게 하려고 생각해야 한다. 의아한 것은 남에게 묻고자 해야 한다. 분이 나도 뒤에 닥쳐올 재난을 생각하고 참고 자제해야 한다. 이득이 있어도 먼저 도의를 생각해야 한다."

[原文]

孔子ㅣ 曰 君子ㅣ 有ㅠ九思ㅣ하니 視思>明하며 聽
공자 왈 군자 유 구사   시사 명   청

思>聰하며 色思>溫하며 貌思>恭하며 言思>忠하며
사 총   색사 온   모사 공   언사 충

事思>敬하며 疑思>問하며 忿思>難하며 見>得思>
사사 경   의사 문   분사 난   견 득사

義니라.
의

[가사체 번역문]

공자께서 말하셨다

군자라고 하는者가 깊이생각 해야할일 아홉가지 있느니라
         자
사물들을 볼때에는 정확하고 밝게볼걸 생각해야 하느니라

남의말을 들을때는 총명하게 분별할걸 생각해야 하느니라

다른사람 對할때는 안색온화 하게할걸 생각해야 하느니라
         대
몸가짐과 태도들을 공손하게 하려는걸 생각해야 하느니라

하는말을 성실하고 진실되게 하려는걸 생각해야 하느니라

일처리를 엄숙하고 경건하게 하려는걸 생각해야 하느니라

의아하고 의문나면 남들에게 물을것을 생각해야 하느니라

성을당장 내지말고 뒤에닥칠 재난들을 생각해야 하느니라

바로자기 눈앞利得 그보다는 먼저道義 생각해야 하느니라
         이 득   도 의

[註解] ○有九思(유구사)－아홉 가지 일에 대해서 깊이 생각해야 한다. 사(思)는 생각하고 또 노력한다는 뜻. ○視思明(시사명)－사물을 볼 때에는 밝고 정확하게 보려고 생각한다. ○聽思聰(청사총)－들을 때에도 사리를 총명하게 분별하도록 생각한다. ○色思溫(색사온)－안색이나 표정을 온화하게 하려고 노력한다. ○貌思恭(모사공)－몸가짐과 태도를 공손하게 하려고 노력한다. ○言思忠(언사충)－말을 성실하게 하려고 노력한다. ○事思敬(사사경)－일처리를 경건하게 하려고 노력한다. ○疑思問(의사문)－의문은 남에게 묻고자 한다. ○忿思難(분사난)－그 자리에서 분을 풀지 말고 뒤에 닥쳐올 재난을 깊이 생각하고 참아야 한다. ○見得思義(견득사의)－눈앞에 이득이 있어도, (취하기 전에) 먼저 도의와 정의를 생각해야 한다.

16-11

공자가 말했다. "선을 보면 못 미칠 것처럼 더욱 노력하여 선을 행하고, 선하지 않은 것을 보면 끓는 물속에 손을 넣고 더듬다가 후딱 빼듯이 물러난다. 나는 그런 사람을 보기도 했고, 또 그런 사람의 말을 듣기도 했다. 한편 은퇴하고 있으면서 자기가 뜻한 바 도를 찾고, 의를 행하면서 자기가 옳다고 믿는 도를 달성한다. 나는 그런 사람의 말을 듣기는 했어도, 아직 그런 사람을 보지는 못했다."

[原文]

孔子Ⅰ 曰 見>善如>不>及하며 見Ⅱ不善Ⅰ如>探>
공자 왈 견 선여 불 급 견 불선 여 탐

湯을 吾見Ⅱ其人Ⅰ矣오 吾聞Ⅱ其語Ⅰ矣로라. 隱居
탕 오견 기인 의 오문 기어 의 은거

以求Ⅱ其志Ⅰ하며 行>義以達Ⅱ其道Ⅰ를 吾聞Ⅱ其語
이구 기지 행 의이달 기도 오문 기어

Ⅰ矣오 未>見Ⅱ其人Ⅰ也로라.
의 미 견 기인 야

[가사체 번역문]

공자께서 말하셨다

善한것을 보게되면 따라가지 못할듯이 노력하고 실행한다
선

不善한걸 봤을때는 끓는물에 손넣다가 후딱빼듯 물러난다
불선

그사람도 나는봤고 그의말도 들어봤다 숨어살고 있으면서

자기뜻을 찾아보고 義를실천 실행하며 자기道를 달성한다
^의   ^도

나는이말 들었어도 그런사람 못보았다

[註解] ○見善如不及(견선여불급)—선을 보면 따라가지 못할 듯이 (더욱 노력하고 선을 행하려고 한다). ○見不善如探湯(견불선여탐탕)—불선을 보면 끓는 물을 더듬는 듯이 (얼른 손을 빼고 물러난다). ○吾見其人矣(오견기인의)—나는 그런 사람을 보기도 했고. ○吾聞其語矣(오문기어의)—나는 그렇게 한 사람들의 말을 듣기도 했다. ○隱居以求其志(은거이구기지)—은퇴해 있으면서 자기가 뜻한 바 도를 찾고. ○行義以達其道(행의이달기도)—의를 행하면서 자기가 옳다고 믿는 도를 달성한다. ○未見其人也(미견기인야)—아직 그런 사람을 보지 못했다.

[解說]

선(善)을 적극적으로 추구하고, 불선(不善)을 경계하는 사람이 있다. 그러나 물러나도 뜻을 찾고, 의를 행하면서 더욱 높은 차원의 도를 구하는 사람이 없다고 말했다.

16-12

제나라의 경공은 말 4천 필을 가졌으나, 죽을 때에 사람들이 그의 덕을 칭송하지 않았다. 백이·숙제는 수양산 밑에서 굶어 죽었지만 사람들이 오늘날에도 칭송한다. (『시경』의 말은 이를 두고 한 말일 것이다.)

齊景公이 有Ⅱ馬千駟ㅣ호되 死之日에 民無Ⅱ德
제경공   유 마천사   사지일   민무 덕

而稱ㅣ焉이오. 伯夷叔齊는 餓Ⅱ于首陽之下ㅣ호되
이칭 언   백이숙제   아 우수양지하

民到Ⅱ于今ㅣ稱>之하나니라 其斯之>謂與인저.
민도 우금 칭지   기사지 위여

[가사체 번역문]

제나라의 경공임금 말사천필 가졌었다

그러하나 죽은뒤에 사람들이 그의덕을 칭송하지 않았다네

백이숙제 그분들은 首陽山밑 그곳에서 굶어서들 죽었다네
                수양산

그러하나 사람들이 오늘날도 칭송한다

그것이곧 이런것을 말을하는 것이리라

[註解] ○齊景公(제경공)—제나라 경공.「顏淵篇 12-11」참고. ○有馬千駟(유마천사)—말 4천 필을 가졌다. 사마 사(駟). 제후는 약 2천6백 필의 말을 가진다. 경공의 4천 필은 천자보다 많다. ○死之日(사지일)—'죽은 다음'의 뜻. ○民無德而稱焉(민무덕이칭언)—백성들이 그의 덕을 칭송하지 않았다. 들어서 칭송할 덕이 없었다. ○伯夷叔齊(백이숙제)—「公冶長篇 5-23」참고. ○餓于首陽之下(아우수양지하)—수양산 밑에서 굶어 죽었다. ○民到于今稱之(민도우금칭지)—백성들이 오늘까지 칭송한다. ○其斯之謂與(기사지위여)—그것이 곧 이것을 말하는 것이리라. 『시경』의 구절이지만 여기서는 잘 맞지 않는다. 『집주(集註)』는 이 구절을 착간(錯簡)이라고 했다.

　　타락하고 무도(無道)한 정치사회에서 권력을 독차지하고 부귀영화를 누린다고 덕(德)이 있는 것이 아니다. 제(齊)는 대국(大國)이다. 그 나라 경공(景公)의 말 4천 필은 막대한 재산이다. 그러나 입덕(立德)하지 않았으므로 그가 죽은 다음 사람들이 그를 칭송하지 않았다. 대의명분(大義名分)을 지킨 백이숙제는 오늘날까지 칭송되고 있다.

16-13-1

　　진항이 백어에게 "그대는 아버지로부터 남달리 가르침을 받은 일이 있는가?" 하고 묻자, 백어가 대답해 말했다.

　　"없습니다. 하루는 아버지가 홀로 서 계실 때에, 내가 뜰 앞을 지나갔더니, 아버지가 '너는 시를 배웠느냐?' 하고 물으시기에 '아직 못 배웠습니다.' 하고 아뢰자, '시를 배우지 않으면 남과 더불어 말할 수 없다.'고 하시므로 나는 물러나 시를 공부했습니다."

[原文]

陳亢이 問ⅱ於伯魚ㅣ曰 子亦有ⅱ異聞ㅣ乎아? 對
　진항　　문　어백어　왈　자역유　이문　호　　대

曰 未也로라. 嘗獨立이어시늘 鯉ㅣ趨而過>庭이러니
왈　미야　　　상독립　　　　　이　　추이과　정

曰學>詩乎아? 對曰 未也로이다. 不>學>詩면 無ⅱ
왈학　시호　　대왈　미야　　　　불　학　시면　무

以言ㅣ이라 하야시늘 鯉ㅣ 退而學>詩호라.
이 언   이   퇴이학 시

【가사체 번역문】

陳亢이라 하는者가 伯魚에게 물어봤다
진항   자 백어

아버지께 남과달리 특별하게 가르침을 받은일이 있습니까

伯魚께서 대답했다 없습니다 라고했죠
백어

그어느날 아버지가 홀로서서 계실때에 제가뜰을 지나가자

아버지가 물으시길 너는詩를 배웠느냐 이런말을 하시기에
                     시

아직까지 못배웠죠 이러하게 아뢨는데

이에대해 아버지는 다음같이 말하셨죠

詩란것을 안배우면 남과함께 말을할수 없다라고 하시기에
시

저는바로 물러나서 詩를공부 했습니다
                     시

【註解】○陳亢(진항)─「學而篇 1-10」에 나오는 자금(子禽)이라고 하나, 확
실치 않다. ○問於伯魚曰(문어백어왈)─백어(伯魚)에게 물었다. 백어는 공자
의 아들, 이름은 리(鯉). ○子亦有異聞乎(자역유이문호)─그대도 역시 (아버
지 공자 선생으로부터) 특별히 다른 가르침을 받았는가? ○對曰未也(대왈
미야)─백어가 대답해서 말했다. '없다.' ○嘗獨立(상독립)─(백어의 말 계
속) '아버지가 혼자 서 계실 때'. ○鯉趨而過庭(이추이과정)─'이(鯉), 즉 내
가 뛰어서 뜰을 지나가려고 하자.' ○曰學詩乎(왈학시호)─'(아버지가)
"너, 시를 배웠느냐?" 하시기에'. ○對曰未也(대왈미야)─'내가 "아직 안 배
웠습니다." 하고 대답했다.' ○不學詩 無以言(불학시 무이언)─'그러자 아
버지가) "시를 안 배우면 남하고 말을 할 수 없다."고 말씀하셨다.' ○鯉退
而學詩(이퇴이학시)─'그래서 이, 즉 나는 물러나 시를 공부했다.' (이상이

백어가 한 대답의 말).

16-13-2

"어느 날 또 아버지가 혼자 서 계실 때, 내가 뜰 앞을 지나 가자, 아버지께서 '너 예를 배웠느냐?' 하고 물으시기에 '아 직 못 배웠습니다.' 하고 아뢰었더니, 아버지가 '예를 배우지 않으면, 세상에 나서서 행세할 수 없다.'고 하셨습니다. 그래 서 물러나 예를 배웠습니다. 제가 아버지로부터 직접 들은 말 씀은 이 두 가지뿐입니다."

진항은 물러나와 기뻐하며 말했다. "하나를 묻고, 셋을 얻 었다. 시와 예의 가르침을 알았고, 또 군자는 자기 아들이라 하여 특별히 가까이하지 않음도 알았다."

[原文]

他日 又獨立이어시거늘 鯉ㅣ 趨而過>庭이러니 曰
타 일 우 독 립   이   추 이 과 정   왈

學>禮乎아? 對曰 未也로이다. 不>學>禮면 無ㅍ以
학 례 호   대 왈 미 야   불 학 례   무   이

立ㅣ이라 하야시거늘 鯉ㅣ 退而學>禮로라. 聞ㅍ斯二
립   이   퇴 이 학 례   문   사 이

者ㅣ로라 陳亢이 退而喜曰 問>一得>三호니 聞>詩
자   진 항   퇴 이 회 왈 문 일 득 삼   문 시

聞>禮하고 又聞ㅍ君子之遠ㅍ其子ㅣ也호라.
문 례   우 문 군 자 지 원   기 자   야

826 완역해설 논어

[가사체 번역문]

그어느날 아버지가 홀로서서 계실때에 제가뜰을 지나가자

아버지가 물으시길 너는 禮를 배웠느냐 이런말을 하시기에
　　　　　　　　　　예

아직까지 못배웠죠 이러하게 아뢨는데

이에대해 아버지는 다음같이 말하셨죠

禮란것을 안배우면 세상나가 行世할수 없다라고 하시기에
예　　　　　　　　　　　행세

저는바로 물러나서 禮를공부 했습니다
　　　　　　　　　예

제가바로 아버지께 직접들은 그말씀은 이두가지 뿐입니다

陳亢그者 물러나와 기뻐하며 말하였다
진항　자

나는하나 물었는데 세가지를 얻었다네

詩와禮를 가르치는 그방법을 알았으며
시　예

군자들은 자기아들 멀리함도 알았다네

[註解] ○學禮乎(학례호)—예를 배웠느냐? ○不學禮(불학례)—예를 배우지 않으면, 즉 예를 모르면. ○無以立(무이립)—사회에 나가 행세할 수 없다. ○聞斯二者(문사이자)—(백어의 말) 내가 아버지로부터 들은 말은 이 두가지뿐이다. ○問一得三(문일득삼)—하나를 묻고 세 가지 말을 듣고 알았다. ○聞詩聞禮(문시문례)—시와 예에 대한 가르침을 듣고 배웠다. ○君子之遠其子也(군자지원기자야)—군자는 자기 자식을 남다르게 특별히 가르치지 않고, 다른 사람과 같은 자리에서 훈육한다는 뜻.

16-14

임금의 아내를 임금이 부를 때는 부인이라 하고, 부인 스스

로는 소동이라 하고, 그 나라 사람이 부르기는 군부인이라 한다. 다른 나라 사람에게 일컬을 때는 과소군이라 하고, 다른 나라 사람이 부를 때는 역시 군부인이라 한다.

[原文]

邦君之妻를 君이 稱>之曰Ⅱ夫人Ⅰ이오 夫人이 自
방군지처　　군　　칭　지왈　부인　　　　　부인　　자

稱曰Ⅱ小童Ⅰ이오 邦人이 稱>之에 曰Ⅱ君夫人Ⅰ이
칭왈　소동　　　　방인　　칭　지　왈　군부인

오. 稱Ⅱ諸異邦Ⅰ曰Ⅱ寡小君Ⅰ이오 異邦人이 稱>之
　　칭　저이방　왈　과소군　　　　이방인　　칭　지

에 亦曰Ⅱ君夫人Ⅰ이니라.
　역왈　군부인

[가사체 번역문]

　임금妻를 임금님은 夫人이라 부르시고
　　　처　　　　　　　　부인

　夫人자신 스스로는 小童이라 呼稱하고
　부인　　　　　　　소동　　　호칭

　백성들이 부를때는 君夫人님 이라한다
　　　　　　　　　　군부인

　다른나라 사람에겐 寡小君님 이라하고
　　　　　　　　　　과소군

　다른나라 사람들도 君夫人님 이라한다
　　　　　　　　　　군부인

[註解] ○邦君之妻(방군지처)—나라 임금의 처. 아내. ○君稱之曰夫人(군
칭지왈부인)—임금이 부를 때는 부인이라 한다. ○夫人自稱曰小童(부인자칭
왈소동)—부인이 자신을 일컬을 때는 소동이라 한다. ○邦人稱之曰君夫人

(방인칭지왈군부인)―그 나라 사람들이 임금 부인을 부를 때는 군부인이라 한다. ○稱諸異邦(칭저이방)―다른 나라 사람에게 일컬을 때는. ○日寡小君 (왈과소군)―과소군이라 한다. ○異邦人稱之(이방인칭지)―다른 나라 사람들 이 부를 때는. ○亦日君夫人(역왈군부인)―역시 군부인이라 한다.

[解說]

제12, 13, 14의 세 장은 앞에 '공자왈(孔子曰)'이 없다. 『논어』를 편찬한 사람이 당시의 일화나 기록의 토막을 엮어서 넣었을 것이다.

　　제17편 「양화편」은 주로 세상이 무도(無道)하고 사람들이 도덕적으로 타락한 것을 한탄한 내용이 많다. 황간(皇侃)은 대략 다음과 같이 말했다. "나라의 대신들뿐만 아니라 가신(家臣)들도 타락했으며, 이에 세상이 흉악(凶惡)하게 되었다. 이러한 세태를 밝히기 위해서 이 「양화편」을 「계씨편」 다음에 추렸다〔所以次前者 明於時凶亂 非唯國臣無道 至於陪臣賤 亦竝凶惡 故陽貨次季氏也〕." 총 26장으로 나눈다.

계씨의 가신인 부도한 양화가 공자를 만나고자 했으나, 공자가 만나주지 않았다. 그러자 양화가 공자에게 돼지를 선물로 보냈다. 이에 공자는 양화가 자기 집에 없을 만한 때를 타서 사례를 하러 가다가 공교롭게도 도중에서 그를 만났다.

양화가 말했다. "이리 오시오, 나는 당신과 함께 말하고 싶소. 귀중한 보배를 지니고 있으면서 (나라를 구하지 않고) 혼미하게 내버려두는 것을 인(仁)이라 하겠소?"

공자 : "아닙니다."

양화 : "일을 하고자 하면서, 자주 때를 놓치는 것을 지혜롭다 하겠소?"

공자 : "아닙니다."

양화 : "세월은 지나가고, 우리를 기다리지 않소."

공자 : "그렇습니다. 장차 내가 나가서 일을 하지요."

[原文]

陽貨ㅣ 欲>見ᄅ孔子ㅣ어늘 孔子ㅣ 不>見하신대 歸
양화   욕 견 공자   공자   불 견   귀

ᄅ孔子豚ㅣ이어늘 孔子ㅣ 時ᄅ其亡ㅣ也 而往拜>之러
공자돈   공자   시 기무 야 이왕배 지

시니 遇ᄅ諸途ㅣ하시다 謂ᄅ孔子ㅣ 曰 來하라 予ㅣ 與
우 저도   위 공자   왈 내   여 여

>爾言호리라. 曰懷Ⅱ其寶ㅣ而迷Ⅱ其邦ㅣ이 可>謂>
이 언　　　　왈 회　기 보　이 미　기 방　이　　　가 위

仁乎아? 曰不可하다. 好>從>事而亟失>時ㅣ 可>謂>
인 호　　　왈 불 가　　　호 종 사 이 기 실 시　이　가 위

知乎아? 曰不可하다. 日月이 逝矣라 歲不Ⅱ我與ㅣ니
지 호　　　왈 불 가　　　일 월 이　서 의 라　세 불　아 여

라. 孔子ㅣ 曰 諾다. 吾將>仕矣로리라.
라　공 자　　왈 낙 다　　오 장　사 의

[가사체 번역문]

　　계씨家臣 陽貨란者 孔子뵙길 바랐으나 공자께서 안만났다
　　　　　가신　양화　자　공자

　　그러하자 양화그자 공자님께 선물로써 돼지고기 보내었다

　　이에대해 공자께서 양화그者 그가집에 없을때를 맞추어서
　　　　　　　　　　　　자

　　사례하러 갔었는데 공교롭게 도중에서 양화그자 만났었다

　　양화그자 공자님께 다음같이 말하였다

　　이리와요 그대함께 말을하고 싶습니다

　　보배로운 學識과德 자기몸에 지니고서
　　　　　　학 식　덕

　　자기나라 구하잖고 길을잃고 헤매이게

　　내버리어 두는것을 仁이라고 할수있소
　　　　　　　　　　인

　　양화그者 제스스로 아니라고 말하였다
　　　　자

　　양화그자 말하기를

　　일하고자 하면서도 자주때를 놓치는걸 지혜롭다 할수있소

　　양화그者 제스스로 아니라고 말하였다
　　　　자

　　양화그者 말하기를
　　　　자

　　시간이란 지나가고 세월이란 우리들을 기다리지 않소이다

　　공자께서 말하시길 그러하죠 내앞으로 벼슬하죠 라고했다

[註解] ○陽貨欲見孔子(양화욕견공자)-양화가 공자를 만나보려고 했다. 양화(陽貨)는 양호(陽虎), 계씨(季氏)의 가신. 계씨에게 반란했다가 실각한 난신(亂臣)이다. ○孔子不見(공자불견)-공자가 만나주지 않았다. ○歸孔子豚(귀공자돈)-공자에게 돼지를 선물로 보냈다. 귀(歸)는 먹일 궤(饋)와 같다. ○孔子時其亡也(공자시기무야)-공자는 양화가 집에 없을 때를 타서. ○而往拜之(이왕배지)-양화의 집에 가서 인사를 하려고 (가다가). ○遇諸塗(우저도)-가는 길에 양화를 도중에서 만났다. ○謂孔子曰(위공자왈)-양화가 공자에게 말했다. ○來, 予與爾言(내, 여여이언)-이리 오시오, 내가 당신에게 말하리다. ○懷其寶(회기보)-보배로운 학식과 덕을 지니고 있으면서. ○迷其邦(미기방)-자기 나라가 길을 잃고 헤매게 내버려두는 것을. ○可謂仁乎(가위인호)-인이라 말할 수 있느냐? ○不可(불가)-안된다. ○好從事(호종사)-호(好)는 좋아하다, 종사(從事)는 정사(政事)를 맡아 다스리다. ○亟失時(기실시)-기(亟)는 여러 차례, 자주. 때를 잃다. ○可謂知乎(가위지호)-지혜롭다고 말할 수 있느냐? ○日月逝矣(일월서의)-시간이 지나간다. ○歲不我與(세불아여)-세월은 우리를 기다리지 않는다. 여(與)는 함께 하다, 기다리다. ○諾 吾將仕矣(낙 오장사의)-알았다, 장차 내가 나가서 일을 하리다.

[解說]

양호가 반란을 일으키기 전에, 공자를 이용하려고 했을 것이다.

17-2

공자가 말했다. "인간의 본성은 서로 비슷하지만, 배우고 익힘에 따라 서로 달라지고 멀어진다."

子ㅣ曰 性相近也나 習相遠也니라.
자　　왈　성　상　근　야　　　습　상　원　야

[가사체 번역문]

공자께서 말하셨다
사람들의 본성이란 본디서로 비슷하나
배운것과 익힘따라 사람마다 모두서로 달라지고 멀어진다

[註解] ○性相近也(성상근야) — 사람의 본성은 서로 비슷하다. 후세의 성리학(性理學)에서는 성(性)은 착한 본성, 윤리 도덕성을 말한다. 동물적인 본능(本能)은 말하지 않는다. ○習相遠也(습상원야) — 배우고 익힘에 따라 서로 다르고 멀게 된다.

[解說]

인간의 선본성(善本性)을 계발(啓發)하고 발달시키기 위해서는 어려서부터 효도(孝道), 윤리도덕 교육을 받고, 또 실천해서 몸에 익숙하게 길들도록 해야 한다. 가르치지 않으면, 동물적 존재로 전락한다.

17-3

공자가 말했다. "최상의 지혜로운 사람과, 반대로 최하의 어리석은 사람은 서로 바뀔 수 없다."

子ㅣ 曰 唯上知與ㅣㅣ下愚ㅣ는 不>移니라.
자　왈　유상지여　하우　　불　이

[가사체 번역문]

공자께서 말하셨다
현명하고 착한자와 어리석고 낮은자는 處地서로 못바꾼다
　　　　　　　　　　　　　　　　처지

[註解] ㅇ唯(유)ー오직. ㅇ上知(상지)ー최고로 지혜로운 사람. ㅇ與(여)ー
'이것과 저것'의 '과(와)'에 해당하는 접속사(接續詞). ㅇ下愚(하우)ー최하
의 어리석은 사람. ㅇ不移(불이)ー서로 바뀔 수 없다.

[解說]

　상지(上知)를 하지(下知)로 만들 수도 없고, 하지를 상지로 만들 수
도 없다.

17-4

　공자가 무성에 가서 예악 울리는 소리를 듣고, 빙그레 웃으
면서 말했다. "닭을 잡는 데 어찌 소 잡는 칼을 쓰느냐?"
　이에 무성의 읍재로 있는 자유가 대답하여 말했다. "전에
저는 선생님에게 들은 바 있습니다. '군자는 도를 배우면 백
성들을 사랑하고, 소인들은 도를 배우면 부리기 쉽다.'고 하

셨습니다."

그러자 공자가 말했다. "얘들아! 언의 말이 옳다. 아까 내가 한 말은 농담 삼아 한 말이다."

[原文]

子ㅣ 之Ⅱ武城ㅣ하사 聞Ⅱ弦歌之聲ㅣ하시다 夫子ㅣ
자 지 무 성   문 현 가 지 성   부 자

莞爾而笑曰 割>鷄에 焉用Ⅱ牛刀ㅣ리오? 子游ㅣ 對
완 이 이 소 왈 할 계 언 용 우 도   자 유 대

曰 昔者에 偃也ㅣ 聞Ⅱ諸夫子ㅣ하니 曰 君子ㅣ 學>
왈 석 자 언 야 문 저 부 자   왈 군 자 학

道則愛>人이오 小人이 學>道則易>使也라 하니이다.
도 즉 애 인   소 인 학 도 즉 이 사 야

子ㅣ 曰 二三子아! 偃之言이 是也니 前言은 戲>之
자 왈 이 삼 자   언 지 언 시 야 전 언 희 지

耳니라.
이

[가사체 번역문]

언제한번 공자께서 武城邑에 가셨는데
　　　　　　　　　무성읍

禮樂소리 들으시고 소리없이 웃으면서 다음같이 말하셨다
예악

닭잡는데 어찌하여 소잡는칼 쓰고있나

무성읍재 子游께서 다음같이 대답했다
　　　　　자유

前에저는 선생님께 들은바가 있습니다
전

군자들은 道배우면 백성들을 사랑하고
　　　　　도

소인들은 道배우면 부리기가 쉽느니라
      도
이런말씀 하셨어요

그러하자 공자께서 다음같이 말하셨다

여기있는 그대들아 偃의말이 옳고맞다
              언
아까내가 했던말은 농담삼아 한말이다

[註解] ○子之武城(자지무성)—공자가 무성(武城)에 가다. 지(之)는 동사로 '간다' 의 뜻. 무성은 노(魯)의 변경에 있는 성읍(城邑), 당시 자유(子游)가 읍재(邑宰)였다. ○聞弦歌之聲(문현가지성)—예악이 울리는 소리를 듣고. 현(弦)은 금슬(琴瑟). 가(歌)는 노래, 즉 예악(禮樂)의 뜻. ○夫子(부자)—선생, 공자. ○莞爾(완이)—빙그레. ○割鷄焉用牛刀(할계언용우도)—닭을 잡는 데 어찌 소 잡는 큰칼을 사용하나? 즉 '작은 지방을 다스리는 데, 어찌 국가적인 차원의 예악을 연주하느냐?' 의 뜻. ○子游對曰(자유대왈)—자유가 대답해서 아뢰었다. ○昔者(석자)—전에. ○偃也聞諸夫子曰(언야문저부자왈)—저는 선생님의 말씀을 들었습니다. 언(偃)은 자유(子游)의 이름, 저(諸)는 지(之)+어(於). ○君子學道則愛人(군자학도즉애인)—군자는 도를 배워야 백성을 사랑하게 된다. 군자는 정치에 참여할 선비의 뜻. ○小人學道則易使也(소인학도즉이사야)—소인은 도를 배우면 부려 쓰기 쉽다. 소인은 여기서는 일반 백성의 뜻. ○二三者(이삼자)—얘들아(공자가 제자들을 부르는 말). ○偃之言是也(언지언시야)—언, 즉 자유의 말이 옳다, 맞는다. ○前言戲之耳(전언희지이)—아까 내가 한 말은 농담 삼아 한 말이다. 농담조로 한 말이다.

[解說]

무력이나 형벌을 바탕으로 백성을 억압하는 통치를 패도(覇道)의 악덕통치라 하고, 예악(禮樂)으로 위아래 모든 사람들을 교화해서

도를 따르고 실천케 하는 정치를 예치(禮治), 혹은 덕치(德治)라 한다. 그러므로 정치를 담당하는 지배계층이나 지배를 받는 일반 백성이나 예악으로 교화해야 한다. 공자가 노(魯)나라 변경에 있는 작은 성읍(城邑) 무성(武城)에 갔을 때, 예악이 울려 퍼지자 흡족한 듯이 미소를 띠었다. 그곳을 다스리는 제자 자유(子游)가 예치의 원칙을 잘 지키고 있으므로 속으로 흡족하게 여긴 것이다.

그러나 공자는 일부러 핀잔하는 말투로 자유에게 말했다. "닭을 잡는 데 어찌 소 잡는 큰칼을 사용하느냐?〔割鷄焉用牛刀〕" 이에 당황한 자유가 공자에게 해명했다. "예악으로 군자나 소인을 교화하고자 합니다." 처음부터 공자는 핀잔을 주려고 한 것이 아니라, 속으로 칭찬하며 던진 말이었다. 동시에 공자는 자유로 하여금 '왜 예악을 울리는지, 그 깊은 뜻을' 말하게 하기 위해 던진 물음이었다. 과연 자유가 바르게 대답을 하자, 공자는 "아까 내가 한 말은 농담이었다."고 말을 돌렸다. 공자의 인간미 넘치고 유머러스한 일면이 잘 나타난 대목이다.

17-5

공산불요가 비(費)에서 반란을 일으키고 공자를 불렀으며, 이에 공자가 가려고 하자, 자로가 불쾌한 듯이 말했다.

"가지 마세요. 하필이면 무도한 공산씨에게로 가시려고 하십니까?"

공자가 말했다. "나를 부르는 사람이 어찌 헛되게 부르겠느냐? 만약 나를 써주는 사람이 있다면 나는 (동쪽에 있는 이 나라, 노를) 주나라처럼 부흥시키겠다."

[原文]

公山弗擾ㅣ 以>費畔하야 召어늘 子ㅣ 欲>往이러
공산불요　이비반　소　자　욕왕

시니 子路ㅣ 不>說曰末>之也已니 何必公山氏之
자로　불열왈말지야이　하필공산씨지

之也시리잇고? 子ㅣ 曰夫召>我者는 而豈徒哉리
지야　자　왈부소아자　이기도재

오? 如有Ⅱ用>我者ㅣ인댄 吾其爲Ⅱ東周ㅣ乎인저.
여유　용아자　오기위　동주　호

[가사체 번역문]

公山弗擾 그사람이 費邑에서 반란하고 공자님을 불렀다네
공산불요　　비읍

이러하자 공자께서 가시려고 하였는데

子路께서 불쾌한듯 다음같이 말하였다
자로

절대가지 마십시오

어찌하여 하필이면 그무도한 公山氏께 가시려고 하십니까
공산씨

공자께서 말하셨다

무릇나를 부르는者 그사람이 어찌하여 쓸데없이 부르겠나
자

혹시만약 그사람이 내가가진 뜻과道理 들어주고 쓴다면은
도리

나는나는 魯나라를 중심으로 周나라를 다시부흥 시키겠다
노　　　　　주

[註解] ㅇ公山弗擾(공산불요)－공산(公山)은 성, 불요(弗擾)가 이름. 계씨(季

氏)의 가신(家臣)이며, 비(費)의 읍재(邑宰)였다. ○以費畔(이비반)—비에서
계씨에게 반란했다. ○召(소)—(반란을 일으킨 공손불요가) 공자를 불렀
다. ○子欲往(자욕왕)—공자가 가려고 하자. ○子路不說曰(자로불열왈)—자
로가 싫어하면서 말했다. ○末之也已(말지야이)—가지 마세요. 말(末)은 무
(無), 지(之)는 가다, 야이(也已)는 어조사. ○何必(하필)—하필, 어째서 반드
시. ○公山氏之之也(공산씨지지야)—공산씨에게로 가시려고 (하십니까?)
앞의 지(之)는 '곳, 에게로', 뒤의 지(之)는 '가다'의 뜻. ○夫召我者(부소아
자)—무릇 나를 부른 사람이. ○而(이)—그러하니. 접속사. ○豈徒哉(기도
재)—어찌 헛되게 (나를 불렀겠느냐?) ○如有用我者(여유용아자)—만약 나
를 등용해 준다면. ○吾其爲東周乎(오기위동주호)—나는 (동쪽에 있는 노나
라를 중심으로) 동쪽의 주나라를 다시 부흥시키겠다. 초기의 주의 도읍은
서쪽에 있었다.

[解説]

공자는 자기가 이상으로 높였던 주(周)를 다시 부흥하려는 일념
으로 공산씨의 부름에도 응하려 했던 것이다. 물론 실제로는 반역자
의 부름에 응하지도 않고 가지도 않았다. 공자 나이 50세 전후의 토
막 일화라 하겠다. 공산불요의 반란에 대한 제가의 설이 많다.

17-6

　자장이 공자에게 인에 대해서 묻자, 공자가 말했다. "다섯
가지를 천하에 실천할 수 있으면, 그것이 곧 인이 된다."
　자장이 "그 다섯 가지를 말씀해 주세요." 하고 청하자, 공

자가 말했다.

　"공손·관대·신의·민첩 및 은혜의 다섯 가지다. 공손하면 욕을 보지 않고, 관대하면 많은 사람들을 얻고, 신의가 있으면 남들이 일을 맡기게 되고, 민첩하면 일을 성취할 수 있고, 은혜로우면 남들을 족히 부릴 수 있다."

[原文]

子張이 問Ⅱ仁於孔子Ⅰ한대 孔子ㅣ 曰 能行Ⅱ五
　자장　　문　인어공자　　　　공자　　왈　능행　오

者於天下Ⅰ면　爲>仁矣니라. 請問>之한대　曰　恭寬
자어천하　　　위　인의　　　청문　지　　　왈　공관

信敏惠니　恭則不>侮하고　寬則得>衆하고　信則人
신민혜　　공즉불　모　　　관즉득　중　　　신즉인

任焉하고　敏則有>功하고　惠則足Ⅱ以使Ⅰ>人이니라.
임언　　　민즉유　공　　　혜즉족　이　사　　인

[가사체 번역문]

　자장께서 공자님께 仁에대해 여쭈었다
　　　　　　　　　　　인

　공자께서 말하셨다

　다섯가지 德目들을 천지사방 온천하에
　　　　　덕목

　실천할수 있으면은 그것이곧 仁이된다
　　　　　　　　　　　　　인

　자장께서 청하기를 자세하게 말씀하여 주십시오 라고했다

　공자께서 말하셨다

　恭遜寬大 信任敏捷 여기에다 恩惠합쳐 이들다섯 가지란다
　공손관대 신임민첩　　　　　은혜

남들에게 공손하면 욕을보지 아니하고

남들에게 관대하면 많은사람 얻게되고

믿음신의 잘지키면 남이나를 신임하고

민첩하고 기민하면 모든일을 성취하고

은혜혜택 베풀면은 남들족히 부리리라

[註解] ○子張(자장)—공자의 제자.「爲政篇 2-18」참고. ○問仁於孔子 (문인어공자)—공자에게 인에 대해서 물었다. ○能行五者於天下(능행오자어 천하)—능히 다섯 가지를 천하 만민에게 행할 수 있으면. ○爲仁矣(위인 의)—인이 된다, 그것이 곧 인의 실천이다. ○請問之(청문지)—그것을 자세 히 말씀해 주세요. ○恭寬信敏惠(공관신민혜)—공손·관용·신의·민첩· 은혜. ○恭則不侮(공즉불모)—모든 사람에게 공손하게 하면, 남으로부터 욕 을 보지 않는다. ○寬則得衆(관즉득중)—남에게 관대하고 관용을 베풀면 많 은 사람들이 나에게 온다. ○信則人任焉(신즉인임언)—말한 것을 실천하고 신의를 지키면 남들이 나를 신임하고, 또 일을 맡긴다. ○敏則有功(민즉유 공)—민첩하고 기민하게 해야 모든 일을 성취하고, 또 공을 세울 수 있다. ○惠則足以使人(혜즉족이사인)—남에게 은혜롭게 하고 혜택을 베풀면 남들 을 족히 부려 쓸 수 있다.

[解說]

인(仁)의 근본 원리와 의미는 어렵고 크며, 공자 자신도 요약해서 말하지 않았다. 장소와 경우 및 사람에 따라 행할 항목을 개별적으 로 말하고 가르쳐 주었다. 여기서는 자장에게 다섯 가지 덕행에 대 한 것을 풀이해 주었다.

17-7

필힐이 공자를 부르자, 공자가 가려고 했다. 이에 자로가 말했다. "전에 선생님이 하신 말씀을 들은 바 있습니다. '자기 자신에게도 좋지 못한 일을 하는 그런 사람들 속에 군자는 들어가지 않는다.'라고 하셨습니다. 그런데 지금 필힐이 중모에서 모반하고 있는데, 선생님께서 가려고 하시니 어찌된 일입니까?"

공자가 말했다. "그렇다. 그러나 나는 전에 (다음과 같은) 말을 한 바도 있다. '갈아도 닳지 않으니, 굳다고 아니 말하랴! 물들여도 검어지지 않으니, 희다고 아니 말하랴!' 또한 내가 어찌 바가지처럼, 공중에 매달린 채로 먹지 않고 살겠느냐?'"

[原文]

佛肸이 召어늘 子ㅣ 欲>往이러시니 子路ㅣ 曰昔者
에 由也ㅣ 聞ⅱ諸夫子ㅣ호니 曰 親於ⅱ其身ㅣ에 爲ⅱ
不善ㅣ者어든 君子不>入也라 하시니 佛肸이 以ⅱ中
牟ㅣ畔이어늘 子之往也는 如>之何잇고? 子ㅣ 曰 然
하다 有ⅱ是言ㅣ也니라. 不>曰>堅乎아! 磨而不>磷

이니라! 不＞曰＞白乎아 涅而不＞緇니라. 吾ㅣ 豈匏
　　　　　불 왈 백 호　날 이 불 치　　　 오　 기 포

瓜也哉라 焉能繫而不＞食이리오?
과 야 재　　언 능 계 이 불 식

[가사체 번역문]

佛肹이란 晉國大夫 공자님을 불렀는데 공자께서 가려했다
필 힐　　진 국 대 부

이에대해 자로께서 다음같이 말하였다

그예전에 선생님께 들은바가 있습니다

자기에게 좋지않은 일을하는 그러한자

그들속에 군자들은 안간단다 하셨지요

그런데도 바로지금 필힐그자 中牟에서 모반하고 있는데도
　　　　　　　　　　　　　　중 모

선생님이 가시려니 어찌되신 일입니까

공자께서 말하셨다

그랬었지 그러하나 나는전에 다음같이 말한바도 있느니라

제아무리 갈더라도 닳아지지 아니하니 단단한게 아니겠나

제아무리 물들여도 검어지지 아니하니 희고흰게 아니겠나

내가어찌 쪽박처럼 공중높이 매달려서 안마시고 안먹겠나

[註解] ○佛肹召(필힐소)—필힐(佛肹)이 (공자를) 부르다. 필힐은 진(晉)나라의 대부, 조간자(趙簡子)의 가신으로 중모(中牟)의 읍재(邑宰)였다. ○昔者(석자)—전에. ○由也聞諸夫子曰(유야문저부자왈)—저는 선생님의 말씀을 들었습니다. 유(由)는 자로의 이름. ○親於其身(친어기신)—스스로 자기 몸에게도. ○爲不善者(위불선자)—좋지 않은 일을 하는 사람. ○君子不入也(군자불입야)—군자는 그런 사람들 속에 들어가 어울리지 않는다. ○以中牟畔(이중모반)—중모에서 반란하고 있다. 반(畔) = 반(叛). ○子之往也(자지왕

야)—선생님이 가시려고 하시니. ○如之何(여지하)—어찌된 일입니까? ○然(연)—그렇다. ○有是言也(유시언야)—'전에 내가 그런 말을 했다.' 아울러 '또 다음과 같은 말도 했다.'의 뜻을 겸한다. ○不曰堅乎 磨而不磷(불왈견호 마이불린)—굳다고 말하지 아니하랴? 아무리 갈아도 닳지 않으니! (술어구가 앞에 나왔다). 갈 마(磨), 돌이 얇아질 린(磷). ○不曰白乎 涅而不緇(불왈백호 날이불치)—희다고 말하지 아니하랴? 물들여도 검게 되지 않으니! 검게 물들일 날(涅), 검을 치(緇). ○吾豈匏瓜也哉(오기포과야재)—내가 어찌 표주박이냐? 박 포(匏), 오이 과(瓜). ○焉能繫而不食(언능계이불식)—어찌 공중에 매달려 있는 채, 먹지 않고 살겠느냐?

[解說]

　『사기(史記)』「공자세가(孔子世家)」에서는 공자가 62세 때에 위(衛)나라에서 있었던 일이라고 했다. '무도한 악덕 세계를 도가 행해지는 선세계(善世界)로 혁신하기 위해 학문과 덕행을 갖춘 군자들이 현실적으로 정치에 참여해야 한다.' 이것이 공자의 생각이다. 그러므로 공자는 가능하면 현실참여를 하려고 애를 썼다. 그러나 한계가 있다. 즉 도(道)를 행할 가망이 있을 때에만 군자는 현실참여를 한다. 도를 행할 가망이 없을 때에는 물러나야 한다. 필힐(佛肸)의 반란을 공자가 어떻게 보고 그의 부름에 응하려고 했는지에 대해서는 설이 분분하다. 결과적으로 공자는 가지 않았다.

17-8

공자가 자로에게 물었다. "유야! 너는 여섯 가지 덕을 나타

내는 말 속에 숨은 여섯 가지 폐단에 대해서 들었느냐?"

자로가 "아직 못 들었습니다." 하자 공자가 말했다.

"저기 앉거라! 내가 말해주마. 인(仁)을 좋아하되 배우기를 좋아하지 않으면, 그 폐는 어리석게 된다. 지(知)를 좋아하되 배우기를 좋아하지 않으면, 그 폐는 허황하게 된다. 신(信)을 좋아하되 배우기를 좋아하지 않으면, 그 폐는 남을 해치게 된다. 직(直)을 좋아하되 배우기를 좋아하지 않으면, 그 폐는 각박하게 된다. 용(勇)을 좋아하되 배우기를 좋아하지 않으면, 그 폐는 난동에 흐르게 된다. 강(剛)을 좋아하되 배우기를 좋아하지 않으면, 그 폐는 망기를 부리게 된다."

[原文]

子ㅣ 曰 由也아! 女ㅣ 聞ⅱ六言六蔽ㅣ矣乎아? 對
자 왈 유야　　여 문 육언육폐 의호　대

曰 未也로이다. 居하라! 吾ㅣ 語>女호리라. 好>仁不>
왈 미야　　거　　오 어녀　　호 인불

好>學이면 其蔽也愚오. 好>知不>好>學이면 其蔽也
호 학　　기폐야우　호 지불 호 학　　기폐야

ㅣ 蕩이오. 好>信不>好>學이면 其蔽也ㅣ 賊이오. 好>
탕　　호 신불 호 학　　기폐야　적　　호

直不>好>學이면 其蔽也ㅣ 絞오. 好>勇不>好>學이
직불 호 학　　기폐야　교　호 용불 호 학

면 其蔽也ㅣ 亂이오. 好>剛不>好>學이면 其蔽也ㅣ
기폐야　난　　호 강불 호 학　　기폐야

狂이니라.
광

[가사체 번역문]

공자께서 子路에게 다음같이 물으셨다
자 로

由야너는 여섯가지 德이란걸 나타내는 그말속에 숨어있는
유   덕

여섯가지 그弊端들 그에대해 알고있나
폐 단

자로께서 대답했다 저는아직 모릅니다

공자께서 말하셨다

그자리에 앉아보라 내가그걸 말해주마

仁을좋아 하면서도
인

배우기를 좋아하지 아니하면 그폐단은 어리석게 되느니라

知란것을 좋아하되
지

배우기를 좋아하지 아니하면 그폐단은 虛荒하게 되느니라
허 황

信이란걸 좋아하되
신

배우기를 좋아하지 아니하면 그폐단은 남해치게 되느니라

直이란걸 좋아하되
직

배우기를 좋아하지 아니하면 그폐단은 각박하게 되느니라

勇이란걸 좋아하되
용

배우기를 좋아하지 아니하면 그폐단은 난동으로 흐르리라

剛이란걸 좋아하되
강

배우기를 좋아하지 아니하면 그폐단은 狂氣그걸 부리리라
광 기

[註解] ○由也(유야)—공자가 자로(子路)의 이름을 불렀다. ○女聞(여문)—
너는 들었느냐? 배워서 아느냐? '의호(矣乎)'까지 걸린다. ○六言六蔽(육언
육폐)—육언(六言)은 여섯 가지 덕을 나타내는 말, 즉 '인지신직용강(仁知信

直勇剛'의 여섯 가지 말. 육폐(六蔽)는 여섯 가지 말 속에 잠재해 있는 폐단, 결점. ○對曰未也(대왈미야)—자로가 "아직 못 들었습니다." 하고 대답했다. ○居(거)—와서, 앉거라! ○吾語女(오어녀)—내가 너에게 말해 주마. ○好仁(호인)—인을 좋아하되. 인애(仁愛), 즉 사랑하는 것을 좋아하되. ○不好學(불호학)—배우기를 좋아하지 않으면, 즉 배워서 도를 알고 사랑을 도에 맞게 하지 않으면의 뜻. ○其蔽也愚(기폐야우)—그 폐단은 우매하게 된다, 즉 우매한 사람이 된다. ○好知(호지)—아는 것, 학식 지식을 좋아하되. ○其蔽也蕩(기폐야탕)—지식을 도에 맞게 활용하지 않으면, 그 지식은 방탕하고 허무맹랑하게 악용된다는 뜻. 탕(蕩)은 넘친다, 방탕하게 된다. ○好信(호신)—신(信)은 말한 것을 실천함. 신의를 지킨다. ○其蔽也賊(기폐야적)—(도에 맞는 말을 실천하고, 도에 맞는 신의를 지켜야 한다) 도에 맞지 않는 말을 하거나 실천하면, 사회적으로 남을 해치게 된다. 적(賊)은 남을 해친다. 폭력조직에서 신의를 지킨다는 것은 범죄를 강행하는 것이다. ○好直(호직)—곧고 정직한 것을 좋아한다. ○其蔽也絞(기폐야교)—도를 기준으로 곧게 행동해야 한다. 도에서 벗어난 정직이나, 자기 욕심을 기준으로 곧게 뻗으면, 각박하고 고집스럽게 된다. ○好勇(호용)—용감하기를 좋아하되. 용(勇)은 맹목적으로 날뛰는 것이 아니다. 정의를 위해 과감하게 행동하는 것을 용이라 한다. ○其蔽也亂(기폐야난)—도를 이탈한 용맹은 난동에 직결된다. 도를 기준으로 하지 않고, 자기 욕심을 채우기 위해 날뛰면 결국 난동을 하게 된다. ○好剛(호강)—군세고 의연하기를 좋아하되. ○其蔽也狂(기폐야광)—도를 이탈한 강건(剛堅)은 광기를 부리게 될 폐단이 있다.

[解說]

'인(仁)・지(知)・신(信)・직(直)・용(勇)・강(剛)' 등 여섯 가지 행실도, 도를 기준으로 했을 때 비로소 덕행이 된다. 도가 아닌 자기

욕심을 바탕으로 행동하면 폐단이 나타나게 된다. 도를 알고 실천하기 위해서는 바르게 배워야 한다. 유교의 학문정신은 도를 터득하고 실천함을 중하게 여긴다.

17-9

공자가 말했다. "그대들은 왜 시를 공부하지 않는가? 시는 사람에게 감흥을 돋우게 하고, 모든 사물을 관찰케 하며, 대중과 함께 어울리고 즐기게 하며, 은근히 정치를 풍자하기도 한다. 가깝게는 부모를 섬기고, 멀게는 임금을 섬기는 도리를 시에서 배울 수 있다. 또 시를 통해 새나 짐승·풀·나무들의 이름도 많이 배우게 된다."

[原文]

子ㅣ 曰 小子는 何莫〉學Ⅱ夫詩ㅣ오? 詩는 可Ⅱ以
자 왈 소자 하 막 학 부시 시 가 이

興ㅣ이며 可Ⅱ以觀ㅣ이며 可Ⅱ以群ㅣ이며 可Ⅱ以怨ㅣ
흥 가 이관 가 이군 가 이원

이며 邇〉之事〉父며 遠〉之事〉君이오. 多識Ⅱ於鳥獸
이 지사 부 원 지사 군 다 식 어조수

草木之名ㅣ이니라.
초 목 지 명

[가사체 번역문]

공자께서 말하셨다

그대들은 어찌하여 詩를공부 하지않나
　　　　　　　　　시

詩三百을 공부하면
시 삼 백

뜻과생각 감동있게 나타낼수 있게하며

모든사물 깊이있게 관찰할수 있게하며

대중들과 어울리고 화락하게 하여준다

가깝게는 부모님을 멀리로는 임금님을

잘섬기는 그도리를 알수있게 하느니라

덧붙여서 詩를통해 여러鳥獸 草木이름 알수있게 되느니라
　　　　시　　　　　조 수 초 목

[註解] ㅇ 小子(소자)─얘들아, (공자가 제자들을 부른 말). ㅇ 何莫學夫詩
(하막학부시)─왜 『시경(詩經)』에 있는 시들을 공부하지 않는가? 공자 시대
에는 『시경』이라 하지 않고 '시' 혹은 '시삼백(詩三百)' 이라고 했다. ㅇ 詩
可以興(시가이흥)─시는 사람의 감흥이나 흥취를 돋아올린다. ㅇ 可以觀(가
이관)─모든 사물을 깊이 관찰케 한다. ㅇ 可以群(가이군)─대중과 함께 어
울리고 화동(和同), 화락(和樂)케 한다. ㅇ 可以怨(가이원)─ '슬픔이나 원한을
풀게 한다.' (넓은 뜻). '정치를 은근히 풍자한다.' (좁은 뜻). ㅇ 邇之事父(이
지사부)─가까이는 부모 섬기는 효(孝)의 도리를 알게 한다. ㅇ 遠之事君(원
지사군)─멀게는 임금 섬기는 충(忠)의 도리를 알게 한다. ㅇ 多識於鳥獸草
木之名(다식어조수초목지명)─새・짐승・풀・나무 이름 등의 많은 것을 알
게 한다.

[解說]

『시경(詩經)』의 서문에는 '시는 뜻을 표출한 것이다〔志之所之也〕.'라고 했다. 『시경』에 추려진 305편의 시는 크게 '풍(風), 아(雅), 송(頌)'으로 나뉜다. 풍(風)을 통해 각 지방의 민풍(民風)을 알 수 있다. 아(雅)를 통해 귀족사회 및 국가정치의 의식 행사(行事) 및 득실(得失)을 알 수 있다. 송(頌)을 통해 하늘과 시조(始祖)에 대한 종교 신앙 및 염원을 알 수 있다. 한 마디로 시를 배우면 고대의 평민 귀족 및 군왕들의 생활 습속 및 정치사상을 알 수 있다.

시는 순화된 말로 표현된 문학예술의 결정(結晶)이다. 그러므로 시를 배우면, 고대인의 생활과 풍습, 정서와 사상, 정치의 득실(得失) 및 종교 신앙 등을 광범하게 알 수 있다. 아울러 자연 만물 현상 및 행사에 대한 명칭도 배울 수 있다. 더 중요한 것은 시를 공부하면, 인간의 감정과 정서 및 흥취를 돋우고 또 순화한다. 아울러 지각과 판단, 특히 정치사상과 도덕 윤리의식을 높인다. 오늘의 우리들도 문학과 시를 배워야 한다. 그래야 건전한 인격자가 될 수 있다.

17-10

공자가 아들 백어에게 말했다. "너는 『시경』의 「주남」과 「소남편」의 시를 공부했느냐? 사람으로서 주남과 소남을 공부하지 않으면, 마치 담 앞에 서있는 듯이 앞으로 갈 수가 없다."

子ㅣ 謂ㅍ伯魚ㅣ曰 女ㅣ 爲ㅍ周南召南ㅣ矣乎아 人
자 위 백어 왈 여 위 주남소남 의호 인

而不>爲ㅍ周南召南ㅣ이면 其猶ㅍ正牆面而立ㅣ也
이불 위 주남소남 기유 정장면이입 야

與인저.
여

[가사체 번역문]

공자께서 伯魚에게 다음같이 말하셨다
　　　　　백 어

백어너는 詩三百의 周南篇과 召南篇을 공부하고 행하느냐
　　　　　시삼백 　주남편 　소남편

사람이라 하는者가 주남소남 그가르침 행하지를 아니하면
　　　　　자

바로앞에 담벼락이 우뚝하게 서있는듯 나아갈수 없느니라

【註解】 ○子謂伯魚曰(자위백어왈) － 공자가 아들 백어에게 말하다. ○女爲
(여위) － 너는 공부했느냐? 배웠느냐? '의호(矣乎)' 까지 걸린다. ○周南召
南(주남소남) － 『시경』에 있는 편명(篇名). 「주남편」, 「소남편」. ○人而不爲
(인이불위) － 사람으로서 (주남 소남을) 배우지 않으면. ○其猶(기유) － 그것
은 흡사 …함과 같다. ○正牆面而立(정장면이립) － 바로 담을 마주보고 서있
음과 (같다). 즉 앞으로 더 갈 수도 없고, 또 넓게 바라볼 수도 없다는 뜻.
○也與(야여) － '…일 것이다' 의 뜻을 나타내는 어조사.

[解說]

「주남(周南)」과 「소남(召南)」 두 편은 『시경』 중에서도 가장 중요
한 시편이다. 부부(夫婦)의 바른 도리와 도덕을 강조한 시편이다. 그

러므로 시의 가치나 효용면에서도 이 두 편을 으뜸으로 친다. 이 두 편의 시를 공부해야 인간의 기미(機微)와 부부의 중요성과 덕치(德治)의 바른 도리를 터득할 수 있다.

유보남(劉寶楠)은 대략 다음과 같이 풀이했다. '당시 백어(伯魚)가 결혼을 하려던 때라, 공자가 부부의 애정을 토대로 집안을 바르게 다스리는 제가(齊家)의 도리를 깨우쳐주고 아울러 나라에서 임금을 받드는 군신(君臣)의 도리를 바르게 배우게 하려고 이렇게 말했다.'

17-11

공자가 말했다. "예라고 하는 뜻이 구슬이나 비단만을 말하겠느냐? 음악이라고 하는 뜻이 종이나 북만을 말하겠느냐?"

[原文]

子ㅣ 曰 禮云禮云이나 玉帛云乎哉아? 樂云樂云이나 鍾鼓云乎哉아?
자 왈 예운예운 옥백운호재 악운악운 종고운호재

[가사체 번역문]

공자께서 말하셨다

禮다禮다 말하지만 구슬비단 말하겠나
예 예

음악음악 말하지만 鍾과북을 말하겠나
종

【註解】 ○禮云禮云(예운예운)−예가 중요하다고 말하지만. ○玉帛云乎哉(옥백운호재)−옥이나 비단 같은 외형적 장식만을 강조했겠느냐? ○樂云樂云(악운악운)−음악을 강조하지만. ○鐘鼓(종고)−종이나 북.

【解說】

예의 내면적 도리가 더 중요하다. 예(禮)는 이(理)와 이(履)에 통한다. 즉 예의(禮儀)의 내면적 도리와 정신은 '천리(天理)를 따르고 실천(實踐)함이다.' 이를 외형적으로 나타내기 위해서 옥백(玉帛)으로 장식하고, 종고(鐘鼓)를 울리는 것이다.

17-12

공자가 말했다. "얼굴 표정은 장엄하면서 속이 약한 사람을 소인에 비유하면, 담을 뚫고 넘나드는 도적 같으니라."

【原文】

子ㅣ 曰 色厲而内荏을 譬ㅒ諸小人ㅣ컨댄 其猶ㅒ
자 왈 색려이내임 비 저소인 기유

穿窬之盜ㅣ也與인저.
천유지도 야여

【가사체 번역문】

공자께서 말하셨다 그얼굴은 장엄하나 속이약한 그사람을
소인에게 비유하면 담을뚫고 넘나드는 도둑같다 할수있지

[註解] ○ 色厲(색려)―얼굴 표정이나 외모를 장엄하게 꾸미다. ○ 內荏(내임)―속이 무르다, 절개가 없다는 뜻. ○ 譬(비)―비유. ○ 穿窬(천유)―담을 뚫고 넘다.

17-13

공자가 말했다. "마을의 저속한 사람들이 받드는 선인은 궁극적으로는 덕을 해치는 도적이다."

[原文]

子ㅣ 曰 鄕原은 德之賊也니라.
　　자　왈　향원　　덕지적야

[가사체 번역문]

공자께서 말하셨다

저 卑俗한 시골사람 그네들이 떠받드는 우두머리
　　비속

그사람은 결국에는 德해치는 도둑같은 사람이다
　　　　　　　　　덕

[註解] ○ 鄕原(향원)―향(鄕)은 시골 마을. 원(原) = 삼갈 원(愿). 여기서는 저속한 천민들이 좋다고 받들고 따르는 마을의 두목 같은 사람. ○ 德之賊也(덕지적야)―진정한 의미로는 덕을 해치는 도적(盜賊) 같은 사람이다.

　　바른 도덕이나 가치관이 없는 저속한 사람들이 내세우는 두목은 얄팍한 인정이나 의리에 끌려서 무모한 짓을 할 우려가 많다.

17-14

　　공자가 말했다. "길에서 저속한 말을 듣고, 길에서 옮겨 말하는 것은, 곧 덕을 버리는 것과 같다."

[原文]

　　子ㅣ 曰 道聽而塗說이면 德之棄也니라.
　　자　　왈　도 청 이 도 설　　　덕 지 기 야

[가사체 번역문]

　　공자께서 말하셨다
　　길바닥서 소인들이 하는말을 듣고서는
　　그걸바로 길바닥서 俗人에게 말하는건 德을포기 하는게다
　　　　　　　　　　속 인　　　　　　　　덕

[註解] ○道聽(도청)－길바닥에서 소인들이 하는 말을 듣고. ○塗說(도설)－그것을 그대로 길바닥에서 속인들에게 전하고 말하는 것은. 도(塗)＝도(途). ○德之棄也(덕지기야)－도덕을 포기하는 행위다.

군자는 배워서 도를 터득하고 깊이 사색하고 또 민첩하게 덕(德)을 행한다. 군자의 덕은 천도를 기준으로 한 덕행(德行)이다. 이에 반하여 도를 모르는 속인들은 천박하고 저속한 말을 서로 주고받는다. 결과적으로 절대선의 도덕을 포기하는 것이라 하겠다.

17-15

공자가 말했다. "천박한 사람과는 함께 임금을 섬길 수 없다. 그들은 이득을 얻지 못하면 얻을 걱정만 하고, 얻으면 잃을까봐 걱정을 한다. 잃을까봐 걱정을 하면 (안 잃으려고) 못하는 짓이 없다."

[原文]

子ㅣ 曰 鄙夫는 可ⅱ與事ㅣ>君也與哉아. 其未>得
자 왈 비부 가 여사 군야여재 기미 득

>之也엔 患>得>之하고 旣得>之하얀 患>失>之하나
지야 환 득 지 기득 지 환 실 지

니 苟患>失>之면 無>所>不>至矣니라.
구환 실 지 무 소 부 지 의

[가사체 번역문]

공자께서 말하셨다

淺薄한者 그와함껜 임금님을 못섬긴다
천박 자

淺薄(천박)한者(자) 그네들은

이득얻지 못하면은 얻을것만 걱정하고

이미이득 얻고나면 잃을까봐 걱정한다

잃을까봐 걱정하면 못할짓이 없느니라

[註解] ㅇ 鄙夫(비부) ― 천박하고 비루한 사람. ㅇ 可與事君也與哉(가여사군 야여재) ― 함께 (출사하여) 임금을 섬길 수 없다, '야여재(也與哉)'는 어조사, '…할 수 있을까? …할 수 없다.'의 뜻을 나타낸다. ㅇ 其未得之也(기미득지 야) ― 그들은 (명예·지위·권력 및 재물 등을) 얻지 못하면. ㅇ 患得之(환득 지) ― 얻으려고 걱정하고 안달을 떤다. ㅇ 旣得之(기득지) ― 이미 얻었으면. ㅇ 患失之(환실지) ― 잃을 것을 걱정한다, 즉 안 놓치려고 한다. ㅇ 無所不至 矣(무소부지의) ― 도달하지 않는 곳이 없다, 무슨 짓이든 다 한다.

[解說]

여기서 말하는 비부(鄙夫)는 '용렬하고 천박하고 비루한 지식인' 의 뜻이다. 재물이나 명예 및 지위 권력을 얻으려고 안달을 떠는 저속한 지식인이다. 이들 비부들은 음흉하고 간악한 수를 써서 이기적 (利己的) 이득을 얻으려고 안달을 떨고, 또 손에 넣은 이득을 안 놓치려고 온갖 악덕을 다 자행한다. 결국 비부들이 정치에 참여하면, 나라가 부패하고 쇠퇴하고 결국에는 결딴나게 마련이다. 이와 반대로 '살신성인(殺身成仁)' 하는 군자를 등용해야 한다.

17-16

공자가 말했다. "옛사람들은 세 가지 결점을 가지고 있었으나, 오늘에는 그것마저 없어진 것 같다. 옛날에는 미쳐도 방자했으나, 오늘에는 방탕하게 미친다. 옛날에는 자기 자랑을 해도 깨끗하게 했으나, 오늘에는 분노와 싸움질로 자기 자랑을 한다. 옛날에는 어리석어도 우직했으나, 오늘에는 어리석은 척하면서 남을 속인다."

[原文]

子ㅣ 曰 古者에 民有ᄁ三疾ㅣ러니 今也엔 或ᄁ
자 왈 고자 민유 삼질 금야 혹

是之亡ㅣ也로다. 古之狂也는 肆러니 今之狂也는
시지무 야 고지광야 사 금지광야

蕩이오. 古之矜也는 廉이러니 今之矜也는 忿戾오
탕 고지긍야 염 금지긍야 분려

古之愚也는 直이러니 今之愚也는 詐而已矣로다.
고지우야 직 금지우야 사이이의

[가사체 번역문]

자께서 말하셨다

그옛날의 사람들은 세가지의 결점들을 가지고들 있었으나

오늘에는 그것마저 없어진것 같더구나

그옛날의 미친사람 **自由奔放** 하였으나
자 유 분 방

오늘날의 미친사람 근거없이 방탕하지

그 옛날의 사람들은 자기자신 자랑해도 깨끗하게 하였으나
오늘날의 사람들은 그분노와 싸움질로 자기자랑 하고있지
그 옛날의 사람들은 어리석게 살았어도 우직하게 하였으나
오늘날의 사람들은 어리석은 척하면서 다른사람 속인다네

【註解】 ○古者民有三疾(고자민유삼질)─옛사람에게 세 가지 결점이 있었다. 질(疾)은 편벽되고 고집스러운 결점. ○今也或是之亡也(금야혹시지무야)─지금은 혹 그것마저 없는 듯하다. ○古之狂也肆(고지광야사)─옛날의 미친 척하는 사람은 자유분방하게 행동했다. 광(狂)은 뜻이 커서 세속의 규범을 무시함. 사(肆)는 방자. 자유분방하다. ○今之狂也蕩(금지광야탕)─오늘의 미친 사람은 턱없이 방탕하다. ○古之矜也廉(고지긍야염)─옛날의 자존(自尊) 자긍(自矜)한 사람은 세속에서 벗어나 유별나게 했다. 긍(矜)은 스스로 뻐기다. 염(廉)은 '높이 모나게 행동한다.' 는 뜻. ○今之矜也忿戾(금지긍야분려)─오늘날 자기 자랑을 하는 사람은 남에게 화를 내고 싸움질을 하면서 뻐기려고 한다. ○古之愚也直(고지우야직)─옛날의 어리석은 사람은 정직하기는 했다. ○今之愚也詐而已矣(금지우야사이이의)─그러나 오늘날의 어리석은 척하는 사람은 남을 속인다.

[解說]

공자 시대보다 오늘날은 더 심하다.

17-17

공자가 말했다. "듣기 좋게 말을 하고, 보기 좋게 표정을 꾸미는 사람은 인심(仁心)이나 인덕(仁德)이 없다."

子ㅣ 曰 巧言令色이 鮮矣仁이라.
자 왈 교언영색 선 의인

[가사체 번역문]

공자께서 말하셨다
듣기좋게 말을하고 얼굴빛을 꾸미는자 어진사람 거의없네

[註解] ○巧言(교언)─남의 환심을 사려고 말을 꾸며서 한다. ○令色(영색)─남의 환심을 사려고 얼굴빛이나 표정을 아름답게 꾸민다. ○鮮矣仁(선의인)─그런 사람은 마음속에 인심(仁心)이 없고 따라서 인덕(仁德)도 없다.

[解說]

제1편「學而篇 1-3」에 나왔다. 편자(編者)가 또 나오게 한 의도는 다음 장의 뜻을 잘 알게 하기 위해서일 것이다.

17-18

공자가 말했다. "자주색이 붉은색을 배앗는 것을 미워하며, 정나라의 음탕한 음악이 우아한 아악을 문란케 하는 것을 미워하며, 입빠른 자의 말이 나라를 뒤엎는 것을 미워한다."

[原文]

子ㅣ 曰 惡Ⅱ紫之奪Ⅰ>朱也하며 惡Ⅲ鄭聲之亂Ⅱ
자 왈 오 자지탈 주야 오 정성지난

雅樂Ⅰ也하며 惡下利口之覆Ⅱ邦家Ⅰ者上하노라.
아악 야 오 이구지복 방가 자

[가사체 번역문]

공자께서 말하셨다
섞인색깔 자주색이 순수원색 붉은색을 내모는걸 미워하며
음탕한저 鄭(정)음악이 바른음악 문란하게 하는것을 미워하며
구변좋고 실상없는 그런말이 한나라를 뒤엎는걸 미워한다

[註解] ㅇ惡(오)－미워한다, 싫어한다. ㅇ紫之奪朱也(자지탈주야)－잡색(雜色)인 자주색이 원색(原色)인 붉은색을 흡수하여 지워 버리다. ㅇ鄭聲之亂雅樂也(정성지난아악야)－정나라의 음탕한 음악이 바르고 우아한 아악을 문란케 한다. ㅇ利口之覆邦家者(이구지복방가자)－교언영색(巧言令色)으로 영리하게 말 잘하는 자가 나라를 뒤엎고 망치게 한다.

17-19

공자가 "나는 말을 하지 않겠다."고 하자, 자공이 아뢰었다. "선생님께서 말씀을 하지 않으시면 저희들은 무엇에 의거해서 도를 말하고 또 전하겠습니까?"

그러자 공자가 말했다. "하늘이 무슨 말을 하더냐? 사계절

이 바뀌어 돌고, 만물이 살아서 자라지만 하늘이 무슨 말을 하더냐?"

[原文]

子ㅣ 曰 予欲>無>言하노라. 子貢이 曰 子如不>言
자 왈 여욕 무 언   자공이   왈 자여불 언

이시면 則小子ㅣ 何述焉이리잇고? 子ㅣ 曰 天何言
       즉소자   하술언   자 왈 천하언

哉시리오! 四時行焉하며 百物이 生焉하나니 天何
재   사시행언   백물   생언   천하

言哉시리오?
언 재

[가사체 번역문]

공자께서 말하셨다 나는말을 안하겠다

자공께서 아뢰었다

선생님이 저희에게 말을하지 않으시면

저희들은 그어떻게 道를 敍述 하겠어요
                  도   서술

그러하자 공자께서 다음같이 말하셨다

저하늘이 무슨말을 하는것을 보았느냐

사계절이 돌고돌아 시간세월 흘러가고

만물낳아 양육하며 음양합해 번식하나

저하늘이 무슨말을 하는것을 보았으냐

[註解] ○ 予欲無言(여욕무언)—나는 말을 하지 않겠다. ○ 子如不言(자여불

언)—선생님께서 말씀을 안 하시면. ㅇ 則小子何述焉(즉소자하술언)—즉 저희들은 어떻게 도를 풀이하고, 또 서술하겠습니까? ㅇ 天何言哉(천하언재)—하늘이 무슨 말을 하더냐? 하늘은 아무 말도 하지 않는다. ㅇ 四時行焉(사시행언)—사계절이 바뀌어 간다. 즉 시간이 흐른다. ㅇ 百物生焉(백물생언)—만물이 살아서 번식한다. 생(生)은 '생육화성(生育化成)'을 합친 말. 즉 '만물이 낳고, 자라고, 열매로 화하고, 새 생명의 바탕인 씨를 완성한다.'는 뜻.

[解說]

천지 자연 만물이 시간의 흐름에 따라 저마다 '생성(生成)·변화(變化)·번식(繁殖)·발전(發展)'한다. 그와 같은 삼라만상(森羅萬象)을 보고 하늘의 도리를 깨닫고 실천하라는 뜻이다. 심오한 우주의 본체를 어찌 말로 다 표현할 수 있겠느냐?

17-20

유비가 공자를 뵈려고 했으나, 공자는 몸이 아프다는 핑계로 사절했다. 그러나 유비의 명을 전하려고 온 사자가 문밖으로 나가자, 공자는 거문고를 타고 노래하며 그 사자에게 들려주었다.

[原文]

孺悲ㅣ 欲＞見Ⅱ孔子ㅣ어늘 孔子ㅣ 辭以＞疾하시고
유 비　　욕 현　공 자　　　　공 자　　사 이　질

將>命者ㅣ 出>戶어늘 取>瑟而歌하사 使Ⅱ之聞Ⅰ>
장 명 자 출 호   취 슬 이 가   사 지 문

之하시다.
지

[가사체 번역문]

哀公臣下 孺悲란者 공자님을 뵙자한대
애 공 신 하 유 비   자

공자님은 아프다고 핑계대고 사절했다

孺悲말을 전하려고 공자님께 왔던使者 문밖으로 나간뒤에
유 비   사 자

공자님은 거문고를 타시면서 노래하여 그使者가 듣게했다
                                      사 자

[註解] ○孺悲(유비)ー노(魯)나라 사람. 애공(哀公)의 신하로, 애공의 명으
로 공자에게 상례(喪禮)에 대해 배운 일이 있다. ○欲見孔子(욕현공자)ー공
자를 만나려고 했다(유비가 직접 오지 않고, 사람을 시켜 공자를 만나겠다
는 뜻을 전했다). ○辭以疾(사이질)ー몸이 아프다는 핑계로 거절했다. ○將
命者出戶(장명자출호)ー유비의 말을 전하러 온 사자가 대문을 나서자. ○取
瑟而歌(취슬이가)ー공자가 거문고를 타고 노래를 불렀다. ○使之聞之(사지
문지)ー사자로 하여금 소리를 듣게 했다.

[解說]

　몸이 아프다는 것은 핑계이고, 사실은 만나고 싶지 않아서 거절
했다는 것을 표시하기 위해 일부러 거문고를 타고 노래를 한 것이
다.

재아가 물었다. "3년의 복상은 기한이 너무 오래입니다. 군자가 3년이나 예를 지키지 못하면, 예가 반드시 무너지고, 3년이나 음악을 울리지 않으면, 음악이 반드시 시들 것입니다. 그러니 이미 묵은 곡식이 없어지고 새 곡식이 상에 올라오고, 또 불씨를 일으키는 수나무를 바꾸어 새로 뚫어 새 불씨를 피우는 것처럼 (복상도) 1년으로 끝내는 것이 좋지 않습니까?"

[原文]

宰我ㅣ 問 三年之喪이 期已久矣로소이다. 君子ㅣ
재아   문 삼년지상   기이구의   군자

三年을 不>爲>禮면 禮必壞하고 三年을 不>爲>樂
삼년 불 위 예   예필괴   삼년 불 위 악

이면 樂必崩하리니 舊穀이 旣沒하고 新穀이 旣升하
   악필붕   구곡 기몰   신곡 기승

며 鑽>燧改>火하나니 期可>已矣로소이다?
  찬 수 개 화   기 가 이 의

[가사체 번역문]

宰我께서 여쭈었다
재아

삼년이란 服喪기간 너무길고 오랩니다
       복상

군자들이 삼년이나 禮지키지 못한다면 禮반드시 무너지고
              예   예

군자들이 삼년이나 음악연주 안울리면 음악이꼭 시듭니다

묵은곡식 이미없고 새곡식이 床오르고
_상

鑽燧나무 바꾸어서 새불씨를 피우듯이
_{찬 수}

삼년이란 복상기간 일년으로 끝내는게 좋지아니 하겠어요

[註解] ○宰我(재아)—공자의 제자. 「泰伯篇 8-21」참고. ○問三年之喪
(문삼년지상)—3년의 복상(服喪)에 대해서 질문했다. ○期已久矣(기이구의)—
'그 기한이 너무 오래다.' 라고 (이의를 제시한 것이다). ○君子三年不爲禮
(군자삼년불위예)—군자가 3년간, (부모 분묘 곁에 초려(草廬)를 짓고 기거하
면서) (국가나 사회적으로) 예를 행하지 않으면, 혹은 예치(禮治)에 참가하
지 않으면. ○禮必壞(예필괴)—예의 기풍이 파괴된다. ○不爲樂(불위악)—
음악으로 백성들을 교화하지 않으면. ○樂必崩(악필붕)—악교(樂敎)가 붕괴
된다. ○舊穀旣沒(구곡기몰)—작년의 묵은 곡식이 이미 다 없어지고. ○新
穀旣升(신곡기승)—새 곡식을 상에 올리다. ○鑽燧(찬수)—움푹 파진 구멍에
나뭇가지를 넣고 마찰해서 불씨를 피우는 도구. ○改火(개화)—1년에 한
번씩 불씨를 새로 피운다. ○期可已矣(기가이의)—(복상하는 기한도) 1년이
면 좋을 것이다. 기(期)는 1년, 즉 한 돌.

17-21-2

공자가 되물었다. "(그렇게 1년으로 거상을 마치고) 쌀밥을
먹고, 비단옷을 입어도 네 마음에 편하겠느냐?"

재아가 "편합니다." 하고 대답하자, 공자가 말했다.

"네 마음에 편하거든 그렇게 해라. 원래 군자는 상중에 있
을 때는 맛있는 음식을 먹어도 달지 않고, 음악을 들어도 즐

겁지 않으며, 안락하게 있어도 편하지 않기 때문에, 그렇게 하지 않는 것이다. 그러나 네 마음에 편하다면 그렇게 해라."

[原文]

子ㅣ 曰食ᅵᅵ夫稻ㅣ하며 衣ᅵᅵ夫錦ㅣ이 於女에 安乎
자 왈 식 부 도 의 부 금 어 여 안 호

아? 曰 安하이다. 女ㅣ 安則爲>之하라. 夫君子之居>
왈 안 여 안 즉 위 지 부 군 자 지 거

喪에 食>旨不>甘하며 聞>樂不>樂하며 居處不>安
상 식 지 불 감 문 악 불 락 거 처 불 안

하여 故로 不>爲也하나니 今女安則爲>之하라.
고 불 위 야 금 여 안 즉 위 지

[가사체 번역문]

공자께서 되물었다

일년으로 끝내고서 보드라운 쌀밥먹고

비단옷을 입고서도 네마음이 편하겠냐

재아께서 말하기를 편합니다 라고하니 공자께서 말하셨다

정말宰我 네마음이 편하다면 그리하라
　　 재 아

원래부터 군자들은 복상기간 그동안은

맛이있는 음식들을 먹고나도 달지않고

음악연주 듣고나도 즐겁지를 아니하고

안락하게 지내고도 편안하지 아니하여 그리하지 않는게다

그러하나 네마음이 편하다면 그리하라

[註解] ○食夫稻(식부도)—쌀밥을 먹고. ○衣夫錦(의부금)—비단옷을 입는 것이. ○於女安乎(어여안호)—너에게 편안하냐? 네 마음이 편하겠느냐? ○女安則爲之(여안즉위지)—네 마음에 편하다면, 그렇게 해라. ○夫君子之居喪(부군자지거상)—무릇, 군자가 (3년간의) 거상을 하는 (까닭은). ○食旨不甘(식지불감)—맛좋은 음식을 먹어도 달지 않고. ○聞樂不樂(문악불락)—음악을 들어도 즐겁지 않고. ○居處不安(거처불안)—편하게 있어도 마음이 불안해서. ○故不爲也(고불위야)—그래서 그렇게 하지 않는 것이다. 즉 3년간 거상하는 것이다.

17-21-3

재아가 나가자, 공자가 말했다. "여는 참으로 어질지 못하구나. 자식이 태어나 3년이 되어야 비로소 부모의 품에서 벗어나듯이, 부모의 상을 3년 모시는 것은 천하에 공통된 예법이다. 여도 자기 부모로부터 3년 동안 사랑을 받았을 터인데!"

[原文]

宰我ㅣ 出커늘 子ㅣ 曰 予之不仁也여. 子生三年然
재아 출 자 왈 여지불인야 자생삼년연

後에 免Ⅱ於父母之懷ㅣ하나니 夫三年之喪은 天下之
후 면 어부모지회 부삼년지상 천하지

通喪也니 予也ㅣ 有Ⅱ三年之愛於其父母ㅣ乎아!
통상야 여야 유 삼년지애어기부모 호

[가사체 번역문]

宰我께서 나간뒤에 공자께서 말하셨다
재 아

宰我그者 진정으로 어질지를 못하구나
재 아 자

자식으로 태어나서 삼년세월 지나야만 부모품을 벗어나듯

자기낳은 부모상을 삼년동안 모시는건 온천하의 공통예법

宰我그도 부모에게 사랑삼년 받았겠지
재 아

[註解] ○予之不仁也(여지불인야)—여는 인애(仁愛)롭지 못하다. 여기서 말하는 불인(不仁)은, 곧 불효(不孝)와 같다. ○子生三年(자생삼년)—자식은 출생한 지 3년이 되어야. ○然後(연후)—그런 다음에 비로소. ○免於父母之懷(면어부모지회)—부모의 품에서 벗어난다. ○夫三年之喪(부삼년지상)—무릇 부모가 돌아가면 3년간 거상하는 것은. ○天下之通喪也(천하지통상야)—천하의 모든 사람이 지키는 공통된 상례(喪禮)의 법도다. ○予也(여야)—여, 즉 재아도. ○有三年之愛於其父母乎(유삼년지애어기부모호)—3년간, 부모의 사랑을 받았을 것인데!

[解說]

바로 앞의 제19장에서 공자는 자공(子貢)에게 말했다. "사계절의 운행에 따라 만물이 살아 번식한다〔四時行焉 百物生焉〕." 즉 시간의 흐름에 따라 공간적으로 자연만물이 생성변화 번식 발전한다. 그것이 우주의 도리다. 인간도 '자자손손(子子孫孫), 세세대대(世世代代)' 이어가면서 역사와 문화를 계승 발전하고 있다.

오늘 내가 살아서 문화를 향유하는 것은 부모와 선조의 덕택이다. '나를 출생하고 양육해준 부모의 은혜'는 '산보다 높고 바다보다 깊다.' 이 엄연한 사실을 사람만이 인식하고, 또 보답한다. 그래서 만물의 영장이라고 한다. 사람이면서 부모에게 효도하지 못하면 동물과 같다. 동물세계에서는 죽으면 그만이다. 인간세계에만 상례(喪禮)가 있다. 특히 부모는 나의 전신(前身)이고, 내 생명의 근원이다. 그러므로 부모의 죽음을 나의 죽음으로 공감(共感)하고, 3년간 거상(居喪)하는 것이다.

17-22

 꽁자가 말했다. "하루 종일 배불리 먹기만 하고, 마음 쓰는 일이 없으면 참으로 딱하다. 주사위나 바둑이 있지 않으냐? 차라리 그런 내기라도 하는 편이 안하는 것보다 좋을 것이다."

[原文]

子ㅣ 曰 飽食終日하야 無>所>用>心이면 難矣哉
자 왈 포식종일   무 소 용 심   난 의 재

라. 不>有ⅱ博奕者ㅣ乎아? 爲>之猶賢ⅱ乎已ㅣ니라.
불 유 박 혁 자 호   위 지 유 현 호 이

[가사체 번역문]

  공자께서 말하셨다
  하루종일 하릴없이 배부르게 먹으면서
  마음쓰는 일없으면 그참으로 딱하도다

바둑이나 장기같은 그런것이 있지않냐

그거라도 하는편이 안함보다 나을게다

[註解] ○飽食終日(포식종일)―종일 배불리 먹기만 한다. ○無所用心(무소용심)―마음 쓰는 일이 없다, 아무 일도 하지 않는다. ○難矣哉(난의재)―곤란하다, 딱하다. ○不有博奕者乎(불유박혁자호)―박혁(博奕) 같은 것이 있지 않으냐? 박혁은 주사위나 바둑 같은 내기 놀음. ○爲之猶賢乎已(위지유현호이)―차라리 그런 놀음이라도 하는 편이 더 현명하다, 좋다.

[解說]

　무위도식(無爲徒食)하면 안 된다. 하늘은 일을 하라고 생명을 주었다.

17-23

　자로가 "군자는 용맹을 숭상합니까?" 하고 묻자, 공자가 말했다. "군자는 도의를 으뜸으로 여긴다. 군자가 용맹하고 도의가 없으면 난을 일으키고, 소인이 용맹하고 도의가 없으면 도둑질을 하게 된다."

[原文]

子路ㅣ 曰 君子ㅣ 尚>勇乎잇가? 子ㅣ 曰 君子ㅣ
자로　　왈　군자ㅣ　상　용호　　　　자　　왈　군자ㅣ

義以爲>上이니 君子ㅣ 有>勇而無>義면 爲>亂이오
의 이 위 상　　군 자　유 용 이 무 의　　위 란

小人이 有>勇而無>義면 爲>盜니라.
소 인　유 용 이 무 의　　위 도

[가사체 번역문]

　　자로께서 여쭈었다

　　군자들도 용맹함을 숭상한다 여깁니까

　　공자께서 말하셨다

　　군자라는 사람들은 義를으뜸 여긴다네
　　　　　　　　　　　　　의

　　군자라는 사람들이 용맹있고 義없으면 亂을짓게 되느니라
　　　　　　　　　　　　　　　　의　　　난

　　그반면에 소인들이 용맹있고 義없으면 도둑질을 하게된다
　　　　　　　　　　　　　　　　의

[註解] ㅇ君子尙勇乎(군자상용호)—군자는 용맹을 숭상하느냐? ㅇ君子義以爲上(군자의이위상)—군자는 도의(道義)를 가장 으뜸으로 여긴다. 도의는 하늘의 도리를 기준으로 모든 사물을 옳고 바르게 처리함이다. ㅇ君子有勇而無義爲亂(군자유용이무의위란)—군자로서 용맹하기만 하고, 도의를 따르지 않으면 난을 일으킨다. ㅇ小人有勇而無義爲盜(소인유용이무의위도)—소인이 용맹하기만 하고 도의를 따르지 않으면 도둑질을 한다.

[解說]

　　절대선의 천도(天道)를 따라야 모든 사물을 옳고 바르게 처리할 수 있다. 세속적인 소인(小人)도 천도를 알고 따라야 악덕에 빠지지 않는다. 천도를 저버리고 동물적·이기적 욕심만을 채우려고 날뛰면 남을 살상하고 도둑질을 하게 된다. 정치에 참여하는 군자가 도의를 저버리고 무력을 휘두르고 날뛰면 난을 일으키게 된다.

17-24-1

자공이 "군자도 미워하는 것이 있습니까?" 하고 묻자, 공자가 말했다.

"미워하는 것이 있다. 남의 잘못을 떠들어대는 것을 미워하고, 아래 있는 사람이 윗사람을 비방하는 것을 미워하고, 용맹하게 날뛰고 예절을 지키지 않는 것을 미워하고, 과감하지만 꽉 막혀 사리에 통하지 않는 것을 미워한다."

[原文]

子貢이 曰 君子ㅣ 亦有>惡乎잇가? 子ㅣ 曰 有>惡
자공   왈 군자   역유 오호   자   왈 유 오

하니 惡下稱Ⅱ人之惡Ⅰ者上하며 惡下居Ⅱ下流Ⅰ而訕>
오 칭 인지악 자   오 거 하류 이산

上者上하며 惡Ⅱ勇而無>禮者Ⅰ하며 惡Ⅱ果敢而窒者
상자   오 용이무 례자   오 과감이질자

Ⅰ니라.

[가사체 번역문]

자공께서 여쭈었다
군자들도 미워하는 그런것이 있습니까

공자께서 말하셨다 미워하는 것이있다
남의잘못 함부로들 떠드는걸 미워하고
아랫자리 있는자가 위엣사람 비방하고 욕하는걸 미워하고
용맹하게 날뛰면서 예의범절 안지키는 그런사람 미워하고
과감하나 앞뒤막혀 사리분별 잘못하는 그런사람 미워한다

[註解] ○君子亦有惡乎(군자역유오호)─군자도 역시 미워하는 것이 있습니까? ○有惡(유오)─미워하는 것이 있다. ○惡稱人之惡者(오칭인지악자)─남의 결점이나 잘못을 떠들어대는 일, 혹은 그런 사람을 미워한다. ○惡居下流而訕上者(오거하류이산상자)─저속한 부류에 속하는 자가 윗사람을 비방하고 욕하는 일을 미워한다. ○惡勇而無禮者(오용이무례자)─무모하게 폭력을 휘두르고 예절을 지키지 않는 사람을 미워한다. ○惡果敢而窒者(오과감이질자)─독단적이고 과단성은 있으나 꽉 막혀 사리에 통하지 않는 사람을 미워한다.

17-24-2

공자가 "사야! 너도 미워하는 것이 있느냐?" 하고 묻자, 자공이 대답했다.

"엿보고 아는 척하는 사람을 미워하고, 불손한 태도를 용감하다고 생각하는 사람을 미워하고, 남의 비밀을 폭로하는 것을 강직하다고 생각하는 사람을 미워합니다."

曰 賜也ㅣ 亦有>惡乎아? 惡ㅍ徼以爲>知者ㅣ하며
왈 사야 역유 오호 오 요이위 지자

惡ㅍ不孫以爲>勇者ㅣ하며 惡ㅍ訐以爲>直者ㅣ하노
오 불손이위 용자 오 알이위 직자

이다.

[가사체 번역문]

공자께서 물으셨다

賜야너도 미워하는 그런것이 있지않냐
사

이에대해 자공께서 다음같이 대답했다

남의것을 몰래보고 아는체를 하는사람 그런자를 미워하고

불손하게 행동하고 용감하다 생각하는 그런자를 미워하며

남의비밀 드러내고 강직하다 생각하는 그런자를 미워하죠

[註解] ○賜也(사야)－사(賜)는 자공의 이름. 공자가 자공의 이름을 불렀다. ○亦有惡乎(역유오호)－역시 미워하는 것이나 사람이 있느냐? ○惡徼以爲知者(오요이위지자)－남의 것을 엿보고 아는 체하는 사람을 미워한다. ○惡不孫以爲勇者(오불손이위용자)－남에게 불손하게 하는 것을 용감하다고 생각하는 자를 미워한다. ○惡訐以爲直者(오알이위직자)－남의 비밀을 폭로하는 것을 정직이라고 생각하는 사람을 미워한다.

17-25

공자가 말했다. "여자와 소인은 다루기 어렵다. 가까이하면 공손치 않고, 멀리하면 원망한다."

[原文]

子ㅣ 曰 唯女子與Ⅱ小人Ⅰ이 爲>難>養也니 近>
자 왈 유여자여 소인 위난양야 근

之則不孫하고 遠>之則怨이니라.
지즉불손 원 지즉원

[가사체 번역문]

공자께서 말하셨다
여자들과 소인들은 다루기가 어렵단다
친근하게 대하면은 공손하지 아니하고
소원하게 대하면은 怨望(원망)하게 되느니라

[註解] ㅇ唯(유)－다만. 여기서는 '부(夫)'와 같은 뜻이다. ㅇ女子與小人(여자여소인)－여자와 소인. 옛날의 대가족제도하에서는 한 집안에 가장(家長)과 주부(主婦) 이외에 많은 수의 '첩(妾)·비(婢)·복(僕)' 들이 함께 살았다. ㅇ爲難養也(위난양야)－한 집안에서 많은 여자들과 하인들을 다루기가 어렵다는 뜻. ㅇ近之則不孫(근지즉불손)－가장이 조금만 친근하게 하면 불손하게 되고. ㅇ遠之則怨(원지즉원)－소원하게 대하면 원망한다.

[解說]

　　공자가 높이는 인(仁)은 모든 사람에 대한 사랑을 바탕으로 한 것이다. 그러므로 여기서 말한 '여자여소인(女子與小人) 위난양야(爲難養也)'는 일반적으로 여자와 소인을 격하한 말이 아니고, 한 집안에서 함께 어울려 사는 데 어려움이 많다는 뜻이다.

17-26

　　공자가 말했다. "나이 사십이 되어 가지고 남에게 미움을 사면 (인격적으로) 더 볼 것이 없다."

[原文]

子ㅣ 曰 年四十而見>惡焉이면 其終也已니라.
자　왈 년사십이견　오언　　　기종야이

[가사체 번역문]

　　공자께서 말하셨다
　　나이四十 되어서도 남들에게 미움받는
　　　　사 십
　　그런자는 군자로서 더바랄게 없느니라

[註解] ○ 見惡焉(견오언)ㅡ남에게 미움을 산다. ○ 其終也已(기종야이)ㅡ(인격적으로, 그 사람은) 끝난 사람이다. 더 볼 것이 없다.

제18편 「미자편」은 총 11장으로 대개가 성인이나 현인들에 관한 일화가 많다. 즉 그들의 출사(出仕)와 은퇴(隱退)를 기술하고, 간접적으로 공자의 사상을 부각하려고 했다. 특히 세상을 버리고 숨어 사는 은자(隱者)들을 등장시켜 공자의 적극적인 현실참여 및 개혁사상을 강조한 글들이 많다. 또 이 제18편 「미자편」에는 장(章) 앞에 '자왈(子曰)'이 없다. 그러나 간간이 공자의 평어(評語)를 삽입하여 그들에 대한 공자의 태도나 생각을 나타냈다.

미자는 떠났고, 기자는 종으로 가장하여 숨었고, 비간은 간하다가 죽었다. 공자가 말했다. "은(殷)에는 세 인자가 있었다."

[原文]

微子는 去>之하고 箕子는 爲Ⅱ之奴Ⅰ하고 比干은
미자   거지   기자   위 지노   비간

諫而死하니라. 孔子Ⅰ 曰 殷有Ⅱ三仁Ⅰ焉하니라.
간 이 사   공자 왈 은유 삼인 언

[가사체 번역문]

紂王庶兄 微子그는 殷나라를 떠나갔고
주왕서형 미자   은

紂王伯父 箕子그는 狂人으로 가장하여 노예틈에 몸숨겼고
주왕백부 기자   광인

紂王叔父 比干그는 忠諫하다 죽었다네
주왕숙부 비간   충간

공자께서 말하셨다

殷나라엔 세사람의 仁者들이 있었단다
은   인자

[註解] ○微子去之(미자거지)─미자(微子)는 은(殷)나라를 망친 마지막 왕인 주왕(紂王)의 서형(庶兄)이다. 이름은 계(啓). 미(微)는 나라 이름, 자(子)는 작(爵). 포악무도한 주왕을 간했으나 듣지 않으므로, 제기(祭器)를 가지고 미(微)나라로 가서 은나라 선조의 제사를 보전했다. ○箕子爲之奴(기자위지노)─기(箕)는 나라 이름, 자(子)는 작(爵), 이름은 자여(子餘). 주왕의 백부.

주왕을 간해도 듣지 않으므로, 스스로 광인(狂人)을 가장하고 노예들 틈에 끼어 숨었다. ○比干諫而死(비간간이사)─주왕의 숙부, 비간이 격렬하게 간하자, 주왕이 그를 무참히 죽였다. ○殷有三仁焉(은유삼인언)─은나라에는 세 사람의 인자(仁者)가 있었다. 주(周)가 천명을 받고 나라를 세운 다음, 미자(微子)는 송(宋)에, 기자(箕子)는 조선(朝鮮)에 봉(封)해졌다.

16-2

유하혜가 노나라의 재판관이 되었다가 세 번이나 자리에서 쫓겨났다. 어떤 사람이 "그대는 아직도 노나라를 버리고 떠나지 않으려나?" 하고 묻자, 그는 대답했다.

"도를 곧게 지키고 사람을 다스리면, 어디에 간들 세 번을 쫓겨나지 않겠는가? 반대로 도를 굽히고 사람을 다스릴 바에야 반드시 우리 부모님의 나라를 떠날 이유가 있겠는가?"

[原文]

柳下惠ㅣ 爲ⅱ士師ㅣ하야 三黜이어늘 人이 曰子ㅣ
유하혜 위 사사   삼출   인 왈자

未ⅱ可以去ㅣ乎아? 曰 直>道而事>人이면 焉往而
미 가이거 호   왈 직 도이사 인   언왕이

不ⅱ三黜ㅣ이며 枉>道而事>人이면 何必去ⅱ父母之
불 삼출   왕 도이사 인   하필거 부모지

邦ㅣ이리오?
방

[가사체 번역문]

魯國大夫 柳下惠가
노국대부 유하혜

魯나라의 재판관이 되었다가 세번이나 자리에서 쫓겨났다
노

어떤사람 물었다네 그대아직 魯나라를 버리고서 떠나잖소
노

유하혜가 대답했다

도를곧게 지키고서 나라임금 섬긴다면

어디간들 세번쯤은 쫓겨나지 않겠는가

바른道를 굽혀가며 나라임금 섬긴다면
도

어찌하필 부모나라 떠날이유 있겠는가

[註解] ○柳下惠(유하혜)─노(魯)나라의 대부.「衛靈公篇 15-14」참고. ○士師(사사)─관명(官名), 소송을 심리하고 판결하는 재판관. ○三黜(삼출)─세번이나 자리에서 쫓겨나다. ○子未可以去乎(자미가이거호)─그대는 아직도 노나라를 떠나지 않으려는가? ○直道而事人(직도이사인)─도를 곧게 지키고 사람을 다스리면. ○焉往而不三黜(언왕이불삼출)─어디에 간들 세 번 쫓겨나지 않겠는가? 언왕(焉往)은 어디에 간들. ○枉道而事人(왕도이사인)─도를 굽히고 사람을 다스릴 바에야. ○何必去父母之邦(하필거부모지방)─어찌 반드시 부모의 나라를 떠날 필요가 있는가?

[解說]

유하혜(柳下惠)는 온화한 덕성과 곧은 도리를 바탕으로 임금을 섬겼다. 그러나 현실 정치에서는 악한 세(勢)에 밀려 자리에서 쫓겨나는 일도 있는 것이다.

그래도 그는 자기 조국을 버리고 떠나지 않고 다시 나가서 충성을 하려고 했다.

18-3

제나라의 임금 경공이 공자에 대한 대우를 논의할 때 말했다. "계씨와 같이 최고로는 대우하지 못하지만, 계씨와 맹씨의 중간 정도로는 대우하겠다."

(그러나 후일) "내가 너무 늙어서 쓸 수 없다."고 말을 바꾸자, 공자가 제나라를 떠났다.

[原文]

齊景公이 待ⅱ孔子ㅣ 曰 若ⅱ季氏ㅣ 則吾不〉能이
제 경공   대 공자   왈 약 계씨   즉 오 불 능

어니와 以ⅱ季孟之間ㅣ으로 待〉之하리라. 曰 吾ㅣ 老
      이 계 맹 지 간   대 지   왈 오   로

矣라. 不〉能〉用也라 한대 孔子ㅣ 行하시다.
의   불 능 용 야   공 자   행

[가사체 번역문]

齊나라의 景公임금 공자待遇 論議하며 다음같이 말하였다
제   경공   대우   논의

季氏같이 최고로는 대우하지 못하지만
계 씨

季氏孟氏 중간쯤은 대우할수 있으리다
계 씨 맹 씨

뒷날그가 하는말이 내가늙어 쓸수없다 이러하게 말바꿨다

그러하자 공자즉시 제나라를 떠났다네

[註解] ○齊景公(제경공)－제나라의 경공. ○待孔子曰(대공자왈)－공자에
대한 대우를 논의하며 말했다. 대(待)를 『사기』「공자세가(孔子世家)」에는
지(止)라고 썼다. 즉 '공자를 잡고 말했다.'로 풀 수 있다. ○若季氏則吾不
能(약계씨즉오불능)－계씨같이 최고로 대우할 수는 없다. 계씨는 노나라의
상경(上卿)이다. ○以季孟之間待之(이계맹지간대지)－계씨와 맹씨의 중간으
로 대우하겠다. 즉 상경(上卿)과 하경(下卿) 사이로 대우하겠다는 뜻. ○曰
(왈)－후에 다른 말을 했다. ○吾老矣不能用也(오로의불능용야)－내가 늙었
으므로 공자를 쓰지 못하겠다. ○孔子行(공자행)－공자가 제나라를 떠났다.

[解說]

　　노(魯)의 소공(昭公)이 제(齊)에 망명하자, 공자도 제나라에 갔다.
그때가 기원전 517년, 공자 나이 30여 세였으며, 제나라의 경공은
60세였다. 제 경공은 먼저 공자를 등용하려고 했다. 그러나 재상 안
영(晏嬰)이 "공자의 정치 사상은 너무 비현실적이다."라고 반대했으
므로, 말을 바꾼 것이다.

18-4

　　제나라 사람이 미녀와 풍악 놀이패를 보내왔다. 노나라 계
환자가 이를 받아들이고 즐겼으며, 사흘 동안이나 조례를 보
지 않았다. 이에 공자는 벼슬을 버리고 노나라를 떠났다.

齊人이 歸Ⅱ女樂ㅣ이어늘 季桓子ㅣ 受>之하고 三
제인　귀 여악　　　계환자　수 지　　삼

日不>朝한대 孔子ㅣ 行하시다.
일부조　　공자　행

[가사체 번역문]

저齊나라 사람들이 美女들과 風樂놀이 魯나라에 보내왔다
　　제　　　　　　　미녀　　풍악　　노

魯나라의 季桓子가 이를받고 즐기고서
노　　　　계환자

사흘이나 되는동안 朝禮열지 않았다네
　　　　　　　　　조례

이에孔子 벼슬놓고 魯나라를 떠났다네
　　공자　　　　　노

[註解] ○齊人歸女樂(제인귀여악)―제나라 사람이 여악(女樂)을 보내왔다. 여악은 미인과 풍악 놀이패, 가무단(歌舞團). ○季桓子受之(계환자수지)―계 환자(季桓子)가 받아들이고 즐겼다. 계환자는 당시 노나라의 실권을 잡고 있었다. 이름은 사(斯), 환(桓)은 시호, 계강자(季康子)의 아버지. ○三日不朝 (삼일부조)―사흘간 조례를 안보고 여악을 즐겼다. ○孔子行(공자행)―공자 가 벼슬을 내놓고 노나라를 떠났다.

[解說]

　노(魯) 정공(定公) 12년(기원전 498년)에, 공자는 나이 54세로 사 구(司寇)가 되었는데 삼환씨(三桓氏)의 세력을 약화시켜 정치를 바로 잡으려고 했다. 그러나 이웃에 있는 강대국 제(齊)가 노의 중흥을 시 기하고 방해하려는 목적으로, 80명으로 구성된 여자 가무단을 당시의 실권자 계환자(季桓子)를 통해서 보냈다. 말하자면, 노나라의 집권세력을 타락시키려는 의도로 보낸 것이다. 이에 노나라의 군신(君臣)이 미혹되어 여러 날이나 조회도 안 보고 정사를 소홀히 했다. 이에 공자는 계씨와의 관계가 더 악화되었고, 마침내는 노나라를 떠나 위(衛)나라로 갔던 것이다.

18-5

초나라의 미치광이 접여가 공자 앞을 지나가며 노래했다.

"봉황새야, 봉황새야! 어찌 덕이 그리도 쇠했느냐! 지난 일은 간할 수 없거니와, 앞으로는 바르게 좇을 수 있다고 했다. 그러나 가망이 없으니, 그만둘지어다. 오늘날에는 정치에 참여하는 사람은 위태롭기만 할 것이다."

공자가 수레에서 내려, 그와 함께 말하려고 했으나, 그가 재빠르게 몸을 피했으므로 말을 하지 못했다.

[原文]

楚狂接輿ㅣ 歌而過ㅐ孔子ㅣ 曰 鳳兮鳳兮여! 何
초 광 접 여　　가 이 과　　공 자　　왈 봉 혜 봉 혜　　　　하

德之衰오! 往者는 不>可>諫이어니와　來者는 猶可
덕 지 쇠　　왕 자　　불 가 간　　　　　　　내 자　　유 가

>追니 已而已而어다. 今之從>政者ㅣ 殆而니라. 孔
추　　이 이 이 이　　　　금 지 종 정 자　　태 이　　　　공

子ㅣ 下하사 欲ㅣㅣ與>之言ㅣ이러시니 趨而辟>之하니
자　하　　욕　여　지언　　　　　추이피　지
不>得ㅣㅣ與>之言ㅣ하시다.
부　득　여　지언

[가사체 번역문]

楚나라의 미치광이 接輿라고 하는隱者
초　　　　　　　접여　　　　　은자
孔子수레 지나가며 다음같이 노래했다
공자
봉황새야 봉황새야 어찌德이 쇠했느냐
　　　　　　　　　　덕
이미지나 가버린일 탓할수가 없거니와
앞에올일 올바르게 追求할수 있느니라
　　　　　　　　추구
이러하게 노래하고 다음같이 말하였다
그만둬라 그만둬라 지금세상 오늘날에
정치참여 하는사람 위태로울 뿐이로다
공자께서 수레내려 그와함께 말하려나
그가빨리 몸을피해 얘기하지 못하셨다

[註解] ○楚狂接輿(초광접여)−초나라 사람으로 미친 척하고 난세를 한탄
하며 숨어 사는 은사(隱士). 성은 육(陸), 이름은 통(通), 자가 접여(接輿). ○歌
而過孔子曰(가이과공자왈)−노래를 부르며, 공자 앞을 지나가면서 말했다.
○鳳兮鳳兮(봉혜봉혜)−봉황새는 영조(靈鳥)로, 천하에 도(道)가 행해지는 성
천자(聖天子) 시대에만 나타난다. 공자도 성인이다. 그러므로 봉황새가 나타
나야 할텐데, 안 나타난다고 한탄한 것이다. ○何德之衰(하덕지쇠)−어째서
덕이 쇠했느냐? 참으로 덕이 쇠퇴했구나! ○往者不可諫(왕자불가간)−이미
지난 일은 간하고 탓할 수 없다. ○來者猶可追(내자유가추)−앞일은 바르게

추구하자, '왕자불가간(往者不可諫) 내자유가추(來者猶可追)'는 고어(古語). ○已而已而(이이이이)—이미 끝났다, 그만두어라. ○今之從政者殆而(금지종 정자태이)—오늘의 (난세에서는) 정치에 참여하는 사람은 위태로울 뿐이다. ○孔子下(공자하)—공자가 수레에서 내려. ○欲與之言(욕여지언)—그와 같이 말하고자 했으나. ○趨而辟之(추이피지)—뛰어 달려 몸을 피했으므로. ○不得與之言(부득여지언)—함께 말할 수 없었다.

[解說]

공자 같은 성인이 나타났으나 천하가 도덕적으로 타락하여 봉황 새도 나타나지 않게 되었다. 그래서 초나라의 미치광이 접여(接輿)가 공자 앞을 지나가면서 "생명이 위태로울 것이다."라고 경고한 것이 다. 『사기(史記)』「공자세가(孔子世家)」에는 '공자 나이 63세 때, 초나 라의 소공(昭公)이 공자를 등용하고자 했다. 그러나 영윤(令尹) 자서 (子西)가 반대하여 이루지 못했으며, 소공이 죽은 다음에 공자에게 '금지종정자태이(今之從政者殆而)'라고 경고를 한 것이라.'고 했다.

18-6-1

장저와 걸익이 짝을 지어 밭갈이를 하고 있는데, 공자가 지 나가다가 자로를 시켜 나루터를 물었다.

장저 : "저 고삐를 잡고 있는 분이 누구시오?"

자로 : "공구이시오."

장저 : "바로 노나라 공구이시오?"

자로 : "그렇소."

장저 : "그렇다면, 그분이 나루터를 알 것이오."

[原文]

長沮桀溺이 耦而耕이어늘 孔子ㅣ 過>之하실새 使
장저걸익   우이경   공자   과 지   사

ㅣ子路로 問ㅣ>津焉하신대 長沮ㅣ 曰 夫執>輿者ㅣ
자로   문 진언   장저   왈 부집 여자

爲>誰오? 子路ㅣ 曰 爲ㅣㅣ孔丘ㅣ시니라. 曰 是魯孔
위 수   자로   왈 위 공구   왈 시노공

丘與아? 曰 是也시니라. 曰 是ㅣ 知>津矣니라.
구여   왈 시야   왈 시 지 진 의

[가사체 번역문]

長沮桀溺 두사람이 짝을지어 밭가는데
장저걸익

공자께서 지나가다 子路시켜 그들에게 나루터를 물어봤다
                  자로

長沮그가 말하기를 말고삐를 잡고있는 저기저분 뉘신지요
장저

子路께서 대답하길 孔丘시오 라고했다
자로   공구

長沮그가 말하였다
장저

바로바로 저분께서 魯나라의 孔丘시오
                  노   공구

子路께서 대답하길 그러하오 라고했다
자로

長沮그者 말하였다
장저 자

그렇다면 저분께서 나루터를 알것이오

[註解] ○長沮(장저)―은사(隱士). ○桀溺(걸익)― 역시 은사. ○耦而耕(우이

경)—짝지어 밭갈이를 하고 있다. ○孔子過之(공자과지)—공자가 곁을 지나가다. ○使子路問津焉(사자로문진언)—자로를 시켜서 그들에게 나루터를 물었다. ○夫執輿者爲誰(부집여자위수)—저기 말고삐를 잡고 있는 사람은 누구시냐? ○爲孔丘(위공구)—공구이시다. ○是知津矣(시지진의)—(은사의 말) 그분이라면 나루터를 알고 있을 것이다. 공자는 천하를 두루 다니는 분이다. 그러니 나루를 알고 있을 거라고 말했다.

18-6-2

자로가 걸익에게 묻자, 걸익이 되물었다.

"당신은 누구요?"

"나는 중유라 하오."

걸익 : "바로 당신이 노나라 공구의 제자요?"

자로 : "그렇소."

걸익 : "지금 세상은 무도함이 도도히 물 흐르듯 하는데, 그 누가 고칠 수 있겠소? 또 당신도 사람을 가리고 피하는 공구를 따라다니는 것보다, 우리처럼 세상을 피해서 숨어 사는 은사를 따르는 것이 어떠하오?"

이렇게 말하고 걸익은 써레질을 그치지 않고 계속했다.

[原文]

問Ⅱ於桀溺Ⅰ한대 桀溺이 曰 子ㅣ 爲>誰오? 曰爲
문 어걸익 걸익 왈 자 위 수 왈위

Ⅱ仲由ㅣ로라. 曰 是ㅣ 魯孔丘之徒與아? 對曰 然하
중유　　　　왈 시　　노 공 구 지 도 여　　대 왈 연

다. 曰 滔滔者ㅣ 天下ㅣ 皆是也니 而誰以易>之리
왈 도 도 자　천 하　개 시 야　이 수 이 역 지

오? 且而與Ⅲ其從Ⅱ辟>人之士ㅣ也론 豈若>從辟世
차 이 여 기 종 피 인 지 사 야　　기 약 종 피 세

之士哉리오? 하고 耰而不>輟하더라.
지 사 재　　　　우 이 불 철

[가사체 번역문]

이번에는 자로께서 桀溺에게 물었는데
　　　　　　　　　걸 익

걸익그자 되물었다 그럼당신 누구시오

子路께서 대답했다 仲由라고 한답니다
자로　　　　　　　중유

걸익그자 말하기를 그럼당신 魯나라의 孔丘제자 이신가요
　　　　　　　　　　　　　　　노　　　　공구

자로께서 대답하길 그러하오 라고했다

걸익그자 말하기를

지금세상 무도함이 물흐르듯 滔滔한데 어느누가 고치겠소
　　　　　　　　　　　　도 도

지금그대 당신들도 사람들을 가리면서

피해가는 孔丘따라 다니는것 그보다는
　　　　공구

지금여기 우리처럼 세상피해 숨어사는

隱士들을 따르는게 어떻고 생각하오
은사

이런말을 하고서는 걸익그자 써레질을 안그치고 계속했다

[註解] ○問於桀溺(문어걸익)－걸익에게 묻자. ○子爲誰(자위수)－당신은
누구요? (걸익이 자로에게 되물었다). ○爲仲由(위중유)－나는 중유요. ○是
魯孔丘之徒與(시노공구지도여)－바로 노나라 공구의 제자로군. ○滔滔者 天

下皆是也(도도자 천하개시야)―무도(無道)함이 도도히 흐르는 강물 넘치듯 하고, 천하가 다 무도하고 타락했거늘. ○誰以易之(수이역지)―누가 천하를 개혁할 수 있겠느냐? ○且而(차이)―또. ○與其從辟人之士也(여기종피인지사야)―무도한 사람, 즉 나쁜 임금을 피해서 방랑하는 선비. 다시 말해서 공자를 따라다니기보다. ○豈若從辟世之士哉(개약종피세지사재)―차라리 나쁜 세상을 버리고 숨어 사는 우리 같은 은사를 따르는 것이 좋지 않겠느냐? ○耰而不輟(우이불철)―써레질을 멈추지 않고 계속했다. 씨를 흙으로 덮는 일을 계속했다. 씨 덮을 우(耰), 그칠 철(輟).

18-6-3

　　자로가 돌아와서 고하자, 공자가 한탄하며 말했다. "사람은 새와 짐승과 어울려 살지 못하니, 모든 사람들과 더불어 살지 않으면, 누구와 더불어 살겠느냐? 천하에 도가 행해지면 내가 구태여 변혁하고자 애를 쓰겠느냐."

[原文]

子路ㅣ 行以告한대 夫子ㅣ 憮然曰 鳥獸는 不可
　자로　　행이고　　　　부자　무연왈　조수　　불가

與同群ㅣ이니 吾非斯人之徒를 與ㅣ오 而誰與
여동군　　　오비　사인지도　　여　　이수여

리오? 天下ㅣ 有道면 丘ㅣ 不與易ㅣ也니라.
　　　천하　유도　　구　불　여역　야

[가사체 번역문]

子路께서 되돌아와 공자님께 말씀하니 한탄하며 말하셨다
자로

사람들은 새나짐승 그것들과 어울려서 살아가지 못하니라

바로내가 저자들과 더불어서 아니살고 뉘와함께 살겠느냐

지금세상 온천하에 바른道가 행해지면
도

내가굳이 무엇하러 變革하려 애쓰겠나
변 혁

[註解] ㅇ子路行以告(자로행이고)―자로가 돌아와서 공자에게 고했다. ㅇ夫子憮然曰(부자무연왈)―공자가 한탄하며 말했다. ㅇ鳥獸不可與同群(조수불가여동군)―(우리는) 새나 동물과 함께 어울려 살 수 없으니. ㅇ吾非斯人之徒與(오비사인지도여)―내가 이 세상 사람들과 더불어 살지 않으면. ㅇ而誰與(이수여)―그 누구와 더불어 살겠느냐? ㅇ天下有道(천하유도)―천하에 도가 있다면. ㅇ丘不與易也(구불여역야)―공구는 세상을 고치려고 하지 않는다.

[解說]

토막 소설 같은 글이다. 세상에 도가 없다고 세상을 버리고 혼자 숨어 사는 은사(隱士)들에게 공자는 말한다. "인간이므로 인간사회를 버릴 수 없다. 사람은 금수(禽獸)같이 원시적 생활을 할 수 없다. 인간사회가 도를 잃고 악덕이 판을 치면, 이를 바로잡으려는 노력을 우리가 해야 한다." 공자의 사상은 도를 따른 예치(禮治)로서 천하를 덕화(德化)하기를 끈질기게 주장했으며, 또 장래에는 반드시 대동(大同)의 이상세계 구현을 낙관했다. 그러므로 그는 현실을 도피하는 독선적인 은퇴사상을 반대했다. 그렇다고 악덕한 임금에 붙어 봉록을 받아먹는 것을 용납한 것이 아니다. 무도한 나라에서는 벼슬을 하지 말라고 가르쳤다. 그의 현실 참여는 무도(無道)한 나라를 유도 (有道)한 나라로 개혁할 수 있을 때에 한하는 것이었다.

그러나 당시는 하극상(下剋上)의 난세였으며, 나라와 나라가 무력을 바탕으로 서로 대항하고 있었다. 그러므로 그 어느 나라의 임금도 공자의 고매(高邁)하고 원대(遠大)한 예치(禮治)를 받아들이고 실천할 수가 없었던 것이다.

18-7-1

자로가 공자를 수행하다가 뒤처졌다. 마침 지팡이에 대삼태기를 짊어진 노인을 만나자, 자로가 물었다.

"선생님을 못 보셨습니까?"

"사지를 움직이지 않고, 오곡도 나눠 심지 않고 (떠돌아다니는 처지에) 누구를 보고 선생이라 하시오?"

노인은 이렇게 말하고 지팡이를 땅에 꽂아놓고 김을 매었다. 자로는 공손한 태도로 손을 모아 곁에 서있었다.

그러자 노인은 자로를 자기 집에 재우면서 닭을 잡고 기장밥을 지어 대접하고, 또 자기의 두 아들을 보여주었다.

이튿날 자로가 공자에게로 가서 고하자, 공자는 "그는 은자로다."라고 말하고 자로를 되돌려 보내어 그를 다시 찾아보게 했다.

그러나 그는 이미 어디론가 가고 없었다.

子路ㅣ 從而後ㅣ러니 遇ⅱ丈人이 以>杖荷ㅣ>篠하
자로 종이후 우 장인 이 장 하 조

야 子路ㅣ 問曰 子ㅣ 見ⅱ夫子ㅣ乎아? 丈人이 曰 四
자로 문왈 자 견 부자 호 장인 왈 사

體를 不>勤하며 五穀을 不>分하니 孰爲ⅱ夫子ㅣ오?
체 불근 오곡 불분 숙위 부자

하고 植ⅱ其杖ㅣ而芸하더라. 子路ㅣ 拱而立한대. 止ⅱ
치 기장 이운 자로 공이입 지

子路ㅣ宿하야 殺>鷄爲>黍而食之하고 見其二子焉이
자로 숙 살 계위 서이식지 현기이자언

어늘 明日에 子路ㅣ 行하야 以告한대 子ㅣ 曰隱者也
명일 자로 행 이고 자 왈은자야

로다 하시고 使子路로 反見之하시니 至則行矣러라.
사자로 반견지 지즉행의

[가사체 번역문]

子路께서 공자님을 수행하다 뒤처졌다
자로

그때마침 지팡이에 대삼태기 걸고서는

어깨에다 메고있는 어떤노인 만났다네

子路께서 물어봤다 선생님을 못보셨소
자로

그러하자 그노인이 다음같이 말하였다

자기한몸 그四肢를 움직이지 아니하고
사지

다섯가지 곡식들도 나눠심지 아니하며

떠다니는 그處地에 누구보고 선생이라 그런말을 하시나요
처지

그런다음 그노인은 지팡이를 꽂아두고 밭의김을 매었다네

그러하자 子路께서 공손하게 손을모아 그의곁에 서있었다
자로

그러하자 그노인은 子路그를 자기집에 재우고서 닭을잡고
_{자 로}

기장밥을 지어서는 융숭하게 대접하고

자기아들 두사람을 인사소개 시켜줬다

그이튿날 자로께서 공자님께 돌아와서

그동안에 있었던일 자세하게 얘기하니

공자께서 子路에게 그사람은 隱者니라 이러하게 말하시고
_{자 로}　　　　　　_{은 자}

되돌아가 그사람을 찾아보게 하셨다네

그노인은 이미벌써 어디론가 가버리고 그의집에 없었다네

【註解】 ○子路從而後(자로종이후)―자로가 공자를 따라가다가 뒤에 쳐졌다. 떨어졌다. ○遇丈人(우장인)―노인을 만나다. ○以杖荷蓧(이장하조)―지팡이에 대삼태기를 짊어지고 가다. ○子見夫子乎(자견부자호)―노인께서 우리 선생님을 보셨습니까? ○四體不勤(사체불근)―사지를 부지런히 놀리며 노동하지 않고. ○五穀不分(오곡불분)―오곡을 나눠 심지도 않고 (즉 생산에 참여하지 않고, 몰려다니기만 하는 처지에). ○孰爲夫子(숙위부자)―누구를 선생이라 하느냐? 누가 선생이겠느냐? ○植其杖而芸(치기장이운)―지팡이를 땅에 꽂아놓고 김을 매었다. ○子路拱而立(자로공이입)―(그가 김을 매는 동안) 자로가 손을 모아 잡고 공손히 서있었다. ○止子路宿(지자로숙)―그 노인은 자로를 자기 집에 재우고. ○殺鷄爲黍而食之(살계위서이식지)―닭을 잡고 기장밥을 지어 먹게 했다. ○見其二子焉(견기이자언)―자기의 두 아들도 보게 했다. ○子路行以告(자로행이고)―(이튿날) 자로가 공자에게 가서 고했다. ○隱者也(은자야)―그 사람은 은자다. ○使子路反見之(사자로반견지)―자로로 하여금 다시 되돌아가서 노인을 보게 했다. ○至則行矣(지즉행의)―그 집에 갔으나, 그는 이미 어디론가 가고 없었다.

18-7-2

　자로는 (노인이 없으므로, 아들들에게 공자의 말을 다음과 같이) 전했다.

　"만약에 모든 선비가 출사(出仕)하지 않는다면, 의(義)를 세울 수 없다. 장유(長幼) 간의 예절을 폐할 수 없다면, 어찌 군신(君臣) 간의 의를 폐할 수 있겠는가? 자기 한 몸을 깨끗이 하려고 (숨어 사는 것은 곧) 큰 윤리를 문란케 하는 것이 된다. 군자가 출사하는 것은 의를 행하기 위해서이다. 도가 이루어지지 않고 있음을 나도 벌써부터 잘 알고 있다."

[原文]

子路ㅣ 曰 不＞仕ㅣ 無＞義하니 長幼之節을 不＞可＞
자로　왈 불사　　무 의　　　　　장유지절　　　불가

廢也ㅣ니 君臣之義를 如＞之何其廢＞之리오? 欲＞潔
폐야　　　군신지의　　여 지하기폐 지　　　　　욕 결

Ⅱ其身ㅣ 而亂Ⅱ大倫ㅣ이로다. 君子之仕也는 行Ⅱ其
기신　　이란 대륜　　　　　　군자지사야　　　행 기

義ㅣ也니 道之不＞行은 已知＞之矣시니라.
의 야　　　도지불행　　이지 지 의

[가사체 번역문]

子路께서 공자말을 노인대신 그아들께 다음같이 전하였다
자로

혹시만약 모든선비 出仕하지 않는다면 義를세울 수가없다
　　　　　　　　　　출사　　　　　　　　의

年長者와 年少者들 그사이의 예절들을 廢할수가 없다면은
연장자　　연소자　　　　　　　　　　　폐

어찌하여 임금신하 그사이의 그義理를 폐할수가 있겠는가
의 리

자기자신 그한몸을 깨끗하게 해보려고 숨어사는 그런것은

큰倫理를 紊亂하게 하는것이 되느니라
윤 리   문 란

군자들이 이세상에 出仕하는 그이유는 義를행할 생각때문
출 사   의

이세상에 바른道가 행해지지 않는것은 나도벌써 알고있다
도

[註解] ○子路曰(자로왈)―자로가 (공자의 전갈을 대신해서) 말했다. ○不仕無義(불사무의)―선비나 지식인이 나라에 나가서 벼슬하지 않는다면, 국가의 도의(道義)나 정의(正義)도 세울 수 없다. ○長幼之節(장유지절)―장유의 예절, 즉 형과 아우, 연장자와 연소자, 선배와 후배 간의 순서·서열·위계 등의 법도와 규범. ○不可廢也(불가폐야)―폐할 수 없다. ○君臣之義(군신지의)―국가적인 차원에서 임금과 신하 사이의 의리(義理), 도의(道義). ○如之何其廢之(여지하기폐지)―어찌 (군신 간의 의를) 폐할 수 있겠느냐? ○欲潔其身(욕결기신)―자기 한 몸만 깨끗이 살기를 바라면서. ○而亂大倫(이란대륜)―(결국은 국가적인 차원에서) 큰 윤리를 문란케 하고 있는 것이다. ○君子之仕也(군자지사야)―군자가 출사(出仕)하는 목적이나 의도는. ○行其義也(행기의야)―의를 행하기 위해서다. ○道之不行(도지불행)―천하에 도가 행해지지 않는다는 사실을. ○已知之矣(이지지의)―나는 이미 잘 알고 있다.

[解說]

이 장은 공자의 현실참여의 의도를 잘 알게 한다. "군자가 출사하는 목적은 의를 행하기 위해서다〔君子之仕也 行其義也〕." 자기 한 몸 편하게 살려고 대의(大義)와 윤리(倫理)를 저버릴 수 없다. 은자(隱

者)도 '장유지절(長幼之節)'은 안다. 그러나 '공동체의 대의대륜(大義大倫)'을 모른다. 이를 공자가 알리고자 한 것이다.

18-8

　뛰어난 사람은 '백이·숙제·우중·이일·주장·유하혜·소련' 일곱 사람이다.

　공자가 말했다. "자기의 뜻을 굽히지 않고, 또 자기의 몸을 욕되게 하지 않은 사람은 백이와 숙제일 거다."

　유하혜와 소련을 평해서 말했다. "뜻을 굽히고 몸을 욕되게 했으나, 말이 조리에 맞고 행동이 깊은 생각에 맞았으니, 그 점에서 옳았다."

　우중과 이일을 평해 말했다. "은거하면서도 큰소리를 쳤으나 그들의 처신이 청렴했고, 세상을 버리는 품이 적절했다."

　"그러나 나는 이들과 다르다. 가도 없고, 불가도 없다."

[原文]

逸民은 伯夷와 叔齊와 虞仲과 夷逸과 朱張과 柳
　일민　　백이　　숙제　　우중　　이일　　주장　　유

下惠와 少連이니라. 子ㅣ 曰 不〉降ㅏ其志ㅣ하며 不〉
하혜　　소련　　　　　자　왈　불　항　기　지　　　　불

辱ㅏ其身ㅣ은 伯夷叔齊與인저. 謂ㅏ柳下惠少連ㅣ하
욕　기　신　　백이숙제여　　　　위　유하혜소련

사대 降>志辱>身矣나 言中>倫하며 行中>慮하니 其
　　　항 지 욕 신 의　언 중 륜　　　행 중 려　　　기

斯而已矣니라. 謂Ⅱ虞仲夷逸Ⅰ하사대 隱居放>言하
　사 이 이 의　　위　우 중 이 일　　　　은 거 방 언

나 身中>淸하며 廢中>權이니라. 我則異Ⅱ於是Ⅰ하야
　　신 중 청　　　폐 중 권　　　　아 즉 이　어 시

無>可無>不>可호라.
무 가 무 불 가

[가사체 번역문]

　저뛰어난 사람들은 伯夷叔齊 虞仲夷逸
　　　　　　　　　　백 이 숙 제　우 중 이 일

　朱張에다 柳下惠와 少連합쳐 일곱이다
　주 장　　　유 하 혜　소 련

　공자께서 말하셨다

　자기뜻을 안굽히고 자기몸을 욕보이지 않은사람 그사람은

　백이숙제 그들이다

　유하혜와 또한少連 評을해서 말하셨다
　　　　　　　　소 련 평

　뜻굽히고 몸욕되게 그러하게 하였으나

　하는말이 조리맞고 그들평소 하는행동

　깊은생각 맞았으니 그점에서 옳았다네

　우중이일 評을해서 다음같이 말하셨다
　　　　　평

　은거하며 지냈어도 큰소리를 쳤지만은

　그들處身 청렴했고 이세상을 버리는품 적절했다 할수있네
　　　처 신

　그러하나 나는나는 이들과는 다르다네

　可한것도 있지않고 不可함도 있지않다
　가　　　　　　　불 가

[註解] ○ 逸民(일민)—절행(節行)이 뛰어나면서 숨어 산 현명한 사람. ○ 伯

夷(백이)·叔齊(숙제)—「公冶長篇 5-23」,「述而篇 7-14」참고. ㅇ虞仲(우중)—중옹(仲雍). 태백(泰伯)의 동생, 주(周) 문왕(文王)의 아버지, 계력(季歷)에게 자리를 물려주기 위하여 형제가 형만(荊蠻)으로 몸을 피하여 말없이 주왕조의 터를 세운 은자들이다. 「泰伯篇 8-1」참고. ㅇ夷逸(이일)·朱張(주장)—잘 알 수 없다. ㅇ柳下惠(유하혜)—「憲問篇 15-14」,「微子篇 18-2」참고. ㅇ少連(소련)—동이(東夷) 사람으로, 부모의 상(喪)을 정중히 모셨다고 알려졌다. ㅇ不降其志(불항기지)—자신의 뜻을 굽히지 않고. ㅇ不辱其身(불욕기신)—자신의 몸도 욕되게 하지 않고. ㅇ降志辱身矣(항지욕신의)—뜻을 굽히고 몸도 욕되게 했으나. ㅇ言中倫(언중륜)—말이 도리와 조리에 맞는다. ㅇ行中慮(행중려)—행동이 깊은 생각과 일치한다. ㅇ其斯而已矣(기사이이의)—그것으로서 옳았느니라. ㅇ隱居放言(은거방언)—숨어 살면서 큰소리치다. ㅇ身中淸(신중청)—몸가짐이 청렴결백하다. ㅇ廢中權(폐중권)—세상을 버리고 은퇴함이 시기적절했다. 폐(廢)는 물러나다, 권(權)은 임기응변으로 잘 맞춘다. 권형(權衡). ㅇ我則異於是(아즉이어시)—나는 그들과 다르다. (공자의 말). ㅇ無可無不可(무가무불가)—가도 없고, 불가도 없다.

[解說]

7인의 일사(逸士)에 대한 평을 통해서 공자의 사상을 대비할 수 있다. 즉 공자가 "가도 없고, 불가도 없다〔無可無不可〕."라고 한 말은 언제나 기회 있는 대로 도(道)를 선양하고 전파하겠다는 뜻이다. 공자의 뜻은 오늘날에도 살아있다.

(노나라가 어지러워지자 여러 악관들이 사방으로 흩어졌다.) 태사 지는 제나라로 갔고, 아반 간은 초나라로 갔고, 삼반 요는 채나라로 갔고, 사반 결은 진나라로 갔고, 북을 치는 방숙은 하내로 들어갔고, 작은 북을 흔드는 무는 한중으로 들어갔고, 소사 양과 경쇠를 치는 양은 섬으로 갔다.

[原文]

大師摯는 適>齊하고 亞飯干은 適>楚하고 三飯繚
  태 사 지 적 제   아 반 간   적 초   삼 반 요
는 適>蔡하고 四飯缺은 適>秦하고 鼓方叔은 入Ⅱ於
   적 채   사 반 결   적 진   고 방 숙   입 어
河Ⅰ하고 播鼗武는 入Ⅱ於漢Ⅰ하고 少師陽과 擊磬
하   파 도 무 입 어 한   소 사 양   격 경
襄은 入Ⅱ於海Ⅰ하니라.
양   입 어 해

[가사체 번역문]

魯나라가 어지럽자 여러명의 樂官들이 사방으로 흩어졌다
노   악 관
太師벼슬 樂官摯는 齊나라로 가버렸고
태 사   악 관 지 제
亞飯맡은 樂官干은 楚나라로 가버렸고
아 반   악 관 간 초
三飯맡은 樂官繚는 蔡나라로 가버렸고
삼 반   악 관 요 채
四飯맡은 樂官缺은 秦나라로 가버렸고
사 반   악 관 결 진
북을치던 樂官方叔 河內地方 들어갔고
         악 관 방 숙 하 내 지 방

작은북을 흔들었던 武란樂官 그사람은 漢中으로 들어갔고
少師벼슬 樂官陽과 경쇠치던 樂官襄은 바다섬에 들어갔다

【註解】 ○大師摯(태사지)―태사(大師)는 궁중의 악관(樂官)의 장. 이름이 지(摯). ○適齊(적제)―적(適)은 가다. 제나라로 갔다. ○亞飯干(아반간)―아반(亞飯)은 차반(次飯), 즉 점심 때에 음악을 연주하는 악관. 이름이 간(干). ○楚(초)―초나라. ○三飯繚(삼반요)―삼반(三飯)은 점심과 저녁 사이의 가벼운 간식. 이때에 음악을 연주하는 악관. 이름이 요(繚). ○蔡(채)―채나라. ○四飯缺(사반결)―사반(四飯)은 저녁 식사. 이때에 음악을 연주하는 악관 결(缺). ○秦(진)―진나라. ○鼓方叔(고방숙)―고(鼓)는 북. 북을 치는 악관. 이름이 방숙(方叔). ○入於河(입어하)―하내(河內) 지방으로 들어갔다. ○播鼗武(파도무)―파(播)는 흔든다. 도(鼗)는 자루가 달린 작은 북. 무(武)는 악관의 이름. ○入於漢(입어한)―한수(漢水) 지방으로 들어갔다. ○少師陽(소사양)―소사(少師)는 악관의 차장. 이름이 양(陽). ○擊磬襄(격경양)―격(擊)은 치다. 경(磬)은 옥돌로 만든 타악기. 악관의 이름이 양(襄). ○入於海(입어해)―바닷속의 섬으로 갔다.

【解說】

예치(禮治)가 쇠퇴하면 교화의 근간인 예악(禮樂)이 시들고, 성인 군자 및 악관(樂官)들이 사방으로 흩어진다. 노나라가 쇠퇴하자 악관들이 사방 여러 나라로 떠나갔다. 공안국(孔安國)은 노 애공(哀公) 때의 일이라고 했다. 오늘에도 사회가 도덕적으로 타락하면, 대중음악이 문란하게 된다. 예(禮)는 인간의 이성을 바탕으로 사회 질서를 바로잡아주고, 악(樂)은 인간의 감정을 승화시켜 준다.

18-10

　　주공이 그의 아들 노공에게 말했다. "군자는 일가친척을 소홀히 하지 말며, 대신으로 하여금 자기를 써주지 않는다는 원한을 품게 하지 말며, 원로 공신은 큰 죄가 아니면 버리지 않고, 또 한 사람에게 모든 것이 갖추어지기를 구하지 마라."

[原文]

周公이 謂Ⅱ魯公Ⅰ曰 君子Ⅰ 不>施Ⅱ其親Ⅰ하며
주공　위　노공　왈　군자　　불시기친

不>使Ⅲ大臣으로 怨Ⅱ乎不Ⅰ>以하며 故舊Ⅰ 無Ⅱ大
불사　대신　　　원호불　이　　고구　무대

故Ⅰ 則不>棄也하며 無>求Ⅱ備於一人Ⅰ이니라.
고　즉불기야　　　무구비어일인

[가사체 번역문]

周公께서 그의아들 魯國임금 伯禽에게 다음같이 말하였다
주공　　　　　　노국　백금

君子너는 일가친척 소홀하게 하지말며
군자

대신들이 자기자신 안써준다 하는원한 품게하지 말지어다

원로공신 그네들은 그의죄가 크잖으면 버리면은 아니되며

어떤신하 한사람이 모든것을 갖추기를 바라지를 말지어다

【註解】○周公(주공)—주공단(周公旦). 공자가 가장 높이는 사람,「述而篇 7-5」,「泰伯篇 8-11」참고. ○魯公(노공)—주공의 아들 백금(伯禽). 주공

대신 노나라 임금으로 봉했다. ○君子(군자)─여기서는 백성을 다스리는 임금의 뜻. ○不施其親(불시기친)─일가 친척을 소홀히 대하지 않는다. 시(施)는 이(弛)의 뜻. ○不使大臣(불사대신)─대신으로 하여금 …하지 않게 하다. ○怨乎不以(원호불이)─'쓰이지 않음〔不以〕'을 원망하다. ○故舊無大故(고구무대고)─고구(故舊)는 원로들. 무대고(無大故)는 큰 잘못이 없으면. ○則不棄也(즉불기야)─즉 버리지 않는다. ○無求備於一人(무구비어일인)─한 사람에게 모든 것이 구비되기를 구하거나, 바라지 마라.

[解說]

　주공이 자기 대신 노나라의 임금이 된 아들 백금(伯禽)에게 일러준 말이다. 일가친척을 사랑하고 가까이해야 한다. 왕실이 화목해야 한다. 대신을 잘 등용해서 원망이나 불평이 없게 해야 한다. 국가의 원로들을 소외하거나 이유 없이 버리면 안 된다. 한 사람에게 모든 일을 맡기면 안 된다.

18-11

　주나라에 여덟 명의 선비가 있었다. 백달과 백괄과 중돌과 중홀과 숙야와 숙하와 계수와 계왜니라.

[原文]

周有Ⅱ八士Ⅰ하니 伯達과 伯适과 仲突과 仲忽과
주 유 팔 사　　　백 달　　백 괄　　중 돌　　중 홀

叔夜와 叔夏와 季隨와 季騧니라.
숙 야　 숙 하　 계 수　 계 왜

[가사체 번역문]

周나라에 다음같은 여덟선비 있었다네
　　　　　　주

伯達伯适 仲突仲忽 叔夜叔夏 季隨季騧 이들여덟 名이었지
백 달 백 괄　중 돌 중 홀　숙 야 숙 하　계 수 계 왜　　　　　　　명

[註解] ○周有八士(주유팔사)―주나라에 8명의 선비가 있었다. 첫 번째, 두 번째, 세 번째, 네 번째 등 네 쌍둥이로, 8명이다. ○伯達(백달)·伯适(백괄)―맏이로 태어난 쌍둥이가 '백달·백괄'이다. ○仲突(중돌)·仲忽(중홀)―두 번째로 태어난 쌍둥이가 '중돌·중홀'이다. ○叔夜(숙야)·叔夏(숙하)―세 번째로 태어난 쌍둥이가 '숙야·숙하'이다. ○季隨(계수)·季騧(계왜)―막내로 태어난 쌍둥이가 '계수·계왜'다.

[解說]

　나라가 잘 되려면 좋은 인재가 속출한다. 주나라 초기에는 '네 쌍둥이 형제' 8명이 나와서 나라에 이바지했다. 『논어』의 편자(編者)가 추려넣은 기록일 것이다.

제19편
자장편(子張篇)

본편은 대체로 공자의 뛰어난 제자들의 말을 추렸다. 자하(子夏)의 말이 가장 많고, 다음으로 자공(子貢), 증자(曾子)의 순서로 많다. 총 25장으로 나누었다.

19-1

자장이 말했다. "선비는 위태로움을 보면 생명을 바치고, 이득을 보면 도의를 생각해야 한다. 제사 때에는 공경하고, 상례 때에는 애통해야 한다. 그래야 비로소 가하다."

[原文]

子張이 曰 士ㅣ 見>危致>命하며 見>得思>義하며
　　자장　왈　사　　　견 위 치 명　　　　　　견 득 사 의
祭思>敬하며 喪思>哀면 其可已矣니라.
제 사 경　　　상 사 애　　기 가 이 의

[가사체 번역문]

　자장께서 말하였다 선비라고 하는자는
　위태로움 보게되면 그생명을 바쳐야고
　이득됨을 보게되면 義를생각 해야한다
　　　　　　　　　　　의
　제사때는 공경하고 상례때는 애통하고
　그래야만 되느니라

[註解] ○子張(자장)—「爲政篇 2-18」참고. ○士(사)—선비. 벼슬하거나 야에 있거나, 선비가 지켜야 할 태도를 말한 것이다. ○見危致命(견위치명)—나라가 위태롭고 위기에 처하게 되면, 선비는 생명을 바쳐야 한다. ○見得思義(견득사의)—이득을 보면 의를 생각한다. 즉 재물·권력·지위 등 모든 이득을 취하기 전에, 먼저 도의에 맞는가 안 맞는가를 생각해야 한다. ○祭思敬(제사경)—제사 때에는 성실하고 엄숙하게 해야 한다. 사(思)는

910 완역해설 논어

'…하려고 생각하다.'로 풀이할 수 있다. 그러나 강조사(强調詞)로 본다. ○喪思哀(상사애)—상례를 치를 때에는 진정으로 애통해야 한다. ○其可已矣(기가이의)—그래야 비로소 옳다, 가하다. 선비라 하겠다.

【解說】

공자는 '견리사의(見利思義) 견위수명(見危授命)'「憲問篇 14-15」이라 했고, 증자(曾子)는 '신종추원(慎終追遠) 민덕귀후의(民德歸厚矣)'「學而篇 1-9」라고 했다.

19-2

자장이 말했다. "덕을 지니고 있으면서 남에게 넓히지 않고, 도를 믿고 실천함이 독실하지 못하면 어찌 도나 덕을 가졌다, 혹은 안 가졌다고 말할 수 있겠느냐?"

【原文】

子張이 曰 執>德不>弘하며 信>道不>篤이면 焉
자장   왈 집 덕 불 홍   신 도 부 독   언
能爲>有며 焉能爲>亡리오?
능 위 유   언 능 위 무

【가사체 번역문】

자장께서 말하였다
德을몸에 지니고도 남들에게 넓히잖고
덕

道를믿고 실천함이 독실하지 아니하면
_도

어찌하여 그道德을 갖고있다 안가졌다 말할수가 있겠느냐
_{도 덕}

[註解] ○執德不弘(집덕불홍)─자기 자신이 덕을 지니고 있으면서, 남에게
베풀고 넓히지 않으면. ○信道不篤(신도부독)─도를 믿고 실천하는 데 독실
하지 않으면. ○焉能爲有(언능위유)─어찌 덕이 있다고 말할 수 있으며. ○焉
能爲亡(언능위무)─(반대로) 어찌 덕이 없다고 하겠느냐?

[解說]

절대선(絶對善)의 도(道)를 따르고 실천해서 얻어진 좋은 성과(成
果)나 결과(結果)를 덕(德)이라 한다. '절대선의 도'는, 곧 천도(天道)
로 자연만물을 '광명정대(光明正大), 공평무사(公平無私), 영구불변(永
久不變)' 하게 생육화성(生育化成)한다.' 천도를 기준으로 '천하 만민
을 사랑하고 잘 살게 하는 도리가, 곧 인도(仁道)' 이다. '내가 지(知)
와 행(行)의 주체다.' '내' 가 인도(仁道)를 따르고 실천해서 실지로
'남' 을 사랑하고 또 잘 살게 해주는 것이, 곧 인덕(仁德)이다. 도(道)
를 따르고 실천하면, 사실로 덕(德)이 나타난다. 도덕(道德)을 마음속
에 품기만 해서는 안된다. 실천해서 좋은 성과를 거두었을 때 비로
소 도와 덕이 있다고 말할 수 있다. 나타나지 않는 도덕은 없는 것과
같다.

19-3

자하의 문인이 자장에게 친구 사귀는 도리를 묻자, 자장이

되물었다. "그대의 선생 자하는 무어라고 하더냐?" 이에 문인이 대답했다. "(저의 선생 자하는) '좋은 사람과는 사귀되, 좋지 못한 사람은 거절하라.'고 말했습니다."

그러자 자장이 말했다. "내가 들은 바와는 다르구나. 군자는 현명한 사람을 존중하지만, 또한 일반 사람들도 넓게 받아들인다. 선량한 사람을 칭찬하지만, 또한 무능한 사람도 긍련(矜憐)히 여긴다. 만약 내가 크게 현명하면, 누구나 다 받아줄 것이다. 그러나 내가 현명하지 못하면 남들이 나를 거절할 것이니, 어찌 남을 거절할 수 있겠느냐?"

[原文]

子夏之門人이 問Ⅱ交於子張ㅣ한대 子張이 曰子
자하지문인 문 교어자장 자장 왈자

夏ㅣ 云何오? 對曰 子夏ㅣ 曰 可者를 與>之하고 其
하 운하 대왈 자하 왈 가자 여지 기

不可者를 拒>之라 하더이다. 子張이 曰 異Ⅱ乎吾所ㅣ
불가자 거지 자장 왈 이 호오소

>聞이로다. 君子는 尊>賢而容>衆하며 嘉>善而矜Ⅱ
문 군자 존현이용중 가선이긍

不能ㅣ이니 我之大賢與인댄 於>人에 何所>不>容이
불능 아지대현여 어인 하소불용

며 我之不賢與인댄 人將拒>我니 如>之何其拒>人
아지불현여 인장거아 여지하기거인

也리오?
야

[가사체 번역문]

子夏문인 한사람이 子張찾아 뵙고서는
자하   자장
사람들과 교제하는 바른도리 물어봤다

자장께서 되물었다 그대선생 자하께선 무어라고 하시더냐

이에문인 대답했다

저의선생 자하께선 좋은사람 그들과는 사귀어야 하지만은

좋지못한 사람들은 거절하라 했습니다

그러하자 자장께서 다음같이 말하였다

내가들은 것들과는 같지아니 하는구나

군자라고 하는자는 현명한자 그자들을 존중해야 하지만은

일반사람 그네들도 넓게받아 들여야네

선량한者 그자들을 칭찬해야 하지만은
      자
무능한者 그네들도 불쌍하게 여겨야지
      자
만약내가 현명하면 모두나를 받아준다

그러하나 나란자가 현명하지 못하면은

사람들이 나란者를 거절하게 될것이니
          자
어찌하여 다른사람 거절할수 있겠는가

[註解] ○子夏之門人(자하지문인)—자하의 문중에서 배우는 사람. 문하생, 제자. ○問交於子張(문교어자장)—자장에게 교우(交友)의 도리를 물었다. ○子夏云何(자하운하)—(자장이 되묻는 말) 그대의 선생 자하는 무어라고 말하더냐? ○可者與之(가자여지)—좋은 사람과 사귀고. ○其不可者拒之(기불가자거지)—좋지 않은 사람은 거절하라. 거(拒) = 거절(拒絶). ○異乎吾所聞(이호오소문)—내가 들은 바와는 다르다. 소문(所聞)은 '듣거나 배워서 알

고 있는 것'의 뜻. ㅇ君子尊賢而容衆(군자존현이용중)―군자는 현명한 사람을 존경하고 높이되 평범한 대중들도 잘 포용해야 한다. ㅇ嘉善而矜不能(가선이긍불능)―잘하는 사람을 칭찬하되, 잘못하는 사람도 긍련히 여기고 도와준다. 아름다울 가(嘉)는 칭찬한다, 선(善)은 성품이 선량하고 일을 잘한다는 뜻. 불쌍히 여길 긍(矜)은 긍련히 여기고 동정하고 도와준다는 뜻. ㅇ我之大賢與(아지대현여)―내가 크게 현명하다면. 여(與)는 어조사(語助辭)로 '…면은'의 뜻을 나타낸다. ㅇ於人何所不容(어인하소불용)―남에게 어찌 용납되지 않겠느냐? 내가 현명하면 남들이 받아준다. ㅇ我之不賢與(아지불현여)―내가 현명하지 못하면. ㅇ人將拒我(인장거아)―남들이 나를 거절할 것이다. 장(將)은 '…할 것이다.' ㅇ如之何其拒人也(여지하기거인야)―어찌 내가 남을 거절하랴?

[解說]

'벗을 사귀는 도리[交友之道]'를 논함에 있어, 자하(子夏)와 자장(子張)의 주장이 서로 다르다. 자하는 "좋은 사람과는 벗하되, 좋지 못한 사람과는 사귀지 마라."고 시비(是非)를 분명히 했다. 그러나 자장은 "현명한 사람을 존경하되 그렇지 못한 사람도 포섭하고, 능력있는 사람을 칭찬하되 그렇지 못한 사람도 동정하고 포섭하고 도와주어야 한다."고 포용주의(包容主義)를 말했다. 이들의 주장은 결국 공자의 가르침을 하나씩 들고 주장한 것이다. 즉 자하는 "자기보다 못한 사람을 벗으로 사귀지 마라[無友不如己者]."「學而篇 1-8」를 강조한 것이고, 자장은 "모든 사람을 넓게 사랑하되 특히 인자를 친애하라[汎愛衆而親仁]."「學而篇 1-6」를 강조한 것이다. 특히 자장은 '나 자신이 남보다 뛰어나게 현명해야 한다. 그렇게 되면 자연히 좋은 벗과 사귀게 된다.'는 점을 밝혔다.

19-4

자하가 말했다. "비록 작은 도에도 반드시 볼 만한 점이 있다. 그러나 원대한 뜻을 이루는 데에 (혹시라도) 장애가 될 수 있으므로, 군자는 힘써 배우지 않는 것이다."

[原文]

子夏ㅣ 曰 雖ⅱ小道ㅣ나 必有ⅱ可>觀者ㅣ焉이어니
자하 왈 수 소도 필유 가 관자 언

와 致>遠恐>泥라 是以로 君子ㅣ 不>爲也니라.
치 원공 니 시이 군자 불 위 야

[가사체 번역문]

자하께서 말하였다
비록작은 道라해도 거기에는 꼭반드시 볼만한점 있겠지만
　　도
너무깊이 빠지면은 얽매일까 염려되어
군자들은 그런道를 배우지를 아니한다
　　　　도

[註解] ○雖小道(수소도)─비록 작은 도(道)라도, 소도(小道)는 제자백가(諸子百家)의 학설이나 사상 및 백공(百工)들의 여러 가지 기능·기예. 주자(朱子)는 '농포의복(農圃醫卜) 등'이라고 주를 달았다. 이에 비해 '수기치인(修己治人), 천인합일(天人合一), 평천하(平天下)'를 주장하는 유가의 사상을 대도(大道)라 한다. ○必有可觀者焉(필유가관자언)─반드시 볼 만한 점이 있다. ○致遠(치원)─원대한 뜻을 품고 먼길을 간다, 즉 대도(大道)를 따라 천

하에 인덕(仁德)을 세운다. ㅇ恐泥(공니)─이(泥)는 막다, 방해가 된다. 즉 잡스런 사상이나 부분적인 기공(技工)이 (원대한 뜻을 이루고 큰 길을 가는데에) 방해가 될까 겁이 난다. ㅇ是以(시이)─그러므로. ㅇ君子不爲也(군자불위야)─군자는 (대도(大道)를 따라, 인덕(仁德)을 세우는 데 힘을 쓰되) 소도(小道)를 따르거나, 말단(末端)적인 일에 주력하지 않는다.

[解說]

공자가 말했다. "군자는 기능공 같은 존재가 아니다〔君子不器〕." 「爲政篇 2-12」. 군자는 대도(大道)를 따라 '사랑과 평화가 넘치는 하나의 인류세계'를 창건하는 원리의 실천자, 즉 인자(仁者＝휴머니스트)다. 인자는 우주적인 안목으로 과학 기술을 활용한다. 부분적이고 전문적인 기능이나 기술은 절대로 필요하다. 그러나 부분만 알고 전체를 모르면 과학 기술을 악용하게 된다.

19-5

자하가 말했다. "날마다 모르던 바를 알고, 달마다 능히 하던 바를 잊지 않고 행하면, 가히 배우기 좋아한다고 말할 수 있다."

[原文]

子夏ㅣ 曰 日知Ⅱ其所Ⅰ>亡하며 月無>忘Ⅱ其所Ⅰ
자하 왈 일지 기소 무 월무망 기소

>能이면 可>謂>好>學也已矣니라.
　능　　　　가 위 호 학 야 이 의

[가사체 번역문]

　자하께서 말하였다
　미처알지 못했던걸 매일새로 알아가고
　능한일을 매달매달 잊지않고 행하면은
　나는가히 그런사람 배우기를 좋아하는 그런者라 하겠도다
　　　　　　　　　　　　　　　　　　　　자

[註解] ○日知(일지)―날마다 새로 깨닫고 알다. ○其所亡(기소무)―무(亡)
는 무(無)와 같다. 즉 미처 알지 못했던 바, 몰랐던 것. ○月無忘(월무망)―
달로, 매달, 달을 거듭해서. ○其所能(기소능)―자기가 능히 할 수 있었던
것. ○可謂好學也已矣(가위호학야이의)―가히 호학(好學)이라고 말할 수 있
다. 학(學)은 배워서 알고, 또 안 것을 실천함이다. 즉 지행(知行)을 겸해야
한다. '야이의(也已矣)'는 어조사, '…라 하리라, …이다.'

[解說]

　자하(子夏)는 문학(文學)에 뛰어났다. 여기서 말하는 문학은 넓은
의미의 학문이다. 호학(好學)을 쉽게 '배우기를 좋아한다.'로 풀이
하지만, 그 참뜻은 깊다. 즉 옛날의 전적(典籍)을 학습하고 연구해서
절대선(絕對善)의 도를 터득하고, 그 도를 행동으로 실천하여 개인적
으로나 사회적으로나 인덕(仁德)을 세워야 한다. 알기만 하고 실천
하지 않으면 소용이 없다. 알고 실천하여 인덕(仁德)을 세워야 한다.
'지(知)와 행(行)'은 날로 새로워져야 한다. 즉 날마다 새롭게 알고,

달마다 더욱 크고 높은 덕을 세워야 한다. 이를 여기서는 '일지기소무(日知其所亡), 월무망기소능(月無忘其所能).' 이라고 말했다. 이를 공자는 '온고이지신(溫故而知新)' 「爲政篇 2-11」이라고 했다. 공자의 사상 속에는 역사적 발전관(發展觀)이 살아 있다.

19-6

자하가 말했다. "넓게 배우고 뜻을 독실하게 세우고, 또 절실하게 묻고 가깝게 생각하면, 인덕이 그 속에서 저절로 나타난다."

[原文]

子夏ㅣ 曰 博學而篤志하며 切問而近思하면 仁
자 하 왈 박 학 이 독 지   절 문 이 근 사   인
在ㅠ其中ㅣ矣니라.
재 기 중 의

[가사체 번역문]

자하께서 말하였다
넓게두루 글배우고 독실하게 뜻세우고
절실하게 물어보고 나로부터 생각하면
仁德그게 그속에서 절로절로 나오리라
인 덕

[註解] ○博學(박학)-넓게 배운다. 군자의 기본 교양인 육예(六藝), 즉 '예(禮)·악(樂)·사(射)·어(御)·서(書)·수(數)'는 물론, 학문과 덕행 등을 광범위하게 배우고 익히고 실천해야 한다. ○篤志(독지)-뜻을 독실하게 지닌다, 즉 대도(大道)를 따르고 실천해서 인덕(仁德)을 세우겠다는 독실한 목적의식을 갖는다. ○切問(절문)-자기가 대하거나 처리할 모든 사물에 대해서 심각하게 의문을 제기하고, 또 그 해답을 구해야 한다는 뜻. ○近思(근사)-가까이 생각한다. 자기를 주체로 하고, 자기와 관련이 있는 사물에 대해서 깊이 생각한다. ○仁在其中矣(인재기중의)-그렇게 하면 인(仁)을 스스로 터득하고, 또 인덕(仁德)도 세울 수 있다.

[解說]

박학(博學)은 학문·지식·기능을 배우고 익힌다는 뜻과 동시에 역사와 문화의 전통을 계승하고 더욱 새롭게 발전케 한다는 뜻을 포함한다. 독지(篤志)는 목적의식을 크고 높고, 또 투철하게 세우고 지닌다는 뜻이다. 절문(切問)은 의문점을 철저하게, 또 적실하게 묻고 해답을 얻음이다. 근사(近思)는 내가 주체가 되어, 나의 체험을 바탕으로 내가 대하는 주변 사람이나 사물의 도리와 처리 방식을 깊이 생각한다는 뜻이다. 그렇게 하면 인덕(仁德)을 세울 수 있다.

19-7

자하가 말했다. "모든 기능공은 작업 현장에서 일을 성취하지만, 군자는 학문을 가지고 도를 실현한다."

[原文]

子夏ㅣ 曰 百工이 居>肆하야 以成ㅠ其事ㅣ하고 君
　　자하　왈 백공　거사　　　이성　기사　　　　군

子ㅣ 學하야 以致ㅠ其道ㅣ니라.
　자　학　　이치　기도

[가사체 번역문]

子夏께서 말하였다
자하

모든여러 工匠이는 작업현장 그곳에서 자기일을 성취한다
　　　　공장

군자라고 하는者는 그학문을 가지고서 바른道를 실현한다
　　　　　　자　　　　　　　　　　　　도

[註解] ㅇ百工居肆(백공거사)─모든 공장(工匠)이나 기능공은 작업 현장에 있으면서. ㅇ以成其事(이성기사)─자기가 맡은 바 일을 완성한다. 이(以)는 '…으로써, …하고'의 뜻. ㅇ君子學(군자학)─군자는 배우고 실천함으로써, 학문과 덕행으로써. ㅇ以致其道(이치기도)─도를 달성한다, 도를 구현(具現)한다. 즉 인도(仁道)의 덕치(德治)를 실현한다.

[解說]

인(仁)의 세계를 창건하기 위해서는 '원칙을 제시하는 군자(君子)'와 '현장에서 모든 사물을 처리하는 전문 기술자〔百工〕'가 합작해야 한다.

자하가 말했다. "소인들은 잘못을 하면, 반드시 얼버무려 속이려고 한다."

[原文]

子夏ㅣ 曰 小人之過也는 必文이니라.
자 하 왈 소 인 지 과 야 필 문

[가사체 번역문]

자하께서 말하였다
소인이라 하는자는 잘못된일 행하면은
꼭반드시 얼버무려 속이려고 하느니라

[註解] ○小人之過也(소인지과야)—소인은 잘못하거나 과실을 하면. ○必文(필문)—반드시 변명하거나 말을 꾸며서 얼버무리고, 또 호도(糊塗)하려고 한다.

[解說]

소인(小人)은 이기주의적으로 눈앞의 자질구레한 이득을 취하기 위해 남을 속이거나, 심지어 남을 살상하는 범죄를 저지른다. 그러면서도 죄과를 심각하게 알지 못하고 구차한 말로 자기변명을 한다.

자하가 말했다. "군자의 태도는 세 가지로 다르게 나타난다. 외모를 바라보면 엄숙하고, 가까이 접하면 온화하고, 말을 들으면 바르고 엄격하다."

[原文]

子夏ㅣ 曰 君子ㅣ 有ⅱ三變ㅣ하니 望>之儼然하고
자하 왈 군자 유 삼변 망 지엄연

卽>之也溫하고 聽ⅱ其言ㅣ也厲니라.
즉 지야온 청 기언 야려

[가사체 번역문]

　자하께서 말하였다 君子들은 그態度가
　　　　　　　　　　군자　　　태도
　다음같이 세가지로 서로달리 나타난다
　저멀리서 바라보면 근엄하고 위엄있고
　가까이서 접하면은 온화하고 포근하고
　그의말을 들어보면 바르면서 엄정하다

[註解] ○君子有三變(군자유삼변)─군자의 태도가 세 가지로 다르게 나타난다. ○望之儼然(망지엄연)─멀리서 바라보면 위엄이 있고 근엄하게 보인다. ○卽之也溫(즉지야온)─가까이 접촉하면 온화하고 포근함을 느낀다. ○聽其言也厲(청기언야려)─가르침의 말을 들으면 바르고 엄격하다.

자하가 말했다. "군자는 신임을 받은 다음에 백성들을 부려야 한다. 신임을 받지 못하고 백성들을 부리면, 자기들을 혹독하게 괴롭힌다고 생각한다. 또 신임을 받은 다음에 충간해야 한다. 신임을 받지 못하고 충간하면, 자기를 비방하는 줄로 생각한다."

[原文]

子夏ㅣ 曰 君子ㅣ 信 而後에 勞其民이니 未>
자 하   왈 군 자   신 이 후   노 기 민   미

信 則以爲>厲>己也니라. 信 而後에 諫이니 未>信
신   즉 이 위 려 기 야   신 이 후   간   미 신

則以爲>謗>己也니라.
즉 이 위 방 기 야

[가사체 번역문]

자하께서 말하였다
군자라고 하는자는 신임먼저 받은뒤에 백성들을 부려얀다
신임받지 못하고서 백성들을 부리면은
자기들을 혹독하게 괴롭힌다 생각한다
신임먼저 받은뒤에 임금忠諫 해야니라
　　　　　　　　　　충간
신임받지 못하고서 임금에게 충간하면
임금그는 자기자신 비방한다 생각한다

[註解] ○君子信(군자신)─군자는 신임을 받고서. ○而後(이후)─그 다음에. ○勞其民(노기민)─백성들을 부려 쓰다. ○未信(미신)─미처 신임을 받지 못하면. ○以爲厲己也(이위려기야)─(백성들이) 자기들을 혹독하게 학대한다고 생각한다. ○諫(간)─간하다, 충간을 하다. ○以爲謗己也(이위방기야)─자기를 비방하거나 훼방하는 것으로 생각한다.

[解說]

정치에 참여하는 군자(君子)는 우선 학문과 덕행을 가지고 임금이나 백성에게 신임을 얻어야 한다. 그런 다음에 백성들에게 영을 내리고 그들을 부려야 한다. 안 그러면 백성들이 자기들을 혹독하게 괴롭힌다고 생각하므로 영(令)이 시행되지 않을 것이다. 또 상급자나 동료에게도 신임을 받은 다음에 충간(忠諫)해야 한다. 안 그러면 자기들을 비방하거나 훼방을 놓는 것으로 곡해한다.

19-11

자하가 말했다. "큰 덕은 그 규범을 넘으면 안 된다. 그러나 작은 덕은 약간 넘날 수 있다."

[原文]

子夏ㅣ 曰 大德이 不>踰>閑이면 小德은 出入이라
자 하 왈 대 덕   불 유 한   소 덕   출 입

도 可也니라.
   가 야

[가사체 번역문]

자하께서 말하였다

저큰德은 그規範을 넘지아니 한다면은
　　덕　　　규범

작은德은 어느정도 넘나들수 있느니라
　　덕

[註解] ○大德不踰閑(대덕불유한)―대덕(大德)은 한계를 넘으면 안 된다. 대덕은 삼강오륜(三綱五倫), 인정(仁政) 덕치(德治)의 기본 도덕. 넘을 유(踰). 한(閑)은 법이나 규범의 테두리. 한(閑) = 난(闌) = 난(欄). ○小德(소덕)―일상생활에서 지킬 예의범절. ○出入可也(출입가야)―약간 넘나들 수 있다.

[解說]

　주자(朱子)는 대덕(大德)을 대절(大節), 소덕(小德)을 소절(小節)이라고 풀이했다. 국가적인 차원에서 대의명분(大義名分)을 밝히기 위해서는 개인적인 차원의 예의범절(禮儀凡節)에 약간의 융통성을 가질 수 있다. 그러나 소절(小節)을 위해 대절(大節)을 잃거나 지키지 않으면 안 된다.

19-12

　자유가 말했다. "자하의 제자들은 물 뿌리고, 마당 쓸고, 응대하고, 진퇴하는 일은 잘 알지만, 그것들은 말단적인 일이며, 본질적인 것을 알지 못하니 어찌하지요?"

　자하가 이 말을 듣고 말했다. "아! 자유의 생각은 잘못이다. 군자의 도는 어느 것은 먼저 가르치고, 어느 것은 뒤로 돌리고 소홀히 해도 되는 것이 아니다. 비유하자면, 초목을 종류에 따라 하나하나 키우듯이, (사람에 따라 가르침의 선후를 다르게 할 수 있다.) 또 군자의 도를 어찌 속임수로 일시에 다 알게 할 수 있겠느냐. (각자의 소질과 정도에 따라 차근차근 배우고 알게 해야 한다.) 처음과 끝을 일시에 터득하는 사람은 바로 성인이니라."

[原文]

子游ㅣ 曰 子夏之門人小子ㅣ 當ᅵᅵ灑掃應對進退
자유   왈 자하지문인소자   당 쇄소응대진퇴

ㅣ則可矣나 抑末也라 本之則無하니 ᅵᅵ如>之何ㅣ오?
즉가의   억말야   본지즉무   여 지하

子夏ㅣ 聞>之 曰 噫라! 言游ㅣ 過矣로다. 君子之
자하   문지 왈 희   언유   과의   군자지

道ㅣ 孰先傳焉이며 孰後倦焉이리오. 譬ᅵᅵ諸草木컨
도   숙선전언   숙후권언   비 저초목

댄 區以別ㅣ矣니 君子之道ㅣ 焉可>誣也리오. 有>
구 이별 의   군자지도   언가 무야   유

始有>卒者는 其惟聖人乎인저.
시유 졸자   기유성인호

[가사체 번역문]

　子游께서 말하였다 子夏그의 제자들은
　　자유　　　　　　자하

　물뿌리고 마당쓸고 應對하고 進退하는 그런일은 잘알지만
　　　　　　　　　　응대　　　진퇴

그것들은 枝葉같고 末端적인 일들이며
　　　　　지엽　　말단

근본되는 그런것을 알고있지 아니하니 어찌해야 좋습니까

자하께서 이말듣고 다음같이 말하였다

아아 子游 그의생각 잘못되고 잘못됐다
　　자유

군자들의 道란것은 이건먼저 가르치고
　　　　　도

저건나중 가르치며 소홀하게 해도되는 그런것이 아니란다

비유하면 草木들을 종류따라 하나하나 적절하게 키우듯이
　　　　　초목

사람마다 차근차근 가르침의 앞과뒤를 같지않게 할수있다

군자들의 道란것을 어찌하여 속임수로
　　　　　도

한꺼번에 그모두를 알게할수 있겠느냐

각자 素質 정도따라 차근차근 배워주고 알게해야 하느니라
　　소질

처음과끝 한꺼번에 터득하는 그사람은 바로 聖人 뿐이니라
　　　　　　　　　　　　　　　　　　　　　성인

[註解] ○子夏之門人小子(자하지문인소자)—자하의 문하생이나 제자들은. ○當(당)—…에 대해서는. ○灑掃(쇄소)—물 뿌리고 비로 쓰는 일. ○應對(응대)—손님을 응대하는 일. ○進退(진퇴)—나가고 물러나는 일. ○抑末也(억말야)—그러나, (그런 일들은) 말단적인 일들이다. ○本之則無(본지즉무)—근본이 되는 대학지도(大學之道) 같은 높은 학식은 알지 못한다. ○如之何(여지하)—어찌하겠소? 그런 제자들을 무엇에 쓰겠소? ○噫(희)—아!, 감탄사. ○言游過矣(언유과의)—자유(子游)의 말이나 생각은 잘못이다. 유(游)는 자유. ○君子之道(군자지도)—군자를 배양하는 도리. ○孰先傳焉(숙선전언)—무엇을 먼저 가르치고 전해야 한다. (혹은). ○孰後倦焉(숙후권언)—무엇을 뒤로 돌리고 소홀히 한다, 즉 가르치지 않는다. ○譬諸草木(비저초목)—이것을 초목 (재배에) 비유하면. ○區以別矣(구이별의)—종류에 따

라 구분해서 별개로 적절히 재배하듯이. (사람마다 소질과 정도에 따라 다루되 차근차근 가르쳐야 한다는 뜻.) ○焉可誣也(언가무야)—어찌 속일 수 있느냐? 즉 피교육자의 소질과 정도를 무시하고 일시에 모든 것을 다 전수하고 알게 할 수 없다는 뜻. ○有始有卒者(유시유졸자)—처음과 끝을 일시에 다 터득하는 사람은. ○其唯聖人乎(기유성인호)—그는 바로 성인뿐이다.

[解說]

어려서 하는 '쇄소(灑掃)·응대(應對)·진퇴(進退)' 등은 소학(小學)의 가르침이다. 소학은 인격수양의 바탕이다. 먼저 인격을 완성한 다음에 높이 올라가서 어려운 학문 사상을 배우고 마지막으로 '대학지도(大學之道)' 같은 정치학을 배워야 한다.

19-13

자하가 말했다. "출사하고 여력이 있으면 배우고, 배우고 여력이 있으면 출사한다."

[原文]

子夏ㅣ 曰 仕而優則學하고 學而優則仕니라.
자 하   왈 사 이 우 즉 학   학 이 우 즉 사

[가사체 번역문]

자하께서 말하였다

벼슬하여 힘남으면 학문공부 해도된다

배우고도 힘남으면 벼슬살이 해도된다

[註解] ○仕而優則學(사이우즉학)—벼슬하고도 여유가 있으면 배운다. 우(優)는 훌륭하게 하고, 또 여유가 있다는 뜻.

19-14

자유가 말했다. "상례는 진심으로 슬픔을 다하면 된다."

[原文]

子游ㅣ 曰 喪은 致ㅐ乎哀ㅣ而止니라.
자유 왈 상 치 호애 이지

[가사체 번역문]

子游께서 말하였다
자유

喪禮에는 진심으로 그슬픔을 다해얀다
상례

[註解] ○喪(상)—부모의 상례. ○致乎哀(치호애)—진심으로 슬퍼한다. 치(致)는 극(極)으로 푼다. ○而止(이지)—그리고 끝내다. 주자(朱子)는 '번거롭게 꾸미는 것을 높이지 않음[不尙文飾].'이라고 주를 달았다.

19-15

자유가 말했다. "나의 벗 자장은 어려운 일을 잘한다. 그러
나 아직 인의 경지는 아니다."

[原文]

子游ㅣ 曰 吾友張也ㅣ 爲>難>能也나 然而未>仁
자유   왈 오우장야   위 난 능야   연이미 인
이니라.

[가사체 번역문]

子游께서 말하였다
자유
나의친구 子張그는 어려운일 참잘한다
자장
그러하나 아직까진 仁하지는 아니하다
인

[註解] ○爲難能也(위난능야)─어려운 일을 할 수 있다. ○然而未仁(연이미
인)─그러나 아직 인덕(仁德)의 경지에는 미치지 못했다.

19-16

증자가 말했다. "당당하구나, 자장은! 그러나 함께 인을 성
취하기는 어렵다."

曾子ㅣ 曰 堂堂乎라 張也야! 難Ⅱ與並爲ㅣ>仁矣
증자 왈 당당호 장야 난 여병위 인의

로라.

[가사체 번역문]

曾子께서 말하였다
증자

堂堂하다 子張그者 그렇지만 함께仁을 成就하긴 어렵구나
당당   자장 자   인 성취

[註解] ○堂堂乎張也(당당호장야)—당당하다, 자장은! ○難與並爲仁矣(난
여병위인의)—함께 인을 성취하기는 어렵다.

19-17

증자가 말했다. "나는 선생님의 말씀을 들은 바 있다. '사
람이 자진해서 정성을 쏟는 경우는 별로 없다. 그러나 저마다
부모의 상례에는 반드시 정성을 다한다.'"

[原文]

曾子ㅣ 曰 吾ㅣ 聞Ⅱ諸夫子ㅣ호니 人未>有Ⅱ自致
증자 왈 오   문 저부자   인미 유 자치

者ㅣ也나 必也親喪乎인저.
자   야   필 야 친 상 호

[가사체 번역문]

曾子께서 말하였다
증자

前에나는 선생님께 이런말씀 들었다네
전

사람이란 제스스로 그정성을 다못하나

부모님의 喪禮에는 꼭그정성 다해얀다
상 례

[註解] ○吾聞諸夫子(오문저부자)─나는 선생님으로부터 들었다. ○人未有自致者也(인미유자치자야)─사람은 자치(自致)하는 경우가 거의 없다. 자치는 자발적으로 정성을 다한다. ○必也親喪乎(필야친상호)─반드시 부모의 상례에는 스스로 정성을 다해야 한다.

[解說]

부모의 상례(喪禮)를 극진히 치르고, 3년간 복상(服喪)해야 한다. 설사 다른 일에 있어 자발적으로 정성을 다하지 못해도, 부모의 상례만은 자발적으로 정성을 다해야 한다. 속에서 우러나오는 애도의 정과 정성으로 부모의 상례를 치르고, 또 잊지 않고 제사를 모시는 것이 효도다. 효도를 높이고 실천하지 못하면 동물적 존재로 전락하게 마련이다.

19-18

증자가 말했다. "나는 선생님의 말씀을 들은 바 있다. '맹장자는 효도했다. 다른 점은 아무나 할 수 있지만, 그가 선친의 가신을 그대로 두고, 또 정치 방식을 고치지 않고 그대로 지킨 점은 남들이 따르기 어려운 것이다.'"

[原文]

曾子ㅣ 曰 吾ㅣ 聞Ⅱ諸夫子Ⅰ호니 孟莊子之孝也ㅣ
증 자 왈 오 문 저부자 맹장자지효야

其他는 可>能也어니와 其不>改Ⅲ父之臣과 與Ⅱ父
기 타 가 능 야 기불 개 부지신 여 부

之政Ⅰ이 是ㅣ 難>能也니라.
지 정 시 난 능 야

[가사체 번역문]

曾子께서 말하였다
증자

前에나는 선생님께 이런말씀 들었다네
전

魯國大夫 孟莊子의 孝道그중 다른것은 남도할수 있지만은
노국대부 맹장자 효도

先親家臣 안바꾸고 정치방식 안고친건
선친가신

다른사람 아무래도 따르기가 어렵도다

[註解] ㅇ孟莊子(맹장자)―노(魯)나라의 대부(大夫), 중손씨(仲孫氏). 이름은 속(速), 그의 부친 맹헌자(孟獻子)는 현명했다. 아들 맹장자가 자기 부친의

뜻을 따랐다. ○其他可能也(기타가능야)―다른 것은 (남들도) 할 수 있을 것이다. ○其不改(기불개)―맹장자가 (아버지의 뜻과 방식을 따르고) 고치지 않은 것은. ○父之臣(부지신)―즉 아버지의 가신을 바꾸지 않고 그대로 두었다. ○父之政(부지정)―아버지의 정치 방식을 고치지 않고 그대로 지켰다. ○是難能也(시난능야)―이러한 점은 (다른 사람이) 하기 어렵다.

[解説]

공자는 「학이편(學而篇) 1-11」에서 말했다. "부친이 살아계시면 어른의 뜻을 살펴 따라야 하고, 이미 돌아가셨으면 생존 시의 행적을 살펴 본으로 삼아야 한다. 3년간을 두고 선친의 도를 고치지 않아야 비로소 효라 할 수 있다〔父在觀其志 父沒觀其行 三年無改於父之道 可謂孝矣〕."

맹장자(孟莊子)가 자기 아버지가 쓰던 가신을 그대로 두고, 또 자기 아버지의 정치 방식을 그대로 계승한 것을 높인 것이다.

『중용(中庸)』에서 공자가 말했다. "주나라의 무왕과 주공단(周公旦)은 효도를 충분히 달성했다. 무릇 효는 선조나 부친의 뜻과 이상을 계승하고 아울러 선조나 부친의 사업을 더욱 발전시키는 것이다〔武王周公 其達孝矣乎 夫孝者 善繼人之志 善述人之事也〕." 즉 효는 '계지술사(繼志述事)'이다. 선조가 남긴 이전의 문화 전통을 계승하고 더욱 새롭게 발전시키는 것이 효도(孝道)이다.

19-19

맹손씨가 양부를 사사로 삼자, 양부가 증자에게 와서 물었

다. 이에 증자가 말했다. "윗사람이 바른 도를 잃고 백성들이 흩어진 지 오래되었다. 만약 백성들의 잘못한 실정을 다스리는 경우에도, 그들을 긍휼히 여기되 기뻐하지 마라."

[原文]

孟氏ㅣ 使Ⅲ陽膚로 爲Ⅱ士師ㅣ라. 問Ⅱ於曾子ㅣ한
맹씨　사　양부　위　사사　　문　어증자

대 曾子ㅣ 曰 上失Ⅱ其道ㅣ하야 民散이 久矣니 如得
증자　왈 상실 기도　　민산　구의　여득

Ⅱ其情ㅣ 則哀矜而勿>喜니라.
기정　즉애긍이물　희

[가사체 번역문]

魯國大夫 孟孫氏가 曾子제자 陽膚에게 士師벼슬 시켰는데
노국대부 맹손씨　증자　양부　사사

陽膚그가 曾子에게 찾아와서 물었다네
양부　증자

증자께서 말하였다

윗자리에 있는사람 바른道를 잃어버려
　　　　　　　　　도

백성들이 사방으로 흩어진지 오래됐다

백성들이 잘못한일 그사정을 알았다면

죄를지은 그백성을 불쌍하게 여겨야지

백성처벌 하는일을 기뻐해선 안된다네

[註解] ○孟氏(맹씨)―맹손씨(孟孫氏). 노나라의 참월한 대부. ○陽膚(양부)―증자(曾子)의 제자. ○士師(사사)―소송을 처리하는 사법관. ○問於曾

子(문어증자)-(벼슬에 오른 양부가 스승인 증자에게) 어떻게 하면 좋으냐고 물었다. ㅇ上失其道(상실기도)-윗사람들이 도를 잃고 무도한 정치를 한다. ㅇ民散久矣(민산구의)-그래서 백성들도 도를 잃고 저마다 뿔뿔이 흩어진 지 오래다. ㅇ如得其情(여득기정)-만약에 어떠한 범죄를 처리해야 할 사정이 있게 되면. 정(情)은 실정(實情), 그러한 사실. ㅇ則哀矜(즉애긍)-즉 불쌍히 여기고 긍휼(矜恤)히 여긴다. 동정한다. ㅇ而勿喜(이물희)-(재판관으로서) 기뻐하지 마라.

[解說]

위정자가 무도(無道)한 정치를 하면, 사회가 도덕적으로 타락하고 혼란해진다. 따라서 백성들이 바른길을 잃고 뿔뿔이 흩어져 동물적 삶만을 살게 되며, 그 결과 많은 죄를 지게 된다. 이때에 법관은 죄를 다스리기에 앞서, 백성들을 죄에 빠뜨린 악덕정치의 책임을 먼저 묻고 백성들을 동정해야 한다.

19-20

자공이 말했다. "은나라 주왕의 악덕은 그렇게까지 심하지 않았을 것이다. 그러므로 군자는 하류에 처하기를 싫어한다. 천하의 모든 악이 다 돌아오기 때문이다."

[原文]

子貢이 曰 紂之不善이 不Ⅱ如>是之甚Ⅰ也니 是
자공 왈 주지불선 불 여시지심 야   시

以로 君子ㅣ 惡>居Ⅱ下流ㅣ하나니 天下之惡이 皆歸
이　　　군자　　오거　하류　　　　천하지악　　개귀

焉이니라.
언

[가사체 번역문]

子貢께서 말하였다
자공

殷나라의 마지막王 紂王임금 그의惡德
은　　　　　　　왕 주왕　　　악덕

그정도로 심하지는 아니했을 것이리라

이때문에 군자들은 그와같은 밑바닥에 處하기를 싫어한다
處

왜냐하면 그곳에는 온天下의 모든惡名 다모이기 때문이다
　　　　　　천하　　　악명

[註解] ○紂之不善(주지불선)―주(紂)의 악덕(惡德). 주는 은(殷) 왕조의 마
지막 임금으로 포악무도(暴惡無道)의 대명사로 일컫는다. ○不如是之甚也
(불여시지심야)―그렇게 심하지 않았을 것이다. 즉 역사적 전설에서 말하는
것처럼 지독히 나쁘지 않았을 것이다. ○是以(시이)―그러므로. ○君子惡
居下流(군자오거하류)―군자는 하류에 처하기를 싫어한다. ○天下之惡皆歸
焉(천하지악개귀언)―천하의 악이 모두 돌아온다.

[解說]

　　우(禹)가 세운 하(夏) 왕조의 마지막 왕이 걸(桀)이고, 탕왕(湯王)이
걸을 치고 세운 나라가 은(殷)이다. 그리고 은의 마지막 임금이 주
(紂)다. 이들 두 임금 '걸과 주'는 포악무도(暴惡無道)의 대명사로 불
린다. 특히 주왕(紂王)은 달기(妲己)라는 요녀(妖女)와 짝이 되어 주지
육림(酒池肉林)의 일락(逸樂)에 빠졌고, 포락지형(炮烙之刑)으로 백성

을 학대했다. 그 결과 주(周)나라 문왕(文王) 및 무왕(武王)에게 멸망되었다. 천하의 악덕(惡德)·악명(惡名)을 주가 혼자 뒤집어쓰고 있는 것이다. 그러므로 군자는 모든 더러운 찌꺼기가 흘러 모이는 강물 하류에 몸을 두지 않는다.

19-21

자공이 말했다. "군자의 잘못은 일식이나 월식과 같다. 잘못하면 남들이 모두 보고, 고치면 남들이 모두 우러러본다."

[原文]

子貢이 曰 君子之過也는 如Ⅱ日月之食Ⅰ焉이라.
자공　　왈　군자지과야　　여　일월지식　언

過也에 人皆見>之하고 更也에 人皆仰>之니라.
과야　　인개견지　　　경야　　인개앙지

[가사체 번역문]

자공께서 말하였다

군자들의 잘못이란 日蝕이나 月蝕같다
　　　　　　　　　일식　　　월식

그가잘못 행동하면 사람들이 모두보며

그잘못을 고치면은 사람들이 우러른다

[註解] ○君子之過也(군자지과야)－군자가 잘못하는 것은. ○如日月之食焉(여일월지식언)－흡사 일식이나 월식과 같다. ○過也人皆見之(과야인개견

지)—잘못하면 사람들이 다 본다. 견지(見之)를 '나타나 보인다'로 풀이해도 된다. ○更也人皆仰之(경야인개앙지)—고치면 사람들이 우러러본다.

[解說]

군자의 일거수(一擧手) 일투족(一投足)은 백성들이 주시한다. 그러므로 모범이 되어야 한다.

19-22

위나라의 대부 공손조가 자공에게 "공자께서는 누구에게 배우셨느냐?"고 묻자, 자공이 말했다.

"주나라의 문왕 무왕의 도가 아직 땅에 떨어지지 않고 사람들이 지키고 있습니다. 그러므로 현명한 사람은 큰 것을 배워 알고, 현명치 못한 사람은 작은 것을 배워 알게 마련입니다. 그 모두가 문왕 무왕의 도가 아닌 것이 없습니다. 그러니 공자께서는 누구에게나 배우지 않았겠습니까? 또 어찌 정해진 스승이 있겠습니까? (누구에게나 다 배우셨습니다.)"

[原文]

衛公孫朝ㅣ 問Ⅱ於子貢ㅣ 曰 仲尼는 焉學고? 子
위공손조   문 어자공   왈 중니   언학   자

貢이 曰 文武之道ㅣ 未>墜Ⅱ於地ㅣ하야 在>人이라.
공   왈 문무지도   미 추 어지   하야   재 인

賢者는 識其大者ㅣ하고 不賢者는 識其小者ㅣ하
현자 식 기대자 불현자 식 기소자

야 莫不有文武之道ㅣ焉하니 夫子ㅣ 焉不學이
막 불 유 문무지도 언 부자 언불학

시며 而亦何常師之有시리오?
이 역 하 상 사 지 유

[가사체 번역문]

衞國大夫 公孫朝가 子貢에게 물어봤다
위국대부 공손조 자공

그대스승 공자께선 누구에게 배웠나요

자공께서 말하였다

文王武王 그분들의 文物制度 德治道理
문왕무왕 문물제도 덕치도리

아직까지 밑바닥에 떨어지지 아니하여

오늘날의 사람들이 잘따르고 있습니다

그러므로 어진者는 큰것들을 배워알고
자

현명하지 못한者는 작은것을 배워알죠
자

그런道가 모두모두 문왕무왕 그분들의 道아닌게 없습니다
도 도

그러하니 공자님도 문왕무왕 그들道를 배우지를 않았겠소
도

그러므로 또한어찌 그定해진 스승님이 계셨다고 하겠어요
정

[註解] ○衞公孫朝(위공손조)─위나라의 대부. 성이 공손, 이름이 조. ○仲
尼焉學(중니언학)─중니, 즉 공자는 누구에게 배웠느냐? 언(焉)은 의문사,
여기서는 '누구에게'의 뜻으로 푼다. ○文武之道(문무지도)─주(周)나라를
창건한 문왕과 무왕의 문물제도 및 덕치의 도리. ○未墜於地(미추어지)─아
직 땅에 떨어져 없어지지 않고. ○在人(재인)─사람에게 있다, 즉 오늘의

세상에도 그 전통이 살아있다는 뜻. ○賢者識其大者(현자식기대자)―현명한 사람은 그 도리와 전통의 큰 것을 알고. 대(大)는 덕치(德治)의 기본이란 뜻. ○不賢者識其小者(불현자식기소자)―현명하지 않은 사람은 작은 것을 알다, 즉 일반 백성들은 살기 위한 기술이나 기능 및 사람의 도리 등을 알고 행하고 있다는 뜻. ○莫不有文武之道焉(막불유문무지도언)―그 모두가 문왕 무왕의 도리가 아닌 게 없다. 즉 오늘날 사람들이 누리고 있는 문화생활이 다 주나라의 전통이라는 뜻. ○夫子(부자)―선생님, 즉 공자. ○焉不學(언불학)―어찌 (그와 같은 역사적 전통을) 배우지 않았으랴? ○而亦何常師之有(이역하상사지유)―그러므로 또 어찌 일정한 스승이 있었겠느냐? 과거의 역사 전통에서 광범하게 배우고 스스로 터득했다는 뜻.

[解說]

공자가 너무나 뛰어나게 아는 것이 많고, 또 덕이 높으니까 위나라 대부가 "그 분은 누구에게 배웠느냐?" 하고 물었다. 이에 자공이 대답했다. "공자는 그 어느 특정한 선생에게 배운 것이 아니다. 과거의 역사와 문화 전통에서 좋은 도를 스스로 터득하고 알고 행하신 것이다."

19-23

노나라의 대부 숙손무숙이 조정에서 다른 대부들에게 "자공이 공자보다 현명하다."고 말했다. 이 말을 자복경백이 자공에게 전하자, 자공이 말했다.

"궁궐의 담에 비유하면, 나의 담은 어깨 정도의 높이로서

당 너머로 궁궐 속의 방이나 집의 아름다움을 엿볼 수 있으나 공자 선생님의 담은 여러 길의 높이라, 바르게 문으로 들어가지 못하면 궁궐 속에 있는 종묘의 엄숙한 아름다움과 백관들의 다양한 모습을 볼 수 없습니다. 그런데 그 문안에 들어갈 수 있는 사람이 별로 없습니다. 그러므로 숙손무숙이 (잘 모르고) 그렇게 말할 만합니다."

[原文]

叔孫武叔이 語Ⅱ大夫於朝ㅣ曰 子貢이 賢Ⅱ於仲
숙 손 무 숙　　어 대 부 어 조　왈 자 공　　현 어 중

尼ㅣ하니라. 子服景伯이 以告Ⅱ子貢ㅣ한대 子貢이 曰
니　　　　 자 복 경 백　이 고 자 공　　 자 공　왈

譬Ⅱ之宮牆ㅣ컨댄 賜之牆也는 及＞肩이라 窺Ⅱ見室
비 지 궁 장　　　 사 지 장 야　 급 견　　 규 견 실

家之好ㅣ어니와 夫子之牆은 數仞이라. 不下得Ⅱ其門
가 지 호　　　 부 자 지 장　 수 인　　 부 득 기 문

ㅣ而入上이면 不＞見宗廟之美와 百官之富ㅣ니 得Ⅱ
이 입　　　 불 견 종 묘 지 미　 백 관 지 부　 득

其門ㅣ者ㅣ 或寡矣라. 夫子之云이 不Ⅱ亦宜ㅣ乎아.
기 문 자　 혹 과 의　 부 자 지 운　 불 역 의 호

[가사체 번역문]

魯國大夫 叔孫武叔 그사람이 조정에서
노 국 대 부 숙 손 무 숙

옆에있는 대부에게 子貢그가 孔子보다 賢明하다 라고했다
　　　　　　　　　 자 공　　 공 자　　 현 명

이런말을 魯國大夫 子服景伯 그사람이 子貢에게 傳하였다
　　　　 노 국 대 부 자 복 경 백　　　　 자 공　 전

子貢께서 말하였다
_{자 공}

宮闕담에 비유하면 저의담은 그높이가 어깨정도 밖에안돼
_{궁 궐}

담너머로 궁궐속의 방이나집 아름다움 엿볼수가 있습니다

공자님의 담높이는 여러길이 되는지라

올바르게 그門으로 들어가지 아니하면
_문

궁궐안에 들어있는 그宗廟의 엄숙함과
_{종 묘}

백관들의 장엄함을 모두볼수 없습니다

그렇지만 그門안에 들어갈수 있는사람 거의별로 없습니다
_문

그러므로 공자님의 그와같은 높은경지 잘모르는 叔孫武叔
_{숙 손 무 숙}

그런말을 하는것도 당연하다 하겠지요

[註解] ○叔孫武叔(숙손무숙)—노나라의 대부. 이름은 주구(州仇), 무(武)는 시호, 숙(叔)은 자. ○語大夫於朝(어대부어조)—조정에서 다른 대부들에게 말했다. ○子貢賢於仲尼(자공현어중니)—자공이 스승 중니(仲尼)보다 현명하다. 중니는 공자의 자. ○子服景伯(자복경백)—노나라의 대부. 이름은 하(夏), 경(景)은 시호. 「헌문편 14-38」 참고. ○以告子貢(이고자공)—그 말을 자공에게 전하고 알렸다. ○譬之宮牆(비지궁장)—궁궐의 담장에 비유하면. ○賜之牆也及肩(사지장야급견)—사(賜)의 담 높이는 어깨에 미칠 정도다. 사(賜)는 자공(子貢)의 이름. ○窺見室家之好(규견실가지호)—(어깨 너머로) 방이나 집의 아름다움을 엿본다. 엿볼 규(窺). ○夫子之牆數仞(부자지장수인)—공자의 담 높이는 여러 길이 된다. ○不得其門而入(부득기문이입)—대문으로 들어가지 못하면. ○不見宗廟之美(불견종묘지미)—엄숙한 종묘의 아름다운 장관을 (담 너머로는) 볼 수 없다. ○百官之富(백관지부)—많은 고관들의 다양하고 풍부한 학식이나 덕행을 (담 너머로는 볼 수 없다). ○得其門者或寡矣(득기문자혹과의)—실지로 대문 안에 들어갈 수 있는 사람이

별로 없었다. ○夫子之云(부자지운)—숙손무숙이 그렇게 말하다. ○不亦宜
乎(불역의호)—역시 그럴 만하지 않겠느냐? 즉 공자의 깊은 경지를 모르고,
'자공이 공자보다 현명하다.'고 말할 만하지 않겠느냐?

[解說]

　제23, 24, 25장은 다른 사람이 공자를 비방하자, 자공이 옹호한
것이다. 3장을 합해서 25장 끝에서 해설하겠다.

19-24

　숙손무숙이 공자를 비방하자, 자공이 그에게 말했다. "그
러지 마시오. 선생님을 비방하면 아니 됩니다. 다른 사람은
현명하다 해도 언덕 같으며, 누구나 넘을 수 있습니다. 그러
나 공자 선생님은 해나 달같이 밝고 높으신 분이라, 다른 누
구도 넘지 못합니다. 비록 남들이 자기 스스로 선생님의 가르
침을 거절한다 해도, 해나 달 같은 선생님의 가르침에 어찌
흠이 있겠습니까? 오히려 그 사람의 분수없음을 나타낼 뿐
입니다."

[原文]

叔孫武叔이 毀ⅱ仲尼ㅣ어늘 子貢이 曰 無ⅱ以爲
_{숙 손 무 숙}　_{훼 중 니}　　　_{자 공}　_{왈 무 이 위}

ㅣ也하라. 仲尼는 不＞可＞毀也니 他人之賢者는 丘
_야　　_{중 니}　_{불 가 훼 야}　_{타 인 지 현 자}　_구

陵也라 猶可>踰也어니와 仲尼는 日月也라. 無Ⅱ得
릉야　유가유야　　　　　　　중니　일월야　　　무　득

而踰Ⅰ焉이니 人이 雖>欲Ⅱ自絶Ⅰ이나 其何傷Ⅱ於
이유　언　　　인　수욕　자절　　　　기하상　어

日月Ⅰ乎리오? 多見Ⅱ其不Ⅰ>知>量也로다.
일월　호　　　다현　기부　지량야

[가사체 번역문]

　숙손무숙 그사람이 공자님을 비방하자

　자공께서 그자에게 다음같이 말하였다

　그러지를 마십시오 선생님을 비방하면 정말정말 안됩니다

　공자아닌 다른者를 사람들이 말하기를 현명하다 하는자는
　　　　　　자

　언덕같아 누구든지 넘을수가 있습니다

　그러하나 공자님은 해달같이 밝고높아 그누구도 못넘지요

　비록남들 제스스로 선생님의 가르침을 거절한다 하더라도

　선생님의 가르침에 어찌흠이 되겠나요

　비방하는 그사람이 분별분수 없다는걸 내보이게 할뿐이죠

[註解] ○毁仲尼(훼중니)―공자를 비방하다. 공자의 가르침을 헐뜯고 욕하다. ○無以爲也(무이위야)―그렇게 하지 마시오. ○仲尼不可毁也(중니불가훼야)―공자를 비방하거나 그의 가르침을 비난하면 안 된다. ○他人之賢者(타인지현자)―다른 사람의 현명은, (그 높이가). ○丘陵也(구릉야)―산이나 언덕 정도이다. ○猶可踰也(유가유야)―역시 넘을 수 있다. ○仲尼日月也(중니일월야)―공자의 현명은 (그 높이나 밝기가) 해나 달 같다. ○無得而踰焉(무득이유언)―아무도 넘을 수 없다. ○人雖欲自絶(인수욕자절)―사람이 비록 스스로 (공자의 가르침을) 거절하고 끊는다 해도. ○其何傷於日月乎

(기하상어일월호)—해나 달에게 무슨 해를 입힐 수 있겠는가? ○ 多見其不知
量也(다현기부지량야)—(도리어) 비방하는 사람 자신이 분별이나 분수없음
을 내보이게 할 뿐이다.

19-25

진자금이 자공에게 말했다. "그대가 겸손해서 그렇지, 공자
가 어찌 그대보다 더 현명하겠는가?"

이에 자공이 말했다. "군자는 말 한 마디로 지혜로운지, 혹
은 지혜롭지 못한지 알 수 있다. 그러므로 말을 삼가지 않으면
안 된다. 모든 사람이 선생님을 따르지 못함은 마치 하늘에 사
다리를 놓고 오를 수 없는 거와 같다. 선생님께서 나라를 맡아
서 다스리신다면, 옛말에 있듯이 (다음과 같이 하실 것이다).
즉 '사람들을 일으켜 저마다 떳떳하게 나서게 하신다. 사람들
이 도를 따르고 행하게 하신다. 모든 사람이 편하게 잘 살게
되므로 먼 곳의 백성들이 모여든다. 사람들이 각자 노동하고
일하며, 서로 사랑하고 화합한다. 살아서는 함께 번영하고,
죽으면 서로 애통한다.' 선생님의 (경지가 이와 같이 높으시
니) 다른 사람이 어찌 미치겠는가?"

[原文]

陳子禽이 謂॥子貢Ⅰ 曰 子Ⅰ 爲>恭也언정 仲尼Ⅰ
진 자 금   위 자 공   왈 자   위 공 야   중 니

豈賢Ⅱ於子ㅣ乎리오? 子貢이 曰 君子ㅣ 一言에 以
기현 어자 호   자공 왈군자 일언 이

爲>知하며 一言에 以爲Ⅱ不知ㅣ니 言不>可>不>愼
위지   일언 이위 부지   언불 가 불 신

也ㅣ니라. 夫子之不>可>及也는 猶Ⅱ天之不ㅣ>可Ⅱ
야   부자지불 가 급야   유 천지불 가

階而升ㅣ也니라. 夫子之得Ⅱ邦家ㅣ者인댄 所謂>立
계이승 야   부자지득 방가 자   소위 입

之斯立하며 道>之斯行하며 綏>之斯來하며 動>之
지사립   도 지사행   수 지사래   동 지

斯和하여 其生也榮하고 其死也哀니 如>之何하니
사화   기생야영   기사야애   여 지하

其可>及也리오?
기가 급야

[가사체 번역문]

    孔子문인 陳子禽이 子貢에게 말하였다
    공자   진자금   자공

    그대께서 너무너무 겸손해서 그러하지

    공자께서 어찌하여 그대보다 현명하오

    자공께서 말하였다

    군자라고 하는사람 한마디로 그사람이

    지혜롭나 그렇잖나 그런것을 알수있네

    그러므로 뱉는말을 삼가지를 아니하면 정말정말 안된다네

    여러모든 사람들이 선생님을 못따름은

    높고높은 저하늘에 사다리를 세워놓고

    올라갈수 없는것과 정말아주 같습니다

    선생님이 한나라를 책임지고 다스리면

    소위말해 다음같이 하시었을 것입니다

사람들을 일으켜서 사람마다 떳떳하게 설수있게 했을테고

가르치고 이끌어서 그모두가 바른道를 행하도록 했을테고
도
모든사람 편케하여 먼곳백성 그자들도 찾아오게 했을테고

백성들을 감동시켜 그네들이 온화하게 변하도록 하셨겠죠

이러하신 선생님은 살아서는 사람들이 친애하며 존경하고

죽어서는 사람들이 자기부모 초상처럼 다들모두 슬퍼했죠

선생님의 이런경지 어찌하여 사람들이 닿을수가 있을까요

【註解】 ○陳子禽(진자금)－공자의 문인. 자공의 제자라고도 한다. 「學而篇 1-10」 참고. ○子爲恭也(자위공야)－(자금이 자공에게 하는 말) 그대가 겸손하다. ○仲尼豈賢於子乎(중니기현어자호)－중니, 즉 공자가 어찌 당신보다 더 현명하겠느냐? ○君子一言以爲知(군자일언이위지)－군자는 한 마디 말로써 자신의 지혜로움을 나타낸다. 혹은 한 마디 말을 듣고 지혜롭다한다. ○一言以爲不知(일언이위부지)－말 한마디로써 지혜롭지 않음을 안다. ○言不可不愼也(언불가불신야)－말을 삼가지 않으면 안 된다. ○夫子之不可及也(부자지불가급야)－선생님을 따를 수 없음을 (비유하면). ○猶天之不可階而升也(유천지불가계이승야)－마치 하늘에 사다리를 놓고 올라갈 수 없음과 같다. ○夫子之得邦家者(부자지득방가자)－(만약에) 선생님이 국가를 맡아서 다스릴 수 있다면. ○所謂(소위)－이른 바, 옛말에 있듯이 …할 것이다. ○立之斯立(입지사립)－사람들을 내세울 때에는 저마다 바르게 나가서 일을 하게 한다. 입(立)은 바르게 서다, 자립(自立)하다, 사회에 나가서 일을 한다는 뜻. ○道之斯行(도지사행)－도를 실현함에 있어서는 모든 사람이 바르게 따르고 실천하게 한다. ○綏之斯來(수지사래)－백성들을 편안하게 잘 살게 해주니까 먼 곳의 사람들도 찾아온다, 귀화한다. 편안할 수(綏). ○動之斯和(동지사화)－모든 사람들이 저마다 활동하고 일을 하면서 동시

에 모든 사람들이 서로 화합하고 협동한다. ○其生也榮(기생야영)―모든 사람들이 생시에는 잘 살고 번영한다. ○其死也哀(기사야애)―죽은 다음에는 자손들이 애통한다. 즉 자손들이 정중하게 장사지내고 제사를 모신다는 뜻. ○如之何(여지하)―어떻게. ○其可及也(기가급야)―다른 사람이 공자의 높은 경지를 따르겠느냐?

[解說]

공자의 학문과 사상은 넓고 또 높다. 그러므로 편협하고 저속한 사람들이 쉽게 받아들이지 못함은 예나 지금이나 같다. 잘 모르면 비방하고 배척하게 마련이다. 그래서 '제23, 24, 25장'에서 여러 사람이 공자를 낮추어 말했다. 이에 공자의 수제자 자공(子貢)이 공자를 옹호하려고 애를 썼다. 우선 제23장에서 자공은 '공자의 학문, 사상 및 덕행은 어깨 너머로는 알 수 없다. 정식으로 배우고, 익히고, 실천을 해야 차츰 단계적으로 터득하게 될 것이다.' 라고 말했다.

제24장에서는 '공자는 해와 달과 같은 존재다. 남이 알아주지 않아도 그 높이와 빛은 변함이 없다.' 고 했다. 제25장에서는 '공자가 정치를 하면, 사람들을 교화해서 모든 사람들이 입신행도(立身行道)하고, 안락생업(安樂生業)하고, 인애친화(仁愛親和)하고, 살아서도 번영하고, 죽어서도 자손의 제사를 받는다.' 고 말했다. 공자의 사상은 오늘에도 활용되어야 한다. 그래야 인류 위기를 극복하고 인류 대동의 이상을 구현할 수 있다.

제20편
요왈편(堯曰篇)

　「요왈편」은 『논어』의 마지막 편이며, 그 체제가 특이하다. 공자의 말이나 제자의 말을 추린 것과는 다르게 주로 경전에서 격언이 될 만한 구절을 뽑아서 『논어』를 총괄하려는 의도로 편찬한 것 같다. 이 편은 크게 3장으로 분류한다. 제1장은 요(堯)·순(舜)·우(禹)·무왕(武王) 등이 임금 자리를 물려줄 때에 한 말들을 추렸다. 공자는 이들을 성왕(聖王)으로 높이 평가했다. 제2장에서, 자장(子張)이 정치에 대하여 묻자, 공자는 '오미오악(五美五惡)'을 말했다. 제3장에서 공자는 최종적으로 다시 천명(天命)을 강조하며 말했다. "천명을 모르면 군자가 될 수 없다〔不知命 無以爲君子也〕." 이 책에서는 알기 쉽게 하기 위해서 장(章)을 다시 여러 문단으로 나누어 풀이했다.

요임금이 말했다. "자아! 그대, 순아! 하늘이 정해준 임금의 차례가 그대에게 돌아왔다. 그대는 반드시 중정(中正)의 도를 지켜라. 사해의 백성들이 곤궁하게 되면, 하늘의 복록(福祿)도 영영 끝나리라."

[原文]

堯曰 咨爾舜아! 天之曆數ㅣ 在ㅣ爾躬ㅣ하니 允
요왈 자이순   천지역수   재 이궁   윤

執ㅣ其中ㅣ하라. 四海困窮하면 天祿永終하리라.
집 기중   사해곤궁   천록영종

[가사체 번역문]

堯임금이 말하셨다 자아자아 그대舜아
요   순
저하늘이 정해놓은 天子임금 그차례가 그대에게 닿았으니
              천자
그대그대 꼭반드시 中正之道 지키거라
              중정지도
四海백성 곤궁하면 저하늘이 주는福祿 길이영영 끝나리라
사해   복록

[註解] ○堯曰(요왈)—요임금이 순에게 천자의 자리를 선양(禪讓)하면서 순에게 말했다. ○咨爾舜(자이순)—자아! 그대 순아, (내 말을 들어라!) ○天之曆數(천지역수)—하늘에 의해서 정해진 운행(運行)의 운수(運數). 여기서는 '천명으로 정해진 천자(天子)의 순서, 차례'의 뜻. ○在爾躬(재이궁)—그대 몸에 있다, 즉 천명이 그대에게 내렸다는 뜻. ○允執其中(윤집기중)—진

실로 하늘의 중정(中正)의 도를 지켜라. 진실로 윤(允), 잡을 집(執). ○四海困窮(사해곤궁)―천하 만민이 곤궁하면, 사해(四海)는 천하 곧 세계, 또는 천하 만민의 뜻. 곤궁은 막히고 궁색하게 된다. ○天祿永終(천록영종)―하늘이 내리는 복록(福祿)이 영원히 끊어진다.

[解說]

이 글은 공자의 사상을 이해하는 데 극히 중요하다. 고대의 신화 전설에서 최고의 성제(聖帝)로 높이는 분이 바로 삼황(三皇)이다. 그 첫 번째 성제 요(堯)임금이 천하를 순(舜)에게 선양(禪讓)할 때에, "중정(中正)의 도를 지켜야 한다〔允執其中〕."고 말했다.

중정의 도는, 곧 절대선(絕對善)의 천도(天道)다. 하늘은 자연만물을 낳고 키우고 번성케 한다. 그 도리가 천도다. 천도는 광명정대(光明正大)하고, 공평무사(公平無私)하고, 또 영구불변(永久不變)하는 절대선의 진리다. 천도는 곧 우주(宇宙)의 이법(理法)이다. 자연만물은 우주의 이법, 즉 천도를 따라서 생육하고 또 번식한다. 사람도 우주의 이법, 즉 천도를 따라야 한다. 그래야 모든 사람이 저마다 바르게 살고 또 번영할 수 있다.

사람은 개별적으로 독립된 삶을 영위하는 동시에 여러 사람이 모여 공동체를 구성하고 협동함으로써 함께 번성하고 역사와 문화를 발전케 한다. 그러므로 국가라는 공동체가 형성되고, 그 공동체의 중심적 존재인 임금이 있게 마련이다. 임금은 전체를 대표하고, 전체의 이익과 행복을 보장해야 한다. 그러므로 자연만물을 육성 번성케 하는 절대선의 하늘의 도리를 따라 만민을 잘 살게 해주어야 한다. 즉 도(道)를 따라 정치를 해야 한다. 이를 덕치(德治)라 한다.

정치를 크게 둘로 나눌 수 있다. 패도(覇道)의 통치(統治)와 왕도(王道)의 덕치(德治)이다. 포악무도한 무력으로 백성을 억압 유린하거나, 권모술수로 국민을 기만하고 통치계급의 이익만을 위하는 악덕 정치를 패도 통치라고 한다. 이와는 반대로 절대선의 도를 따르고 실천해서 좋은 성과, 즉 덕(德)을 세우는 정치를 왕도덕치(王道德治)라고 한다. 하늘은 덕(德) 있는 사람에게 명(命)을 내리어 하늘의 아들, 즉 천자(天子)가 되게 하고, 하늘을 대신하여 천하 만민을 다스리게 한다. 그러므로 천명을 받은 임금이나 천자는 절대선의 천도를 따라 만민을 잘 살게 하고 또 번성케 해야 한다. 그래야 하늘은 언제까지나 복록(福祿)을 내려준다. 그러므로 요임금이 순임금에게 '윤집기중(允執其中)' 하라고 말한 것이다.

천명(天命)을 받고 존귀한 자리에 올라도, 만약 천자나 임금이 도를 따라 덕을 세우지 못하면, 즉 실덕(失德)하면 하늘은 내렸던 명을 거두고 새로 유덕자(有德者)에게 천명을 바꾸어 내린다. 이것을 혁명(革命)이라 한다. 덕을 세우지 못하는 것을 하늘은 어떻게 아는가? 백성을 통해서 안다. 임금이 덕을 세우면 백성이 잘 살고 번성한다. 그러면 하늘은 그대로 그 임금에게 복록(福祿)을 내려준다. 그러나 임금이 실덕(失德)하여 백성들이 곤궁(困窮)에 빠지면, 하늘은 내렸던 천명과 복록을 거두어들인다. 이를 '사해곤궁 천록영종(四海困窮 天祿永終)'이라고 말한다. 오늘의 세계는 무력 패도의 악덕 정치만을 펴고 있으며, '왕도덕치(王道德治)'의 깊은 뜻을 알지 못하므로 위기에 빠져 있는 것이다.

20-1-2

순임금도 역시 (이 말을 선양할 때) 우에게 일러주었다.

[原文]

舜이 亦以命>禹하시니라.
순   역이명 우

[가사체 번역문]

舜임금도 禪讓할때 역시또한 禹임금께 이와같이 일러줬다
순   선양   우

[註解] ○舜亦以命禹(순역이명우)─삼황의 두 번째 순임금이 우에게 선양
할 때에 (요임금이 한 말을) 전해주었다.

[解說]

『서경(書經)』「대우모(大禹謨)」에 다음과 같은 말이 있다.

"하늘이 정한 임금 차례가 그대에게 왔다. 그대는 마침내 임금 자
리에 올라라〔天之曆數在汝躬 汝終陟元后〕."

"인간적인 욕심은 위태롭다. 도를 따르려는 마음이라야 자상할
수 있다. (도를 따르려는 마음을 지녀야) 지극히 정성되고 한결같을
수 있다. 그러므로 중정의 도를 잡고 지켜야 한다〔人心惟危 道心惟
微 惟精惟一 允執厥中〕."

"백성들은 임금이 아니면 누구를 높이 받들 것이며, 임금은 백성
들이 아니면 더불어 나라를 지킬 수 없노라〔衆非元后何戴 后非衆罔

與守邦〕."

　"조심하고 공경해야 한다. 신중해야 임금 자리를 간직할 수 있다. 그러므로 임금으로서 하고자 원하는 바를 하늘 앞에 경건하게 빌고 가다듬어야 한다〔欽哉 愼乃有位 敬修其可願〕."

　"천하 사해의 만백성이 곤궁하면 하늘이 내려주는 복록(福祿)도 영원히 끊어지리라〔四海困窮 天祿永終〕."

20-1-3

　(은나라의 탕왕이 하나라의 마지막 걸왕을 토벌하고, 천자의 자리에 오르려 할 때, 하늘과 제후에게 다음과 같이 맹서했다.) "변변치 못한 소자 이(履)는 감히 수소를 제물로 올리고, 빛나고 크신 상제에게 아뢰옵니다. (하늘 앞에) 죄 지은 자를 용서하지 않을 것입니다. 상제의 신하인 걸왕의 죄도 덮어 가릴 수 없으므로, 상제께서 마음으로 가려주십시오. 제가 죄짓는 것은 만방의 백성과는 상관이 없지만, 만방의 백성이 죄를 지으면, 그것은 곧 저의 잘못이고 죄가 됩니다."

[原文]

曰 予小子履는 敢用 Ⅱ 玄牡 Ⅰ 하야 敢昭告 Ⅱ 于皇
왈 여소자리　　　감용　현모　　　　감소고　우황

皇后帝 Ⅰ 하노니 有>罪를 不 Ⅱ 敢赦 Ⅰ 하며 帝臣不>蔽
황후제　　　　　유죄　불 감사　　　제신불 폐

니 簡在Ⅱ帝心Ⅰ이니이다. 朕躬有>罪는 無>以Ⅱ萬
　　간　재　제　심　　　　　　짐　궁　유　죄　무　이　만

方Ⅰ이오 萬方有>罪는 罪在Ⅱ朕躬Ⅰ하니라.
방　　　　만　방　유　죄　죄　재　짐　궁

[가사체 번역문]

殷나라의 湯임금이 夏의桀을 討伐하고 왕의자리 오를때에
　은　　　　탕　　　　하　걸　토　벌

하늘에다 祭지내며 다음같이 말하였다
　　　　　제

변변찮은 小子履는 감히감히 검은소를 희생으로 바치고서
　　　　　소 자 리

빛나고도 위대하신 상제님께 아룁니다

저하늘에 罪지으면 그누구도 절대절대 용서받지 못하기에
　　　　　죄

상제신하 桀의죄도 덮어둘수 없습니다
　　　　　걸

상제님의 뜻에따라 처리토록 하겠어요

나의죄는 천하만민 그들과는 무관하나

천하만민 그들죄는 바로나의 죄이니라

[註解] ○予小子履(여소자리)－저. 소자(小子) 이(履). 이는 은(殷)나라의 시조 탕왕(湯王)의 이름. 탕왕이 하(夏)의 포악무도한 걸왕(桀王)을 치고 자리에 오를 때 상제(上帝)에게 맹세한 말이다. 상제에게 자기를 낮춰 소자라고 한 것이다. ○敢用玄牡(감용현모)－감히 검은 수놈의 소를 제물로 올리고. 현(玄)은 검은빛. 검은색은 하(夏) 왕조를 상징한다. 은(殷)은 백색(白色)이다. ○敢昭告于(감소고우)－감히 (하늘 상제에게) 밝게 고한다. ○皇皇后帝(황황후제)－빛나고 넓은 하늘의 임금, 상제(上帝). ○有罪不敢赦(유죄불감사)－(하늘에) 죄지은 자는 감히 용서할 수 없다. ○帝臣不蔽(제신불폐)－상제의 신하인 걸(桀)의 죄도 가려 덮어둘 수 없다. (반드시 벌을 받아야 한

다.) ○簡在帝心(간재제심)―죄의 유무를 가리고 결정하는 것은 상제의 마음에 매여 있다. ○朕躬有罪(짐궁유죄)―제 자신에게 죄가 있으면. ○無以萬方(무이만방)―만방, 즉 천하 만민 때문이 아니다. 백성이 관여할 일이 아니다. 나 자신의 책임이다. ○萬方有罪(만방유죄)―천하 만민이 죄를 지면. ○罪在朕躬(죄재짐궁)―그 책임은 모두 나에게 있다. 내가 잘못해서 백성이 죄짓는 것이다.

[解說]

천명을 받고 만백성을 다스리는 임금의 책임은 크다. 우선 백성들을 교화해서 천도를 따르고, 또 윤리도덕을 실천하게 계몽하고 지도해야 한다. 그래야 사람다운 사람이 되고, 바르고 착하게 살 것이다. 백성들을 교화하지 않으면, 백성들이 동물적 존재로 전락하여 서로 싸우고 쟁탈하게 되며, 죄짓게 된다. 임금이 도를 잃으면 백성들이 곤궁할 것이며, 따라서 하늘은 명을 거두고 새로운 유덕자(有德者)를 임금으로 삼는다.

20-1-4

(주나라 무왕이 은나라의 주왕을 칠 때에 말했다) "우리 주나라에는 하늘이 내려주신 큰 선물이 있다. 즉 선량한 인물이 많다. 비록 지극히 친근한 사람이라도 인덕을 갖춘 사람만 못하다. 백성들에게 허물이 있다 하면, 그 죄는 바로 내가 혼자 지겠다."

周有Ⅱ大賚Ⅰ하신대 善人이 是富하니라. 雖>有Ⅱ
周親Ⅰ이나 不>如Ⅱ仁人Ⅰ이오. 百姓有>過Ⅰ在Ⅱ予
一人Ⅰ이니라.

[가사체 번역문]

周나라의 武王께서 殷나라의 紂를칠때 다음같이 말하였다

우리나라 周나라엔 저하늘이 내려주신 크고많은 복이있다

착하고도 그유능한 인물들이 많이있다

비록아주 친하여도 仁德갖춘 그들보다 못하다고 할수있다

우리나라 백성에게 허물들이 있으면은

그러한죄 나혼자서 짊어지고 살겠노라

[註解] ○周有大賚(주유대뢰)―주나라에는 하늘이 내려준 크고 많은 복이 있다. 즉 하늘이 많은 재물과 함께 선량한 인재를 내려주었다. 줄 뢰(賚). ○善人是富(선인시부)―착하고 유능한 사람이 많다. (그것이 복이다.) ○雖有周親(수유주친)―비록 지극히 친한 사람이라도, 주(周)는 '지극하다'의 뜻. ○不如仁人(불여인인)―인덕(仁德)을 지닌 사람만 못하다. (역사적 사실로). ○百姓有過(백성유과)―백성들에게 잘못이나 허물이 있다면. ○在予一人(재여일인)―그 죄는 바로 나 한 사람에게 있으며, 따라서 그 책임을 나 혼자서 진다.

[解說]

『서경(書經)』「태서(泰書)」에 있다. "하늘이 나로 하여금 죄진 주(紂)를 치고 백성을 잘 다스리게 하려고 한다〔天其以予乂民〕." "나에게는 나라를 잘 다스릴 신하 열 명이 있다. 한마음으로 한결같이 덕을 행하고 있다. 그러므로 (은나라 주왕을) 가까이하는 사람이 있어도, 우리 나라의 인덕을 행하는 어진 사람을 이길 수 없다〔予有亂臣十人 同心同德 雖有周親 不如仁人〕."

"하늘은 우리 백성의 눈을 통해서 보고, 하늘은 우리 백성의 귀를 통해서 듣는다. 그러므로 백성에게 허물이 있다면, 그 죄와 책임은 나 한 사람에게 있는 것이다〔天視自我民視 天聽自我民聽 百姓有過在予一人〕."

이상은 주나라 무왕(武王)이 주(紂)를 토벌하기에 앞서 하늘과 제후(諸侯)에게 맹세한 말이다.

20-1-5

(주나라는) 도량형을 바로잡고, 문물제도를 살펴 고치고, 황폐한 여러 관서를 복구하여 가꾸었으며, 이에 사방 모든 나라의 정치와 행정이 잘 되었다.

망했던 왕손들의 나라를 다시 일으켜주고, 끊어졌던 대를 다시 이어주고 숨은 인재를 등용하니, 천하 만민의 민심이 주나라로 돌아왔다.

특히 주나라가 가장 소중히 여긴 것은 백성을 잘 살게 하는 민생과 아울러 죽은 사람을 정중하게 장사 지내고 또 경건하게 제사 모시는 일이었다.

관대했으므로 많은 사람들이 귀속했고, 신의가 있었으므로 백성들이 신임했고, 성실하고 민첩하게 했으므로 많은 공적을 세웠으며, 공평무사했으므로 모든 사람들이 마음으로 기뻐하고 따랐다.

[原文]

謹॥權量ㅣ하며 審॥法度ㅣ하며 脩॥廢官ㅣ하신대
근 권량   심 법도   수 폐관

四方之政ㅣ 行焉하나라. 興॥滅國ㅣ하며 繼॥絶世ㅣ
사방지정 행언   흥 멸국   계 절세

하며 擧॥逸民ㅣ하신대 天下之民ㅣ 歸>心焉하나라.
거 일민   천하지민 귀 심언

所>重은 民食喪祭러시다. 寬則得>衆하고 信則民
소 중 민식상제   관즉득 중   신즉민

任焉하고 敏則有功하고 公則說이니라.
임언   민즉유공   공즉열

[가사체 번역문]

度量衡을 바로잡고 文物제도 살펴고쳐
도량형   문물

황폐해진 官署들을 복구하고 수리하니
관서

이에사방 모든지방 行政들이 잘되었네
행정

망해버린 王孫들의 나라다시 세워주고
왕손

끊어졌던 집안世代 다시잇게 해주었고
세대

숨은 人才 등용하니 온천하의 그민심이 周나라로 돌아왔다
_{인 재}   _주

周나라가 가장가장 소중하게 여긴것은
_주

백성들이 근심없이 잘살도록 하는 民生
_{민 생}

부모님의 상례절차 정중하게 모시는일

부모제사 경건하게 잘모시는 일이니라

관대하게 하였기에 많은사람 귀속했고

信義있게 하였기에 백성들이 신임했고
_{신 의}

誠實敏捷 하였기에 많은공적 세웠으며
_{성 실 민 첩}

公平無私 하였기에 모든사람 마음으로 기뻐하고 따랐니라
_{공 평 무 사}

[註解] ○謹權量(근권량)－정직하고 성실하게 도량형(度量衡)을 정했다. 저울추 권(權), 법도 도(度), 헤아릴 량(量), 저울대 형(衡). ○審法度(심법도)－법률과 제도를 자세히 세밀하게 제정한다. ○脩廢官(수폐관)－난세에 퇴폐하고 폐지되었던 관청이나 기관을 다시 복구하고 가꾸어 다스리다. ○四方之政行焉(사방지정행언)－천하 모든 나라의 정치가 올바로 행하게 되었다. ○興滅國(흥멸국)－멸망한 나라를 다시 부흥시킨다. ○繼絶世(계절세)－단절되었던 집안의 대를 다시 계승케 한다. ○擧逸民(거일민)－숨어있던 뛰어난 인재들을 등용한다. ○天下之民歸心焉(천하지민귀심언)－천하 만민이 마음으로 복종하고 귀의한다. ○所重(소중)－중하게 여기다. 소중히 여기는 일. ○民食喪祭(민식상제)－백성들의 '식상제(食喪祭)'이다. 식(食)은 잘 먹고 사는 민생(民生), 상(喪)은 부모나 죽은 사람을 정중히 장사지내는 상례(喪禮), 제(祭)는 선조 부모의 제사를 때맞추어 경건히 지내는 제례(祭禮). ○寬則得衆(관즉득중)－관대하게 인덕(仁德)을 베풀면 많은 사람들이 그 나라에 모여든다. ○信則民任焉(신즉민임언)－신의를 지키고 신망이

높으면 백성들이 신임한다. ○敏則有功(민즉유공)―일을 성실하고 민첩하
게 처리하면 많은 공적을 올릴 수 있다. ○公則說(공즉열)―만민에게 공평
무사하게 하면 만민이 기뻐하고 따른다.

[解說]

제5단 '근권형(謹權衡) 심법도(審法度)' 이하에 있는 여러 구절은
『좌전(左傳)』에 '공자의 말' 로 인용된 것도 있다. 이 책에서는 공자
가 주나라의 정치를 긍정적으로 평한 말로 풀이했다.

제20편 「요왈편」 제1장에 대한 해설을 보충하겠다. 공자의 사상
은 과거의 역사적·문화적 전통을 계승한 것이다. 「위정편(爲政篇)」
에 있다. "자장이 앞으로 10세의 일을 알 수 있습니까?〔子張問 十世
可知也〕" 하고 묻자, 공자가 대답했다. "은(殷)은 하(夏)의 예를 바탕
으로 했으므로 손익한 바를 알 수 있다. 주는 은하의 예를 바탕으로
했으므로 손익한 바를 알 수 있다. 그러므로 만약 주의 전통을 계승
한다면 백 세라도 알 수 있다〔殷因於夏禮 所損益可知也 周因於殷禮
所損益可知也 其或繼周者 雖百世亦可知也〕."「2-23」.

공자는 또 「팔일편(八佾篇)」에서 "주는 하와 은, 두 나라의 좋은
점을 거울삼았으며, 그 문화가 더욱 빛나고 풍성하다. 그러므로 나
는 주의 문화를 따른다〔子曰 周監於二代 郁郁乎文哉 吾從周〕."「3-
14」라고 했다.

공자는 주나라의 문화를 '사문(斯文)' 이라고 높였다. 「자한편(子
罕篇)」에 있다. '공자가 광(匡)에서 위태로운 지경에 빠졌을 때 말했
다. "문왕은 이미 돌아가셨지만, 그분이 남긴 문화는 나에게 전해져
있지 않으냐? 하늘이 그의 문화를 없애려고 했다면, 후세 사람들이

그 문화에 관여하지 못했을 것이다. 하늘이 그 문화를 없애려고 하지 않으니, 광 사람인들 나를 어찌 해치겠느냐?"〔子畏於匡曰 文王既沒 文不在玆乎 天之將喪斯文也 後死者不得與於斯文也 天之未喪斯文也 匡人其如予何〕.「9-5」.

공자는 역사적 문화전통을 '사문(斯文)'이라 하고 높였으며, 인류는 미래에도 그 문화 전통을 따라서 발전할 것을 굳게 믿었던 것이다. 그러므로 공자는 '사문', 즉 '역사적으로 계승되고 발전하는 바른 문화'를 선양했던 것이다. '사문'은, 곧 '절대선의 하늘의 도리를 따르고 실천하는 문화'다.

'사문'은 공자 이전부터 면면히 계승되어 왔다. 그 바른 문화의 전통은 옛날부터 성현(聖賢)에 의해서 계승되고 선양되어 왔던 것이다. 신화 전설 시대에 속하는 삼황(三皇), 즉 '복희(伏羲) · 신농(神農) · 황제(黃帝)'를 위시하여 오제(五帝)에 속하는 '요제(堯帝) · 순제(舜帝) · 우왕(禹王) 및 탕왕(湯王)'에 이어졌다.

『논어』의 마지막 편 제20편인 「요왈편(堯曰篇)」 제1장에서 공자는 주로 '요제(堯帝) · 순제(舜帝) · 우왕(禹王) · 탕왕(湯王) 및 주(周)나라'의 말을 들고, 바른 덕치(德治)의 도리를 선양했던 것이다.

이와 같이 성현들에 의해서 '정통(正統)의 도(道)가 전해지는 것'을 '도통(道統)'이라고 한다. 이 도통은 공자 이후에도 이어졌다. 물론 나라와 시대에 따라 '도의 계승 선양'에 '성쇠(盛衰)'가 있는 것은 사실이다. 오늘은 세계적으로 '도의 계승과 선양이 쇠퇴한 때'이다. 그러나, '절대인 하늘과 더불어 절대선의 천도'는 절대로 없어지는 법이 없다. 장차는 다시 사람들이 천도(天道)를 따르게 될 것이다.

참고로 도통(道統)의 일부를 도시하겠다.

'요(堯)─순(舜)─우(禹)─탕(湯)─문(文)─무(武)─주공(周公)─공
자(孔子)─맹자(孟子)─주자(朱子).'

20-2-1

자장이 공자에게 물었다. "어떻게 하면 바르게 다스릴 수
있습니까?"

공자가 대답했다. "다섯 가지 미덕을 존중하고, 네 가지 악
덕을 배제하면 바르게 다스릴 수 있다."

[原文]

子張이 問Ⅱ於孔子Ⅰ 曰 何如라야 斯可Ⅱ以從Ⅰ>
　　자장　　문　어공자　　왈　하여　　　사가　이종

政矣닛고? 子ㅣ 曰 尊Ⅱ五美Ⅰ하며 屛Ⅱ四惡Ⅰ이면
　정　의　　　자　왈　존　오미ㅣ하며　　병　사　악

斯可Ⅱ以從Ⅰ>政矣리라.
　사가　이종　정의

[가사체 번역문]

　자장께서 공자님게 다음같이 여쭈었다
　어떡하면 올바르게 다스릴수 있습니까
　공자께서 대답했다
　다섯가지 美德들을 드높이고 존중하며
　　　　　미덕

네가지의 惡德들을 배제하고 물리치면
_{악 덕}

그나라를 올바르게 다스릴수 있을거야

[註解] ○子張問於孔子曰(자장문어공자왈)－자장이 공자에게 물어 말했다. ○何如(하여)－어떻게 해야. ○斯可以從政矣(사가이종정의)－즉 바르게 다스릴 수 있느냐? 정(政)은 정치나 정사를 바르게 다스리다. ○尊五美(존오미)－다섯 가지 착하고 아름다운 미덕을 높이고 존중한다. ○屛四惡(병사악)－네 가지 나쁜 악덕한 일을 막고 배제한다.

20-2-2

자장이 물었다. "무엇을 다섯 가지 미덕이라고 합니까?"

공자가 말했다. "군자는 백성에게 베풀어 주되 허비하지 않는다. 백성에게 힘든 일을 하게 하되 원망을 받지 않는다. 인덕(仁德) 세우기를 바랄 뿐, 탐욕을 채우려 하지 않는다. 학덕(學德)을 많이 지니고 태연자약하되, 남에게 거만하지 않는다. 장중하고 위엄이 있지만 남에게 각박하거나 사납게 하지 않는다."

[原文]

子張이 曰 何謂Ⅱ五美Ⅰ닛고? 子ㅣ 曰 君子ㅣ 惠
_{자 장   왈 하 위   오 미   자   왈 군 자   혜}

而不費하며 勞而不怨하며 欲而不>貪하며 泰而不>
_{이 불 비   노 이 불 원   욕 이 불 탐   태 이 불}

驕하며 **威而不>猛**이니라.
교   위 이 불 맹

[가사체 번역문]

자장께서 여쭈었다 그무엇을 다섯가지 미덕이라 말합니까

공자께서 말하셨다

君子라고 하는자는 백성에게 베풀지만 **虛費**하진 아니한다
군 자   허 비

군자들은 백성에게 힘든일을 시키지만 원망듣지 아니한다

仁德德治 바라지만 탐욕스레 재물권세 얻으려고 아니한다
인 덕 덕 치

높은학덕 지니고서 태연자약 하면서도 교만하지 아니한다

장중위엄 하면서도 남들에게 각박하고 사납게는 아니한다

[註解] ㅇ何謂五美(하위오미)—무엇을 오미(五美)라고 합니까? 오미는 다섯 가지 좋고 아름다운 군자의 덕(德), 혹은 덕행. ㅇ君子(군자)—이 군자는 다음 다섯 가지 덕행의 주어가 된다. ㅇ惠而不費(혜이불비)—(다른 사람이나 백성에게) 은혜를 베풀어 주되, 허비하거나 낭비하지 않는다. ㅇ勞而不怨(노이불원)—백성들을 부리고 근로하게 하지만 원망을 받지 않는다. ㅇ欲而不貪(욕이불탐)—인정(仁政)과 덕치(德治)를 바랄 뿐, 탐욕스럽게 재물이나 권세를 얻으려고 하지 않는다. ㅇ泰而不驕(태이불교)—높은 학문과 인덕(仁德)을 지니고 태연자약하면서도, 남을 멸시하거나 남에게 교만하지 않는다. ㅇ威而不猛(위이불맹)—인격이나 태도가 장중하고 위엄이 있으면서도, 남이나 백성에게 사납게 하거나 각박하게 하지 않는다.

20-2-3

자장이 "'백성에게 베풀어 주되 허비하지 않는다.'란 무슨 뜻입니까?" 하고 묻자, 공자가 말했다.(다섯 가지 미덕에 대해서 자세히 설명했다)

"백성들이 이롭다고 생각하는 바를 따라서 그들을 이롭게 해주니, 그것이 곧 '백성에게 베풀어 주되 허비하지 않음'이 아니겠느냐? 백성들을 부려 쓸 때에 일할 만한 사람을 택해서 일을 하게 하니, 누가 원망하겠느냐? 군자는 원래 인정(仁政)을 펴고 인덕(仁德)을 세우기를 소망한다. 그리고 뜻대로 인덕을 세우니, 또 무엇을 탐내겠느냐? (즉 인이 아닌 권력이나 재물을 탐내지 않는다는 뜻)

군자는 상대방의 재물이 많으나 적으나, 권력이 크거나 작거나 누구에게나 거만한 태도를 취하지 않는다. 그것이 곧 '태연자약하면서 교만하지 않는다.'가 아니겠느냐?

군자는 옷을 입거나 관을 쓰거나 복장이나 차림을 단정히 하고 존엄한 태도로 눈을 바르게 뜨고 사물을 바라본다. 그러므로 남들이 엄숙한 태도로 군자를 우러러보고 경외한다. 그것이 곧 '장중하고 위엄이 있지만 남에게 각박하거나 사납게 하지 않는다.'가 아니겠느냐?"

[原文]

子張이 曰 何謂Ⅱ惠而不Ⅰ>費닛고? 子ㅣ 曰因Ⅱ
子 장 왈 하위 혜이불 비 자 왈 인

民之所ㅣ>利而利>之니 斯不Ⅱ亦惠而不ㅣ>費乎아?
민지소 리이리지 사불 역혜이불 비호

擇>可>勞而勞>之어니 又誰怨이리오? 欲仁而得>
택 가 로이노지 우수원 욕인이득

仁이어니 又焉貪이리오? 君子ㅣ 無Ⅱ衆寡ㅣ하며 無Ⅱ
인 우언탐 군자 무 중과 무

小大ㅣ히 無Ⅱ敢慢ㅣ하나니 斯不Ⅱ亦泰而不ㅣ>驕乎
소대 무 감만 사불 역태이불 교호

아? 君子ㅣ 正Ⅱ其衣冠ㅣ하며 尊Ⅱ其瞻視ㅣ하야 儼
군자 정 기의관 존 기첨시 엄

然人望而畏>之하나니 斯不Ⅱ亦威而不ㅣ>猛乎아?
연인망이외 지 사불 역위이불 맹호

[가사체 번역문]

자장께서 공자님께 다음같이 여쭈었다

백성에게 베풀지만 허비하지 않는다는 그게무슨 뜻입니까

공자께서 말하셨다

백성에게 이로운것 그걸따라 그네들을 이롭게 하여주니

그것이곧 백성에게 베풀지만 허비하지 않는것이 아니겠나

백성들을 부릴때에 일할만한 사람들을 가려뽑아 일시키니

그누구가 원망하랴 군자들은 원래부터 어진정치 펼치면서

어진그德 세우기를 바라면서 원한다네
　　　덕

그리고또 그뜻대로 仁德그걸 세우는데 또무엇을 탐내겠나
　　　　　　　인 덕

군자들은 상대방의 재물그게 많건적건 권력그게 크건작건

누구에나 倨慢驕慢 그런태도 안취하지
　　　　거 만 교 만

그것이곧 태연자약 하면서도 교만하지 않는것이 아니겠나

군자들은 옷차림을 단정하게 하고있고

그 존엄한 태도로써 눈을바로 뜨고서는 사물들을 바라본다

그리하여 사람들은 그엄숙한 태도로써

군자그를 우러르고 敬畏하는 것이란다
　　　　　　경　외
그러니까 그것이곧 위엄있는 것이지만

남들에게 각박하고 사나웁게 하지않는 그런것이 아니겠나

[註解] ○何謂惠而不費(하위혜이불비)—무엇을 '백성에게 베풀어 주되 허비하지 않는다.'고 말하느냐? '혜이불비(惠而不費)'는 공자의 오미(五美)에 대한 첫 번째 설명이다. 그 깊은 뜻을 자장이 다시 물었으며, 공자는 '오미에 대한 다섯 가지 설명'을 하나하나 자세히 말했다. ○因民之所利而利之(인민지소리이리지)—백성들이 이롭다고 생각하는 바를 따라서 그들을 이롭게 해준다. 이(利)는 이롭다고 생각하고 얻고자 하는 이득의 뜻까지 다 포함된다. 즉 농부에게는 농사를 지음으로써 이득을 얻게 해주고, 어부에게는 고기를 잘 잡게 해준다는 뜻이다. ○斯不亦惠而不費乎(사불역혜이불비호)—그렇게 하는 것이, 곧 '혜이불비(惠而不費)'가 아니겠느냐? ○擇可勞而勞之(택가로이노지)—노역할 만한 사람을 택해서 부려쓴다. ○又誰怨(우수원)—백성들이 잘 이해하므로 아무도 원망하는 사람이 없다는 뜻. ○欲仁而得仁(욕인이득인)—군자는 인정(仁政)을 펴고 인덕(仁德) 세우기를 소망하고, 본래의 뜻대로 인정을 펴고 인덕을 세우니. ○又焉貪(우언탐)—또 무엇을 탐내겠느냐? (즉 권력이나 재물을 탐내지 않는다는 뜻.) ○無衆寡(무중과)—상대방이 재물을 많이 가졌거나 조금 가졌거나 상관하지 않고, 혹은 사람의 수가 많거나 적거나 상관하지 않고. ○無小大(무소대)—권력이 크거나 작거나 상관하지 않고, 혹은 세력이 크거나 작거나 상관하지 않고. ○無敢慢(무감만)—모든 사람에게 거만한 태도를 취하지 않는다. ○斯不亦泰而不驕乎(사불역태이불교호)—그것이 곧 '태이불교(泰而不驕)'가 아니겠느

냐? ○正其衣冠(정기의관)─자기의 복장이나 차림은 단정히 하고. 의관(衣冠)은 의복이나 관모(冠帽). ○尊其瞻視(존기첨시)─존엄한 태도로 눈을 바르게 뜨고 사물을 바라본다. 볼 첨(瞻). ○儼然人望而畏之(엄연인망이외지)─남들이 엄숙한 태도로 군자를 바라보고 경외(敬畏)한다. ○斯不亦威而不猛乎(사불역위이불맹호)─그것이 바로 '위이불맹(威而不猛)'이 아니겠느냐?

20-2-4

자장이 "무엇을 네 가지 악덕이라고 합니까?" 하고 묻자, 공자가 말했다. "백성들을 가르치지 않고 죄진 사람을 사형에 처하는 것을 학정이라 한다. 미리 훈계하지 않고 잘못된 결과를 책망하는 것을 포악이라 한다. 법령을 엉성하게 정하고, 또 기한을 촉박하게 한정하는 것을 적해(賊害)라고 한다. 어차피 남에게 줄 것인데, 출납을 인색하게 하는 것을 하리(下吏)의 짓거리라 한다."

[原文]

子張이 曰 何謂ɪɪ四惡ɪ이닛고? 子ㅣ 曰 不﹥教而
자장   왈 하위   사악   자 왈 불 교이

殺을 謂ɪɪ之虐ɪ이오. 不﹥戒視﹥成을 謂ɪɪ之暴ɪ오
살   위   지학   불 계시 성을 위   지포

慢﹥令致﹥期를 謂ɪɪ之賊ɪ이오. 猶﹥之與﹥人也로대
만 령치 기   위   지적   유 지여 인야

出納之吝을 謂Ⅱ之有司Ⅰ니라.
출 납 지 인 위 지 유 사

[가사체 번역문]

자장께서 공자님께 다음같이 여쭈었다

그무엇을 다섯가지 惡德이라 말합니까
　　　　　　　　　악 덕

공자께서 말하셨다

어리석은 백성들을 가르치지 아니하고

죄를지은 사람들을 死刑처벌 하는것을 虐政이라 말한다네
　　　　　　　　　사 형　　　　　　　학 정

미리훈계 하지않고 그잘못된 결과들을

책망하는 그런것을 暴惡이라 말한다네
　　　　　　　　　포 악

여러가지 법령들을 엉성하게 정해놓고

또한期限 촉박하게 限定하는 그런것을 賊害라고 말한다네
　　기 한　　　　　한 정　　　　　　　적 해

이리하든 저리하든 남들에게 줘야할걸

吝嗇하게 주는것을 下吏들의 짓이라네
인 색　　　　　　　하 리

[註解] ㅇ何謂四惡(하위사악)—무엇을 네 가지 악덕이라 하느냐? ㅇ不教
而殺(불교이살)—백성을 교화하지 않고 그들이 죄를 저지르면, 사형에 처하
는 것을. ㅇ謂之虐(위지학)—잔학, 혹은 학정이라 한다. ㅇ不戒視成(불계시
성)—백성에게 미리 훈계하거나 경계하고 지도하지 않고, 그들이 잘못한
결과만을 보고 처벌하는 것을. ㅇ謂之暴(위지포)—포악한 폭정이라 한다.
ㅇ慢令致期(만령치기)—엉터리로 법령을 만들고, 또 촉박하게 기한을 설정
하고, 지키게 하는 것을. ㅇ謂之賊(위지적)—선량한 백성을 적으로 만들고
해친다고 말한다. ㅇ猶之與人也(유지여인야)—어차피 주게 되어 있는 것을.
ㅇ出納之吝(출납지인)—출납을 인색하게 하는 것을. ㅇ謂之有司(위지유

사)—하치의 벼슬아치들의 짓거리라 한다.

[解說]

공자는 군자가 지키고 행해야 할 오미(五美)를 자세히 설명했다. 군자는 인정(仁政)과 덕치(德治)를 구현할 임금이나 참여자를 말한다. 다섯 가지 미덕은, 곧 '혜이불비(惠而不費 : 효과적인 생산), 노이불원(勞而不怨 : 적시의 노력 동원), 욕이불탐(欲而不貪 : 인덕 선양과 청렴), 태이불교(泰而不驕 : 학식이나 덕이 높으면서도 남에게 겸손함이다), 위이불맹(威而不猛 : 장중하고 위엄이 있으면서 친근감을 준다)'으로서 이것이 다섯 가지 정치의 요체다. 이와 반대로 백성을 교화하지 않고 악법으로 처벌만을 하는 정치를 악덕 정치라 한다.

20-3

공자가 말했다. "천명을 알지 못하면 군자가 될 수 없다. 예를 알지 못하면 세상에서 행세할 수 없다. 말을 모르면 사람을 다스릴 수 없다."

[原文]

子ㅣ 曰 不>知>命이면 無Ⅲ以爲Ⅱ君子ㅣ也오. 不>
자 왈 부 지 명 무 이 위 군 자 야 부

知禮면 無Ⅱ以立ㅣ也오. 不>知>言이면 無Ⅱ以知ㅣ>
지 례 무 이 입 야 부 지 언 무 이 지

人也니라.
인 야

[가사체 번역문]

　공자께서 말하셨다

　天命알지 못하면은 君子될수 없느니라
　　천　명　　　　　　　　군　자

　禮를알지 못하면은 떳떳하게 살수없고
　　예

　말을알지 못하면은 사람들을 잘모르며 다스리질 못한다네

[註解] ○不知命(부지명)－천명(天命)을 모르면. 천명은 절대인 하늘이 내
려주는 모든 것의 뜻. 해설 참고. ○無以爲君子也(무이위군자야)－무이(無
以)는 '…할 수 없다.' 위군자(爲君子)는 '군자가 되다'. ○不知禮(부지례)－
예를 모르면. 해설 참고. ○無以立也(무이입야)－사회나 국가에 나가서 자
립할 수 없다. 떳떳하게 행세할 수 없다. ○不知言(부지언)－말을 바르게 알
지 못하면, 혹은 할 줄 모르면. ○無以知人也(무이지인야)－사람을 알지 못
하고, 또 다스리지 못한다.

[解說]

　『논어』의 마지막 구절로, 공자의 세 가지 말을 들었다. 나누어 뜻
을 보충 설명하겠다.

　(1) 천명을 모르면 군자가 될 수 없다〔不知命 無以爲君子也〕.

　천명(天命)은 하늘이 절대적인 명령으로 내려준 모든 것을 뜻한
다. 하늘은 우주천지 자연만물을 창조하고 동시에 우주의 이법(理
法)에 따라 만물의 생성 변화를 주재하는 절대자(絕對者)이다. 즉 하
늘은 시간의 흐름에 따라 만물을 사랑으로 생육(生育)·번식(繁殖)·
발전(發展)케 하는 절대선(絕對善)의 도리, 즉 '천도(天道)'의 주재자
(主宰者)이다. 이와 같은 '절대자 하늘'과 '절대선의 도리, 즉 천도'

를 아는 것이, 곧 '지천명(知天命)' 이다.

또 하늘은 만물 중에 오직 사람만을 '만물의 영장' 으로 만들었다. 그러므로 사람은 누구나 다 '지천명' 해야 한다. 특히 학문과 덕행을 바탕으로 정치에 참여할 군자는 '절대선의 도리' 를 따라서 덕치(德治)를 해야 한다. 그것이, 곧 '지천명' 이다.

동시의 시간과 공간을 주재하고, 섭리하는 하늘의 뜻은 깊고 미묘하다. 그러므로 하늘의 뜻을 사람이 다 알 수 없다. 예를 들면, 왜 공자 같은 성인을 난세에 태어나게 해서, 고생하게 하고 있는가? 그 이면에는 숨겨진 깊은 뜻이 있을 것이다. 공자는 "나이 50에 천명을 알게 되었다〔五十而知天命〕." 라고 말했다. 현인(賢人)이 난세에 태어나 고생하는 것도 '하늘의 조화' 다. 그것을 알고 따르는 것도 '지천명' 에 속한다.

어디까지나 하늘의 뜻과 도리를 터득하고, 따라서 바르게 사는 것이 곧 '지천명' 이다. '지천명' 해야 참다운 지식인, 즉 군자이다.

⑵ 예를 모르면, 독립된 인격자로서 국가에 나가서 일할 수 없다〔不知禮 無以立也〕.

예(禮)는 이(理)와 이(履)에 통한다. 즉 '천리(天理)를 따르고 행한다.' 는 뜻이 속에 포함되어 있다. 예를 외형적으로 나타낸 것이 크게는 국가적인 차원에서 문화적인 문물(文物) 제도(制度)로, 전장(典章)이나 예악(禮樂) 및 여러 가지 의식(儀式) 의례(儀禮) 등이 포함된다. 작게는 가정적, 혹은 개인적 차원에서는 각종의 예의법절(禮儀凡節), 관혼상제(冠婚喪祭) 의식(儀式), 의례(儀禮) 등이 포함된다. 절대선의 천도천리(天道天理)를 문화적으로 나타낸 것이 예(禮)다. 그러므로 예를 모르면, 개인적으로는 문화인이 될 수 없고, 국가적으로

는 선량한 국민이 될 수 없다. 더욱이 수기치인(修己治人)하는 군자
가 될 수 없다.

(3) 말을 모르면 사람을 다스릴 수 없다〔不知言 無以知人也〕.

언어는 정보 전달의 도구다. 말을 바르게 해야 정보가 바르게 전
달되고 또 서로 협동해서 큰일을 할 수 있다. 공자는 「자로편(子路
篇)」에서 말했다. "사물에 대한 이름을 바르게 하지 않으면 말이 고
르지 못하고, 말이 고르지 못하면 일이 이루어지지 않는다〔名不正
則言不順, 言不順則事不成〕."

"일이 바르게 성취되지 않으면 예악이 흥하지 않고, 예악이 흥하
지 않으면 형벌이 바르게 시행되지 않고, 형벌이 바르게 시행되지
않으면 백성들은 손발을 움직일 수 없게 된다〔事不成則禮樂不興 禮
樂不興則刑罰不中 刑罰不中則民無所措手足〕."

그런고로 "군자는 말을 소홀히 해서는 안된다〔君子於其言 無所
苟而已〕." 「子路篇 13-3」.

말에는 '소리 말'과 '글씨 말'이 있다. 특히 남을 지도하고 다스
릴 군자는 '글씨 말', 즉 '문자(文字) = 한자(漢字)'를 바르게 알고 쓸
줄 알아야 국가 정치에 참여하고 남을 다스릴 수 있다. '무이지인야
(無以知人也)'의 지(知)는 다스린다는 뜻이다.

부록편

공자의 생애와 핵심 사상

1. 공자의 약전(略傳)

(1) 공자의 선조와 세계(世系)

사마천(司馬遷)은 《사기(史記)》 〈공자세가(孔子世家)〉에서 '공자의 선조는 송(宋)나라 사람이다.' 라고 기술했다.

송(宋)은 노(魯)나라 남쪽 사수(泗水) 건너 상구(商丘) 일대에 세워진 나라다. 주공단(周公旦)이 동정(東征)하여 무경(武庚)의 반란을 평정하고, 은(殷)의 유민들을 무마하기 위해서, 주왕(紂王)의 서형 미자(微子 : 이름 啓)를 그곳에 봉했다. 미자가 죽자, 그의 동생 미중(微仲 : 이름 衍)이 뒤를 이었으며, 그가 곧 공자의 먼 조상이라 전한다.

공자의 아버지 숙량흘(叔梁紇)은 미중의 14세 후손이다. 미자나 미중은 은나라 왕족이다. 그러므로 공자가 "나는 은나라 사람이다." 라고 말한 것이다.

참고로 공자의 가계 중, 두드러진 선조를 들겠다.*

....
* 참고 : 《胡仔의 孔子編年》

제1대 미중연(微仲衍), 제4대 민공공(緡公共), 제5대 불보하(弗父何), 제8대 정고보(正考父), 제9대 공보가(孔父嘉), 제10대 목금보(木金父), 제12대 공방숙(孔防叔), 제13대 공백하(孔伯夏), 제14대 숙량흘(叔梁紇), 제15대 공자(孔子).

제5대 불보하(弗父何)는 송나라의 대부(大夫)였고, 제8대 정고보(正考父)는 학식이 높은 현신(賢臣)으로,《시경(詩經)》상송(商頌)을 교정한 학자이기도 했다.

제9대 공보가(孔父嘉)도 송나라 충신이었으며, 그때부터 성을 공(孔)이라 했다. 그러나 그는 귀족 화독(華督)에게 살해되었으며, 이에 그의 아들 목금보(木金父)가 노(魯)나라로 천거(遷居)했다.

노나라에서 가문을 중흥한 사람이 곧 제12대 공방숙(孔防叔)이었다. 그는 방(防)이라는 마을을 다스렸다. 그러나 공자의 조부 제13대 공백하(孔伯夏) 때에는 다시 침체했으며, 부친 제14대 숙량흘(叔梁紇) 대에 와서 용맹한 무사로서 이름이 났다.

(2) 공자의 부모와 출생

공자의 부친 공흘(孔紇 : 자는 叔梁)은 추읍(陬邑)의 대부(大夫)로 용맹한 무사였다. 그의 행적은《좌전(左傳)》에 보인다. 즉 그는 양공(襄公) 10년(기원전 563)과 양공 17년(기원전 556) 두 차례의 전쟁에서 용맹을 떨치고 혁혁한 공을 세웠다.

공자의 부친 숙량흘(叔梁紇)의 정실은 시씨(施氏)이고, 딸만 9명을 낳았다. 한편 첩실의 소생으로 다리를 저는 백니(伯尼)라는 아들이 있었다. 백니는 일명 맹피(孟皮)라고도 하며, 공자의 이복형이 된다.

용맹을 떨친 숙량흘은 가문을 계승할 아들을 소망했다. 그래서 노나라의 명문가 안씨(顏氏)의 딸을 아내로 취하여 공자를 낳았다.

《사기》〈공자세가(孔子世家)〉에는 '숙량흘이 안씨의 딸과 야합해서 공자를 낳았다〔叔梁紇 與顏氏女野合 而生孔子〕.'고 기술했다.

학자들은 '야합(野合)'의 뜻을 여러 가지로 풀이한다. 그 중의 하나가, '노부소처(老夫少妻)이기 때문에 정식으로 예식을 거행하지 못했을 것이다.'라는 해석이다. 즉 숙량흘의 나이는 70에 가까웠고, 안씨는 16세 안팎이었다. 그래서 정식으로 예식을 올릴 수 없었을 것이다. 한편 안씨는 남편이 연로하였으므로 혹시라도 아들을 얻지 못할까 걱정을 했으며, 따라서 남달리 정성을 들여 이구산(尼丘山)에서 기도를 드려서 아들 공자를 낳았던 것이다.

공자는 노(魯)나라 추읍(陬邑) 창평현(昌平縣)에서 출생했다. 추읍은 대략 현 산동성(山東省) 곡부(曲阜) 남쪽이다.

어머니 안징재(顏徵在)가 이구산(尼丘山)에서 기도를 드려, 아들을 점지받았으므로 이름을 구(丘)라 했다고 전한다. 한편 공자는 태어나면서 정수리가 움푹하여 그 모양이 이구산 같았으므로 이름을 구라 했다고도 전한다.

공자에게는 배다른 형이 있었다. 그래서 자를 중니(仲尼)라 했다. 즉 중(仲)은 백(伯) 다음이다.

출생 연도를 사마천(司馬遷)은 《사기》〈공자세가(孔子世家)〉에서 '기원전 551년, 주영공(周靈公) 21년, 노양공(魯襄公) 22년'이라고 했다. 그러나 《공양전(公羊傳)》, 《곡량전(穀梁傳)》은 '기원전 552년'이라고 했다.

공자는 '노양공(魯襄公) 22년(기원전 551)' 10월 경자일(庚子日)에 출생했다. 이 날은 음력으로 8월 27일, 양력으로 환산하면 9월 28일이 된다. 따라서 대만(타이완)에서나 우리나라에서는 이 날을 공자의 탄생일로 정하고 석전(釋奠)을 올린다.

공자의 서거일(逝去日)은 노나라 애공(哀公) 16년(기원전 479) 4월 11일로 향년 73세였다. 월왕(越王) 구천(句踐)이 오왕(吳王) 부차(夫差)를 멸한 것은 공자 몰 후 6년이고, 다시 4년이 지나 춘추시대가 끝나고 전국시대가 시작되었다. 공자의 탄생은 석가모니보다 10여 년 뒤이며, 소크라테스보다 82년, 예수보다는 551년이나 앞섰다.

(3) 공자의 부인과 자손

공자의 부인에 대해서는 별로 알려진 것이 없다. 공자 19세 때에, 송(宋)나라의 기관씨(亓官氏)와 결혼했고, 이듬해 공자 20세에 아들 이(鯉 : 자는 伯魚)를 낳았다고 한다.

그리고 공자 나이 67세 때에는 부인이 사망했으며, 69세 때에는 아들 이가 사망했다.

아들 이에 대하여는《논어》에도 보인다. 또 공자의 딸을 공야장(公冶長)에게 시집보냈고, 질녀 즉 백니(伯尼)의 딸을 남용(南容)에게 시집보냈다는 기술도 보인다.

공자의 손(孫), 즉 이의 아들은 급(伋 : 자는 子思)이다. 그는 노(魯) 애공(哀公) 12년(기원전 483)에 출생하여 노 목공(穆公) 6년(기원전 402)에 사망했다. 자사는 공자의 학문을 계승하고,《중용(中庸)》을 저술했으며 또 맹자에게 유학을 전수했다.

그 후의 공자의 후손에 대하여는《사기》〈공자세가〉에 자세히 적혀 있다. 14세손 공안국(孔安國)을 비롯하여 후세의 대학자들이 많이 배출되었으며, 대만에서 작고한 공덕성(孔德成) 박사는 공자의 77세손이다.

(4) 가난한 소년시절과 호학(好學)

공자 출생 2년 후에, 부친 숙량흘(叔梁紇)이 사망했다. 이에 청상과부가 된 어머니는 어린 공자를 데리고 곡부(曲阜) 궐리(闕里)로 이주하고, 가난한 살림을 꾸렸다.

자애로운 어머니는 어린 공자의 교육에 남다른 정성을 쏟았다. 그러므로 천성(天性)이 총명한 공자는 마을의 민간학교에서 글공부를 익혔고 또 어려서 놀 때에도 조두(俎豆)를 진설(陳設)하고 예용(禮容)을 차렸다고 한다.

어머니의 자애(慈愛)와 훈도(薰陶)를 받고 자란 공자는 효성이 지극했으며, 어머니 곁에서 노동일을 하면서 가난한 살림을 도왔다. 그러면서도, 남달리 총명한 공자는 배우기를 좋아했다.

당시의 귀족계층 자제들은 관학(官學)에 들어가서 학문을 배우고 육예(六藝)를 몸에 익혔다. 그러나 서민의 자제들은 각 부락에 있는 향교(鄕校)에서 수시로 촌로(村老)들로부터 일반 문화에 대한 강학을 받거나 초보적인 군사훈련을 받았다.

향교는 일종의 공동 집회소(集會所)다. 부락민들이 모여서 제반사를 논의도 하고, 사신(社神)에 대한 제사도 지낸다. 특히 봄과 가을에는 제사와 함께 부락민들이 모여 향음례(鄕飮禮)와 향사례(鄕射禮)를 거행한다.

이때에 청소년들도 참가하고, 광범하게 전통문화나 예의범절을 익히는 동시에 무술의 기량을 연마하기도 한다. 어린 공자도 향교에서 많은 것을 배우고 익혔을 것이다.

그러나 공자는 그것으로 만족하지 않았다. 논어에서 "나는 열다섯 살에 학문에 뜻을 두었다〔吾十有五而志於學〕."〈爲政〉고 말한 것처럼 본격적으로 시(詩)·서(書)·예(禮)·악(樂)을 위시하여 고대의 문물제도 및 학술 전적 등을 독학으로 탐구하기 시작했다. 공자는 특정한 선생을 두고 체계적으로 학문을 배운 것이 아니다.

발분망식(發憤忘食)하면서, 혼자의 힘으로 스스로 찾아 배우고, 또 남에게 묻고 하면서 높은 경지에 도달한 것이다.

⑸ 모친의 사망과 간고한 생활

공자 나이 17세 때, 홀어머니 안징재가 사망했다. 그러나 그때까지 공자는 부친의 산소를 알지 못했다(어머니가 왜 생전에 공자에게 부친의 산소를 알려주지 않았는가에 대한 설이 많다).

그래서 공자는 먼저 모친의 영구를 오보지구(五父之衢)라는 곳에 초빈(草殯)하고, 나중에 부친의 묘를 찾아 어머니를 합장했다. 이 한 가지 사실만으로 공자가 어머니를 얼마나 사랑하고 또 효성스러웠는지를 알 수 있다.

그 무렵, 노(魯)나라의 참월(僭越)한 대부(大夫)로 무모하게 실권을 전횡(專橫)하고 있는 계씨(季氏)가 잔치를 벌이고 선비〔士〕들을 초청한 일이 있었다. 이에 공자는 비록 영락했으나, 자랑스런 무사의 아들로서 상복을 걸친 채, 달려갔었다.

그러나 계씨의 가신인 양호(陽虎)에게 저지당하고 모욕을 받고, 슬픈 심정을 안고 되돌아왔던 것이다. 이렇게 하여, 공자는 사고무친의 고아로서 간고(艱苦)한 삶을 꾸려나가야 했다.

공자는 나이 19세 때(기원전 533)에 송(宋)나라 사람 기관씨(亓官氏)와 결혼했으며, 20세(기원전 532)에 아들 이(鯉)를 낳았다. 이때, 노나라 임금 소공(昭公)이 잉어〔鯉魚〕를 하사했으므로 이름을 '이(鯉)', 자를 '백어(伯魚)'라 했다.

한편 공자는 생계를 위하여 계씨(季氏) 밑에서 위리(委吏 : 창고를 지키는 하급관리) 및 승전(乘田 : 목장 관리인)이 되었다. 《논어》에서 공자는 "나는 어려서 천했다. 그래서 잡일을 할 줄 안다〔吾少也賤 故多能鄙事〕."〈子罕〉고 말했다.

⑹ 학문으로 알려진 청년 공자

용감한 무사의 아들로 태어난 공자는 그 체격이나 기백이 부친을 닮아 거대하고 강인했다. 그러나, 공자는 무(武)의 길을 택하지 않고, 문(文)의 길을 택했다. 아마 정성으로 하늘에 기도 드린 어머니의 인자한 성품이 그를 학문과 문화의 길로 인도했을 것이다.

공자는 간고(艱苦)한 생활을 꾸려나가면서도, 배우기를 좋아하고, 또 누구에게나 묻고 알고자 했다. 그의 나이 27세 때(기원전 525), 담(郯)이라는 작은 나라의 임금 담자(郯子)가 노나라에 와서 소공(昭公)을 만났다. 담자가 역사에 대한 지식이 많다는 소문을 들은 공자는 일개 평민의 몸으로 담자를 찾아가서 고대의 관명(官名)에 대한 질문을 한 일이 있었다. 그 다음해인 28세 때에, 공자는 사양(師襄)에게 금(琴)을 배웠다. 이렇게 배우기를 좋아한 공자는 마침내 사회적으로 알려지기 시작했다.

(7) 삼십에 사회적으로 알려짐〔三十而立〕

나이 30세(기원전 522)에 공자의 학문과 덕행이 점차로 알려지게 되었다. 《논어》에서 '三十而立'라고 한 공자는 '시서(詩書)'를 비롯한 고대의 학문과 '예(禮)·악(樂)·사(射)·어(御)·어(書)·수(數)'등 육예(六藝)를 제자들에게 가르치는 사학(私學)을 개설했다.

공자의 학문정신과 사학을 개설한 그의 뜻은 원대했다. 무력(武力)의 하극상(下剋上)이 성행하고, 질서가 문란해진 춘추(春秋)의 난세를 도덕적으로 바로잡기 위해서였다. 즉 학문과 덕행을 겸비한 신진의 지식인, 즉 군자(君子)를 배양해서, 그 옛날 주공단(周公旦)이 확립한 예치(禮治)와 덕정(德政)을 재건하고자 했던 것이다. 공자가 출생한 노(魯)나라는 본래 주공단(周公旦)의 봉지로 주(周)의 문물제도가 잘 보존되어 있었다. 그러므로 공자는 노나라를 중심으로 고대의 이상을 회복하려고 했던 것이다.

공자의 명성이 인근 국가에까지 알려졌다. 그래서 이웃의 강대국 제(齊)나라 경공(景公)이 안영(晏嬰)과 같이 노나라에 왔으며, 이때에 공자는 경공과 정치를 논한 일도 있었다.

나이 34세(기원전 518) 때에는 노나라의 대부 맹희자(孟僖子)가 임종 직전에 아들 맹의자(孟懿子)와 남궁경숙(南宮敬叔)에게 "공자에게 예(禮)를 배우라."고 유촉(遺囑)했다. 그후 공자는 남궁경숙과 함께 주(周)나라 낙읍(洛邑)에 가서, 노담(老聃)에게 문례(問禮)하고, 또 장홍(萇弘)에게 문악(問樂)하고 돌아왔다.

⑻ 노나라와 무도한 삼환씨(三桓氏)

춘추시대의 나라는 씨족(氏族) 단위의 공동체로, 도성을 중심으로 한 일종의 도시국가다. 씨족의 종주(宗主)인 임금을 공(公)이라 하고, 종묘의 제사(祭祀)와 국가의 군사(軍事)를 총괄한다. 그 밑에 측근에서 보필하는 재상(宰相) 격인 경(卿)이 있고, 대신(大臣)에 해당하는 대부(大夫)들이 국사를 분장했다. 이들이 국가의 중추 계층이며, 그 밑에 제반 실무를 처리하는 사(士)가 있었다. 즉 국가정치가 임금인 공을 정점으로 하고 질서정연하게 이루어지게 마련이었다.

그런데 춘추시대에는 신분계층과 정치질서가 무너졌다. 이에 주(周)나라 초기에 확립된 '예치(禮治)의 덕정(德政)'이 쇠퇴하고, 그 대신 무력(武力)이나 형법(刑法)을 바탕으로 한 통치가 성행했다. 아울러 통치계층간의 권력쟁탈과 도덕적 타락이 심각한 지경에 이르렀다.

노나라에서는 대부의 신분인 삼환씨(三桓氏)가 왕실을 무시하고, 국가권력을 전횡하고, 온갖 무도하고 또 참월(僭越)한 짓을 자행했다.

마침내 공자의 나이 35세(기원전 517 : 魯昭公 25년) 때에 노나라의 임금 소공(昭公)이 삼환씨의 세력을 꺾으려고 시도했다. 먼저 삼환씨 중에서도 가장 세력이 큰 계손씨(季孫氏)를 치려고 했다. 그러나 다른 두 집안, 즉 맹손씨(孟孫氏)와 숙손씨(叔孫氏)가 합세해서 대항했으므로 노나라의 관군이 패하고, 임금 소공이 제(齊)나라로 망명을 했던 것이다.

그 무렵에, 공자가 《논어》에서 '팔일무우정(八佾舞于庭)' '삼가이옹철(三家以雍徹)'이라고 한탄했으며, 공자도 즉시 뒤따라 제나라에 갔다. 가는 도중에 태산(泰山) 곁을 지나가다가, 무덤에서 곡하는 여인을 보고, 제자들에게 '가정맹우호(苛政猛于虎)'라고 가르치기도 했다.

⑼ 제(齊)에 가서 경공(景公)을 만나고 또 음악을 듣다

공자는 제나라에서도 박학다식하고 특히 예(禮)에 밝다고 잘 알려졌었다. 그래서 공자는 이듬해(기원전 516), 제의 임금 경공(景公)을 만날 수 있었으며, 경공은 공자에게 정치에 대해서 물었다.

당시 제나라에서도 하극상(下剋上)의 풍조가 심하고 또 통치계층이 도덕적으로 타락하고 사치하며, 재물을 낭비하고 있었다. 그래서 공자는 '상하의 신분 질서를 바로잡을 것'과 '재물의 절약〔節財〕'을 강조했다. 이에 경공은 공자를 등용하려고 했다. 그러나 재상 안영(晏嬰)의 반대로 이루어지지 않았다. 한편 공자는 제나라에서 '소악(韶樂)'을 듣고 크게 탄복하고 심취했다.

그후 제나라의 대부(大夫)가 공자를 해치려고 했으므로 공자는 다급히 노나라로 돌아왔다.

⑽ 사학(私學)을 개설하고 군자를 배양

노나라는 역시 계손씨(季孫氏)가 전횡하고 있었다. 그러므로 공자는 물러나 '시(詩)·서(書)·예(禮)·악(樂)' 등의 학문을 수찬(修撰)하는 한편 제자들을 모아 글을 가르쳤다. 즉 공자는 제나라에서 돌아온 37세(기원전 515) 때부터 51세(기원전 515)에 처음 노나라에 출사(出仕)할 때까지 14년 간, 정치에 참여하지 않고 빈곤을 감수하면서, 교학(敎學)에만 전념했다.

공자는 민간 학교를 설립하고 많은 제자를 모아, 고대의 학문지식을 가르치고 또 육예(六藝)를 몸에 익히게 했다. 공자가 학교를 세우고 학생들을 가르친 목적은 고매(高邁)했다. 즉 학문과 덕행을 겸비한 군자

(君子)를 배양하여, 그들을 정치에 참여시킴으로써, 인정(仁政)과 덕치(德治)를 실현하고자 했던 것이다. 이와 같은 공자의 숭고한 학문 정신이 《논어》 첫머리에 나타나 있다.

"배우고 때맞추어 실습을 하니 기쁘지 않으냐〔學而時習之 不亦說乎〕, 뜻을 같이하는 벗이 멀리서 찾아오니 또한 즐겁지 않으냐〔有朋自遠方來 不亦樂乎〕, 남들이 알아주지 않아도 노여워하지 않으니 참으로 군자가 아니겠느냐〔人不知而不慍 不亦君子乎〕."

학문과 덕행이 높은 군자(君子)들이 많이 모여서 세(勢)를 형성해야 좋은 공동체를 형성할 수 있다. 그래서 공자는 많은 군자를 배양했던 것이다. 그러나 때가 맞고 운세가 따라야 한다. 타락한 난세의 통치자들은 절대선의 천도를 알지 못하고 또 학덕(學德)이 높은 군자들을 알아주지 않는다. 그래도 군자는 노여워하지 않아야 한다.

대략 이 무렵에 공자는 "사십이불혹(四十而不惑) 오십이지천명(五十而知天命)"이라고 말했다. '불혹(不惑)'은 '학문과 덕행을 바탕으로 인(仁)의 세계를 창건하겠다는 신념이 확고하게 섰다'는 뜻이다. 한편 공자가 말한 '지천명(知天命)'의 뜻을 크게 두 가지로 해석할 수 있다. 하나는 '하늘에 의해서 주어진 객관적인 환경이나 조건 및 국가의 현실 상황을 있는 그대로 받아들인다'는 뜻이다. 다른 하나는 '도(道)를 따라 역사 문화를 선가치적(善價値的)으로 발전케 하는 것이 바로 하늘이 군자에게 명하는 사명임을 아는 것이다.' 결국 공자가 말한 '지천명'은 바로 '학덕(學德)을 겸비한 군자를 배양해서, 인정(仁政)과 덕치(德治)를 바탕으로 선세계(善世界)를 창건하는 것이 곧 하늘이 자기에게 준 절대 명령임을 알았다는 뜻'이다.

48세(기원전 504) 때에 양호가 공자를 만나고자 했으나, 공자가 피하고 안 만났다.

50세(기원전 502) 이 때에 비읍(費邑)에서 무력 반란을 일으킨 공산불뉴(公山不狃)가 공자를 불렀으나, 자로(子路)가 반대하여 응하지 않았다.

⑾ 공자의 출사(出仕)

공자의 명성이 높아지고 그의 교단(敎團)에서 많은 인재들이 배출되었으며, 한편 반란을 일으켰던 양호(陽虎)가 패하고 국외로 도망가자, 노나라의 위정자들이 공자에 주목하고, 그를 등용하고자 했다. 그리하여 공자는 51세(기원전 501)부터 55세(기원전 497)까지 노나라에서 벼슬살이를 했다.

공자는 51세 때에 중도(中都)의 재(宰)가 되었다. 중도는 현 산동성 문상현(汶上縣)에 있었던 성읍이다. 즉 중도의 장이 되어 잘 다스렸으며, 내외의 칭송을 받았다.

52세(기원전 500) 때에는 사공(司空)을 거쳐, 사구(司寇)로 승진하고 대부(大夫)의 신분으로 재상의 일까지 섭행(攝行)했다. 그리고 노나라 임금 정공(定公)을 수행하고 협곡(夾谷)에서 거행된 제(齊)나라 경공(景公)과의 회담에서 크게 외교적 성과를 거두었다.

54세(기원전 498) 때에 무도하고 참월한 삼환씨의 세력을 꺾으려는 정책을 세우고, 그들의 거점인 도성(都城)을 허물게 했다. 처음에는 숙손씨(叔孫氏)와 계손씨(季孫氏)가 자진해서 그들의 도성을 철수하였다. 그러나 맹손씨(孟孫氏)가 무력으로 반대함으로써 결국은 공자의 정책이 실패로 돌아갔으며, 마침내 삼환씨의 지지를 잃은 공자는 사구를 사임했다.

55세(기원전 497) 때 봄에 제(齊)나라에서, 여악(女樂) 80명을 노나라에 보내왔으며, 계환자(季桓子)와 노나라 임금이 그들 가기(歌妓)와 무녀(舞女)들에 빠져, 정사를 소홀히 했다. 한편 노나라에서 교제(郊祭)를 지내고, 공자에게 제육(祭肉)을 하사하지 않았다. 이에 공자는 노나라를 뒤로 하고 제자들과 같이 여러 나라로 떠도는 방랑의 길에 올랐다.

⑿ 제국 방랑과 수난(受難)의 14년

공자는 56세(기원전 496)부터 69세(기원전 483)까지 14년 간 여러 나라를 유력(遊歷)했다. 그는 먼저 위(衛)나라에 갔으며, 이어 조(曹), 송(宋), 정(鄭), 진(陳) 등 여러 나라를 유력했다. 그리고 다시 위에 왔다가, 진(陳)·채(蔡)·초(楚)나라를 유력했고, 세 번째로 다시 위를 거쳐, 조국 노나라로 돌아왔다.

공자가 14년 간이나 여러 나라를 유력한 근본 이유는 노나라의 정세가 불안하여 이를 피하고자 해서였다. 그러나 동시에 다른 나라에 가서, 자기를 알아줄 임금을 찾고, 자기의 이상을 정치적으로 실현하기 위해서였다. 즉 행도(行道)하고, 인정(仁政)과 덕치(德治)를 구현(具顯)하기 위해서였다.

그러나, 다른 나라에서도 공자는 뜻을 이룰 수가 없었다. 즉 여러 나라의 임금들은 학덕(學德)이 높은 공자를 예우(禮遇)했다. 그러나 실지로 그를 등용해서 정치개혁을 단행하지는 못했다. 그만큼 공자의 사상이나 주장이 이상적이었던 것이다.

한편 공자 일행은 여러 곳에서 뜻하지 않게 욕을 보고 어려운 처지에서 생명의 위협까지 받기도 했다. 공자의 수난(受難)은 큰 것만도 세 가지가 있었다.

첫 번째는 송(宋)나라에서 환퇴(桓魋)가 공자를 살해하려고 했다. 이 때 공자는 태연하게 말했다. '하늘이 나에게 덕을 내려주었거늘 환퇴가 어찌할거냐[天生德於予 桓魋其如何].'《論語》〈述而〉

두 번째의 위난은 광(匡)이란 지방의 주민들로부터 포위된 적이 있었다. 즉 그곳 주민들이 공자 일행을, 전에 자기들을 해쳤던 양호(陽虎)의 무리로 오해했던 것이다.

세 번째의 수난은 진(陳)나라와 채(蔡)나라 국경지대에서 군대에 포위되어, 양식마저 떨어져 굶주리기까지 했다.

(13) 고전 정리에 전념한 만년과 왕생(往生)

69세(기원전 483) 때에 공자는 위나라를 거쳐, 다시 노나라로 돌아왔다. 그리고 고대의 문헌을 정리하고, 특히 《시(詩)·서(書)·예(禮)·악(樂)·춘추(春秋)》 등 고대의 전적을 산정(刪定) 수찬(修撰)하고, 아울러 교육 사업에 전념하였다. 마침내 공자는 3천 명의 제자를 배양했으며, 육예(六藝)에 통달한 사람들만 72명이 된다고 전한다.

공자는 "70세가 되자, 마음대로 행해도 법도를 넘지 않는다[七十而從心所欲 不踰矩]."라고 말했다.

71세(기원전 481) 때에 노나라 애공(哀公)이 사냥에서 기린(麒麟)을 잡았다. 이는 좋지 않은 징조다. 이에 공자는 "나의 길이 막혔다[吾道窮矣]."라 하고, 《춘추(春秋)》 수찬의 붓을 던졌다.

이 무렵 공자의 아들 이(鯉)가 늙은 공자보다 먼저 죽었다. 뒤이어 수제자이자 가장 사랑하던 안연(顏淵)과 자로(子路)가 전후해서 죽었으며, 이에 공자는 더욱 상심했다. 특히 안연이 죽었을 때는 늙은 스승 공자가 이례적으로 통곡했다며 "아! 나를 하늘이 버리는구나! 나를 하늘이 버리는구나![噫, 天喪予, 天喪予]"하고 한탄했다.

73세(기원전 479) 때에 공자는 병을 앓다가 4월 11일에 서거했다. 공자는 임종 수일 전에, 손에 지팡이를 들고 문전을 걸으면서 하늘을 바라보고 한탄하며 노래했다. "태산이 무너지고, 대들보가 허물어지며, 슬기로운 철인이 시드노라[泰山其頹乎 梁木其壞乎 哲人其萎乎]."

제자들은 스승을 곡부(曲阜)의 북쪽 사수(泗水) 가에 매장하고 여막(廬幕)을 치고, 3년간 혹은 6년간 복상했다.

⒁ 공자가 저술·산정한 경전

공자는 자기의 학문하는 태도를 '온고지신(溫故知新)'과 '술이부작(述而不作)'이라고 요약한 바 있다. 그러나 그는 독창적 저술과 수찬(修撰)으로 중국의 학문 사상 및 문물을 후세에 빛나게 했다.

우선 그는 《시경(詩經)》·《서경(書經)》·《예기(禮記)》·《악경(樂經)》·《역경(易經)》·《춘추(春秋)》 등 육경(六經)을 재정리하고 산정(刪定)해서 불후(不朽)의 경전으로 다듬었다.

《역경(易經)》에서 그는 천인합일(天人合一)의 심오한 우주관을 풀었고, '예(禮)·악(樂)·시(詩)'로써 예악(禮樂)과 정교(政教) 및 덕치(德治)의 심오한 도리와 정신을 밝혔고, 춘추(春秋)에서 대의명분(大義名分)을 높이는 동시에 역사관을 바로잡았다.

오늘에 전하는 유교의 경전인 '십삼경(十三經)'이나 '사서(四書)'의 기본 틀은 공자가 수찬(修撰)한 것이다.

사마천은 〈공자세가〉에서 다음같이 기술했다. '공자시대에는 주나라가 쇠미하고, 예악이 쇠퇴하고 시서가 일실(逸失)했다. 이에 공자는 하(夏)·은(殷)·주(周) 삼대의 예악을 추구하고, 고서 기록을 수집하고 정리해서 위로는 요임금과 순임금 때로부터 아래로는 진(晉) 무공(繆公)까지의 연대와 사적을 편찬했다.'

공자는 또 말했다.

'역사와 전통을 바르게 알면 백년 후의 문물제도를 알 수 있다. 은나라는 실질을 높였고, 주나라는 문화(文華)를 높였다. 주(周)는 하(夏)·은(殷), 두 나라의 장점을 취하고 단점을 버렸으므로 그 문화는 알차고 아름답다. 그래서 나는 주의 문화를 따른다.'

공자는 역사적 발전주의자였다. 그의 혁신은 역사와 문화의 전통 위에서 새로운 질서와 가치를 창건하려는 것이었다.

2. 《논어》: 정신문화의 보전(寶典)

(1) 《논어》는 위기극복의 지침서

《논어(論語)》는 유교(儒敎)에서 가장 높이는 경전(經典)이다. 특히 송대(宋代)의 주자(朱子)가 '《대학(大學)》·《중용(中庸)》·《논어(論語)》·《맹자(孟子)》'를 사서(四書)라 하고 유교의 핵심 경전으로 삼았으므로 중국은 물론 한국 및 일본에서도 가장 오래, 또 가장 많은 지식인에게 애독되고, 또 국가 정치나 사회의 기풍 및 인간의 삶과 처세에 지대한 영향을 준 고전이다.

특히 이들 나라에서 오랫동안 유교를 국가의 지도이념으로 삼고 또 유교의 경전을 바탕으로 국가 정치에 참여할 선비들을 선발했으므로 유교의 경전, 특히 사서(四書), 그 중에서도 핵심 경전인 《논어》는 수천 년간에 걸쳐 한중일(韓中日) 삼국의 정치와 교육 및 윤리 도덕에 지대한 영향을 끼쳤다. 흡사 서양의 《성서(Bible)》가 서양의 사회나 문화에 끼친 영향과 같다고 말할 수 있다.

공자는 타락하고 악덕한 춘추시대(春秋時代 : 기원전 770~기원전 403)를 바로잡고자 한 혁신적인 정치사상가였다. 그러므로 그의 언행(言行)을 기술한 《논어》 속에는 음흉한 권모술수나 포악한 무력행사로 남의 나라를 침공하고 병탄(倂呑)하려는 악덕하고 타락한 군주 및 자기의 윗사람을 살해하고 권세를 가로채려는 하극상(下剋上)의 난신적자(亂臣賊子)를 규탄하고 동시에 인정(仁政)과 덕치(德治)의 정도(正道)를 밝힌 고매한 정신과 사상이 살아있다.

그러나 당시의 우매하고 타락하고 탐욕에 사로잡힌 군주나 실권자들은 공자의 고매한 사상을 알지 못하고 또 받아들이지 못함으로써 마침내 전국시대(戰國時代)의 파국을 초래했던 것이다.

여기서, 우리는 냉철하게 오늘의 인류세계를 살펴보자. 한마디로 오늘의 인류는 중병을 앓고 있으며, 세계는 혹심한 위기에 빠져있다.

그 근본 요인은 개인이나 국가가 물질과 무력만능주의에 빠져있기 때문이다. 즉 개인이나 국가가 저마다 끝없는 이기주의적 탐욕을 채우기 위해, 간악한 협잡을 하고, 잔인한 폭력이나 무력으로 남의 재물을 탈취하는 데 골몰하고 있다.

오늘의 타락하고 악덕한 인류세계는 흡사 수천년 전의 중국의 춘추·전국시대와 그 양상이 같다. 다르다면 옛날에는 소박하게 입으로 남을 속이고, 주먹이나 칼로 싸웠으나, 오늘날은 고도로 발달한 기계나 원자탄 같은 치명적인 무기로 남을 위협하고 남의 영토와 재물 및 이권을 겁탈하고 있다는 점이다. 그러므로 일시에 인류사회를 궤멸시킬 위험도가 높으며, 따라서 오늘의 위기는 더욱 치명적이다.

우리는 눈을 바로 뜨고 바르게 내다보자. 오늘의 인류세계는 재물과 과학 기술을 송두리째 무력화하고 약육강식의 무자비한 쟁탈전을 전개함으로써 지구촌을 아비규환의 생지옥으로 만들고 있다.

이래서는 안된다. 그대로는 인류가 전멸한다. 이와 같은 심각한 인류의 병폐와 세계의 위기를 치유하기 위해, 우리는 정신적·도덕적으로 각성해야 한다. 즉 외형적 물질이나 무력보다도, 내면적 정신의 힘과 가치를 높이는 바른 삶과 선한 정도(正道)의 정치를 펴야 한다. 그러기 위해 우리는 동양의 정신문화의 결정(結晶)이자 보전(寶典)인《논어》를 읽고 그 속에 담겨진 공자의 고매한 정신과 심오하고 슬기로운 삶의 지혜 및 혁신적인 정치사상을 깊이 알고 활용해야 한다. 그러므로《논어》를 인류위기를 극복하는 지침서라고 한다.

(2)《논어》의 편찬

《논어》는 2500년 전에 편찬된 공자의 언행록(言行錄)으로, 총 20편, 약 480장으로 꾸며져 있다. 주로 공자를 중심으로 제자 혹은 다른 사람들과 주고받은 문답이나, 행동 및 행적 등을 기술한 책이다.

《논어》의 편찬은 공자가 죽은 다음에 여러 제자들이 전에 기록해 두었거나, 기억하고 있던 내용들을 모으고 또 함께 논의해서 정리하고 편찬한 책이다.

《논어》를 누가 편찬했느냐에 대해서는 설이 많다. 후한(後漢)의 학자 반고(班固)는 《한서(漢書)》〈예문지(藝文志)〉에서 다음과 같이 말했다.

"논어는 공자가 그의 제자 및 당시의 여러 사람들과 사귀면서 주고받은 말과 행동 및 제자들이 서로 주고받은 말과 공자에게 들은 가르침들을 당시의 제자들이 기록한 것을 공자 사후에, 문인들이 의논하여 추리고 모은 것이다. 따라서 '논어'라고 한다."

정현(鄭玄)은 다시 다음같이 말했다.

"논어는 중궁(仲弓), 자유(子游), 자하(子夏) 등이 찬정(撰定)했다. 논(論)의 뜻은 윤(綸)·윤(輪)·이(理)·차(次)·찬(撰)이기도 하다. 이 책을 가지고 세무(世務)를 경륜(經綸)할 수 있으므로 윤(綸)이며, 원전무궁(圓轉無窮)한 까닭에 윤(輪)이며, 모든 도리를 온함(蘊含)하고 있으므로 이(理)이며, 편장(篇章)의 질서가 있으므로 차(次)이며, 군현(羣賢)들이 집정(集定)했으므로 찬(撰)이라 한다."

황간(皇侃)도, "논어는 공자가 죽은 후, 70제자의 문인들이 공동으로 찬정(撰定)했다."고 말했다.

유종원(柳宗元)은, "공자의 제자인 증자(曾子)의 문인이 편찬했을 것"이라고 말했다. 한편 《논어》에서 증자를 자(子)라고 높였으므로 정자(程子)는, "《논어》는 유자와 증자의 문인들에 의해 편찬되었다."고 말했다. 그러나 이같은 설도 충분치 못하다. 결국 《논어》의 편자에 대한 정설은 아직 없으며, 대략 공자의 여러 제자들이 추렸다고 하는 《한서》〈예문지〉의 설을 따르는 것이 무난할 것이다.

한편 《논어》가 오늘에 전하는 책과 같은 체재를 갖추게 된 때는 대

략 한대(漢代) 이후일 것이다. 아울러《논어》라는 책이름이 일반적으로
쓰여지기 시작한 것은 그보다 더 오랜 후일의 일이다. 원래 고인(古人)
들은 특정한 책이름을 정하지 않았다. 장학성(章學誠)은《문사통의(文
史通義)》에서 다음같이 말했다.

"고인(古人)들은 책을 저술해도 흔히 책이름을 붙이지 않았다. 후세 사
람들이 교정하면서 책머리의 자구(字句)를 가지고 책이름으로 삼았다."

맹자(孟子)나 순자(荀子) 또는 다른 사람들도《논어》안에 있는 말을
인용할 적마다 '자왈(子曰)', '공자왈(孔子曰)', '전왈(傳曰)' 이라 했을
뿐, '논어왈' 이라고는 하지 않았다. 이것으로 미루어 보더라도 서한(西
漢) 이전에는《논어》가 책이름이 아니었음을 알 수 있다.

《논어》를 맨 먼저 책이름으로 쓴 사람은 아마도 공안국(孔安國 : 기원
전 160~120)일 것이며 또《사기(史記)》속에 처음으로《논어》가 책이름
으로 보였다. 결국 동한(東漢) 시대에 비로소《논어》가 보편적인 책이
름으로 일컬어지게 되었을 것이다.

(3)《논어》의 전승과 해석상의 발전

원래《논어》의 고본(古本)은 '노론(魯論), 제론(齊論), 고론(古論)' 셋
이 있었다. 노론은 노인(魯人)들이 전한 것으로 20편으로 되었으며, 제
론은 제인(齊人)들이 전한 것으로 노론보다 문왕(問王)·지도(知道) 2편
이 더 많다. 고론은 한(漢) 무제(武帝) 말에 공자의 고택(故宅)에서 발견
된 것으로 과두(蝌蚪) 고문자로 적혔던 것이다. 그러나 이들 원본은 이
미 전한(前漢) 말엽에 그 원형이 없어졌다.

전한(前漢) 말 장우(張禹)라는 사람이 하후건(夏侯建)으로부터 수학

(受學)한 노론(魯論)과, 용생(庸生), 왕길(王吉)에게 수학한 제론(齊論) 두 가지를 비교하고 추려서 20편으로 편찬한 것이 오늘에 전하는 《논어》의 원형이라고 한다. 장우(張禹)는 안창후(安昌侯)였으므로, 그가 찬정한 《논어》를 '장후론(張侯論)'이라고 부른다.

그후 정현이 주를 달은 정현본이 널리 퍼졌으나, 이것도 오늘날에는 그 일부분만이 전할 뿐이며, 완전하게 전질로 전하는 것은 위(魏)의 하안(何晏)이 집해(集解)한 《논어집해(論語集解)》10권이 가장 오래된 것이다.

그후 양(梁)의 황간이 편찬한 《논어의소(論語義疏)》10권이 널리 퍼졌으며, 송대(宋代)에 와서는 황간의 《의소(義疏)》를 교정한 형병(邢昺)의 《논어정의(論語正義)》20권이 있으며, 이것이 《십삼경주소(十三經注疏)》에 수록되었다.

같은 송대의 주희(朱熹)가 편찬한 《논어집주(論語集註)》10권은 우리나라에서도 가장 널리 읽힌 경전이다.

그후 청말(淸末)의 학자 유보남(劉寶楠)의 《논어정의(論語正義)》10권은 권위있는 주해서라 하겠다.

우리나라에 《논어》가 언제 전래되었는지 잘 알 수 없다. 그러나 285년에 이미 백제의 왕인(王仁)이 《논어》·《효경(孝經)》·《천자문(千字文)》등을 가지고 일본으로 건너가 유교를 전파했다는 기록으로 미루어, 이미 삼국시대에 논어가 유포되었음을 짐작할 수 있다.

그후 우리나라 정치사회의 이른바 봉건적 체제와 사상을 지배한 것이 유교였으며, 아울러 그 중심 경전이 《대학》·《논어》·《중용》·《맹자》등의 사서(四書)였다.

결국 《논어》가 우리나라 역사·문화·사회에서 차지한 위치와 또 끼친 영향은 절대적이었다. 그러므로 많은 판본과 언해본(諺解本)이 나오게 되었다. 서울대학교 규장각(奎藏閣)에 있는 언해로서 그 대표적인 것은 다음과 같다.

> 논어언해 : 宣祖命撰, 光海君 4년(1612) 刊, 4권 4책
>
> 논어언해 : 宣祖命撰, 仁祖 9년(1631) 刊, 4권 4책
>
> 논어율곡언해 : 李珥撰, 仁祖 25년(1749) 刊, 4권 4책

중국의 권위있는 집주(集註) 또는 집해서(集解書)를 들면 다음과 같다.

> 논어정씨주(論語鄭氏註) 10권 : 후한(後漢) 정현(鄭玄) 주, 청(淸)
>
>   송상봉집(宋翔鳳輯)
>
> 논어집해 10권 : 위(魏) 하안(何晏) 찬
>
> 논어의소 10권 : 양(梁) 황간(皇侃) 찬
>
> 논어정의 20권 : 송(宋) 형병(邢昺) 찬
>
> 논어집주 10권 : 송(宋) 주희(朱熹) 찬
>
> 논어정의 24권 : 청(淸) 유보남(劉寶楠) 찬

최근 우리나라에서 출판된 해독서(解讀書)도 수십 권이 있다.

⑷ 《논어》의 현대적 이해와 활용

《논어》는 2500년 전 노나라에 살았던 지성선사(至聖先師)인 공자와 그 제자 및 주변 인물들의 언행(言行)을 기록한 책이다. 《논어》의 편찬

은 공자가 죽은 다음, 여러 제자들이 각자의 기억이나 기록을 추리고 또 서로 논의해서 엮은 것이다. 따라서 《논어》의 말과 문장은 대부분 그때의 말과 문장이다.

한자는 표의문자다. 그러므로 오늘 우리가 보고 읽는 《논어》의 글자나 문장은 근본적으로는 옛날의 그것과 크게 다르지 않다. 그러나 우리는 잘 알아야 한다. 비록 눈에 보이는 글자나 문장의 모양은 같을지라도 그 속에 담겨진 뜻이나 정신이 똑같을 수가 없다.

한자나 한문의 뜻은 시대에 따라 다를 수도 있고, 특히 장소나 사람에 따라 다르게 해석되거나 파악되기도 한다. 극단적인 예를 '도(道)'라는 한자를 가지고 들겠다.

공자는 《논어》에서 말했다. "아침에 바른 도리를 깨닫고 실천할 수 있다면, 설사 저녁에 죽어도 좋다〔朝聞道 夕死可矣〕."〈里仁-8〉이때의 '도(道)'는 '사람이 따르고 실천해야 할 바른 도리, 혹은 바른 길의 뜻'이다.

한편 노자(老子)는, 《도덕경(道德經)》에서 "사람들이 도라고 말하는 도리나 길은 절대적 실재가 아니다〔道可道非常道〕."〈1장〉라고 말했다. 노자의 글은 여섯 글자 속에, 세 개의 '도(道)'가 있으며, 그 셋의 뜻이 저마다 다르다.

첫 번째의 '도(道)'는 '사람들이 이것이 바른 도리다, 바른 길이다'라고 높이는 '도'로 즉 공자가 '조문도(朝聞道)'라고 말한 '도'와 같은 뜻이다.

두 번째 '가도(可道)'의 '도(道)'는 '말한다'는 뜻의 동사(動詞)다.

세 번째, '비상도(非常道)'의 '도(道)'는 노자가 높이는 '천지의 운행을 섭리하고 동시에 자연 만물을 생성(生成), 화육(化育)하는 우주의 실재(實在)와 이법(理法)을 통합해서 일컫는 명사(名詞)'이다.

대략 같은 시대에 속한다고 전하는 노자와 공자 사이에서도, 같은 '도(道)'의 함의(涵義)가 서로 크게 다르다. 뿐만 아니라 노자의 글과 공자의 글이 시대와 더불어 또 학자나 학파에 따라 저마다 다양하게 해석되고 파악되었다. 그러므로 오늘 우리가 보고 읽는 중국의 고전은 비록 문자나 문장은 옛날과 같을지라도, 그 함의나 해석이 옛날의 그것과 똑같을 수가 없다.

우리가 대하는 《논어》도 같다. 문자나 문장은 대체로 2500년 전의 그것과 같을 것이다. 그러나 중국에서도 시대의 조류에 따라 학자나 학파에 의해 서로 다르게 해석되었다는 사실을 알아야 한다. 그러므로 《논어》를 포함한 유학의 경전도 대략 '한대(漢代), 육조대(六朝代), 당대(唐代), 송대(宋代), 청대(淸代)'에 걸쳐, 여러 학자나 학파에 따라, 서로 다르게 해석되었다. 대체로 후세의 학자들에 의해, 그 풀이와 가치가 역사적으로 새롭고 높아졌다고 할 수 있다.

그러므로 우리는 《논어》를 읽고, 해석할 때에도, 과거의 여러 학설과 풀이를 잘 알아야 하며, 그 바탕 위에서 현대적 뜻과 가치를 모색해야 한다.

동시에, 우리는 《논어》의 주체자인 공자의 학문 정신과 정치 개혁 사상을 바르게 알고 《논어》를 읽고 해석해야 한다. 공자와 제자들은 모두 위기에 처한 '춘추시대의 중국'을 구제하고 바로잡고자 했다.

이와 같은 공자의 숭고한 정신과 사상을 후세의 학자들이 천착(穿鑿)하고 밝히고 동시에 그때의 시대와 사회에 적절히 활용하여, 공자의 숭고한 정신과 사상 및 이상을 구현(具現)하고자 애를 썼던 것이다.

그러므로 오늘의 우리도, 공자 시대의 원문을 읽되, 그 뜻풀이나, 정신 및 가치는 역사적으로 많은 학자나 성현들에 의해서 키워진 것을 두루 배우고 알아야 하며, 동시에 《논어》속에 살아있는 공자의 혁신사상을 활용하여 위기극복에 이바지할 수 있어야 한다.

공자사상의 현대적 이해

1. 공자의 혁신적 덕치(德治) 사상

(1) 고대중국의 문화 전통

〈1〉 고대의 통치형태와 역사적 발전

자고로 국가나 국민을 하나로 통솔하는 통치사상에는 여러 가지 형태가 있다. 중국을 중심으로 그 대표적인 것을 들겠다.

① 종교적(宗教的) 혹은 주술적(呪術的) 신권통치(神權統治) : 원시 고대 및 은(殷) 왕조 시대.

② 패도(覇道)의 무자비한 무력통치(武力統治) : 동서고금을 통해, 세계 각처에서 성행하는 악덕한 정치 형태다. 불행하게도 오늘의 세계가 이에 골몰하고 있으므로 인류가 위기에 빠졌다.

③ 인문적(人文的) 예치(禮治) : 주로 은(殷)을 타도한 주(周)나라에서 시행된 덕치(德治)의 형태다. '인문적'이란, '맹목적으로 절대시하고 복종을 강요했던 신의(神意)나 천명(天命)'을 '인간적 현세적 도덕적으로 해석한다'는 뜻이다. 즉 하늘이 절대 명령으로 내린 존귀한 천자(天子)의 자리도 만약에, 그 천자가 덕을 잃고, 만민을 잘살게 하지 못하면, 하

늘은 '명을 바꾸어' 새 유덕자(有德者)에게 내린다. 그것이 곧 혁명(革命)이다. 결국 '하늘의 뜻이나 하늘의 절대 명령'을 '인간적·현세적·도덕적으로 해석하고 만민이 함께 잘사는 공동체를 창건해야 한다.' 그러기 위해 예치(禮治)를 해야 한다.

예(禮)라는 자는 '이(理)와 이(履)'에 통한다. 즉 '천리(天理)를 따르고 실천(實踐)한다는 뜻'이다. 천리는 곧 우주천지 자연만물이 질서정연하게 운행하고 또 저마다 생육(生育), 화성(化成), 번성(繁盛), 발전(發展)하는 절대선(絶對善)의 도리다. 이와 같은 절대선의 도리를 외형적으로 나타내는 문물제도를 바탕으로, 국가의 기강과 사회의 질서를 바르게 세우고 또 상하좌우의 인간들이 서로 화합하고 협동하여 함께 잘사는 정치가 곧 예치다. 천리를 실천하여 좋은 성과를 얻는 정치는 곧 덕치(德治)다.

④ 공리적(功利的) 법치주의(法治主義) : 오늘의 정치사회에서는 오로지 공리적이고 신상필벌(信賞必罰)의 법치주의를 높이고 있다. 그러나 법을 제정하는 사람이나, 집행하는 사람이 도덕상이 결여되고 또 과도하게 이기적 공리를 탐하는 경우에는 법이 만민의 평화와 안전과 행복을 보장하지 못한다. 그 결과 법이 일부 계층만을 위하는 악덕으로 전락하게 마련이다. 그러므로 공자는《논어》에서 다음과 같이 말했다.

"정략으로 이끌고 형법으로 다지면 백성들은 죄를 모면하되 부끄러움을 안 느낀다. 그러나 덕으로 이끌고 예로써 다지면 염치를 알고 또 바르게 된다〔道之以政 齊之以刑 民免而無恥 道之以德 齊之以禮 有恥且格〕."〈爲政-3〉

⑤ 천도를 실천하는 도덕정치(道德政治) : 공자는 "옛것을 익히고 새롭게 알고 다스려야 비로소 스승이라 할 수 있다〔溫古而知新 可以爲師

矣].”〈爲政-11〉라고 말했다. 역사적 전통 위에 새로운 문화를 창조한다는 뜻이다. 공자는 과거의 여러 정치형태를 역사적으로 고찰하고, 새로운 이상적 정치형태를 창안했다. 그것이 곧 '천도를 실천하는 도덕정치'이며, 이를 줄여서 '덕치(德治)'라고 일컬었다.

도덕(道德)의 뜻은 깊다. '도(道)'는 '형이상(形而上)의 천도(天道)'이고, '덕(德)'은 '천도를 행해서 얻어진 좋은 성과(成果)'라는 뜻이다. '덕(德)'은 '얻을 득(得)'에 뜻이 통한다. 한편 '형이상의 천도'는 곧 '시간과 공간을 통합한 우주(宇宙)의 이법(理法)'이다. 천지 자연만물은 '하늘의 도리 즉 천도'를 따라 지상에서 생육(生育), 번식(繁殖)하고 있다. 이와 같은 '천도(天道)와 지덕(地德)'을 줄여서 '도덕(道德)'이라고 한다. 그러므로 '도덕정치(道德政治)'는 곧 천도를 따르고 실천해서 지덕을 세우는 정치다.

오늘의 인류는 이기적·동물적 탐욕을 채우기 위해, 재물과 과학을 무기화(武器化)하고, 무참하게 남을 살상하고 남의 재물 토지를 탈취하는 데 골몰하고 있다. 그러므로 '패도의 무력과 법치'만 알고, 다른 좋은 정치 형태에는 관심이 없다. 그러나 위기에 처한 인류 사회를 구하기 위해 우리는 공자의 도덕정치 사상의 깊은 뜻과 가치를 바르게, 또 잘 알아야 한다.

〈2〉 공자가 계승한 중국의 문화전통

여기서 고대 중국의 정치사상의 전통을 살펴보겠다.

① 태고 때의 요순(堯舜): 요임금, 순임금은 무위자연(無爲自然)의 도를 따라, 법치나 무력통치가 아닌 자유를 만끽하는 방임주의적(放任主義的) 덕치(德治)를 폈으며 동시에, 천하를 현명하고 덕있는 사람에게 선

양(禪讓)함으로써 천하위공(天下爲公)을 실천했다.

②하(夏)의 세습(世襲) : 하왕조의 시조 우(禹)가 치수(治水)의 공을 세웠으므로, 순임금이 그에게 천하를 선양했다. 우왕도 본래는 천하를 선양하려고 했다. 그러나 아들과 신하들이 결탁하여 왕위(王位)를 세습하고, 나라를 사유화했다. 이에 야욕을 채우려는 권력의 쟁탈이 차츰 격화하기 시작했다.

③주술적(呪術的) 신권통치(神權統治) : 은(殷)의 시조 탕(湯)이 황음무도(荒淫無道)한 하의 걸(桀)을 타도한 성왕으로 기술했다. 그러나 그것은 신화에 속한다. 역사에 속하는 은나라 후반기는 갑골문자(甲骨文字) 및 청동기(靑銅器) 시대로, 외형적 문물은 제법 발달했었다. 그러나 정신 사적으로는 은나라는 '주술적 신권통치의 노예시대' 였다. 왕이나 통치 계급만이 존재나 권위를 누리고, 나머지 노예들은 축생(畜生) 이하로 간주되었으며, 따라서 통치자에 의해 마구 살상되었다. 특히 은의 마지막 왕 주(紂)는 황음무도한 주지육림(酒池肉林)의 놀이에 탐닉(耽溺)하여, 국고를 고갈케 했다,

이에 국내적으로는 가렴주구(苛斂誅求)함으로써 민심을 잃었고, 국외적으로는 '토지, 재물 및 노예'를 탈취할 침략전쟁을 확대함으로써, 국력을 소비하고 동시에 모든 주변 국가의 미움을 샀다. 뿐만이 아니었다. 무지하고 포악한 주는 현인(賢人)의 충간을 듣지 않고, 반대로 포락지형(炮烙之刑)으로 잔인하게 처형했다. 마침내 은나라는 주(紂)나라에 의해 멸망되고 말았다.

④주(周)의 봉건적(封建的) 예교(禮敎)와 덕치(德治) 사상 : 공자사상 형성에 가장 지대한 영향을 준 것은 주공단(周公旦)이 제정한 찬연히 빛나는 문물제도와 봉건적(封建的) 예교(禮敎)와 덕치(德治) 사상이었다.

주나라는 주술적 신권통치의 악덕한 은왕조를 타도하고, 인간을 본위로 하는 문화적 예치(禮治)를 폈다. 동시에 천자를 정점으로 하고, 각지에 왕족이나 공신을 영주로 책봉하는 봉건제도를 확립했다. 이에 천하는 명실상부한 하나의 통일국가가 되었다. 한편 주나라는 국가의 교육기관인 관학을 설립하고 '천자(天子), 제후(諸侯), 경(卿), 대부(大夫)' 등 통치계층을 교육했다.

예악(禮樂)으로 성정(性情)을 순화하고, 육덕(六德 : 知·仁·聖·義·忠·和)으로 심성을 높이고, 육행(六行 : 孝·友·睦·婣·任·恤)으로 덕행을 높이고, 육예(六藝 : 禮·樂·射·御·書·數)로 재능을 높였으며, 아울러 '시서역(詩書易)'을 통해 학문 사상을 심화했다. 이러한 바탕 위에서 주 나라의 정치참여자들은 예치(禮治)와 덕치(德治)를 펼 수 있었다.

이상과 같은 역사 전통, 그 중에서도 절대선의 천도를 따르고 실천하는 도덕정치의 도통(道統)을 계승하고 더욱 새롭게 창조적으로 발전시켰던 것이다. 거듭 말하겠다. 공자의 정치사상은 곧 '온고지신(溫故知新)'의 혁신사상이다. 그의 사상은 결코 퇴영적(退嬰的) 복고사상은 아니었다.

그러나 후세의 임금이나 왕조가 자기 편리대로, 자기네의 이득이 되게 공자나 유교의 사상을 곡해(曲解)하고 악용했던 것이다. 즉 '역사 전통과 도통을 존중하는 일면만 내세우고, 위정자가 도를 따라 인정과 덕치를 펴야 한다는 핵심'을 피하고 은폐(隱蔽)한 것이다.

(2) 공자 사상의 연원(淵源)과 요건

〈1〉 성현의 사상과 그 형성의 기본 요건

먼저 성현의 사상에 대한 정의를 말하겠다. 일반적으로 쓰이는 사상(思想)이란 뜻은, 그 범위가 넓다. '실용주의적 정치·경제·과학 등의 사상'과 심지어는 '악덕한 침략적 정쟁 사상'까지 다 포함한다. 그러나, 정신과 윤리도덕을 높이는 유교에서 말하는 사상의 범위는 좁다. 주로 '숭고한 종교나 학문 철학 등의 사상'과 아울러 '절대선(絶對善)인 천도천리(天道天理)를 바탕으로 한 왕도(王道)의 덕치(德治)'만을 정치(政治＝正治) 사상이라고 한다.

권모술수를 농하는 법치(法治), 부국강병(富國强兵)만을 강조하는 병가(兵家), 외교적 책략을 유세하는 종횡가(縱橫家), 농업생산을 중시하는 농가(農家) 등의 언론도 다 성현(聖賢)의 사상 속에 들어갈 수 없다. 다만 왕도덕치(王道德治)를 논하는 논설이나 사상만을 성현의 사상이라 한다.

공자는 지성선사(至聖先師)로, 그는 위대한 사상가였다. 그러나 당시의 제후들이 우매하고 악덕하여, 무력으로 남의 나라를 침공하고, 재물을 탈취하고, 자기 나라만이 잘살려는 악덕한 부국강병(富國强兵)에 골몰하고 있었으므로, 공자의 고매한 사상을 이해하거나 받아들이지 못했던 것이다. 옛날만이 아니다. 오늘의 인류도 같다. 재물과 과학기술을 무기화(武器化)하고, 약육강식(弱肉强食)의 쟁탈전에 골몰하고 있는 오늘의 인류도 공자의 숭고한 사상을 받아들이지 못하고 있다. 오늘의 인류가 위기를 극복하기 위해서는 성현의 숭고한 사상을 배우고 활용해야 한다. 그러한 의미에서 공자의 사상은 오늘에도 살아있으므로 우리가 활용해야 한다.

다음으로 성현의 사상 형성의 기본요건을 추려보겠다. 위대한 사상은 총명과 덕성을 겸비한 옛날의 성현에 의해서 나타난다. 그러나 동시에 많은 제자들이나 추종자들이 있어야, 그 사상이 더욱 크게 성장하고 넓게 퍼지고 또 후세에까지 전승된다.

공자사상의 발생과 성장 및 계승 전파도 같다. 주로 다음의 네 가지 요건을 바탕으로 했다. ① 총명과 덕성을 겸비한 공자, ② 정신가치가 높은 학문 유산, ③ 훌륭한 역사 전통, ④ 위기적 시대적 배경.

다음에서 나누어 간략히 설명을 가하겠다.

① 총명과 덕성을 겸비한 공자 : 공자의 총명과 덕성에 대해서는 앞에 있는 약력에서 대강을 살필 수 있다. 특히《논어》전편을 통해 그의 높은 정신과 돈후(敦厚)한 인품 및 행적을 여러모로 알 수 있다.

② 정신가치가 높은 학문 : 크게는 앞의 '공자가 계승한 중국의 문화전통' 속에 포함된다. 그러나 학문은 사상 형성에 매우 중요하게 작용하므로 별도로 항목을 세워서 기술하겠다.

③ 훌륭한 역사 전통 : 앞의 '〈2〉 공자가 계승한 중국의 문화전통' 에서 대략을 알 수 있다.

④ 위기적 시대적 배경 : 별도로 항목을 세워서 서술하겠다.

〈2〉 공자가 크게 영향을 받은 학문

공자는《논어》에서 말했다. "조용히 터득하고, 물리지 않고 배우고, 지치지 않고 남에게 가르친다〔默而識之 學而不厭 教人不倦〕."〈述而-2〉"나는 옛것을 좋아하고 부지런히 찾아 배웠다〔好古敏以求之者也〕."〈述而-19〉기타 '호학(好學)' 에 관한 구절이 많다.

공자가 힘들여 배우고 익힌 고대의 학문은 주로 다음과 같다.

① 《역경(易經)》: 〈공자세가(孔子世家)〉에 '공자는 만년에 역학을 좋아했고, 죽간을 엮어 맨 가죽끈이 세 번이나 끊어졌다〔孔子晩而喜易 至於韋編三絶〕.'라고 했다. 또 공자 자신이 《논어》에서 말했다. "앞으로 수 년 후인 50세에 역을 잘 배우고 익히면, 큰 허물이 없을 것이다〔假我數年 五十以學易 可以無大過義〕."〈述而-16〉

공자는 《역경》에서 우주 변화 및 천지인(天地人)을 관통하는 일관된 도리를 터득하고 활용하는 법을 철학적으로 탐구했다. 특히 '하늘의 운행은 세차다. 그러므로 군자도 스스로 굳세게 일하고 쉬지 않아야 한다〔天行健 君子以自强不息〕.'〈易象傳〉는 풀이처럼, '생명철학적(生命哲學的) 발전관(發展觀)'을 중시하게 되었다. 그러나 공자는 《논어》에서 심오한 철학을 논술하지 않고, 현실적으로 실천할 행동지침에 중점을 두었다.

② 《시경(詩經)》과 《서경(書經)》: 《시경》은 고대의 시가를 추린 것으로, 그 속에는 각계 각층의 사람들의 생활과 애환(哀歡), 사회의 기풍, 국가의 의식(儀式)이나 제례(祭禮) 등이 예술적으로 표현되었다. 그러므로 공자는 평했다. "《시경》에 있는 3백 편의 시들을 한마디로 '사념에 사악함이 없다'고 말할 수 있다〔詩三百 一言以蔽之 曰思無邪〕."〈爲政-2〉 그래서 공자는 《시경》을 중시했고, 또 《시경》을 교육함으로써 '인간의 성정(性情)을 순화하고, 국가 정치의 덕풍(德風)을 진작하려고 했다. 한편 《서경》은 고대의 제왕들의 역사적 기록이다. 그러므로 《서경》을 바탕으로, '요(堯), 순(舜), 우(禹), 탕(湯), 문왕(文王), 무왕(武王), 주공단(周公旦)' 등의 덕정(德政)의 정통(正統)을 탐구했던 것이다.

③ 노자(老子)가 정리한 도가(道家) 사상: 공자와 노자의 사상은 반대되

며, 서로 영향을 주지 않았다고 생각하기 쉽다.

그러나 배우기를 좋아하는 공자는 상고 때부터 전해 내려오는 도가 사상을 집약한 노자의 학문과 사상에 관심을 갖고, 연구했을 것이다. 그래서 《사기》에 공자가 노자에게 문례(問禮)했다고 기술했다. 공자는 도가사상의 장점인 '허정(虛靜), 겸양(謙讓) 및 무위자연(無爲自然)의 우주적 이법(理法)인 도(道)'를 유가적으로 활용했다. 즉 공자는 노자의 '도(道) = 절대무(絶對無)'를 유가적으로 '도(道) = 인도(人道 : 仁道)'로 고쳐서 활용했으며, '도를 만민과 만물을 사랑하고 양육하는 인정(仁政)의 도리'로 보고, 왕도덕치(王道德治)에 적용했던 것이다.

〈3〉 빛나는 역사 문화의 전통

공자가 계승한 훌륭한 역사 문화의 전통 속에는 앞에서 언급한 학문적 유산도 포함된다. 여기서는 고대의 성왕(聖王)이나 성현(聖賢)들에 의해서 세워진 덕치(德治)의 전통을 주로 하겠다.

문화전통(文化傳統)의 뜻을 다음같이 정의할 수 있다. '한 문화가 역사적으로 이어져 내려오고 또 후세의 모든 사람이 받아들이고 이용하면서도, 그 본질이 변하지 않는 문화의 총체적인 가치 현상을 전통이라고 말한다.'

특히 개개인이 따르고 행할 바른 도리와 공동체의 평화와 번영을 달성할 인정(仁政)과 덕치(德治)의 도리를 통합한 것을 도통(道統)이라고 한다. 통합 속에는 시간적·역사적 통합도 포함한다. 그러므로 도통은 곧 '수신(修身), 제가(齊家), 치국(治國), 평천하(平天下)'를 일관하는 도리이자, 동시에 역사적 전통이기도 하다.

공자사상의 바탕에는 '중국의 인정(仁政) 덕치(德治)의 도통(道統)'이 살아있다. 그 도통은 곧 '요(堯)·순(舜)·우(禹)·탕(湯)·문왕(文王)·무왕(武王)·주공단(周公旦)'에 이어졌다. 공자는 《논어》에서 요(堯)·순(舜)·우(禹)를 칭찬하며 말했다.

"위대하다! 요의 임금됨이여! 높고 위대하다! 오직 하늘만이 그토록 높고 클 수 있나니, 요는 하늘을 따라 본받았노라! 그 덕이 넓고 넓어 백성들이 말로 칭송할 수 없노라! 높고 높은 그의 공적이여! 그의 문물이 찬연히 빛을 발하니라!〔大哉堯之爲君也 巍巍乎 唯天爲大 唯堯則之 蕩蕩乎 民無能名焉 巍巍乎 其有成功也 煥乎其有文章〕"〈泰伯-19〉

"참으로 높고 위대하다! 우와 순은 천하를 지니고 다스리면서도, 사사롭게 소유하지 않고, 덕있는 사람에게 선양했다〔巍巍乎 舜禹之有天下也 而不與焉〕"〈泰伯-18〉

《논어》〈자장편(子張篇)〉에 있다. 위(衛)나라 공손조(公孫朝)가 "공자는 누구에게 배웠느냐?"고 묻자, 자공(子貢)이 대답했다. "문왕 무왕의 도가 아직 땅에 떨어지지 않고, 사람들에게 남아 있다. ……선생님은 모든 사람들을 통해서 그 도를 배우고 터득하셨으며, 특정한 스승에게 배우지 않았습니다〔子貢曰 文武之道 未墜於地 在人……夫子焉不學 而亦何常師之有〕."〈子張-22〉

공자가 주공단(周公旦)을 높이고 칭찬하는 말 중에 "내가 심히 노쇠하고 덕이 시들었나보다. 벌써 오래 전부터 주공의 꿈을 꾸지 못했으니〔甚矣吾衰也 久矣吾不復夢見周公也〕."〈述而-5〉

《중용(中庸)》에는 공자가 "멀리는 요와 순임금의 도를 서술하고, 가까이는 문왕과 무왕의 도를 밝게 나타냈다〔祖述堯舜 憲章文武〕."고 말했다. 공자는 《논어》에서 말했다. "주의 문화는 하와 은을 거울로 삼고 새롭게 만들어졌으므로 찬란하게 빛난다. 나는 주 문화를 따르겠다〔周

監於二代 郁郁乎文哉 吾從周〕.”〈八佾-14〉

〈4〉《춘추(春秋)》의 위기적 시대배경

공자사상의 시대 배경을 세 가지 면에서 고찰하겠다.

① **무도한 정치사회** : 동주(東周) 시대에는 더욱 주나라의 권위가 땅에 떨어져 각지의 제후들을 통솔할 힘이 없었다. 이에 국제적으로는 각지에 새로 나타난 실력자들이 서로 무력을 바탕으로 약육강식(弱肉强食)의 침략전쟁을 자행했으며, 국내적으로는 신하가 임금을 죽이거나, 자식이 아비를 죽이고 권력을 쟁취하는 하극상(下剋上)이 성행했다. 춘추시대 240년 중에만도, 신하가 군주를 시해한 사건이 36번이나 발생했다.

② **타락한 사회 기풍** : 정치가 혼란하면 필연적으로 국가의 질서가 붕괴되고, 사회기풍이 문란하게 되고, 만백성이 도탄에 빠지게 마련이다. 왕실이나 귀족들의 도덕적 타락이 극심했다. 임금이 태자의 비(妃)를 가로채는 일이 빈번했고, 왕자가 늙은 부왕의 젊은 왕비나 후궁들과 정을 통하고 마침내는 늙은 부왕을 살해하고 왕권을 찬탈하는 일도 많았다. 그러면 다른 왕족들이 그들 비륜(比倫)과 패덕(悖德)의 왕들을 죽이거나 몰아내고 나라를 찬탈하는 악순환이 반복되었다. 그 틈에, 악덕한 들이 나타나, 가지가지의 권모술수를 농하고 또 음모로 사회를 더욱 불안하고 혼란케 했다. 공자는 타락한 사회기풍을 한탄하면서 《논어》에서 말했다. “나는 아직도 여색을 탐하는 것같이 덕을 좋아하는 자를 보지 못했다〔吾未見好德如好色者也〕.”〈子罕-18〉

③ **이단사설(異端邪說)** : 사회가 혼란하면 미신과 이단사설이 성행한다. 국가의 질서를 바로잡고, 인정(仁政)과 덕치(德治)의 도(道)를 세우

려는 공자는 당시의 염세적(厭世的) 현실도피(現實逃避)의 도가 사상을 극복해야 했다. 《논어》에도 은둔자(隱遁者)들이 공자를 비판하거나 조소하는 말이 많이 보이고, 이에 대해서 공자의 반박하는 말이 여러 군데 보인다. 몇 구절만 들겠다.

'공자가 말했다. 이단을 배우면 해로울 뿐이다〔子曰 攻乎異端 斯害已而〕.'〈爲政-16〉주자(朱子)는 양자(楊子)나 묵자(墨子)라고 주를 달았다. 당시의 대표적인 이단은 '염세적 현실도피와 무정부적 주장'이었다. 《논어》〈미자편(微子篇)〉에 등장하는 '초광접여(楚狂接輿), 장저(長沮), 걸익(桀溺), 하조장인(荷蓧丈人)' 등이다. 구절을 인용하겠다.

'초나라의 미치광이 접여가 공자 앞을 지나가며 노래했다. 봉황새야, 봉황새야! 어찌 덕이 그리도 쇠했느냐! 지난 일은 간할 수 없거니와, 앞으로는 바르게 좇을 수 있다고 했다. 그러나 가망이 없으니, 그만둘지어다. 오늘날에는 정치에 참여하는 사람은 위태롭기만 할 것이다. 이에 공자가 수레에서 내려, 그와 함께 말하려고 했으나, 그가 재빠르게 몸을 피했으므로 말을 하지 못했다〔楚狂接輿 歌而過孔子 曰鳳兮鳳兮 何德之衰 往者不可諫 來者猶可追 已而已而 今之從政者殆而 孔子下 欲與之言 趨而辟之 不得與之言〕.'〈微子-6〉

'자로에게 걸익이 말했다. 지금 세상은 무도함이 도도히 물 흐르듯 하는데, 그 누가 고칠 수 있겠소? 또 당신도 사람을 가리고 피하는 공구를 따라다니는 것보다, 우리처럼 세상을 피해서 숨어사는 은사를 따르는 것이 어떠하오〔桀溺曰 : 滔滔者天下皆是也 而誰以易之 且而與其從辟人之士也 豈若從辟世之士哉〕.'

이 말을 듣고 공자가 한탄하며 말했다.

"사람은 새와 짐승과 어울려 살지 못하니, 모든 사람들과 더불어 살지 않으면, 누구와 더불어 살겠느냐? 천하에 도가 행해지면 내가 구태여 변혁하고자 애를 쓰겠느냐?〔子憮然曰 鳥獸不可與同羣 吾非斯人之徒與 而誰與 天下有道 丘不與易也〕.〞〈微子-6〉

(3) 공자 사상의 특성과 활용

〈1〉 공자 사상의 특성

공자의 사상의 탁월한 특성을 몇 항목 들겠다.

① 권모술수와 무력을 지양하고, 천지인(天地人)의 일관된 도리, 즉 '절대선(絕對善)인 우주의 이법(理法) = 천도(天道)'를 바탕으로 왕도덕치(王道德治)를 펴서 천하 만민이 다 같이 잘사는 진정한 평화의 세계〔平天下〕를 창건하려는 혁신적 · 실천적 정치사상이다.

② 좋은 사람이 많아야 좋은 정치가 실현된다. 그러므로 공자는 정치혁신을 위해 학문과 덕행을 겸비한 군자들을 배양하여, 정치에 참여시키려고 했다. 그래서 우매하고 무지하고 타락하고 악덕한 통치자나 간교한 정치인들과 대체하려고 했다.

③ 인간의 선본성(善本性)인 인성(仁性) · 인심(仁心)을 바탕으로 인정(仁政)과 덕치(德治)를 펴서, '수신(修身), 제가(齊家), 치국(治國) 및 평천하(平天下)'를 일관되게 구현(具現)하려고 했다.

④ 우주의 이법, 즉 천도 천리에 합당한 예치(禮治)로써 사회와 국가의 기강과 질서를 바로잡고자 했다. 즉 예악(禮樂)을 바탕으로 사람들의 성정(性情)을 순화하고, 교화(敎化)로써 모든 사람들로 하여금, 효제(孝悌) · 충신(忠信) · 인의(仁義)의 윤리 도덕을 실천케 하고자 했다.

⑤ 이상과 같은 인정(仁政) 덕치(德治)를 바탕으로 위정자(爲政者)와 백성(百姓)들이 신의(信義)로 하나가 되어야 한다. 그러기 위해서는 '윗사람'이 '아랫사람'을 친애하고 동시에 덕행을 솔선수범(率先垂範)해야 한다. 그래야 백성들이 믿고 따른다. 그런 다음에 경제와 군사 정책을 도(道)에 맞게 세우고 집행해야 한다.

'수기치인(修己治人)으로 인정(仁政)'을 달성하자는 공자의 사상은 옛날과 같이, 오늘에도 받아들여지기 어렵다. 그러나 천도를 바탕으로 한 공자의 정치사상은 미래에도 많은 사람에게 숭앙되고 전파될 것이며, 종국에는 인류 세계의 이상 사상으로 승화할 것이다.

〈2〉 공자 사상의 현대적 활용

우리가 고전을 읽고 옛 성현들의 가르침을 배우는 목적은 다름이 아니다. 그들의 심오한 뜻과 사상을 바르게 알고 더 나가서는 우리들이 주체가 되어, 역사와 문화 창조에 가치적으로 이바지하기 위해서이다. 그러므로 우리는 《논어》 속에 나타난 공자의 가르침과 사상을 현대적으로 이해하고 아울러 오늘의 인류가 처한 혹심한 위기를 극복하는 데 활용해야 한다.

공자가 살았던 2500년 전의 춘추시대(春秋時代)가 바로 무질서와 혼란의 시대였다. 주(周)나라 평왕(平王)이 서쪽의 오랑캐 견융(犬戎)에게 쫓겨 도읍을 낙양(洛陽)으로 옮긴 다음을 동주(東周)라 하며, 이때부터 주 왕실의 권위가 땅에 떨어지고 힘이 약해졌다.

이에 각처에 제후(諸侯)들이 발호하여, 저마다 무력을 강화하고 영토를 확대하고 또 재물을 축적하고, 서로 패권(霸權)을 다투고 아울러 약육강식(弱肉强食)의 겸병전쟁(兼倂戰爭)을 격화했다.

한편 각 나라 안에서도 우매한 통치자들의 도덕적 타락이 극에 달했으며, 이에 따라 정치가 문란해지고 국가의 질서와 기강이 붕괴되었으며, 마침내 하극상(下剋上)이 속출하게 되었다. 춘추시대 240년 사이에만도 아랫사람이 자기 군주를 죽인 일이 36번이나 발생했으며, 이에 천하가 혼란하고 국가의 위계질서가 붕괴되고, 각지에 새로운 실권자, 제후(諸侯)들이 발호(跋扈)했다.

이와 같은 변천을 사회과학적 측면에서 다음같이 분석할 수 있다. 시대와 더불어 철제 농기구와 무기가 나타나자, 생산과 전쟁 양식이 발달했으며, 이에 따라 각지에 새로운 실력자들이 대두하여, 재물과 무력을 사유(私有)하기 시작했다. 이에 따라 주나라 왕실을 종주(宗主)로 하는 봉건적(封建的) 영주제(領主制)와 소박한 정전제(井田制)가 붕괴되고, 새로 대두한 실력자들이 넓은 영토와 막대한 영토 및 무력을 지니고, 마침내 지방국가가 변모하게 되었다. 그리고 국제적으로는 서로 겸병전쟁(兼倂戰爭)을 하고, 국내적으로는 하극상의 권력 쟁탈을 격화했던 것이다. 말하자면 인간의 위치와 가치도 높아졌던 것이다. 즉 재물을 생산하고, 전쟁을 수행하는 인간의 존재가치가 전과 다르게 높아진 것이다.

한편 지식이나 사상면에서도 인간의 능력과 가치가 높아졌다. 이에 사상적으로도 여러 가지 사상이 나타났고, 아울러 이단사설까지 나타나게 되었다.

공자는 이와 같은 혼란과 위기에 처한 모든 나라들을 바로잡고 도탄에 빠진 백성들을 구제하기 위한 일대 혁신을 시도했던 것이다. 물론 공자의 혁신은 정치를 도덕적으로 혁신하는 것이었다. 잔인무도한 무력이나, 혹은 가혹한 형벌이나 음흉한 술수를 바탕으로 한 정치 개혁이 아니었다.

공자가 높이 주장하는 정치 혁신은 어디까지나 '인애(仁愛)를 바탕으로 한 덕치(德治)'였다. 그러나 당시의 실권자들은 '무력 통치나 냉혹한 법치 및 권모술수'만을 일삼았으므로 공자의 도덕적 정치 개혁이 받아들여질 수가 없었다.

오늘의 세계도 같다. 과학 기술 재물을 무기화하고 이기적 탐욕을 채우기 위해, 서로 권모술수를 농하고 또 끝없는 쟁탈전을 전개하고 있다. 그러므로 오늘의 세계 인류가 위기를 극복하고 진정한 평화세계를 창건하기 위해서는 공자의 도덕적 혁신 사상을 바르게 알고, 활용해야 한다. 다음에서 장을 바꾸어 공자 사상을 나누어 설명하겠다.

2. 인(仁) : 모든 덕을 통합한 최고의 덕

(1) 공자가 인(仁)을 새롭게 높였다

공자가 '온고이지신(溫故而知新)' 〈爲政-11〉이라고 말한 것은 학문을 통해 역사와 문화 전통을 충분히 익히고, 그 다음에 새롭게 창조하라는 뜻이다.

공자가 높이 내걸은 '인(仁)'은 고대 중국의 역사적 전통을 바탕으로 새로 내세워진 것이다. 즉 그 속에 담겨진 깊은 뜻이나 가치는 어디까지나 공자에 의해서 획기적으로 새롭게 주어진 '윤리와 도덕의 최고의 덕목'이다.

곽말약(郭沫若)은 다음과 같이 말했다.

"인(仁)이란 글자는 춘추시대(春秋時代)에 새로 나타나고 쓰였다. 춘추 이전의 옛 책에서는 인이란 글자를 거의 볼 수 없다. 이 글자는 공자가 창조한 것은 아니지만, 공자가 특히 강조한 글자다."〈十批判書〉

　　《시경(詩經)》에는 인(仁)이 두 번 나타난다. 즉 '순미차인(洵美且仁)'〈鄭風 叔于田〉, '기인미차인(其人美且仁)'〈齊風 盧令〉이며, 둘 다 '아름답고 정이 많다'는 뜻이다. 그후, 춘추시대에 들어가 '인(仁)'이란 자가 많이 보이고, 그 뜻도 '사람답게 한다' = '인(人)'으로 한층 높아졌다.

　　주(周)는 은(殷)을 타도했다. 은 왕조는 주술적(呪術的) 신권통치(神權統治)를 펴고 노예나 백성들을 축생(畜生)으로 보고, 부려쓰고 또 무참하게 살육했다. 그러므로 피통치자들의 민심(民心)이 멀어지고, 종국에는 이반(離叛)했으며, 이에 은 왕조는 멸망했다.

　　이와 같은 역사적 사실, 즉 '실덕(失德)하면 천명(天命)이 바뀌고, 나라마저 잃는다'는 역사적 사실을 거울삼아, 주(周) 왕조는 득민심(得民心)하는 데 주력했다. 즉 '인본적(人本的) 덕치(德治)'를 펴고 '통치자가 덕을 밝히고 백성에게 형벌을 삼가고〔明德愼罰〕'《書經》康誥〉, 또 '백성을 보호〔保民〕'했다. 그 중심 인물이 바로 주공단(周公旦)이었다. 인간을 잔인하게 혹사하고 살육하는 은나라의 악덕통치를 혁파하고, 인간을 아끼는 인문적 정치혁신을 단행했던 것이다. 그러므로 공자는 주공단을 존경하고 흠모했다.

　　그러나 공자가 생존했던 춘추 후반기는 주공으로부터 근 700년이 흘렀으며, 나라가 분열되고 사회가 타락하고 정치가 크게 혼란했다. 즉 주나라 초기의 씨족 중심의 세습적 봉건영주제도가 붕괴되고, 반대로 무력과 재물을 지닌 새로운 실권자들이 등장하여 국내적으로는 하극상(下剋上)이 성행하고, 국제적으로는 약육강식(弱肉强食)의 겸병전쟁

(兼併戰爭)이 빈번하게 일어났다. 한마디로 심하게 도덕적으로 타락했던 것이다.

한편 당시의 각국의 임금이나 위정자들은 남에게 패하지 않고, 자기의 야망을 채우기 위해서 부국강병(富國强兵)과 권모술수(權謀術數)에 몰두했으며, 따라서 더욱 위기를 심화시켰던 것이다.

이에 공자는 '인(仁)'을 높이 내세우고, '사랑으로 하나가 되고, 함께 잘사는 공동체 건설'을 역설했던 것이다.

공자가 '인(仁)'이란 글자를 새로 만들지는 않았다. 그러나 공자는 '인'이란 글자를 '평천하(平天下) 창건을 위한 정치혁신 사상의 핵심이자, 모든 덕을 통괄한 최고의 덕목'으로 내세웠던 것이다.

그러나, 부국강병에 골몰하고 있던 당시의 통치자들은 공자의 주장을 알지도 못하고 또 받아들이지 않았다. 그래도 공자는 끈질기게 '서로 사랑하고 협력하여 함께 잘사는 공동체를 창건할 인(仁)'을 역설했다.

그러므로 공자의 '인' 사상은, 주(周)왕조를 건설한 주공단(周公旦)의 '명덕신벌(明德愼罰)' '경천보민(敬天保民)'보다 한층 더 역사적으로 발달하고 높은 경지의 사상이다.

(2) 인(仁)의 현대적 뜻풀이와 그 가치

〈1〉 공자의 인(仁)은 '사랑과 협동으로 함께 잘사는 덕행'

공자 사상의 핵심은 인(仁)이다. '인'은 곧 동양적 '휴머니즘(humanism)'이다. 초월적인 신본주의(神本主義)가 아닌 현세적 인본주의(人本主義)의 덕목이다. 즉 서로 사랑하고 협동해서 함께 잘사는 공동체를 이루기 위한 모든 덕행(德行)을 총괄해서 한마디로 '인(仁)'이라 한 것이다.

특히 공자는 이상으로서의 인정(仁政)의 구현을 염원했다. 잔인 무도한 무력으로 남을 유린하거나, 냉혹한 형법(刑法)으로 백성을 억압하는 등의 비인간적 통치를 지양하고, 인간의 선본성(善本性)인 인심(仁心)을 바탕으로 백성을 사랑하고, 아울러 교화선도(敎化善導)하는 인애(仁愛)의 덕치(德治) 즉 인정(仁政)이 실현되기를 염원했던 것이다.

《논어》에는 인(仁)을 말한 장(章)이 약 58장 있고, 또 인(仁)이란 글자가 약 110번이나 나타난다. 그러나 공자는 그 어디에서도 인(仁)에 대한 종합적 혹은 철학적 설명을 하지 않았다.

'인'은 사람이 실천할 덕행이다. 덕행은 '사람, 장소, 때, 경우'에 따라 다르게 마련이다. 그러므로 공자는 《논어》에서 상대방에게 그때마다 '실천할 덕행'을 다르게 일러주었던 것이다.

그러나 후세의 학자들은 '인의 심오한 뜻과 도리'를 종합적으로 설명하려고 애를 썼다.

《중용(中庸)》에는 '어질 인은 사람 인이다〔仁者人也〕.'라 했고,〈설문(說文)〉에는 '인은 친애함이다. 인〔人〕과 이〔二〕로 된 글자다〔仁親也從人二〕.'라고 풀이했다. 한편 《논어》에서 '제자 번지가 인을 묻자, "공자는 사람을 사랑함이다."라고 대답했다〔樊遲問仁 孔子曰 愛人〕.'〈顔淵-22〉

근래에는 석학 진립부(陳立夫) 선생이 인(仁)을 다음같이 풀이했다. '동류의식(同類意識)을 바탕으로 한 공생(共生), 공영(共榮), 공진화(共進化)의 덕목(德目), 덕행(德行)이다.'

기타 고금의 학자들의 설을 종합하여, 필자는 다음같이 인(仁)의 뜻을 현대적으로 풀이한 바가 있다.(필자의 여러 논문 참조)

'인(仁)은 사회적 존재인 사람과 사람이 동류의식(同類意識)을 바탕으로 서로 사랑하고 협동하여, 함께 잘살고 발전하는 공동체를 꾸미는 여러 가지 덕행을 총합한 최고의 덕목(德目) 덕행(德行)이다.'《논어》의 말을 바탕으로 좀 더 설명을 가하겠다.

〈2〉 인은 인본적(人本的) 도덕정치의 핵심

공자는 일찍이 '불어괴력난신(不語怪力亂神)'〈述而-20〉이라고 말했다. '불어괴(不語怪)'는 곧 '비이성적, 비합리적, 비현실적 괴변(怪變)'을 예로 들거나 주장하지 않았다는 뜻이다. 공자는 어디까지나, 이성적·합리적·현실적·역사적 사실을 바탕으로 정치 철학을 주장했다. '불어력(不語力)'은 곧 '폭력이나 무력 행사를 주장하지 않았다'는 뜻이다. 공자는 학문과 덕행을 바탕으로 한 평화적 도덕정치 사상의 실천을 역설했다. '불어난(不語亂)'은 '사회의 질서나 안정을 파괴하는 하극상(下剋上) 같은 난동이나, 왕위 계승의 혼란이나, 풍기문란 등을 용납하지 않는다'는 뜻이다. '불어신(不語神)'은 '인본주의(人本主義)를 바탕으로 하고, 맹목적 혹은 미신적 귀신 숭배를 배척한다'는 뜻이다. 결국 공자의 정치 철학은 형이상학적인 관념철학이니 맹신적 신본주의가 아니고, 어디까지나 형이하적·인본주의적·현실적·실천적·도덕적 정치철학이었다.

한편 공자의 도덕정치는 서양의 무력통치나 법치(法治)와 크게 다르다. 즉 위정자가 먼저 인덕(仁德)을 갖추고 만백성을 사랑으로 품고 교화하는 '어진 정치[仁政]'를 주장했다. 그러므로 공자가 높인 인(仁)을 '동양적 휴머니즘'이라고 한 것이다.

〈3〉 인정(仁政)의 목표는 '백성을 잘살게 함〔安百姓〕'

공자가 도덕정치의 최고의 덕목으로 내세운 인(仁)의 정치 즉 인정(仁政)의 목표는 '수기이안백성(修己以安百姓)'이다. 즉 '위정자 자신이 먼저 자신의 몸을 닦고 나가서 천하의 만민을 안락하게 또 잘살게 해주는 것이다.'

논어에서 공자는 말했다. '자신을 수양하고 백성을 안락하게 하는 것은 (최고의 경지로) 요임금이나 순임금도 고심했던 바다〔修己以安百姓 堯舜其猶病諸〕.'〈憲問篇-44〉

'수기이안백성(修己以安百姓)'은 곧 《대학(大學)》에서 말하는 '수신(修身)·제가(齊家)·치국(治國)·평천하(平天下)'와 같은 뜻이다. '평천하(平天下)'는 곧 '천하를 평화롭게 한다'는 뜻이며, 오늘의 말로는 곧 '평화로운 세계를 창건함'이다.

'진정한 세계 평화'는 다만 전쟁 없는 세계라는 뜻만이 아니고, 전 세계의 모든 사람들이 인권이나 경제면에서도 평등하고 안락한 생활을 누린다는 뜻이 내포되어 있다. 그러므로 '안백성(安百姓)'은 곧 '평천하(平天下)'와 같다.

결국 공자의 인정(仁政) 덕치(德治) 사상을 오늘의 말로 '진정한 세계 평화와 인류의 행복을 실현하려는 휴머니즘'이라고 말할 수 있다.

공자의 '인정 덕치'는 동서고금을 막론하고 모든 사람들이 추구해야 할 이상이다. 이에 우리는 공자의 정신이나 사상에 새삼 각성하는 바가 있어야 하겠다.

(3) 인간의 존엄성과 인의 우주적 확대

〈1〉 인덕이 없으면 동물적 존재가 된다

인간의 존엄성은 인심(仁心)을 바탕으로 인덕(仁德)을 행함에 있다. '남을 사랑하고 잘살게 하는 마음 곧 인심(仁心)'의 반대가 '남을 살상하고 남의 재물을 탈취하려는 마음 곧 수심(獸心)'이다. '인심'을 바탕으로 인덕(仁德)을 행해야 비로소 '사람다운 사람'이 된다. '수심'을 바탕으로 악덕을 행하는 자는 '사람이 아니라, 동물만도 못한 아귀'라 하겠다. 오늘의 세상에는 아귀가 너무나 많다. 그러므로 인류가 위기에 함몰되어 있는 것이다. 인간은 절대로 동물이 아니다. '인심'을 바탕으로 '인덕'을 행해야 한다. 그래야 사람다운 사람의 존엄한 삶을 살 수 있다.

'인'을 '공존(共存)·공생(共生)·공진화(共進化)'의 덕행으로 풀이한 중국의 석학 진립부(陳立夫) 선생은 '사람다운 사람을' 다음 같은 공식으로 표시했다.

X = (A+B)+C

X는 인간의 총점이다.

A는 식생활을 포함한 물질생활을 나타낸다.

B는 남녀의 짝짓기를 포함한 동물적 관능생활을 나타낸다.

C는 인(仁)을 나타내는 기호이다.

그 속에는 숭고한 정신, 인심(仁心)과 인덕(仁德) 및 도덕생활이 다 포함되어있다. 위의 공식을 다음같이 말로 고칠 수 있다.

인간의 총점 = (물질생활+관능생활)+도덕적 인격

공식에서 동물적 본능생활을 총괄한 (A+B)의 수치와 도덕생활을 나타내는 C의 수치는 반비례한다. (A+B)의 수가 크면 클수록 C의 수가 적어진다. 따라서 (A : 식생활＋B : 관능생활)에 치중하면 'C : 인심(仁心)과 인덕(仁德)'이 위축된다. 그러므로 동물적 관능생활을 조절하고 억제해야 인덕(仁德)을 세울 수 있다. 이 공식을 가지고 사람의 도덕성과 인격을 품평해 보자.

보통 인간은 '10 = (식 : 3＋색 : 3)＋인 : 4'가 된다. 즉 식생활을 3, 관능생활 3을 하고, 인덕의 실천을 4로 한다.

그러나 타락한 사람은 '10 = (식 : 5＋색 : 5)＋인 : 0'이 된다. 즉 식생활 5, 관능생활 5를 하지만, 인의 실천은 0이다. 결국 동물과 같은 생활을 한다.

한편 성인(聖人)은 '10 = (식 : 2＋색 : 2)＋인 : 6'이 된다. 즉 식생활 2, 관능생활 2 정도를 하고, 6 정도의 인의 실천을 한다.

각자 자신의 이상적인 총점을 등식으로 꾸며 보자. 인심(仁心)이 얼마나 있으며, 행동적으로 인덕(仁德)을 얼마나 세웠는가?

〈2〉 효제(孝悌)와 극기복례(克己復禮)가 인을 성취하는 근본

최고선(最高善)의 덕행인 '인'을 실천하고 성취하는 바탕은 곧 가정에서의 '효제(孝悌)'이다. 자식이 자기를 낳고 양육한 부모를 사랑하고 보답하는 것이 효(孝)이고, 한 부모로부터 출생한 동기간의 형제가 서로 사랑하고 협동하는 것이 제(悌)이다. 효제(孝悌)는 육친애(肉親愛), 가족애(家族愛)의 발현 실천이다.

선본성(善本性)인 인심(仁心)을 바탕으로 친부모와 친동기를 사랑해야 이웃도 사랑하고, 동포와 민족, 세계 인류도 사랑하게 된다.

인애(仁愛)는 인덕(仁德)으로 나타나야 한다. '남을 사랑한다는 덕행'은 곧 '남을 잘살게 함'이다. 그러므로 '인'의 최종 목표는 '세계적인 차원에서 전 인류를 잘살게 함이다.' 이를 실천하는 정치가 곧 인정(仁政) 덕치(德治)다.

《논어》에서 유자(有子)가 말했다. '부모에게 효도하고 형제가 서로 사랑하는 효제가 바로 인을 이룩하는 바탕이다〔孝悌也者 其爲仁之本與〕.'〈學而-2〉 바꾸어 말하면 '육친애, 가족애'를 확대하면 '세계적 차원의 인류애'가 된다. 이 모두가 '인(仁)'이다.

한편 인덕(仁德)은 인간의 선본성(善本性)인 인성(仁性), 인심(仁心)에서 나온다. '남을 사랑하는 인심(仁心)'의 반대가 '남을 살상하고 남의 재물을 탈취하여 나만 잘살려는 동물적 이기심(利己心＝獸心)'이다. 인덕을 실천하기 위해서는 '동물적 이기심'을 극복해야 한다.

《논어》에 있다. 수제자 안연(顔淵)이 인(仁)에 대해서 묻자, 공자가 말했다. "자신의 이기적 욕심을 극복하고 천리에 돌아가는 것이 곧 인의 실천이다. 하루만이라도 이기적 욕심을 극복하고 천리에 돌아가면, 천하가 다 인에 돌아가게 된다. 인의 실천은 자기 자신에게 달려있는 것이다. 남에게 달려있는 것이겠는가?〔克己復禮爲仁 一日克己復禮天下歸仁焉 爲仁由己 而由人乎哉〕"

〈3〉 충신(忠信)과 인의(仁義)

가정적 차원에서의 효제(孝悌)는 곧 국가적 차원에서의 충신(忠信), 세계적 차원에서의 인의(仁義)로 확대된다. 이것이 전통사상에서 높이는 윤리 도덕의 '일관된 도리'이다.

가정에서의 효제를 국가적 차원으로 발전시킨 것이 충(忠)과 신(信)

이다. 종적으로는 나라의 중심이자 부모에 해당하는 임금에게 신하인 내가 충성해야 한다. 횡적으로는 같은 신하로서 선배·후배가 서로 협력하고 신의를 지켜 국가를 흥성케 해야 한다. 이렇게 하는 것이 국가적 차원에서 인(仁)을 구현(具現)함이다.

세계적인 차원에서는 종적으로 인류세계를 대표할 유덕자(有德者) 혹은 '절대선의 정점'을 중심하고 모든 사람들이 하나로 통합하고, 종적으로는 '작은 인(仁)'을 행하고, 횡적으로는 '의(義)'를 지키고 실천해야 한다. '작은 인'은 종적인 '사랑의 협동'이고, '의(義)'는 횡적인 '사랑의 협동'이다. 결국 세계 인류가 우주적으로 '사랑하고 협동'하면, 인류애가 넘치는 평화세계가 창건될 것이다. 어떠한 경우라도 '사리 사욕을 극복하고 절대선인 천리를 바탕으로 해야 한다.' 즉 '극기복례(克己復禮)'해야 한다.

공자가 최고의 덕목으로 내세운 '인(仁)'은 '효제(孝悌), 충신(忠信), 인의(仁義)' 등의 여러 가지 덕이 다 포함된다. '효(孝), 충(忠), 인(仁)'은 종적·시간적 윤리도덕이고, '제(悌), 신(信), 의(義)'는 횡적·공간적 윤리도덕의 실천이다. 이들을 통합한 것이 '인(仁)'이다.

〈4〉 인(仁)의 우주적 확대 : 애민이물(愛民利物)

인류의 역사나 문화는 총체적으로 하늘의 도리를 따라서 점진적이나마 선한 방향으로 발전하고 있다. 종교신앙의 입장에서만이 아니다. 역사적 사실로 우리는 인류의 역사나 문화가 선화(善化)되고 있음을 잘 알 수 있다. 다시 말하면 점진적이나마 인(仁)이 구현(具現)되는 방향으로 인류가 발전하고 있는 것이다. 인이 이루어지는 단계 및 그 역사적 발전과정을 대략 다음과 같이 나눌 수 있다.

① 개인 : 사람은 누구나 어진 마음, 즉 인심(仁心)이 있다. 적극적인 인심은 '애인이물(愛人利物)' 즉 남을 사랑하고 자연 만물을 이롭게 하고 활용함이다. 소극적인 인심은 남을 살상(殺傷)하거나 혹은 잔인한 짓을 참아 할 수 없다는 측은한 마음 즉 '불인지심(不忍之心)'을 가지고, 악덕을 행하지 않음이다.

가정이나 국가가 형성되기 전의 원시인들도 지극히 낮은 단계의 동류의식을 바탕으로 서로 협동하여 자연과 싸워 이겼다. 그러므로 고도의 문화를 자랑하는 우리는 인심(仁心)을 함양하고 인덕(仁德)을 실천해야 한다.

② 가정 : 육친애를 바탕으로 효(孝)와 제(悌)를 실천하면 가정적 차원의 인이 성취된다. 즉《대학》에서 말하는 제가(齊家)를 성취한다. '같을 제(齊)'는 무차별적 평등이 아니다. 가족이 저마다의 위상(位相)에서 각자의 본분을 다하고 가정의 발전과 홍성에 기여하는 것을 제가라고 한다. 다시 말해 모든 가족이 가정에서 저마다의 본분을 다함을 제가(齊家)라고 한다.

가족의 위상은 저마다 다르다. 그러므로 인(仁)을 실천함에도 서로 다르게 마련이다. 부자유친(父子有親)하되 '부자자효(父慈子孝)' 해야 한다. 부부유별(夫婦有別)하되 '부화부순(夫和婦順)' 해야 한다. 장유유서(長幼有序)하되 '형공제경(兄恭弟敬)' 해야 한다. 윤리 도덕은 쌍무적(雙務的)으로 실천되어야 한다.

인류의 공동체는 옛날부터 오늘까지 오랜 세월에 걸쳐 가정을 기반으로 발달해 왔다. 그러나 오늘의 인류는 물질과 무력에 눌려 존엄한 가정의 존재와 가치를 망각하고 있다. 따라서 가정윤리의 핵심이 되는 효도(孝道)도 찾아볼 수 없게 되었다.

인류의 타락과 위기는 일시적인 현상이다. 하늘로부터 '선본성, 인심(仁心)'을 받아 지니고 있는 인간은 다시 본연으로 돌아가서 가정 윤리를 되찾고 건전한 가정을 재건해야 한다.

③ 국가 : 민족애와 투철한 애국심을 바탕으로 나라에 충성(忠誠)하고 서로 신의(信義)를 지켜야 한다. 그래야 국가적 차원에서 인을 이룩할 수 있다.

임금이나 신하가 함께 천도를 따르고 예의를 지켜야 한다. 임금은 신하에게 예양(禮讓)하고 신하는 임금에게 충성(忠誠)해야 한다. 이를 '군례신충(君禮臣忠)'이라고 한다. 임금이 예양(禮讓)한다는 뜻은 곧 인심(仁心)을 바탕으로 신하나 백성을 사랑하고 응분의 예우(禮遇)를 한다는 뜻이다. 사악한 마음으로 신하나 백성을 부리고 착취하면 안 된다. 예양을 해야 천도에 맞는 덕치를 펼 수 있다.

신하가 서로 신의(信義)를 지킨다 함은 말과 행동을 천도에 맞게 바르게 한다는 뜻이다. 상급자나 하급자가 임금을 중심하고 하나가 되어 서로 사랑하고 협동을 해야 도덕정치가 이루어진다.

임금이 신하에게 거만하고, 신하가 임금을 기만하고, 상하가 저마다 사리사욕을 채우기 위해 국가의 재물을 노략질하면 그 나라는 쇠멸한다.(오늘의 타락한 정치인, 공무원 및 기업가들은 크게 반성을 해야 한다)

위기에 처한 오늘의 모든 국가들은 타락했으며, 모든 나라들이 '이기적 국가 절대주의'를 내걸고 패도(覇道)의 악덕정치를 펴고 있다. 패도의 악덕정치는 반드시 하늘의 심판을 받고 멸망한다. 모든 나라들은 천도를 따라 왕도의 덕치를 펴야 한다.

④ 세계 : 천도와 인류애를 바탕으로 진정한 평화와 전 인류의 행복

이 보장되는 인의(仁義)가 실천되는 도의세계(道義世界)를 창건해야 한다.

이상의 단계를 《대학》에서는 '수신(修身)―제가(齊家)―치국(治國)―평천하(平天下=明明德於天下)'라고 했다.

21세기에는 하늘과 천도에 맞는 대동(大同)의 이상세계를 구현해야 한다. 그러기 위해 모든 사람들이 바르게 배우고 하늘과 천도를 깨닫고 착하게 살고, 특히 윤리 도덕을 실천해야 한다. 그래야 세계적인 차원에서 인(仁)의 꽃이 피어나게 될 것이다.

사람은 만물의 영장이다. 원자탄을 만들만큼 과학이 발달했다. 그러므로 인류의 정신과 윤리 도덕도 그만큼 커져야 한다. 그런데 그렇지 못하기 때문에 탈이다. 원자탄이 있다고 서로 터뜨리면 인류는 전멸한다.

인(仁)은 '애민이물(愛民利物)'이다. 도덕정치를 펴고, 과학이나 원자력을 선가치적으로 이용해서 만민을 잘살게 하는 것이 '애민이물'이다. 인심(仁心)으로 도덕정치를 펴야 인류대동의 평화세계가 창건된다.

3. 군자(君子)와 도덕정치

(1) 군자배양(君子培養)이 인정(仁政)의 바탕

〈1〉 군자는 새로 나타난 정치 참여자

상고 때부터 인류는 공동체를 형성하고 함께 어울려 살았다. 개개인이 모여서 공동체를 꾸민다. 그러므로 개개인이 바르고 착하면, 그 공동체도 바르고 착하게 마련이다.

그러나 그것은 원칙이다. 역사적 사실은 정반대로 나타나는 경우가 많다. 손쉽게 오늘의 세계를 예로 들고 설명하겠다. '국가의 힘'은 막대하지만, 반대로 '개인의 힘'은 미소하기 짝이 없다. 그러므로 국가정치가 바르고 착해야, 그 나라의 국민 개개인이 잘살 수 있고, 반대로 국가정치가 나쁘면 국민 개개인이 고생하게 마련이다.

그런데 불행하게도 오늘의 세계의 모든 나라의 정치가 도덕적으로 타락하고 무력행사(武力行使)에만 골몰하고 있다. 국내적으로는 악덕한 집단이 국민을 유린하고, 국제적으로는 강대국이 침략전쟁을 자행하고 있다. 이에 모든 나라의 국민과 세계의 인류가 고생하며 불행하게 살고 있다.

그러므로 '개인, 국민, 인류가' 잘살고 행복하기 위해서는 국가의 정치를 도덕적으로 혁신해야 하며, 국가정치를 도덕적으로 혁신하기 위해서는 우선 바르고 착한 정치인을 배양해야 한다.

거듭 말하겠다. 정치는 사람이 한다. 그러므로 착한 사람이 정치를 하면, 착한 정치를 펴고, 나쁜 사람이 정치를 하면, 나쁜 정치를 편다. 그러나 오늘의 국가정치의 실상은 어떠한가? 정치인들 속에는 '남을 사랑하고 서로 도와서 함께 잘살려는 착한 사람'보다, '남을 속이거나 살상하고 남의 재물을 탈취하여 자기 혼자 잘살려는 나쁜 사람'이 더 많다. 그러므로 국제적으로나, 국내적으로나, 일대 혁신이 있어야 한다. 즉 악덕한 사람 대신, 청신하고 선량한 사람이 정치를 담당해야 한다.

공자가 생존했던 춘추(春秋) 말기가 흡사 오늘의 세계와 같이, 도덕적으로 타락하고 혼란했다. 그래서 공자가 사학(私學)을 개설하고, 학문과 덕행을 겸비한 군자(君子)를 배양해서, 정치 혁신을 시도했던 것이다.

군자는 곧 청신한 지식인, 엘리트이다. 다시 말하면, 공자는 군자를 배양해서 도덕정치의 극치인 인정(仁政)과 덕치(德治)를 구현(具現)하려고 했던 것이다.

'군자' 란 말은 공자 이전에도 있었다. 옛날에는 임금 혹은 귀족같이, 부귀를 누리는 상류계층을 지칭했다. 그러나, 공자는 신분이 낮은 평민이라도 '학문과 덕행을 겸비하고, 도덕정치에 참여할 인격적인 지식인' 의 뜻으로 썼다. 다시 말하면 공자에 의해 '새로운 군자' 가 나타난 것이다.

옛날의 정치는 세습영주(世襲領主)의 독점물로, 그들이 임명하는 가신들만이 참여할 수 있었다. 그와 같은 폐쇄된 관습과 울타리를 넘어서 평민출신의 군자들을 투입하고, 정치에 참여시킴으로써 혁신적인 도덕정치를 실현하고자 한 사람이 바로 공자였다. 이것으로도 공자의 혁신사상의 일면을 볼 수 있다.

〈2〉 공자의 학문정신 실천

공자가 제자들을 모아서 글을 가르친 정신이나 목적은 그들을 군자되게 하고 또 그들을 바탕으로 도덕정치를 펴기 위해서였다. 이와 같은 정신이 《논어》 첫 장에 잘 나타나 있다.

공자가 말했다. "배우고 때에 맞추어 익히고 실습을 하니 또한 기쁘지 않으냐. 뜻을 같이하는 벗이 멀리서 찾아오니 또한 즐겁지 않으냐. 나를 남들이 알아주지 않아도 노여워하지 않으니 참으로 군자가 아니겠느냐〔子曰 學而時習之 不亦說乎 有朋自遠方來 不亦樂乎 人不知而不

慍 不亦君子乎)."〈學而-1〉

'배울 학[學]'은 '깨닫고[覺], 본받고 행한다[效]'는 뜻을 겸하고 있다. 먼저 가정에서 어려서부터 예의범절과 윤리도덕을 실천하고 몸에 익혀야 한다. 그리고 '경서(經書)'의 글이나 '육예(六藝)'의 기예를 배우고 숙달해야 한다. 그래야 사람다운 사람이 되고, 덕치(德治)에 참여할 군자(君子)가 될 수 있다. 육예는 선비의 필수 교양인 '예(禮)·악(樂)·사(射)·어(御)·서(書)·수(數)'이다.

특히 학(學) 속에는 절대선(絶對善)의 천도(天道)를 깨닫고[覺] 본받다[效]의 뜻이 강조되어 있다. 천도를 바르게 알고, 실천해야 바르고 착하게 살 수 있다. 착한 사람이 많아야 좋은 공동체를 형성할 수 있다. 좋은 공동체는 곧 '사람들이 서로 사랑하고 협동해서 함께 잘사는 가정, 사회, 국가 및 세계'를 말한다.

좋은 공동체를 창건하고 바른 덕치(德治)를 펴는 일은 혼자만으로는 성취할 수 없다. 학문과 덕행이 높은 군자(君子)들이 많이 모여서 세(勢)를 형성해야 인정(仁政)·덕치(德治)의 선세계를 창건할 수 있다. 그래서 공자는 '벗들이 멀리서 찾아오니 즐겁지 않으냐.[有朋自遠方來 不亦樂乎]'라고 말한 것이다.

그러나 선세계(善世界) 창건은 군자들의 힘만으로 성취되지 않는다. 때와 하늘의 운세가 따라야 한다. 특히 난세의 통치자들은 천도를 알지 못하고 반대로 동물적 본능이나 이기적 탐욕만을 바탕으로 악덕정치를 편다. 그러므로 학덕(學德)이 높은 군자들을 무시하고 소외하게 마련이다. 그래도 군자는 노여워하지 않아야 한다. 그래서 공자는 '남이 알아주지 않아도 노여움을 품지 않으니, 참으로 군자가 아니냐.[人不知而不慍 不亦君子乎]'라고 말한 것이다. 공자가 말한 학습을 다음같이 도시할 수 있다.

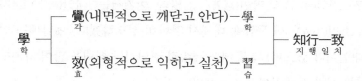

　군자의 학문 목표는 천인합일(天人合一)과 수기치인(修己治人)이다.
'천인합일'은 '천도(天道) 따르고 실천해서 지덕(地德)을 세움이다.' 이
는 바르게 배우고 바르게 실천하면 이루어지는 것이다.

　'수기치인'은 '자신의 인격과 덕성을 높이고 사회나 국가에 나가 인
정(仁政)과 덕치(德治)에 참여하고, 백성들을 교화(敎化)하고 잘살게 해
준다는 뜻이다.' 사서(四書)의 하나인《대학(大學)》에 다음 같은 말이 있
다. '대학(大學)에 들어가서, 궁리(窮理)·정심(正心)·수기(修己)·치인
(治人)의 도리를 배운다.' 궁리(窮理)는 위로는 하늘의 도리로부터 아래
로는 자연만물이나 모든 사물의 이치를 구명함이다. 정심(正心)은 자신
의 마음을 바르게 간직함이다. 마음을 바로잡는 핵심은 '이기적 수심
(獸心)'을 억제하고, '선본성(善本性)인 인심(仁心 = 人心)'을 발현함이
다. 수기(修己)는 자기 수양이다. 치인(治人)은 모든 사람들을 잘살게 다
스린다는 뜻이다.

(2) 인간의 품격상의 분류와 군자와 수양

〈1〉 최고의 품격 : 대인(大人)

　유교에서는 심성(心性)과 인덕(仁德)을 기준으로 인간의 품격을 여러

가지로 분류한다. 즉 '성인(聖人), 현인(賢人), 대인(大人), 인자(仁者), 군자(君子), 소인(小人) 및 악인(惡人)' 등 많다. 여기서는 '대인(大人), 군자(君子), 소인(小人)' 세 등급에 대해서 간단히 설명하겠다. 옛날에는 임금을 대인이라 했으며, 그 후에는 세속적 권력이나 재력을 많이 가지고 행세하는 사람을 대인이라고도 했다.

그러나 전통 사상에서는 학덕(學德)이 높고 심성(心性)이 하늘과 하나 된 경지에 있는 사람을 대인이라고 칭송했다. 맹자(孟子)는 말했다. "대인은 갓난아기의 순진한 마음을 잃지 않은 사람이다〔大人者 不失其赤子之心者也〕." "자신을 바르게 하고 나아가 모든 대상도 바르게 하는 사람이다〔大人者 正己 而物正者也〕."

왕양명(王陽明)은 다음같이 말했다. "대인은 천지만물과 일체를 이룬 사람이다. 천하세계를 한 집안으로 삼고, 중국을 내 몸같이 여기는 사람이다. 만약에 외형적으로 신체가 다르다는 이유로 너와 나를 구분하는 자는 소인이다〔大人者 與天地萬物 爲一體者也 其視天下猶一家 中國猶一人 若夫間形骸 而分爾我者 小人矣〕."

《역경(易經)》에서는 다음같이 설명했다. '대인은 하늘과 땅과 덕을 합치고 해와 달과 밝음을 합치고 사계절과 시간의 순서를 합치고 귀신과 길흉을 합친다〔大人者 與天地合其德 與日月合其明 與四時合其序 與鬼神合其吉凶〕.〈易 乾 文言傳〉

대인은 '하늘과 하나 된 내성외왕(內聖外王)' 격인 사람이다.

〈2〉 군자(君子)와 소인(小人)의 대비

군자는 인심(仁心)을 바탕으로 학덕(學德)을 겸비하고 '천인합일(天人合一)' '수기치인(修己治人)'하는 사람으로 인자(仁者)에 속한다. 한편 소인은 수심(獸心)을 바탕으로 이기적 탐욕을 채우기 위해, 남을 해치고, 남의 재물을 탈취하는 악인(惡人)들이다. 이기주의에 빠져 돈과 쾌락만을 추구하는 오늘의 많은 사람들이 곧 소인이다. 다음에서 군자와 소인을 대비해 보겠다.

'군자는 위에 통달하나, 소인은 아래로 뻗는다〔君子上達 小人下達〕.' 즉 군자는 형이상의 천도와 정신가치를 높이지만, 소인은 물질과 쾌락만을 추구한다.

'군자는 도의를 밝히지만, 소인은 이득만을 밝힌다〔君子喩於義 小人喩於利〕.'

'군자는 인덕을 염원하지만, 소인은 토지 얻기만을 바란다. 군자는 남들을 바르게 다스리기를 염원하지만, 소인은 남으로부터 혜택받기만을 바란다〔君子懷德 小人懷土 君子懷刑 小人懷惠〕.'

'군자는 모든 것을 자기에게 찾으나, 소인은 모든 것을 남에게 찾는다〔君子求諸己 小人求諸人〕.' 군자가 자기에게 찾는다 함은 자기 노력으로 학문과 덕행을 쌓고, 그 바탕 위에서 복록(福祿)이 내리기를 기대한다는 뜻이다. 또 설사 남이 알아주지 않고 남에게 등용되지 않아도 모든 허물을 자신에게 돌리고, 남을 원망하지 않는다는 뜻이다. 그러므로 군자는 '하늘도 원망하지 않고, 남을 탓하지도 않는다〔不怨天 不尤人〕.' 소인은 이와는 정 반대로 남으로부터 복록을 얻고자 안달을 부리며, 잘 안되면 남을 원망한다는 뜻이다.

'군자는 궁핍해도 잘 견딘다. 소인은 궁핍하면 난동을 부린다〔君子固窮 小人窮斯濫矣〕.'

'군자는 항상 평화롭고 태연자약하다. 그러나 소인은 항상 불안하고 몰리고 쫓기는 듯하다〔君子坦蕩蕩 小人長戚戚〕.'

'군자는 태연하면서도 남에게 교만하지 않는다. 소인은 남에게 교만하면서도 태연하지는 못하다〔君子泰而不驕 小人驕而不泰〕.'

'군자는 남의 잘한 일을 추켜세우되 남의 허물을 들춰내지 않는다. 소인은 이와는 반대되게 행동한다〔君子成人之美 不成人之惡 小人反是〕.'

'군자는 남들을 사랑하고 친밀하게 사귀되, 함께 어울려 패를 짜는 법이 없다. 소인은 서로 어울려 패를 짜지만, 남들을 사랑하고 친밀하게 사귀는 법이 없다〔君子周而不比 小人比而不周〕.'

'군자는 화동(和同)하되, 부화뇌동(附和雷同)하는 법은 없다. 소인은 부화뇌동만하고 화동하는 법은 없다〔君子和而不同 小人同而不和〕.'

끝으로《중용(中庸)》에서 한마디 더 인용하겠다.

'군자는 안심입명(安心立命)한 자세로 안락하고 편안하게 천명을 기다린다. 소인은 험악한 짓을 저지르면서 온갖 요행을 바란다〔君子居易以俟命 小人行險以徼幸〕.'

이상에서 본 '군자와 소인'은 개인의 인품을 대비한 것이다. 그러나 국가의 품격에도 적용할 수 있다. 즉 '정신가치와, 윤리도덕을 높이는 군자국가'와 '금전·물질·무력만을 내세우고 남을 침략하려는 소인국가'의 대비에도 적용된다. 오늘의 세계는 '소인국가'가 많다. 그래서 인류가 혹독한 위기에 빠지고 있는 것이다.

〈3〉 군자의 도(道)

군자가 지킬 도(道)를《논어》에서 몇 개 추리겠다.

'나라에 도가 행해지면 나가서 벼슬하고 녹을 받는다. 그러나 나라에 도가 없는데 벼슬하고 녹을 받는 것은 치욕이다〔子曰 邦有道穀 邦

無道穀 恥也.〕'〈憲問〉

'신념을 돈독히 하고, 학문을 좋아하고, 죽을 때까지 선한 도리를 지킨다. 위태롭게 기우는 나라에는 들어가지 않고, 문란한 나라에서는 살지 않는다. 천하에 도가 행해지면 나타나 현실참여를 하지만, 도가 없으면 몸을 숨기고 은퇴한다. 나라에 도가 있고 덕치가 행해지는데 (내가 무능해서 참여하지 못하고 따라서) 가난하고 천하게 살면 창피한 노릇이다. 그러나 나라에 도가 없고 악덕정치가 행해지는데 (내가 가담하여) 부귀를 누리면, 그것도 창피한 노릇이다〔子曰 篤信好學 守死善道 危邦不入 亂邦不居 天下有道則見 無道則隱 邦有道 貧且賤焉恥也 邦無道 富且貴焉恥也〕.'〈泰伯〉

'군자는 천도를 따라 덕치를 펼 생각만을 해야 한다. 내가 먹고 살 녹봉이나 재물에 대해서는 생각하지 않는다〔君子謀道 不謀食〕.'

'군자는 도를 걱정할 뿐 가난은 걱정하지 않는다〔君子憂道 不憂貧〕.'

'선비로서 도에 뜻을 두고 있으면서 나쁜 옷이나 음식을 창피하게 여긴다면, 그런 선비와는 함께 국사를 논할 수 없다〔子曰 士志於道 而恥惡衣惡食者 未足與議也〕.'〈里仁〉

죽을 때까지 절대선인 천도를 지키려는 옛날의 선비나 군자의 정신을 본받아야 한다. 돈 때문에 범죄를 저지르고 절개를 팔거나 국가 민족을 배반하는 오늘의 타락한 정치인이나 지식인들은 창피를 알아야 한다.

맹자는 '참사나이'를 다음과 같이 말했다. '부귀에도 빠지지 않고, 빈천에도 위축되지 않고, 무력에도 굴하지 않고 (선을 지키는 사람을) 대장부라고 한다〔富貴不能淫 貧賤不能移 威武不能屈 此之謂大丈夫〕.'

〈滕文公 下〉

　　사나이다운 사나이가 되자. 동물처럼 '먹고 마시고 뛰고 놀기만 하
는' 무가치한 인간이 되지 말자.

　　하늘의 도리를 기준으로 하고 '나'의 심성을 함양하고 인격을 도야
하고 사회나 국가에 정의로운 공을 세우고 만민을 잘살게 해주는 참다
운 선비가 되자. 그리고 종국적으로는 세계평화와 인류의 역사와 문화
발전에 이바지하는 숭고한 지식인이 되자. 그래야 인류대동의 이상세
계를 창건할 수 있다.

　　(3) 군자와 '지인용(知仁勇)'

　　〈1〉 수기치인(修己治人)의 기준은 천도

　　공간과 시간을 통합한 '우주의 이법(理法)'을 '천도(天道)'라고도 한
다. 인간을 위시하여, 자연만물은 다 천도에 의해 생육하고 또 발전하
고 있다. 그러므로 형이하(形而下)의 유형세계(有形世界)는 형이상(形而
上)의 절대선(絶對善)의 도리인 천도를 따라야 한다.

　　'동물적 삶만을 추구하는 소인'은 천도를 모른다. '정신적 삶을 추
구하는 군자'는 천도를 높이고 따른다. 국가도 같다. 무력은 일시적 승
리를 거두고, 이기적·동물적 야욕을 채울 뿐이다. 천도를 따라야 전체
인류의 평화와 번영을 기대할 수 있다.

　　그러므로 군자는 천도(天道)를 기준으로 한다. 천도는 자연만물이
스스로 자라고 번성하는 도리다. 천도는 '광명정대(光明正大), 공평무
사(公平無私), 영구불변(永久不變)하는 절대선(絶對善)의 도리'다.

　　한편, 천지인(天地人)을 삼재(三才)라 한다. 하늘과 땅만으로는 문화

적 발전이 이루어지지 않는다. 천도(天道)를 따라 인행(人行)으로 지덕 (地德)을 세워야 선문화(善文化)가 꽃을 핀다. 이것을 '하늘의 일을 사람이 대신한다〔天工人其代之〕.'《書經》고 말한다.

군자는 우주적 차원에서는 천도(天道)를 따라, 지덕(地德)을 세우는 인행자(人行者), 즉 '실천적 일꾼'이다.

지덕(地德) 속에는 '국가적 차원의 인정(仁政)과 덕치(德治)'와 '세계적 차원의 인류의 선문화(善文化) 창조 발전'이 다 포함된다.

〈2〉 오달도(五達道)와 삼달덕(三達德) '지인용(知仁勇)'

군자는 '오달도(五達道)와 삼달덕(三達德)'을 바탕으로 자기를 수양하고 또 남을 다스려야 한다. 즉 '수기치인(修己治人)'해야 한다.

'오달도와 삼달덕'을《중용(中庸)》에서 다음같이 설명했다.

'(다섯 가지 윤리의 기본도리는 즉) 임금과 신하가 지킬 도리, 아버지와 자식이 지킬 도리, 남편과 아내가 지킬 도리, 형과 아우가 지킬 도리, 붕우가 서로 지킬 도리의 다섯이다. 이것은 천하의 모든 사람이 지킬 공통의 윤리적 도리이다〔天下之達道五 所以行之者三 曰 君臣也 父子也 夫婦也 昆弟也 朋友之交也 五者天下之達道也〕.'

'지·인·용 셋은 (기본 도리를 실현하기 위한) 천하 만민의 공통되는 덕행이다. 그 셋은 다시 하나로 압축된다〔知仁勇 天下之達德也 所以行之者一也〕.'

'오달도(五達道)는 오상(五常), 즉 기본윤리다. 삼달덕(三達德)은 곧 '지(知)·인(仁)·용(勇)'이다.

특히 군자가 지녀야 할 '지·인·용' 삼달덕에 대해 간단히 설명을 가하겠다.

'지(知)'는 절대선의 천도를 바르게 알고 실천함이다.

'인(仁)'은 인간의 '선본성(善本性)'인 인심(仁心)을 바탕으로 인덕(仁德)을 우주적으로 확대함이다. 즉 '사랑의 협동'을 '가정·국가·세계'로 확대하고 동시에 '역사 문화의 전통을 계승 발전케 함'이다.

'용(勇)'은 '용감하게 실천함'이다. '악한 도리를 물리치고, 천도를 따라 적극적으로 인정 덕치에 참여함'이다.

공자는 말했다. "바르게 알면 미혹하지 않고, 인덕을 베풀면 근심하지 않고, 용감하게 정의를 실천하면 두려워할 것이 없다〔知者不惑 仁者不憂 勇者不懼〕."〈子罕〉

'지·인·용'을 겸비한 군자는 곧 '천인합일(天人合一)'한 경지에서, '수기치인(修己治人)'한다. 그러므로 그는 '미혹하지 않고〔不惑〕, 근심하지 않고〔不憂〕, 두려워하지 않는〔不懼〕' 것이다.

'지·인·용'의 삼달덕을 갖춘 인격자가 되기 위해서는 다음과 같이 해야 한다.

'넓게 배워야 한다〔博學之〕, 치밀하게 문제를 제기해야 한다〔審問之〕, 신중하게 사고해야 한다〔愼思之〕, 명석하게 선악시비를 분별해야 한다〔明辨之〕, 그리고 독실하게 실천해야 한다〔篤行之〕.'

'박학(博學), 심문(審問), 신사(愼思), 명변(明辨), 독행(篤行)'은 군자 되기 위한 수양의 기본 사항이다. 《대학》에서는 다음과 같이 말했다. '위로는 천자로부터 아래로는 서민에 이르기까지 누구나 다 수신을 근본으로 삼아야 한다〔自天子以至於庶人 壹是皆以修身爲本〕.'

지(知)·인(仁)·용(勇)의 삼달덕(三達德)을 터득하고 실천하기 위한 전제가 '호학(好學)·역행(力行)·지치(知恥)'이다. 《중용》에서는 다음과 같이 말했다.

'배우기를 좋아하면 지에 가까워질 수 있다. 힘들여 실천하면 인덕에 가까워질 수 있다. 창피를 알면 (정의를 실천하는) 용기에 가까워질 수 있다. 이 셋을 잘 알고 다스리면, 자기수양의 방도를 알게 된다. 자기수양의 방도를 알면 즉 남을 다스리는 방도를 알게 된다. 남을 다스리는 방도를 알면 즉 천하나 국가를 다스리는 방도를 알게 된다〔好學近乎知 力行近乎仁 知恥近乎勇. 知斯三者 則知所以修身 知所以修身 則知所以治人 知所以治人 則知所以治天下國家矣〕.'《中庸》20장

결국 '수신(修身), 제가(齊家), 치국(治國), 평천하(平天下)'가 일관되게 군자(君子)에 의해서 구현(具現)되는 것이다. 공자는 사학(私學)을 설치해서, 군자를 배양하고, 천하의 정치를 혁신하려고 한 지성선사(至聖先師)이다.

(4) 대동(大同)의 이상세계(理想世界)

참고로 공자가 염원한 대동(大同) 이상세계를 적은 '《예기(禮記)》 〈예운편(禮運篇)〉'의 글을 풀이하겠다.

'천도를 기준으로 한 대도의 덕치는 천하를 만민의 공유물로 삼는다〔大道之行也 天下爲公〕.

현명하고 유능한 사람을 선출하고 신의를 지키고 화목한다〔選賢與能 講信修睦〕.

그러므로 자기 부모만을 친애하거나 내 자식만을 자애하지 않고 모든 부모 자식들도 사랑한다〔故人不獨親其親 不獨子其子〕.

늙은 사람으로 하여금 천수를 누리게 하고, 젊은 사람을 활용하고, 어린아이를 잘 양육한다〔使老有所終 壯有所用 幼有所長〕.

홀아비, 과부, 고아, 외톨이 및 노약자들도 돌보고 생활을 보장해준다〔矜寡孤獨廢疾者 皆有所養〕.

남자에게는 직업을 주고, 여자는 시집가게 한다〔男有分 女有歸〕.

재물을 땅에 버리거나 개인이 독점하지 않는다〔貨惡其棄於地也 不必藏於己〕.

사람의 능력을 발휘하되, 자기만을 위하지 않는다〔力惡其不出於身也 不必爲己〕.

그러므로 사람들이 권모술수를 농하지 않게 되며, 도적이나 난동하는 자들도 나타나지 않는다〔是故謀閉而不興 盜賊亂賊而不作〕.

이에 대문을 닫지 않고 살 수 있다. 이러한 세상을 대동세계라고 한다〔故外戶而不閉 是謂大同〕.'

공자의 연보(年譜)

● 나이 : 기원전 : 주나라 연대 : 노나라 연대 : 공자의 행적 및 중요 사항 ●

1세 기원전 551 : 周靈公 21년 : 魯襄公 22년

노(魯)나라 추읍(陬邑) 창평현(昌平縣)에서 출생, 어머니 안징재(顏徵在)가 이구산(尼丘山)에서 기도를 드리고 득자(得子). 그래서 이름을 구(丘), 자를 중니(仲尼)라 했다고 전함.《사기(史記)》〈공자세가(孔子世家)〉의 설.《춘추 삼전(春秋三傳)》인《공양전(公羊傳)》,《곡량전(穀梁傳)》은 '기원전 552년 출생'이라고 전함.

3세 기원전 549 : 周靈公 23년 : 魯襄公 24년

부친 숙량흘(叔梁紇) 사망, 곡부(曲阜) 근처 방산(防山)에 매장했음.
모친, 공자를 데리고 곡부 궐리(闕里)로 이주하고 가난하게 살았다.

6세 기원전 546 : 周靈公 26년 : 魯襄公 27년

어린 공자는 모친의 훈도를 받았다. 놀 때에도 조두(俎豆)를 진설(陳設)하고 예용(禮容)을 차렸다고 전한다.

기원전 542 : 周景王 3년 : 魯襄公 31년

노나라 양공(襄公)이 죽고, 그의 아들 소공(昭公)이 자리에 올랐다.

제자 자로(子路) 출생, 정(鄭)나라의 자산(子産)이 명상(名相)으로 알려졌다.

15세 기원전 537 : 周景王 8년 : 魯昭公 5년

학문에 뜻을 두고 덕을 닦음. '吾十有五而志於學'.《論語》

17세 기원전 535 : 周景王 10년 : 魯昭公 7년

모친 안징재 사망, 공자는 부친의 묘지를 알지 못했으므로 시신을 오보지구(五父之衢)에 초빈(草殯)했다. 뒤에 부친의 묘지를 알고, 모친을 합장했다.

계씨(季氏)의 잔치에 갔다가, 양호(陽虎)에게 저지당하고 돌아왔다.

19세 기원전 533 : 周景王 12년 : 魯昭公 9년

송(宋)나라 기관씨(亓官氏)와 결혼했다.《孔子家語》

20세 기원전532 : 周景王 13년 : 魯昭公 10년

아들 출생, 노나라 임금 소공(昭公)이 잉어〔鯉魚〕를 하사했으므로 아들 이름을 '이(鯉)', 자를 '백어(伯魚)'라 했다. 이때에 공자는 계씨(季氏)의 가신(家臣)으로 위리(委吏 : 창고를 지키는 하급관리)가 되었다.

21세 기원전 531 : 周景王 14년 : 魯昭公 11년

역시 계씨(季氏)의 가신으로 승전(乘田 : 목장 관리인)이 되었다. 《논어》에서 공자는 '나는 어려서 천했다. 그래서 잡일을 할 줄 안다〔吾少也賤 故多能鄙事〕.'라고 말했다.

27세 기원전 525 : 周景王 20년 : 魯昭公 17년

남쪽의 담(郯)나라 임금 담자(郯子)가 노나라에 와서, 소공을 만났다. 이때에 공자는 담자에게 고대의 관명(官名)에 대한 질문을 했다. 28세를 전후해서 공자는 사양(師襄)에게 금(琴)을 배웠다.

30세 기원전 522 : 周景王 23년 : 魯昭公 20년

공자의 학문과 덕행이 사회적으로 알려졌다. 《논어》에서 그는 '삼십이립(三十而立)'이라고 했다. 이 무렵에 공자는 사학(私學)을 개설하고 제자들에게 강학(講學)했다.

안회(顔回 : 顔淵), 염옹(冉雍 : 仲弓), 염구(冉求 : 子有) 등의 제자가 노나라에서 출생했다.

제(齊)나라 경공(景公)이 안영(晏嬰)과 같이 노나라에 왔으며, 이때에 공자가 경공을 만나 정치를 논했다.

31세 기원전 521 : 周景王 24년 : 魯昭公 21년

공자, 노나라에 있었다. 제자 무마시(巫馬施 : 子期), 고시(高柴 : 子高), 복부제(宓不齊 : 子賤) 등이 출생했다.

32세 기원전 520 : 周景王 25년 : 魯昭公 22년

주(周) 경왕(景王)이 서거하고, 아들 개(匃)가 이어, 경왕(敬王)이라 했다.

제자 단목사(端木賜 : 子貢) 출생, 위(衛)나라 사람.

34세 기원전 518 : 周敬王 2년 : 魯昭公 24년

노나라 대부 맹희자(孟僖子)가 임종 직전에 아들 맹의자(孟懿子)와 남궁경숙(南宮敬叔)에게 '공자에게 예(禮)를 배우라.'고 유촉(遺囑)했다.

공자가 남궁경숙과 함께 주(周)나라 서울 낙읍(洛邑)에 가서, 노

담(老聃)에게 문례(問禮)하고, 또 장홍(萇弘)에게 문악(問樂)하고 돌아왔다.

35세 ■ 기원전 517 : 周敬王 3년 : 魯昭公 25년

노나라의 대부인 삼환씨(三桓氏)가 참월(僭越)하게 권력을 전횡하여 노나라 왕실과의 모순이 격화되었다. 소공(昭公)이 무력으로 참월한 계손씨(季孫氏)의 당주(當主) 계평자(季平子)를 쳤다. 그러나 '계손씨, 맹손씨(孟孫氏), 숙손씨(叔孫氏)' 삼가(三家)의 연합군에게 패하고, 소공이 제(齊)나라로 망명했다.

이 무렵 공자는 '팔일무우정(八佾舞于庭)' '삼가이옹철(三家以雍徹)' 등의 말로 그들의 무례를 혹독하게 비판하고 뒤따라 제나라에 갔다. 가는 도중에 태산(泰山) 곁을 지나가다가, 무덤에서 곡하는 여인을 보고, 제자들에게 '가정맹우호(苛政猛于虎)' 라고 가르쳤다.

36세 ■ 기원전 516년 : 周敬王 4년 : 魯昭公 26년

공자, 제(齊)나라에 있었다. 제나라의 경공(景公)이 문정(問政)하자, 공자가 '군군(君君), 신신(臣臣), 부부(父父), 자자(子子)' 및 '재물의 절약'을 권했다. 이에 경공이 칭찬하고 공자에게 봉지(封地)를 주고 등용하려고 했으나, 재상 안영(晏嬰)의 반대로 이루어지지 않았다. 당시 공자는 제에서 '소악(韶樂)'을 듣고 심취했다.

37세 ■ 기원전 515년 : 周敬王 5년 : 魯昭公 27년

공자, 제나라에 있었다. 제나라의 대부(大夫)가 공자를 해치려고 했으므로 노나라로 돌아왔다. 도중에서 오(吳)나라의 공자(公子) 계찰(季札)이 자기 아들의 장례를 거행하는 것을 참관했다.

공자의 제자 번수(樊須 : 子遲), 원헌(原憲 : 子思)이 출생하다.

38세 기원전 514년 : 周敬王 6년 : 魯昭公 28년

진(晉)나라 위헌자(魏獻子)가 현인(賢人)을 등용하고, 나라를 잘 다스리는 것을 칭찬했다. 노나라에 돌아온 공자는 정공(定公) 9년(기원전 501)까지 출사하지 않고 교학(敎學)에 전념했다.

공자의 학단(學團)이 형성되기 시작했다.

39세 기원전 513년 : 周敬王 7년 : 魯昭公 29년

진(晉)나라가 형법(刑法)을 새긴 동기(銅器)를 주조하자, 공자는 '도를 잃은 처사〔失其度〕'라고 비판했다.

40세 기원전 512년 : 周敬王 8년 : 魯昭公 30년

공자는 스스로 '사십이불혹(四十而不惑)'이라고 말했다. 즉 그의 학문정신과 믿고 따르려는 도(道)가 바르고 굳게 섰다는 뜻이다.

제자 담대멸명(澹臺滅明 : 子羽) 출생, 노나라 사람.

41세 기원전 511년 : 周敬王 9년 : 魯昭公 31년

공자가 제나라에서 돌아온 지 10년이 되며, 빈곤하게 살면서 교학(敎學)에만 몰두했다.

제자 진항(陳亢 : 子禽) 출생, 진(陳)나라 사람.

42세 기원전 510년 : 周敬王 10년 : 魯昭公 32년

국외로 망명한 노나라 소공(昭公)이 사망했다. 전권을 쥐고 있던 계손씨(李孫氏)가 소공의 동생 공자(公子) 송(宋)을 내세웠다. 즉 정공(定公)이다.

43세 기원전 509년 : 周敬王 11년 : 魯定公 1년

공자는 노나라에 있었다.

제자 공서적(公西赤 : 子華) 출생, 노나라 사람.

기원전 507년 : 周敬王 13년 : 魯定公 3년

제자 복상(卜商 : 子夏) 출생, 위(衛)나라 사람.

46세 기원전 506년 : 周敬王 14년 : 魯定公 4년

제자 언언(言偃 : 子游) 출생, 오(吳)나라 사람.

47세 기원전 505년 : 周敬王 15년 : 魯定公 5년

제자 증삼(曾參 : 子輿) 출생, 노나라 사람.
공자는 교학(敎學)에 힘썼다.

48세 기원전 504년 : 周敬王 16년 : 魯定公 6년

계손씨(季孫氏)의 가신 양호(陽虎)가 천권(擅權)했다. 공자는 문란
한 세상을 한탄하고, 물러나 '시(詩) · 서(書) · 예(禮) · 악(樂)' 등
의 학문을 수찬(修撰)하고 강학(講學)했으며, 문하생들의 수가 날
로 증가했다.
양호가 공자를 만나고자 했으나, 공자가 피하고 안 만났다.

49세 기원전 503년 : 周敬王 17년 : 魯定公 7년

제자 전손사(顓孫師 : 子張) 출생, 진(陳)나라 사람.

50세 기원전 502년 : 周敬王 18년 : 魯定公 8년

공자 자신이 "나이 50에 천명을 알다〔五十而知天命〕."라고 말했
다. '지천명(知天命)'의 뜻은 크게 두 가지다. 하나는 '하늘에 의
해서 주어진 객관적인 환경이나 조건 및 국가의 현실상황을 있는
그대로 받아들인다'의 뜻이다. 다른 하나는 '도(道)를 따라 역사
문화를 선가치적(善價値的)으로 발전케 하는 것이 바로 하늘이 군
자에게 명하는 사명임을 아는 것이다.' 결국 공자가 말한 '지천
명'은 바로 '학덕(學德)을 겸비한 군자를 배양해서, 인정(仁政)과
덕치(德治)를 바탕으로 선세계(善世界)를 창건하는 것이 곧 하늘

이 자기에게 준 절대명령임을 알았다.'는 뜻이다.

이때에 비읍(費邑)에서 무력 반란을 일으킨 공산불뉴(公山不狃)가 공자를 불렀으나, 자로(子路)가 반대하여 응하지 않았다.

51세 기원전 501년 : 周敬王 19년 : 魯定公 9년

노나라가 양호(陽虎)를 토벌하고, 양호는 송(宋)나라를 거쳐 진(晉)나라로 도망갔다. 공자가 출사했다. 중도(中都 : 山東省 汶上縣)의 재(宰)가 되었다. 중도를 잘 다스려 칭송을 받았다.

제자 염로(冉魯), 조휼(曹卹), 백건(伯虔), 안고(顔高) 등이 출생.

52세 기원전 500년 : 周敬王 20년 : 魯定公 10년

공자가 소사공(小司空)을 거쳐, 대사구(大司寇)로 승진하고 대부(大夫)의 신분으로 재상의 일까지 섭행(攝行)했다.

노나라 정공(定公)을 수행해서 협곡(夾谷)에서 제(齊)나라 경공(景公)과 회견했다. 이때에 제나라가 무력으로 노나라 정공을 위협하는 것을 공자가 저지하고 점령당했던 토지를 되돌려 받았다.

53세 기원전 499년 : 周敬王 21년 : 魯定公 11년

노나라 사구(司寇)에 취임하고, 나라를 잘 다스렸다.

54세 기원전 498년 : 周敬王 22년 : 魯定公 12년

공자는 노나라 사구로 있었고, 제자 자로(子路)는 계손씨(季孫氏)의 가신으로 있었다. 공자는 삼환씨의 세력을 약화하기 위한 조치로, 그들의 거점인 도성(都城)을 허물게 했다. 숙손씨(叔孫氏)의 후성(邱城)과 계손씨(季孫氏)의 비성(費城)은 무난히 허물었다. 그러나 맹손씨(孟孫氏)가 무력으로 반대함으로써 결국은 공자의 정책이 실패로 돌아갔다. 이에 공자는 삼환씨의 지지를 잃고 사구를 사임했다. 한편 계손씨 밑에서 재(宰)로 있던 자로도 물러났다.

봄에 제(齊)나라에서, 여악(女樂) 80명을 노나라에 보냈다. 계환
자(季桓子)와 노나라 임금은 가기(歌妓)와 무녀(舞女)들에 빠졌으
며, 정사를 소홀히 했다. 한편 노나라에서 교제(郊祭)를 지내고,
공자에게 제육(祭肉)을 하사하지 않았다. 한편 삼환씨와의 사이
가 더욱 악화되었다.

이에 공자는 노나라를 뒤로 하고 제자들과 같이 유력(遊歷)의 길
에 올랐으며, 먼저 위(衛)나라로 갔다. 그러나 참언으로 해를 입
었으므로 다시 진(陳)나라로 갔다. 가는 도중, 광읍(匡邑)에서는
그곳 사람들이 공자 일행을 양호의 무리로 착각하고 포위하는 일
이 있었다. 또 포(蒲)에서는 반란에 길이 막히고 위험에 처했다.
이에 공자는 다시 위나라로 돌아왔다.

위나라에 있으면서, 위 영공(靈公)의 부인 남자(南子)를 만났다.
이를 자로가 심히 언짢게 여겼다.

노나라 정공(定公)이 죽고, 아들 애공(哀公)이 뒤를 이었다.

공자는 위나라에 있었다. "나를 써준다면 1년이면 바로잡고, 3년
이면 성과를 올린다〔苟有用我者 期月而已可也 三年有成〕."라고
말했다. 그러나 위나라 영공은 끝내 그를 쓰지 않았다.

위나라의 영공이 공자에게 진법(陣法)을 묻자, 공자는 "제례(祭
禮)에 대해서는 알지만 군사에 관해서는 모른다."고 대답하고,

위나라를 떠났다. 조(曹)나라를 거쳐 송(宋)나라로 가는 도중에 송의 사마환퇴(司馬桓魋)가 공자를 해치려고 했으며, 공자는 미복(微服)으로 정(鄭)나라로 피했고, 다시 진(陳)나라로 갔다.

60세 기원전 492년 : 周敬王 28년 : 魯哀公 3년

공자는 "육십이이순(六十而耳順)"이라고 말했다. 확고한 주체성을 가지고 남의 말을 있는 그대로 듣게 되었다는 뜻이다.

정(鄭)나라를 지나 진(陳)나라에 갔다. 이때에 제자들과 서로 흩어졌으며, 공자가 동문에서 제자들이 오기를 기다렸다. 이때의 공자를 '초상집의 개〔喪家之狗〕'라고 풍자한 사람이 있었다. 진의 민공(閔公)이 공자를 대우했다.

61세 기원전 491년 : 周敬王 29년 : 魯哀公 4년

공자, 진(陳)나라에 있었다.

63세 기원전 489년 : 周敬王 31년 : 魯哀公 6년

오(吳)나라가 진(陳)나라를 치려고 하자, 공자는 진을 떠나, 채(蔡)나라를 거쳐, 초(楚)나라로 가려고 했다. 그러나 진(陳)과 채(蔡)사이에서 포위되고, 7일간이나 굶주렸다. 초(楚)나라의 도움으로 위기를 면하고, 다시 위(衛)나라로 돌아왔다. 도중에 은자(隱者)들을 만났다.

64세 기원전 488년 : 周敬王 32년 : 魯哀公 7년

공자는 위나라에 있으면서 정명(正名)을 주장했다.

65세 기원전 487년 : 周敬王 33년 : 魯哀公 8년

공자는 위나라에 있었다. 오(吳)나라가 무력으로 노(魯)나라를 치려다가 실패했다. 이때에, 공자의 제자 유약(有若)이 전공을 세웠다.

66세 기원전 486년 : 周敬王 34년 : 魯哀公 9년

공자는 역시 위나라에 있었다. 당시 오(吳)와 제(齊) 두 나라가 노(魯)나라를 서로 침공하려고 했으므로 불안했다.

67세 기원전 485년 : 周敬王 35년 : 魯哀公 10년

공자의 부인 기관씨(亓官氏)가 사망했다.

68세 기원전 484년 : 周敬王 36년 : 魯哀公 11년

제(齊)나라가 무력으로 노(魯)나라에 침공하자, 공자의 제자 염유(冉有)가 출전하여 격파했다. 이에 노의 실권자인 계강자(季康子)가 정중한 예(禮)로써 공자를 모셨다. 이에 공자는 14년에 걸친 방랑을 마무리하고, 노나라로 돌아왔다. 그러나 공자가 계강자가 시행하려는 전부(田賦)를 반대했으므로, 계강자는 공자를 높이 등용하지 않았다.

69세 기원전 483년 : 周敬王 37년 : 魯哀公 12년

14년간의 방랑생활을 마치고 노나라로 돌아왔다.

공자는 문헌을 정리하고, 시(詩)·서(書)·예(禮)·악(樂)·춘추(春秋) 등 고대의 전적을 산정(刪定) 수찬(修撰)하고, 아울러 교육 사업에 전념하여 3천 명의 제자를 배양했으며, 육예(六藝)에 통달한 사람들만 72명이 된다고 전한다.

공자의 아들 이(鯉)가 50세로 사망했다.

70세 기원전 482년 : 周敬王 38년 : 魯哀公 13년

공자 자신이 "70세가 되자, 마음대로 행해도 법도를 넘지 않는다〔七十而從心所欲不踰矩〕."라고 말했다.

수제자 안회(顏回)가 죽었으며, 그의 죽음은 공자에게 큰 타격을 주었다.

기원전 481년 : 周敬王 39년 : 魯哀公 14년

노(魯)나라 애공(哀公)이 사냥에서 기린(麒麟)을 잡았다. 좋지 않은 징조에 공자는 "나의 길이 막혔다〔吾道窮矣〕."라 하고, 춘추(春秋)의 수찬을 그만두었다.

72세 기원전 480년 : 周敬王 40년 : 魯哀公 15년

위(衛)나라에서 정변(政變)이 발생하고, 공자의 제자 자로(子路)가 휩쓸려 죽었다. 공자는 크게 상심했다.

73세 기원전 479년 : 周敬王 41년 : 魯哀公 16년

병을 앓다가 4월 11일에 서거했다. 곡부(曲阜)의 북쪽 사수(泗水)가에 매장했다. 제자들은 여막(廬幕)에서 3년간 복상했으며, 자공은 6년간 복상했다.

춘추시대역사도(春秋時代歷史圖)

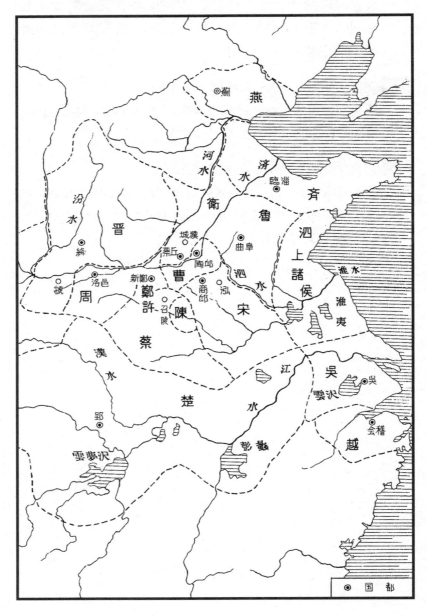

ㅈ

완역 해설 논어
〔附 가사체 번역문〕

초판 인쇄 2019년 3월 8일
초판 발행 2019년 3월 15일

역저자 ┃ 장기근
가사체 ┃ 권갑현
발행자 ┃ 김동구
디자인 ┃ 이명숙 · 양철민
발행처 ┃ 명문당(1923. 10. 1 창립)
주   소 ┃ 서울시 종로구 윤보선길 61(안국동)
         우체국 010579-01-000682
전   화 ┃ 02)733-3039, 734-4798(영), 733-4748(편)
팩   스 ┃ 02)734-9209
Homepage ┃ www.myungmundang.net
E-mail ┃ mmdbook1@hanmail.net
등   록 ┃ 1977. 11. 19. 제1~148호

ISBN 979-11-88020-88-1 (03140)
30,000원